良き社会のための経済学

ノーベル経済学賞受賞
ジャン・ティロール
村井章子訳

ÉCONOMIE
du BIEN COMMUN
Jean Tirole

日本経済新聞出版社

良き社会のための経済学

ÉCONOMIE DU BIEN COMMUN
by Jean Tirole

Japanese translation published by arrangement with
Presses Universitaires de France through
The English Agency (Japan) Ltd.

装　幀　山口鷹雄
DTP　マーリンクレイン

目次

第Ⅳ部 マクロ経済の課題

日本語版序文

本書の日本語版が出版される運びとなったことはまことに喜ばしい。ここに、出版元の日本経済新聞出版社、翻訳者の村井章子氏、監修を担当された友人の北村行伸一橋大学教授に深く感謝申し上げたい。

本書は幅広い読者に読んでいただけるように書いた。経済学を専門的に学んでいる必要はなく、知的好奇心があって、現在の世界をより良く理解したいという気持ちがあれば、それで十分である。本書は一七の章から構成されているが、それぞれが独立した形で書かれており、興味のあるところから読んでいただいて差し支えない。

本書は大きく二つに分かれており、前半のはじめ五つの章では経済学と経済学者について考察し、経済学者の書いたものとしてはめずらしいトピックを取り上げている。これら五つの章を設けたのは、経済学は道徳と哲学にかかわる学問として大きくは社会科学に属する、という私の個人的な考えからである。この考えに沿って、市場と道徳について論じ、心理学や社会学をはじめとする他の社会科学が経済学に取り入れられている状況を解説するとともに、経済学者が何をしているのか、彼らがものごとを認識する流儀はどのようなものか（キツネかハリネズミか）を描写した。さらに続く章では、政策策定にとっての経済分析の有用性と限界について率直に批評し、また企業の社会的責任の概念をあきらかにした。

経済学と経済学者についてあえて考察したのは、市場に対する不信感が拡がっているからでもある。多くの人が、世界は自己利益の追求の犠牲になっており、同情や慈悲心は失われてしまったと感じている。社会契約は壊れ、人間の尊厳は失われ、政治と行政は弱体化し、環境は持続不能だと嘆く声が大きい。

こうした見方が一段と拡がるようになったのと時を同じくして、世界各地で大衆迎合的な傾向が顕在化するようになった。ポピュリズムが台頭する理由は国によってちがうにしても、高い失業率、ロボットに雇用を奪われる可能性、移民の受け入れ、財政危機にソブリン債務危機、低成長、債務の膨張、不平等の拡大に対する懸念や不安は、世界のどの国も抱えている問題だと考えられる。

ポピュリストに共通する傾向は、有権者の無知や偏見に付け込もうとすることだ。専門家の知識が政府の政策にあきらかに邪魔になるようなケースでは、必ずと言っていいほど専門家は退けられる。医学、遺伝学、進化論、気候変動、経済学など、その例は枚挙にいとまがない。だがポピュリズムの勢力伸張を批判するのは的外れだ。というのも、ポピュリズムの台頭はある意味では、グローバリゼーションや技術の進歩の恩恵から締め出された人たちの発するSOS信号だと捉えるべきだからである。有権者の多くは、神に代わってスケープゴートを断罪し、夢を語ってくれる政党や政治家になびきがちだ。スケープゴートにされるのは、たとえば社会の上位層であり、国際機関や多国籍企業であり、移民であり、財政であり、貿易である。だがこうした夢を売るポピュリストたちは公共の問題について目先のことしか考えておらず、これでは事態を悪化させるだけだ。

本書では、市場と経済学者に対する、こうしたいわば双子の不信がなぜ生まれるのかについて、経済学という学問自体の欠点と人間である以上避けられない認知バイアスという二つの面から分析する。分析を通じて、正しく活用すれば経済学がどのように共通善を実現する力になれるか、経済システムが良き社会の実現にどのように役立つかを示していく。

本書の後半では、今後数年から数十年に待ち受けている重大な社会的課題についてわかりやすく解説し、それらの課題にどう取り組むべきか、どのような場合に従来の定型的な思考から脱け出す必要があるかを考える。そうした重大な課題として、気候変動、失業、金融規制、ヨーロッパの未来、デジタル経済、産業規制などを取り上げた。

日本の読者が、本書の中から考える材料を見つけていただくことができれば幸いである。私は日本の事情にあまり通じておらず、したがって十分な助言はできないのであるが、日本とフランスの経済には多くの類似点があると感じている。

まず、第二次世界大戦後にキャッチアップ型の高度成長期（フランスでは「栄光の三〇年」と呼ばれている）があった。だがいまでは新興国経済の猛追を受け、二一世紀の地歩を確立するために知識への投資が必須となっている。日本もフランスも充実した行政サービスに恵まれており、行政は多年にわたって円滑に機能してきた。しかしいまや、イノベーション、プラットフォーム、生命科学などを基盤とする新しい経済の形にうまく対応できずにいる。国家の役割が変容し、あらゆる部門に直接関与する経済主体ではなくなって強力な規制者の役割を果たすようになったことも戸惑いを生んでいる。さらに日本もフランスも巨額の公的債務（公式の債務、年金、偶発債務）を抱えている。これほどの債務を抱えた場合、すでにソブリン危機が発生しているケースが多いが、日仏はともにそうはなっていない。このことは必ずしも国家の経済運営がすぐれていることを意味しないにしても、ある意味では、経済の基礎的条件（ファンダメンタルズ）が健全であることの証と言えよう。

日本とフランスはどちらも、労働市場へのアクセスに関しても同じような問題を抱えている。まず、女性の就労条件を改善するという課題がある。現状では高い教育を受けた多くの女性がキャリア形成に困難を来している。また、より多くの移民労働者を受け入れることも課題である。特定のスキルを備えた労働者に的を絞ると同時に、未熟練労働者も受け入れることが望ましい。さらに、技能訓練の拡充も望まれる

（どちらの国でも機会が限られている）。最後に、これらの目的を実現するためにも、労働市場の二極化を解消することが必要だ。現状では、手厚い保護に守られた労働移動性の低い（しかし仕事と労働者のマッチングが不適切なせいで労働生産性が低い）「インサイダー」と、短期雇用や相対的に劣悪な労働条件しか得られず、十分な訓練も受けられない「アウトサイダー」に二極化している。

だがもちろん、日本とフランスがちがう点もある。たとえば日本では、人口に関連する長期的問題がフランスよりもずっと深刻だ。日本は年金債務に対する手当てを行うとともに、労働市場のミスマッチ（とくにサービス業、医師、介護職の人手不足）にも取り組む必要がある。もっとも労働市場の問題は、ロボットの登場で大きく様変わりする可能性はある。一方フランスでは、失業が日本よりもはるかに重大な問題と化している。とはいえ、共通するにせよ異なるにせよ直面する多くの問題に取り組むに当たり、どちらの国も知性の羅針盤を必要とする点は変わらない。

本書では多くの問題に警鐘を鳴らしたが、読者はその中から希望を抱く材料をきっと見つけられると期待している。私たちに突き付けられた多くの難題には必ず解決策があるからだ。

最後に、読者の皆さんが本書を楽しんでいただけることを祈りたい。

謝辞

本書の執筆に際しては、多くの助言や指摘をいただいた。草稿の段階から目を通してくれたフレデリック・シェルボニエ、マティアス・ドゥワトリポン、オーギュスタン・ランディエ、パトリック・レイ、ポール・シーブライト、ナタリー・ティロール、フィリップ・トレナール、エティエンヌ・ワスメにはとくに御礼申し上げる。フィリップ・アギヨン、ロラン・ベナブー、オリヴィエ・ブランシャール、クリストフ・ビシエール、ポール・シャムソー、アラン・キネからも貴重な意見をいただいた。とはいえ、本書に誤りや不備があるとすれば、それはすべて著者の責任である。

どんな本もそうだが、本書も著者の研究環境に多くを負っている。私の場合には、所属する大学や研究機関にたいへんお世話になった。言うまでもなくその筆頭に挙げるべきは、トゥールーズ・スクール・オブ・エコノミクス（ＴＳＥ）とトゥールーズ高等研究所（ＩＡＳＴ）である。ＩＡＳＴは学際的な研究機関で、二〇一一年にトゥールーズ・キャピトル大学内に設立された。このすばらしい環境は、ひとえにフランスを代表する経済学者であり、共通善の研究の泰斗でもあるジャン＝ジャック・ラフォンによるものである。読者は本書の一行一行から、すぐれた同僚たちの知的影響を感じ取ることだろう（もちろん本書の欠点に関しては、彼らの責任はいっさいない）。

フランス大学出版のチームと一緒に仕事をすることは、大きな喜びだった。編集長のモニク・ラブリュヌには心から御礼申し上げる。彼女は知性とユーモアを持って推敲・編集作業を進めてくれた。

最後に、本書の執筆を勧めてくれた方々に感謝したい。ノーベル経済学賞を受賞した後、たくさんの人たちから、専門家や政策担当者の狭いサークルにとどまらず広く一般向けに、しかし研究者としての厳密さを犠牲にすることなく経済学について書くよう励まされたことは、うれしい驚きだった。

はじめに

共通善はどこへ

計画経済が経済、文化、社会、環境すべての面で壮大な失敗に終わり、ベルリンの壁が崩壊し、中国が経済の改革開放に踏み切って以来、市場経済が支配的なモデルとなり、おそらくは唯一の社会制度となった。「自由主義社会」においてさえ政治権力は影響力を失い、市場に、そしてそこに新たに台頭する勢力にその座を譲った。民営化、門戸開放、グローバリゼーション、政府調達における入札の組織的導入などによって、公的部門の決定権は制限された。さらに公的部門の決定においては、司法機関や独立した規制機関など、政治に影響されない組織の重要性が高まっている。

そうは言っても、市場経済が完璧な勝利を収めたとは言いがたい。というのも人々は心でも頭でも市場経済に納得していないからだ。市場の優越に対して人々はいまもなお疑いの目を向けており、いくらか義憤の混じったあきらめとともに受け入れているだけである。市場懐疑論が根強く広まり、人道的価値観に対する経済優先の実態を暴き、個人の利益にかまけて同情や共感のなくなった世界を憂い、社会の絆や人間の尊厳を重んじる価値観が失われたこと、政治と公共サービスの質が低下したこと、環境の持続可能性が危うくなっていることを批判している。フランスの市民運動家ジョゼ・ボヴェのスローガン「地球は売り物じゃない」は国境を越えて拡がった。金融危機、失業率の上昇、不平等、気象変動を前にした政治指導者の無能力、ヨーロッパ統合の危機、地政学的リスクの増大とそれに伴う難民危機、世界各国でのポピュユリズムの伸張に悩まされる今日の状況では、人々の不信の声はとりわけ鋭く響く。

社会全体にとって良いこと、すなわち共通善を求める姿勢はどこへ行ってしまったのか。経済学は、共通善の実現にどのように貢献できるのか。

具体的に共通善とは何か、すなわち社会全体のために何を望むかを明確にするには、なにがしかの価値判断をしなければならない。その判断には、好みも反映されるだろうし、持ち合わせている情報や社会的地位も反映されるだろう。たとえ人々がこれこれの目的が望ましいと同意したとしても、公平や貧困や環境について、また仕事と個人の生活について、きっとちがう見方をするだろう。まして倫理観や宗教観となったら、深い隔たりがあるにちがいない。

それでも、何が共通善かを決めるにあたり、恣意的な要素の少なくとも一部は排除しうる。最初の一歩を踏み出すために、思考実験をしてみるとよいだろう。まだ自分が生まれていないと考えてみてほしい。したがって当然ながら、社会の中で自分にどのような位置が用意されているのかはまだわからない。性別もわからないし、どんな家族に生まれるのかもわからない。階級、人種、宗教、国等々ももちろんわからない。そうした状況で、自分に訊ねてみよう。「どんな社会に生まれたいだろう。自分は男に生まれるかもしれないし、女に生まれるかもしれない。健康かもしれないし、病気がちかもしれない。裕福な家に生まれるかもしれないし、貧しい家かもしれない。教育を受けられるかもしれないし、受けられないかもしれない。神を信じるかもしれないし、信じないかもしれない。都会に生まれるかもしれないし、田舎の村かもしれない。出世するかもしれないし、別のライフスタイルを選ぶかもしれない。そういう何もわかっていない状況で、どんな社会が好ましいだろうか」と。このように自らに問い、社会における自分の位置づけや属性をないものとして「無知のヴェール」のうしろに自らを置くやり方には、長い知的伝統がある。先駆者は一七世紀イギリスのトマス・ホッブズとジョン・ロックだった。一八世紀になるとヨーロッパ大陸のイマヌエル・カントとジャン・ジャック・ルソー（社会契約論）が続き、さらにアメリカで新しい視点からジョン・ロールズの正義論（一九七一年）、ジョン・ハーサニによる満足感の個人間の比較（一九五五年）などが登場している。

ここで選択肢を制限するために、そして読者が空想的な答で質問をはぐらかすのを防ぐために、質問の形を少し変えることにしたい。「あなたはどんな社会制度の下で生活したいですか」。つまり先ほどの質問は、どんな理想の社会で生きたいかを訊ねたわけではない。たとえば、市民も労働者も実業家も政治家も国家も自発的に全体の利益を優先し、自己の利益は後回しにするような社会に生きたい、といった答は求めていない。というのも、本書でこれから見ていくように、人間は物質的利益の追求に明け暮れているわけではないとしても、どんなインセンティブがどんな行動を促すかを十分に認識していなかったがために、全体主義社会の形成や極度の貧困を招いたことがあるからだ。

そこで本書は、次の前提から出発することにする。政治家であれ、社長であれ、社員であれ、失業者、自営業、公務員、農家、研究者等々、ともかくも社会における地位がどうあれ、どの人も直面するさまざまなインセンティブに反応するという前提である。インセンティブには物質的なものもあれば社会的なものもあるが、そこに各人の好みが加わって、どんな行動をとるかが決まる。その行動は、全体の利益に反することもありうる。社会全体にとって良いことを求める努力の多くが、個人の利益と全体の利益をうまく調和させられるような制度設計に費やされるのはこのためだ。この視点に立てば、市場経済はけっして究極の目的ではない。市場経済は一つの手段にすぎず、それも、個人、社会的集団、国家の個々の利益と全体の利益との不一致を考えれば、ひどく不完全な手段にすぎないのである。

無知のヴェールを通して見ることがむずかしいのは、自分がすでに社会の中に占めている特定の場にとらわれすぎているからだ[1]。だからこそ、この思考実験をすることで、理解し合える領域が拡がるだろう。私は単に気持ちがいいからではなく、物質的満足感を得るために、水を使いすぎ排ガスをまき散らしているかもしれない。野菜を作りすぎ、家の断熱費用を惜しみ、クリーンな車に買い替えずに済ますかもしれない。私の行動で迷惑を被ったら、あなたはきっと非難するだろう。だが社会全体として考えるなら、自分が得をするか損をするかわからない第三者の目から見て私の行動は果たして良いのか、という問いに取り組むことになる。言い換えれば、損をする人の不利益は得をする人の利得を上回るのか、という問いに取り組むことになる。個人の利益と全体の利益は、私の自由意志があなたの利益と衝突した瞬間から対立し始める。だが無知のヴェール越しに見れば、両者は部分的には一致しているのである。

無知のヴェールによる抽象化というこの論理思考ツールを使うと、権利が単なるお題目ではなく道理に適《かな》ったものになる、という利点もある。健康に生まれ育つ権利は、不運にも悪い遺伝子を受け継いだときに守ってくれる。教育を受ける権利は、生まれ育つ環境のちがいから守ってくれる。人権と自由の権利は、政府の自由裁量に対する防波堤となる、といった具合に。権利はもはや絶対的な概念ではない。社会は権利を与えることもできるし、与えないこともできる。そのほうが運用しやすいからだ。実際にも権利は段階的に与えられることもあれば、他人の権利と衝突することもある（たとえばある人の自由は、別の人の自由が始まるところで終わる）。

共通善を追求する基準となるのは、無知のヴェール越しに見た私たちの幸福や満足である。全体にとっての幸福以外の基準は持たず、どうすれば実現できるかについて予断や先見は持たない。ここで、共有財を例にとって考えてみよう。具体的には、地球、水、空気、生物多様性、文化遺産、景観などが共有財に当たる。この財は、無知のヴェールを通して見れば、公平の観点から共同体に帰属する。これらは共同体に帰属するとしても、個人による消費を本来的に妨げるものではない。だから個人は自分の幸福のために消費してもよいが[2]、他人を犠牲にしてはならず、私の消費があなたの消費を排除してはならない（教育、公道の街灯、国防、空気などがそうだ[3]）。これに対して、財が量的に限られていたり、共同体が制限したいと考えたりすれば（二酸化炭素の排出がこれに該当する）、何らかの方法で共有財の消費を割り当てることが必要になる。水道や二酸化炭素排出や電波に料金が設定されているのは、要求された料金を経済主体が社会に払う限りにおいて、その主体に独占使用権を与えるという形で消費が割り当てられているのである。とはいえ消費の割り当てを促したのは、共通善の追求にほかならない。この場合には政府が、水を浪費しないでもらいたい、二酸化炭素排出の責任を感じてもらいたい、稀少資源（たとえば電波）を無駄にしない事業者に配分したい、と考えた結果なのである。

これらの考察は、第二の質問、すなわち「経済学は共通善の実現にどのように寄与できるか」に対する答をおおむね先取りしたものと言えよう。経済学は、他の人文科学や社会科学同様、社会に成り代わって共通善を定義することはめざしていない。ただし、二つの方法で貢献することはできる。一つは、共通善の実現手段を分析し峻別することによって、共通善の具体的な目的へと議論を導くことである。共通善を実現する手段は、制度（たとえば市場）でも法律でも政策でもかまわないが、いつの間にかそれ自体が目的と化して究極の目的を見失い、目的の正当性が依拠していたはずの共通善と衝突する例があまりに多い。もう一つは、経済学が共通善を所与の条件とし、その実現に寄与するツールを開発することである。

経済学は、私的所有や自己利益の追求を後押しするものではないし、まして国家を利用して自分たちの価値観を押し付けようとしたり、自分たちの利益を優先させようとする人々に資するものでもない。経済学は、市場がすべてを決めることにも、政府がすべてを決めることにも与しない。経済学は共通善に尽くし、世界をより良くすることをめざす。この目的を達成するために、全体の利益を高めるような制度や政策を示すことが経済学の仕事となる。経済学は社会全体の幸福をめざす中で、個人の幸福と全体の幸福の両方に配慮し、個人の幸福が全体の幸福と両立する状況、両立しない状況を分析する。

本書の構成

共通善の経済学を通じて読者に示す道筋は、困難ではあるが実り多いものだと信じている。本書は大学教授然とした講義でもなければ、紋切り型の解決策の列挙でもない。質問をするためのツールだと考えてほしい。本書では私なりの経済学の見方を示し、この学問がどのように構築され何をめざすのかも論じた。私の見解は、理論と現実のせめぎ合いや、市場のすぐれた点と規制の必要性の両方を認める社会のあり方を研究する中で培われたものである。読者は私の見方のいくつかに賛成できないかもしれないし、したがって結論の大部分に同意できないかもしれない。たとえそうだとしても、本書の中に考える材料を見いだしていただければ幸いである。読者はきっと、自分を取り巻く経済の世界をもっと深く知りたくなり、鏡の反対側から世界を見たくなるだろうと信じている。

本書には、経済学という学問分野への情熱を共にしたいという野望も込められている。経済学は、世界に開かれた窓だ。二一歳か二二歳の頃に経済学の講義に初めて出席するまで、新聞やテレビで目にする以外、私はこの学問に接したことはなかった。社会を知りたいという気持ちはあった。数学や物理学の厳密さは好きだったが、その一方で、社会学、哲学、歴史学、心理学など人間を扱う学問にも興味があった。そんな私を虜にしたのが経済学だった。経済学では、定量的な分析と人間の個人・集団行動の研究の両方が分かちがたく結びついていたからだ。ほどなく私は、経済学が、自分にはよくわかっていなかった世界に開かれた窓であることを理解した。この学問は、私に二つの機会を与えてくれた。知的好奇心を刺激する困難な問題に取り組む機会と、私的・公的な意思決定になにがしかの貢献をする機会である。経済学は、個人と集団の行動を調べて分析するだけでなく、経済政策についての提言を行うことによって、世界をより良くする一助となれる。

本書は、五つの大きなテーマに沿って論じていく。第一のテーマは、「社会と経済学」である。学問として、またパラダイムとしての経済学と社会との関係を論じる。第二のテーマは「経済学者の仕事」である。研究に明け暮れる日々から周囲への影響力まで、さまざまな視点から切り取っていく。第三のテーマは、「制度的枠組み」である。国家と市場を中心に取り上げ、経済学の視点から再定義する。第四のテーマは「マクロ経済の課題」として、現在世界が直面している四つの大きな問題を取り上げる。すなわち気候、失業、ヨーロッパ、金融である。第五のテーマは「産業の課題」として、ミクロ経済の問題を取り上げる。これらは公の議論の場ではあまり反響を呼ばないとしても、私たちの日々の生活や社会の将来にとってはきわめて重要だ。ここには、競争政策と産業政策、デジタル革命がもたらす新しい経済モデルと社会的課題、イノベーションと規制などが含まれる。以下ではテーマごとに簡単に説明したい。

社会と経済学

第Ⅰ部と第Ⅱ部では、社会において経済学が果たす役割、経済学者の位置づけ、経済学者の日々の仕事、他の社会科学との関係、市場の倫理などを取り上げる。

私は長いこと、こうした項目を本書に含めてよいものか迷っていた。含めたところでメディアの大好きな経済学者の「タレント化」には貢献しないだろうし、むしろ読者の注意を本書の主たるテーマから逸らせかねない。それでも最終的には、敢えてリスクを冒すことにした。高校や大学で、あるいは教育以外の場でさまざまな討論を行ってきた結果、この学問に対して多くの人がどんな疑問を抱いているかがわかってきたからでもある。みんなが抱く疑問はいつも同じだった。いったい経済学者は何をしているのか。経済学は科学なのか。全体の現象は個人の行動の結果でありながら全体が個人の行動に影響を与えるような「方法論的個人主義」に依拠する経済学は、学問として成り立つのか。個人の行動には何らかの合理性を仮定できるのか、できるとすればそれはどのようなものか。市場に倫理はあるのか。経済学者は二〇〇八年の金融危機を予見できなかったが、それでも何かの役に立つと言えるのか、等々。

経済学は努力を要する学問であると同時に、とっつきやすい学問でもある。努力が必要なのは、第1章で見ていくように、直観というものがたびたび悪さをするからだ。私たちはひどくだまされやすいうえに、手近な経験だけでものごとを判断したり、思い込みにとらわれたりしがちである。だが経済の問題を考えるときに、最初に思い浮かぶ答は必ずしも良い答ではない。私たちの論理的思考は往々にして浅いところで終わってしまい、希望的観測にとらわれたり、感情に流されたりする。経済学は、もっと深く考えることを要求する。経済学は、世界をくっきりと見せてくれ、見かけの奥にあるものに気づかせてくれるレンズなのである。ありがたいことに、経済学は厄介な落とし穴が多い学問ではあるが、同時に最初のハードルがそう高くない学問でもある。特別に高度な教育も、平均以上の知性も必要ない。知的好奇心と、そして直観の罠に対する注意があれば十分だ。本書ではどの章でも、理論をわかりやすく説明し理解を深めるために、できるだけ具体的な例を掲げることにしたい。

世界中に拡がった危機を受けて、多くの研究者が市場のあり方を問い、市場の領域とそうでない「聖なる」領域との間に明確な一線を引くべきだと主張している。第2章では、倫理的観点から市場に対してなされた批判を取り上げ、それらが「市場の失敗」という認識の焼き直しにすぎないことを示す。市場の失敗には対策が必要ではあるが、倫理に踏み込む必要はない。その一方で、より根源的な批判も展開された。臓器売買や代理母や売春にまで拡がる市場取引は、なぜ人々を当惑させるのだろうか。第2章でその理由を探るとともに、個人の行動や社会制度の失敗を非難するときの怒りの感情が往々にして人を誤らせることを強調したい。怒りの感情が他人の自由を犠牲にして個人の選好を肯定した事例はきわめて多く、それはだいたいにおいて、熟考を省いたことに原因がある。第2章の最後では、社会の絆の喪失や市場経済における格差拡大に関する懸念について論じる。

経済学者の仕事

第Ⅱ部では、経済学者の仕事を取り上げる。最初の第3章では、経済学者と周囲との関わりに注目する。経済学は社会科学の中で固有の地位を占めており、他の学問以上に質問が多く、人々を興奮させ、心配させる。経済学者の役割は決定することではなく、経済の中にある何らかの規則性を突き止め、現在の知識でわかることを人々に伝えることなのだが、しかしいま経済学者は、いくらか矛盾する二種類の批判に直面している。第一の批判は、経済学者は何の役にも立たないというものである。だが第二の批判は、経済学者にはたしかに影響力はあるが、その研究は、共通善と衝突しかねない政策を正当化している、というものだ。第一の批判に応えることは本書全体に委ねることにして、第3章では第二の批判に集中する。

経済学者の社会的役割を深く考えることは、正しい問題提起である。経済学の研究者は、他分野の研究者と同じく国から研究資金を得ているうえ、経済に関する規制や制度について影響力を行使できるからだ。市民社会に参加して直接的に影響をおよぼすこともあれば、研究や教育を通じて間接的に影響をおよぼすこともある。他の学者と同じく彼らもまちがうことがあり、それについて釈明すべきだという事実をうやむやにすべきではない。大学での研究生活がいかに充実しているとしても、やはり学者たるものは社会の役に立たなければならない。

研究者は市民社会にさまざまな形で関与する。産学連携や官学連携、公開討論への参加などはその一例だ。どれもよい企画だし、社会に役立つものでもあるが、しかしそれはそれとして、副作用もある。第3章では経済学を例にとりつつ、広く大学での研究を視野に入れて、研究のあり方や伝え方に悪影響をおよぼしかねない要因を探り、お金や依怙贔屓《えこひいき》や名声欲が研究者の行動に悪影響をおよぼすリスクを指摘する。さらに、そうしたリスクを軽減するための制度設計について、私なりの考えを述べる。

第4章では、経済学者の日常を描く。一八四九年に歴史学者のトマス・カーライルが、奴隷制の復活を唱える小論の中で経済学を「陰鬱な学問」と呼んだのは有名な話である。カーライルはなぜ陰鬱と言ったのだろうか。また、将来何になろうかと悩む高校生や大学生が経済学者になることをもし選ぶとしたら、それはなぜなのだろうか。この章ではその説明を試みる。

さらに、理論研究と実証研究の関係、数学の役割、知識の検証、経済学者同士の意見の一致・不一致、論理展開のスタイルなどにも触れる。最後に、ゲーム理論と情報の経済学という二つの先進的な理論についてざっと説明する。過去四〇年の間に、この二つの理論は経済のしくみに関する私たちの理解に革命的変化をもたらしたと言ってよい。

人類学者、経済学者、歴史学者、法学者、政治学者、心理学者、社会学者はみな人間に関心があり、また人間の集団や社会に関心がある。第5章では、こうした社会科学の中に経済学を置き直してみる。そもそも一九世紀末までは、経済学は社会科学と渾然一体になっていた。二〇世紀になって、経済学はホモ・エコノミクス（経済人）という虚構に基づいて自律的な発展を遂げる。ホモ・エコノミクスとは、決定主体（消費者、政治家、経営者等々）は、入手した情報に基づき、自己の利益を最大化すべく行動するという意味において、合理的だとされる人間を意味する（ただし経済学では、情報が断片的であったり操作されていたりする可能性に注意を促している）。だがもちろん現実には、私たちは考えるときにも決定を下すときにも先入観や思い込みから逃れられないし、めざす目的にしても物質的利益だけではないうえ、目的を体系的・効率的に追い求めるわけでもない。二〇年ほど前から、経済学では個人や集団のふるまいや、政治的決定や法律の形成などをよりよく理解するために、他の社会科学の成果を徐々に採り入れるようになってきた。第5章では、優柔不断、誤った思い込みの形成、状況の影響といったものを考慮するようになってから、行動分析ひいては経済学がいかにゆたかになったかを解説する。最後に人間の倫理観とその脆弱さに立ち戻り、内因性の動機と外因性の動機の関係、社会規範が行動におよぼす影響を論じる。

制　度

第Ⅲ部の二つの章では、経済における二つの主役である国家と企業を取り上げる。第6章では、共通善という視点から国家の新しい概念が導かれることを示す。干渉主義者も自由放任論者もとかく国家か市場かの二者択一を迫るが、私たちが選ぶ社会はそうではない。国家と市場は相互補完的であって、一方が他方を排除するものではない。市場は規制と国家を、競争とインセンティブを必要とする。

国家は、公共サービスを通じた雇用の創出主体や国営企業を通じた財やサービスの供給主体から、規制の主体へと変貌を遂げてきた。この新しい役割は、ゲームのルールを決め、市場の失敗を正すために介入することであって、けっして市場の代わりをすることではない。国家は市場がうまく機能しないところに顔を出し、競争の健全化、独占の排除、金融システムの監視といった役割を果たすとともに、国民に地球環境に対して責任を持つよう促し、健康リスクから国民を守り、機会の平等を実現し、税金を通じた再分配を行う。第6章では、悪名高き独立行政機関の役割と意義、政治の優越について論じる。また行政改革にも言及し、公共財政が社会を圧迫している現状に取り組む必要性を指摘するとともに、改革の道筋を示す。

次の第7章では、企業に焦点を合わせる。なぜ資本主義的経営すなわち株式会社という一種類の統治形態だけが大半の国で主流となっているのだろうか。この統治形態では決定権が株主にあり、破綻した場合には債権者にある。だが企業にはほかにもステークホルダーが大勢いる。社員、下請業者、顧客、地域社会、活動拠点を置く国、被害を受ける周辺住民等々だ。そう考えれば、ステークホルダーがさまざまなパターンや組み合わせで決定権を共有する方式があってもおかしくない。私たちは、自由企業制の中では自主運営や共同出資といった方式も可能であることを忘れているようだ。さまざまなやり方の実行可能性を検討していくうちに、私は企業統治の長所と短所について深く考えるようになり、さらに企業の社会的責任や社会的責任投資にも踏み込むことになった。これらの概念は何を表しているのだろうか。また企業の社会的責任は市場経済と両立しうるのか、それとも市場経済の本来的なあり方には反するのだろうか。

世界に開かれた窓

第Ⅳ部と第Ⅴ部で扱うテーマは日頃からなじみのあるものなので、あまり説明はいらないだろう。この最後の二つの部では、日常生活への影響が大きいにもかかわらず私たち自身でコントロールすることがむずかしい問題として、気候変動、失業、ヨーロッパ、金融、競争と産業政策、デジタル革命、イノベーション、規制を取り上げる。それぞれについて官民の相互作用を分析し、個人の利益と全体の利益を収斂できるような制度、言い換えれば共通善を実現できるような制度を考える。これらの問題に関して私は楽観的であり、現在の社会が最悪の事態に突き進む必然性はどこにもないと考えている。現に、失業、気候変動、ヨーロッパ統合問題には解決策が存在する。また産業の課題に関しては、財やサービスが株主や企業の超過利潤を生むのではなく、公共の利益に資するにはどうすればよいかを考える。最後の章では、経済運営や国家の役割を阻むことなく、金融、巨大独占企業、市場、国家自体をどのように規制すべきかを検討する。

第Ⅳ部と第Ⅴ部で取り上げた問題の選択には、私の価値判断が反映されている。自分が論文を発表した問題は優先的に取り上げ、他の研究者のほうがはるかにくわしい問題は除外するか、理解を深めるために必要と判断した場合に限り、各章の枠組みの中で簡単に言及した。

五つのテーマを結ぶ緯糸

本書は五つの大きなテーマを経糸《たていと》として構成されているが、それらを結び合わせる緯糸《よこいと》は、「情報の経済学」というおそらく読者にはあまりなじみのない理論である。ここ四〇年間の経済学の進歩は、この理論によるところが大きい。情報の経済学は、経済のプレーヤー（個人、企業、国家）の意思決定は、得られる情報が完全でないことに制約されるという明白な事実から出発している。こうした制約の結果はそこここで見受けられる。たとえば、市当局が実行しようとする政策を住民が理解し評価するのはむずかしい。政府が大手銀行や企業を規制し、環境を保護し、イノベーションを管理するのはむずかしい。投資家が、出資した会社に適切に出資金を使わせるのはむずかしい。そもそも私たちは自分の会社の動きだってわからないし、自分と他人の人間関係だってわからない。それどころか、自らのアイデンティティを問うときには自分のことさえわかっていないし、信じたいものだけを信じてしまうときなどには、自分自身さえコントロールできていない。

これから見ていくように、公共政策と入手可能な情報の問題は、雇用政策、環境保護政策、産業政策や業界・金融規制政策の策定立案に深く関わっている。また民間部門では、情報の非対称性を前提としてガバナンス（統治）の構造や資金調達の方法を決定している。このように情報と経済の関わりは深く、制度設計や経済政策の選択においても情報の非対称性が重要な要素となる。情報の経済学の理論は、共通善の経済学の根幹に関わっているのである。

本書の一七の章は、どれも別々に読めるように構成されている。時間のない読者やとくにどれかに関心のある読者は、興味のある章だけを読んでいただいてかまわない。ただし、二〇〇八年金融危機を扱った第12章を読むのであれば、その前に金融全般を取り上げた第11章を先に読むことをおすすめする。本書を楽しんでいただけることを祈りつつ。

第Ⅰ部　社会と経済学

第1章
経済学はお好きですか？

読者はおそらく経済学に興味をお持ちだろう（そうでなければ、そもそもこの本を手に取ることはなかったはずだ）。だが、すでに経済学の教育か研究に携わっている専門家でない限り、それ以上に好きかと訊かれたら、困ってしまうのではないだろうか。たぶん大方の読者が、経済学というものは難解で、直観的には理解できないと感じているだろう。本章では、なぜそうなのかを解説したい。そのために、経済学の問題に取り組むときに多くの人をまごつかせる錯誤錯覚やバイアスの例を挙げるとともに、経済学が広く理解される学問になるにはどうしたらよいか、その道筋も示す。

経済学はどの人の日常にも関わっており、けっして専門家だけのものではない。こむずかしい見かけにとらわれずに一歩踏み込めば、意外にとっつきやすい学問である。最初のハードルをいくつか乗り越えてしまえば、きっと夢中になれるだろう。

1　なぜ経済学はわかりにくいのか？

心理学者と哲学者は長年にわたり、人間はなぜどのように何かを信じ込むにいたるのかを探り出そうと努力してきた。多くの認知バイアスは、役に立つ（だからこそ存続しているのだろう）と同時に人を惑わせる。本書を通じて認知バイアスはあちこちに顔を出し、経済現象の理解や社会の見方に困った影響を与える。一言で言えば、世界には、私たちが見ているもの、いやむしろ見たがっているものと、真実が存在するのである。

人間は信じたいものを信じ、見たいものを見る

人間には、証拠に基づいて信じるべきものを信じるのではなく、信じたいものを信じる傾向がある。プラトン、アダム・スミスから一九世紀アメリカの偉大な心理学者ウィリアム・ジェームズにいたるさまざまな思想家が指摘したとおり、何らかの意見を抱いたり判断を下したり、それを確認したり見直したりするうちに、自分自身や自分を取り巻く世界についての見方はいよいよ強固になっていく。強固な信念が国のレベルで形成されれば、経済・社会・科学・地政学的な政策がそれに基づいて立案されることになる。

私たちは、認知バイアスに振り回されるだけでなく、自らバイアスに染まろうとする。自分の思い込みのプリズムを通してものごとを解釈し、新聞を読むときにも自分の意見と同じ意見の人を探す。こうして、自分の思い込みが正しいにせよまちがっているにせよ、ともかくもその思い込みにどっぷりとはまる。イェール大学のダン・カーハン法学教授は、温暖化が人為的な要因によるという科学的な証拠を提示されたアメリカ人の反応を観察したところ、興味深い事実を発見した。民主党支持者は温暖化に対処する必要性をいっそう強く確信するようになったが、共和党支持者の多くは、同じデータを示されても、温暖化そのものを否定する態度を変えなかったのである。[1] さらに驚くことに、この結果は教育水準や知性とは関係がなかった。共和党支持者は、教育水準が高かろうと低かろうと、信頼性の高いデータを信じようとしなかった。となれば、どんな人にもこうした現象は起こりうることになる。

自分の将来から不安な要素を取り除きたいという欲求も、経済、さらには広く科学現象の理解に重大な

影響をおよぼす。たとえば、温暖化を食い止めるには莫大な費用がかかると考えたくない。そこで、政治論議では「グリーン成長」という概念が好まれる。この名前からして「いいこと尽くめ」の環境政策だという印象を与えるが、もしそれをローコストで実現できるなら、どうしてこれまで実行に移されなかったのだろうか。

また私たちは、事故だの病気だのといった悪いことは他人に起きるものであって自分や家族には起きないと考えたがる（この思い込みのせいで、運転するときに慎重さを欠いたり、健康管理に十分な注意を払わなかったりする。だがこうしたよからぬふるまいも、悪いことばかりではない。ある程度の無頓着は人生を気楽にするからだ）。これと同じで、公的債務が返済不能に陥ったり年金制度が破綻したりして、社会制度の全面的見直しを迫られる事態を考えまいとする。でなければ、「どこかの誰か」が払ってくれるだろうなどと考えたりする。

私たちはみな、別世界を夢見ているのだろう。そこでは、誰も法律で強制されなくても立派にふるまい、環境を汚染せず、自発的に税金を収め、警察官が見張っていなくても慎重に運転する。映画監督が、観客のそんな空想に応える結末を用意するのはこのためだ（何もハリウッド映画ばかりではない）。ハッピーエンドは、この世は最後は善が悪に勝つ正義の世界なのだという確信をいっそう強めてくれる。この確信には、社会心理学者のメルビン・ラーナーによって「公正世界仮説」という立派な名前がついている[2]。

右派・左派を問わずポピュリスト政党は、こうした空想的な経済観の尻馬に乗っている。そしてこのおとぎ話の理想郷に暗い影を落とすようなメッセージは、うまくいけば警告と受けとめられるが、悪くすれば狂信的な温暖化論者あるいは緊縮財政論者あるいは人道の敵の片棒を担ぐものとみなされかねない。経済学がよく陰鬱な学問と呼ばれるのは、このあたりにも一因がある。

人間が見るもの、見ないもの

第一印象とヒューリスティクス

経済学を教えるときには、合理的選択理論を前提とすることが多い。つまり経済主体の行動を説明するときは、まずはその目的を説明することから始める。そして個人が利己的にせよ利他的にせよ、利益や名声を望むにせよ他の野心に取り憑かれているにせよ、どんな場合でも自己利益を最大化するように行動すると仮定する。だがこの仮定はときに行き過ぎである。その一因は、良い選択をするために必要な情報を必ずしも持ち合わせていないことだが、そのほかに、認知バイアスから逃れられないため、目的達成の方法選びでまちがいやすいという理由もある。正しい推論や認識を邪魔するバイアスは、きわめて多い。バイアスがあるからといって、合理的選択理論（この理論は、自己利益を最大化するために個人がとるべき選択を決めつけているという点で、規範的選択理論と変わらない）が成り立たなくなるわけではないが、人々が合理的選択をするとは限らないことの説明にはなる。

二〇〇二年にノーベル経済学賞を受賞した心理学者ダニエル・カーネマンは、「ヒューリスティクス」の存在を指摘した[3]。ヒューリスティクスとは、短く切り詰めた間に合わせの推論で質問におおざっぱな答を出す便法のことで、大方の人はこれをさかんに使っている。なにしろヒューリスティクスは、とても便利なのである。というのも、短時間でさっと答を出せるからだ（目の前に虎がいたら、面倒な計算している時間などない）。だが、ひどく的外れの答を出してしまうこともある。さらに感情に影響される感情ヒューリスティクス（好きか嫌いに基づく判断）となると、だいたいにおいて全然当てにならない。

ここで、古典的なヒューリスティクスの例を挙げておこう。記憶に残っている人や現象が選ばれたり評価されたりするというものである。たとえば「シャワーを浴びているときに限って電話がかかってくる」がそうだ。これは、あきらかに記憶のいたずらである。電話に出るためにシャワーを中断し、悪態をついたりしたものだから、何の支障もないときにかかってきた電話よりもそちらのほうをよく覚えているということだ。同様に、私たちは飛行機事故やテロをひどく恐れる。なぜなら、大々的に報道されるからだ。そして、幸いにもそうした事故は滅多に起きないこと、交通事故や「ふつうの」殺人のほうがはるかに多いことを忘れてしまう。二〇〇一年九月一一日以降、アメリカでは二〇万人が殺人事件の犠牲者になっているが、イスラム系テロリストに殺されたのは五〇人にすぎない(4)。しかしこの事実をもってしても、人々の記憶に深く刻み込まれたテロの印象を変えることはできない。

カーネマンとトヴェルスキーの重要な業績の一つは、こうしたヒューリスティクスが往々にして誤った答に導くと指摘したことにある。彼らは実例を豊富に挙げているが、中でも印象的なのは、ある症状が癌《がん》である確率の計算で、ハーバード大学医学大学院の学生がひんぱんに誤りを犯したというものだ。ハーバード大学医学大学院の学生と言えば、全米の学生の中で最も頭のいい部類に入る。ここでもまたまちがった思い込みは、いかに頭脳明晰であろうと、いかに高度な教育を受けようと、是正されないことがわかる(6)。

経済学でも、第一印象が人々を惑わせる。多くの人は経済政策の直接的な効果だけを見る。すぐに理解できるからだ。ぱっと見てわかりやすいことにだけ注意が向いてしまうのである。何かインセンティブや別の要因はないか考えようとしないし、市場につきもののタイムラグも意識しない。要するに問題の全体像を俯瞰的に捉えようとしない。あるいは政策の副作用のせいで、善意の政策が逆効果を招きかねないことにも気づかない。

そうした現象の例は本書を通じて取り上げていくことになるが、さっそくここで例を一つ挙げておくことにしよう(7)。このいささか挑戦的な例を選んだのは、認知バイアスのせいで人々がいとも簡単に政策効果を見誤ることが端的に表れているからだ。では始めよう。ある非政府組織（ＮＧＯ）が密売人から象牙を没収したと考えてほしい。このＮＧＯは、没収した象牙を粉砕して廃棄することもできるし、こっそり市場に転売することもできる。「どちらにすべきか、いますぐ答えてください」と言われたら、大半の読者は、第二の選択はとんでもなく不届きだと答えるだろう。私もそうだった。だが、もう少し考えてみよう。

まずこのNGOは、象牙を売って得た代金を、密猟・密売を防ぐという立派な目的に当てることができる（探知装置の整備・強化、車両の補充など）。しかも市場に売り出せば、象牙相場を押し下げる効果も期待できる（少量なら少し下がり、大量なら大幅に下がるだろう）(8)。密売人も、大方の人と同じく合理的である。自分たちの不法行為で得られる金銭的利得と、刑務所送りになったり警察官に銃撃されたりするリスクとを天秤にかける。象牙が値下がりしたら、一部の密売人はリスクに見合わないと考え、これ以上象を殺すのを止めるかもしれない。それでも、NGOが象牙を売るのは倫理に悖《もと》る行為だろうか――。たぶん。尊敬すべきNGOが公然と象牙を売れば、それまでいくらか後ろめたく感じていた買い手も、この取引は合法的なのだと考えるかもしれないからだ。とはいえ、少なくとも、NGOの行動を悪と決めつける前によく考えるべきだということはおわかりいただけよう。公権力は誰はばかることなく特権的な任務を遂行できるのだから、なおのことだ。彼らが象牙やサイの角の密猟者や密売人を追跡し、捕まえて訓示を垂れるとしても。

この架空のシナリオは、京都議定書が失敗に終わった根本原因の一つを解き明かしてくれる。一九九七年に採択された京都議定書は、温暖化防止の取り組みの中で大きな一歩となるはずだった文書だが、結局、目的を達成できなかった。なぜだろうか。環境問題における先送りは、経済学でよく言う「漏れ」にほかならない。この言葉が意味するのは、温室効果ガスの排出削減を地球の一部の地域で行っても、全世界の環境破壊を食い止める効果はほとんど、あるいはまったくないということだ。たとえば、フランスが化石燃料（石油、石炭など）の消費量を減らすとしよう。この努力はまことに称賛に値するが、専門家たちは口をそろえて、温度上昇を妥当な水準（摂氏一・五～二度）に抑えるには各国の努力がもっと必要だと言う。ところがフランスが石炭やガソリンを節約すると、石炭と石油は値下がりし、他国にとっては消費を増やす誘因となってしまう。

同様に、ヨーロッパが国際競争に直面している業種の企業に対して温室効果ガス排出権の購入を義務づけたら、おそらく企業は、排出量の取り締まりの緩い国に拠点を移転させるだろう。そのことはヨーロッパにおける温室効果ガス排出量の減少に寄与するとしても、環境面の効果はきわめて乏しい。要するに、温暖化に対する本気の取り組みは、全世界で同時に行う以外あり得ない。

経済に関する限り、地獄は善意で敷き詰められている。

顔の見える犠牲者のバイアス

私たちは、地理的・民族的・文化的に近い人やモノに自然に共感を抱く。この生来の傾向に進化論的な要因も加わって、[9]アフリカで餓死する大勢の子供たちよりも、自国で経済的に困窮している人々のほうに深く同情することになりやすい。頭の中では、アフリカの子供たちのほうが支援を必要としているとわかっていても、である。もう少し一般的に言うと、犠牲者に感情移入できるとき、人はより強い同情心を抱く。感情移入するためには、犠牲者を識別できることが重要だ。心理学の分野では、顔を一度見たことのあるという程度の人を、知らない人より好意的に扱う傾向について、長い間研究が行われてきた。[10]対象が誰であれ、このバイアスは公共政策にも影響をおよぼす。古い格言にもあるように、「一人の人間の死は悲劇だが、百万人の死は統計にすぎない」のである（これを言ったのはヨシフ・スターリンだとされるが、異論も多い）。こうしたわけだから、三歳のシリアの男の子が溺死してトルコの海岸に流れ着いた痛ましい写真を見て、私たちは見ずに済ませようとしてきた現象を見つめるようになる。地中海では何千人もの難民がそれまでにも溺死しているのだが、それよりも何よりもあの一枚の写真がヨーロッパの人々に衝撃を与えた。アイラン君の写真は、一九七二年に撮影された少女の写真を思い出させる。当時九歳だったベトナムの少女キム・フックがナパーム弾に焼かれ裸で道を走っているあの写真だ。誰に知られることもなく死んでいった大勢の犠牲者よりも、たった一人の顔の見える犠牲者が世界に衝撃を与えた。同じように、飲酒運転撲滅キャンペーンでは、年間の死者数を発表するよりも、はねられてフロントガラスに頭を突っ込む一人の歩行者の写真のほうが効果を上げる（だが問題の深刻さを示す情報は、統計のほうが豊富である）。

顔の見える犠牲者のバイアスは、雇用政策の立案にも影響をおよぼす。とくに甚だしいのは、終身雇用を保護する傾向が強く、いわゆる正規雇用に相当する無期雇用契約（CDI）と臨時雇用やパートタイムなどを含む有期雇用契約（CDD）との二重構造が見られるフランスのような国だ。メディアは、CDIの失業をさかんに取り上げ、雇用側との戦いを煽る。いったん失業したら同条件の職にありつくのが困難な国ではなおのことだ。こうした失業者は、「顔の見える犠牲者」である。だが失業して臨時雇用職を転々としたり、国から補助金の出る雇用契約や有期雇用契約で食いつないでいる労働者は、はるかに数が多いにもかかわらず、顔が見えない。彼らは統計にすぎないのである。しかし第9章で取り上げるように、彼らは無期雇用労働者を守る制度の犠牲者だ。無期雇用労働者をあまりに手厚く保護しなければならないため、企業は有期雇用を好む。やむを得ず無期雇用にする場合でも、政府が補助金（雇用安定のためだという）を出してくれる雇用契約に飛びつく。解雇についても同じことが言える。さしあたり解雇の問題は取り上げないが、雇用の保護と解雇は同じ問題を逆の側から見たにすぎないことだけは言っておきたい。

「顔が見える」ということに関して、経済学者と対極的な立場にいるのが医者である。「陰鬱な学問」の研究者とは対照的に、世間では医師を人々の幸福に資する職業と見なしている（この意味で、「医療福祉職」という表現はまことに正しい）。しかし経済学者の目的も、医者の目的とさして変わらない。経済学者も癌専門医と同じく、自分の知識（当然ながら不完全である）の範囲で診断を下し、必要であれば適切な治療法を、必要でなければ治療しないことを提案するのだから。

それなのに両者に対する評価がかくもちがう理由は、ごく単純である。医者の場合、よからぬ診断の影響を被るのは目の前の患者である（伝染病や抗生物質耐性菌に冒された場合や、ワクチンがない場合などは話が別である）。だから医者としては、ヒポクラテスの誓い、すなわち医の倫理につねに従い、患者の利益になると判断したことを提案するほかない。これに対して経済学では、よからぬ政策の犠牲となるのは、政策が適用される人とは別の人であることが多い。先ほどの労働市場の例はその代表例と言えよう。したがって経済学者は、たとえ顔の見える犠牲者の苦痛に冷淡だと非難されても、顔の見えない犠牲者にもしっかりと目配りしなければならない。

2　市場以外に稀少性を管理する方法はあるか？

空気、大河の水、景観といったものは、私が消費してもあなたの消費を妨げることはない。だが大方の資源は、誰かが消費すれば他の人は消費できなくなる。現代社会にとって基本的な問題の一つは、稀少資源をどう管理するか、ということだ。ここで言う稀少資源とは、誰もが消費したがる、あるいは所有したがるモノやサービスを意味する。具体的には、住宅やパンを、合金や顔料やグリーン技術に使われる希土類をどう管理するのか。生産性の向上やイノベーションや取引などによって稀少性をいくらか緩和できるとしても、やはり日々リアルタイムで管理する必要がある。社会はこれを何とかやってのけている。

稀少性はこれまでさまざまな方法で管理されてきた。たとえば行列（食料やガソリンなど必需品が供給不足になった場合）や抽選（アメリカのグリーンカードなど永住権の配布、人気沸騰のコンサートのチケット、臓器移植などの場合）がそうだ。分配の優先順位を定めるなど、行政が介入するケースもある。また価格統制を行い、需給均衡点より低い水準に価格を固定するケースもある。さらには、贈収賄や依怙《えこ》贔屓《ひいき》、暴力や戦争も稀少性の管理の一手段と言える。そしてもちろん、市場がある。といっても、市場は稀少資源を管理するさまざまな方法の一つにすぎない。今日では市場が圧倒的優位を占め、企業間、企業個人間（小売り）、個人間市場で資源を取引しているけれども、つねにそうだったわけではない。

市場による価格付けに比べると、他の価格決定方式はどこかしら弱点があるため、買い手がそこに付け込んでぼろ儲け（経済学ではこれをレントと呼ぶ）をする余地がある。いまここに、数の限られた品物が売りに出され、買い手はみな一〇〇〇ユーロまでなら払うつもりがあるとしよう。そして買い手の数は品物の数よりも多いとする。このとき市場価格は、需要と供給が均衡する点で成立する。一〇〇〇ユーロを上回れば誰も買わない。一〇〇〇ユーロを下回れば需要が供給を上回る。よって市場価格は一〇〇〇ユーロで落ち着く。

ここで政府が乗り出してきて、より多くの買い手を呼び込むためにこの品物の価格を四〇〇ユーロにすると決め、これを上回る価格で売ることを禁じるとしよう。なるほど買い手は、差額の六〇〇ユーロ分の浪費をする気になるだろう。そしてこの稀少な資源を手に入れるために別の資源（たとえば時間）を使う必要があるとなったら、買い手はきっとそうするにちがいない。その一例が、行列である。行列は、稀少資源の管理手段の一つとして旧ソ連圏で組織的に行われていた（そして市場経済でも、人気スポーツの試合などではいまだに行われている）。消費者はパンやジャガイモを手に入れるために、何時間も前から、ときには寒風の中を、ずっと行列をつくって待つ[11]。値段を下げれば、もっと前から来て並ぶ。この効用の損失は、低すぎる価格設定の副作用（これについては後段で取り上げる）にとどまらない。低価格政策で「恩恵」を受ける人がいることになっているが、実際にはそんな人はいないのである。市場は価格だけでなく他の「貨幣」の使用によっても均衡に達するのであり、この場合には大量の時間の浪費が「貨幣」に相当する。この浪費は、社会の幸福の大きな損失にほかならない。つまるところ、六〇〇ユーロ相当が雲散霧消したわけである。品物の所有者は、官民いずれであれ、六〇〇ユーロの損失を被る。買い手にしても何も利得はない。というのも、時間を失ったことによって、得られたレントは消えてしまったからだ。

贈収賄、依怙贔屓、暴力、戦争による財の配分は、言うまでもなく正義に悖る。しかも、非効率でもある。当事者が対価を払わずに資源を手に入れようとレントの追求に走れば、それにコストが生じるからだ。このような配分方法がいかに不適切かをくどくど述べる必要はないだろうから、ここではこれ以上は触れない。これらに比べれば、行列やくじ、政府による配給や価格統制は、ずっとましと言えよう（もちろん、依怙贔屓や賄賂の結果として行われる場合は話が別である）。だが、ましとは言っても三つの問題点がある。第一に、先ほどの行列の例で示したように、あまりに低い価格は、レントを求めて他の資源の浪費を引き起こしかねない。第二に、先ほどの例では品物の数が限られていたが、現実にはそうでないことが多い。実際には売り手は、価格が四〇〇ユーロのときより一〇〇〇ユーロのときに生産量を増やす。だから低すぎる価格は、結局は品不足を引き起こす。現に家賃の凍結が行われたときがそうだった。状態のいい貸し家の数はどんどん減っていき、稀少になって、低家賃の恩恵を受けるはずだった人々を困らせる結果になった。そして第三に、たとえばスポーツの試合でチケットを抽選にする場合、必ずしもいちばん行きたがっていた人がチケットを入手できるとは限らない（チケット転売の流通市場があれば別だが）。また行列の例で言えば、その日に列に並ぶ時間のある人や、寒さに耐えられる健康な人が品物を手に入れ、それがいちばん欲しかった人には届かないということが起こりうる。

つまり資源配分の仕方が悪いと、いちばん必要とする人には必ずしも届けられないということだ。必需品を政府が分配すると、すでに持っている人に配ったり、ほかの品物を欲しがっている人に届けてしまう、といったことが起こりうる。かといって、住宅を無作為に割り当てるわけにもいくまい。そんなことをしたら、立地や広さなどさまざまな点で当人の希望にそぐわないものになるだろう。自由に交換できる流通市場が存在しない限り、希望の住宅は手に入らない。市場については後段で改めて論じることにしたい。

資源配分の代表的な例として、ここで電波を取り上げよう。電波は本来は社会のものだが、空気とはちがって有限である。ある経済主体が消費したら、別の経済主体が消費する分は減る。電波は、通信事業者やメディアにとっては大きな価値のある資源だ。アメリカでは一九三四年通信法により通信事業の規制機関として連邦通信委員会（ＦＣＣ）が設置され、「公共の利益」のために周波数の割り当てを行っている。ＦＣＣは、過去には希望する事業者を公開審査に呼び、比較評価に基づいて帯域免許を交付していた。だがこのような審査は時間も費用もかかる。そのうえ、選択が適切だったかどうかもわからない。能力や実績のある事業者を選んだからといって、その事業者が良い事業戦略を立てて周波数をうまく活用するとは限らないからだ。ＦＣＣでは、抽選による割り当ても行っていた。

ここで重要なのは、いずれのケースでも、公共の資源である周波数を民間事業者にただで割り当てていたことである（フランスでは、非常に価値のあるタクシーの事業免許を無料で交付している）。しかも、この特権を手にした事業者が最もうまく活用するという保証はどこにもない（このことは抽選であれば自明だが、比較評価の場合にもその可能性がある）。そこで、最適利用を図るために免許の転売が許可されるようになった。だが流通市場で転売できるとなれば、転売目的で免許を取得するプレーヤーが出現することになり、稀少性に伴うレントはそのプレーヤーのポケットに入ってしまい、本来レントを享受すべき社会のものにはならない。

そこでアメリカでは二〇年ほど前から、他国同様、オークション方式が採用されるようになった。この方式は、周波数の価値を最も高く評価した入札参加者に確実に免許を与える効果的な手段である。しかも、周波数の価値は社会が回収することができる。アメリカが一九九四年以降に行った一連の周波数オークションによって、約六〇〇億ドルが国庫収入になった。これだけのお金が、それまでは何の理由もなく民間事業者を潤していたのである。オークション方式の設計への経済学者の関与は、国家収入の増加に大きく寄与したと言えよう。

政府がやりたいこと、政府にできること

稀少性の管理と認知バイアスの間に何の関係があるのか、といぶかっている読者もおられることだろう。それは、こうだ。市場では一〇〇〇ユーロの稀少資源の価格を四〇〇ユーロにすると決めた政府は、この資源を誰にでも手の届く値段にしたいという立派な意図を示したことになる。だがこの政府は、間接的な影響を理解していない。短期的には安すぎる資源に買い手が殺到して、行列待ちや他の資源の浪費を招く。長期的には、低すぎる価格で生産者がやる気を失い、品不足が起きる。

また最適と判断した通信事業者に周波数を無料で割り当てようとする政府は、自分がやりたいこととできることがわかっていない。彼らは、割り当てに必要な情報を自分たちが持ち合わせていないことを忘れているのである。資源配分の決め手となるのは情報であり、市場のメカニズムはそれをあきらかにするこ

とができる。政府は、どの事業者が最高のアイデアを持っているのか、どの事業者が最も効率よくその周波数を活用できるのか、知らない。だが入札をすれば、少なくとも、どの事業者が最も多く払う気があるのかを知ることができる[12]。

一般に、政府が自分で配分を決定するのに必要な情報を持っていることはめったにない。だからといって政府が何も決められないわけではなく、実際にもあれこれ決めている。だが政府は、自らの限界を謙虚に受けとめるべきである。本書を通じて論じていくように、政府には最適な経済政策を選ぶ能力があるという自信過剰は、傲慢につながる。さらにそこに、最終決定権ひいては特定の誰かに便宜を図る特権を手放すまいとする傾向が重なって、悪しき環境政策や不適切な雇用政策を生み出してきた。有権者は、顔の見えない市場が優勢な世界に不安を感じ、守ってくれる顔を探している。しかし有権者は、政府がけっしてスーパーマンでないことを認めなければならない。実行可能な有益なことを政府がやらないときには強く要求してよいが、魔法のように問題を解決できないからといって、政府を無能呼ばわりしたり裏切り者扱いしたりするのはやめたほうがいい。そもそも有権者は、必ずしも謙虚な政府にやさしいわけではない。たとえばリオネル・ジョスパン首相は政府の無能力を認めたところ（ミシュランの大量解雇をめぐって一九九九年九月一四日に「国家は何でもできるわけではない」と述べた）、これが遠因となって二〇〇二年の大統領選挙で敗れている。

ポピュリズムの台頭

いまや世界のあちこちの国で、右派左派を問わずポピュリズムが勢力を伸ばしている。ポピュリズムと一言で言っても表れ方はさまざまなので、定義はむずかしい。とはいえ共通点としては、有権者の偏見や無知にうまく付け込むことが挙げられる。移民や外国人の排除、自由貿易に対する憎悪などは、人々の恐怖感に付け入ったものだ。このようなポピュリズムが台頭する背景は、国によってまちまちだろう。だが技術革新に伴う雇用の変化、金融危機、低成長、債務の膨張、不平等の拡大を前にした不安は、どの国にも共通する要素だと考えられる。経済面に限って言うと、ポピュリストの掲げる政策はどれも基本的な経済のメカニズムを無視し、公会計の原則から逸脱している。彼らの公約は、床屋の看板にいつも書かれている「明日はひげそり無料」を思い出させる（愛すべき喜劇俳優コリューシュは、一九八一年の大統領選挙から撤退するときにありとあらゆるものを揶揄した挙げ句、大まじめにこう約束した――「明日はひげそり無料」）。

経済学者は、そして一般的には科学者はみな、自らの影響力はどの程度のものなのか、真剣に自問しなければなるまい。イギリスの欧州連合（EU）離脱、いわゆるブレグジットの可否を問う国民投票を例にとろう。投票は、二〇一六年六月二三日に行われた。イギリスのみならず世界中の経済学者、そして信頼できる機関（英財政研究所〔IFS〕、国際通貨基金〔IMF〕、経済協力開発機構〔OECD〕、イングランド銀行等々）がほぼ異口同音に唱えた主張に、どれほどの影響力があったのだろうか。彼らによれば、離脱によって経済的に何も得をしないどころか、失うもののほうが多いという。(13) とはいえ投票の争点となったのは経済ではなく別の問題、とくに難民問題であり、万事がポピュリストの思う壺《つぼ》にはまっていた。イギリスの有権者は、専門家の意見をあまり顧慮しなかったように見受けられる。専門家の討論というものは「必ず不一致に終わるに決まっている」と考えた（あるいはそう信じようとした）のだろう。

3　経済学をもっと広めるために

経済学は、他の文化、たとえば音楽や文学やスポーツと同じで、知れば知るほど良さがわかってくるものだ。では、経済学という文化に多くの人が触れやすくするには、どうしたらいいだろうか。

経済学者を引っ張り出せ

経済学者は、もっと積極的に知識を伝える役割を果たせるはずだ。

経済学者も人間だから、インセンティブに反応する。現状ではどの学問分野でも、学者としてのキャリアは研究業績と門下生の出来に基づいて判断されており、一般の人々向けの行動はほとんど評価されない。それに、学者は象牙の塔にこもっているのが心地よいのである。というのも、第3章で改めて取り上げるが、専門的な議論だけをしていた学者が一般の人々に向けて何かを発信するのは、口で言うほど容易ではないからだ。

とりわけ創造的な才能に恵まれた研究者は、公の場で議論するのを好まない。彼の使命は知を創造し、それを学生に伝えることである。途方もないエネルギーの持ち主でない限り、この使命と一般大衆に知識を教える活動とを両立させるのはむずかしい。アダム・スミスに向かって、経済予測をしろとか、報告書の監修をせよ、テレビで解説せよ、ブログを更新せよ、入門書を書けなどと言った人はいない。こうした社会的なニーズはもっともではあるが、ときに知の創造者と知の伝道者の間に溝を作ることになる。

もっとも、経済学者が使命だけを遂行していても批判を免れるわけではない。経済学者は、経済学教育を現実に即していて直観的にわかりやすいものにすべく、もっと努力しなければならない。そのためには、現代の市場や企業や政府の意思決定の問題点を踏まえて教えることが必要だ。そのような経済学教育は、教育目的に適《かな》うように検証し単純化した理論と、実証的なデータの両方に基づくことが求められる。時代遅れの経済思想やはるか昔の専門的な議論を教えたり、厳密でない理論、あるいは逆に数式だらけの説明を教えるのも、高校生や大学生のニーズに適うとは言いがたい。彼らの大半は、職業としてのいわゆるエコノミストになるわけではないし、まして経済学の研究者になるはずもないのだから。彼らに必要なのは、実用的な経済学の手ほどきである。それは直観的にわかりやすく、しかし厳密で正確でなければならない。

高等教育制度を改革せよ

フランス人の大半は、バカロレア（後期中等教育卒業資格兼大学入学資格）を取得したら、直ちに大学で専門分野に進む。これは言うまでもなく、ばかげたやり方だ。一八歳になったばかりで、将来は経済学者になるとか、社会学者、法学者あるいは医師になるなどと、誰が決められるだろうか。職業について真剣に考えるようになるのはもっとあとだということをさて措くとしても、彼らはそうした学問にそれまでまったく接したことがないか、ほんの少しかじっただけなのである。十分な知識もないうちに専門分野を決めなければならないとなると、経済学を選ぶ学生はどうしても少なくなってしまう。かといって専攻が何であれ経済学を必修にしたところで、大半の学生はその後は経済学から離れてしまうだろう。その一方で、フランスのエリート養成学校と言われるグランゼコールの学生は、一般の大学生と異なり、専攻の選択を先送りすることができる。とはいえグランゼコールの学生は高等教育を受ける学生全体からすればごく一部にすぎない。

公的な意思決定プロセスを改革せよ

フランスは、かつて公的・準公的部門で経済理論を活用し、他国から大いに称賛された時代があった。ジュール・デュピュイ（土木技術者兼経済学者、フランスの道路やパリの下水道の建設・運営に多大な貢献をした）、マルセル・ボワトー、ピエール・マッセ（両人はフランス電力公社の経営と料金計算に革命をもたらした）に連なる「エンジニア経済学者」の系譜は、フランスの行政における経済分析ツールの開発に輝かしい功績を残している。だがこれらは制度がもたらしたものというよりは偉大な個人の尽力によるものだったし、どれも公共経済の領域に属すものだった。言うまでもなく、実際の経済における重大な問題の多くは企業や市場の領域で発生する。国際競争、競争法、市場規制、労働市場、ポートフォリオ管理、年金改革、自然独占の規制、官・民組織のガバナンス、官民連携、企業の社会的責任、持続可能な開発、イノベーションの推進、知的財産権、金融機関の健全性など、挙げていけばきりがない。

フランスには国家の干渉主義の長い伝統があるうえ、自己完結的なところがある。昔の大企業のＰＤＧ（取締役会会長兼社長）ともなれば、競争法上の問題に遭遇しても、産業経済の原則など理解する必要がなかった。重要なのは閣僚との個人的なコネクションであり、電話一本で万事を解決できたからである。同様に、政府に保護され独占を享受している企業は、経営戦略の進歩など考える必要がなかった。たしかに、経済・財務省ではフランス国立統計経済研究所（ＩＮＳＥＥ）と経済予想局の影響もあって経済学が浸透していたが、それも財務総局に限られていた。持続可能な開発省と予算局では伝統的に経済学者が登用されてきたが、この文化は他の省庁には普及しなかったし、開発省と予算局でさえ、定着したとは言いがたい。他国では「チーフエコノミスト」のポストが用意され、定評ある研究者が大学を休職してフルタイムで就任し、省庁や独立行政機関のトップに直接助言ができるようになっている。さらには、財務省の重要ポストや中央銀行総裁に経済学者を登用する国もある。この点に関してフランスはかなり後れをとっている。

経済学者が責任を引き受けよう

経済学の知識は、科学や地政学の知識と同じく、政府の選択を助ける。「民主政体においては、市民は己の質に応じた政治家を持つことになる」と言ったのは、哲学者のアンドレ・コント＝スポンヴィルだった。そのとおりだとしても、政治家をのべつ批判するよりは、支えるほうがよいだろう[14]。私に言えるのは、市民は己の質に応じた経済政策を持つことになる、ということだ。さらに言えば、市民の間に経済学が根付いていない場合、良い選択をするには政治家に勇気が必要になる。

実際には政治家は、次の選挙で落選することを恐れ、不人気な政策の採用を躊躇する。となれば、経済のしくみについて市民がきちんと理解することは、公共の福祉に資すると言えるだろう。大方の人は、他人には知的努力をして政治家にもっと合理的な選択を促してもらいたいと考えるが、自分はその気がない。知的好奇心が欠如していると、経済のしくみを理解するために時間と労力を投じる気持ちにはならず、フリーライダーになりやすい[15]。

経済学という難解な概念をわかりやすく説明できる第一級の学者はめったにいないが、その稀有な一人がノーベル賞受賞経済学者のポール・クルーグマンである。クルーグマンは経済学について次のように分析している。

「経済学を語る方法は三通りある。第一は学問的な方法、第二はジャーナリスティックな方法、第三は空港向けの方法だ。第一の方法は、形式に則った理論的で数学的なもので、大学の専売特許と言えるだろう。どんな学問もそうだが、経済学にもインチキなところがあって、凡庸な考えを小難しい専門用語で飾り立ててごまかしている。経済学を活気づけているのは一部の本物の研究者だが、彼らも自説を正確に表現するために特別な用語を使う。残念ながら、いかに優れた学術文献も、経済学を専門的に勉強したことのない人にはちんぷんかんぷんだ（ビレッジ・ボイス紙のある不運な記者は、たまたま私の書いた学術論文を読む羽目に陥った。そして『これなら中世のスコラ哲学の書物を読むほうがまだわかりやすいし、楽しい』と言ったものである）。第二のジャーナリスティックな方法は、新聞や雑誌の紙面やテレビ番組によく登場し、最新のニュースや最新の統計データをさかんに援用する。『先日発表されたデータによれば、家計部門の不動産投資は引き続き伸びている。これはあきらかに景気回復を示す徴候と言えよう。この発表を受けて、債券相場は下落した、云々』という具合である。この種の話はみんな聞き飽きているが、それももっともだ。とはいえ、この種のデータから短期的な予想をすることは十分に可能である。中には閃きで予想する輩もいるが。ともあれ、あの新聞やテレビでやるいい加減な予想が経済学なのだと大方の人が考えているのは、きわめて遺憾である。そして第三の空港向けの方法とは、要するにベストセラーを書くことだ。経済関連のベストセラーは主に空港の売店で売られる。ビジネス客が、遅れた飛行機の出発待ちの時間に読むわけだ。この手の著作の大半は、悲劇を予見する。またもや大不況に見舞われる、国内市場が日本企業に席巻される、為替が暴落する、等々。数は少ないが、むやみに強気に楽観論を主張する著作もある。テクノロジーの進歩により、あるいはサプライサイド経済により前例のない経済成長の時代が来る、といった類いだ。楽観論にせよ悲観論にせよ、この種の経済書は暇つぶしにはなるとしても、緻密な議論はめったに期待できず、真剣に取り上げるべきものではない」(16)

私たち経済学者が経済現象を十分に理解していないのは、信じたいことを信じてきた知的怠慢のせいであり、また認知バイアスのせいであって、すべて私たち自身の責任である。経済学者には経済学を理解する能力はあるのだから、推論や予測の誤りは知的能力や教育水準では説明できない。

正直に言ってしまえば、映画を見たり小説を読んだりするほうが、経済書を読むより楽しい（経済書を批判しているわけではない。経済書だけでなく、専門書はどれも読むのが苦痛だ）。だが読むのが楽しい本にしようとすると、ひどく単純になってしまう。クルーグマンの比喩で言えば、空港で暇つぶしに読む本だ。見かけ倒しにならない本を書くためには、どの学問分野でも真剣な努力を必要とする。知識を深めるのに固い決意は必要だが、思い込みは捨てなければならない。

未来を考える

フランスには誇るべき人的資源が備わっており、有能な経済学者も大勢いる。グランゼコールの学生は特権的な教育を受けているし、一部の大学では質の高い経済学教育を行うようにもなった。ＩＭＦは二〇一四年に四五歳以下の影響力のある経済学者二五人を選んだが、驚くべきことにそのうちの七人がフランス人だった。もっとも、七人全員が博士号をアメリカかイギリスで取得しているのだが（うち四人がマサチューセッツ工科大学）。このほかにも、さまざまな事情から二五人に入れなかったフランス人若手研究者が多数挙げられているのは心強い。とはいえ、よく言われるようにフランス流の経済学というものがあるとは思わない。定量的な分析手法を十分に訓練された優秀な学生がアメリカの一流大学で学んだというだけのことだろう。

フランスの経済学者はけっして時代遅れになってはいない。先行世代と比べてちがうのは、世界を股にかけるようになったことである。ＩＭＦに選ばれた七人のうち、五人がアメリカ、一人（エレーヌ・レイ）がイギリスにおり、フランスにいるのは一人（トマ・ピケティ）だけだ。ここに懸念すべき問題がある。フランスの教育の質の問題もさることながら、人的資本の流出は大いに悩ましい。フランス人研究者の中でも、国家が高いお金をかけて育成したとりわけ優秀な人材が出て行ってしまうのである。グローバル化した今日の世界では、彼らを非難することはできない。研究大国の魅力ある条件に劣らぬ条件を、フランスが用意しなければならない。二一世紀の経済で生き残れるかどうかは、ひとえにフランスの研究機関の魅力にかかっているのであって、ことは経済学にとどまらず、すべての学問に当てはまる。

フランスでは経済学に対する関心が高まっていることもあり、今後この分野はより改善が期待できると考えている。今日の世界では、企業は政治力よりも経済の知識が重要だ。たとえば、検討中の買収は経済学的にみて妥当か、この行動に経済合理性はあるか、等々。またフランスの官僚は、欧州委員会（ＥＣ）、ＩＭＦ、世界銀行、世界保健機関（ＷＨＯ）、世界貿易機関（ＷＴＯ）、欧州中央銀行（ＥＣＢ）などの国際機関の幹部と対等に渡り合わなければならないが、その大半が経済に関係する。したがって経済学の素養がないと、どんどん発言力を失うことになりかねない。こうした状況を目の当たりにした若い世代が経済学に高い関心を示しているのは、たいへん喜ばしいことである。

第2章
市場の倫理的限界

目的の国では、あらゆるものは価格か尊厳を持つ。価格を持つものは、ほかの等価物で置き換えることができる。これに対していっさいの価格を超えたもの、したがっていかなる等価物もあり得ないものは、尊厳を持つ。

――イマヌエル・カント『道徳形而上学原論』(1)

本を読んだら一ドルあげると子供に言ったら(一部の学校はそうしている)、読書はお金になると子供に教えるだけでなく、読書のほんとうの価値を子供から永久に奪ってしまうことになりかねない。市場は無垢ではないのである。

――マイケル・サンデル(2)

市場経済には賛成だが、市場社会には反対する。

――リオネル・ジョスパン(3)

人々が「自由企業制と市場経済の優位性」をどの程度信奉しているかは、国によってかなりばらつきがある。(4) 二〇〇五年には全世界の六一%が、市場経済は未来を託すことのできる最善のシステムだと考えていた。ただしドイツ人の六五%、アメリカ人の七一%、中国人の七四%はそう考えていたが、ロシアでは四三%、アルゼンチンでは四二%、フランスでは三六%にすぎない。この数字は、その国の経済政策の選択に影響をおよぼしている。

市場は、十分に競争的であれば、価格の押し下げ、生産コストの抑制、イノベーションの誘発、貿易の促進を通じて世帯の購買力を押し上げることができる。外からはわかりにくいが、政府による資源配分でありがちな裁量的な意思決定やロビー活動や依怙贔屓《えこひいき》から市民を守る働きもする（そうした中央集権的なやり方がフランス革命を引き起こしたと言える。革命の結果、一七八九年に封建的特権が廃止され、一七九一年には同業者組合が廃止されるにいたった。また二〇世紀末に計画経済が崩壊したのも同じ理由からである）。こうしたさまざまな理由から、市場は経済活動において中心的な役割を果たしている。[5]

だが本書でこれから見ていくように、市場の良さを引き出すためには、自由放任《レッセフェール》を抑えなければならないことが多い。現に経済学者は、市場の失敗の原因究明と公共政策によるその修正方法の模索にかなりの時間を費やしてきた。競争法、産業別規制や予防的規制、環境や渋滞など外部不経済への課税、通貨や金融の安定化、教育や健康など価値財の供給メカニズム、所得の再分配等々である。それでも大方の経済学者は、さまざまな欠点を認識したうえでなお、先ほど挙げた理由から市場を支持している。経済学者にとって市場は単なる手段であって、けっしてそれ自体が目的ではない。

他の社会科学（哲学、心理学、社会学、法学、政治学など）の専門家や大多数の民間人、そして宗教家の市場観はちがう。彼らは市場の良さは認めながらも、経済学者は倫理の問題を十分に顧慮しておらず、市場の領域とそうでない領域との間に明確な一線を引く必要性もわかっていないと批判している。

このような見方が根強いことは、ハーバード大学のマイケル・サンデル教授の著書『それをお金で買いますか』（邦訳、早川書房）が世界的なベストセラーになった事実によく表れている。[6]ここではそのごく一部を例に挙げよう。サンデルは、友情や一流大学の入学資格やノーベル賞がお金で買えるべきではないのと同じように、さらに言えば遺伝子や生体に特許をかけるべきではないのと同じように、養子、成績、生殖能力、麻薬、兵役、投票権、環境汚染、臓器移植といったものは市場で取引されるべきではないと主張する。[7]もっと言えば、社会は「市場病」とでも呼ぶべき病に冒されているが、市民運動家ジョゼ・ボヴェの著書のタイトルが示すように『地球は売り物じゃない！』（邦訳、紀伊國屋書店）ということだ。

本章では、市場に対するこうした嫌悪感、市場の領域と「聖なる」領域の区別、社会の選択において感情や怒りが果たす役割、市場は社会の絆を脅かすとの議論、そして平等の問題を取り上げる。本章の目的は、私たちの倫理的判断の根拠を客観的に考察することである。とはいえ、このような複雑な問題に対する答は一つではないし、答が出せないこともままある。客観的あるいは科学的に考えようとすると、それまで信じてきたことが（手始めに私の信念が）かき乱されるからだ。だがこうした知的試行錯誤こそ、公共政策の立案では欠かせない作業だと考える。たとえもともとの信念をいっそう強める結果になるとしても。

倫理に適《かな》うとされてきたことは、時とともに移り変わる。経済学でも例外ではない。大昔には、生命保険も預金金利も倫理に反すると考えられていた。最近では、失業対策や地球温暖化対策として多くの経済学者が提案した解決策（その多くは、経済主体に対し行為の結果に責任を持たせようとする）[8]は、倫理に悖《もと》ると非難されることがある。もっとも、ここ三〇年ほどの間に世論はいくらか変化してはきた。

また、倫理というものはきわめて個人的な側面も持ちうる。個人の倫理観から怒りの感情を抱き、倫理を理由に個人的な価値判断を他人に強要し、他人の自由を脅かすことがある。多くの社会で同性間や異人種間の性行為が倫理に反するとみなされてきたことは、その一例だ。この種の倫理的な主張に対して、必ずしも別の倫理的主張で応じる必要はない。つまり、私の倫理観があなたの倫理観と衝突して問題を紛糾させるにはおよばない。解決は意外にも、単純な問いから始まる。犠牲者はどこにいるのか。あなたの信念の根拠は何か。あなたの怒り以外に他人の自由の侵害を正当化する理由はあるのか、等々。なるほど怒りは、社会の不正や何らかの行為の不適切さを指弾するうえで、ときに非常に有効である。それは認めよう。だが、そこで止まってはならない。怒る理由は何なのかを理解しなければならない。

本章は四つの節に分かれている。第１節では、情報（ある財がお金に換算されることでその財の意味合いが変わり、価値が破壊される）、外部性（市場取引に伴うコストが第三者に押し付けられる）、内部性（個人のふるまいが当人の利益に反する）の問題に対して、市場の規制・禁止がなぜ一つの答になりうるのかを示す。いずれの場合も、規制や禁止は市場の失敗という一つのことに対応している。このような問題を論じるときに倫理を持ち出しても役に立たない。とりわけ、どの市場に規制や禁止を適用すべきか、単純な市場を上回る解決は何かを考える場合には、倫理では答は出ない。

第2節では、誰もが倫理的嫌悪感をもよおすような事柄を検討する。たとえば臓器移植への報酬、代理母、売春などだ。第2節の目的は、既存の規制や禁止を見直すことではなく、その根拠について深く考えることにある。客観的に考えることは政策のより良い理解につながるし、政策の改善につながる可能性もある。ここでは、経済学者が命を救うために臓器提供を認めることを主張し、囂々《ごうごう》たる非難を引き起こしたのはなぜかを考える。

最後の二つの節では、市場に対する嫌悪感の別の理由として、社会の絆の弱体化と不平等を取り上げる。ここでは、この方面で経済学に何ができるかに焦点を合わせる。公共政策は、あくまでも目標の実現がぜひとも必要だから実行するのであって、単なるポーズでアナウンスメント効果を狙うべきではない。後者は往々にして意図と正反対の結果を招いたり、公的資金の無駄遣いに終わったりする。

1　市場の倫理的限界か、それとも市場の失敗か？

真の問題に集中するために、マイケル・サンデルが挙げた事例の一部はひとまず棚上げすることにしたい。それらの事例は経済学者の業績に対する無知を露呈しているが、実際には情報や外部性などに関しては、経済学によって多くのことがあきらかになっている(9)。また欧米では二〇年ほど前から学際的な研究が行われており、理論研究・実証研究ともに、研究室で、フィールドで、あるいはネットワークを活用して、倫理と道徳、社会規範、アイデンティティ、信頼、インセンティブなど、じつにさまざまなテーマが取り上げられてきた。これらの研究を検討すると、市場の失敗と市場の倫理的限界がしばしば混同されていることがわかる。

情　報

友情や大学の合格や学術的な賞をお金で買えるという考えは、情報の非対称性に関する基本的な理論と真っ向から対立する。これらの「財」は、お金を出せば買えるのだとわかった瞬間に、まったく価値がなくなってしまう。というのも、友情が本物なのか、大学の合格が能力の証なのか、賞にふさわしい業績があったのか、もはや知る術がなくなるからだ。そうなると、大学の卒業証書は単に金持ちだという証明であって能力の証明ではなく、したがって職探しに有利な材料とはならない。この観点からすると、アメリカの一部の大学、とくにアイビー・リーグと呼ばれる名門大学で、本来なら合格しないような学生を親が多額の寄付をしたという理由で合格させているのは、衝撃的な事実である。もちろん大学への寄付の大半は、下心なしに行われているのだろう。それに寄付金によるいわゆる「裏口入学」はごく一部の現象であって、学生の平均的な資質に疑いを抱くべきではあるまい。それにしても、このような習慣はどう見ても問題と言わざるを得ない。裕福な親は、我が子が優秀な学生の間に紛れ込んで一流大学の卒業証書を手にするために、躊躇なく大枚をはたいて入学許可を買うのである。

外部性と内部性

別の問題として、子供の養子縁組の市場がある。この市場では、「売り手」すなわち生物学上の親と「買い手」すなわち育ての親が、子供をお金で取引する。この取引ではとても重要な当事者が蚊帳の外に置かれる。それは、子供自身だ。子供はこの取引の被害者となり重大な外部不経済にさらされる可能性がある。市場がもたらす外部不経済のもう一つの例として、内戦の資金に充当するためのダイヤモンドの取引が挙げられる。武装組織にダイヤ密売を許可するのはあきらかに権力の濫用であり、内戦の犠牲になる多くの民間人を苦しめることになる。環境汚染に関しては、経済学者は炭素排出に対する課税や排出権取引などの形で汚染に値段を付けることを提言した。これによって環境政策のコストを軽減し、環境改善に寄与することができる。それでも一部の人々は、お金を払うことで企業が環境を汚染する権利を手に入れられるという発想を非倫理的だと考えた。だが、こうした反対論は根拠に乏しい。いま現在、炭素排出企業は、失われるものの重大さに比してばかばかしいほどわずかな金額しか払っていないのである。これは倫理的と言えるのだろうか。究極の目的は、環境汚染を減らすことである。残念ながら完全になくすことはできないのだから、少ないコストで減らせる方法があるなら、そうすべきだ。炭素の排出に値段を付けるのは、まさにその効果がある。

麻薬の問題は、コカインなどの中毒性の高い麻薬は暴力を引き起こし公共衛生を脅かすというだけでなく、自制心の欠如や過剰依存の最大の犠牲者は本人だという特徴がある。したがって麻薬は倫理の問題ではなく、市民を他者（外部性）から、そして何よりも自分自身（内部性）から守るという問題に帰結する。こうした考え方は、スポーツ選手のドーピングにも当てはめることができる。ドーピング規制は、内部性（長い目で見れば、ドーピングをする選手の健康は、名声や栄誉やお金の欲望のために蝕まれる）からも、外部性（ドーピングをする選手は、そのスポーツのイメージを汚し、他の選手にも悪影響を与える）からも、正当だと言えよう。

もう一つ例を挙げよう。投票権が市場価格で取引される国では、「無知のヴェール」のうしろにいる状態、すなわち社会における自分の位置づけがわからない状態で政策を立てることができない[10]。富裕な一族は投票権を買い取り、自分たちに都合のよい法案を可決させることができるからだ。この論拠は、選挙運動への個人献金の制限や、公的資金の政党への交付にも当てはまる。さらに言えば、投票権を直接買うことは、選挙運動への献金よりもたちが悪い。後者は、ある候補者を後押しするという迂遠な方法で投票権を「買う」にすぎない。

このように市場の失敗は多種多様であり、経済学者はつねにそのことを念頭に置かなければならない。

インセンティブ

経済学では、個人の目的が社会の目的に沿うことが望ましいと考え、社会にとって有害な行動を阻み、有益な行動を促すようなインセンティブを設けることによって個人と社会をうまく折り合わせようとする。他の社会科学は、この原理に必ずしも賛成していない。外から与えられた動機（インセンティブ）は内なる自発的な動機をしぼませかねないから、外的なインセンティブは生産的でないという。本章の冒頭の引用ではマイケル・サンデルが市場批判をしているが、彼が非難しているのは、むしろ広くインセンティブなのである。本を読んだら子供にお金をあげるという政策にしても、じつのところ国家や国際機関が提案することも大いにありうる。市場は、言ってみればインセンティブ・システムを作り出しているにすぎない。

財の値段が上がれば供給が増えるという経済学の原則に心理学者たちは異論を唱えてきたが、サンデルはこの古典的な批判を改めて述べたとも言える。たしかに価格と供給に関するこの原則は、経済活動の多くの領域で実証的に確かめられてきたものの、当てはまらない例も少なくない。本を読んだら、あるいは試験でいい点を取ったらお金をあげると子供に言えば、ある一冊の本を読ませることはできるかもしれないし、今度の試験の勉強をしっかりやらせることもできるかもしれない。だがその好ましい効果は長続きせず、お金をもらえなくなった途端に意欲は失せかねない。となればインセンティブ政策は、非生産的だということになる。

献血に報酬を払っても、必ずしも献血は増えないというデータもある。このインセンティブに応じる人もいるが、逆に献血する気をなくしてしまう人もいる。第5章でくわしく論じるが、自分は良い人間だという好ましいイメージを自分にも他人にも与えたいという欲望があるとき、インセンティブの存在はかえって逆効果になる。その行為が公の場で（とくに自分が評価してもらいたい人の前で）するものだったり記憶に残るものだったりすれば、なおのことだ。もともと社会にとって好ましい行為（たとえば献血）に報酬が払われるとなれば、博愛心からではなくお金欲しさにやっているると勘ぐられるのではないか、と不安になる。となれば、自分自身に、あるいは他人に示すつもりだった善意のシグナルは汚れてしまう。つまり経済学の基本原則とは裏腹に、金銭的報酬は供給を減らすことがありうる。複数の実証研究がこの仮説を裏付けている。

2　聖なる領域

前節で挙げた例は、古典的な経済学に属している。だがこのほかにも、誰もが倫理的嫌悪感を抱く市場やインセンティブは存在する。臓器売買、代理母、売春、兵役逃れの料金といったものがそうだ。なぜ嫌悪感を抱くのだろうか。

命に値段は付けられない

本章の冒頭に引用したカントの言葉では、価格を持つものと尊厳を持つものとが峻別されている。人々の市場に対する見方にも、おそらくはお金に換算できるものとそうでないものを比べることへの拒絶が表れているのだと考えられる。たとえば人間の命に値段を付けることは、命をお金に換えられない尊いものとする見方と相容れない。命に値段は付けられないことは、誰でも知っている。生と死をめぐる禁忌は、社会学者のエミール・デュルケムによれば「共約不可能性」の範疇に属しており、他のものと比較する共通の尺度を持たない。この禁忌はいまも生きている。健康や生命に関して優先順位をあからさまにすること（たとえば病院や医学研究の予算配分、安全基準の選択）は、決まって論争を引き起こす。だが治療効果と救える命の数を比較しなかったら、死ぬ人は増えるばかりだ。一人の命を救うために大金を注ぎ込むのは、その金額で一〇人を救えるとしたら、不合理な選択ではないのだろうか[11]。だが計算尽くや醒めた見方は、受け入れる準備のできていない社会にショックを与えることになる。

哲学者は、この種の功利主義的な考え方に人々が嫌悪感を抱く理由について、長いこと思索を重ねてきた[12]。最も有名なジレンマの一つは、「暴走するトロッコの問題」と呼ばれるものである。暴走するトロッコの先に五人の作業員がいる。陸橋の上にいるあなたは、隣にいる太った男をトロッコの行く手に突き落としてトロッコを止め、五人を救うべきか（ほとんどの回答者がそうすべきではないと答えた）。あるいは、病院に五人の患者がいて、それぞれに異なる臓器をすぐに移植しないと死んでしまう。医師は健康な臓器を持つ人を一人殺して五人を救うべきか。あるいはまた、溺れかかった自分の子供一人と、溺れかかった他人の子供五人のどちらを救うべきか（両方を救うことは物理的に不可能とする）。

そんな質問はあくまで理論上のもので現実にはあり得ない、とお考えだろうか。けっしてそんなことはない。実例は山ほどある。たとえば国家は、自国民が誘拐されたときにこの種のジレンマに直面する。身代金を払って一人の命を救い、その結果として将来もっと大勢が誘拐されるリスクを招いてよいだろうか。ここで私たちは、第1章で取り上げた「顔の見える犠牲者」の問題に立ち返ることになる。誘拐された人には、人質としての顔がある。だが身代金の支払いが誘発する将来の誘拐の犠牲者には、顔がない。つまり、このサイコロには一方に重みがついている。国家は一件ごとに判断するのではなく予め原則を定めておくべきだ、というのはこのためである。

もう一つの例として、近い将来に起こりそうな問題を挙げておこう。数年以内には自動運転車が公道を走るようになるだろう。そのこと自体はすばらしい。きっと交通事故は九割方減り、どの道もはるかに安全になるはずだ。だが社会は、倫理的にきわめてデリケートな選択に決断を下さなければなるまい[13]。私が一人で自動運転車に乗っているときに、事故が避けられない稀な状況に遭遇したとしよう。このとき、とりうる選択肢は二つしかないとする。一つは、急ハンドルを切って私を乗せたまま崖から転落する。もう一つは、そのまま直進して歩行者五人を轢き殺す。現時点では、この判断をドライバーが何分の一秒かの間に下している。だが近い将来には、自動運転車に搭載されたアルゴリズムが判断することになるだろう。それは予め冷静にプログラムされていて、こうした状況に対してきっぱりと決断を下すことになる。もし、乗っている人を犠牲にする車と五人の歩行者を轢き殺す車のどちらがよいかと質問されたら、おそらく私は本能的に前者を選ぶだろう。そのほうが「倫理的」だと感じるからだ。だが自分自身の車を選ぶときはどうだろう。「無知のヴェール」のうしろにいる状態で考えれば、私が五人の歩行者の一人になる確率は、一人で自動運転車に乗る確率の五倍である。よって犠牲者の数を減らす選択をする車のほうがよいことになる。そうは言っても、いざ実際に自分の車を選ぶとなったら、気が変わることは大いにありうる。よって、このような倫理的な選択（誰もがしなければならない選択）を人々が明示的に受け入れる用意があるのなら、そのように法規を定めるべきである。だがこの種の問題に直面したら、国家が選択を決定することに多くの人が拒否反応を示すだろう。

もっと広く言うと、私たちは人の生死に何らかの形で関わるような選択を前にすると落ち着かなくなる。いま挙げた例ほどには極端でないケースを考えてみよう。アメリカの二人の研究者が同国の葬儀市場を調査した[14]。葬儀市場は本来なら競争的なはずだが、実際にはほとんど独占的な様相を示している。これは、近親者が亡くなったときに人々はお金のことを口にしたがらないからだという。そうしたタブーは何に由来するのか、それは社会的に正当化しうるのか、公共政策への影響はどうか、といったことをさらに踏み込んで調査することが望まれる。私たちはみな暗黙のうちに、命に何らかの価値を与えている。病院の予算でどの医療機器を買うかを選ぶ際に医者は患者の命を値踏みし、今度買う車を私たちが選ぶ際には子供の命に値段を付けている。だが私たちは、そのような選択をしていることを認めたがらない。認めることが耐えがたいからだ。こうしたタブーは、命の値踏みをあからさまに行うのは尊厳を傷つけるという恐れに由来するのだろうか[15]。それとも、いったん認めてしまったら社会が「滑りやすい坂」を転げ落ちる、つまり命に値段を付けることが大手を振って行われるようになると危惧するからだろうか。

臓器提供

次に、臓器提供に対して報酬を払う問題に移ろう。この問題は、世界的に大きな反響を呼んだ。シカゴ大学教授のゲーリー・ベッカーは、臓器、たとえば腎臓の売買が禁止されているためにドナーの数が限られ（基本的には家族またはごく近しい人のみ）、アメリカだけでも毎年数千人が移植を受けられずに死んでいくと指摘した。そして、この問題にはさまざまな要素が絡んでおり、臓器市場を頭から否定する人は、データより倫理を優先しているふりをすべきではない、と結論づけたのである。ベッカーは社会的行動（家族、麻薬など）を経済学のプリズムを通して分析し、市場原理と価格理論を人間行動に応用する研究で知られ、ノーベル経済学賞も受賞している。

ベッカーの主張は十分な理論的根拠があるにもかかわらず、臓器提供にお金を払うという発想に多くの人が反発した。この問題の重大さを踏まえ、反対が多いのはなぜなのか、ここで考えてみたい。第一の理由は、ドナーが臓器摘出の結果について十分な説明を受けられない恐れがある、ということだ。この点には誰しも同意するだろう。腎臓を一つ失えばドナーへの少なからぬ長期的影響は避けられないからだ。よって臓器提供の手続きを厳格に定め、摘出後の影響をドナーに正確に伝えることが必要である。すでに近親者による臓器提供ではこのことが徹底されている。第二の理由は、臓器提供に報酬が払われるとなったら、目先の利得（家族を楽にしたい、手っ取り早くお金を手にしたい、など）にとらわれ、あとになって後悔する人が出てくるかもしれない、ということだ。これは内部性の問題であるとともに、困窮世帯の保護の問題である。第三の理由は、いくばくかのお金と引き換えに腎臓を一つ取ってもいいと考える人の存在が、忘れようとしていた不平等の現実をはっきりと見せつけるからだ[16]。何と言っても腎臓を売ろうという人は、貧しい人々、いや単に貧しいのではなくきわめて貧しい人々なのである。これと同じような理由として、いわゆる臓器移植ツアーに対する嫌悪感がある[17]。臓器売買を禁止してこの現実を隠そうとしても、貧困問題の解決にならないことは言うまでもない。だがこの第三の理由は、第二の理由をいっそう強めることになる。なぜなら、困窮している人にとってお金は差し迫って必要であるため、長期的に自分のためにならない選択に走りがちになるからだ。臓器の闇取引は存在する。もちろん、それに対して手を打つことは必要だ。だが同時に、闇取引が出現するにいたった根本原因も解決する必要がある。それは、ドナーを待ちわびる人々の絶望である。移植が叶わず死んでいく人々を救うためには、臓器提供を決意した人たちの意思が無にならないよう、しかるべき移植を増やせるような革新的な解決策を模索すべきだと考えられる。たとえばドナー交換腎移植はその一つだ。これについては後段で論じる。第四の理由は、ドナーが必ずしも臓器提供に同意していない可能性があることだ。たとえばマフィアのような組織に臓器提供を強要される場合などが考えられる。もっともこれは臓器に限らない。そのような犯罪組織は、有り金を残らず巻き上げたり、奴隷のように働かせて稼ぎの大半を恒久的に取り上げたりする。臓器市場の存在は、そうした強奪の可能性をさらに高める。

人々の反発や非難には、必ずしも表面に表れない別の要素が潜んでいることもある。たとえば、戦闘場面が社会にもたらす悪影響への懸念がそうだ。ここには、総合格闘技（フランスでは禁じられている）やボクシングなど、スポーツの中でも非常に激しい格闘技も含めてよかろう。暴力的な社会でないことが幸福の条件であるとすれば、そうした格闘技の興行にひどく人気があるのは懸念すべき事態である。したがって、格闘家やボクサーを守る（試合のリスクや長期の健康障害を補償する）のはもちろん、興行時の集団的な高揚感による暴走行為から人々を守る必要がある。同じような理由から、フランスでは公開処刑が禁じられている。一九三九年に禁止され、一九八一年には死刑自体が廃止された[18]。

もう一つのショッキングな例として、「小人投げ」という娯楽が挙げられよう（映画『ロード・オブ・ザ・

リング』や『ウルフ・オブ・ザ・ウォールストリート』でその存在を知った人も多いだろう)。かつて一部の国では、ごく小柄な人を投げて興じるというじつに妙な慣習があった。投げられる人には報酬を払う。完全に合意の上で、だいたいはヘルメットを装着しマットレスも敷いて、危険のないよう十分注意して行う。ナイトクラブなどで、客がどこまで投げ飛ばせるかを競うこともあった。フランスの国務院がこの問題に決定を下したのは、ようやく一九九五年になってからのことである。まず一九九一年に、モルサン＝シュル＝オルジュ町が小人投げを禁止した。すると、投げられることを仕事にしていた人たちが、自分たちの職業の権利を守るために訴えを起こした。ヴェルサイユ行政裁判所は訴えを認めたが、国務院は、人間の尊厳を尊重することは公的秩序の一部であるとの判断を下したのである。人間を投げて何がおもしろいのか理解しかねることはさて措くとしても、弁護人曰く当事者が合意の上での取り決めにこうも嫌悪感を覚えるのはなぜだろうか。一つの答は、投げられ役の人たちの集団的なイメージが、小柄な人全般におよぼす外部性である。つまり、小柄な人全般の尊厳が傷つくと感じられる[19]。

売春には、ある意味で、これまで挙げた事例の要素がすべて詰まっている。自分から自分のためにならないことをしているという意味での内部性、不平等を忘れたいという欲望、女性全般のイメージが悪化するという外部性、さらには売春仲介人による暴力や搾取などだ。

ここで、再び臓器提供の問題に立ち返ることにしたい。二〇一二年にノーベル経済学賞を受賞[20]したアルヴィン・ロスらは、報酬を導入せずにドナーとレシピエントのマッチングを高める新しいアプローチを開発し、これがのちに実用化されるにいたった。従来、生体腎移植は近親者に限定されていた。だがドナーとレシピエントが不幸にして不適合(とくに血液型)だった場合には移植ができないため、移植の可能性は大幅に狭められてしまう。そこで、ロスの考えたアイデアはこうだ。最も単純な例で説明すると、AはBに腎臓を提供したい。CはDに腎臓を提供したい。ところがAとBは不適合、CとDも不適合である。ここで移植を断念せずに、AとDが適合であれば、またBとCが適合であれば、移植できるようにする。移植ネットワークのようなものを整備して四人のマッチングを行うわけだ。かくして四つの手術室を使い、

Aの腎臓を摘出してDに、Cの腎臓を摘出してBに移植する。アメリカでは、腎臓の一つが死体から摘出されたケースで、四人以上のマッチングが行われた例もある。[21] フランスでは、ドナー交換移植は二〇一一年に実験的に認められた。なおフランスでは二〇〇四年生命倫理法改正により、生体腎移植を近親者または二年以上生活を共にした人に限っており、友人であれ未知の人であれ血縁者以外からの生体腎移植は法律違反となる。[22]

交換には、必ずしも金銭が絡むとは限らない。経済学は、ごく一般的に言えば、需要と供給のマッチングを研究する学問である。経済学者はより良い配分メカニズムの構想を通じて、共通善を高め社会全体に資することができるはずだ。アルヴィン・ロスをはじめ、今日マーケット・デザインと呼ばれる分野の研究成果はそのことを裏付けている。

怒りは倫理の良き水先案内人ではない

倫理的ジレンマの例を挙げてきたが、ここで忘れてはならないのは、タブーというものは時代によって移り変わるし、場所によっても異なることだ。本章の冒頭で指摘したように、かつては生命保険も借金の利子も倫理に反するとされていた。最近では、二〇年前に排出権取引というアイデアが出されたとき、人々は嫌悪感を示したものである。だが二酸化炭素削減に寄与することがわかると、排出権取引は定着した。市場経済の「聖なる」領域への拡大を懸念する人々（リオネル・ジョスパンがそうだ）がいるとしても、だからといって経済政策の決定に際して市場の領域とそうでない領域を恣意的に分断すればよいというものではない。あるいはカントを援用するなら、価格を持つものと尊厳を持つものとに恣意的に二分して満足すべきではない。経済政策というものは、単純な倫理判断に依存するわけにはいかないのである。

たとえば私たちは、不正な行為や人道に外れたふるまいを前にすると怒りを感じる。怒りから、個人や組織の行動の過ちを指弾する例は少なくない。それはちょうど、倫理規範が往々にして硬直的に「やるべきこと」「やってはならないこと」を命じるのと似ている。だが怒りは、必ずしも良き助言者ではない。怒ると人間は、他人の自由を顧慮せずに自分の好みを肯定することがあるし、熟慮を怠ることになりやすい。

社会心理学者のジョナサン・ハイトが指摘するように、[23] ある集団に共通の倫理観は外部性を生じるだけでなく、誰も被害を受けていないような行動を悪と決めつけることがある。ほんの半世紀前まで、同性間の性行為、（アメリカでは）異人種間の性行為、あるいは未婚女性の性行為（未婚男性は問題にならない）が大多数の人に非難されていたことを思い出してほしい。これらの行為のどこに被害者がいたのだろうか。外部性もないのに個人的な価値判断を肯定することは、他人の自由の侵害に直結しうる。

こうしたわけだから、怒りや嫌悪感は、倫理的判断の源泉としては甚だ心許ない。怒りは一つのものしか見えなくさせ、社会も個人も本来なら選ばないようなものに突き進ませることがある。だがそれに乗ってはならない。公共政策を立てるときには、なぜ怒りや嫌悪感が生まれたのかを問い、熟慮熟考を優先しなければならない。そしてある種の領域の市場化を考える場合には、人々の倫理観や不安の根本原因を理解するよう努めなければならない。ここにこそ、学者の貢献が求められる。

3　市場は社会の絆を脅かすのか？

市場経済に対するもう一つの反発は、社会の絆の喪失を恐れることに対する不安に由来する。この不安には、市場経済以外にもさまざまな原因があることはあきらかだ。たとえば都市化はその一つである。また、人間同士のコミュニケーションが、インターネットの利用に置き換えられたことも挙げられる（とはいえソーシャル・ネットワーキングやスカイプやｅメールのおかげで、遠く離れた家族や友人と以前よりはるかにひんぱんに連絡がとれるようになっている）。それでも、グローバリゼーションや移動性など市場特有の現象が社会的な絆を弱める可能性があることは確かだ[24]。私たちは中国と貿易はしても、もう隣村と物々交換はしない。両親からも故郷からも遠く離れて住む。よく耳にする「バイ・アメリカン」や「バイ・フレンチ」の類いのキャッチフレーズも、絆の弱体化に対する不安の表れだろう。まさか、中国やインドの労働者よりもアメリカやフランスの労働者のほうが重要だという価値観の表れではないと信じたい。

市場が人々の関係性を匿名化することは事実である。しかしこれは、ある意味で市場の機能の一部だ。市場は、プレーヤーを他のプレーヤーの経済力から自由にすると考えられる。言い換えれば、市場の力（取引条件を命じる力）を制限する。たとえば大企業が、逃げ道のない消費者に対して値上げや粗悪品を押し付けることを阻む。市場が一過性の匿名取引を容易にし、社会学者マルセル・モースの言う贈与と返礼の経済から遠ざかっていることは、社会の絆の弱体化を歎く人々が指摘するとおりだ（とはいえ現代の経済でも、評判や反復的取引などへの配慮が取引のさまざまな面で重要な役割を果たしている。それらは契約で規定するのはむずかしいため、当事者の善意に委ねられている。こうした状況で、ウーバー、イーベイ、ブッキングドットコムといったインターネット企業が利用者による体験共有や格付けを導入しているのは驚くにはあたらない）。

だが絆が弱まることにはメリットもある。まず、贈与経済では依存関係が生まれやすい[25]。社会学者のピエール・ブルデューは、与える者と与えられる者との間に上下関係が生まれる可能性を指摘する。そのような関係には「打算のない寛容の装いの下に隠された暴力」が存在するという[26]。一般的に言えば、社会の絆には多くの美点があるにしても、息苦しさや束縛につながることもある（たとえばある村人は、村のパン屋の感情を害したくないがために、一生まずいパンを食べ続けた）。これに対して、市場では相互作用の輪が拡がっていく。モンテスキューは「穏和な商業」ということを言った。モンテスキューの目には、市場は見知らぬ人と相互に働きかけ、互いを知り合うことを教えてくれる場だと映ったのである。アメリカの経済学者サミュエル・ボウルズが著作や啓発的な講演「市場経済の文明化効果」でとった立場は、これと似ている[27]。ボウルズは新マルクス学派あるいはラディカル派の指導的学者で、マーティン・ルーサー・

キングの盟友でもあり、経済学と他の人文科学との学際的研究の先駆者としても知られる。

市場が社会の絆におよぼす影響を不安がる人たちは、まったく異なる三つの懸念を一緒くたにしていることが多い。

第一は、市場は人々の利己心を助長し、他人を思いやる気持ちを薄れさせるという懸念である。何と言ってもあのアダム・スミスの有名な一節には、こうある。

「われわれが食事ができるのは、肉屋や酒屋やパン屋の主人が博愛心を発揮するからではなく、自分の利益を追求するからである」

となれば、市場経済の中心にあるのは利己心だということになる。とはいえ現代で最もすぐれた経済学者の一人であるマサチューセッツ工科大学教授のダロン・アセモグルは、アダム・スミスと同じ立場ながら、重要なのは結果を導く動機よりも結果そのものだと主張する。

「経済学という学問がもたらした意味深い重要な知見の一つは、強欲はそれ自体としては良くもなければ悪くもないということである。適切な法規制の下で、利潤最大化をめざす競争や創造的活動と結びつくなら、強欲はイノベーションと経済成長の原動力となるだろう。だが、しかるべき制度や法規制の監視がないなら、強欲はレント・シーキングや不正や犯罪行為へと堕落する(28)」

第二は、市場は伝統的な社会制度と比べると、人々を引き離す方向に作用する、という懸念である。たとえば人々は村から離れていき、人々を取り巻く社会との絆は弱まる。

第三は、すでに指摘したように、これまで考えたこともなかったようなある種の取引（たとえば臓器や性的奉仕など）が市場によって可能になり、本来きわめて私的でひそやかな事柄が月並みな値引き交渉と同列に扱われるようになる、という懸念である。

経済学者のポール・シーブライトは、著書『見知らぬ人々の社会――人間集団の歴史』の中で、この三つの懸念が市場経済におよぼす影響を分析した[29]。シーブライトはトゥールーズ高等研究所（ＩＡＳＴ）の所長を務めている。彼によれば、市場が参加者の利己心に依拠することは確かだとしても、けっしてそれだけではなく、同時にまた信頼を確立する能力を強く求めるという。利己的なふるまいは、信頼を傷つけることになる。人間の本性に社会的な面があるからこそ、先史時代の昔から人は経済的・社会的やりとりの輪を広げてきたのだと、シーブライトは主張する。とはいえ、市場が信頼関係を求めるからといって、人間が利他的な生き物に変身するわけではない。市場は競争の場であると同時に協力の場でもある、ということだ。両者のバランスはつねに微妙に揺れている。

それにまた、市場では取引相手を選べるため、昔からの関係を容易に断ち切ることができる。だがそれは、受け継がれてきた絆が選ばれた絆に変わるということであって、社会的な絆が単純に弱体化するというのは当たらない。おそらく、人間関係というもの自体がいずれは薄れていくのだろう。いずれにせよ、社会的な絆が長く続き代々受け継がれていくことが、それとして良いとは言えない。奴隷と主人だとか、妻と強権的な夫だとか、労働者と独占的な雇い主といったきわめて強力な関係性の消滅を残念に思う人がいるだろうか[30]。あるいは、先ほどの身近な例を蒸し返すなら、一生まずいパンを食べ続ける村人と腕の悪いパン屋との縁が切れることを残念がる人がいるだろうか。

従来ある種の聖域に属すと考えられてきた取引が市場化されることについてのシーブライトの見方は、こうだ。いかに制度的に聖域を定めるとしても、それは時代によって変化するし、文化によっても異なる。明示的な市場化を禁じるとしても、それが暗黙の市場化と共存することがありうる。売春や、お金を払って愛人を囲うことを下劣だと思う人でも、お金のために孤独を恐れるという理由から、もはや愛していない夫（または妻）と一緒に暮らすことがありうる。このような問題に安易に結論を下すことはできない。ここまでの考察は、市場を正当化する根拠とはならないし、かといって特定の規制を正当化する根拠にもならない（現に規制は国によって大幅にちがう）。

人々は不平等の現実を忘れようとする、と私は書いた。このことを加味して考えるなら、この節での私の結論は、市場はときに私たち自身の偽善のスケープゴートなのだ、ということである。市場は、社会的な絆を強めもしなければ弱めもしない。ただ私たちの心を映す鏡となる。その鏡は、社会の現実や、他人に対しても自分に対しても隠しておきたいような欲望や選好のさまざまな面をくっきりと映し出す。市場を排除してこの鏡を壊すことは、できなくはない。だが鏡を壊してしまったら、個人や集団の価値観を問い直すことはもうできなくなる。

4　不平等

市場と倫理の関係を論じるからには、多少なりとも不平等の問題に言及しなければ完全とは言えまい。市場経済には、社会が望むような所得構造や資産構造を本来的に生じさせる理由はいっさい存在しない。あらゆる国で税による再分配が行われているのはこのためだ。

ここ三〇年間で顕著になった不平等の元凶は市場だと言われることが多い[31]。となれば、いくつかの国で市場に対する反感が強まっているのは、不平等の拡大に対する反応だと考えたくなる。だが、どうやらそうとは限らないようだ。具体的な例を挙げよう。所得の最上位一％のフランス人が二〇〇七年に手にした所得は、国の所得合計に占める比率で言うと、最上位一％のアメリカ人の半分以下だった。また、ジニ係数で見た税引き後所得の総合的な不平等は、アメリカに比べればフランスのほうがはるかに小さい[32]。にもかかわらず、すでに指摘したように、市場をよいものと考えるアメリカ人は、フランス人の二倍もいる。

それに、市場への信頼感が不平等の度合いに左右されるべき理由は何もない。北欧の国々が良いお手本だが、全面的に市場経済を採用したうえで、税金を活用して不平等を緩和することは十分に可能である。

今日の経済学では、不平等の実態を計測し理解するために多くの研究が行われており、このテーマだけで本を一冊書けるほどである。ここでは、不平等をめぐる問題に関して、経済学にできることと、できないことを指摘するにとどめたい。

経済学にできること

まずは、経済学にできることから始めよう。不平等のデータを収集すること、その原因を理解すること、望ましい再分配を行うための効果的な政策（すなわち税金を無駄遣いしないような政策）を提言すること、である。

不平等を計測する

この二〇年間で膨大なデータが収集され、不平等の実態がより正確に把握できるようになった。資産の最上位一％の増え方が大きいことがあきらかになり、中でも相続資産の不平等については、トマ・ピケティらがすぐれた業績を上げている[33]。また所得に関しても、最上位一％のハイペースな増え方が目につく。たとえばアメリカでは、一九九三〜二〇一二年の平均所得は一七・九％増えているが、最上位一％が八六・一％増なのに対し、残り九九％は六・六％増にすぎない。所得全体に占める最上位一％の比率は、一九八二年に一〇％だったのが、二〇一二年には二二・五％になった[34]。不平等はさまざまな形で表れるため、全体の分布を把握する研究も進んでいる[35]。

また、アメリカを筆頭に世界各国で進行中の二極化現象の研究も進んできた。二極化は、主に高度な資格を持つ人や高等教育を受けた人の所得が大幅に伸びる一方で、そうでない人の所得は伸び悩むこと、また中間的な職業が消滅する傾向にあることによって生じる[36]。

このほか、国家間の不平等は減る傾向にあること、貧困が大幅に減少しつつあることもわかってきた。その主因は市場経済に転換した中国とインドの台頭にあるとされている。こうした不平等を計測する研究は、現状の全体像を捉え、問題の規模を示してくれる点で、きわめて重要な意味を持つ。

不平等の原因を理解する

不平等の拡大にはさまざまな原因があるし、何の不平等かによってもちがってくる。所得か、資産か。どの層に注目するのか（最上位一％か、全体か）、などだ。たとえば最上位一％の所得の拡大に関しては、次のような原因が指摘されている。

第一に挙げられるのは、技術の進化によってデジタル経済が出現したこと、より広く言えば知識経済が一段と進んだことである。その結果、高度なスキルを持つ人が有利になり、それが高報酬に反映されるようになった。第14章で改めて取り上げるが、デジタル経済では劇的な効率改善とネットワーク効果により、勝者総取りという現象が起きやすい。たとえば、マイクロソフト、アマゾン、グーグル、イーベイ、ウーバー、エアビーアンドビー、スカイプ、フェイスブックといった企業の創立者たちは、社会にとって大きな価値を創出し、途方もなく裕福になった。新薬やワクチンの開発者にも同じことが言える。

第二はグローバリゼーションである。グローバリゼーション[37]の波に乗って、先ほど挙げた企業はあっという間に世界中に手を広げた。その一方でグローバリゼーションは、保護されていない産業（すなわち国際競争にさらされている産業）において、発展途上国の低賃金労働者と先進国の労働者との競争を引き起こす。これは発展途上国にとっては貧困から脱するチャンスだが、先進国の労働者の賃金を押し下げる方向に作用する。またあまり知られていないが、貿易自由化により、同じ国のほぼ同じ能力を備えた労働者の間でも格差が拡大している。生産性が高く輸出競争力のある企業で働く労働者は所得が増え、生産性が低く輸入品に負けてしまうような企業で働く労働者は所得が減ることになる[38]。

第三に、グローバリゼーションの結果、人材競争が激化した。起業家は、どこで起業するか自由に選ぶことができる。すぐれた研究者、医者、アーティスト、経営者等々は、最も良い条件を出してくれるところへ行くようになる。歎いたところで、それがグローバル化した世界の現実である。人材競争の結果、有能な人々は引く手あまたであり、よりどりみどりの状況だ。だがこれは、いささか行き過ぎではあるまいか。この点については、プリンストン大学のロラン・ベナブーと私自身が最近発表した論文を読まれたい[39]。最高の人材を呼び込むために、あるいは最高の人材をつなぎとめるために、企業は好待遇を用意する。だがそれは、あまりにあからさまに短期的な実績に連動しているため、そうした待遇を示された人間は、あまり良心的でない場合はとくに、長期的な結果に目をつぶって非倫理的な行為に走るようになりがちだ。

起業家や研究者や資産や企業が外国に流出するのは、国家にとって大きな損失である。もともとその国の人間や企業によって創出された雇用が失われ、国家の役に立つはずだった税金が失われ、知識の継承もされなくなる。だが問題は、その度合いを計測できないことだ。信頼できるデータがなく、実証研究が進まないせいで、いつまでも固定観念がまかり通る結果となっている[40]。

ここで、実証研究が進まない要因をざっとお話ししておきたい。まず、タイムラグがある（自国の政策が不利だと思っても、すぐに国外に移住するわけではない。ある程度の期間経過後に影響が出る）。それから、変化の度合いが時点によってちがう非定常性（たとえば、若年世代のほうが高齢世代より国際的な移動性が大きい）も推定を困難にする。さらに、国外流出で問題なのは単純な数だけではない（もともと文化的伝統から、フランス人は外国に移住する人が少ない）。起業家、芸術家など自由な職業、研究者などの場合、国外に出て行くのはきわめて優秀な人が多いと考えられる。たとえば研究者で言うと、ヨーロッパの研究者が自国を離れるケースは少ないが、その少ない人数に優秀な人材の占める比率がきわめて高い。そうした人材ほど外国から好条件で招聘されるからである[41]。起業家の場合も、未来のスティーブ・ジョブズ、未来のビル・ゲイツ級の起業家が出て行く。これは、非常な痛手である。新規雇用、税収、イノベーションなどを一気に失うことになるからだ[42]。

グローバリゼーションや技術革新は、最高水準の能力を持つ人にとっては有利だが、それだけが最上位一％の所得が増えた原因ではない。[43] 一部では金融部門の高額報酬が指摘されている。たしかに英米圏では、大手都市銀行幹部の報酬が数千万ドルに達することがめずらしくない。銀行規制を受けない投機的なファンドやプライベート・エクイティ・ファンド、投資銀行では、もっとすさまじいことになっている。

経済学者は、再分配に関する立場がどうあれ、不平等の中身が同じでないということでは意見が一致している。社会にとっての価値を創出して得た富と、既得権がもたらす富とは、同じではない。多くの国で富の不平等が拡大している原因の一つに、不動産収入の大幅増が挙げられる。不動産の所有者は、癌《がん》の新しい治療法を発明した人とはちがい、社会に価値をもたらしてはいない。このような不平等の拡大は、一部は不動産の付加価値に対する課税によって、また一部は大都市中心部の建設規制を行うことによって、防げたはずである。[44] また、経済学者のフィリップ・アギオンがコレージュ・ド・フランスの就任記念講演で取り上げた例を借用するなら、メキシコの億万長者カルロス・スリムは世界一の大富豪だが、彼の富は競争から保護されて得たものであって、イノベーション競争に勝って富を築いたスティーブ・ジョブズやビル・ゲイツと同列に扱うべきではない。アギオンは、価値の創出とレント（超過利潤）とを峻別して税制を強化すべきだと結論づけている。[45] とはいえ現実には、両者を区別するのは容易ではない。

政策を提言し、評価する

経済学者は、再分配の目標をどうすれば効果的に達成できるか提言することができる。また、ある特定の再分配政策が目標を達成できたかどうかを評価することもできる。ほとんどの経済学者が支持するのは、簡素な税制だ。フランスでは課税と優遇措置が迷路のように入り組んでいるせいで、税制の全体像が見えにくい。とはいえ税制改革がいっこうに進まないのは、どこの国にも見られる現象ではある。だいたいにおいて、部分的な手直しに着手した挙げ句に、中途半端に終わることが多い。リオネル・ジョスパンは、首相だったときに勤労奨励手当（ＰＰＥ）を導入した。低賃金の職業に就いている労働者に国が収入を補う手当を支給するしくみである。このしくみが考案されたのは、失業者が再就職をすると収入が減ることがあるという経済学者の研究がきっかけだった（失業手当その他が失われる結果、税率が一〇〇％を超えたのと同じことになる）。フランスの税制でよくないのは、所得スライドの給付や手当があれこれと存在することだ。一つひとつを取り出せば立派な意図があり、難なく議会の承認を得られるのだが、このときにさまざまな措置の整合性がいっさい顧慮されない。しかも同じ問題がたびたび繰り返される。恵まれない人々への国からのささやかな支援は、個別に見れば十分な正当性があっても、重複したり矛盾するようでは社会にとって有害になる。こうした例は枚挙にいとまがない。税制をいったんリセットする合意が超党派で形成されるなら、フランスにとってまことに好ましい。

再分配政策の評価は、いやこれに限ったことではないが、改善すべき点が多々ある。(46) 政治家は、無知のせいか熟慮のうえかは不明だが、とかく政策の「目玉」を強調し、重要な目標をほんとうに達成できるかどうかに目をつぶりがちだ。多くの政策は、見かけは平等でも、本来の受益者に不利に作用したり、たいして効果がなかったりする。これでは社会にとって高いものにつくし、長い間には大勢の人々に悪影響を与えることになりかねない。失業問題を取り上げる第9章では、労働者が受益者であるはずの政策が、実際には想定された受益者に不利に作用しているケースがままあることを説明する。受益者全員に不利になるとまではいかなくとも、最も弱い立場の人に不利になるケースはめずらしくない。ここでは、失業以外の例を紹介しよう。

住宅に関しては、家賃を滞納した借家人を保護する政策が存在する。この種の政策は寛大で人道的に見えるかもしれない。だがこのような政策があると、アパート経営者は入居者を厳しく選別するようになる。たとえば有期雇用契約（CDD）で働く人や若者を排除したり、支払い能力のある親が保証人になることを求めたりするだろう。同様に、賃貸借契約期間内の不当な家賃引き上げから借家人を保護する政策、すなわち一定期間内の家賃を規制する政策は、結局は賃貸物件の不足や劣悪な物件を増やすことになる。その影響を最初に受けるのは、経済的に最も脆弱な人たちだ。このように一見すると進歩的な住宅政策も、最終的に弱者を不利にすることがある。

住宅関連の話を続けると、フランスでは住宅補助手当が事実上最大の再分配政策手段となっている。その総額は二〇一三年に一七〇億ユーロに達し、積極的連帯所得手当（ＲＳＡ）と勤労奨励手当（ＰＰＥ）の合計を上回る（ちなみに現在では両者は統合された）。ところがこの手当は、家賃を押し上げるだけの結果に終わっている。既存建造物を保護し、大都市での高層ビルの建築を制限しているため、供給が需要に追いつかないからだ。手当のおかげで収入の増える借家人にとってはありがたいにしても、国民全般にとっては必ずしもそうではない。住宅手当は再分配に効果があるとされているが、実際には本来の受益者にいくらか恩恵をもたらすだけで、政府支出をいたずらに膨らませ、他の施策にしわ寄せがいく結果となっている。

矛盾する例はほかにもある。フランスの教育制度は平等を謳い文句にしている（統一カリキュラム、学区制など）が、実際には貧しい世帯が不利に、コネのある世帯や富裕な地区に住む世帯が有利になるなど、著しい不平等を生み出している。また、大学の入学試験を行わないことも、一見すると平等だが、じつは逆の結果をもたらしている。高等学校教育の修了認定（バカロレア）を持っていれば誰でも大学に入れる代わりに、一学年または二学年、三学年修了時にかなりの学生が落第するのである（フランスの大学は、三年で学士号を取得する）。がんばりの足りなかった学生は卒業証書をもらえないばかりか、一年間あるいは二年間、三年間を無駄にし、落伍者の烙印を押されることになる。このような失敗はエリートにはめったに起きないし、エリートの子供たちもそうだ。フランスの教育制度全体が、言ってみれば大仕掛けのインサイダー取引のようになっている。

となれば、大学やほとんどのグランゼコールで授業料が無料であることの恩恵を第一に受けるのも、富裕層だということになる。この問題の解決は容易ではない。高等教育の授業料をとることにすれば、それはそれで脱落者を生むだろう。現にアメリカでは、かなりの学生が多額の借金を抱えている。中流層は、奨学金をもらえないと大学進学に支障を来すことになりかねない。教育費を妥当な程度の累進性にすることを考えてはどうだろう。十分な所得のある世帯から余計にとり、その一部を一定の成績を条件とした奨学金の形で学費補助に充当する。

さらにマクロ経済のレベルでも、政府の財政運営は再分配政策にブレーキをかけることがあまりに多い。だが政府支出を監視すべき私たちが沈黙しているせいで、フランスの社会制度の持続性そのものが危うくなっている。医療と教育の予算が大幅に減り、財源不足を理由に年金が大幅縮小された。これは事実上、共和国契約の破棄にほかならない。しかも、これで最も打撃を被るのは最も貧しい人たちである。

ほかにも同種の例は多々あるが、そこから得られる教訓は、鏡の中だけを見ていてはだめだということである。何らかの公共政策が再分配に寄与するか否かは、政策が対象とする人々の社会・経済条件を理解するだけでは十分ではない。政策がもたらす全体としての影響に目配りしなければならないのである。

経済学にできないこと

不平等や再分配政策の現状を理解したら、次には社会としてどうするか、決めなければならない。これについては、経済学者は一市民として語れる以上のことは語れない。

一貫性のある税制を設計するときには、再分配をいくらか強化した結果として購買力や成長力が若干弱まるのはやむを得ない、というふうに必然的に妥協が行われている（そうでない税制は設計が悪く、改善の余地がある）。この妥協をするときに適切な選択をするのはむずかしい。一つには、そもそも再分配賛成論者の選好に依存しているので、個人的な価値観が絡んでくるからだ。それに、妥協に必要な情報が十分に得られないことも多い。そこで、ここではまず不平等の原因と再分配の有用性についておおざっぱに振り返っておくことにしよう。直観的な再分配論は、こうなる。まず、所得が偶然や生まれついての階層や地位の結果なのか、それとも努力や投資の結果なのかを調べる。そして前者の場合には、本人は何の努力もしていないのだから全部を再分配してよろしい、というものだ（所得税率を一〇〇％にする）。この見方は世界的に共有されている。骨の髄まで保守的なアメリカの共和党支持者でさえ、労せずして恵まれた環境にいる人は、恵まれない人のために社会的連帯を発揮すべきだと考えている。そして後者の場合、つまり努力の成果として高所得を手にしている人には、意欲を失わせないような税率を維持することが好ましい。

問題は、経済的成功をもたらした原因について、努力だの、競争環境だの、ごく漠然としたものしか挙げられないことだ。このように情報不足では、各自が勝手に自分の信じたいことを信じてもふしぎではない。この問題に関しては、社会学者や心理学者が驚くべき現象を指摘してきた。アメリカ人の場合、貧困層は貧困の罠から未来永劫抜け出せないと考える人は二九％、成功は努力や教育ではなく運次第だと考える人も三〇％にとどまる。これに対してヨーロッパ人は、前者がじつに六〇％、後者も五四％に達するのである。[47]さらに、アメリカ人の六〇％（ここには貧困層自身が含まれている）が「貧しい人々は怠け者で意思が弱いから貧しいのだと思うか」という質問にイエスと答えている。ヨーロッパ人の場合、この比率は二六％にすぎない。なんという世界観の隔たりだろう。アメリカ人は世界は公正だと信じており、どの人もその人の努力に応じた境遇に生きていると考えている。だが彼らは、自国の社会移動性（個人の社会的地位の変化）を過大評価していると言わざるを得ない。その一方でフランス人は、おそらく過度に悲観的だ。もっともフランス人にしてみれば、悲観論を正当化する理由はいくらでもある。たとえば、抜け道だらけの税制、閉鎖的な職業選択、富裕層やコネのある人々に有利な教育制度、移民問題を前にして分裂する国家、共通善に顧慮せず利益団体の圧力に左右される政策判断、実習（インターンシップによく似た制度）を受けるにせよ、無期雇用契約（ＣＤＩ）を獲得するにせよ、コネがモノを言う実態等々（社会学者マーク・グラノヴェッターの研究によれば、アメリカでも状況は同じだという）。[48]この言い分が正しいのか、私にはわからない。努力と経済的成功との関係は実証的には裏付けられないからだ。そして、これこそが問題の核心にほかならない。情報が欠如しているために、さまざまな見方や考え方が大手を振ってまかり通っている。

だが話はここでは終わらない。いかに根拠に乏しかろうと、アメリカ人の見方はアメリカの税制や社会制度と、フランス人の見方はフランスの税制や社会制度と関連づけられる。つまりそれぞれの世界観は税制や社会保障の選択に影響をおよぼす（両者のちがいからすれば、論理的にはヨーロッパの税制のほうが累進性が強くなるはずだ）。その一方で、ロラン・ベナブーと私は、それぞれの世界観の少なくとも一部は国内的な要因に拠ることを示した[49]。つまり社会保障が十分でない国では、成功は個人の努力次第であり強い意志のみが個人の輝かしい将来を約束すると考えるほうが都合がよい。社会保障が整備された国では逆になる、ということだ。次に私たちは、二通りの世界観がどのような結果（費用と便益）につながっているかを検討した。たとえば公正世界信念は、貧しい人々や生活保護を受けている人々に対する差別を強め、社会移動を過大評価する傾向を招く（アメリカはまさにそうだ）。その一方で、経済成長を促し、能力に応じて所得が増える点は好ましい（公正世界信念は誤りだとしても）。

問題を一段と厄介にするのは、不平等の範囲の定義がむずかしいことだ。たとえば貿易自由化を考えるとすぐにわかるが、富裕国ではある種の不平等が拡大する恐れがある一方で、貧しい「南」の多くの人々には貧困から抜け出す可能性が拡がる。あるいは、移民に対する私たちの反応もそうだ（新規参入者を排除する労働市場が少ないほど、移民が受け入れ国にもたらす経済的便益は大きくなる。しかし多くの市民はこのことを理解していない）。この問題は倫理判断の範疇とされ、経済学者に意見はあるだろうが傾聴すべき専門知識はないものとみなされている。

だがこの倫理判断が、再分配政策ひいては経済政策の枠組みを定めることになる。アルベルト・アレシナ、レザ・バキール、ウィリアム・イースタリーによる研究では、住民が民族的あるいは宗教的に均質な状況では、公共財の供給を通じた再分配が国や地域共同体レベルで円滑に推進されるという[50]。国や地域共同体の好みがいかに衝撃的なものであろうと、公共政策を設計するときにはそれらを勘案せざるを得ない。

不平等に対する見方が地理的条件によって異なるように、同じ住民の中でも世代によって見方はちがってくる。そもそも私たちは、子供の世代、孫の世代、さらにその先の世代のことをどこまで考えているだろうか。私たちは政策の持続可能性をまことしやかに語りはするものの、将来世代を十分気にかけているとは言えない。なるほど将来世代は、技術の進歩のおかげで現世代よりも裕福で、病気や老化にもうまく対応できるかもしれない。だが私たちが残していくのは、きわめて不確実な未来だ。フランスのことを考えてみよう（とはいえ以下で挙げることは多くの国に当てはまる）。若者が直面するのは、失業（一九六八年には若年失業率は五％だったが、今日では二五％に達する）や魅力的でない職業（一九八二年には新規雇用の五〇％が無期雇用契約だったが、今日では一〇％前後にすぎない）である。また、荒廃した地域での住宅不足（このことから、借家人の峻別、両親との同居の増加、住宅取得費用の増加がうかがわれる）にも直面する。不十分な教育制度もそうだ。フランスの教育制度は労働市場のニーズに応えられないどころか、社会的地位の向上を阻害している（グランゼコール、中等教育を問わず、そう言える。このことは経済協力開発機構〔ＯＥＣＤ〕が行った学習到達度調査〔ＰＩＳＡ〕がはっきりと示している）。しかも教育費の負担は大きくなる一方だ。さらに、十分とは言いがたい年金、増える一方の公的債務、気候変動、不平等……。あきらかに、私たちは将来世代にやさしいと自慢することはできそうもない。現在の政策は、選挙権年齢に達していて実際に選挙権を行使する世代の幸福を最優先して立てられている。

最後に、不平等はふつう経済的指標（所得、資産）で計測されるが、本来はさまざまな観点から計測できることを指摘しておきたい。たとえば社会とのつながりや医療へのアクセスはその一例だ。医療や保健衛生をめぐる不平等はよく知られているが、その度合いがひどくなっていることはあまり知られていない[51]。アメリカでは、一九二〇年生まれの男性の平均寿命を所得の最上位一〇％と最下位一〇％で比べると、前者が六年長かった。女性の場合の差は四・七年である[52]。これが一九五〇年生まれになると、男性で一四年、女性で一三年の開きになった。たとえば男性では、この期間中の最下位一〇％の平均寿命は三％しか伸びていないのに、最上位一〇％のほうは二八％も伸びている。現在多くの研究者が、これほどの格差が生じた原因を調査している。政策対応を決定するためには調査による裏付けが欠かせない。たとえば、貧困が健康状態の悪化を招くのか、健康状態が悪化するから貧困になるのだろうか。最富裕層は最も健康状態が良いのだろうか（多くの研究によれば、どうやらそうらしい。たとえばアメリカでは、喫煙は階級と密接な関係があり、今日では喫煙は最貧困層の習慣と化しているという）。最富裕層は最高の医療にアクセスできるのだろうか。これらの答がある程度はイエスであることはまちがいないにしても、公共政策の効果をより上げるためには、原因をはっきり特定することが重要になる。

とりわけ注意を要するのは尊厳の問題である。大多数の人が、本能的に、社会の役に立っていると感じたい、社会のお荷物ではありたくないと願う。社会との相互依存を求めるこのもっともな願いは、障害を抱えた人たちも共有しており、お金をもらうより仕事をしたいと望んでいる。

労働制度を通じた再分配政策の選択でも、倫理的な問題が持ち上がる。たとえば法定最低賃金（ＳＭＩＣ）を引き上げるか、就労者の最低所得保障を引き上げるか、の選択がそうだ。フランスは大方の国よりも最低賃金の水準を引き上げることによって、最も低賃金の労働者の所得を、所得移転によってではなく賃金によって引き上げるやり方を採用した。その結果、最低賃金ぎりぎりかそれを下回るような資格条件しか持ち合わせていない労働者が大量に失業することになった。いったん失業してしまった人たちは、人的資本としての価値を失い、社会組織の一部から脱落し、尊厳の一部を喪失することになる。フランス人の中には「ケチな仕事」をばかにする人がいるが、そういう人たちにはこうした事情がわかっていないのだろう。

ここから、市場と倫理に関して不可避的に直面することになるもう一つの問題が浮かび上がる。それは、経済のデジタル化だ（第14章でくわしく論じる）。デジタル経済は、ほぼすべての職業に大きな影響、ときに暴力的な影響をおよぼすだろう。それに対して私たちはまったく準備ができていない。

第II部　経済学者の仕事

第3章
市民社会における経済学者

騎士道精神の時代は終わった。次に来たのは詭弁家、経済学者、相場師の時代である。いまやヨーロッパの栄光は永久に失われた。[1]

——エドマンド・バーク

世界中どこでも人々は経済に関心を持ち、ときに喜び、そしてしきりに心配する。一握りの経済学者はスーパースターに祭り上げられ、取材され、羨望の的になる。エドマンド・バークが経済学者を詭弁家[2]や相場師[3]と同列に扱ったのは、もう二世紀も前のことだ（バークは英米圏における保守主義の創始者の一人と目されており、フランス人の一部からはつねに懐疑の目で見られている）。だが、問題が起きるたびに経済学者たちの意見が対立するとなれば、いったい彼らは何の役に立つのだろうか。

経済学者は、自分たちの学問がこのように注目されるようになったことに満足する反面、居心地の悪さを感じている。抽象概念に逃避する学者もいれば、迂遠な方法を嫌って経済政策を直言する学者もいる。象牙の塔にこもる学者もいれば、王様の顧問になる学者もいる。日の当たらないところで研究に勤《いそ》しむ学者もいれば、メディアのスポットライトを浴びたがる学者もいる。

経済学者は何かの役に立っているのだろうか。経済学者はみな同じことを考え、同じ行動をとっているのだろうか。社会の進化に何らかの影響を与えているのだろうか。こうした問いに答えるには、まるまる一冊の本を書かねばなるまい。だがあまりに重要な問いであるから、紙面が足りないことを理由に無視することはできない。とはいえ私自身が当事者なので、答えるのは一段とむずかしい。この立場だと、どの分野の研究者でも陥りがちな二つの落とし穴にはまり込む恐れがある。一つは事なかれ主義に走り、自己満足に浸り、同業者の弁護に終始することだ。もう一つは、自分が主流派と位置づけられた場合、いやいや自分は独自の研究をしているのだと印象づけたがることである。私としてはこの二つの落とし穴を何とか避けたつもりではあるが、最終判断は読者にお任せしたい。本章では、一般の人にはほとんど知られていない経済学者の日常を描き、彼らが行う研究とその応用との複雑な関係の説明も試みる。

1　経済学者は公共の知識人である

学問を職業にするということ

研究者は、専門分野が何であれ、内なる純粋な動機に導かれて仕事をするという幸運に恵まれている。私の同僚の大半は、研究が三度の飯より好きという連中だ。トゥールーズ・スクール・オブ・エコノミクス（ＴＳＥ）を創立したジャン＝ジャック・ラフォンの口癖のとおり「研究バカ」である。どんな学問分野の研究室もきっとそうだろう。研究者はきわめて魅力的な労働環境に置かれており、他の職業を羨む理由は何もない。

研究活動は、長い時間を要するという特徴がある。学問は時間を要求するのである。だが長い道程を前にすると迷いが生じてくる。ちょうど作家が真っ白な紙を前にして不安を覚えるように。だが長い道のりの間には、本物の知的興奮の瞬間も訪れる。フランスの偉大な科学者アンリ・ポアンカレは、発見の喜びは何物にも比べられないとして、次のように語っている。「着想は長い夜に差し込む一条の光にすぎないが、この光こそがすべてである」（この言葉は、フランス国立科学研究センター〔ＣＮＲＳ〕のメダルに刻まれている）。研究者という職業は、まちがいなく特権的な職業だ。大きな自由が与えられるすばらしい仕事であるうえに、カオスでしかなかったものがふと静かに澄み渡るかけがえのない一瞬がある。そして、教育職すべてに共通することだが、研究者も自分の知識を次の世代に伝えるという大きな喜びを味わうことができる。

とはいえ、純粋な動機だけが研究の原動力だというわけではない。学者といえども他の職業に就いている人と変わらないのであり、環境や待遇など外部からの刺激に反応する。純粋な動機に基づいて研究計画を立て遂行するにしても、それはまた、学界で名を上げたいとか、広く社会に認められたいとか、出世したい、権力を手にしたい、高い報酬を得たいといった欲求にも基づいている。

どんな研究者も、同業者から評価されたいと思っている。また、優秀な学生を弟子にしたい、束縛をできるだけ減らしたい、生活水準を高めたいとも願っている。とはいえ、実際的な応用に近い学問（経済学、情報工学、生物学、医学、気象学など）ほど、内なる純粋な動機よりも外からの動機づけ、たとえば高い報酬、学界の外からの尊敬、メディアの注目、政治的影響力を手にしたいという欲求が強まるようだ。

このように、研究に臨む動機には多くの要素が複雑に絡み合っている。それでも最後にモノを言うのは、内からの動機か外からの動機かということではない。研究者が名誉欲や金銭欲や同業者との競争意識から独自の学説を打ち立てることはありうるかもしれないが、やはり根底にあるのは学問の進歩に寄与したいという願いであり、広く批判を受け付ける手続きによって自分の理論を検証したいという欲求なのである。

学者と社会の関係

学者不信の時代

納税者と研究者の暗黙の契約は、半世紀前までは機能していたが、次第に疑問視されるようになっている。かつては超然とした態度をとり、無作法も許されていた学者たちが、次第に出資者に対して自分の研究を正当化しなければならなくなってきた。私たちは、学者不信の時代に生きていると言えよう。これは、学問が現実世界に深く関わるようになってからの現象である。経済学、医学、進化論、気象学、生物学などはまさにそうだ。学界に存在する見解の不一致などがことさらに指摘され報道されることも、不信感をさらに煽っている。データの捏造・改竄などの不正行為も槍玉に挙げられてきた。経済学者自身も、二〇〇八年の金融危機に関して自らを責めている（この件に関する経済学者の責任については、第12章で改めて取り上げる）。

こうした批判に直面したときにとりうる対応の一つは、研究者兼教育者としての砦に退却することだ。だが「象牙の塔」に引きこもるのは、学術界全体としては擁護できる姿勢ではない。国家は、専門家が自主的に公の場に参加し、意思決定に資する有益な議論を行ったり、メディアに知識を提供したりすることを求めている。もちろん研究者の中にはそうしたことを好まない人や向かない人もいるから、学術界全体としてそれができればよい。また、方法論に取り組む研究者や、基礎研究を専門に行う研究者（言うまでもなく、方法論や基礎的な研究はきわめて重要である）の多くは、自分たちの知見を活用して同業者が行っている応用研究について多くを語りたがらない。

学術界と産業界

大学と産業界との連携は、何かと異論の多い問題である。反対論者は、産業界との相互交流は控えめに言ってもリスクが大きく、大げさに言えば思想の堕落であり悪魔との共謀だと言う。擁護論者は、産学連携は新しいゆたかな研究テーマをもたらすほか、フランスの研究者と他国の研究者との報酬格差を埋める効果もあり、大学の研究環境の競争力向上にも寄与すると言う。大学外での連携や交流も、同じような議論を呼んでいる。

経済や社会にとって何が問題になっているのかを知り、象牙の塔に閉じこもっている研究者が見落としがちな独自の研究テーマを見つけて研究資金を獲得するには、現実と向き合うことがおそらく最も良い方法であろう。実際、アルベール・フェールは、電機大手のトムソンＣＳＦ（現在のタレス・グループ）との合同研究により巨大磁気抵抗（ＧＭＲ）効果を発見し、二〇〇七年のノーベル物理学賞を受賞した（ドイツのペーター・グリューンベルクと同時受賞）。巨大磁気抵抗効果は主にハードディスク・ドライブ（ＨＤＤ）の磁気ヘッドに応用されている。またピエール＝ジル・ド・ジェンヌも産業への応用に熱心だった研究者だが、やはり一九九一年にノーベル物理学賞を受賞している。個人的な体験から言っても、産学の交流は自分の研究に大きな影響を与えた。スウェーデン王立科学アカデミーの二〇一四年一〇月の報告書に挙げられた私の業績の多くは、民間との交流がなかったら生まれなかったような問題意識が発端となっている。経済学者のコミュニティというものは、既存知識の高度化をめざすいわゆる「集中研究」にはひどく熱を入れる一方で、実務家にとっては明々白々な基本的な事柄を見落としたりする。これは、新たな学問領域を開拓する「拡散研究」を十分に行っていないからだ。

産学連携に伴うリスクを警戒する気持ちはわかるが、他のコミュニティとの交流には経済的にも社会的にも重要な価値がある。だからこそ、学者の報酬が相当に高い国も含めて多くの国で産学連携が奨励されているのである。付け加えるなら、特許もスタートアップも、未来の税金、未来の雇用を生むことを忘れるべきではない。

学者と社会的な問題

科学者の務めは、知識を進化させることである。数学、量子力学、宇宙の起源など多くの学問分野では、応用のことなど気にせず真理をひたすら追い求めるのがよいのだろう。応用は後から付いてくるものだし、その多くがひょうたんから駒のような形で現れるものだ。もともと応用に近いところにある学問も、形はどうあれ、純粋な知識欲のみに突き動かされる研究が存在しなければ成り立たない。だがそれはそれとして、研究者は全体として世界をより良くする努力もしなければならないのであって、社会的な事柄に背を向けてはならない。たとえば経済学者は、産業、金融、銀行、環境関連の規制や競争法の改善に貢献することや、財政・金融政策に助言や提言をすることを考えるべきだ。さらに、ヨーロッパの将来、発展途上国の貧困の撲滅、より効果的かつ公平な教育政策や医療政策、不平等の是正といった問題に取り組まなければならない。また、議会の公聴会への出席、経営者との交流、専門家会議への参加にも積極的であることが望ましい。

研究者は、自分が専門知識を持っている問題に関しては、社会的な役割を果たす義務がある。他の学問と同じく経済学の場合も、それはリスクを伴う。十分に知識が蓄積され確立されている問題もあれば、そうでない問題もある。それに知識は進化するものだから、今日正しいことが明日は疑われることもありうる。たとえコンセンサスが醸成されている事柄であっても、全員の意見が一致するということはあり得ない。結局のところ、経済学者にできるのは現時点での知識でわかっていることを述べることだけであり、この選択肢のほうがあれよりましだと言うのがせいぜいのところである。そしてこれは、本書で行うすべての提案についても言えることだ。何も経済学者だけがそうなのではない。気象学者は地球温暖化の測定や原因に関して不確実な要素があることを認めるだろう。それでも、彼らの知識の範囲内で最も蓋然性の高いシナリオを示すことで問題への取り組みに貢献している。同様に医学の教授は、特殊な癌《がん》や感染症の治療について、現時点でわかっている限りで最善と判断した方法を提案する。このように学者は、謙虚であることと決断することとのむずかしいバランスをとらなければならない。自分の専門知識で相手を説得すると同時に、その限界もわきまえていなければならない。これは容易ではない。自信を示すほうがやさしいし、信用もされるからだ。

2　社会関与の罠

市民社会に関与する学者は、職業本来のモチベーションに駆り立てられている。すなわち、知識をより高め深めることと、その知識を伝えることである。その一方で、学者といえども、高い報酬や広く世間の知名度といった外からの刺激に無反応というわけではない。こうした外からの刺激が学問に対する姿勢を左右するのでなければ、とくに問題ではない。しかしときには、誘惑が危険なまでに膨らむこともある。

低い報酬を補おうとする学者たち

何よりも大きな誘惑は、金銭的なものである。この話題はフランスではタブーになっているが、何とかして報酬を補おうという動機は大方の学者が抱いている。というのも、フランスで地位の高い研究職と言えば国立科学研究センター（ＣＮＲＳ）か国立農学研究所（ＩＮＲＡ）か大学の教授職といったところだが、どれもアメリカ、イギリス、スイスといった研究大国と比べるとかなり報酬が少ない。おそらく三分の一、どうかすると五分の一ぐらいだろう。それでも、報酬を理由に研究の質を落とすことはできない[4]。

学者たるもの、金銭的な理由で研究テーマを選ぶことはない、と断言することになっている。たしかに、彼らの多くがもっと報酬の高い職業を選ぶことができたのだから、好きで研究者のキャリアを選んだことはまちがいない。だからといって、彼らがつねに報酬を度外視しているということにはならない。報酬のために知的関心を犠牲にする必要がないとなれば、なおのことである。現実には、公的な報酬で満足する研究者も中にはいるが、大方の研究者は、とりわけ国際的に名の知られた人の大半は、さまざまな方法で報酬の足し前を見つけている。そのやり方は、研究分野にもよるし、本人の好みにもよる。たとえば外国の大学の客員教授になるか講座を持つといったことから、起業する、特許をとる、民間企業または公的機関の顧問になる、会計事務所やコンサルティング会社のパートナーになる、発行部数の多い出版物（教科書、一般向けの本）を執筆する、医療や法務に携わる、独占禁止法などをめぐる裁判で当事者から報酬をもらって出廷する、社外取締役になる、新聞や雑誌にコラムを持つ、公開討論会やパネルディスカッションに参加する、等々である。

こうした「二足のわらじ」を容認しているCNRSや研究機関や大学の「甘さ」を批判する向きもある。私はそうした批判には与しない。私自身が研究者・教育者としての日常から逸脱することもあるからだが、それだけでなく、先ほど挙げたさまざまな理由により、副業としての活動は社会的にも有意義であることが多いからだ。さらにフランスの場合には、こうした活動を容認することは、優秀な研究者の国外流出を食い止めるために払わねばならぬ代償である。なにしろいまどきの研究者は、先達の時代とはちがって優秀であればいくらでも外国からオファーがあり、すぐに移動できるのだから。このことに気づかないふりをするのはまことに嘆かわしい。すでに経済の低迷に直面しているフランスが、学問の面でも世界の最先端から取り残されるのではないかと、心底心配になってくる。

とはいえ、こうした学外での活動に潜むリスクを無視するのも、やはり無責任と言わねばなるまい。すぐに思いつくのは、本業すなわち研究や教育に割くべき時間が削られかねないことである。しかしこの点は、第三者による評価を受けることにすれば、重大な問題にはならないと考えている（第三者評価はフランスの学術界ではあまり好まれないが、世界ではごくふつうに行われている）。学外の仕事にかまけて研究をおろそかにし、国際的な専門誌に長いこと論文を発表しないような研究者は、自分の仕事にきちんと取り組んでいる研究者と同じ条件（報酬、研究・教育手当、一般的な労働条件）を与えられるべきではない。また、学生による教授の評価も大事だと考えている。ただし、学生評価につきものの欠点（いくらか迎合的な教授に高い評価が与えられ、優秀な教授であっても不人気な意見の持ち主や成績を厳しくつける場合には評価が低くなりがちである）はわきまえておく必要がある。残念ながら、学外の活動に反対する人たちは、第三者評価にも反対することが多い。

だが私からすると、より重要なリスクは学術活動の「腐敗」である。有り体に言えば、研究者がお金に目がくらんでしまうことだ。とくに問題なのは、報酬を払ってくれる企業や研究予算を割り当ててくれる官庁に対して、自分の主張を曲げたり、おもねったりすることである。この点は後段で改めて取り上げる。

メディアの誘惑

学者は立派な理由からにせよ、胡乱《うろん》な理由からにせよ、メディアに取り上げられたいと思うものだ。自分の名前や顔が新聞やテレビに登場すれば、大いに自尊心をくすぐられる。いずれにせよ民主国家では、一部の知識人だけでなく誰もが専門知識にアクセスできることが重要であるから、専門家が公の場に出て話すことは好ましいことだ。現実にも多くの学者が、自尊心を満足させるためにせよ、公共の利益に資するためにせよ（ここでもまた、重要なのは動機よりも結果である）、ひんぱんにメディアに顔を出している。

だがメディア業界というものは、学者にとって当然の慣行では運営されていない。学者の本分、あるいはＤＮＡは、疑うことにある。不確かなこと、疑わしいことがあるからこそ、研究はゆたかになるのである。論拠を提出し、反論を受けて立つ――これは研究者が論文の中で、あるいは研究室で、あるいは講義において一貫してやっていることだ。しかし政策決定者が、必ずしもこのような傾向を寛容に受け入れるとは限らない。彼らはいますぐどうしたらいいかを決められるような意見を求めている。かつてトルーマン大統領は、「片手しかない経済学者を見つけてほしい」と言ったことがある。経済学者たちがいつも「一方で（on the one hand）……だが他方では（on the other hand）……」と、どっちつかずの意見を言うのにうんざりしていたらしい。だがそもそも論理的思考や推論といったものは、テレビ討論会のようなフォーマットには適していないのである。スローガンやキャッチフレーズや決まり文句のほうが、複雑な推論や多面的な発言よりはるかに理解しやすく、印象に残る。込み入った主張に対しては、熟慮せずに論駁するのはむずかしい。効果的に印象づけるには、政治家のようにふるまうことが必要だ。単純かつ明快なメッセージを発し、それを言い続けることである。よく聞いてほしい。学者は、学問的な不確実性や疑いを隠れ蓑にしてはいけない。できる限り自分の判断を表明するよう心がけ、当面の状況ではこちらのほうがあちらより可能性が高い、というふうに伝えるべきだ。「現在わかっている知識に基づく私の最善の判断では、これこれを提言します」と。そう、たとえ学問的には不確実な要素があるとしても、この症状にはこの治療が良い、と決断する医師のように。

だがここには別の問題が潜んでいる。学問も知識も進化するものだから、意見が変わるのはごく自然なことである。ところが公開討論会のようなものに参加する知識人は、風見鶏のようだと思われたくないために、過去の立場に固執しがちだ。このような知的停滞現象は学術界にも見受けられるものの、研究室や学会で研究成果を絶えず見直し、批判を受け、また査読付きの専門誌に論文を発表する関係上、自説の再構築は比較的容易である（この点については後段でも論じる）。それに同僚との議論はせいぜい井戸端会議で拡散される程度だが、メディアに一度登場すると、ブログだのコメントだのさまざまな媒体を介して伝播され増幅されていく。それなのに不幸にも学者は、研究室や専門誌上ではけっして擁護しないような主張に、メディア上で賛同してしまうことがよくある。

さらに、メディアに顔を出した学者は、自分が専門知識を持ち合わせていないようなテーマにも意見を求められるようになる。だが学者ほどジェネラリストに遠い人種はいない。それどころか自分の分野でさえ、すべてに通じているわけではない（自分の専門分野から逸脱したがる傾向は「ノーベル賞シンドローム」と揶揄される）。だが、「その質問にはお答えできません」とか「それについては語るべき知識を何も持ち合わせておりません」と言うのはむずかしい。ここでは、微妙なバランスを見つけることが大切である。自分の専門ではないが、同僚との会話などでいくらか知識を持っている場合や、関連する論文や著作を読んでいる場合にはどうするか。あるいは、常識で答えられるような質問をされたらどうするか。

政治への関与

プラトンによれば、すべての時間を公的な生活に奪われる政治家とは対照的に、哲学者は公的な事柄にほとんど関心がなく、一般の人々から無用の存在と思われている点で自由だという。だがフランスの長い伝統では、「政治にコミットする知識人」は称賛される。私はけっして、政治的立場をあきらかにする学者や知識人を批判するつもりはない。彼らの多くは確信を持ってそうしているのだし、その多くが立派にやっている。それに学者であれば、政治に関与することによって、ないがしろにされていた研究分野にスポットを当てたいという動機もある。だがそれでも、あくまで私の個人的意見だが、次の三つの理由から「政治にコミットする知識人」に双手を挙げての賛成はしかねる。

第一に、政治的意見を表明する学者は、たちどころにレッテルを貼られることになる。左派あるいは右派、ケインジアンあるいは新古典派、リベラルあるいは反リベラル、という具合に。そうしたレッテルは、本人の好むと好まざるとにかかわらず、その発言に重みを与えたり、いかがわしいものにしたりする。分野が何であれ、学者の仕事はすでに存在する知識を疑ってかかり、新たな知識を創造することなのだが、そんなことはどうでもよくなってしまう。おまけに聴衆は、議論の中身をのべつ忘れてしまい、自分の政治的傾向から結論を下すことが多い。自分と同じ側の学者ならその意見を好ましく感じ、反対の側なら嫌いだと感じる。こうした状況で公開討論に学者が参加するのはじつに無駄であり、その社会的な役割を大いに損ねるとしか思えない。どうしてもその場の雰囲気に流されることになりがちだ。たとえば、与野党の意見が対立する問題で何か専門的な質問に答えたとたんに、それはいずれかの政治的立場をとったものと解釈される。政治にコミットして色眼鏡で見られるようになったら、その学者の真意は伝わらなくなり、良識ある議論に寄与することもできなくなってしまう。

第二に、政治にコミットすると、思想の自由を失うリスクにさらされることになる。極端だが非常に衝撃的な例を挙げよう。フランスの多くの知識人や芸術家は、全体主義を目の当たりにしたとき理性を失い、現実から目をそらした。ソビエトや毛沢東やキューバの全体主義に対してその傾向が強かった。そうした知識人は、けっして自由の剝奪、ジェノサイド、放漫経済や環境汚染、文化の抑圧に賛同したわけではない。反対である。全体主義は、彼らが心底憎悪するものを代表していた。だが彼ら知識人は、政治的立場を鮮明にしていた関係上、批判精神を奪われ、思想の自由を失っていたのである。もちろん、「進歩」を装った甘い誘惑に勇敢に抵抗した知識人も大勢いた。アルベール・カミュ、レイモン・アロンをはじめ、経済学者の多くがそうだ。だが歴史のこの悲劇的な一コマの中でフランスのインテリが示したモラルは、あまりに意外だったと言わざるを得ない。今日では、あのように過激な立場をとる知識人はまずいないだろう。だが教訓を忘れてはならない。政治に深入りしすぎると、同志やメディアをがっかりさせまいとして、一度表明した自分の立場に固執せざるを得なくなる、ということだ。

第三に、学者とメディアの関係と同じく、学者と政治の関係もすんなりとはいかない。たしかに多くの政治家が知的好奇心を持ち合わせてはいるが、それとこれとは別である。学者と政治家では時間の感覚も制約もちがう。学者の役割は、既存の知識を分析し、完全に自由に、短い期限に制約されることもなく、新しい発想を提案することだ。これに対して政治家は、有権者の審判という圧力に絶えず直面しているため、すぐさま結果を出す必要に迫られている。このようにそれぞれのインセンティブのちがいから時間的制約が異なるからといって、政治家を本能的に軽蔑するのは不当と言わざるを得ない[5]。学者には思考の手段を提供して政治家の意思決定を助ける義務があるとしても、彼らに代わることはできないのだから。

レッテルの罠

ここでもう一度、学者がレッテルを貼られる問題に触れたい。経済学者は、いや経済学者に限らず学者はみなそうだが、理論と事実が導く道を歩まなければならず、この知の道を邪魔するものがあってはならない。もちろん個人としては学者も一介の市民であり、自分の意見があるし、肩入れする思想があるだろう。だがそれらが公になったとたんに、政治的色分けからにせよ、「経済学派」の分類からにせよ、さまざまなレッテルが貼られることになる。そして、この学者は個人的関心事（メディア、政治、イデオロギー、報酬、学内での地位等々）のために学問への誠実性を犠牲にしているのだ、と暗に示すことになる。

しかもこのレッテルは、知らないうちに経済学という学問の権威を貶めることになりかねない。経済学はコンセンサスを形成できない学問であり、そんなものの教育はさして役に立たない、と世間は考えるようになる。優秀な経済学者の意見（個人的な意見はそれぞれであるにしても）は多くの点で一致していること、少なくとも合意が得られない限りやってはならないことについて意見が一致していることは、忘れられてしまうのである。経済学に主流的な意見というものが存在しなかったら、経済学研究への予算はとうてい正当化できないだろうから、今日の経済学的課題の規模や多様性にもかかわらず、多くの事柄で合意が成立していることはじつに喜ばしい。その一方で、学者たちがまだよく理解できておらず、したがってコンセンサスが成立していない問題については日々研究と議論が行われており、研究と議論こそ学問の世界ならではのものである。したがって、研究が進むにつれてコンセンサスが変化することは大いにありうる。

3　学外交流と守るべきガイドライン

学者が象牙の塔の外の世界と交流するにあたり、「こうすれば必ずうまくいく」といった万能の方程式は存在しない。それでも、一線を引きつつ相乗効果を弱めないようなルールを決めておくことは可能である。

個人の行動

どんな職業でもそうだが、研究者の場合にも、個人のふるまいにはその人の倫理観が反映される。個人として守るべき基本的なルールとして、次の二つを挙げたい。第一に、考えを議論するのであって、誰の意見かは問題ではない（けっして個人攻撃をしてはいけない）。第二に、研究室や会議の場で、同業者を前にして反論に窮するようなことを言ってはいけない。このほかに学者の職業倫理として、データや方法論の透明性を確保すること、起こりうる利益相反を明示することが挙げられる。とは言うものの、利益相反は多種多様で状況に大きく左右されるので、何をもって利益相反と言うかを厳密に定義するのはむずかしい。また、自分の研究が留保条件を顧慮せず第三者に利用された場合、どこまで責任があるのか決めるのもむずかしい。どんな状況で、どこまでで学者の義務は終わるのだろうか。このように倫理規範というものは、職業倫理として受け継がれていても、単なる個人的なルールであっても、曖昧で頼りない。なぜなら明文化されておらず、精神的なものなので、必然的に不完全だからだ。それでも重要な指針であることはまちがいないのだから、それぞれの職業において厳格に守らなければならない。

パートナーシップ

研究者グループ、研究室、大学、グランゼコールが民間企業や公的機関と共同研究契約を結ぶ際にも、守るべきルールがある。研究機関にとって重要なのは、相手側から資金提供を打ち切られる可能性があるとしても、相手側の正当な要求には応えつつ、自分に興味のあるテーマで研究を行う自由を確保することだ。世界トップクラスの大学はどこもこの種の問題に直面しているが、全体としては満足すべき状況にある（私は研究者としてのキャリアをマサチューセッツ工科大学〔ＭＩＴ〕で始めたのだが、アメリカの大学が研究者に対して驚くほど大きな自由裁量の余地を与えていることを目の当たりにした)。とはいえ、これもまた一筋縄ではいかない課題であり、さまざまなモデルがあってよいだろう。

ここではいくつかのアイデア、大学にとって十分に正当ないくつかの要求を示すにとどめたい[6]。研究者が独立性を保つための要素は六つある。契約の目的と実行方法に関して合意が成立する、長期的展望に立つ、パートナーの多様化を図る、出版・発表の自由を確保する、国際的に著名な査読付き専門誌で評価を得る、独立した第三者機関の関与を仰ぐ、の六項目だ。

契約を結ぶ前に双方の関わり方を明確にしておくことは、生物学用語で言う「正の選択」を可能にする。すなわち、このようなルールを喜んで受け入れる体質の相手を選ぶことができる。研究内容にもよるが、十分に長いスパンの契約を結ぶことは、独立性の確保、信頼の維持につながるはずだ。中長期的にみると、温情や好意に基づく契約関係は空中分解しやすい。さまざまなパートナーを発掘して契約の多様化を図ることも、独立性の維持に寄与する。こうしておけば、圧力をかけられても容易にはねのけ、対等の立場を保つことができる。これに対して一つか二つのパートナーに依存すると、圧力に屈する危険性が高まる。

研究者が成果の公表の自由を確保することについては、改めて述べる必要はあるまい。一方、専門誌の査読のほうは、一般の読者にはあまりなじみがないかもしれない。学術専門誌では掲載の可否を判断するために、ピア（同分野の専門家）レビューという手続きをとって論文を評価してもらう。これが査読である。査読者をレフリーと呼ぶこともある。雑誌に送られてきた論文は、その分野の複数の専門家がレフリーとなって査読する。レフリーは論文を読んで編集長に査読レポートを提出し、編集長はこの評価と、必要があれば修正依頼、そして掲載の可否を論文の著者に伝える。レフリーの名前は著者には知らされない。レフリーの匿名性を維持することはきわめて重要だ。もし名前があきらかにされたら、否定的な評価をした場合、著者からひどく恨まれることになるだろう。

大方の学問分野で、専門誌は質によってはっきりと序列化されている[7]。たとえば経済学では、経済学一般をカバーする五つの専門誌が学術界では最も広く読まれており[8]、論文掲載の基準も最も厳しい（掲載される確率は五～一〇%というところである)。これらの雑誌に掲載された論文は、引用頻度がきわめて高くなる。この五誌に続くのは、経済学の中の専門分野に特化した雑誌である。いずれも、世界的に活躍している研究者をレフリーに選んでいる。

国際的な専門誌への発表は二つの意味で重要だ。一流専門誌での評価をめざすとなれば、パートナーの目的が重要になってくる。研究者は、新しい問題についての先駆的研究をともにできる相手を選ばなければならない。その一方で、しつこいようだが、研究者は報酬や名誉欲、あるいは単に友好関係を壊したくないという動機から、学問の場ではけっして擁護しないような意見に与してしまうことがある。質の高い専門誌に発表することは、一つの試金石となる。データの収集・処理方法や理論立てが出資先におもねっているとすれば、それは専門誌で感知される可能性が高いからだ。長い目で見れば、発表を義務づけることは研究の規律を維持する一つの要素となる。

最後に、目先の利益にとらわれた行動で研究機関のイメージが悪化する恐れがある場合に、介入できる外部機関を持つことが望ましい。それは、独立した第三者委員会(当事者が加わっていないことを条件とする)でもいいし、完全に外部の学術会議のようなものでもよい。外部機関は、ちょうど専門誌の出版社のように、学問的に重大な事柄に判断を下す役割を果たす。

4　理論から政策提言へ

本章を締めくくるにあたり、学者の意見が公共政策の立案にどう結びつくかについて、いくつか個人的な考えを述べたいと思う。あくまで私見であり、おそらくはいささか変わった考えであることをお断りしておく。

ケインズは経済学者の影響について、「どんな政治家も、だいたいはずっと昔に死んでいて名前すら知らない経済学者の提言をそうとは知らずに応用している」と書いた[9]。ずいぶんと暗い見方だが、当たらずといえども遠からずだと言えよう。経済学者は、経済学のどの分野を専門とするにせよ、経済政策の選択や企業の意思決定（すぐれたモデルは唯一無二ではないので、誰もが気分によって選ぶ）に二つの方法で影響をおよぼす。一つは、学者本人が関与する方法である。中には精力的に参加する人もいる。だが、研究活動をしっかりと続けながら政策論議に積極関与する例はきわめて稀だ。

もう一つは、間接的な方法である。学者の書いた本や論文を国際機関や官庁や企業に所属するエコノミストが読み、実行に移す。活用される学者の業績は、専門誌に発表された高度に専門的な論文のときもあれば、大衆向けにメディアで発信された文章や発言のときもある。

私自身は折衷的な方法を採り、トゥールーズでの研究・教育活動を継続している。これは、政策論議に参加している他の多くの研究者も採用しているやり方だ。私はさまざまな委員会に参加する傍ら、一九九九年から首相直属の超党派の経済諮問機関である経済分析評議会（ＣＡＥ）の委員も務め、さらに中央銀行、規制や競争促進に関する公的機関、国際機関にもたまさか関わってきた。そうした経験から、実務家がわれわれ学者の研究成果を十分に理解して使いこなすことこそ、経済学の考え方が広く浸透するうえで何よりも重要だと断言できる。

競争政策、金融のマクロプルーデンス政策、ネットワーク産業の規制などをめぐるミクロ経済学的議論はたしかに専門性が高いが、そのことは、経済政策の決定において経済学の考え方が浸透する妨げにはならない。実際にはこうした分野の決定権は、独立した専門機関に委ねられていることが多い（公正取引委員会、中央銀行、産業別の規制当局など）。これらの専門機関は、官庁に比べると選択時の制約が少ないので、技術的・経済的な検討を重ねてより良い選択をすることが可能である。だから、ケインズが指摘した時代と比べれば、提言から行動への期間が短い。

第4章 研究の日々

経済学者の世界はあまり一般の人々には知られていない。大学にいる経済学者は、学生を教えていないときは何をしているのか。どうやって経済学の知識を創造するのか。研究の成果はどうやって評価されるのか、等々。経済学の研究は、さまざまな批判にもさらされている。その中には当を得たものあるが、的外れなものもある。そもそも経済学は科学なのか。あまりに抽象的ではないか、机上の空論ではないか、数式を使いすぎではないか。経済学者は、他の社会科学から切り離された特別な世界を妄想しているのではないか。経済学は仲間内の合意だけで成立しているのではあるまいか、そしてあまりに英米圏に偏りすぎているのではないか、等々。

本章と次章では、こうした質問や批判に答えたいと思う。まずは研究者の日常を描き、経済モデルの構築と検証のプロセスを説明したのち、研究の評価プロセスの長所短所を解説する。次に、経済学者という種族の特徴をご紹介しよう。彼らは他の分野の専門家とはどこかちがうのだろうか。哲学者アイザイア・バーリンによる分類を借用するなら、彼らは「キツネ」だろうか、それとも「ハリネズミ」だろうか（キツネはたくさんのことを知っているが、ハリネズミは大きいことを一つだけ知っている）。続いて数学というツールの活用について論じる。最後にこの四〇年ほどで経済学に革命的変化をもたらした二つの理論、すなわちゲーム理論と情報の経済学を取り上げ、方法論への貢献を検討して締めくくる。

1　理論と実証の間を行き来する

他の科学分野と同じく、経済学の研究でも理論と実証の組み合わせが求められる。理論は思考の枠組みを提供する。また理論は、データを理解するカギでもある。理論は言うなれば暗号を解読するキーであり、これなしではデータは単なる観察結果にすぎず、何も語りはしない。したがって、そこから経済政策を導き出すことはできない。逆に理論は実証データを糧にする。データは仮説や結論を無効にすることがあり、それによって理論をより良いものへと導いたり、あるいはそっくり捨て去ることを強要したりする。

あらゆる分野の科学者と同じく、経済学者も手探りで学び、試行錯誤を繰り返す。哲学者のカール・ポパーは、科学は（不完全な）観察から始まると述べ、観察から一般法則を導き出し、次にそれが正しいかどうかを確かめるための検証を行うことが科学的アプローチであるとした。経済学者もこれに従っている。理論と実証の間を行ったり来たりするこのプロセスから確信は生まれないが、さまざまな現象の理解が徐々に進む。

理論は、初めははっきりした形をとらなかったが（アダム・スミスの時代）、徐々に数式を取り入れるようになった。経済学という学問の発展において、理論が果たしてきた役割は大きい。ここではフランスの読者になじみ深い数人の名前のみ挙げるにとどめるが、ポール・クルーグマン、アマルティア・セン、ジョセフ・スティグリッツらは、確固たる理論の構築によって学問的業績を確立した。著名な経済学者の中には、中央銀行総裁や国際機関のトップになった人も多い。ベン・バーナンキ、オリヴィエ・ブランシャール、スタンレー・フィッシャー、マーヴィン・キング、ラグラム・ラジャン、ローレンス・サマーズ、ジャネット・イエレンなどである。興味深いのは、いま挙げた中でセンを除くすべての人がマクロ経済学を専門とすることだ。これから見ていくように、メディアに露出するのは一部の領域の学者に限られるらしい。ここ数十年ほど、フランスの優秀な経済学者の大半は、ミクロ経済学の理論家である。たとえば、ジャン＝ミシェル・グランモン、ロジェ・ゲスネリ、ジャン＝ジャック・ラフォン、ギイ・ラロック、ジャン＝シャルル・ロシェなどだ。それ以前のモーリス・アレ、マルセル・ボワトー、ジェラール・ドブルー、エドモンド・マランヴォーらもそうだった。そのせいか、一般の人々にはあまり知られていない[1]。

数十年前から、データ処理が経済学で重要な地位を占めるようになった。これはまことに正しい流れであり、その背景には多くの要因がある。計量経済学に応用される統計技術の進化、臨床試験で使われるものとよく似たランダム化比較試験（ＲＣＴ）技術の開発（現在マサチューセッツ工科大学〔ＭＩＴ〕教授のフランス人経済学者エスター・デュフロは、この分野の第一人者である）、ラボラトリー実験とフィールド実験のより組織的な活用（今日では多くの大学で取り入れられている）などだ。そしてもちろん、情報技術である。情報技術によって、大規模なデータベースの分散配置が可能になり、また効率的で安価なプログラムと桁外れの演算能力のおかげで統計処理がはるかに容易になった。いまやビッグデータが経済学を大々的に変えようとしている。

経済学を専門的に学んだことのない人の多くは、経済学は理論を扱う学問だと考えているようだ。しかしこの見方は事実からかけ離れている。競争法から財政・金融政策にいたる公共政策の立案において、理論は引き続き重要な役割を果たすにしても、データ重視の姿勢はかつての比ではない。実際には実証的な部分が研究において重要な地位を占めている。一九九〇年代の前半ですでに、専門誌として五指に数えられるアメリカン・エコノミック・レビュー誌に発表された論文の大半が、実証研究か応用研究だった[2]。現在もこの状況が変わっていないことは、まちがいない。事実、アメリカの一流大学を出た若い世代のスター学者たちは、もちろん理論を捨てたわけではないが、その大半が応用研究に向かっている[3]。

経済学におけるモデルの構築は、基本的には工学で行われていることとよく似ていると言えよう。出発点は、具体的な問題である。すでに特定されている場合もあれば、政府機関や民間企業から指定される場合もある。次に抽象化を行う。問題の本質的な部分に注意を集中するために、エッセンスを抽出する作業である。理論モデルは当面の問題を考えるためのものであって、真実の再現ではない。モデルで置く仮定は単純化されており、現実を総合的に説明する結論を導き出すことはできない。モデルを現実に近づけようとすれば複雑になり、幅広い仮定を置けば分析が困難になるため、両者の間でつねに妥協が行われることになる。

モデル構築の例

ここでは、第8章の内容に立ち入らない範囲で、気候変動を例に取り上げよう。気候学的見地からは、炭素予算（カーボン・バジェット）は残りわずかだとされている。炭素予算とは、許容炭素排出量すなわち大気温を摂氏一・五度または二度以下の上昇に抑えるために最大限排出してよい温室効果ガスの量を意味する。経済学者は、気候学者のこのコンセンサスを前提としなければならない。これを出発点として、妥当なコストで許容排出量以下に抑えるための規制政策を立案することになる。そのためには、温室効果ガスを排出するプレーヤー、すなわち企業、公的機関、世帯の行動をモデル化する必要がある。最初の分析を行うために、これらのプレーヤーは次のような合理的な選択をすると考える（＝単純化した仮定）。温室効果ガスを排出した場合に政府から課されるコストよりも排出防止コストのほうが高くつくのであれば、排出する。言い換えれば、プレーヤーたちは自己の物質的利益を最大化するように行動する。

第一段階では規制の規範的分析を行い、政府がどのような措置を講じれば、望みの結果を導くことができるかを考える。ここで直観を刺激するために、再びごく単純な仮説を立てる。すなわち必須条件は、与えられた環境保護の枠組みの中で、政策実行に要するコストをできるだけ抑えることにあるとする。なぜなら、巨額の予算を必要とする政策は、消費者の購買力や企業の競争力や雇用意欲を削ぐ恐れがあるうえ、環境保護政策に反対する利益団体の攻撃を勢いづかせ、説得力を持たせることになりかねないからだ。

規制当局が各企業の特性を熟知している場合には、「行政指導アプローチ」をとり、排出防止コストが所定の水準（合計排出量を温度上昇の閾《しきい》値以下に抑えるためのコスト）を下回るような企業が排出した場合には、その都度抑制するよう指導することが可能だろう。しかし通常は、規制当局はそうした内情に通じていない。その場合には企業に判断を委ね、排出した場合に炭素税を課すか、排出権を購入させるほうが得策である[4]。こうした分析の源流は、イギリスの経済学者アーサー・セシル・ピグーが一九二〇年に行った研究に遡《さかのぼ》る。分析結果は明確な経済政策の提言として結実し、ここ三〇年のフランスの環境保護政策の成果に寄与している。

ただし言うまでもなく、ここでは近似を行っている。まず、プレーヤーは正確にこのモデルのように行動するわけではない。彼らは、経済的に適切な選択を下すだけの情報をつねに持ち合わせているわけではない（たとえば、排出企業が今後二〇年間に払う炭素の代価はわかっていない）。また、自分たちの物質的利益を正確に最大化する行動をとれるわけでもない。それでも、プレーヤーが環境保護を真剣に意識することはありうるし、隣人や同僚の目に好ましく映るような行動をしたいと本気で考えていることもありうる[5]。企業が社会的に責任ある行動をとりたいと本気で願うこともありうる。

そこで第二段階ではモデルを強化し、プレーヤーが持ち合わせている情報の不完全性や社会的な行動をモデルに導入する。さらに、国家の約束の信憑性、気候学、イノベーション、国家との交渉、地政学的要因の不確実性といった要素も取り込む。この段階の分析は、基本的な仮定のテストにもなる。たとえば、裁量的な行政アプローチよりも経済的手段（炭素税、排出権取引など）を活用したほうがよいとの提言は、規制当局は十分な情報を持ち合わせていないとの仮定に基づいている（ひょっとすると、裁量的な行政アプローチをする規制当局は、お友達や圧力団体を不当に優遇する当局より不公平だという仮定に基づいているのかもしれないが）。この仮定が事例観察などで正当化できるようであれば、それはもはや仮定ではなくなる。この仮定を直接立証してもいいし、結果を調査することによって間接的に正当性を立証してもよい。

　こうして実証研究を行った結果、行政アプローチを採用した場合には環境政策のコストが五〇〜二〇〇％嵩《かさ》むことを示すとともに、規制当局は排出抑制の最適解に関して不完全な情報しか持ち合わせていないという直観的な仮定の正しさを立証することができた。


　この段階まで来たら、物理学でおなじみの法則との比喩が理解の助けになるかもしれない。ニュートンの万有引力の法則や、理想気体の法則（狭義にはボイル＝シャルルの法則として知られる）は、いまとなってはまちがいだったと判明した仮定に基づいている[6]。だが二つの法則は、次の二つの理由から必要欠くべからざるものと認められている。第一に、これらの法則がなかったら、のちの理論（たとえば相対性理論）は発見されなかった。法則の単純明快さのおかげで、誰もがこれを理解して次へ進むことができた。第二に、万有引力の法則も理想気体の法則も、ある状況（前者では低い速度、後者では小さい圧力）ではみごとな近似になっているため、直接応用することができる。だが大半の科学ではこうはいかない。とりわけ社会科学では、近似はだいたいにおいてはるかに精度が低い。それでも近似が役に立つことは否定できない事実である。

　こうしたわけだから、社会科学や人文科学における予測の精度をニュートンの理論の精度と比べるつもりは毛頭ない。社会科学や人文科学は自然科学や生命科学よりも複雑な方法論を持っており、中にはあまりに複雑すぎるからモデル化できないと言う人もいる。たしかに人間は、置かれた環境に起因する動機をはじめ、たくさんの動機に突き動かされる。しかも人間は誤りを犯す。そのうえ感情に支配されることもめずらしくない。それやこれやで、合理的でない行動をとる可能性が大いにある。とはいえ社会科学の中心にあるのは社会という組織であり、幾多の困難に直面しながらも、その研究は今日まで進化してきた。社会科学の研究者にとっては幸運なことに、人間の行動には個人にせよ集団にせよ何らかの規則性があり、それをあきらかにすることができる（そうでなかったら、社会科学の研究はやる価値がないということになるだろう)。

理論の構築

モデルを構築する際は、先ほど述べたように、エッセンスを抽出する必要がある。モデル化で最大の難関は、本質的に重要な要素の抽出である。実行可能性の観点からして、すべてを考慮に入れることはできない。したがって、重要なものと、省いても分析結果が大きくは変わりそうもない偶発的なものとを区別する必要がある。この段階では、研究者の経験や実務家との討論が役に立つ。もっとも、問題の理解が深まり、可能であれば実証的にも裏付けられた結果、結局は最初の仮定に戻ることもある。要するに、モデルとはよく言えば現実の比喩、悪く言えば現実の出来損ないなのである。

経済学者がモデルを構築するときは、それが企業の内部構造であれ、市場の競争、あるいはマクロ経済のメカニズムであれ、意思決定者の目的を明確にするとともに、彼らの行動について仮定を設ける必要がある。たとえば最初の近似として、資本主義経済における企業は株主を満足させるために利益の最大化を望む、と仮定する。この利益は、異時点間に実現される利益とする(7)。というのも、短期的な利得を犠牲にして長期的な利益を増やすほうが、企業の持続可能性にとって好ましいことが多いからだ(たとえば、従業員、サプライヤー、顧客との信頼関係を尊重する、設備や保守に投資する、など)。必要があれば、この利益最大化という単純きわまりない仮定をより精緻なものにする。そのためには、企業のガバナンスや、経営者および取締役会に作用するインセンティブについて、膨大な知識を蓄積しておかねばならない。そうした知識を活用して、最初の仮定から逸脱するような行動を理解し、モデルに組み込んでいく。たとえば、長期的利益を犠牲にして目先の利益の実現に走る経営者の行動などがそうだ。

なお行動に関して言えば、最初の近似的な仮定では、意思決定者は合理的な行動をとるものとする。すなわち、意思決定者が持ち合わせている限られた情報と、彼らの真の願望として研究者が設定した具体的な目的の範囲内で、自己利益を最大化するように行動するものとする。ここでもまた、限定合理性に関する最近の研究の知見を活かして、最初の仮定を精緻化することが可能だ。最後に、複数のプレーヤー（たとえば市場での競争者）の相互作用を考慮してモデルを形成する。ここでゲーム理論が関わってくるわけだが、これについては後段で改めて論じることにしよう。

最小限の仮定を置いたこの単純なモデルは、市場の動向や経済の全般的な変化の予測にも、また意思決定者向けの助言や経済政策の策定にも活用できる。経済学は、規範的であろうとする傾向がおそらく他の社会科学や人文科学以上に強い。経済学は、世界を変えたがっているとも言える。個人や集団の行動を分析し、そこに何らかの規則性を発見することは、もちろん重要だ。だがその究極の目的は経済政策の立案である。

そこで経済学は、さまざまな政策の費用と便益を比較する。比較を行った時点で、社会にとって差引で利益が最も大きい（少なくとも費用が最もかからない）政策を選ぶことが可能になる。たとえば選択した政策によって最終的に損失を被る人がいても、それを埋め合わせるための移転が可能であれば、適切な政策だと判断できる。移転が不可能な場合には、選択はむずかしくなる。政策立案者はさまざまなプレーヤーの幸福を秤にかけ、誰を最優先するかを決めざるを得ない。

モデルが単純だからといって、分析が容易だとは限らない。批判するのは簡単でも、実際にやるのはむずかしいのだから、あるモデルの批判が代替モデルの提案を伴っていない場合には、その批判はさして影響力を持たない。研究室や会議の場で活発な議論が繰り広げられているとき、国際的な専門誌に匿名の批判や書評を投稿するとき、学術界が何らかの理論の問題提起を共有しているときには、建設的でない批判は意義がない。

経済学のアプローチは、いわゆる「方法論的個人主義」である。すなわち、社会的・集団的な現象は個人の行動の結果であると考え、個人の行動の集積が社会現象を形成すると考える。方法論的個人主義は、社会現象の理解や分析と完璧に両立する（というよりも、必要不可欠である）。プレーヤーは各自にとってのインセンティブに反応するが、このインセンティブの一部は、各自が属す社会集団に由来する。プレーヤーはまた、社会規範にも感化される。長い物に巻かれ、流行を追い、自己認識が定まらず、付和雷同し、社会的ネットワークで直接間接につながっている人々に影響され、同じ共同体に属す人たちに同調しやすい⑻。

実証テスト

理論が組み立てられ、その理論が意味するところが理解できたら、仮定に対する結果の頑健性を検討し、モデルに基づく予測を検証する段取りになる。通常は（常識テストとは別に）二種類のテストを行う。収集したデータが質量共に十分であれば、計量経済学的な検定を行う（経済学広くは社会科学に統計技術を応用し、複数の変数の関係に与えうる信頼度を決定する）。

だが、データが不十分だったり、状況が激変して過去のデータが役に立たないといった事態も起こりうる。たとえば一九九〇年代に多くの国の政府は、周波数をただで割り当てるのを止めて、入札にすると決めた。その決定は、経済学者も参加して、二つの段階を経て下された。まずは販売方法に関する理論的な検討である。複数の区間の周波数をどのように売り出すのか、電話事業者の関心が特定の区間に集中しているときはどうするのか、等々。次に入札方式にすると決めた後は、応札者が落札価格決定のメカニズムをきちんと理解していることや、経済学者が実務面の重要な事項（たとえば応札者同士が結託する可能性など）を忘れていないことをどのように確認するか、といった問題が持ち上がった。そこで政府と経済学者は、実際に周波数の入札を行う前に予想される結果を確認するためのテストをした。かくして無事入札が実施され、国庫を大いに潤すことになったのである（アメリカだけで一九九四年以降に六〇〇億ドルの収入があった）。

古典的な計量経済学では二つの検証方法がある。フィールド実験とラボラトリー実験である。前者では、臨床試験で言うトリートメント・グループ（処置群）に当たる人々のサンプルを、コントロール・グループ（対照群）に当たるサンプルの環境に置き、行動や結果のちがいを分析する。ランダム・サンプリングによる実験は、物理学、社会科学、マーケティング、医学（医薬品やワクチンの治療効果を確かめる臨床試験）の分野で広く行われている。[9] たとえば、早くも一八八二年には生化学者のルイ・パスツールが、五〇頭の羊を無作為に二つのグループに分けている。そして一方にワクチンを投与し、他方には投与せずにおき、さらにすべての羊に炭疽菌を注射して、ワクチンの効果を確認した。

ときにはサンプルが自然に二つに分かれていることがあり、これを「自然実験」と呼ぶ。たとえば、双子が生まれたときから離ればなれにされ、ちがう家族に預けられた場合がそうだ。この双子を観察すれば、先天的な要素と後天的な要素（環境要因によるもの）を区別することができる。もう一つの例として、個人の選択（その個人の特性に左右される）ではなく抽選で決まる将来選択が挙げられる（たとえば、公立学校に生徒を割り振る、徴兵制で所属部隊や勤務地を割り当てる、など）。[10]

経済学では、ランダム化比較試験（ＲＣＴ）の手法や、トリートメント・グループとコントロール・グループに分ける戦略を活用してきた。経済学の実験では、たとえば新しい電気料金体系、生活保護、健康保険、失業保険といったものの影響を調べる。こうした手法が顕著な成果を上げているのが、開発経済の分野だ。[11] 中でもメキシコが一九九七年から導入している貧困削減のための教育・保健・食料プログラム（Progresa）は有名である。このプログラムでは、資力調査によって貧困世帯を特定したうえで、子供を学校に通わせること、定期的に健康診断を受診させること、予算の一部を栄養摂取に充当することを条件に、母親に助成金を与える（このため、「条件付き現金給付（ＣＣＴ）」と呼ばれる）。このプログラムは、助成金の配布時期をランダムに変えて「トリートメント村」と「コントロール村」を作ることによって、正確な効果測定を行うことができた。こうした手法は、公共政策あるいは企業戦略の効果測定や、経済理論のテストに用いられている。たとえば、入札方式によってどの戦略を選ぶのが最適か、参加者が理解しているかどうかをパイロット・プログラムでテストする。[12]

同様に、理論モデルで想定した状況を研究室で再現し、被験者（学生、教授、専門家）に役割を「演じて」もらって結果を観察することができる。これがラボラトリー実験で、心理学者のダニエル・カーネマンと経済学者のバーノン・スミスはそうした実験手法を確立した功績により二〇〇二年にノーベル経済学賞を受賞した。バーノン・スミスの有名な実験は市場実験と呼ばれるもので、国債市場や商品市場を想定している。この実験では、参加者を同数の二つのグループに分ける。一方は財の売り手（一単位だけ売ることができる）、他方は買い手（一単位だけ買うことができる）である。財を買わなかった買い手は、何ももらえない（実験参加料だけもらう）。買い意欲を決定づけるために、財に一〇ユーロまでなら払ってもいいと考える買い手がpユーロで買った場合には、$(10-p)$ユーロの報酬を与える。同様に、四ユーロ以上で売りたいと考える売り手がpユーロで売った場合には、$(p-4)$ユーロの報酬を与える。売ってもよい最低価格がp^*である売り手の数と、払ってもよい金額がp^*である買い手の数が等しいとき、p^*で競争均衡が成り立つ。このとき、市場は均衡したと言う。だが現実の世界では、買い手は自分が払ってもよいと思う金額しか知らないし、売り手は自分が売ってもよいと思う価格しか知らない。この状況で、買い手にせよ、売り手にせよ、馬鹿正直に自ら価格を提示するだろうか。バーノン・スミスの実験では、取引制度のちょっとしたちがいが結果に影響を与えることがわかったが、十分な数の売り手と買い手が存在する場合には、価格も取引数量も競争均衡の理論予想値に収斂することが確かめられた[13]。

ラボラトリー実験はフィールド実験よりも再現性が高く、実験環境をコントロールすることが可能だ。だから、技術者たちが行う風洞実験に相当すると言えるだろう。ただし、フィールド実験と比べて環境がどうしても人為的になる点はデメリットである。ラボラトリー実験もフィールド実験も、心理学や経済学に限らず広く社会科学や人文科学で行われている。とくに政治学では、委員会などで決定が下されるプロセスを理解する目的で活用されている。

経済学は科学か？

ここでしばし、経済学という学問の位置づけを改めて考えてみたい[14]。次の意味において、経済学のアプローチは科学的である。仮説が明確に示され、仮説に対する批判を受け付ける。結論とその有効範囲が、演繹的推論により論理的に導かれる。結論が統計的手法により検証される。

その一方で、予測精度が低いという理由から、経済学は厳密な科学ではない。経済学の予測は、天文力学の計算の精密さにはおよぶべくもない。地震の発生を予想する地震学者、あるいは患者の心臓発作や癌《がん》を心配する医者と同じで、金融危機や為替相場を予想する経済学者も、その現象の発生要因の特定は得意だが、発生時期を予想することは不得意だ。いや、発生そのものもうまく予想できない。予測の問題は本書を通じて繰り返し取り上げるつもりだが、さしあたりここでは、予測を困難にする原因を二つ強調しておきたい。第一は、他の科学にも共通するが、データが不十分、あるいは現象の理解が不完全ということだ。たとえば経済学者は、銀行の真の資産内容の詳しい情報は持ち合わせていないし、監査人の能力も把握していない。経済学者には、銀行の相互のリスク・エクスポージャーなどの要因がいずれはシステミック・リスクを引き起こしかねない、ということは理解できても、危機が伝播する複雑なダイナミクスを理解しているわけではない。

第二の阻害要因は社会科学と人文科学に特有のもので、すべての情報を入手し現象を完全に理解していても、うまく予測できない状況が存在することだ。たとえば、私の選択が、あなたの選択次第で変わってくるような状況がそうだ。このようなとき、外部の観察者にとって「戦略的不確実性」が生じる。すなわち、行動を予測することが困難になる。「予言の自己実現」や「複数均衡」はこの範疇にあり、本書を通じてその例を挙げていくつもりだ[15]。銀行恐慌や取り付け騒ぎが起きるときは、まさに不確実な状況に相当する。もう一例、挙げておこう。経済学でよく取り上げられるテーマだが、人々は政治的決定に圧力をかけられるような集団を形成しようとして、選択を調整する。私が空港の近くに家を建てたくても、一人だけでは将来の空港拡張工事に対して無力である。となれば、建てるのを諦めるだろう。だがもし大勢の人が建てるなら、強力な利益団体が形成され、拡張工事を断念させることができるかもしれない。その状況では、私自身にも空港の近くに家を建てるインセンティブが強まる。つまり、集団の行動を予想するためには、プレーヤー同士の調整がどのように行われるかを理解する必要がある。

2　アカデミックな経済学のミクロコスモス

学問には潮流がある

科学分野はどれもそうだが、研究は同僚との議論、セミナーや会議、論文発表などを通じた共同の創造プロセスである。経済学の議論では、意見が鋭く対立する。そもそも研究の本質は、あまりよく理解されていない現象に注意を向けることであるから、意見の相違は大きくなりがちだ。学問の潮流は、理論の信頼度や実験の成果に応じて変化する。たとえば行動経済学は、二、三〇年前まで傍流も傍流だった。やがてカリフォルニア工科大学やカーネギーメロン大学などが将来有望な分野として注目するようになると表舞台に躍り出し、一流大学が実験センターや研究所を設けるようになった。

マクロ経済学の分野でも、潮目の移り変わりを見ることができる。[16] 一九七〇年代半ばまで、マクロ経済学はケインズ理論に完全に支配されていた。ケインズ理論しか存在しなかったからではない。シカゴ大学を中心に、アメリカの一部の大学では批判的な動きが起きていた。この少数派の学派は、ケインズ理論の根拠と実証可能性の両方を攻撃した。たとえばケインズ理論では、紙幣を増発して政府支出を増やす景気刺激策を採用すれば、労働需要を増やし、失業率を押し下げることができるという。労働者を獲得するために企業は競って名目賃金を引き上げる。人件費の上昇は製品価格の上昇という形で消費者に転嫁され、つまりインフレが発生する（このように失業率とインフレ率が負の相関関係にあることはフィリップス曲線で表される）。景気刺激策とそれに付随するサプライズ効果によってインフレが加速するので、失業率が高く賃金の名目硬直性が高い（すなわち賃金が生活水準に連動していない）社会においても、実質賃金が押し下げられる。また債務は通常名目ベースなので、インフレによって実質的に目減りし、債務者は息を吹き返す、というわけだ。だがこのような人為的なインフレでいつまでも消費者、債権者、労働者をだませるとは思えない。彼らは状況に適応するだろう。預金者は物価に連動しない資産を持たなくなる。あるいは高い金利を要求する。労働者は賃金を物価スライドにするよう要求する（現に世界中の政府がこの問題に頭を悩ませてきた）。そもそも一九七〇年代の現実は、ケインズ理論を裏付けていないように見える。なにしろこの時期は、スタグフレーション（景気停滞を意味するスタグネーションとインフレーションの合成語）に覆われていたのだから。

さらにケインズ理論では、人々は「適応的期待」を形成するとされている。つまり、投資家は過去に観察された傾向や経過の影響を強く受け、将来については厳密な予想をしないというのである。だがたとえば、金融資産が実体以上に過大評価された金融バブルの状況を考えてみよう[17]。この状況で資産を買うプレーヤーは、売って売買益を稼ぐことしか考えていない。問題は、いつ売るか、ということに尽きる。となれば、他のプレーヤーが今後も市場に参加するか、それはいつまで続くかを見極めなければならない。同様に、債券の満期（やや専門的にはデュレーションと呼び、満期までの残存期間を指す）を考慮してポートフォリオを構成したり、金利変動リスクをヘッジしたりするアセット・マネジャーは、金利動向を予想しなければならない。ということはつまり、中央銀行が経済の状況をどう捉えているかを見抜かなければならない。また外国に投資し、国外での収入を本国送金する企業は、短期的・長期的に為替相場に影響をおよぼす要因を見極めなければならない。ケインズ自身が楽観的な予想に走る人間の本性として「アニマル・スピリッツ（血気）」に言及していることを考えると、ケインズ理論に将来予想がきちんと組み込まれていないのは、いささか矛盾しているようにも感じられる。

反ケインズ学派はモデルを動学的に精緻化し、時系列計量経済学を発展させて、主流の座を占めるようになった。だが彼らのモデルにも限界があった。ニュー・ケインジアン・モデルの多くがそうなのだが、金融システムの存在がほとんど考慮されておらず、バブルや流動性リスクも組み込まれていない（マクロ経済学では金融システムを介した金融政策の波及効果をしきりに強調しているのだから、まったくの矛盾と言わねばならない）。

今日のマクロ経済学者は、ケインジアンかそうでないかを問わず、これらのモデルを完全に近づけようと格闘している。言い換えれば、さまざまな考え方のすぐれた点を統合して、マクロ経済の水先案内人としての理解を深めようと努力している（たとえば予算政策は、理論面でも実証面でも理解が進んでいない分野の一つである）。フランス出身のエマニュエル・ファーリ（現ハーバード大学教授）も、そうした先端的な研究者の一人である。

ランキングは適切か

研究に対する評価を通じて、誰のどの研究がすぐれているのかが多くの人にわかり、その分野で学ぶ学生にとっては指針にもなる。経済学では、いや、経済学に限らず学問分野では、研究のクオリティはいったいどのように評価するのだろうか。おおざっぱに言うと、二つのアプローチがある。一つは客観的なデータに基づくランキング（これは非常にフラストレーションが溜まる）、もう一つは同僚、つまり同じ分野の専門家による評価である。

大勢の人の目に触れるランキングとしては、上海交通大学の大学研究センターが毎年発表する世界大学学術ランキング（ＡＲＷＵ）が有名である。世界中の大学が、自分の順位はどうなったかと固唾をのんで待ち受けている。だがＡＲＷＵに限らないが、ランキング方式は大学のレベルを判断するのにふさわしいやり方なのだろうか。ARWUでは六項目の客観的な指標に基づいて順位をつけているが、この中にはノーベル賞やフィールズ賞を受けた卒業生の数、引用回数の多い研究者の数、学術文献引用索引データベース（SCIEおよびSSCI）に収録された論文の数という項目がある。だがノーベル賞やフィールズ賞を受けた卒業生がもうその大学にいないとしたら、どうやって大学のクオリティに貢献できるのか、大いに疑わしい。また論文の数にしても、掲載された専門誌の質が加味されていないのは問題だ。

では、どのような基準なら適切と言えるだろうか。まず、大学の総合評価も結構だが、学問分野別の評価をすべきである。そのほうが、学生が大学を選ぶときにも、学長が大学の方針を立てるときにも、参考になる。ARWUでは、自然科学・工学・医学などおおまかな分野別と数学・物理学など一部の科目別ランキングは発表しているが、不十分だ。ただ、まだ進む分野を決めていない学生にとっては、総合評価が役に立つだろう。したがって、両方のランキングが発表されることが望ましい。

また、研究者の業績を論文の本数や引用回数で評価するのは、まっとうなようだがそう単純ではない。ARWUの評価には「ネイチャー誌とサイエンス誌に掲載された論文の数」という項目があるが、データベースに収録される論文についても、掲載誌にウェイトをつけて本数の評価に反映させるべきだろう（そのためにはグーグルが使っているようなアルゴリズムを開発するか、専門家委員会で協議する必要がありそうだ）。だがそれでも、十分とは言えない。同じ専門誌であっても、掲載される論文のクオリティはまちまちだからである。それに、掲載誌にウェイトをつけて本数を数えても、研究の重要性を表す正確な指標にはなり得ない。ジェラール・ドブルーは一九八三年にノーベル経済学賞を受賞したが、量だけで見ればあまり「生産的」ではなかった。だが彼が三年か五年おきに発表する論文には大きな影響力があった。

引用回数のほうは、回数を数えたうえで、引用者の論文の重要度に応じてウェイトをつける（そのためには引用者の論文の引用回数を数えて、その論文の重要度を……ということになり、マトリョーシカのような具合になる）。だがこの評価方法だと、フランス語で論文を書いていたモーリス・アレはずいぶんとお粗末な成績になってしまうだろう。アレは英語以外の言語で論文を書いてノーベル経済学賞を受賞（一九八七年）した最後の偉大な経済学者にして、この意味で最初のフランス人ノーベル経済学賞受賞者である。それに引用は、分野によって頻度に偏りがある。さらに、引用がひんぱんにされるからと言って、必ずしも学問的関心の深さを表すとは限らない。議論を巻き起こしたテーマやメディアに取り上げられた研究は、引用回数が増えやすい。極端な例で言えば、歴史修正主義者の論文は、執筆者がたいした学者でなくとも激しく批判され、したがってひんぱんに引用されることになる。また概説書の類いは、その分野の専門家でない人が全体像を把握するのに役立つため、引用回数が多くなりやすい。しかしそれが学問的進歩を表すとは言えないだろう。さらに、引用はその性質上、どうしてもタイムラグがあるため、引用回数だけで評価すると若い研究者は不利になりやすい。

このようにランキングの欠点を挙げ出すときりがないので、これ以上くどくど説明するのはやめにしよう。とはいえ、さんざん批判した挙げ句に矛盾していると思われるかもしれないが、私はこうした客観的な外部評価を積極的に活用すべきだと考えている。アメリカのような国では、大学も財団などの支援組織も実績主義で効率的に運営されているので、ランキングの類いはそこまで必要ではない（が、活用は進んでいる）。これに対して、ヨーロッパの多くの国では、優秀な大学や研究機関を見分けるためにこうしたランキングは必須である。とくにフランスは学術研究を評価する土壌が乏しく、国内の比較も国際的な比較も不十分で、ライバルにすっかり後れをとっている。これでは学生も困るし、創造性や国際性を備えたところを見極めたい研究者や政策担当者も困る。このように情報不足の状況では、ランキングは一つの手がかりとして役に立つ。

では次に、専門家による評価に移ろう。研究予算の効率的配分を考える支援組織は、すぐれた専門家で構成される審査委員会を設けるべきだ。お手本になるのは、欧州研究会議（ＥＲＣ）やアメリカの国立科学財団（ＮＳＦ）、国立衛生研究所（ＮＩＨ）である。ただしそのためには優秀な専門家を招聘する必要があるが、条件を満たす専門家はあちこちからひっぱりだこだろう。拘束時間を減らす、委員会の権威を確立するといった条件を整える必要がある。

教授の任命手続きにおいても、専門家による評価は重要な役割を果たす。研究先進国では、教授の任命はだいたい次のような手順で行われる。まず学内外から公募し、教授から成る学部レベルの選考委員会が審査して有力候補を絞り込む。ここでは喧々諤々《けんけんごうごう》の議論を行い（非公開なのでそうした議論もやりやすい）、候補者の主な論文を読んで評価するという手順だ。次に、いわば「保証人」の立場として大学当局が関与し、一定以上のポスト[18]については、外部委員が二週間かけて評価する。この外部委員は学長または学部長が選定する。外部委員は、選考委員会が選んだ候補者の研究者としてのクオリティを、同じ分野の他の研究者と比較評価するよう求められる。この手続きを経ることで、必ずしもその分野に通じていない学長と学部長は外部専門家の貴重な意見を聴くことができる。外部委員の存在意義は、大学当局と学部の間の情報の非対称性を解消し、後者が選んだ人材の質を前者が確認できるようにすることにある。フランスの大学も、おおむねこのような手順を踏んでいる。

ピアレビューの功罪

学術研究の評価においてきわめて重要な地位を占めるのは、前にも述べたピアレビュー、すなわち同じ分野の専門家による査読である。学術論文は、専門誌の編集委員会が選定した匿名の専門家（レフリー）が査読し、レポートを書く。この査読レポートと、編集委員自身の評価に基づいて、編集委員が論文の掲載にゴーサインを出すか（多くの場合、執筆者に修正要求を出し、修正されたものをまた読む、といった行ったり来たりが何度か繰り返される）、きっぱりと却下する。論文が細心の注意を払って評価されることは、学術界が健全に機能し知識を蓄積していくために必要不可欠だ。研究者は、自分の分野で毎年書かれる数千数万の論文すべてに目を通すことなどできないし、ましてそれを仔細に吟味することなどできない。専門誌は、データの質、統計処理の正確性、論理の一貫性、理論の革新性や意義などを総合的に評価するという大切な役割を果たしている。

だからといって、この評価方式が純粋無垢で非の打ち所がないなどと錯覚すべきではない。これにはこれの弱点がある。まず、学者には特有の群集心理があり、そのとき仲間内で関心の高いテーマには興味をそそられるが、関連する別の重要なテーマを見落としてしまう傾向がある。また、センセーショナルな論文にどうしても目を奪われがちだ。すでに発表された研究をより慎重に吟味した実証研究などは、あまり注意を引かない。これに対して、初めて取り上げるテーマで驚くべき結論に達している論文は選ばれやすい。さらに、査読者の能力不足により、実証研究の結果を再現性がないと判断してしまうことがある。[19]能力不足ではないが能力を出さないフリーライダーもいる。[20]この手の査読者は、わざわざ時間を割いて他人の論文を評価し社会に貢献していると見せかけながら、じつは十分に吟味せず、いい加減にこなす。

それに言うまでもなく、どんな学問分野にも不正はある。よくあるのは、「データが全部捏造だったとか、どこかからコピーしたものだった、というケースだ。このほか、論文執筆者に適切な査読者を挙げてもらうというやり方をしていた専門誌の場合、執筆者のお友達に査読を依頼していた、というとんでもないケースもあった。

こうした問題に対しては、原因を究明し再発を防ぐという当たり前の対策しかないように思われる。最近では、評価の透明性が高まってきている（評価データの公表、利益相反の可能性がある場合の申告義務など）。結局のところ、民主主義についての名言は、ピアレビューにも当てはまりそうだ。「ピアレビューは最悪の方式である――これまでに試みられた他のすべての方式を除いては」。これまでに試みられた方式で多かったのは内部評価だが、これは依怙贔屓《えこひいき》になりやすいという致命的欠陥があった。こうしたわけだから、外部評価とピアレビューがこれからも学術研究評価の二本柱であり続けるだろう。

経済学に対する批判

経済学によく浴びせられる批判の一つは、研究者の間であまりにちがいが大きいということだ。経済学のほか、社会科学や人文科学も、テーマによってはそう批判されることがある。何も、学問上の意見の相違を批判しているのではない。とくにマクロ経済学は複雑だから、学者の意見が一致しなくてもふしぎではない。そうではなく、批判の的になっているのは、全般的な姿勢や感性の部分である。よく知られた例を一つ挙げれば、ＭＩＴの経済学者は伝統的にリベラルでケインジアンであり、シカゴ大学は保守的でマネタリストである。そのくせ、研究の手法に関しては両者は合意している。ＭＩＴを代表するポール・サミュエルソンが語ったように、良い研究とは何かということに関する限り、彼とシカゴを代表するミルトン・フリードマンの間には薄紙一枚の差もない。良い研究には定量的アプローチ（理論を組み立てたのちに実証分析で裏付ける）が必要であること、政策提言につなげることを目的とする経済学の規範的側面においては、因果関係の立証とその説得力のある説明が重要であることに関して、両者は一致している。

方法論に関して意見が一致しているからといって、すべての研究が着々と先人の足跡をたどって行われているわけではない。それどころか、やはりＭＩＴを代表するロバート・ソローがかつて指摘したように、研究者は既存の知識を批判的に検証し、新たな道筋をつけることによって名を挙げることが多い[21]。その結果、今日の経済学はさまざまな方面に触手を伸ばしている。価格硬直性、インセンティブ、不完全競争、予測エラー、行動的バイアス等々。そして研究室で、専門誌上で、学会で、激しい議論が戦わされている。先ほども述べたが、これは良いことである。意見の衝突や同じ分野の専門家からの批判こそが、研究者を前に進ませるのだから。

重要なのはさまざまなアプローチが互いに刺激し合うことであり、そのためには人材の流動性が必要だ。弟子たちが群を作って「師匠」の学説の解釈をしているような学派ほど始末に悪いものはない。英米圏には、これを断ち切るための良い慣習がある。博士課程を終えた学生はその大学を離れなければならないのである（後日戻ってくることは認められている）。この慣習は、教授同士の関係を平和にする（教え子を空きポストに無理矢理押し込む必要がない）だけでなく、学生に新境地を切り拓くチャンスを与え、学部には新しい血を迎え入れることができる。

もう一つ、よく批判されるのは、経済学ではアメリカが圧倒的に優位なのはどういうわけだ、ということである。くわしくは立ち入らないが、経済学で最も評判の高い大学ベストテンはアメリカの大学で占められ、トップ一〇〇も半分以上がアメリカの大学だ。私としては大いに遺憾である。だがこの状況に腹を立てるよりも、発奮すべきだろう。再びソローを引用するなら、アメリカが他をはるかに引き離すのは当然なのである。彼らは多くの博士を輩出している。それに、アメリカの学問の世界は、年功や序列ではなく、はっきりと業績が報われるようにできている。さらに、優秀な教授や学生をとろうと大学間の熾烈な競争がある。こうして、研究に最適の条件が整えられているのである。

経済学教育が行動におよぼす影響

経済学者は、教え子たちの行動を調べるためのラボラトリー実験やフィールド実験も行ってきた。その結果、自己の利益と他人の利益が衝突する場面に遭遇した場合、経済学部の学生は他学部の学生より利己的に行動することが判明している[22]。具体的には、こうだ。チューリヒ大学の学生は、学期ごとに履修登録を行う際に、授業料とは別に任意の寄付をするかどうかを訊ねられる。学生ローン基金に七スイスフランか、外国人留学生支援基金に五スイスフランか、どちらかを選べるしくみだ。すると経済学部と商学部の学生でいずれかの基金に寄付をしたのは六一・八％にとどまったが、他学部の学生は六八・七％が寄付した[23]。他の実験でも同様の結果が出ている。問題は、どちらが先なのか、ということだ。つまり、利己的な人間が経済学部や商学部を選ぶのか、それとも経済学を勉強すると利己的になるのか。この点は重要である。前者であれば、経済学に罪はない（だから読者は安心して本書を読み進めていただきたい。本書のせいで利己的になることはない）。しかし後者の場合には経済学は効果絶大で、価値観の形成に影響をおよぼし、かなりバイアスのかかったプリズムを通して世界を見るように誘導していることになる。

残念ながらこの点に関しては、どちらなのかはっきりしない。チューリヒ大学の実験は、少なくとも経済学に関する限り教育効果のせいではなく、もともとの性質であると結論づけている。他の研究は、これを裏付けるものもあれば、正反対の結論に達しているものもある。たとえばイェール大学法学部の学生を対象に行われた自然実験では、最初の学期に古典派経済学の考え方を教わるグループと人道主義の概念を教わるグループにランダムに分けられた[24]。すると、前者は後者よりも利己的な行動を示したというのである。この場合にはランダムにグループ分けされたのだから、利己的な人間が経済学を選ぶとは言えない。

経済学教育が個人の考え方を変えてしまう可能性があるとなれば、これは由々しき問題である。経済学教育の影響の度合いを知るためには、このようなメンタリティの変化が起きる経路を理解しなければならない。一つの仮定（いまの知識の段階ではあくまで仮定にすぎない）として言えるのは、利他主義というものは脆弱だということである。次章でくわしく検討するが、利己的な行動を「正当化」する根拠がある場合には、それがまともな根拠であれいかがわしい根拠であれ、私たちの利他主義はあっさり後退してしまう[25]。経済学教育では、たとえば市場における競争戦略を研究したり（世の中は弱肉強食だ）、個人の利己的な行動が最終的には資源配分においてうまく調和をもたらすと教えたり（だから利己的になってよい）、インセンティブの設定が不適切だと社会にとってよからぬ行動を生むという実証研究を読んだりする（よって経営者や政治家は信用できない[26]）。こうして、経済学は利己的な行動を正当化する根拠を与えてくれるというストーリーができあがる。これらは正しくはあっても強力な根拠ではないが、しかしモラルに反する行動をとる口実としては十分に役に立つ。

この仮定が成り立つかどうかを検証するには、のちに職業に就いてから、あるいは人間関係を通じて、経済学で教えることとは別のこと（ただし経済学教育と同程度の影響力を持つ）を学ぶかどうかを調べる必要がある。また、先ほど紹介した実験はどれも、経済学教育の短期的影響を確かめるものだった。経済学者が、政府部門、民間部門、学術界のいずれに属すかを問わず、寄付、公共財、環境保護、投票などに関して他の人と比べてよき市民なのか悪しき市民なのかということに関しては、ほとんどデータがない。言い換えれば、この問題を研究するのであれば、経済学教育の短期的効果だけでなく、長期的な影響も分析対象に含める必要がある。

3　経済学者はキツネかハリネズミか？

イギリスの哲学者アイザイア・バーリンは、歴史観を論じた随筆『ハリネズミと狐』（邦訳、岩波書店）の冒頭で、古代ギリシャの詩人アルキロコスの詩片「狐はたくさんのことを知っているが、ハリネズミは大きいことを一つだけ知っている」を引用した[27]。

全体として見ると、四〇年前の経済学者はハリネズミだった。過度の単純化を承知のうえで言えば、経済学において最も知的に完成されたパラダイムである競争市場モデルについて、掌《たなごころ》を指すように知り尽くしていた。もちろんモデルの限界もわきまえており、他の角度からの考察にも取り組んだが、必ずしもつねに適切なフレームワークを持ち合わせていたわけではない。競争モデルは、物理学におけるボイル＝シャルルの法則よろしく、ありとあらゆる状況、たとえばボラティリティにも、金融にも、国際貿易にも適用されてきた。

競争モデル

競争市場モデルでは、買い手も売り手（企業）もきわめて小さく、売買を行う市場の価格に影響をおよぼすことはできないものとする（言い換えれば、売る量を控えて値段を吊り上げることも、買う量を減らして値段を下げさせることもできない。どちらの行動も、市場価格に与える影響は無視できる程度に小さい）。買い手も売り手も現在の価格と商品の品質を完全に知っており、どちらも自由な選択に基づき合理的に行動する。すなわち、買い手はできるだけ安くできるだけ良い品を買おうとし、売り手は利益をできるだけ増やそうとする。買い手と売り手は必ずしも正確に将来を予想できるわけではないが、将来の出来事についての合理的な予想はすることができる。

このモデルはさまざまな財の市場で需要と供給が均衡にいたるプロセスを説明するために適用され、そこから「一般均衡」と呼ばれる現象を分析できるようになった。たとえば、ある市場で供給が変化すれば、他の市場にも影響がおよぶ。理由の一つは財の補完性あるいは代替性（アンドロイドのスマートフォンを買ったら、専用のケースやアプリも買う）、もう一つは収入効果である（ある市場で価格が変化したら、その品物の消費にも、その品物や全然無関係の別の品物に充当できる収入にも影響を与える。アパートの家賃が引き上げられたら、そこの住人は消費財への支出を減らす）。

このモデルが経済理論の発展の重要な足がかりとなったことはまちがいないが、そこには互いに関連する二つの欠陥があった。まず、経済政策にとってどのような意味があるのかがはっきりしない。市場が効率的だと言えるのは、完全競争、情報の対称性、合理的な行動を前提として摩擦が存在しないことになっているからだ。となれば唯一考えられる政策は、所得に累進税を課すことになる。もしこれが正しいなら、政府機関も独立行政機関も地方自治体もすべて不要だ！　このことと関連するもう一つの欠陥は、本書で取り上げるような現実の状況をモデルがまったく表現していないことである。

以来、経済学は競争についての知識を深め、洗練させてきた。売り手と買い手が少ししかいないような市場での不完全な競争はどのように分析すべきか、競争法の設計に当たってそこから何を学ぶべきか。財の価格や品質について情報の非対称性が存在するケース、取引相手に関する知識を持ち合わせていないケースをどのように取り込むべきか。そのほかの市場の欠陥を予測できるか、またその対策はどうするか。合理的な行動という仮定から導き出された予測を、合理的とは言えない行動が観察された場合にどう調整するか。企業における所有権（投資家に帰属する）と実際の経営権（だいたいは経営陣に帰属するが、その利益は投資家にとっての利益と乖離することがある）との分離の影響を分析するにはどうすればいいか、

等々。最初のモデルにこうした「摩擦」が導入されるまでには長い時間を要したが、それだけの実りはあった。モデルは以前ほどシンプルではなくなり、多くのことを考慮しなければならなくなった代わりに、公共政策や経営戦略に関わるたくさんの重要な問題を分析できるようになったのである。

今日ではキツネが多数派ではあるが、「キツネに近い」研究者や「ハリネズミに近い」研究者もいる。ハリネズミは一生をある一つの考えに導かれて研究に捧げ、弟子たちにも同じ道を歩ませようとする。すべてを包摂しうると判断したパラダイムを守るためなら、果敢にリスクをとる。一方のキツネは、すべてを説明しうる理論には懐疑的だ。さまざまなアプローチをとり、それらを見直しながら理論を構築することを好む。あるやり方で進めるうちに効率が悪くなったと感じたらすぐに別の方法を試す。一方のスタイルが他方よりすぐれている、ということはない。科学はキツネもハリネズミも必要としている。学問研究は、理論と実験の間を行ったり来たりするのとまさに同じように、キツネとハリネズミの間を行ったり来たりする（一人の人間が、ときにキツネになったりときにハリネズミになったりすることもある）。経験的には、研究の世界ではどちらのスタイルも報われると感じている。[28]

では公開討論など公の場の議論では、経済学者はキツネであるほうがよいのか、それともハリネズミだろうか。経済学者はこれについてほとんど何も知らないが、ペンシルベニア大学の心理学教授フィリップ・テットロックが政治学の専門家を対象にすばらしい研究をしてくれた。[29]テットロックは二通りのやり方で「キツネが良いかハリネズミが良いか」の答を探した。第一の方法では、討論会で大学教授の意見がどのように受けとめられるか、ということに注目している。ハリネズミは、反対意見の持ち主だけを怒らせる。これに対してキツネは、全員の不興を買う。というのもキツネは多種多様な知識を引き合いに出す結果として、誰の信条も重んじないことになるからだ。しかもキツネは、あまりにたくさんの要素を考慮するため、結論にあれこれ条件が付く。すると、きっぱりした断言を求めている聴衆は苛立つし、テレビ番組でも受けが悪い（キツネは何カ条もの政策提言をすることがあり、最も妥当な提言一つに絞るよう迫られたりする）。このように、メディアが好むのはハリネズミである。

第二の方法として、テットロックは二〇年近い年月をかけて、二八四人の政治学者にソ連の崩壊、国民国家の分裂、対イラク戦争の勃発、支配政党の衰退などの可能性を予測してもらった。予測の件数は累計で二万八〇〇〇件に上る。テットロックは一四の基準に基づいて、政治学者をキツネとハリネズミに分けた[30]。また、政治思想によっても分類した。この分類は、ものごとを認識するスタイルと無縁ではない。政治思想において、キツネは予想されたとおり極右でも極左でもなく中道に位置付けられた。また予想を誤る率も低かった。たとえば一九八〇年代には、左派思想の持ち主はレーガンの知性に対する偏見にとらわれていたし、右派はソ連脅威論に取り憑かれていた。これに対して、キツネの予想の精度は高かった。しかもキツネは、自分たちの予想が外れる確率もきちんとわきまえていた。テットロックはハリネズミの例としてマルクスと自由至上主義者[31]（リバタリアン）を挙げている。彼らは単一の世界観の持ち主で、その予言は実現したためしがなかった。テットロックの革新的な研究は、多数のサンプルに基づいてはいるが、そこから決定的な結論を引き出すのはむずかしい。他の分野でも同様の研究が望まれる。

4　数学の役割

社会科学と人文科学の中では、経済学は数学を最もよく使う学問である。政治学や法学（法律の中には経済に関するものも含まれる）よりも、進化生物学よりも、そして大方の社会学、心理学、文化人類学、歴史学よりもよく使う。このため経済学は、あまりに形式化されているとか、抽象的すぎるとよく批判される。

経済学に数式がさかんに導入されるようになったのは、比較的最近のことである。とはいえ一九世紀の時点でも、フランスのアントワーヌ・クールノー、ジュール・デュピュイ、ジョゼフ・ベルトラン、ローザンヌ大学のレオン・ワルラスとヴィルフレド・パレート、ドイツのヨハン・ハインリヒ・フォン・チューネン、オックスフォードのフランシス・エッジワース、ユニバーシティ・カレッジ・ロンドンのウィリアム・スタンレー・ジェヴォンズらは、積極的に数式を使って理論を説明していた。そして二〇世紀に入ると経済学の数式化は徐々に進み、一九四〇〜五〇年にかけてその傾向に拍車がかかる。この頃の偉大な経済学者、たとえばケネス・アロー、ジェラール・ドブルー、ポール・サミュエルソンらの研究は、ニコラ・ブルバキが数学で行ったことを経済学で行ったと言ってよいだろう(32)。彼らは数式や数学的手法を採り入れて経済学思想を構成し、理論を形式化して証明した（または無効とした）。その理論は一見すると革新的だが、アダム・スミスからアルフレッド・マーシャルにいたる偉大な古典派経済学者の影響は免れず、曖昧さも残っている。古典派経済学は必ず通らなければならない道であり、その後の研究はすべてその上に築かれる。そしてそこから、新たな何かを生むことになる。

物理学や工学のように、数学にも二つの段階がある。理論のモデル化と実証的検証である。データの分析に計量経済学を活用することに、異論の余地はあるまい。因果関係を明確にすることは、意思決定にぜひとも必要だからだ。相関関係と因果関係はまったくちがう。喜劇俳優のコリューシュはこうジョークを飛ばした。「病気になったら、絶対に病院へ行っちゃいけない。病院のベッドで死ぬ確率は家のベッドで死ぬ確率の一〇倍も高いんだからね」。院内感染を考慮したとしても、これは完全にナンセンスだ。そこに相関関係はあっても、因果関係はない（もしあるなら、病院を即刻廃止しなければなるまい）。原因となる要素を特定し、経済政策や経営戦略の決定に役立つ提言に結びつけることができるのは、計量経済学に依拠した実証分析だけだと考えられる。

一方、問題の本質に直結したモデルを活用することに対しては異論が多い。前にも述べたが、あらゆるモデルでは現実が単純化されており、ときには誇張されていることもある。研究の結果として欠陥が修正されることはあるにしても、である。かくしてロバート・ソローは、経済成長に関する有名な論文（この業績でノーベル賞を受賞した）の冒頭で次のように述べた。

「理論というものはどれも、必ずしも正しくない仮定の上に組み立てられている。そのことが、理論を理論たらしめる。理論をうまくつくるコツは、単純化のための仮定を置くことはやむを得ないとして、最終結果がそれにあまり左右されないようにすることである。〝決定的な〟仮定とは、結論が細部にいたるまで左右されるような仮定であるが、そのような決定的な仮定は十分に現実的であることが重要だ。ある理論の結果がある特定の決定的な仮定からのみ導かれるような場合には、仮定が疑われ、したがって結果もあやしくなる(33)」

あれこれ欠点はあっても、たくさんの理由からモデル化は必要不可欠だと私は考えている。まず、モデルは実証分析を可能にする。そして実証的にテストできるモデルなしには、データは経済政策に有益なことを何も語ってはくれない。モデルによって経済的厚生の分析が可能になり、そこから経済政策に役立つ提言を導き出すことができる。次に、モデルを記述すること自体が思考に規律を持ち込む。経済学者は仮定を明確にしなければならず、論理展開に一定の透明性を持たせなければならない（そうなっていれば、第三者は誤解の恐れなくその仮定の可否を決めることができる）。さらに、記述する作業を通じて論理の正しさを検証することができる。直観が誤りだったと気づかされることも少なくない。

ハーバード大学経済学教授のダニ・ロドリックがみごとに言い表したとおり、経済学者は賢いから数学を使うのではない。十分に賢くないから使うのである。

「私たちは、自分が論理的に考えていることを確かめるために数学を必要とする。結論は仮定から導き出しうるか、論理展開に曖昧なところはないかを確かめるためにも、数学を必要とする。言い換えれば、私たちは賢いから数学を使うのではなく、十分に賢くないから使うのである。とはいえ、十分に賢くないと気づく程度には賢い。私は学生たちにこう言った――この点を認識することが、貧困や低開発について強硬な意見を言いたがる人たちから君たちを区別するのだ、と(34)」

加えて、モデルを記述し分析することを通じて、別の角度からも考えられるようになる（たとえば仮定から誤った結論が導き出された場合、仮定がまちがっていたのか、それともモデルに何か重要な要素が欠落しているのか、考えるはずだ）。

とはいえ、数式の導入は代償も伴う。第一に、ときにひどく難解なので、初めて分析を試みる人はさっさと投げ出しかねない。忍耐が必要である。ところが世間は往々にして、いますぐ政策提言をせよなどと経済学者に注文をつける。だがほんの四〇年前には、予測だの企業間の相互作用だの情報の非対称性だのをモデル化することはまったく一般的でなかったことを忘れてはいけない。経済のさまざまな側面を何かはっきりした形で表すことは困難だったのである。

第二に、経済学者は「街灯の下を探す」行動に走りやすくなる。これは、街灯の下にものを落としたからではなく、街灯の下は明るいから探す行動のことだ。たとえばマクロ経済学では長いこと「消費者はみな同じである」と仮定していた。単にそのほうがモデルを分析しやすいからだ。今日ではさすがにこの仮定は却下されるようになっている。消費者はさまざまな面（好み、資産、所得、債務、社会人口学的変数など）でちがうのだから。ただし、そうするとモデルは複雑になる。仮定を精緻にすればするほど、また経済主体の記述を緻密にすればするほど、それらが論理に適《かな》っていることを確認するために数学に頼らなければならなくなる。

第三に、経済学教育が過度に抽象的になり、数式の活用がむやみに奨励されるようになった。だが学生の教え方は自由に選べるのであって、数学そのものに問題があるわけではない。教育は、研究で生み出された知と齟齬《そご》を来してはならないが、研究と同じ表現方法を使わなければならないという決まりはない。現に英米系の大学の教科書では、学部一年次のレベルでは数式をほとんど使わない。だが教える側からすると、学生が理解しやすい方法で言い換えるよりも、研究そのままの方法を使うほうが容易なため、ついそうしてしまう。

そして第四に、経済学者たちは美しさやエレガントさの追求に走りがちだとよく非難される。たしかに、数式が単なる手段ではなく目的と化しているきらいがある。エレガントなモデルを構築するために数式を使うことが、科学的なクオリティを保証するものと見なされているのである。この悪しき慣習は何の疑念もなく定着しているようだが、一つ忘れてはならないことがある。いかに精緻に組み立てられた論文でも、内容が乏しければすぐに忘れ去られるということだ。長く記憶されるためには、方法論に何らかの進歩をもたらし、それを応用した次の研究の出現を促すようなものでなければならない。

5　ゲーム理論と情報の経済学

ゲーム理論と情報の経済学は、経済学のあらゆる分野に革命をもたらした。以来、経済学ではもちろん、進化生物学、政治学、法学、そしてときには社会学、心理学、歴史学でも活用されている。

ゲーム理論

現代のミクロ経済学は、ゲーム理論と情報の経済学という土台の上に築かれていると言ってよいだろう。前者は、それぞれに固有の目的を持つプレーヤーが相互依存する環境に置かれたときの行動を分析し予測する学問分野であり、後者は、前者と同条件のプレーヤーが独自情報を持ち合わせている場合の戦略的活用を考える学問分野である。

ゲーム理論は、各自の利益が異なる状況における戦略の選択をパターン化できるという点で、経済学だけでなく社会科学全体に関わるものであり、実際にも政治学、法学、社会学、さらには後段で見ていくように心理学にも応用されている。ゲーム理論を最初に開発したのは数学者だった。フランスのエミール・ボレル（一九二一年発表の論文）、続いてアメリカのジョン・フォン・ノイマン（一九二八年発表の論文研究の大半は経済学者が取り組んでいるが、生物学者と数学者もゲーム理論の発展に寄与している。年発表の論文)[35]などが、この分野の先駆者である。近年では社会科学への応用に関心が高く、この方面のと一九五〇年に刊行されたオスカー・モルゲンシュテルンとの共著)およびジョン・ナッシュ(一九五〇

個人の行動から集団の行動へ

社会科学と人文科学の特徴の一つは、予測が重要な役割を果たすことである。とくに重要なのは、プレーヤーの意思決定に対して周囲がどう反応しどう変化するかを予測することだ。自分がどうするかを決めるためには、他のプレーヤーがどう出るかを予測しなければならない。他のプレーヤーのインセンティブや戦略がわかっていれば、少なくとも「平均的」にとられる戦略がわかっていれば、予測は合理的になる。お互いに最適の戦略をとりあっていて、それ以上戦略を変えるインセンティブのない状況を「均衡」と呼ぶ(「ナッシュ均衡」と呼ばれることも多い。ナッシュは一九五〇年にこの均衡概念を考案した)。他のプレーヤーの行動は、推論(相手の立場に立ってみて、自分ならどうするかを考える)か、または何度も繰り返される状況であれば、過去の行動からの推定によって予測することになる。

財布をそこらに出しっぱなしにしない人、鍵をかけていない自転車を放置しない人、自動車の運転が荒っぽい国で横断歩道をみだりに渡らない歩行者は、他人がやりそうな行動を正しく予測しているという点で、ゲーム理論の基本的な問題に答を出している。横断歩道の例は、複数均衡の可能性も示している。横断歩道に近づいてもブレーキをかけない運転者は、車が近づいてくるのを見て歩行者が横断を諦めれば、何のコストも払わない(心理的コストは別にして)。そしてもちろん歩行者の側には、危険を冒して渡ることに何の利益もない。逆に、歩行者が横断すると予測した運転者は、ブレーキをかけることに利益がある。そして、運転者に文明的なふるまいを期待していた歩行者は横断することができるだろう。

ふつうの人も詩作はともかく散文なら書けるように、私たちはみな知らないうちにゲーム理論のエキスパートになっている。なぜなら、毎日何百回何千回と「ゲーム」に参加しているからだ。つまり、他人の

行動を予測しなければならない状況に巻き込まれている。そうした状況では、他人がこちらの行動に反応して行動するケースも多い。言うまでもなく、日常生活で何度も繰り返してきたゲーム（対人関係や社交など）のほうが、たまにしか遭遇しないゲームよりうまくプレーできる。逆に言えば初めて入札や競売に臨む人は、どの程度の条件で札入れしたらよいか、戦略が立てられない。入札参加者は、対象品目（たとえば新しく発見された鉱脈、新規上場企業の株式）についてそれぞれ独自情報を持っている。この状況で初心者は、プロとは逆に、過度に楽観的な値付けをする。というのも、他の参加者の「立場に立って考えてみる」ことを怠るからだ。悪い情報を握っている参加者が高値を付けないこともわかっていない（競争入札では、得てして落札者が過剰な値段を付けがちであることを指して「勝者の呪い」と呼ぶ）。

ある行動の選択は、他人の行動に左右されることが多い。通勤者の多くが朝八時に出勤するなら、少し早すぎるが六時に出勤すれば、私にとってメリットが多いだろう。各自が望ましい出勤時間と出勤途中の混み具合とを勘案して戦略を決めた時点で、通勤者のフローは安定した「均衡」状態に達する。この種の選択の場合には、他人と同じ行動をとらない戦略が選ばれる。これに対して、協調が求められる状況、すなわち他人と同じように行動することが望ましい状況もある。たとえば市民が誰も交通違反の罰金を払わない状況で、交通違反の減刑を求める政治的圧力が次の選挙で高まったら、私はますます罰金を払う気をなくす。

いま挙げた例は「純粋戦略」すなわち最良の戦略が単一であるケースだが、これに対して、とりうる選択肢の中からその都度異なる行動を実行する戦略を「混合戦略」という。混合戦略でも均衡は存在するのであり、平均的な行動の予測にはそのことが反映されている。ところがサッカーのすぐれたゴールキーパーは、ペナルティーキックのときに左に跳ぶことが多いとか、右が多いとか、中央に止まることが多い、などと見抜かれているようではいけない。実際にも、プロ選手（アマチュアは予測しやすい）を調査したところ、予測がきわめてむずかしいことが判明した。右・左・中の三つの選択肢が、それぞれほぼ均等（約二五％ずつ）に選ばれていたのである。[36] 他人の行動を完全に予測することが不可能でありうるもう一つの

■ **図表4-1　囚人のジレンマ**

		プレーヤー2	
		C	D
プレーヤー1	**C**	**15**, 15	**0**, 20
	D	**20**, 0	**5**, 5

理由は、必要な情報をすべては持ち合わせていないことだ。この場合、条件付きでしか予測することはできない。「これこれの条件下では、彼らの立場なら私はこうする」というふうに。たとえば入札で言えば、他の参加者が入札対象の価値について良い（悪い）情報を知っているときには、落札価格は上昇（下落）すると予想できる。

　ゲーム理論の長所と短所を知るには、やはりあの有名な「囚人のジレンマ」の状況を考えるのがよいだろう。これは、利益相反を含んださまざまな状況の記述と分析を可能にする戦略フレームワークである。「囚人」と名づけられているのは、次のような状況に由来する。二人の囚人が共謀して犯罪を犯した。二人は別々の独房に入れられ、自白を迫られる。自白すれば減刑が得られる。二人にとってはどちらも黙秘を貫くことが最も望ましいが、各自にとっては、自白するほうが得になる。二人がともに自白すると均衡状態になる。

　この状況を図で表すと、図表4－1のようなシンプルなマトリクス（利得表）になる。二人の囚人をプレーヤー1（太字）とプレーヤー2とする。どちらにも、二つの選択肢がある。一つは相手と協力して全体の利益を最大化する選択、もう一つは自分の利益を優先する選択である。相手と協力する行動をC、身勝手な行動をDとする。利得表の中の数字は、最初の数字（太字）がプレーヤー1の利得、あとの数字がプレーヤー2の利得を表す。たとえばプレーヤー1が協力、プレーヤー2が身勝手を選ぶと、前者の利得は0、後者は20となる。利得表からわかるように、Dを選べばCを選んだときより必ず利得が5増え、相手には15損をさせる。相手がどちらを選んでいても、そうなる。

　プレーヤーは、利得表の情報はすべて理解しているが、自分が選択するに当たって、相手の選択を知ることはできない。利得表からは、どちらも協力したとき、すなわちどちらもCを選んだとき、各自の利得は15だが合計は30になり、他のどんな場合よりも合計利得は大きいことがわかる（一方が身勝手な行動をとれば合計は20に、どちらも身勝手なら合計は10になる）。だが一人ひとりを見れば、身勝手に行動するほうが、協力するよりも利得は増える。どちらのプレーヤーにとっても、Ｄを選ぶほうがＣを選ぶより利得が大きい。たとえばプレーヤー1がＣを選びプレーヤー2がＤを選べば、後者の利得は20となるが、Ｃを選べば15にとどまる。反対にプレーヤー1がＤを選んでも、プレーヤー2はＤを選べば5の利得があるが、Ｃを選べば0になってしまう。プレーヤー1についても同じことが当てはまる。

このゲームはじつに単純で分析が容易である。というのも、相手の出方にかかわらずつねに最適な戦略すなわち「支配戦略」がはっきりしているからだ。だからプレーヤーは、相手の行動を予測する必要がない。相手がＣを選ぼうがＤを選ぼうが、自分はＤを選ぶことに利益がある。

以上から、このような状況に直面した場合には、合理的な人間は身勝手な行動を選ぶはずだということになる。ところがラボラトリー実験では、全員が身勝手を選んだわけではなかった。プレーヤーの一五〜二五％は協力を選んだのである[37]。となれば、ゲーム理論を疑うのではなく、経済主体は無関係の他人に対しても利己的にふるまうという前提を疑いたくなる。これについては次章で改めて取り上げる。

囚人のジレンマは単純化されてはいるが、重要な戦略的対立も表現できる。たとえば石油輸出国機構（ＯＰＥＣ）のカルテルが存在しなかった時代には、産油国にとっては増産が利益になった（戦略Ｄ）。しかしその結果、産油国が結束して減産する（戦略Ｃ）場合より価格は下落することになり、他の産油国に不利益をもたらした。ＯＰＥＣは生産量を割当制にし、超過した場合に罰則を科すシステムを導入することによって、すべての加盟国にＣを選ぶことを強制し、加盟国全体の利益を増やせるようになった。この種の状況では、すべてのプレーヤー（個人、企業、国家）が協定を結ぶことの利益と、いずれかの加盟国が協定破りをした場合の報復措置の不利益が明確になる。

公正取引委員会が実施する課徴金減免制度も、囚人のジレンマから着想を得ている。この制度では、事業者が自ら関与したカルテルや入札談合について、その違反内容を公正取引委員会に自主的に報告すれば課徴金が減免される。つまり、いったん形成された合意に揺さぶりをかけ、囚人のジレンマを生み出して、カルテルのメンバーに合意を反古《ほご》にするインセンティブを与えるわけだ。この制度はアメリカではかなり前から実施されていたが、最近ヨーロッパでも導入され、一定の成果を上げている。

囚人のジレンマが当てはまるもう一つの例として、気候変動への取り組みが挙げられる（くわしくは第8章を参照されたい）。個々の国にとっては、温室効果ガスの排出抑制をしないほうが利益があるが、それが集団にもたらす結果は悲惨である。これはまさしく、生物学者ギャレット・ハーディンの言う「共有地の悲劇」だ。ハーディンは一九六八年に発表した論文で、京都議定書やコペンハーゲン合意などの失敗は共有地の悲劇だと述べている。この悲劇を避けるには、各国に戦略Cの選択を強制しなければならないが、実際にはどの国もDを選ぼうとする。

相互作用のダイナミクス

あるプレーヤーの意思決定が将来複数のプレーヤーの意思決定に影響をおよぼす状況では、どの主体も自らの決定が引き起こす影響を考慮する必要がある。ダイナミック・ゲームの理論は、こうした状況を表現する。たとえば、政府が新しい法律や規制を立案するときには、新しい制度の下で消費者や企業の反応がどう変化するかを予想しなければならない。そのためには、政府は他の経済主体の「立場に立って」みて、その行動を予測する必要がある。この場合の均衡概念は、経済学用語で「完全均衡」と呼ばれる（経済学だけの用語なのは幸いだ）。完全均衡では、各プレーヤーは、自分の行動が他のプレーヤーの将来の行動におよぼす影響を完全に理解している。

あるプレーヤーの行動は、そのプレーヤーだけが持っている情報を他のプレーヤーに明かすことになりやすい。たとえば、ある企業Aの株を買おうとする投資家の行動は、A社自体について良い情報を握っているか、A社に有利な状況を知っていることを暴露している。その結果、A社株は値上がりし、その投資家に不利益をもたらすことになる。そこで、ある企業の株を大量に買おうとする投資家は、できるだけ目立たないように買おうとして、注文を小分けにしたり、代理人を立てたりする。もう一つ例を挙げよう。ある主体の友人あるいは契約相手が、信頼を裏切るような身勝手な行動をとる場合、そうした行動は、その人物の本性についての情報と受け取られることになる。したがって行動に移す前に、自分の評判を台無しにしてよいか、よく考えるべきだ。このような状況は、完全ベイズ均衡の概念を使って分析することができる。完全ベイズ均衡とは、完全均衡にベイズ・ルールに基づく合理的な情報処理を組み合わせた概念で、すべてのプレーヤーが他人の行動を正しく予想しており、その予想の下で自分にとって最も良いと考える行動を選択する状態を指す。ちなみに私が情報の経済学に足を踏み入れたのは、完全ベイズ均衡の概念に興味を持ったからだった。

情報の経済学

現代のミクロ経済学を支えるもう一つの土台は、情報の経済学である。情報の経済学は、適用される対象に応じて、インセンティブ理論、契約理論、シグナリング理論、エージェンシー理論などと呼ばれている。情報の経済学が注目するのは、意思決定者が内密に持っている情報が果たす戦略的役割である。人的・経済的関係を理解するためには、すべての関係者が同じ情報を持ち合わせているわけではないこと、自分だけが持っている情報を自分の目的達成のために利用することを考慮しなければならない。

情報の経済学は、ケネス・アロー（一九七二年にノーベル賞受賞）、ジョージ・アカロフ、マイケル・スペンス、ジョセフ・スティグリッツ（三人ともに二〇〇一年にノーベル賞受賞）、ジェームズ・マーリーズとウィリアム・ヴィクリー（二人ともに一九九六年にノーベル賞受賞）、レオニード・ハーヴィッツ、ロジャー・マイヤーソン、エリック・マスキン（三人ともに二〇〇七年にノーベル賞受賞）、オリバー・ハート、ベント・ホルムストローム（二人ともに二〇一六年にノーベル賞受賞）、ジャン＝ジャック・ラフォン、ポール・ミルグロムらによって発展した。この理論で重要な役割を果たすのは、次の二つの基本概念である。

一つは、モラルハザードである。モラルハザードは、ある契約当事者の行動が、その行動に影響を受ける契約相手からも、あるいは係争になったときに契約条件の遵守を強制するはずの裁判所からも、見られずに済む場合に起こりうる。モラルハザードの例として、小作契約すなわち収穫の一部を地主に納めるという条件で耕作を小作人に託す契約を考えてみよう。小作契約の当事者は地主と小作人であるが、地主はプリンシパルすなわち委託者に、小作人はエージェントすなわち受託者に相当する。小作人は、植え付ける作物の選択や種まきの時期に十分な注意を払わなかったり、収穫を増やすための十分な努力を怠ったり、畑仕事以外のことにうつつを抜かしたりする可能性がある。そのような状況を、小作人の側にモラルハザードが起こりうる状況と言う。すなわち収穫から得られる地主の収入が、外的要因（天候不順や需要減少など）ではなく、小作人の利己的なインセンティブに基づく行動によって危険（ハザード）にさらされる状況である。プリンシパルである地主には、エージェントである小作人の努力の程度を見ることができない（努力が不十分だと疑っても、裁判所でそれを証明することができない）。しかも、結果が小作人の努力のみに左右されるわけではなく、小作人には責任のない出来事にも左右されうることがわかっている。このような場合、プリンシパルとエージェントのどちらが、この不可避的なリスクをとるべきだろうか。

小作契約は賃貸借契約の一種であり、貸し手である地主は、土地の耕作を小作人に委託し、賃貸料を収穫の一部で受け取ると考えることができる。収穫の半分を地主に納めるのが折半契約、決められた金額（賃料）を地主に払うのが定額契約である。前者では後者に比べ小作人の責任感は薄れ、耕作の意欲が減退する。これに対して後者では耕作の成果をすっかり自分のものにすることができる。最もインセンティブに乏しいのは、小作人が決まった給料をもらう契約である。これでは、努力の成果にはいっさい左右されないからだ。対照的に定額契約では、天候リスクをはじめ小作人にはコントロールできない危険まで小作人が引き受けることになる。このような契約は小作人にとって高いものにつきかねないため、リスクを嫌う小作人は、予め決まった額を受け取るほうがいいと考えるだろう[38]。逆にリスクテークを厭わない小作人にとっては、定額契約が最適である。自分の努力がよくも悪くも全面的に報われるので、自分に見合ったリスクをとるようになるからだ。リスクの一部または全部を地主が引き受ける場合には、小作人はあまりリスク回避の努力をしなくなる。

情報の経済学におけるもう一つの基本概念は、逆選択である（逆淘汰とも言う）。これは、契約後ではなく、契約する時点ですでに、一方が他方の知らない情報を持っている可能性に注目した概念である。先ほどの小作契約の例で言えば、土地の耕作にどれだけ時間をかけられるかとか、自分はこの仕事に向いているか、がんばる気があるか、といったことは小作人しか知らない。一方、その土地が耕作に適しているか、といった情報は地主だけが知っている。逆選択は、相手がこちらに不利な情報を持っているのではないかと疑念を抱かせる点で、契約に影響をおよぼす。ここではわかりやすく説明するために、地主は土地が肥沃かどうかを知っているが、小作人は知らないとしよう。この小作人がリスクテークを恐れないタイプで、本来は定額契約が向いているとしても、地主の側から定額契約を提案されたら疑いを抱くはずだ。地主の奴はこの土地が痩せているのを知っていて、リスクから逃れたがっているのではあるまいか、と。このような場合には、地主が不利な情報を隠している「証拠」を摑《つか》むために、小作人の側から収穫の折半を提案してみるとよい。

この単純な例から、モラルハザードや逆選択という分析のフレームワークがさまざまな場面に応用できることに気づくだろう。たとえば、ネットワーク産業（輸送・物流・通信・電気ガスなど）や銀行の規制がそうだ。規制当局は、企業の技術力、コスト削減の可能性、銀行が保有する資産のリスク・プロファイルなどについて不完全な情報しか持ち合わせていない。また、企業のガバナンスにも応用できる。株主や債権者などのステークホルダーは、経営上の判断とその影響について不完全な情報しか持ち合わせていない。さらに、組織社会学にも応用できるだろう。たとえば営業部や生産現場は、自己目的のために戦略的に情報を隠すことがある。

情報の経済学はここ三〇年ほどで発展した学問分野で、交渉や管理のメカニズムを考える際の基本原理を生み出した。この原理に照らせば、たとえば契約の作成と実行に関するシンプルなルールを編み出すことができる。契約を結ぶ当事者は、相手方が情報に関して有利な立場にある場合には、こちらの利益をある程度放棄してでも相手に情報を明かさせるほうがよい、というルールはその一つだ。

情報の経済学から、契約は二通りの方法で確実なものにできることがわかる。一つは、技術的要素、計測可能なデータ、監視・確認可能な行動のみを対象にすることだ。雇用政策、気候変動対策などでは、この方法が有効である。もう一つは、信賞必罰を徹底することである。このようなインセンティブ・メカニズムが用意されていないと、一方の当事者が身勝手な行動を繰り返すようになり、信頼関係や協力関係が台無しになりかねない。また契約は、動的な変化を視野に入れて作成しなければならない。締結時には予想できなかった（おそらく一方の当事者のみ予見できた）ことが、契約期間内には否応なく起きるものだからである。したがって違約金や賠償金の計算方法を含め、契約見直しや打ち切りの手続きを予め決めておくことが必要になる。

いま挙げた例は、情報の経済学のほんの初歩の部分にすぎない。それでも、一方の当事者が自己の利益になるよう立ち回り、情報の非対称性を利用して相手方を不利に追いやることがありうるケースで、情報の経済学が合理的な行動にどのように役立つか、いくらかイメージを摑んでいただけたことと思う。

6　方法論の研究

多くの科学分野で、研究プロセスの川上部門での成果が川下部門の発展に寄与している。経済学も例外ではない。多くの研究は、必ずしも応用を目的とするわけではなく、ましてある特定の経済問題を解決することが目的でもない。方法論を対象とする研究というものも存在する。この種の研究は現実の問題に直接応用できるわけではないが、他の理論研究におけるモデル化を可能にする、実証研究に概念フレームを提供するといった貢献をする。

たとえば計量経済学が統計学と融合し、また独自の技術を開発したおかげで、経済現象をより正確に計測し、因果関係（変数ａは変数ｂに影響をおよぼしているか、それとも単にａの増減とともにｂも増減するだけか）を明確にできるようになった。これは、分析結果を公共政策に応用するための必須条件である。理論研究も、直接的な応用の当てはないままに行われることが多い。以下では理論研究の一例を説明するが、内容がひどく抽象的であると同時に自己中心的でもあることを予めお詫びしておく。というのも、以下の説明は私自身の研究について述べているからだ。経済学研究がいかに多種多様か、その一端を感じてもらうためだけに書いたもので、他意はない。読者にはどうかご容赦いただきたい。

ゲーム理論の純粋戦略に関する研究では、ダイナミック・ゲームを中心に取り上げた。ダイナミック・ゲームとは、時間の経過に伴って利害対立の状況が変わっていくゲームを意味する。ダイナミック・ゲームでは、プレーヤーは相手の過去の選択に反応することになる。研究はＭＩＴで私の論文指導教官だったエリック・マスキン（現在はハーバード大学教授）と共同で行い、最初に「マルコフ完全均衡」を定義した。この定義によれば、時間経過とともに変化するどんなゲームでも、過去の履歴のうち将来の戦略を条件づけるようなものの集約（「状態変数」と呼ぶ）を明確に特定できる。つまり将来の戦略がプレーヤーの将来の利得におよぼす影響を知るために必要な情報は、ゲームの進行に沿って合成されるその瞬間までの集約にすべて含まれている。たとえば寡占市場における企業の現在の生産能力の水準は、能力の獲得方法や時期が無関係であれば、その産業の過去の集約ということになる。マルコフ完全均衡の概念は産業構造の研究にきわめて有用であり、いまでは産業経済の実証研究において主流のアプローチとなっている。たとえば、時間経過とともに変化する競争企業の行動を分析するとき、計量経済学者はまず必ずマルコフ完全均衡を使う。

やはりマスキンに師事したドリュー・フューデンバーグ（現在はＭＩＴ教授）との共同研究では、完全ベイズ均衡の精緻化に取り組んだ[39]。完全ベイズ均衡は、情報非対称型ゲームの解概念であるベイズ均衡に、ダイナミック・ゲームの均衡を表す完全均衡の概念を組み合わせたものである。また同じくフューデンバーグと、連続時間における先制攻撃（より一般的には、プレーヤーの戦略が行動のタイミングの選択に懸かっているようなゲーム）を分析する方法論の研究にも取り組んでいる。

このほか契約の理論研究では、契約の次の四つの面に注目して分析フレームワークの拡張に取り組んだ。

第一は、ダイナミクスである。契約関係は繰り返されることが多く、また契約期間中に再交渉が行われることもある。ジャン＝ジャック・ラフォン、オリバー・ハート、ドリュー・フューデンバーグとの共同研究（および後年のロジェ・ゲスネリ、ハビエル・フレイシャスとの共同研究）では、契約の動学的な見方を開発した。たとえば逆選択の状況（エージェントはプリンシパルの知らない情報を持っている）では、エージェントの成果が当人の特徴や環境に関する情報（仕事の難度、エージェントの能力、意欲など）を露呈し、将来の契約に影響をおよぼす。たとえば豊富な収穫を見た地主は、貸した土地が肥沃であったこと、あるいは小作人が勤勉であることを推察する。すると地主は、将来の契約により厳しい条件を課そうとする。定額契約の場合には料金を吊り上げる、収穫の一部を納める契約では収穫の目標を高めに設定する、などだ。こうした地主の行動を予想した小作人は、対抗策として耕作を怠けたり、収穫の一部を隠したりする。

第二は、階層である。契約には、しばしば両当事者（プリンシパルとエージェント）以外の人間が関与する。たとえば、収穫を地主と小作人で折半する折半契約では、収穫の計量と監視を代理人に委託することがある。実際の経済でも、こうした代理人や仲介人はあちこちに存在する。金融サービス事業者（銀行、投資ファンドなど）はその代表例である。このほか、現場監督、工場長などもそうだ。多数のプレーヤーが関与していることに目をつけたプレーヤーの中には、他の組織のメンバーと共謀を図る者も出てくる。研究では、クリーク（組織内に形成されるインフォーマル・グループ）における共謀の危険性と組織内での情報の分布を関連づけ、組織設計への影響を分析した。

第三は、情報に通じたプリンシパルである。この研究はマスキンと共同で行い、独自情報を持っているプリンシパルからエージェントに契約が提案されたケースを想定し、その選択をモデル化する概念ツールを開発した。たとえば、金融市場で資金調達する企業経営者（プリンシパル）は、有望なプロジェクトのためにほんとうに資金を必要としているのかもしれないが、自社に関する悪いニュースが公に出回る前に資産の一部を現金化したがっているのかもしれない。投資家（エージェント）は、この企業が発行する形態（株、社債など）と数量をシグナルとして経営者の意図を読み取ろうとする。

第四は、企業や政府の内部組織である。マティアス・ドュワトリポン（ブリュッセル自由大学）との共同研究では、説明責任を徹底させる方法を研究した。意見対立の際に中立の第三者に仲介させるのではなく、弁護士を介入させ対決させることによって、裁定者あるいは経営者はより多くの情報を引き出すことが可能になる（両当事者の弁護士が不都合な情報を伏せておこうとしても）。この研究では政府部内の業務分担の分析も行い、包括的な責任を負わせるよりも明確に定義した業務を割り当てるほうが良いケース（二兎を追う者は一兎をも得ず）をあきらかにした。

本章では経済学研究の主な特徴として、理論と実証の間や、方法論の研究と応用研究の間を行ったり来たりすること、学問的な議論と合意は理解が進むにつれて不可避的に変化することを論じるとともに、論文の評価方法、数学の役割、新しい概念ツールといったトピックを取り上げた。どんな学問でもそうだが、経済学でも、知識や理解が進むのと並行して研究者の専門化が進行する傾向にある。そしてときには過度の細分化にいたるケースもめずらしくない。というのも、多様な分野、アプローチ、ツールをマスターすることがますます困難になっているからだ。それでも、経済学に限らず広く社会科学、人文科学においても、部門横断的な研究、学際的な研究が進歩の重要な源であることに変わりはない。こちらについては次章で取り上げる。

第5章 変貌を遂げる経済学

かつて社会科学と人文科学の中に完全に埋もれていた経済学は二〇世紀に独立性を確立し、それと引き換えに、兄弟関係にあった学問との結びつきを断ち切ることになった。

そして経済学は、ホモ・エコノミクス（経済人）という虚構を拵《こしら》え上げた。つまり、人間は経済的合理性に徹し、手持ちの情報に基づいて自己の利得の最大化をめざすという、至極単純化された仮定を置いたのである（とはいえ、その情報が断片的であったり操作されていたりする可能性は認めている）。以来、経済政策の提言では外部性の存在や市場の失敗が前提になっている。つまり、個人にとっての合理性と全体にとっての合理性は同じではないという前提に立脚している。ある経済主体にとって好ましいことが、社会全体にとって好ましいとは限らないということだ。

近年では、経済学者は行動経済学や神経経済学の研究を手がかりに、心理学に接近している。このように方法論に立ち戻ることになったのは、人間の行動についての理解を深める必要に迫られたからにほかならない。ホモ・エコノミクスにせよ、ホモ・ポリティクス（政治的人間）にせよ、理論で予想されたほど合理的にふるまうわけではないことがわかってきた。考えるときにも決断を下すときにも、ほとんどの人は偏りや癖があったり、不合理だったりする。ここ二〇年ほど、経済学は他の社会科学も視野に収め、その知見を取り込むようになった。これはじつにまともな姿勢である。いくらか挑発的な言い方をすれば、文化人類学、法学、経済学、歴史学、哲学、心理学、政治学、社会学は、たった一つの学問分野を形成しているにすぎない。なぜなら、これらの学問はみな同じ対象を、すなわち人間、集団、社会を扱っているからだ。

経済学者が社会科学と人文科学に足を踏み入れたからといって、兄弟関係にある学問を征服しようというのではない。学問にはそれぞれに特性があり、社会科学と人文科学の学問の多くはあまり定量的ではない。すなわち、体系的な理論分析やデータの統計処理になじまない。より決定的なちがいは、社会科学と人文科学の研究者は、方法論的個人主義の原則に必ずしも従わないことだ[1]。方法論的個人主義の考え方では、個人が所属する集団のインセンティブや行動を理解するには、まずは個人のインセンティブと行動から出発しなければならない。経済学者にとってこの原則は大前提であるのに対し、他の社会科学や人文科学ではそうではない。社会科学と人文科学の範疇に収まるさまざまな学問は、互いに他の学問を受け入れ、互いをゆたかにすべきであろう。個人の行動や社会現象について、経済学者は他の分野から多くを学ぶべきだ。また逆に経済学の成果は、他の学問に新しい視点を提供できるだろう[2]。

今日の経済学がかつての境界線を飛び越え、さまざまな学問と相互作用する様子を説明するには、何冊もの本を書かねばなるまい。だから本章にできるのは、いくつかの例を挙げるのがせいぜいのところである。ここでは、私自身の研究に近いものを例にとることにした。読者には、この自己顕示欲の強すぎる選択をお許しいただきたい。これらの例は、従来の研究テーマを飛び出した経済学者の活動のごく一部を示すにすぎない。そこから、現在の経済学の広がりを感じとっていただければ幸いである。

1　心理的人間

長い間、ホモ・エコノミクスは自己の利益をつねに意識し、それを合理的なやり方で追求する人間であるとされてきた。たしかに、十分な情報を持ち合わせていないために、すべての事情に通じている場合ほど良い決断を下せないことはある。また、徹底的に情報収集しようとか、論理的な思考を貫徹しようとすれば、時間がかかり、ひいてはお金もかかることから、あえて十分な情報を得ずに済ませたり、論理を突き詰めずにうやむやにしたりすることもある。(3) そうではあっても、あくまで自己の利益は追求するというのである。

自己の利益に反する行動

ここでは従来の経済学の見方に対する反論として、ホモ・エコノミクスのモデルに一致しない行動の例を挙げる。

先送りする

人間に備わった欠点の一つは、意志薄弱なことである。現状維持でよしとする気持ちが強く、やりたくないことや労苦を伴うことをぐずぐずと遅らせ、将来への投資を怠り、一時の感情に任せて行動しがちだ。こうした目先にとらわれる悪癖を、古来より多くの学者が歎いてきた。古代ギリシャの哲学者がすでに指摘しているし、アダム・スミスも『道徳感情論』（一七五九年）の中で詳細に分析している。二〇世紀の一〇〇年間はなぜかこのテーマが経済学の研究から姿を消していたが、今日では再び注目されるようになってきた。

経済学者が先送り行動に興味を持つようになったのは、経済政策に重大な影響をおよぼすからである。実際には人間は、自分の利益に反するような行動をとりがちだ。自分の自由に任されると、退職後に備えた貯金を怠ったり、酒や麻薬に溺れたり、賭け事に耽ったり、訪問販売で衝動買いをしたり、暴飲暴食したり、脂っこいものや甘いものを摂りすぎたり、禁煙の意思はあるのにやめられなかったり、勉強をしなければいけないのにテレビを見続けたりする。昨日やろうと決意したことを、今日やるとは限らないのが人間なのである。

こうした近視眼的な傾向は、異なる自我の衝突とみなすことができよう。私の中の一人の「私」は禁煙をしたいと思っていても、もう一人の「私」が最後の一箱ぐらいいいだろうと囁く。そして翌日になると、最初の「私」がさあ禁煙するぞと決意する、といった調子だ。だがもちろん、この「私」は意志が弱く、禁煙を貫くことができない。私たちはだいたいにおいて目先の楽しみあるいは目先の犠牲にとらわれ、長い目で見た利得を台無しにしてしまう。

となると国家あるいは政府は、個人の選択の尊重（決定を下すのは今日のことしか考えない私である）とパターナリズム（個人の長期的利益を守ってやろうとする父親的温情主義）とのジレンマに直面することになる。パターナリズムを警戒したくなる気持ちはよくわかる。というのもパターナリズムは、個人的な選択の領域への国家の干渉を「正当化」する理由に使われやすいからだ。そうは言っても、先送り傾向をなんとか正したいと政府が考えるのも無理からぬところがある。かくして、退職年金積立制度を採用する国の政府は、潤沢な補助金を出して積み立てを奨励する。フランスのように賦課方式を採用する国の政府は、最低年金保障を行う。タバコには重税をかける。麻薬取引や賭け事は禁止するか、厳重に規制する。訪問販売などある種の買い物については、消費者に考え直す期間を与える、といったことが行われている。

神経科学の研究者も先送り行動に興味を持ち、たとえば異時点間の選択に直面したとき、人間の脳では何が起きているのかを研究している。そのために、こんな実験を行う。被験者にいますぐ一〇ユーロもらうのと、六カ月後に一五ユーロもらうのとどちらがよいか、選んでもらう（ちなみに六カ月で五ユーロ増えるのだから、じつに気前のよい金利である。非課税預金口座“Livret A”の一三〇倍に相当する）。そのときに脳のどの部分が活性化するかを観察する。いますぐ一〇ユーロもらう選択をしたときは、大脳辺縁系が活性化した。大脳辺縁系は喜怒哀楽など情動の中枢であり、多くの動物できわめて発達している非常に古い組織である。これに対して六カ月待って一五ユーロもらう選択をしたときは、前頭葉が活性化した。

前頭葉は、ヒトにおいてよく発達している部分である。[4] この観察結果から、目の前の喜びと先の楽しみを司る脳の部位はちがっており、両者の間に葛藤があることがわかる。

錯覚する

私たちが下す決定の大半は、結果が不確実である。したがって、自分の行動が引き起こす可能性のある結果について、ある程度正確な確率を知っておくことが大切だ。ところが私たちは往々にして、統計に関してまったくお粗末である。古典的な錯覚を一つ例に挙げよう。私たちは、ランダムな事象の分布が「すぐさま」理論上の確率分布に収束すると考えがちだ（統計学を学んだ人なら、非常に多くの回数の試行を重ねない限り、事象の出現回数が理論上の値に近づかないことを知っている。これを大数の法則という）。コイン投げをしたら、表と裏の出る確率が半々であることは誰でも知っている。とはいえ表の出た回数と裏の出た回数が半々に近づくのは、何百回もコイン投げをしたときである。[5] それなのに私たちは、表が三回続こうものなら、次は裏だと考えやすい。[6] 実際にはコインには記憶はないので、つねに五〇％の確率で表か裏が出ることになる。確率に関するこのバイアスは、反復的な仕事を行う人の行動にも現れる。つまり、直近に連続して下した決定を「埋め合わせる」ような傾向を示すのである。難民申請を審査する係官、融資の可否を決める銀行家、野球の球審などがそうだ。こうした仕事では、たとえば「却下」が何回か続くと、次には「許可」にする傾向が見受けられる。[7]

もう一つ、広く見られる傾向を挙げておこう。それは、新しい情報が提供されても、それまでの思い込みをなかなか変えられないことである。私たちは、高校か大学でベイズの定理つまり条件付き確率の定理を教わっているのだから、新たなデータに直面したときの修正方法（事後確率の求め方）も知っているはずだ。標準的なミクロ経済・マクロ経済モデルでは、プレーヤーは新たな情報を受け取ると直ちに合理的に、つまりベイズの定理に従って、それまでの見通しを修正することになっている。だが実際には、私たちは往々にしてそうはしない。教育水準が相当に高くても、だ。第1章で指摘したように、心理学者のカーネマンとトヴェルスキーは、ハーバード大学医学大学院の学生が初歩的な確率計算でひんぱんに誤りを犯したと報告している[8]。これらの例からも、統計は直観でやるものではないということがよくわかる[9]。カーネマンらが指摘した別の有名な例も紹介しておこう。ある日に生まれた男の赤ちゃんの割合が六〇％を上回る現象は、小さな病院と大きな病院ではどちらが起きやすいか――この質問に対して、大半の回答者はどちらも同じだと答えた。だが実際には、男の赤ちゃんの生まれる確率が六〇％を上回るような極端な現象は、小さい病院のほうが起きやすいことを統計は教えてくれる。直観的には、ある架空の病院である日に生まれる赤ちゃんは（ほぼ）半分が男の子で（ほぼ）半分が女の子だ。一日当たり二人の赤ちゃんが生まれるとしたら、男の赤ちゃんの確率が六〇％を上回るということは、二人の赤ちゃんがどちらも男の子である確率が二五％あるということだ。しかし一日に生まれる赤ちゃんの数が多ければ、男の子ばかりという可能性はまずない（男の赤ちゃんの数は六〇％を大きく下回って五〇％に近づく）。

感情移入する

言うまでもなく、私たちはいつも物質的利益のために行動しているわけではない。たとえば、銀行口座の残高を増やすことばかり考えている人はいないだろう。より一般的に言えば、財産を増やそうとか、快楽の限りを尽くそうなどとつねに考えているわけでもない。私たちは慈善団体に寄付をするし、二度と会うことはなくお返しを期待できない見知らぬ人を助けもする。

古典経済学理論では、経済主体の目的の中に感情移入や共感という要素を付け加えることには何の問題もない。というのも、すでにわかっている利益を再定義すればよいだけだからだ。あなたの幸福の一部を私が自分の利益として内部化すれば、それは事実上私の利益となる。だが、社会的な行動、すなわち自己の利益を他人の利益に優先させない行動になると、以下で検討するように、はるかに深い要素を孕《はら》んでいる。だからホモ・エコノミクスに少しばかり共感を付け加えただけでは、社会的行動という概念、ひいてはそうした行動の真の動機を説明することはできない。

ほかにもまだまだある

人々を純粋な合理性から乖離させる要素はほかにもまだある。たとえば、過度の楽観主義、損失を極端に嫌う傾向、感情の入り込んだ意思決定（感情は役に立つこともあるが、だいたいにおいて建設的な決定を阻害する）、選択的な（自分に都合のよい）記憶、思い込みの自己操作などだ。これらは、実験経済学の良い対象となる。

社会的な行動

では今度は、社会的な行動に目を向けることにしよう。社会的な行動とは、自己の物質的利益を優先させず、むしろ自己の利益を損ねるような形で他人の幸福を自己目的化するような行動を意味する。そのような行動は、社会生活の質的向上にすばらしく貢献する。とはいえ、私たちがとるそうした行動の中には、見かけだけが社会的なものも少なくない。私がつきあう相手や私が所属する社会集団は私の価値観とはちがうふるまいをするが、反復的な関係においては、協力的にふるまうことが自己の利益という狭い視点からも得になるからだ。だがすでに述べたように、厳密な意味での経済モデルでは、誰も慈善団体に寄付しないし、社会的責任ファンドに投資する人もいない。フェアトレードの商品を買う人もいなければ、世間並みの給料をもらえない非政府組織（NGO）で働く人もいない。

さらに、合理的な経済主体は投票もしない。なぜなら、投票しても個人的な利益にはならないからだ。自分の投票一票で結果を左右できる（この場合、その有権者は「キャスティングボート」を握ったという）ことなど、ごく小規模集団の選挙でない限り、まず望めない。二〇〇〇年のアメリカ大統領選挙では、フロリダ州の投票結果が非常な僅差となったが、あれにしても数百票の差であって、一票でどうこうという話ではなかった。贔屓《ひいき》の候補者が当選する可能性を高めるためだけに投票するのであれば、それはわざわざ一五分を費やすには値しない。支持する候補を当選に近づけるという幻想を信じ込むにせよ、物質的利益や主義主張のために投票するのではないと言い張るにせよ、一票を投じる人にはだいたいにおいて別の理由がある。それは、投票が義務だと感じており、自分自身にも世間にもきちんと義務を守る人間だという良いイメージを与えたいと願っている、ということだ[10]。

とはいえ一般的に言って、人々が必ずしも厳密な意味での物質的利益にならない決定を下す例がたまさか見受けられることは事実だ。その理由の一つは、他人の幸福を思いやる利他主義で説明できるだろう。だが次節で検討するように、利他主義だけで説明しようとするのは単純にすぎる。

図表5-1　独裁者ゲーム

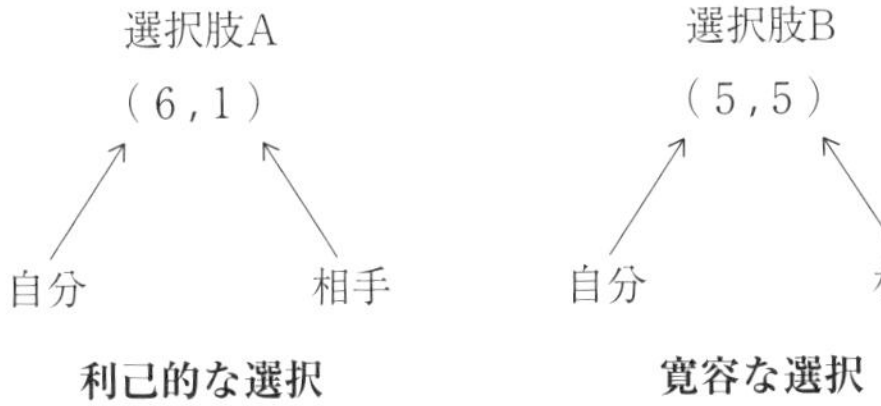

利他主義と自己像

慈善団体に寄付をする行為が存在するのは、他人の幸福を自分のものとする、つまり内部化するからだという説明は成り立つようにみえる。だが実際には、これでは何も説明できていない。その理由を説明するために、社会学で有名な「独裁者ゲーム」を取り上げよう（図表5−1参照）。

匿名性が保たれる条件の下で[11]、被験者が二人一組になり、プレーヤー1（独裁者）がお金の分け方について選択肢AかBを選ぶ。選択肢Aでは自分が六ユーロをとり、一ユーロをプレーヤー2に与える（プレーヤー同士は相手のことを知らない）。選択肢Bでは五ユーロずつとる。したがってAは利己的な選択、Bは寛容な選択と呼ぶことができるだろう。独裁者にとって古典的な意味での合理的な行動は、Aを選んで自己の利益を最大化することだ。だが実際には、プレーヤーのほぼ四分の三がBを選んだ[12]。Bを選んだ大多数のプレーヤーにとって、寛容な選択に伴う犠牲はたいした犠牲ではなかったということになる。だがこれは、相手の幸福を内部化しただけだと言えるのだろうか。

　寛容というものは非常に複雑な性質を備えており、三つの要素に動機づけられる。本性に由来する内因的な動機（私たちはごく自然に相手を思いやる）、外因的な動機（相手のことを考えろと要求する外部からの誘因に従う）、そして自分にも他人にも自分をよく見せたいという動機である。

　自分が自分に与えるイメージは重要な役割を果たす。プレーヤーが自分のことしか考えないはずの独裁者ゲーム（プレーヤー同士のみならず実験者に対しても被験者の匿名性が保たれる）であっても、そうだ。とはいえ社会的イメージや社会的ステータスも、重要な動機であることはまちがいない。現に大学や美術館への寄付のうち、匿名で行われる寄付、すなわち真に称賛に値する寄付は、全体の一％にすぎない。また寄付がランク付けされるケースでは（たとえば五〇〇〜九九九ユーロの寄付は「シルバー」、一〇〇〇ユーロ以上は「ゴールド」というふうに）、各ランクに入るちょうどぎりぎりの額の寄付が突出して多い奇妙な分布になる（ランク付けがなければ、もっと均等な分布になるはずだ）（図表5－2参照）。

■ 図表5-2　ランク付けに伴う寄付の集中現象

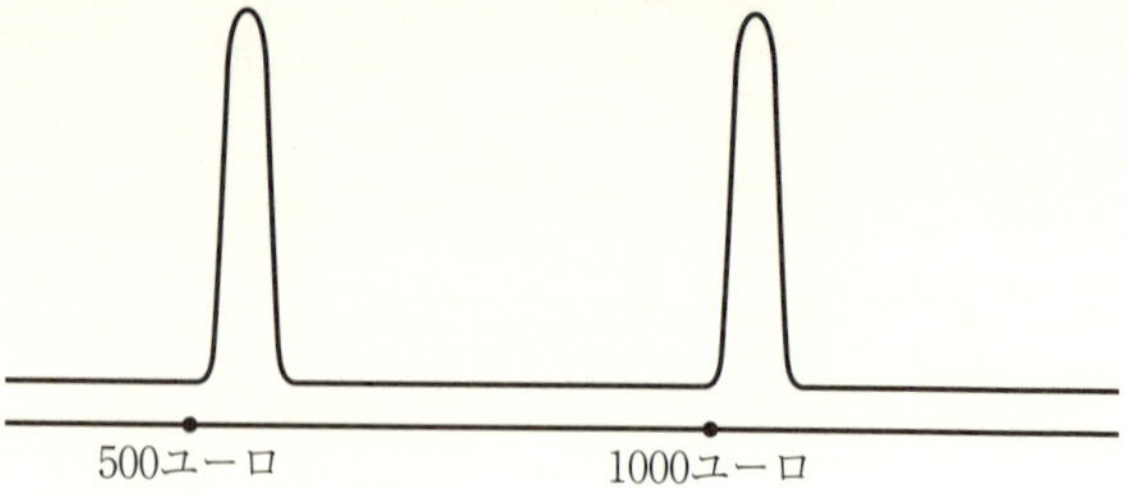

　スイスのいくつかの州で実施された郵送による投票の導入実験でも、これとまったく同じ心理が働いており、きわめて興味深い[13]。古典派の経済学者なら、郵送による投票を導入すれば、有権者にとって（少なくとも自分から出向くより郵送を選ぶ有権者にとっては）コストが下がるのだから、投票率は上がると主張するだろう。だが実際には、投票率は上昇しなかった。それどころか、一部の州、とくに農村部では、郵送方式を導入したときのほうが投票率は下がったのである。理由は、こうだ。小さな村では有権者は互いに顔見知りであり、市民としての義務をきちんと果たすよう促す社会的圧力が強い。そこで人々は、自分はよき市民だということを示すためもあって

投票所に赴く。ところが郵送方式が導入され、投票所に行かなくてよくなると、投票の義務を怠ってもばれないので、社会的に非難される恐れもない。たとえ投票しなくても、しましたと嘘をつくことも可能だ。この実験は、社会的行動とその動機の複雑さを浮き彫りにしたと言えよう。

応報的な利他主義

人間には他の動物とはちがう重要な特徴がある。それは、遺伝的関係のない大規模な集団内で協力することだ（ミツバチやアリの場合は、強い遺伝関係で結ばれている。また霊長類などに見られる協力は、小さな集団内で行われる）。すでに指摘したように、個人・集団との反復的関係においてあらかじめ了解された利益のための暗黙の協力と、社会的選好に基づく協力とは峻別しなければならない。後者の例を、先ほど独裁者のゲームを使って説明した。

社会的選好に関するゲームでもう一つ有名なのが、「最後通牒ゲーム」である。ここではプレーヤー1が一〇ユーロの配分を任され、自分とプレーヤー2の取り分を提案する。プレーヤー同士は相手のことを知らない。これは、暗黙の協力が生まれるのを避けるためである。ここまでは、独裁者ゲームと非常によく似ている。しかし、この先がちがう。分配の最終決定は、プレーヤー2がプレーヤー1の提案を受け入れるかどうかに懸かっているのである。プレーヤー1の提案を2が拒絶したら、どちらのプレーヤーも何ももらえない。実際にこのゲームをやってみると、一〇ユーロを半々に分けるという提案は必ず受け入れられる。一方、プレーヤー1が全部とってプレーヤー2はゼロという提案、プレーヤー1が九ユーロで2が一ユーロという提案は、まず拒絶される。八ユーロと二ユーロの組み合わせもしばしば拒絶される。プレーヤー2にとっては、一ユーロか二ユーロでもゼロよりましであるにもかかわらず、拒絶するのである。それを見越したプレーヤー1は、合理的な提案をする。つまり折半に行き着く[14]。私たちは、応報的な行動をとることが多い。つまり、親切にしてもらった相手にはお返しをし、意地悪をされたら仕返しをする。本人ではなく近親者に仕返しをすることもある。たとえそのためにコストがかかっても、である。

こうした行動は世界中どこにでも見られるようだ。一五カ所の小規模な集団（タンザニアのハッザ族、ボリビアのチマネ族など）を調査したところ、最後通牒ゲームのプレーヤーとよく似た行動が認められたという。興味深いことに、経済活動が活発な（したがって家族中心の生活様式ではない）社会のほうが、協力精神は旺盛だった[15]。

利他主義と正直

言い訳ができると

自分は利己的ではないというイメージを一貫して保ちたいと願っていても、それはなかなかにむずかしい。そのことを理解するために、もう一度独裁者ゲームで説明しよう。今回は、図表5－3のように選択肢を用意する[16]。

ここでは二つの状況が起こりうる。それぞれの状況が起こる確率は予めわかっている（たとえば半々の確率で起きる）。状況1は図5－1と同じで、Aは利己的な選択、Bは寛容な選択である。プレーヤー1（独裁者）がAを選べば、自分は六ユーロ、プレーヤー2は一ユーロをもらい、Bを選べばどちらも五ユーロずつもらう。状況2では、選択肢Aはプレーヤー1にとっても2にとっても、選択肢Bより利得が大きい。したがって状況2では、個人にとっても集団にとってもAが最適な選択となる。

じつに単純明快だ――だがじつはゲーム開始時点では、プレーヤー1は自分の置かれた状況が1なのか2なのかを知らされていない。実験者はプレーヤー1に対し、どちらか知りたければ教えてあげるという（教えてもらうのにコストはいっさいかからない）。合理的なプレーヤーなら、教えてほしいと言うはずである。そうすれば、状況に応じて合理的に判断できるからだ。ほんとうに利他的なプレーヤーなら、状況を知ることによって1ではBを、2ではAを選べる。

ところが実験の結果、プレーヤー1の大半は状況をあえて知りたがらないことがわかった。自分の置かれた状況を知らないままにして、ともかくもAを選ぶ。というのもちゃんと「言い訳」ができるからだ――だって状況が2なら、Aがどちらにとってもハッピーなんだから。別の見方をすれば、もし状況１だとしたら、それを知るのはいやだ、ということでもある。なぜなら状況１の場合には、自己の利益を優先するか、相手を思いやるか、悩まなければならないからだ。これは、前方に物乞いを見つけて、反対側に渡るか手前で曲がってしまう歩行者と同じである。物乞いの前まで来てしまったら、施しをすべきかせずに済ますかの葛藤に苦しむことになる。(17)

ボン大学のアーミン・ファルクとカールスルーエ大学のノラ・シェックがサイエンス誌に発表した論文によると、ラボラトリー実験の結果、責任の共有はモラルを低下させることがわかったという。(18) このことは市場に当てはまるとされているが、ちょっと周りを見回せば、責任を共有あるいは分担する（ように見える）他人が存在するだけで、同じことが起きるのに気づくだろう。どんな組織にも、「言い訳」を可能にする材料がある――「これをやるように言われたからやっただけです」「自分がやらなくてもきっと誰かがやるだろう」「知りませんでした」「みんなやっているので」等々。これで、あまりよろしくない行動を堂々とやれるというわけだ。この研究では、市場から統制経済にいたるさまざまな制度が人々の倫理観や行動にどのような影響を与えるかについて、理解を深めることができた。

図表5-3　独裁者ゲーム：プレーヤーが自分の置かれた状況を知らない場合

コンテクストは重要だ

独裁者ゲームのもう一つのバージョンを考えてみよう。図表5－4のように、第三の選択肢Cを用意する。CはA以上にひどく利己的な選択である。AとBの二者択一だったとき（図表5－1）にBを選んでいた人は、Cが加わってもやはりBを選ぶはずだ。言い換えれば、選択肢Cの追加は、寛容な選択肢Bの

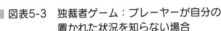

出現頻度に影響をおよぼさないはずである。[19] まして絶対にCを選ぶはずもない人にとって、AとBの選択に影響をおよぼす理由はないと考えられる。ところが実際には、Cを付け加えることによって、Bを選ぶ人はあきらかに減り、その分だけAを選ぶ人が増えたのである。[20] 選択肢の追加は決して無意味ではなかったということだ――たとえそれが選ばれないとしても。

このように、同じ選択肢であっても、置かれた状況や背景すなわちコンテクストによって持つ意味がちがってくる。だがコンテクストの重要性はあまり理解されていない。選択肢Cの出現で、AとBの二者択一だったときほどAを選ぶことが利己的に見えなくなったため、独裁者はこんなふうに考えたのかもしれない――自分はそれほど利己的ではなかったのだ、と。かくして選択肢Aは利己的ではなく「妥協の選択」になる。あるいはまた、選択肢Cを追加したのは、その場の規範に関する実験者からのシグナルだと解釈したのかもしれない。つまり、そんなに寛容であることは期待されていないのだ、と。どう考えたにせよ、この実験をはじめとする多くのラボラトリー実験で、意思決定をする際のコンテクストの重要性が確かめられている。この実験では、誰も選ばないという点では無意味な選択肢が、実際には選択に影響を与えることを示した。

■ 図表5-4　コンテクストの重要性

A	B	C
（6，1）	（5，5）	（10，－15）
利己的な選択	寛容な選択	甚だしく利己的な選択

コンテクスト効果の説明を終える前に、コンテクストが選択に影響を与えるもう一つの理由を挙げておこう。それは、選択肢そのものだけでなく、選択肢が提示されたことに被験者が意味を見いだす可能性があることだ。このことは、さまざまな場面に当てはまる。たとえば企業が従業員に（あるいは政府が国民に）何らかの退職年金積立制度を提示する際に、それが「大半の人にとって」適切な選択だと暗黙のうちに匂わせるのは、その一例だ。実際には多種多様な選択肢が存在し、ごく特別な事情のある人にとってはより良い選択肢がほかに存在するのだが、それらを逐一検討するのは膨大な時間を要する。このようなやり方で意思決定を支援することを、行動経済学者のキャス・サンスティーンとリチャード・セイラーは「リ

バタリアン・パターナリズム」と呼ぶ[21]。自由至上主義のリバタリアンと温情的・家父長的干渉のパターナリズムを合成した言葉だから、なんだか自己矛盾のように響く。だがこの言葉は、あくまで意思決定者の自由に委ねつつ、十分な情報がないために決めかねている人（情報を知っていればちゃんと最善の選択肢を選べるはずの人）をそれとなく誘導するアプローチを、みごとに言い表していると言えよう。ここには、何らかの行動をそれとなく「おすすめ」したり、期待を仄《ほの》めかしたりすることが含まれている。

記憶は物申す

ほかにも多くのラボラトリー実験が、社会的な行動の複雑さや脆弱さを浮き彫りにしてきた。たとえば記憶は、社会的行動の発生に重要な役割を果たす。心理学の分野で開発されたゲームでは、ばれる恐れがない場合には人々があっさりとインチキをすることが確かめられた。たとえば、ボランティアの被験者に一～一〇ユーロの金額が等しい確率（どの金額も一〇分の一の確率）で当たるくじを引いてもらう（このくじはコンピュータ上に表示される）。被験者は当たった金額を実験者に申告すると、申告通りの金額をもらえる。七ユーロと申告すれば七ユーロもらえ、五ユーロなら五ユーロもらえるわけだ。では、被験者がごまかしたことがなぜわかるのだろうか。答は簡単、申告額の出現頻度でわかる[22]。被験者がみな正直で、かつサンプル数が十分に大きければ、おおむね一〇％が一ユーロと申告し、一〇％が二ユーロと申告する……という具合になるはずだ。ところが実験では、高い金額になるほど出現頻度が本来以上に多くなったのである。ということは、ごまかしている人がいるということだ（おそらく出現頻度にはばらつきがあるだろう。けっしてごまかさない人もいれば、時々ごまかす人、のべつごまかす人などがいるからだ）。だが、話はここでは終わらない。

二回目の実験では、同じゲームをするのだが、その前に実験者が被験者に対し「モーセの十戒」または大学の倫理規則を読み上げる[23]。すると、被験者のインチキが一回目より大幅に減った。「十戒」や倫理規則を読み上げた結果、インチキがいかによからぬことかが強調され、記憶に焼きつけられたのだと考えられる。この実験で、完全に合理的なホモ・エコノミクスという古典的な概念は破られたと言ってよかろう。

立派すぎる人は嫌われる

寛容な行動の複雑さを示すために、もう一つやはり心理学の実験を紹介しよう。スタンフォード大学のフランス人心理学者ベノワ・モナンらによる社会的排斥（仲間はずれ）ゲームである。[24] この実験では、寛容な人は好かれるが、あまりに寛容な人は敬遠されることがわかった。間接的な形であれ自分に道徳の教訓を思い出させるような人間は、どうにも疎ましいのである。あまりに寛大な人は、結局は仲間はずれにされる。善人すぎる人、立派すぎる人の存在は、それ以外の人の自己像にとって、比較対照の基準としてまったく好ましくない。[25] そこで、世の中には自分よりはるかに立派な人間がいるという生きた証拠をのべつ突きつけられるくらいなら、それを目の届かないところに押しやってしまいたい、と考える。

自己操作

ゲーム理論と情報の経済学は、心理学に応用されるようになった。当初は意外な展開に見えたが、あとから考えれば自然な成り行きだったと言える。というのも、哲学者も心理学者も何百年も前から（いや何千年も前から）、人間が自分で自分をだます現象に取り組んできたからだ。たとえばよくあるのが、自分にとって不都合な情報をなかったことにしたり、忘れたり、都合よく解釈したりすることである。二〇〇〇年にトゥールーズ・スクール・オブ・エコノミクス（TSE）の二人の研究者ファン・カリージョとトーマス・マリオッティがこのテーマで論文を発表し、「行動情報経済学」の先駆けとなった。[26]

私自身もプリンストン大学のロラン・ベナブーとの共同論文「自信とモチベーション」を発表している。論文では、自己操作とは「一人の人間の中の異なる自己がせめぎあうゲームの均衡」とみなした。人間は、自信を損ねるような情報を忘れようとか、なかったことにしようと試みる。[27] しかし同時に、自分が都合よく選択的に記憶していることを承知している。

こうした自己操作を理解するためには、まず人間がなぜ自分に嘘をつきたがるのかを理解する必要がある。別の言い方をすれば、自己操作の「需要サイド」を理解する必要がある。古典的な意思決定理論によれば、最善の情報が得られれば最善の決定を下せることになっている。このときには自信を持って行動できるはずだ。不都合な情報をなかったことにするのは、自分で自分に嘘をつくことであり、情報の質ひいては決定の質を低下させる。私たちの研究では、自分に嘘をつく理由を三つ特定した。第一は、やる気を失ったり先送りしたりすることを恐れるからである（自分自身や自分の計画に自信満々であれば、意欲喪失を少なくともいくらかは防ぎ、とりかかるエネルギーが湧く）。第二は、未来を心地よく先取りするためである（私たちは未来を空想し、そこに没入したがる。その未来に影を落とすような情報、たとえば事故の可能性や生命の危険といったことは、無視したり忘れたりするほうが心地よい。しかしそれは、シートベルトをしないとか、定期検診を受けないといったように、決定の質を低下させる。逆に、旅行や休暇など将来のうれしい出来事は事前に心ゆくまで「消費」する）。第三は、自分が自分について抱いている思い込みを消費するためである（自分に都合のよい思い込みで安心したい。たとえば、自分は頭がいい、美女（美男）だ、思いやりがあるなどと感じたい）。

一方、自己操作の「供給サイド」には、第一に記憶を操作する（いやな記憶を打ち消し、心地よい記憶を反芻する）、第二にある種の情報を受け入れない、聞こうとしない、意味を理解しようとしない、第三に自分の特徴や個性をことさら強調する行動を選ぶ、といった特徴がある。

プラトンは、自己操作は悪いことだと考えた。だが多くの心理学者、たとえばウィリアム・ジェームズやマーティン・セリグマンらは、自分をポジティブに捉え、モチベーションを高めるためには必要なことであり、人間は自分自身について良いイメージを持つべきだとしている。私自身は「自信とモチベーション」の中で、セルフコントロールに重大な問題を抱えている人にとっては自己操作は有用だが、それ以外の場合にはそうとは言えないと結論づけている。以来、経済学者や他分野の研究者は関連するさまざまなテーマに取り組み、個人の生活における規則、集団の宗教的意思や戒律が政治的選択におよぼす影響、アイデンティティの問題（悪いセルフイメージを抱いて自殺する青少年などはまさに自己操作の問題である）などを分析してきた[28]。

2　社会的人間

信　頼

経済的・社会的生活を支えているのは信頼である。もっとも、信頼はつねに必要であるとは言えない。たとえば貨幣の発明によって、交換のメカニズムは単純化された。ある品物の品質を確かめられる限りにおいて、私たちはお金を払って見知らぬ人からその品物を買う。買う前に品質を確かめられないときは、評判に頼ることが多い。一度買って満足した店からまた買ったり、友人知人が満足したという店で買い物をしたりする。店のほうもこのメカニズムを承知していて、固定客を維持できるよう、できる限りの努力をする。

こうした行動を分析していて興味深いのは、赤の他人に対する信頼である。経済学ではこの概念をごく簡潔に形式化し、他人の信頼性や選好に関する不完全な情報として扱う。経済主体は、時間の経過とともに、かかわり合った相手に対する信頼を修正する。知らない相手と取引せざるを得ないときは、何とかして相手を知ろうとし、どの程度信用できる人間かを見定め、それに応じて行動する。

この評判メカニズムが機能せず、ひたすら信頼するほかないという関係性も存在する。たとえば旅先で珍奇な品物を買う場合がそうだ。あまりよく知らないベビーシッターに子供を預けるときや、知り合ったばかりの相手との取引もこれに該当しよう。相手の態度から評価がすぐに定まる場合もあるにはあるが、この評価はひどく不完全である。このことを利用したクイズ番組も作られている[29]。

とはいえ相手をどう評価すべきか学習できるのは、その相手との関係が反復される場合に限られる。見知らぬ人との相互関係が一度限りという場合には、どう行動すべきだったのかはわからずじまいとなる。

近年では信頼関係にはホルモンも影響することがわかってきた。チューリヒ大学のエルンスト・フェールとフランクフルト大学のミヒャエル・コスフェルトらは、ボランティアの被験者を使った実験で[30]、オキシトシンという脳下垂体後葉から分泌されるホルモンが信頼感におよぼす影響を解明した[31]。これは「信頼ゲーム」と呼ばれ、プレーヤー1と2に次のような役割が与えられる。

まず、プレーヤー1は実験者から元手一〇ユーロをもらい、プレーヤー2に好きな額を投資し、残りは手元にとっておく。するとプレーヤー2は、1から受け取った額の三倍を実験者からもらうことができる。プレーヤー2は、プレーヤー1から五ユーロ受け取った場合は、実験者から一五ユーロもらうことができる。最後にプレーヤー2は、プレーヤー1への分け前を決める。これは、2が好きに決めてよい。必ず分けなければならない、ということはない。プレーヤー2は投資の見返りを分けてもよいし、びた一文やらなくてもよい。このゲームでは、最初にプレーヤー1がプレーヤー2をどこまで信頼するかが重要な意味を持ってくる。

このゲームは最初から最後まで匿名で行われる。どちらのプレーヤーも、すべての決定をコンピュータの画面上で行い、ペアを組んだ相手を（その後もずっと）互いに知ることはない。

二人のプレーヤーにとって最善手は、プレーヤー1が元手を全額プレーヤー2に投資することである。そうすれば、プレーヤー2がもらう額は最も大きくなる（三〇ユーロ）。それを折半するといった取り決めを事前にできるなら、二人はきっとそうするだろう。だがゲームの構造上、事前の合意は成り立たないようになっている。というのも、その三〇ユーロをどうするかは、プレーヤー2の完全な自由裁量に委ねられているからだ。プレーヤー1が全額をプレーヤー2に投資するには、相手が見返りをくれることへの全幅の信頼が必要になる。

プレーヤー2の「合理的な」行動（すなわち自己の利益を最大化する選択）は、自分がもらった額を独り占めすることだ。プレーヤー1にとっての「合理的な」行動は、プレーヤー2が自分に見返りをよこさないことを見越して、一銭も投資しないことである。そうすれば、最低限の利益（一〇ユーロ）を確保できる。だが実際には、ゲームはちがう様相を示す。かなりの数のプレーヤー2は、プレーヤー1が自分を信頼してくれたことに何らかのお返しをしなければならないという気持ちになるのである。そして合理的にそれを見越したプレーヤー1は、プレーヤー2が持ちつ持たれつの行動をとるだろうと期待して、それなりの金額を投資する。

フェールらは、このゲームで被験者の半分にオキシトシンを、残り半分にプラセボ（偽薬）を噴霧した。すると、オキシトシンを嗅いだプレーヤー1の投資額が平均してかなり増えたのである。とはいえ、この発見に喜んでばかりはいられない。人を信じやすくなるこのホルモンを商売で悪用されたらどうなるか、考えてほしい。

オキシトシンを噴霧するにせよ、しないにせよ、「信頼ゲーム」は互恵行動のメカニズムを実験室で再現したと言えよう。互恵行動すなわち持ちつ持たれつの行動は、社会的行動の中でもきわめて強いものである。すでに述べたが、私たちはコストをかけてまで、親切にしてもらった相手にはお返しをし、意地悪をされたら仕返しをする。このことは、マーケティングに活用されている。たとえば、無料のサンプルやノベルティがそうだ。これはきっと、「与える者は与えられる」ことを期待しているのだろう。

互恵行動のメカニズムを経済学に応用すると、賃金と雇用関係について、次のような仮説が思い浮かぶ。社員を募集するときに相場以上の給料を提示すれば、新規採用者は意気に感じてがんばるので、雇用主が得る利益は増えるのではないか[32]。互恵行動のメカニズムにより、気前の良い給料に感謝する社員は通常以上に勤勉に働くだろう。だがインドの農場で行われた実験によると、この効果は一時的かもしれない[33]。ある農場では、綿花採取労働者の基本給を三〇％引き上げる一方で、収穫量に応じた歩合給は引き下げた。全体としては、収穫量の多寡にかかわらず賃金は増えることになる（が、とくに増えるのは、収穫量が最も少ない労働者である[34]）。古典的な経済モデルからすると、労働者はやる気をなくして収穫量は大幅に減るはずである。だが実際には収穫量は、コントロール・グループに比べて大幅に増えた。ところが四カ月後には、ホモ・エコノミクスが復活したのである。歩合給を減らすことで予想された収穫量の減少は、四カ月が経ってからほぼ確認できた。

ステレオタイプ

社会学者は個人を文脈から切り離して捉えてはならない、すなわちその人を取り巻く社会環境を無視してはならないと主張するが、これはまことに正しい。個人はなんらかの社会集団に属しており、その集団はさまざまな形で個人の行動の仕方に影響をおよぼす。集団は個人のアイデンティティを規定し、各自が自他に誇示したいイメージも決定づける。また集団は、手本や価値観を提供する。信頼し同じ仲間とみなす人を見て、同じように行動するのだから、影響を受けずにはおれない。ここでは、集団がおよぼすもう一つの影響として、集団に対する評価・評判が集団の外におよぼす影響について簡単に説明したい。

私はステレオタイプと集団の評判に関する論文[35]の中で、ある国、ある民族、ある宗教集団が「正直」「勤勉」「腐敗」「好戦的」「環境保護に熱心」などとみなされるのはなぜか、また企業の製品に関して「良い」「悪い」という評判が立つのはなぜかを検討した。善きにつけ悪しきにつけ、いったん評判が立つと、その集団のメンバーが集団外の人とやりとりをするときの信頼感に大きな影響をおよぼす。

ある意味で集団の評判というものは、その集団を構成する個人の行動が積み上がった結果にほかならない。この論文では、個人の行動は不完全にしか観察できないと仮定した。もし完全に観察できるなら、どの個人も各自の行動だけに基づいて十全に評価できるはずだから、集団の評判は何の役割も果たさない。逆に、個人の行動がまったく観察できないなら、個人は責任ある行動をとろうとはしないだろう。社会にとっては、集団としての評判が定着しているからだ。不当な上乗せ料金を要求するタクシーや、異物の混入したワインを出荷する生産者は、同業者にとってとんでもなく迷惑だ。集団の評判を守ることは全面的に個人のコスト負担で行うことを意味する一方で、評判はその業界で共有されるため、便益は広く分散されることになる。となれば、フリーライダーが出現しやすい。論文では、方法論的個人主義（タクシーの運転手による自己利益の追求は、集団の利益と一致しない）と全体論（全体は単に部分の総和ではなく、それ以上の何かがあり、全体を部分や要素には還元できないとする立場）との融和を試みた。

分析の結果、個人の行動と集団の行動はある意味で補い合っていることがわかった。自分の属す集団の評判が悪い場合、個人には良い行動をとろうというインセンティブが働かない。どうせ評判が悪いのだから、それなりにふるまおうということになる。集団の外からは信頼されなくなり、集団の外とやりとりする可能性自体も減るので、集団の外で良い評判を得ようとするインセンティブも弱まる。そして個人にとって合理的なこうした行動が、集団に対する悪評の原因をますます強固にし、よからぬステレオタイプの形成を助長することになる。こうした次第で、最初は同じだった二つの集団が、まったくちがうステレオタイプとして認識されるにいたることもある。ついには、集団に対する評判がヒステリシス現象（長い間加えられた力によって変化が生じ、力が加わらなくなっても元に戻らなくなる現象。履歴効果とも呼ぶ）[36]を起こす可能性もある。非常に長い間先入観をもって見られてきた国や職業や企業は、とりわけそうなりやすい。だから、集団として悪い評判を立てられることは、何としてでも避けるべきである。さもないと評判が自己実現し、永久に正せないということになりかねない。

3　インセンティブに釣られる人間

第2章では、インセンティブの効用を重視しすぎるとして経済学者がしばしば非難されることを指摘した。経済学者の世界では、人々はアメとムチで動くとされている、と批判されている。なるほどインセンティブは経済学という学問における必需品だという点では、こうした批判に一抹の真実はある。だが経済学はインセンティブ偏重だとする見方は、ここ三〇年ほどの経済学の進化を無視したものと言わざるを得ない。

まず、経済学者が言いたいのは、インセンティブはある状況ではうまく作用し、組織や社会の目的に適《かな》うような行動を促す効果があるが、状況によってはさしたる効果がないこともあるし、ときには逆効果にもなる、ということである。この主張を裏付ける理論も、実証テストも、現実の生活で見受けられることと一致する。いくつか例を挙げてみよう。

ある経済主体が複数のタスクをこなさなければならないとしよう。たとえば、学校の先生が、次の授業へ進むための知識、あるいは次の試験でいい点を取るための知識、あるいは就職に有利な知識を生徒に教えなければならない一方で、思索や自立といったより長期的な視野に立った教育も行わなければならないとする。もしこの先生の報酬が、試験の合格率や就職率といった短期的な実績に基づいて決まるとしたら、まちがいなくせっせと「詰め込み教育」を行い、長期的な全人格教育はなおざりにするだろう。後者は測定がむずかしく、したがって報酬の基準になりにくい。だからといって、学校の先生に対していっさいインセンティブを設けるな、と言いたいのではない。状況によってはインセンティブは有効であることがわかっている。開発経済学者のエスター・デュフロらがインドで実験を行ったところ、学校の先生は金銭的インセンティブと教育現場の監督に反応し、生徒の不登校が減って学業成績は上がったという[37]。だが、よく練れていないインセンティブをテストもせずに設定して教育プロセスを歪めることがないよう、十分に注意しなければならない。

マルチタスク問題（本来、複数の任務を負っている労働者〔代理人〕に対して、報酬を目に見えやすい貢献についてだけ連動させることにより、努力配分の歪みを引き起こすこと）は多くの分野で見受けられる[38]。そうした中から、いくつか例を挙げよう。金融部門の一部のプレーヤーは、短期的な実績に基づくインセンティブを与えられた結果、長期的に社会に害をおよぼす行為に走った。その結果が、二〇〇八年の世界金融危機である（第12章参照）。ある企業は、コスト削減を奨励し、その成果に報奨を与えた。すると保守点検作業が削られ、事故のリスクが増大した。したがってコスト削減に対してインセンティブが設けられるときには、規制当局が保守点検の監視を強化する必要がある（第17章参照）。

強力なインセンティブを設けることのマイナス面は、このほかにも数多く指摘されてきた。たとえばチームに属す個人の貢献度が計測不能の場合、より一般的には個人のパフォーマンスが個人の意思とは無関係の多くの計測不能な要素から成り立っている場合には、強力なインセンティブは不適切だ。たまたま良いメンバーに恵まれた人や棚ぼたで成功した人が報奨を得たり、逆に仲間に足を引っ張られた人や不運の重なった人が不当な罰を受けたりする。また階層組織で強力なインセンティブが設定されると、都合の悪い情報を隠すなど情報操作の誘因が強まり、下位層の共謀を招きかねない。またプリンシパルとエージェントの関係が反復される場合には、インセンティブを設けるよりも信頼関係を成立させるほうが好ましい。

内なる動機の排除

また、外からインセンティブで促すことによって、内から湧き出る動機がしぼんでしまう、という批判もある。外生的なインセンティブがむしろ逆効果となり、参加者が減る、努力が放棄される、といった結果を招くケースだ。たとえば一部の国では献血にお金を払っているが、これは効果があるのだろうか。個人の善意に頼ったほうがいいのか、それとも金銭欲に訴えるほうが効果的なのか。あるいは環境保護目標を達成するには、ハイブリッド車や省エネ型ボイラーの購入に補助金を出すべきだろうか。

社会的な行動を調べる当たり、ロラン・ベナブーと私は、人間は多面的であって、自らよいことをしようとする面と、報酬に釣られる面の両方が備わっているとの観察から出発した。このような人間は、三つの動機に突き動かされる。第一は、良き社会に貢献したいという内生的な動機、第二は、善行に対する金銭的報酬（図表5－5中のy）に反応する外生的な動機、逆に言えば悪行に対する懲罰（yに等しい）に反応する外生的な動機である。そして第三は、自分自身の自己像を気にする動機である。私たちは、まず

■ 図表5-5　内生的な動機と外生的な動機

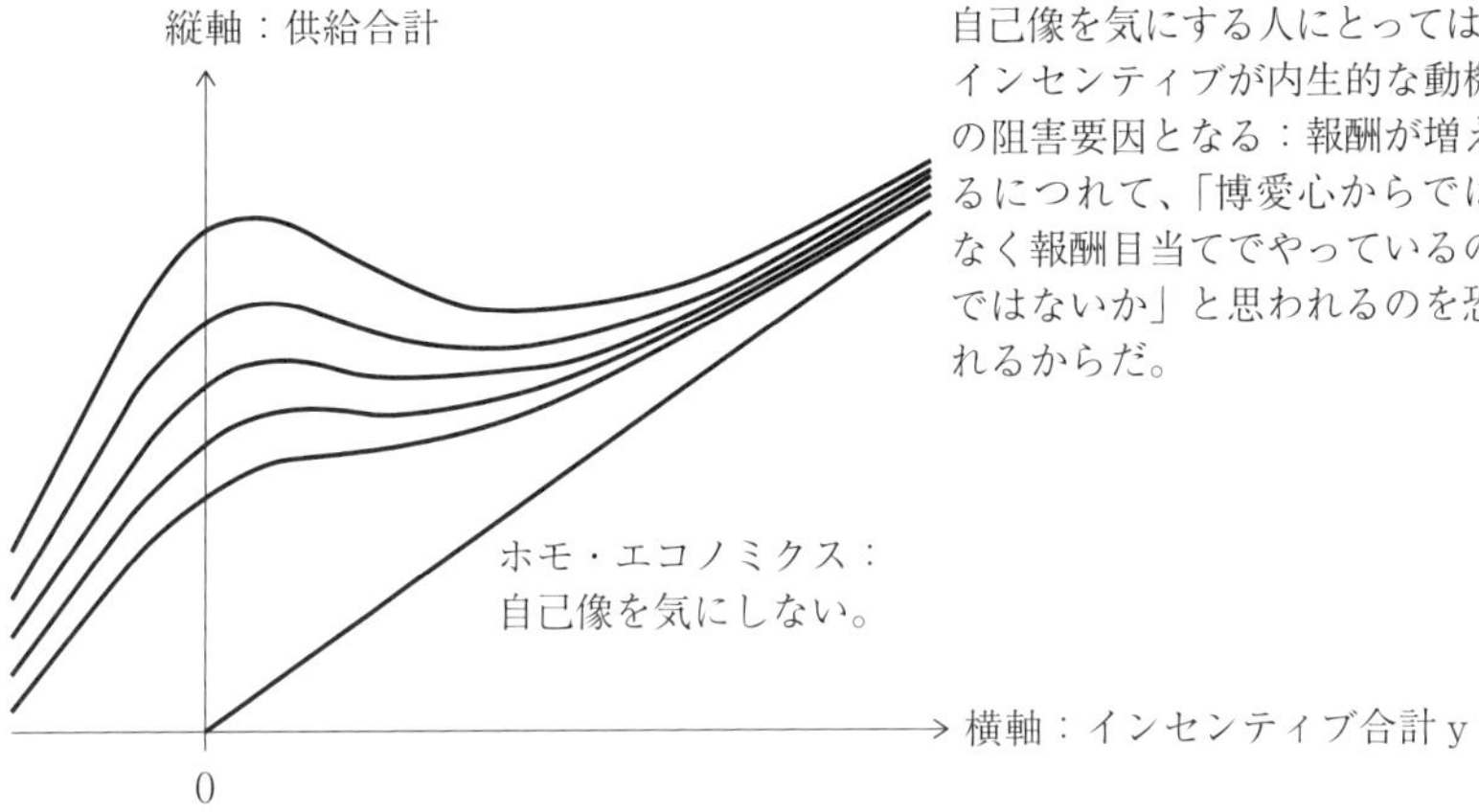
縦軸：供給合計
自己像を気にする人にとっては、インセンティブが内生的な動機の阻害要因となる：報酬が増えるにつれて、「博愛心からではなく報酬目当てでやっているのではないか」と思われるのを恐れるからだ。
ホモ・エコノミクス：
自己像を気にしない。
横軸：インセンティブ合計ｙ
0

は内生的な動機と金銭の効用という二つの要素の統計的分布から始めることにし、人々の行動が与えられたインセンティブによってどのように変わるのかを調べた（図表５－５を参照されたい。縦軸には各人の供給の合計、横軸には供給者に与えられる報酬ｙをとった）。

　このモデルから、献血をした人に報酬を払うべきかどうかを考えてみよう。相手がホモ・エコノミクスなら、報酬を出せば献血者は増える。図表５－５のいちばん下の直線のグラフがホモ・エコノミクスの行動を表しており、報酬が増えるほど献血の量も増える。だが自己像を気にする人の場合には、経済学者からすると「奇妙」な現象が表れる。

　社会学者のリチャード・ティトマスは一九七〇年にすでに、贈与を扱った有名な著作の中で、献血を有償にすると社会に役立つ行動をする意欲を失わせてしまうから払うべきではない、と主張している[39]。このことは、さまざまな動機を考えるとわかりやすい。すでに述べたように図表５－５のグラフでは、自己像を十分に気にする人たちの場合には、報酬が増えるほど供給（ここでは献血量）の合計が減る区間が出現する。その理由は、こうだ。報酬がない場合、献血する行為には、博愛心に富む自己像を自他ともに示すという動機があった。しかし報酬が与えられると、お金欲しさにやっているのではないかと思われる恐れが出てくる。このように複数の動機を勘案することで、ミクロ経済学で仮定されている報酬と結果の関係にメスを入れることができる。

以上のように、外生的なインセンティブは内生的な意欲を減退させてしまうことがある。この潜在的な減退効果は、おそらく経済学で言う古典的な交換の枠組みではめったに起きないが、社会的な文脈ではひんぱんに起きると考えられる。またこの減退効果とは別に、仲間から見られている状況では金銭的インセンティブの効果は下がると考えられる。動機を疑われかねないからだ。もしそんなことになったら、報酬にいそいそと反応するいやなイメージがまつわりつくことになってしまう。このことは、公共政策を考えるうえで非常に役に立つ。先ほど、ハイブリッド車や省エネ型ボイラーの購入に補助金を出すべきだろうか、という質問をした。これに対する答は、ボイラーには補助金を出すほうがよい、ということになる。というのも、ボイラーは家の中にあって他人に見られることはないため、金銭的インセンティブがよく効くと考えられるからだ。これに対して車の場合は誰にでも見えるので、周囲の目を考えることになるだろう。

この理論は、ラボラトリー実験やフィールド実験でテストされてきた。とりわけ有名なのは、心理学者のダン・アリエリー[40]のチームが行ったもので、他人から見られているとき、人は一段と善行をしやすくなることを示した（さまざまな実験を通じて、人は自らの自己像に強く動機づけられるとの仮説が確かめられた）。また、金銭的インセンティブは、誰からも見られていないときにはきわめて効果的だが、見られているときにはほとんど効果がないこともわかった。報酬を受け取ることによって、自分が望んでいないシグナルが発されるのを恐れるからだと考えられる[41]。

さまざまな行動が発する社会的なシグナルから規範が生まれるという見方も、実験することが可能だ。外生的なインセンティブが社会規範や個人の行動におよぼす影響を測定した研究が次々に発表されており、その対象は、イギリスの脱税[42]、中国の子供の民族選択[43]から第一次世界大戦中のイギリス兵の脱走[44]にいたるまで、多岐にわたる。

献血の例では、報酬が用意されている場合には、善意からの行為に金銭的動機を疑われることを恐れて献血が減る可能性のあることがわかった。その一方で、報酬は、やってもらいたい仕事の困難さや、やってくれる人への信頼についての情報を伝えているという考え方もある。こちらについても心理学者たちが研究を行っており、二つの効果が認められている。一つは、おなじみのインセンティブ効果だ（報酬がいっそうの努力を促す）。もう一つは、いま述べた仕事の難易度や実行者の能力に対する信頼などの情報伝達効果である。たとえば、子供が良い成績をとったときにお金をあげたら、歪んだ効果が現れる可能性がある。勉強に対する内生的な意欲を失ってしまい、お金をもらえるときしか勉強しなくなる恐れがあるからだ。しかし、これとはちがう理論的説明も可能だ[45]。子供は、お金をもらえるのは勉強が本質的におもしろくないからだとか、自分の能力や勉学意欲が信用されていないのだ、と解釈するかもしれない。いずれにせよ、子供の内生的動機を減退させることはまちがいない。よって、報酬は短期的には一定の効果を上げられるかもしれないが、長期的には「中毒症状」を引き起こしかねないと結論づけられている。すなわち、報酬を打ち切ったら、もともと報酬をいっさい与えなかった場合に比べ、動機はひどく弱まってしまう。

要するに、インセンティブに関するこちらの選択を相手がどう解釈するか、十分注意を払わなければならない。たとえば企業では、部下にあまりにあれこれ指図するのは「おまえを信用していない」というシグナルを送ることになり、信頼関係を台無しにし、当然ながら社員のモチベーションも低下させる。管理の行き過ぎは、互恵的精神を傷つけることにもなりかねない。独裁者ゲームの一種を使ったある古典的な実験からは、プレーヤー1（プレーヤー2の互恵的精神を信用するかどうかを決める被験者）が相手に最小限のリターンしかやるまいとすると、それは結局自分に跳ね返ってくることがわかる[46]。相手を信用していないことをあからさまに見せつけているからだ。

4　法的人間

経済学者にとって法律とは、何よりもまずインセンティブの集合である。罰金をとられるかもしれないとか、刑務所送りになるかもしれない、といったことを見越して制限速度を守ったり、盗みその他の犯罪行為を思いとどまったりするのだという。心理学者や社会学者は、こうした解釈に懐疑的だ。彼らは、社会的な行動を促すには説得や社会的懲罰を活用するほうが良いと考える。国家は、ありとあらゆる行動に公式のインセンティブを設けるわけにはいかない。少々迷惑だという程度の行為（たとえば紙くずをそこらに捨てる、夜中に騒ぐ、など）までいちいち警察や裁判所に訴えるのは、コストがかかりすぎる。しかも、人々にどんな行動を期待するのか、正確に逐一定義することは不可能だ。困っている外国人に道を教えるのはよいとして、困っている人を助ける義務はどこで終わるのだろうか。それを決めるのは社会だ、というのが社会学者たちの考えである。社会は、社会規範という形で、人々に期待される行動を定義すると同時に、その行動が自発的になされるようなインセンティブを設定しているという。一方、法学者もインセンティブの重要性を認めている。法律や規則は社会的価値観の表現であるとし、その意味で法律には人々に期待される行動を促すインセンティブ効果があるとする。法学者のみるところ、公共政策において、金銭的賞罰だけに頼って経済主体に社会的行動をとらせることはできない。

アリゾナ州立大学の社会学者ロバート・チャルディーニは、二種類の社会規範の存在をあきらかにした[47]。一つは記述的規範で、世間はどのように行動しているかをあきらかにする。たとえば、隣人の電力消費量はどのぐらいか、リサイクルをどの程度しているか、慈善団体にいくら寄付しているか、といったことを記述する。もう一つは慣行的規範で、仲間や集団の言動によって定められる。私たちが行う選択の多くは、仲間や世間がどう思うかとか、彼らはどう行動しているか、といったことに左右される。プリンストン大学では、学内での学生の過剰飲酒対策としてある実験を行い、学生の大半は飲みたいから飲んでいるのではなく、他の学生たちが飲酒を「クール」だとみなしていると（まちがって）思い込んでいるからだということを示した。社会規範へのこの種の介入は、ターゲットとする経済主体に対し、他の主体はこうしている、こう思っている、といった情報を提供することにほかならない。

ただしチャルディーニは、介入の際に発するメッセージには十分に慎重でなければならないとする。経済理論からも、そう言える[48]。政府が国民に税金を払うよう強く要請するのは、「国民の多くは、チャンスさえあれば脱税をしている。その結果として国家予算が不足する現在、あなたの納める税金は社会にとってますます重要になっているのだ」という理屈からだと解釈されるようなら、国民が説得される可能性はあるまい。社会的な行動を促すためには、もっと適切なメッセージを発する必要がある。たとえば、「◯◯市民のリサイクル率はx％に達しています」などがそうだ。このx％が大方の予想より高い数字だったら、非常に効果的だろう（もちろん、嘘ではいけない）。市民に善行を促すには実証主義者になる必要がある。

法律もまた社会の価値観の表現にほかならず、個人の行動のコスト、倫理観、社会的価値などについてメッセージを発しており、相当数の公共政策がそれを考慮している。たとえば犯罪に対する刑罰を考えてみよう。古典派経済学の立場に立った費用便益分析では、懲役より罰金や奉仕などを推奨するかもしれない。刑務所に送るより社会にとって有益だし、費用もかからないという理由からである。一方、そうした考え方をあまりに経済偏重だと批判する人もいるにちがいない。それでは、許しがたい行為でさえカネで片のつくありきたりの悪行になってしまうと考えるからだ。

同様の問題として、死刑をめぐる議論が挙げられる。どの国でも、死刑はそれ自体が野蛮で人間の尊厳をないがしろにするイメージを社会に示すものだという意見（先進国の議員の多くがこの立場をとっている）と、ある種の行為を社会は容認しないというシグナルを発しているのだとする意見（アメリカの議員の大半はこちらの立場である）が戦わされる。こうした議論では、費用便益分析（死刑に犯罪抑止効果はあるのか、社会にとってのコストはどれほどか、などの観点からアプローチする）の出る幕はほとんどない。つまり死刑の是非をめぐる議論は、一般にその社会における価値観の枠組みで行われ、古典的な費用便益分析の枠組みで行われることはまずない。したがってこの問題は、伝統的な経済学の範疇に属さないと言える。この例から、自らの価値観を発信しようとする現代の社会が、当事者が完全な理解のうえで同意していても、死刑や残酷な刑罰を廃止した理由がわかる。大多数の市民は、たとえ受刑者が全面的に同意した場合でも、懲役刑に代えて鞭打ちの刑を行うことは容認できないと考えているのである。そのほうが社会的には安上がりだとしても、である。

以上のように、良き社会のためのインセンティブの活用が市民に歓迎されるとは言いがたく、むしろ多くの行動にとってマイナスであり、非生産的であることがわかる。社会は善意に満ちたものだという幻想を守ろうとする気持ちが人々にあるとするなら、経済学者のメッセージが幅広く反感を招く理由も説明がつく。経済学者は、社会の成員の徳についてとかく不愉快な実証データを持ち出す輩とみなされているのである。

5　意外な視点から

本章を締めくくるにあたり、大方の人が経済学に期待していない二つの領域に敢えて言及したい。というのもこの二つの領域は、経済学の中で存在感を強めているからだ。一つは進化経済学、もう一つは宗教の経済学である（あいにくどちらの分野も私自身は不勉強なので、簡単な説明にとどめたい）。

進化論的人間

ここ二〇年ほどの経済学研究で注目に値する現象の一つは、経済学に基づく人間観と、チャールズ・ダーウィンの自然選択説との融合を図ろうとする試みである。経済学と進化生物学の「他家受粉」の例は、数多く見受けられる。たとえば本章で取り上げた社会的選好は経済学にとって重要なテーマだが、これは進化生物学の分野でも研究されている。[49]

また、生物学者はゲーム理論にも貢献している。たとえば、「消耗戦」の最初のモデル（戦争やストライキなどで、どちらの側も苦しいが、相手が先に降参するだろうとの希望的観測から持ちこたえる状況を記述する）を開発したのは、生物学者のメイナード・スミスで、一九七四年のことだった。このパラダイムは、のちに経済学者によって精緻化されている。

生物学者と経済学者がともに取り組んでいる研究の三つ目の例として、シグナリング理論が挙げられる。シグナリング理論をごく一般的に説明すると、リソースの無駄遣いをすることによって相手の承認を得られたり、同調的な行動を促すことができるなら、それは有益だというものである。このことは、個人にも国家にも、また動物や植物にも当てはまる。たとえば動物は、メスの注意を引いたり捕食者を避けたりするために、ひどくコストがかかるうえにあまり機能的でないシグナル（孔雀の羽など）を発する。人間も、競争相手や見てほしい相手に印象づけようとして、必要もないリスクを冒したりする。また企業も、自社はコスト効率が良いとか財力はたっぷりあるといったことを競合先に見せつけるために、赤字で売ってライバルを市場から追い払おうとする。シグナリング理論に関する経済学者マイケル・スペンスの著名な論文が発表されてすぐ、[50]生物学者のアモツ・ザハヴィが同じテーマで論文を発表した。[51]二つの論文は、社会学者ソースタイン・ヴェブレンの一八九九年の著作『有閑階級の理論』（邦訳、筑摩書房）やフランスの哲学者ジャン・ボードリヤールの一九七〇年の著作『消費社会の神話と構造』（邦訳、紀伊國屋書店）、さらには社会学者ピエール・ブルデューの一九七九年の著作『ディスタンクシオン』（邦訳、藤原書店）で取り上げられたテーマを再検討したものと言える。シグナリングというアイデア自体の起源は、ダーウィンが一八七一年に書いた『人間の進化と性淘汰』（邦訳、文一総合出版）にある。当時は経済学や社会学はまったく進化論に関心を持っていなかったが、いまでは経済学と自然科学を遮る壁はない――経済学と人文科学や社会科学の間に壁がないように。

宗教的人間

多くの国では、政治経済活動を行う組織において宗教的な要素が重要な役割を果たしている。となれば経済学者として、宗教の問題に学問的関心を持たないわけにはいかない。とはいえ、誤解を避けるためにお断りしておくと、経済学者が宗教思想の領域に足を踏み入れる必要はない。宗教の持つさまざまな側面のうち、経済学的な見方が役に立つ部分にのみフォーカスすればよい。じつは「宗教の経済学」は、経済学として再認識されるようになったのはここ二〇年か三〇年ほどのことだが、非常に古くから存在する研究分野である。(52) なにしろあのアダム・スミスが、聖職者の生計を分析し、(53) 聖職者が国家や教会上層部から生計費を支給されるケースよりも信者の寄付に頼っているケースのほうが、信者に熱心に奉仕するし、ひいては宗教全体への貢献も大きくなると結論づけている。これはすでに、当時の道徳観の考察になっている。

そしてマックス・ウェーバーの一九〇四年の著作『プロテスタンティズムの倫理と資本主義の精神』（邦訳、日経BP社）によって、宗教の社会経済的影響というテーマが経済学に定着した。プロテスタンティズムは資本主義の飛躍的発展に重要な影響をおよぼしたとするウェーバーの学説は、広く人文科学、社会科学の分野で議論を巻き起こした。今日ではウェーバーの主張について、計量経済学を使って事実の詳細なデータに分け入り（もちろんウェーバー自身もデータに強い関心を持っていた。たとえば、プロテスタントとカトリック信者が入り混じっている地区では、プロテスタントのほうが収入が多い、裕福な家庭や裕福な地域社会のほうがすみやかに改革派を受け入れた、といったデータに注目している）、因果関係を突き止めることができる。実際にも、宗教に関するさまざまな社会経済的分析が行われている。たとえばマリステラ・ボッティチーニ（ボッコーニ大学）とズヴィ・エクスタイン（テルアビブ大学）は、ユダヤ人の経済的成功に関する従来の説明を検証した。ユダヤ人は多くの職業に就くことを禁じられた結果、やむなく金融業、職人、商業に従事し、それによってユダヤ人社会は教育水準の高い都市社会に変貌を遂げた、というのが通説である[54]。だがボッティチーニらによると、ユダヤ人社会が変化したのは職業規制を受ける前だった。ユダヤ教はトーラー（律法）を熟読することを要求し、またユダヤ教学校で読み書き算数を教え込んだ。こうしてユダヤ人社会の人的資本の価値を高め、金融や法律を扱えるような人材を育てた。それが後年になって、たとえば小麦栽培の知識よりも有効であることが判明した、というのである。

同様にモハメド・サレハは、エジプトが六四〇年にイスラム勢力に征服された後、数世紀にわたりどのようにイスラム化したかを研究した[55]。サレハはイスラムへの改宗状況とともに、コプト教徒とイスラム教徒の相対的収入の推移を調査した。すると、コプト社会は大幅に縮小して完全な少数派になったものの、イスラム社会に比べて教養は高く、裕福であることがわかった。この現象は経済的メカニズムによるものだとサレハは説明する。他の地域でもそうだが、非イスラムは、イスラム教徒が免除されている人頭税を納めなければならない。そこで、貧しいコプト教徒や信仰心の薄いコプト教徒はあっさり改宗し、コプト社会に残るのはおおむね信仰心が篤く裕福な人だけになる。この選択効果が数世紀にわたって続いたというわけだ。

宗教同士の競争も、経済学の研究対象になっている。ここでも研究者は、守備範囲外の宗教思想には立ち入らず、経済的な側面に注目する。宗教が信者を呼び込むために何らかの便益を提供していることは周知の事実だ。ときには「神の国」の役割さえも果たす。保証を与え（保守的な宗教集団同士が結びつく理由の一つはここにある[56]）、教育を行い、公的な場を用意する。たとえば、イスラム教の多くの宗派がそうだ。場合によっては宗教集団が「二面市場」の代わりを務め[57]、配偶者選びを手助けするといったケースもある[58]。さらに、宗教と科学の関係を研究テーマにする経済学者もいる[59]。

　言うまでもなく以上の説明は、大きく変わりつつある経済学の広い領域の中から、ほんの数例を急ぎ足で触れたにすぎない。私たちは、社会科学が徐々に再統合される現場に立ち会っている。再統合の歩みはのろいかもしれないが、必然だと言える。なぜなら、本章の冒頭で述べたように、文化人類学、法学、経済学、歴史学、哲学、心理学、政治学、社会学は、みな同じ人間、同じ集団、同じ社会を扱っているからだ。一九世紀の終わりまで、これらの学問は一つにまとまっていた。それを復活させるべきであり、多くの学問分野が他分野の知識や技術に対して開かれた姿勢で臨む必要がある。

第Ⅲ部　経済の制度的枠組み

第6章 国家

あなたの言うような世界では暮らしたくない。
——ラフォン報告発表の際、匿名のパネル参加者から寄せられた意見

一九九九年一二月、ジャン＝ジャック・ラフォンはフランスが真の近代国家となるための提言をまとめ、経済分析評議会（CAE）に提出した[1]。ラフォンは、フランスの経済学者としては同世代の中で最も著名な人物である。首相直属のこの評議会は二年前にリオネル・ジョスパンの肝いりで設立されたもので、経済学者があまり信用されていないフランスでは画期的な出来事だった。

ところが、どうだろう。ラフォンの報告書はきわめて抑制されたものであったにもかかわらず、不遜だとか無礼だとして上級官僚や大学教授や政治家から猛反発を喰らったのである。彼らはこの「注目すべき報告書」を微に入り細にわたって酷評し、この人物は何もわかっていない、それどころかフランスの若者に道を誤らせかねないと非難した。いったい、何が書かれていたのだろうか。政治家も官僚も目の前のインセンティブに反応する点では経営者、会社員、失業者、知識人……そして経済学者と変わらない。したがって国家戦略を考えるに当たってはこのことを考慮しなければならない、と書いただけである。ラフォ

ンは深い思索と独創的な発想の持ち主であったが、この報告書ではさほど創造性を発揮したわけではない。社会全体の利益を犠牲にして政府が特定の利益にとらわれがちであるとか、民主政体では次の選挙で当選することが最大関心事になりやすいといったことは、政治に関する考察においてつねに言われてきたことだ。モンテスキューも、アメリカ建国の父たちも、立憲主義者もカール・マルクスその人も、例外ではない。

　ラフォン自身は公のためを第一に考える人物であり（フランスの大学、それも地方の大学に尽くしたいがために、若くしてアメリカの一流大学で得ていた好待遇を抛《なげう》った）、けっしてフランス政府を批判したわけではない。政治に携わる人々が、少なくともキャリアの最初は理想に燃えていたこと、世界をより良くしようと意気込んでいたことをラフォンはよく知っていた。また、煽動的なポピュリストやデマゴーグに流されがちな民主政体において政治指導層を糾弾するのが危険な行為であることもわきまえていた。にもかかわらずラフォンは、指導者といえどもふつうの人間と同じように自己利益の追求に走ることがあると暗に述べただけで、抗議の嵐を巻き起こしてしまったのである。国家は善であるという大前提に再考を促したことが、報告書を検討する立場の人たちの痛い部分を突いたのだった。

　世界の大半の人々は、政府が時折干渉する市場経済の中で暮らしている。私たちは社会という組織を時に愛し、時に容認し、時に憎むけれども、ほかの形の社会が可能だろうかとのべつ考えるわけではない。計画経済が経済、文化、社会、環境面で壮大な失敗に終わって以来、私たちは苛立ちを感じながらも、結局はこれしかないという諦観を抱いている。中でもフランス人は、よりどころとなるものを持ち合わせていない。というのもフランス人は、おそらく世界で最も市場や競争を軽蔑しているからだ。

　一部の人々は現状維持すなわち政府が時折介入する市場経済、おそらくは市場が中心的役割を果たさない社会がよいとする。その一方で、必要最小限まで機能を削ぎ落とした最小国家主義を唱える人々もいる。立法と司法、秩序の維持と国防、自由企業が必要とする契約履行と所有権の保障に必要な機能など、絶対に必要なものに限るべきだという。しかしどちらの考え方も、共通善を実現し社会全体に資するとは言いがたい。本章ではその理由を説明するとともに、統治制度への信頼をいくらかでも回復できるような国家のあり方を考えていきたい。

国家の役割を考えるに当たっては、社会にとっての市場の問題点と政府介入の限界を洗い出す必要がある。そのためにまずは少し後戻りし、社会がどのように建設されてきたかを振り返りたい。次に、市場と国家は互いに補い合う存在であり、よく主張されるように一方が他方を代替するものではないことを示す。続いて、政治の優位性と近年における影響力の減退について論じる。最後に、行政改革という困難な課題へのアプローチを示す。

1　市場の失敗

市場擁護論者は、市場の効率性と完全性を主張する。彼らの主張は、こうだ。まず効率性について言うと、自由な競争は企業をイノベーションへと駆り立て、財やサービスを安価に提供させる。それによって購買力は向上する。このことは、とりわけ貧困層や中流層にとって意味があるという。

市場の完全性とは、ずいぶんと抽象的な概念だが、効率性に劣らず重要である。政治や文化の自由によって、人々は多数派による抑圧から守られる。まさにそれと同じように、起業や取引の自由によって、市民は、政治に働きかけて特権を手に入れ社会的利益を犠牲にする既得権団体の横暴から守られる。

計画経済を採用した国の生活水準と、市場経済を選んだ国の生活水準の甚だしい格差は、一九八九年にベルリンの壁が崩壊したとき、全世界にあきらかになった（今日でも、北朝鮮と韓国の間には一対一〇の格差がある）。いまや、経済的自由の価値を疑う余地はない。そうは言っても、市場にはたくさんの欠点がある。本書では多くの「市場の失敗」を検証するつもりだ。まずは失敗の全体像を把握するために、基本的な質問を一つ提示しておこう。売り手と買い手の双方が合意した取引が、なぜ社会にとって問題を生じるのか。先験的には、両者が合意したからにはこの取引は両者に利するはずだ。それなのに、なぜ政府が干渉しなければならないのか。

市場の失敗は、おおざっぱに次の六つに分類できる。

(1)　何らかの取引が、合意に参加していない第三者に悪影響をおよぼす。環境汚染がその代表例だ。企業は、消費者のために製品を生産する際に、環境を汚染することがある。電力会社は石炭や石油から発電する際に、汚染物質（二酸化硫黄、一酸化窒素など）を排出することがある。こうした汚染物質のせいで酸性雨が降ったり、温室効果ガス（二酸化炭素）が発生したりする。だが、影響を被る人たちを守る市場のメカニズムは存在しない。人々は一方的に被害を受け、我慢しなければならない。工場や発電所に近い地域の大気は二酸化硫黄や微粒子で汚れ、温室効果ガスで覆われる。あるいはまた、地下水や河川が肥料や化学物質で汚染される。だから市場を環境保護政策で補う必要がある。この根拠により、環境省や原子力庁といったものに権限を与えることが正当化される。

(2)　取引の中には、買い手が十分な情報を得たうえで合意したわけではないものがある。熟慮吟味のうえで合意に達するためには、買い手が正しい情報を提供される必要がある。買い手は、医薬品にせよ他の製品にせよその危険性を知ることができないし、うかうかと詐欺商法にだまされてしまうこともある。そこで、消費者を保護し、不正を監視する機関が必要になる。フランスで言えば、競争・消費・詐欺防止総局（DGCCRF）がそうだ。取引は、暴力の脅しなどにより強制されて成立することもありうるし、当事者能力のない人に押し付けられることもある。こうしたことは、言うまでもなく、許されるべきではない。

(3)　買い手は自ら選んで自分に損害を与えることがある。

買い手が我を失い、衝動的に行動することがある。[2] 哲学者も、心理学者も、そして経済学者も、はるか昔から（経済学者に関してはアダム・スミスの時代から）、人間は目先のことにとらわれやすいと指摘してきた。この「目先のこと」には、自分だけの利益も含まれる。つまり人間は、自らの将来を犠牲にしてまで現在の快楽を選ぶことがある――だからといって、けっして将来を台無しにしたいわけではない。そこで、タバコや脂っこい食品や甘い嗜好品に税金をかけることが正当化され、薬物の取引が禁じられている。またある種の耐久消費財については頭を冷やす期間（クーリングオフ）を設けて、消費者をのぼせた自分自身から（あるいは断り切れないセールスマンから）保護している。また多くの国で人々に退職後の蓄えをしておくこと（退職積立金）を奨励しているのも、同じような理屈からだと言えよう。つまり人間は、目先の快楽のために遠い将来の備えがおろそかになりやすいと考えられている。もちろんこのようなパターナリズム（父親的温情主義）には、歯止めが必要だ（国家が市民を子供扱いし、市民のためと称してのべつ物事を決めてしまうなど、とんでもない！）。ただ、国家が個人に成り代わって判断を下すときは、人間には意志薄弱な面があり、ときに「分別」を失いがちだという理解に基づいていることは指摘しておこう。

(4)　取引の実行が個人の能力を超えてしまうことがある。

あなたが銀行にお金を預けるとしよう。銀行との契約では、一定の手続きに従って預金を引き出せることになっている（当座預金であればいつでも引き出せる）。また保険証券には、事故や火事が起きたらどうやって保険金を受け取るか、生命保険であればどのような条件で保険金が支払われるかが事細かに記載されている。だが、あなたが預金を引き出そうとしたとき、あるいは事故が起きて保険金をもらおうとしたとき、銀行なり保険会社なりが倒産していたら、どうだろう。まさにお金を必要とするそのときに、あなたは途方に暮れることになる。もちろん理論上は、銀行や保険会社を日々監視し、財務諸表に目を通し、経営不振の気配を察知したらすぐさま預金を下ろしたり、保険契約を解約したりすることは可能だ。だが少し考えれば、このようなやり方がうまくいかないことはすぐわかる。まず膨大な時間を監視に充てなければならないうえに、財務健全性に関して妥当な結論を出すには専門知識が必要である。そこで実際には、銀行や保険会社を監督する機関が置かれて、あなたが毎日監視しなくてよいことになっている。銀行の監督は、ヨーロッパでは欧州中央銀行（ＥＣＢ）が担当し、保険のほうは、フランスではプルーデンス規制・破綻処理庁（ＡＣＰＲ）が担当する。ＡＣＰＲは保険業界の監督・指導とともに、フランスの銀行の監督も行って、ＥＣＢを補佐する。さらに万一の破綻の際には、国家の保険機構が、一定額までは預金の保障をしてくれる。

(5)　企業が市場の力を悪用することがある。

企業は、消費者に法外に高い値段を払わせたり、品質の悪い製品を買わせたりすることができる。規模の経済などの理由からその企業が市場を独占しているときには、とくにそうなりやすい。市場の力を支えるのは競争の権利と業界規制であり、そのためにフランスでは競争監督局が、ヨーロッパ全体では欧州委員会（ＥＣ）内に競争総局が設置され、独占・寡占や反競争的商習慣を監視している。このほか部門別には電子通信郵便監督局（ＡＲＣＥＰ）、電気ガス規制委員会（ＣＲＥＧ）などがある。

(6)　市場は効率の権化だとしても、そのことは平等を保証しない。

健康保険を例にとろう。共済組合や社会保障制度において、健康保険契約に差別を設けることを容認したらどうなるだろうか。たとえば現在の健康状態や家系の遺伝データに基づいて、あなたは癌《がん》になりやすいとか病気がちな家系だと判断され、妥当な保険料では保険に加入できなくなるかもしれない。これは、経済学に古くからあるテーマだ。情報過多は保険を殺すのである。このためほとんどの国の法律では、ある種の個人情報に基づいて健康保険に留保条件を付けることを禁じている（フランスでは、企業の団体保険に補助金を出すという矛盾したことが行われている。なぜ矛盾かと言えば、企業は事実上リスクの選別を行っているからだ。企業の従業員は国民全体の水準よりも健康状態が良い。彼らが「仲間内だけの保険」に入ることによって、他の国民の保険料は押し上げられる）。

また市場は、社会にとって望ましい所得の分配をしなければならない理由は、いっさい持ち合わせていない。税引き前所得の不平等は、グローバル化した今日の世界では是正されず、一国の富がイノベーションに依存する度合いは高まる一方だ。だが不平等は、正義と効率という二つの観点から高いものにつく。

まず正義について言うと、市場経済における不平等は、それ自体が保険の不備と見ることができる。「無知のヴェール」のうしろにいるとしたら、すなわち私たちがまだ生まれる前で、社会における自分の将来の位置づけを知る前の状態にいるとしたら、個人の努力が報われることによって、人々が全体のゆたかさに貢献したくなるような社会を望むだろう。だが同時に、もし自分が不運な境遇に生まれついても、尊厳を持って生きられるような社会をも望むだろう。この意味で社会契約はたった一つの保険契約とみなすことができ、こうした保険が用意されているということが、所得税によって再分配を行う根拠となる。保険も、市場で生み出された所得と富の再分配も、人々が「無知のヴェール」のうしろで何を望むかとは無関係に、すなわち人々が社会で占めることになる地位は知らない状況で用意される。

次に効率についてだが、不平等は不運な境遇に生まれつく「運命のリスク」を伴うだけでなく、非効率を招きかねない[3]。不平等は社会の絆を断ち切り、外部不経済を生む。安全が脅かされ、スラム街が増殖し、弱い立場に追い込まれた人々は排他思想に流されやすくなる。こうした社会不安の影響からは、恵まれた人々も逃れられない。世界のあちこちに、防犯のためにゲートを設け周囲にフェンスを張り巡らしたゲーテッドコミュニティ（要塞都市）と呼ばれる住宅地区があることをご存知だろうか。その姿は不平等の負の影響をまさに体現しており、運命リスクに対する保険の不備だけでは片付けられない問題だと感じさせる。

2　市場と国家の相補関係

公の場の議論では、市場擁護派と国家擁護派がしばしば対立する。どちらの側も、市場と国家は相争っていると考えているからだ。だが実際には、市場がなければ国家は市民を（適切に）養っていくことはできないし、市場は市場で国家を必要としている。起業の自由を守り、司法制度を通じて契約の履行を保障するためにも、またその失敗を修正するためにも、国家が必要だ。

長いこと社会という組織は、次の二本の柱に支えられていると（暗黙のうちに）考えられてきた。

第一の柱は、競争市場という「見えざる手」である。この言葉はアダム・スミスが『国富論』（一七七六年）の中で使ったことで一躍有名になった。見えざる手は、個々人の利益追求の結果として経済効率が高まることを表した言葉である。モノやサービスの値段は需要と供給のせめぎ合いの結果として決まり、その値段には人々の選好に関する多くの情報、たとえば買い手はいくらぐらいなら払う気があるか、売り手はどれほどコストをかけているか、といった情報が含まれている。そもそも、買い手が払ってもよいと考える金額が、そのモノなりサービスなりに付けられている値札を上回らない限り、取引は成立しない。同様に売り手は、供給するモノやサービスのコストを上回る値段を払ってもらえない限り、売ろうとしない。この二つの条件を突き合わせると、こうなる。人々が買うのは、自分が払ってもいいと思う値段が社会に犠牲を強《し》いないとき、つまり売り手のコストを上回ったときだけである。競争市場においては、売り手も買い手も規模が小さすぎて価格操作はできないので、価格は、需要と供給が一致して市場が均衡したときの水準に落ち着く。このとき取引の利益が実現し[4]、社会における効率的なリソース配分が行われたことになる。

第二の柱は、国家による市場の失敗の是正である。先ほど説明したように、市場には六つの失敗がある。国家は経済主体に責任を負わせ、また国家が連帯責任を負う。この考え方を強く支持した経済学者に、イギリスのアーサー・ピグーがいる。彼はケンブリッジでケインズの師だった人だ。ピグーは一九二〇年に『厚生経済学』を著し、「汚染者負担の原則」を提唱した。

国家による市場の失敗の是正には限界があるのだが、それについて分析する前に、この考え方に筋が通っていることは強調しておきたい。国家はゲームのルールを決め、プレーヤーに責任を持たせる。プレーヤーはそのルールに従い自己利益の追求をしてよろしい（というよりも、追求しなければならない）。環境汚染の例で考えてみよう。国家は、企業に対して汚染するなと要求するのではなく、「もし二酸化炭素

（CO_2）を一トン排出したら、これこれの料金を払ってもらいます。排出するか払うかは、あなたが決めなさい」というふうに言う（もちろんこれは脚色である）。すると自らの選択が社会に与える影響に最終責任を負う企業は、要求されたCO_2排出基準を守りつつ、生産性の向上に全力投球することができる。

スミスとピグーの業績は、自由主義や株主価値という概念の基礎となった。だがフランスではどちらも伝統的な意味とはかなりちがった意味に解釈されており、国家がいっさい介入しない自由放任や個人の存続への闘争などと捉える傾向がある。だが実際には逆であって、重要なのは経済主体が社会的費用（外部不経済）と自らの選択について責任を負うことである。

国家の失敗

市場と国家の関係を分析すると、市場は国家の代わりにはならず、国家も市場の代わりにはならないこと、両者は相互に依存していることがわかる。市場がうまく機能するには、国家がうまく機能することが必要だ。逆に、失敗国家は市場の効率に寄与できないし、もちろん市場の失敗を埋め合わせる手段を講じることもできない。市場と同じく国家も、さまざまな理由からたびたび失敗する。

最大の理由は、利益団体の圧力に負けてしまうことだ。大方の人が思い浮かべるのは、ちょっとした依《え》怙贔屓《こひいき》や少しばかりの便宜を図ってやる（たとえばその業界に将来のポストを約束するなど）ことで政治家と業界が共謀状態になるといった構図だろう。だがそのようなことは、氷山の一角にすぎない。もともと政治家の側には、次の選挙で当選したい、再選されたいという強い動機がある。そこに次の二つの要因が重なって意思決定を歪めやすい。

一つは、政治家には有権者の先入観と無知無能力に付け入る誘惑が大きいことである。これについては後段で論じる。もう一つは、圧力団体の便宜を図る政治的コストが、それ以外の大多数の人（納税者、消費者など）には見えにくいことだ。その一方で圧力団体のほうには、自分たちの得られる利益がじつにはっきりと見える。この情報の非対称性は、特定業界への優遇措置を意図的にわかりにくくすることによって一段と強化され、一般の人々に選択を誤らせる[5]。受益者には利益が見えているが、それに伴うコストが他の人には見えにくいもう一つの重要な例として、地方自治体が便宜を図ってもらう見返りに中央の議員にポストを用意し、不当に影響力を強める傾向が挙げられる。

このような行為の責任をとらせるのはなかなかむずかしい。責任追及が容易な部門とそうでない部門がある。たとえば、公共輸送部門の失敗は直ちにわかる。これに対して、国や地方自治体の帳簿外の借り入れやさまざまな事業の公営化（長期債務を抱え込むことと事実上同じである）は、有権者にはなかなかわからない。

本章冒頭のエピソードを蒸し返すようだが、政治を批判しようとする人はまず立ち止まって、自分がその立場なら果たしてどう行動するだろうか、とよくよく考えてみることだ。短絡的な政治家批判を慎むのは、政治家に厳しくしすぎるのを防ぐ意味もあるが、国家がなぜ失敗するのか、その原因を理解するためでもある。悪いのはけっして政治家個人ではない（政治家が、勇気の点でも金銭管理の質の点でも一般人とはだいぶちがうとしても）。

最後に、裁判管轄が絡んでくるため、市場の失敗は必ずしもうまく修正されないことを指摘しておきたい。国際的な合意が成立しない場合、市場の規制は必然的に国ベースで行わざるを得ない。フランス政府は、企業や市民や自治体に対しCO_2排出量を減らすよう指導することはできるが、他国に命じることはできない。国内で児童労働を禁じることはできても、遠いよその国に禁じることはできないのである[6]。

3　政治の優越か、独立行政機関か？

国家の介入の必要性を説くだけでは、十分ではない。どのように介入するかということも慎重に考える必要がある。フランスでは、選挙で選ばれた議会と選挙の洗礼を経ていない独立行政機関（ＡＡＩ：日本の独立行政法人に近い）の分業ほど扱いのむずかしい問題はないと言ってよかろう。つい最近まで独立行政機関は政治に従属するとされ、選挙を経ない人間が運営し、議会や行政府に監督されることもなかった。

大統領選挙のたびに、ポピュリズムに出し抜かれることを恐れる右派や中道左派は、経済的決断における政治の優越性をポピュリスト以上に強調し、国内の規制機関やＥＣＢの独立性に疑義を呈する。選挙のとき以外でも世論はひんぱんにＥＣＢを批判するほか、公正取引委員会などの競争当局も槍玉に挙げる。するると競争当局は競争の維持という強迫観念に取り憑かれ、かえって経営者の手から競争する自由を奪いかねない。産業別の規制を行う独立行政機関のトップには議員を指名すべきだという声もある。情報と自由に関する国家委員会（ＣＮＩＬ）や反差別平等促進高等機関（ＨＡＬＤＥ）も同じような批判にさらされている。

ここで少しばかり過去に立ち戻り、ここ三〇年間にフランスの中央集権的国家の影響力が二重の意味で急速に衰えた理由をまとめておこう。まず一つ目は、民営化、規制緩和、グローバリゼーション、競売や入札の組織的な活用などを通じて市場の力が強まったことだ。二つ目は、ヨーロッパ全体や地域の利益を考える新たな機関が登場したことである。それらは欧州委員会のような政治的機関もあれば、独立機関もあった。

このような権限の移転は、つまるところ政治家や高級官僚が暗黙のうちに降参したことを意味する。彼らは改革の困難さ、さらには次の選挙を気にしながら行動する制約に気づき、意思決定をより上位の独立した主体に委ねたわけである。また地方の場合には、地方同士で競わせることを選んだ（こうすれば比較が可能になり、お粗末な結果に終わった地域の有権者は、もっといいやり方があると気づく）。

政治権力からの独立は、けっして目新しい問題ではない（たとえば英国王からの裁判官の独立は一七〇一年王位継承法に遡る。また三権分立は、一七八七年のアメリカ合衆国憲法に定められた）。だがここ三〇年ほどで進められた改革の顛末と、独立行政機関に対する執拗な攻撃を目の当たりにすると、政治からの独立の根拠と意義を改めて問い直す必要を強く感じる。

司法の独立は、政治や社会の目的を決めるのは政治や社会だという、きわめて基本的なことを示している。一方、社会が「正義」をどう定義するにせよ、司法の目的である「良き正義」が最もよく保証されるのは、独立した裁判官が行う場合である。かくして司法の独立は、健全な民主主義を象徴する要素の一つになっている。同じことが、経済政策の決定にも当てはまる。経済学が扱うのは手段であって、目的には関与しない。このため、独立機関に他の選択肢の評価やその技術的解決を委託するわけだ。こうすることで、政策当局には政策の一貫性が保証され、独立機関には圧力団体からの独立が保証される。

なぜ独立行政機関なのか?

政治の限界を理解するためには、しつこいようだが、政治家を名指しで批判しても役に立たない。そのような批判は非建設的だし無責任でもある。政治家もふつうの人と同じく、目の前のインセンティブに反応するのだと気づくことが大切だ。

政治家の場合のインセンティブはさまざまではあるが、どれも選挙の当落と強く結びついている。したがって、議員は世論をつねに気にしなければならない。これは選挙のメリットであるが、しかし民主主義のアキレス腱でもある。代表民主制は、有権者よりも多くの情報を持ち合わせているプレーヤーに決定権を委ねる制度である。ところがこのプレーヤーは、世論の動向を読んで追随することになりがちだ。少なくとも、マスメディアで報道される世論に振り回されやすい。有権者に不人気な意見や支持母体に評価されない政策を表明してキャリアを台無しにしたくないと考える政治家は大勢いる。また、選挙でお決まりの有権者へのリップサービスを怠ったがために落選した候補者は数知れない。たしかに、ときに先を見通した行動をとり、世論に逆らうリスクを冒す政治家がいないではない。たとえば、死刑存続論がまだ根強かった一九八一年九月に死刑を廃止したフランソワ・ミッテランがそうだ。だがミッテランは七年の任期が始まった直後に決定を下したため、リスクは小さかったし、彼の決断はいわば政治的蛮勇によるもので、ここで私が言いたいこととは少しちがう。

実際、中央銀行が独立性を獲得できたのは、世界各国で選挙前にインフレをめぐる議論が過熱したからだった。また通信、エネルギーなどいわゆるネットワーク産業が独立規制機関（国によっては裁判所）の下に置かれることになったのは、人為的な料金引き下げを促す政治的誘惑（それが管轄大臣の胸先三寸で可能な場合）が高まり、不当な低料金を強いられた事業者が設備投資を切り詰め、長期的にはネットワークの信頼性が損なわれる事態が懸念されたからだ（読者の中には、選挙のたびに公共料金の値下げを公約する候補者を思い出した方もおられよう）。

この視点から見れば、競争政策や産業規制に関して独立行政機関に権限が委譲されたのは、管轄官庁が監督すべき企業の経営者や社員の怒りを買いたくなかったことの表れと言える。なにしろ当の企業のほうは、自分たちの業界を聖域とみなし、何が何でも競争原理の導入を防ぎたいと考えているのだから。たとえば、独占的な地位や買収合併を利用して市場の競争を脅かすようなケースが、大臣の執務室で経営者と議論になったとしよう。そこは政治の場であるから、経済的根拠が正しいかどうかと同じぐらい、両者の個人的関係に結論が左右されることになりやすい。しかし独占禁止法の適用を独立行政機関に委ねれば、ゲームの様相はすっかり変わる。なれ合いやお目こぼしは姿を消し、規制する側とされる側は合理的な論拠と確かな事実に基づいて議論することになる。経済理論にも出番が回ってくるわけだ。こうした独立機関が下す決定の中には賛同できかねるものもあるが、それはここでは問題ではない。重要なのは、独立機関は強い反論に遭うにしても、そこで問われるのは議論の質であって、力関係ではないということである。したがって下される決定は、少なくとも大臣の執務室よりは質の高いものになる。独立機関が下す決定の質をより高めるために、われわれ経済学者は研究の質を高め成果を広く共有すること、独立機関のほうは専門知識を深め分析を精緻化することが望ましい。

選挙偏重の弊害をもう一つ挙げておこう。銀行危機やソブリン危機は、しばしば不動産のせいにされる。

世界のどの国でも、保守的なジョージ・W・ブッシュから社会主義のホセ・ルイス・サパテロにいたるまで、政府というものは国民に家を買わせたがる。それ自体は非難すべきことではないかもしれない。だが政府が住宅の購入を奨励すれば、どうしても金融機関は住宅ローンの審査を甘くしやすい。返済できそうもない人にまで貸してしまう。そうした借り手は、たとえばローン金利が上昇したり、住宅価格が下落したりすると、ローンを返せなくなって路頭に迷うことになる。

アメリカで大惨事を引き起こしたサブプライム危機についてはさんざん議論されたが、じつは同じようなことはヨーロッパでも起きている。たとえばスペインがそうだ（フランスでも、あきらかに返済能力のない人への銀行融資を可能にする法案が提出されたことがある）。スペインでは二〇〇八年までに住宅バブルが膨れ上がっており、それが破裂したときには借り手はもちろん、住宅産業や銀行（カハスと呼ばれる貯蓄銀行）、最後は国民全体に影響が波及した。銀行を救済したために政府債務は積み上がり（危機前は対GDP比四〇％未満だった）、結局は国際通貨基金（IMF）、ECB、欧州連合（EU）に助けを求めることになった。スペインは財政拡大と財政緊縮の間を行ったり来たりし、失業率はとくに若年層で急上昇し、高い社会的コストを払わされる結果となっている。

貯蓄銀行をはじめとする銀行部門の脆弱性がスペイン危機の重要な要因だったことはまちがいない。しかしスペインの銀行の監督機関（中央銀行であるスペイン銀行の中にある）は世界でもきわめて優秀だと評価が高く、多くの中央銀行がそう認めている。この監督機関は二〇〇五年頃に早くも、住宅バブルのリスクを見抜いていた。しかもまだ強気相場が続いているうちに、世界に先駆けて市中銀行に引当金の積み増しを求めたのである（この積み増し分がなかったらスペイン危機がどれほど悲惨になったかは、想像にあまりある）。彼らは、危機後にバーゼルで採択された資本規制を先取りしたのだった。ところが中央銀行が状況判断を下したあと、市中銀行に住宅ローン・リスクを減らすよう指導する役割は政治に委ねられた。ここで、人気取りが慎重を上回ったというわけだった。

政治の優越性を強化すべきか？

どのようなときに、政治に決定権を委ねるべきだろうか。有権者がみなよく知っているような社会的選択に関しては、政治プロセスのほうがふさわしいと考えられる（言うまでもなく、少数者を抑圧しないとの条件付きである）。これに対してかなり専門的・技術的な事柄の場合、有権者の理解が不十分で、民主主義のメカニズムがうまく働かないことが多い。通信ネットワークのローカルループの自由化にどのようなメリットとリスクがあるか、きちんと理解して投票できる有権者がどれほどいるだろうか。金融政策のあり方を論じられるほど経済学の知識のある有権者がどれほどいるだろうか。あるいは中東におけるフランスの政策に判断を下せるほど、歴史や地政学に精通した有権者がどれほどいるだろうか。フランス国鉄の財務報告を仔細に検討し生産性を判断したうえで、住宅や教育への補助金と比べて国鉄にはどの程度の補助金が適切か、判断できる有権者がどれほどいるだろうか。高度に科学的な問題、たとえば遺伝子組み換え作物、シェールガス、地球温暖化の問題を理解すべく十分な時間をかける有権者がどれほどいるだろうか。市民の側が十分な知識や情報を持ち合わせていない場合、規制当局は資金力やメディアへの影響力や組織力のある利益団体の言いなりになりやすい。

私は、政治家に石を投げるつもりがないのと同様、市民を責めるつもりもない。そんなことをするのは筋違いというものだろう。私自身にしても、何らかの政治的行為について、ひどく断片的な情報に基づいて評価しているのだから。ここで私が注意を喚起したいのは、市民の側に十分な情報がないとどうなるか、現実的に考えなければならないということである。

その場合に残されているのは、政治に任せるか、それとも独立機関か、という悩ましい選択である。だからといって、両者をことさらに対立させて考えるべきではあるまい。啓蒙思想の落とし子である近代国家は、特定の権益から独立であろうとする。それに民主制の設計思想は、必ずしも完全無欠をめざしてはおらず、「あらゆる政体の中で最もましし」であることだ。独立行政機関は、こうした思想の下、民主主義において過度の選挙偏重を緩和し、国家の独立性を長期的に確保するために制度化された。公務員の地位や特定権益からの遮断も、同じ思想に貫かれている。フランス行政府の総合ウェブサイトでは、独立行政機関のメリットを次のように的確にまとめている。[7]「独立行政機関は、次の三つのニーズに応えることをめざしています。第一は、国家が介入する場合に公平性を最大限に保証できるような提言をすること。第二は、多様な能力を備えた人材、とくに対象分野の専門家の参加を推進すること。第三は、国家による介入が市場のニーズの変化に応じて円滑に行われるようにすることです」。第三の点について補足すれば、たとえ「対象分野の専門家」があれこれうるさく言っても、国家はさっさとやるということである。

完全な独立は望ましくない

選挙の洗礼を受けない意思決定者（裁判官や独立行政機関のトップがそうだ）が大きな裁量権を持っていたらどうなるか。社会規範から逸脱する行動をとっても有権者から罰されないのは、独立行政機関の欠点である。規範からの逸脱を防ぐために何より重要なのは、やはり高潔な人間をトップに指名することだ。候補者の資質について厳正な審査を行い、できれば超党派で指名することが望ましい。まちがっても、一つの政党あるいは一人の政治家の一存で決めてはならない。しかるべきトップが就任すれば、独立機関にはその専門性、透明性を活かして経済合理的な決定を下す誘因が働くはずだ。独立機関の専門家が規制の「質」について意見を述べるようになれば、不当な決定は説得力を失うことになるだろう。

最後に付け加えておくと、「独立行政機関」は完全に独立であるべきではない（そもそも、完全に独立だったことはない）。総合的な判断に基づいて（政治的な駆け引きではなく）議会の過半数が賛成すれば、トップを更迭できなければならない。また、ある程度事前的に予見できる利益相反の存在を考慮しておくことも必要だ。利益相反を適切に限定できるような手続きを予め明示的に定めておくことが望ましい。

必要なのは攻撃ではなく教育である

独立行政機関に対する敵意は、選挙と関係がある。たとえばＥＣＢを攻撃しても、直接的な効果はほとんどない。ＥＣＢの独立性は国際協定で決められていることであって、いくらフランスが政治の優位を主張しても、加盟国を説き伏せられる可能性はほとんどないからだ[8]。

ところが間接的な効果はそれなりに大きい。一般に公的機関に対する嫌悪感や懐疑の念が強まれば、やがて政治が乗り出してくる事態になりやすい。また、欧州憲法に関する国民投票の結果は、密室政治でことを進めるやり方の限界を露呈した。現行制度や機関に対するデマゴーグ攻撃は、選挙至上主義に陥らないよう巧みに言質を弄しながら、政治や行政に対する市民の反感と軽蔑を煽り立てている。フランスを近代民主主義と調和させるために必要なのは、政治家が勇気を持って市民教育に乗り出すことだ。土壌が整えば、独立行政機関も十全に任務を遂行できるようになるだろう。

4　行政改革

新しい国家の概念

国家の概念は変わった。かつては国家と言えば公職に国民を雇用し、国営企業を通じてモノやサービスを提供する機関だった。これに対して近代国家はゲームのルールを決め、市場の失敗を是正するために介入しても、市場の代わりはしない。企業経営に不向きの国家は、規制機関になったと言えよう[9]。国は市場がうまく機能しない領域で責任を引き受け、機会の平等、健全な競争、公的資金に依存しない金融システム、企業の環境保全義務の徹底、国民皆保険、労働者の保護（失業保障、職業訓練など）などの実現に努める。こうした方面では、国家はニーズに反応して機敏に行動しうる。

しかし国家がこのように変貌を遂げたからには、「国家は何のためにあるのか」という基本に立ち返り、国家観を変える必要があるだろう。公務員はもはや、「国家に奉仕する」のではない（そもそも「国家に奉仕する」という的外れな表現は、公職の目的を完全に取り違えていた）。公務員は「市民に奉仕する」のである。[10] フランスではヴィシー政権時代と戦後復興期に計画経済を立案・主導する国家という概念が生まれたが、調停役・審判役としての国家へと切り替えなければならない。[11]

近代国家は、市民が頼りにできるような社会制度を存続させるために資金調達手段を持っていなければならない。この点に関してフランスは、社会制度を維持するためには国家財政を厳格に運用しなければならないとわきまえている国を手本にすることができた。[12] 対GDP比で見たフランスの今日の公共支出は世界でも高い部類に属しており、GDP比五七％にも達する。[13] ちなみに、栄光の三〇年（一九四五～七五年の高度成長期）を謳歌していた一九六〇年には三五％だった。

公共支出の増加は避けられないものではない。現にスウェーデンは、一九九一～九七年にGDP比一〇％まで切り詰めることに成功している。民間委託を増やし、公務員の数を一九九〇年代に四〇万人から二五万人まで減らしたことが大きい。省庁には戦略立案、予算折衝、議会審議の準備に携わる数百人規模しか残さず、通常業務は独立した専門機関に委託し、雇用と報酬の決定権も与えた。ここでは紙面の関係上、さしものフランス人にも強い印象を残すような例を一つだけ挙げておこう。農村地帯でほとんど活用されない郵便事業は、村の小さなスーパーマーケットやガソリンスタンドに委託された。おかげで経費節減になっただけでなく、これらの商売の存続につながり、過疎化の防止にも役立っている。

ドイツ、オランダ、北欧諸国、カナダなどには、公共サービスや社会保障の膨張を防ぐ社会民主主義の伝統がある。これらの国々が公共サービス支出を一定水準に抑えることに成功したのは、単一の総合政策によって改革を実現させたからだ。個別の改革というものは、なかなかうまくいかない。改革で損をする業界の利益団体が猛反対する一方で、改革の恩恵を受ける側はそのことをよく知らなかったり、無関心だったりするからだ。包括的な改革であれば、損をする人も多いのだが、パイ自体を非常に大きく見せることができる。フランスのように、さまざまな報告書でやるべき改革が山のように指摘されている国にはうってつけである。

公務員の削減

行政改革では、お手本となる国でもやっているように、まずは公務員の数を制限すべきである。一つには言うまでもなく経費節減のため（これについては後段で取り上げる）だが、もう一つには、情報技術の進歩によって以前ほど人手がいらなくなっているからでもある。ところがフランスでは減らすどころか、二〇〇〇～一三年に一五％も増えている。何らかの公共サービスを始めるとなると、フランスではまず公務員を雇うことを考える。民間委託方式に比べ、人材活用の仕方が硬直的だと言えよう。EUの統計局ユーロスタットによると、二〇一〇年の公共部門の雇用数はフランスでは五三〇万人だが、ドイツはフランスより二五％ほど人口が多いにもかかわらず、四五〇万人にとどまっている。フランスの公共サービスは公務員偏重だが、ドイツは一九九〇年代からとくに医療部門などでアウトソーシングを活用してきた。だからといってドイツの公共サービスが行き届かないとか質が劣るということはない。

二〇一五年九月に、当時経財相だったエマニュエル・マクロンは、公務員の地位に疑義を呈して一大論争を巻き起こした。労働市場が長らく低迷しているフランスのような国では、公務員の削減は後回しになりがちだ。政治家、とくに地方の首長は、たとえ公務員の数が多すぎるような自治体であっても、新たな雇用機会を創出するよう絶えず圧力をかけられている。なにしろ次の選挙で勝てるかどうかは雇用次第なのだから。だが肝に銘じてほしい。国や地方自治体が公共サービスを拡大してよいのは、そのための増税ができるときだけである。増税をしてまでサービス拡大を認めるかどうかは社会の選択であり、それについて経済学者は一市民として以上の発言はできない。ただし、次の二つの点に注意を促したい。

第一に、公務員の雇用を増やしても、端的に言って雇用の創出にはならないことだ。その報酬をまかなうために増税をするとなれば、その増税分を誰かが負担しなければならない。たとえば社会保障税を引き上げるとしよう。民間部門でつくられるモノやサービスはその分だけコストが嵩《かさ》むことになる。すると競争市場にいる民間企業としては、人減らしをしてコストを抑制せざるを得ない。したがって公務員の増員を正当化できるのは、質の高い公共サービスの提供が求められている場合に限られる。公務員を増やすときは、この基準で検討しなければならない。

第二に、増員が必要になった場合には契約ベースで増やすべきである。恒久的に身分を保障される公務員を今日雇ったら、今後四〇年にわたって将来の選択を狭めることになる。報酬を手当てするための増税は、今年一年だけではなく四〇年におよぶ。そのうえデジタル革命によって不要になる仕事は増えているし、今後も増えるだろう。そう考えれば、公務員を新規に採用するのは無謀なことだと言えよう。現にデジタル革命に伴う不確実な未来に直面したフランス郵便は、賢明にも契約社員制度を導入した。だが他の公共サービス機関は、見習う気配もないようだ。

支出を減らし、賢く使う

アウトソーシングや契約社員方式以外にも、経費を節減する方法はいろいろある。フランスでとりわけ問題なのは、地方自治体の数がむやみに多いことだ。フランスの人口はヨーロッパ全体の一三%にすぎないのに、自治体の数では四〇%を占める。そのうえ社会保障や年金に関して決定権を持つ機関が複雑に入り組んでいる。

議員の数も多すぎる。アメリカの上院は非常に活発に活動しているが、議員数は一〇〇名である。一方、アメリカの上院に相当するフランスの元老院は、人口がアメリカの五分の一にもかかわらず、三四八名もいる（下院に相当する国民議会は五七七名）。国民一人当たりの議員数でみると、アメリカはフランスの一〇分の一である[14]。個人的には、フランスの議員数を大幅に減らす代わりに、専門知識を備えたスタッフを増やすのがよいと考えている。議会改革は国家予算の節減になるだけでなく、他の公的部門の模範にもなるだろう。

ただし、拙速は禁物である。たとえば公的機関を統合する場合は、予算削減につながることが条件で、人員増や施設の拡大につながってはならない。市町村や大学の合併では、かえってコスト増になったという笑えない話がよくある。合併や統合の計画は第三者機関に提出し、真にコスト削減になるのかどうかをチェックし、疑わしければ差し戻し、そのプロジェクトが事後的に納得できるものになるようにすることが大切だ。

一般的には、「カナダ方式」でプロジェクトの経済性を検討するのがよいだろう。これは、プロジェクトごとに次のような的確な質問を検討するやり方である。そのプロジェクトは公共の利益に資するか。答がイエスだとして、他の公共部門または民間部門で提供可能ではないか。かかるコストは妥当な水準か、コストがもっと少なくて済む方法はないか。聖域を設けずに問いを重ねることが重要である。この種の質問をつねに意識し、議論することで、意外な解決の道が開けることも多い。

自国の公共サービスを他国と比較し、彼我の差がついた原因を究明するのも良い方法である[15]。たとえばフランスの生徒の学力は、他国と比べてどうか（国際的な学力テストによると数学では二五位、科学では二六位である。フィールズ賞やノーベル賞の実績はまずまずだが、それよりも生徒の学力のほうが教育全体の質を示していると考えられる）。税金の徴収方法は適切か。医療の費用対効果はどうか、等々。

以上のような姿勢で臨めば、公共サービスの質的改善は十分に可能と考えられる。公共サービスと一口に言っても、ぜひとも必要なものとそうでないもの、効率的に実施されているものとそうでないものがあるのだから、予算の一律削減のような画一的なやり方は望ましくない。カナダの場合、連邦政府が財政再建に着手し、一九九三～九七年に公的支出を一九％削減したとき、医療、司法、住宅、移民など社会的なプログラムの予算はほとんど減らさず、企業向け補助金を六〇％削減するとともに、産業運輸省の予算を半分に減らしている。

大々的な行政改革を行う場合には、公共部門に強力なリーダーシップを持つ人間が必要だ。リーダーには事後に厳格な評価を行うとの条件付きで大きな自由裁量の余地を与えるが、目標が遵守されるようきちんと監視する。国の予算編成は、必要な支出を積み上げていく方式ではなく、目標ごとに割り当てるべきだ。国家が国民に奉仕し、国民のために何をすればよいかを考えることから改革が始まる。フランスは二〇〇一年に予算組織法（ＬＯＬＦ）を制定し、この方向に進み始めた。これは、左派のディディエ・ミゴーと右派のアラン・ランベールという例外的な超党派協力の賜物である。ＬＯＬＦには、長期的視野に立つ予算編成、予算の実施に関する議会の監視の強化、統合予算原則（収入は個別項目に割り当てず国家予算に繰り入れる）の適用[16]、監査の徹底といった改善が盛り込まれている。フランスとしてはまったく新しい大胆な改革ではあるが、社会民主主義の伝統を持つ国で実施されてきたものと比べればひどく控えめだし、進捗状況も野心的な目標と比べるといささか心許ない。

行政改革の最後に、行動の改革を挙げておきたい。ここでは、いくつか例を挙げるにとどめよう。まず、公的な手続きの簡素化（統一フォームの採用など）、ペーパーレス化、電子化をもっと進めなければならない[17]。手続き処理はもっと効率化し、費用対効果分析を組織的に行う必要がある。たとえば健康保険は制度が二元的になっているため非常にコストが嵩む。このような複雑な制度を運営している国はほかにあるまい。運営費は当然ながら倍になっている[18]。しかも柔軟性が乏しいため、医師や病院に契約方式を導入し、適切な実績目標やインセンティブを設定する余地がない。イギリスのように国民皆保険を実現するか、ドイツ、スイス、オランダのように民間保険を政府が監督するか、どちらかにすればクオリティを保ちつつコストを削減できるはずだ。フランスの職業訓練制度も改善の余地が大きい。ドイツのように、対象者を社会的弱者に限定し企業のニーズに沿ったものにすべきだろう。雇用政策の下で十分な効果を挙げられるよう、制度の簡素化と評価の組織化も必要である。

いまは時期が悪い？

外国の改革の事例から、いくつか学ぶべき教訓を挙げておこう。

第一に、大胆な改革は可能である。

第二に、改革には継続性がなければならない。多くの国では公の場で少なからぬ反対が起きても、社会制度の持続性は国全体の利益になるという観点から実行に移されている。政権交代があって野党が権力の座に就いても、改革に継続的に取り組むことが必要だ。実際にも、国家的な改革の多くは左派によって実現されている。カナダのジャン・クレティエン、ドイツのゲアハルト・シュレーダー、スウェーデンのヨーラン・ペーション、チリのミシェル・バチェレなどはその代表例である。

第三に、十分に市民に説明したうえで迅速に行われた改革は、選挙でも受けがよい。クレティエンは一三年連続で、ペーションは一一年連続で首相を務めている。フランスの政治家は、隣国ドイツのシュレーダーが二〇〇五年の総選挙で負けた事実にとらわれすぎているようだ。

第四に、フランスでは景気が低迷しているいま改革するのは時期が悪いといった声をよく聞く。だが改革の大半は、まさに景気後退期に行われている。スウェーデンの改革は、金融危機の真っ只中で可決された。同国では金融バブルが崩壊し、一九九〇年初めに大手銀行を中心に相次いで金融機関が経営不振に陥った。GDPは一九九一～九四年に五％減となり、失業率は一・五％から八・二％へ上昇。さらに財政赤字が一九九四年に対GDP比一五％に達したときに、短期間で改革を実現したのである。フィンランドの改革もほぼ同時期に行われている。同国にとって重要な貿易相手国であるソ連が崩壊した直後のことだった。またドイツでシュレーダー改革が行われたのも、困難な時期だった。東西ドイツの統合がなかなかうまくいかず、社会保障制度も人口構造面で問題を抱えていた。カナダの一九九〇年代も、けっして好景気だったわけではない。公的債務合計（連邦政府、州、地方自治体）はGDP比一〇〇％に達し、償還の負担が重くのしかかっていた。ほかにも多くの例を挙げることができる。困難な状況は改革を促すのであって、挫くのではない。

第7章
企業、統治、社会的責任

前章では公的部門のガバナンス（統治）を論じたので、今度は企業のガバナンスを検討することにしたい。とはいえ、この二つしか論じないのは単純化が過ぎるというものだろう。何らかの事業を行う組織の形態はもっと多様で、非政府組織（NGO）、非営利組織（NPO）、共同出資会社や協同組合、オープンソースのソフトウェアなどでよく行われる共同開発など、さまざまなものが存在する[1]。また、企業が社会事業を行うケースや、国や地方自治体と企業が手を組んで官民共同事業を行うケースもある。後者は職業訓練などで活用されている。そうはいっても、企業に目を向けるだけでもいろいろと興味深い点があることに気づく。たとえば、株式会社という経営形態が世界の大半の国で圧倒的に多いのはなぜか。どのような環境であれば、それ以外の経営形態（たとえば共同出資や自主運営など）が持続可能なのか。

企業経営の根幹は、ガバナンスにある。統治とは要するに、企業という大きな船の指揮をとり、重要な意思決定を行うことである。重要な意思決定には、人材活用、研究開発、戦略、合併統合、マーケティング、リスク管理、コンプライアンスなどが含まれる。現代において圧倒的に多い資本主義的ガバナンスでは、意思決定権が投資家つまり株主に与えられている（破綻した場合には債権者が決定権を握る）。その株主は経営陣に意思決定の権限を委任し、自分たちは原則として監視するだけとなる。ただし経営陣が株主の利益に反する行動をとった場合には、介入する。とはいえ経営陣のほうが多くの情報を掌握しているので、現実には介入はむずかしい。株式会社における所有と経営の分離の問題を解決するために、さまざまな経営形態が模索されてきた。本章ではそれらをくわしく検討する。その後、企業の社会的責任（ＣＳＲ）や社会的責任投資（ＳＲＩ）を取り上げる。これらの概念は何を意味するのか。市場経済と共存しうるのか、それともむしろ市場経済の必然の産物なのだろうか。

1　さまざまな組織形態は可能だが……選ばれていない

そもそも驚くべきは、株式会社という経営形態がこれほど広まったことである。企業というものをよく考えてみると、じつに多くのステークホルダーがいることに気づく。したがって、企業の下す決定に影響を受けるプレーヤーはきわめて多い。株主はもちろん、社員、サプライヤー、顧客、さらには企業が拠点を置く地方自治体や国もそうだ。また企業が環境を汚染すれば、その影響を被る人々もいる。そこで、すべてのプレーヤーがその関与の度合いに応じて何らかの権利を持てるような組織はできないものか、ということが模索されてきた（関与の度合いに応じて取締役会での投票権を与える、など）。そして、さまざまな経営形態が現実に生まれている。

たとえば、共同出資方式はその一つだ。サービスの利用者が出資者として事業を共同で所有し、合意により運営する。じつはこの形式をとる組織は多くの部門に存在する。代表的なのは農業協同組合だろう。農業協同組合は、農業機械のリース、在庫管理、販売促進などさまざまなサービスを組合員に提供する。資本主義の権化のようなアメリカに共同出資形式の事業がたくさんあると言ったら、読者は驚かれるだろうか。共同購入、投資銀行(2)、相互保険などは、共同出資方式で運営されているか、かつてはそうだった。またクレジットカードのビザとマスターカード（もともとは銀行カードであり、銀行協会の下部組織として発足した）は、ライセンスを得た事業者が会員にサービスを提供するという形で運営されている。フランスの相互保険会社も同様の形態であり、配当はいっさい出さない。

さらに、医師、会計士、税理士、弁護士等々いわゆる専門職の世界では、共同出資方式が多い。社会的経済（または社会的連帯経済。非資本主義的経済活動を指す）の範疇に属す事業体（協同組合、ＮＰＯ、財団など）は合意に基づく民主的運営を旨とし、会員や加入者が決定権を持つ。このような組織では、利益はあくまで存続や投資のための手段であって、目的ではない。利益のごく一部は会員の間で分配するが、残りは再投資に回す。非営利組織とは異なり、配当を出すこともあるが、限られている（利益の三分の一を上限とするなど）。また、投資家が決定権を独占しないことも特徴だ（議決権の一部に制限されることが多い）。

共同出資とはまた別のガバナンス形態に、自主運営あるいは自主管理がある。チトー時代のユーゴスラビアでは「工場を労働者へ」というスローガンの下に自主管理社会主義が構築された。またフランスの大学は、教育研究省から一定の制約を課されてはいるものの、おおむね自主運営であると言ってよい（高等教育自治法いわゆる大学改革法の制定により、かなりの規制が緩和された）。大学の運営評議会では、すべて互選された教員、学生、職員代表により意思決定が行われる。またフランスでは、二〇一三年全国職業間協定により従業員は大企業の取締役会における議決権を与えられた。つまり株式会社の意思決定への社員参加が可能になった（大学の場合よりずっと制限は多いが）。

中国、ノルウェー、スウェーデンなどいくつかの国でも、企業統治において社員に代表権を与えることを検討している。中でも象徴的なのは、ドイツにおける共同決定方式だ。ドイツ企業の統治は二元構造になっており、取締役会（業務執行権を持つ）が監査役会（執行権を持たない）に監督される。そして従業員五〇〇名以上の企業では従業員が監査役会の三分の一を占めること、二〇〇〇名以上の企業では半分を占めることが法律で定められている（後者において賛否同数となった場合には、株主の承認を得て選任されている社長がキャスティングボードを握ることになる）。企業統治は本来中立なものではない。実証研究では、ステークホルダーが均等な代表権を持つことが要求される場合、給与や雇用の安定といったプラス効果を上回って企業価値が下がると指摘されている。また反動的に、株主重視の経営に偏りやすいという（経営陣の報酬が株主価値に連動する、債務が嵩《かさ》むなど[3]）。

経済活動に従事する組織は、本来はそれぞれの事業環境にふさわしい統治形態を選ぶことが望ましい。実際にも柔軟な選択が認められており、自主運営（とくに創業時）を選ぶも[4]、共同出資方式、株式会社を選ぶも、あるいはまったく新しい形態を選ぶも、企業の自由である。だから現在見られる統治形態は、さまざまな方式を比較検討したうえで選ばれているはずだ（ただし、優遇税制や規制措置などにより何らかの特定の組織形態が奨励されるような歪みがないことを条件とする）。となると、かくも圧倒的多数が株式会社を選んでいることに驚かざるを得ない。この方式では、議決権は投資家すなわち株主というたった一種類のステークホルダーに与えられる。しかもこのステークホルダーの大半は、企業の外に存在する。その株主に対して経営陣は説明責任を果たさなければならない。

この方式の欠陥がさかんに報道されているのだから、なおのこと驚きである。経営幹部の報酬は企業の短期的業績に連動している、破綻直前まで配当を出す、会計操作（エンロンなど）を行う[5]、企業の長期的な健全性を犠牲にして目先の利益追求に走る……等々。幸いにも、企業経営者の大半はこうした不埒な行動とは無縁であろう。だがたとえそうだとしても、すべての経済・政治制度同様、善意に期待して制度設計をするのはまちがっている。企業経営が破綻したり機能不全に陥ったりすれば、虎の子の資金を注ぎ込んだ投資家が痛手を被るだけでは済まない。企業経営に直接介入できない他のステークホルダーも犠牲を強いられる。従業員は失業し、地元経済は打撃を受け、社会保障制度は失業保険を払わなければならない。場合によっては、地方自治体が工場跡地などの汚染除去に追われるケースもある。

そこで本章では、経済活動の主役である企業の核心に迫ることにしたい。なぜたった一つの統治形態が圧倒的に選ばれているのか。それは社会的に望ましいのか。本来はさまざまな統治形態が競争するはずなのに、何か歪みが生じているのではないか。もしそうだとしたら、それは国家が介入したためなのか、それとも企業が社会的責任を考えて行動した結果なのか。

資金調達

あらゆる企業は、大手から中小にいたるまで、事業を拡大するためであれ、不況を乗り切るためであれ、どこも資金を必要としている。金庫があふれそうだとか、すぐに換金できる余裕資産があるというのでない限り、企業は株を発行して市場から直接調達するか、銀行から借りて間接的に資金を調達しなければならない。しかし資金の出し手または投資家（私たちはふだん両者をあまり区別せずに使っている）のほうは、企業への投資に期待できる見返りが他の投資と同等以上でなければ、おいそれと資金を投じようとはしない。となると企業としては、「あなたの投資には十分なリターンが見込めますよ」と請け合えるような体制を整え、事業を運営することが必要になる。

投資家が決定権を持つ場合

ここで話を単純にするために、企業のステークホルダーを二種類に限ることにしよう。労働と資本、すなわち従業員と投資家である。投資家が決定権を持つ場合、従業員の利益は必ずしも考慮されない。従業員の雇用を危うくし、多大な犠牲を強いるような経営判断が下される可能性がある（フランスのように労働市場の流動性が乏しい国では、とくに従業員が被る不利益は大きい）。だが問題を利益だけに限るとしても、企業が長期的な展望を持ち、従業員にしかるべき待遇を用意するほうが、投資家にとっても好ましいことが多い。目先の収益拡大のために従業員を冷遇する企業は、評判を落とし、社内の士気が下がるうえ、長期的にも優秀な人材を呼び込むことができない。その結果、従業員だけでなく株主にも損害を与えることになる。この点については後段で改めて論じるが、こう指摘したところで、投資家が従業員の利益保護に熱心になるとは言えまい。したがって投資家が決定権を持つ場合には、従業員の利益を守ることが重要な課題となる。

従業員が決定権を持つ場合

逆に従業員が決定権を持っている場合には、今度は投資家の利益を保護しなければならない。投資家は、自主運営型の企業では投資リターンへの配慮が十分になされないのではないか、と不安になる。仮に投資リターンを契約で保証したとしても（たとえば借り入れをした場合に債権者への配分を予め決めておくように）、従業員は投資を無駄遣いし、利益は自分たちの給与に回し、労働時間を減らし、家族や友人を優先的に雇用するといった行為におよび、将来の債務返済を危うくするかもしれない。こうしたリスクを察知した投資家は、投資を躊躇するだろう。投資が無駄になるくらいなら消費するほうがよいと考えるかもしれないし、別のところ（不動産、国債、他の企業、外国など）に投資しようと考えるかもしれない。となれば結局、従業員は損をする。資金調達手段を失い、事業を拡大できないどころか、存続すら覚束《おぼつか》なくなるだろう。

一方、資本家が配分後利益をちゃんと投資に回すと約束しても、必ずしも健全な再投資が行われないケースもある。端的な例が、大手タバコ会社だ。タバコ会社の収益は膨大だが、魅力的な投資先があまりない（健康への配慮の観点から、タバコ会社の投資は規制される方向にある）。重要なのは、企業の経営形態のいかんを問わず、資本を最善の用途に振り向け、それによって経済に還流することである。

投資家に潤沢に分け前を分配することが結局は従業員の利益にもなるという考え方は、直観に反するかもしれない。人間はとかく直接の結果に注目しやすい。この場合で言えば、投資家の取り分が増えることである。だが長期的に見て重要なのは、企業が資金調達できることだ。そのとき初めて雇用を増やすことが可能になる。従業員に経営の決定権を与える方式では、企業の命綱とも言えるこの資金調達の必要性が後回しにされかねない。すると資本が不足して生産性が低下し、収益も減って、結局は雇用も失われる――自分で自分の首を絞めることになるのである。

以上の考察から、企業がなぜ株式会社を選ぶのか、理由がおわかりいただけよう。その一方で監査法人や弁護士事務所は、基本的に人的資本だけで成り立っているので、共同出資方式が可能になる。より多くの資本を必要とする企業の場合には、投資家が決定権を握る方式になりやすい。

一九九六年にヘンリー・ハンスマンが著書『企業の所有権』の中で、共同出資会社でも物的資本を潤沢に持ち合わせているケースがあることを指摘している。たとえばクレジットカードのビザとマスターカードは、それぞれ二〇〇八年と二〇〇六年にニューヨーク証券取引所に上場するまでは、共同出資会社だった。それでも、店舗網、ソフトウェア開発、マーケティングなどに精力的に投資していた。ビザやマスターカードがとくに例外的存在というわけではない。ハンスマンによれば、共同体（たとえば共同出資会社）の構成員の利害が十分に一致していれば、集団的な意思決定はうまくいくという。たとえば、協同組合銀行（フランスではとくに銀行市場に占めるシェアが大きい）に加盟する銀行が同じ目的（同一サービスの提供）を共有する限りにおいて、事業展開や投資引当金の積み立てなどでも円滑に合意できるため、多額の資金を要する投資にも対応できる。

一方、構成員の利害が一致しない場合には、多数派が支配権を握り（場合によっては意見の一致をみないまま派閥を形成し）、少数派の利益に反するような決定を下すことになりがちだ。少数派の提案はまず支持を得られず、主導権をとれるチャンスはほとんどない。しかもメンバー同士が互いを信用しないため、情報が共有されなくなる。ついには、出て行けるメンバーは出て行くだろう。このように、経営形態がどうあれ、目標の共有は組織が機能するうえできわめて重要な要素となる。

所有と経営の分離——最後は誰が決めるのか？

どんな企業でも、経営陣は日々さまざまな情報をチェックし、決めるべきことを決めていく。情報を掌握することによって、経営陣には操作の余地が生まれ、外部からの監査をむずかしくする。ここでは話を簡単にするために、公式には企業の決定権を握るのは投資家だと仮定しよう。投資家と経営陣が別である以上、経営陣に効率的経営を実行させるにはどうすればいいか、ということが問題になる（以下で述べることは、決定権と所有権が分離された状況全般に当てはまる。たとえば共同出資会社や協同組合であれば、経営陣の目標を出資者の目標と一致させようとするときに同じ問題が持ち上がる。また、公的機関・公営企業を監督する国家出資庁（ＡＰＥ）と監督される側についても同じことが言える）。

投資家にとっては、自分の投じた資金を企業の経営陣がちゃんと効果的に使っているのかがつねに心配の種だ。日々の経営を実際に行っているのは経営陣なので、取締役や株主よりもはるかに多くの情報を持っている。[6] すると経営陣が、困難な選択を避ける、リスク管理に十分な注意を払わない、会社のためにならない社外活動に精を出す、無駄な投資をする、コスト効率のよいサプライヤーではなくお友達に発注する、果ては法律違反を犯す（インサイダー取引、会計操作、企業年金の横領、利害相反に当たるような資産譲渡等々）といったことになりかねない。

情報の経済学やゲーム理論の考え方では、次の二つの要素から権力や権限の概念を理解する。[7]

- 公式の決定権。この権限は契約によって権利者に与えられる。
- 実質的な決定権。公式の権限は持ち合わせていないが、意思決定に必要な特権的かつ正確な情報を掌握しているプレーヤー、および公式決定権の保有者との利害が一致し、その信任を得たプレーヤーが、実質的な決定権を持つ。

マックス・ウェーバーが指摘するとおり、両者の決定的なちがいは、情報の非対称性にある。株主総会が公式の決定権を持つとしても、取締役会が情報を開示しなかったら、主導権を握ることはできない。その取締役会も、経営陣が都合よくねじまげた情報に基づく決定に追随することがありうる。具体的には、合併買収や次期社長の選任といった事柄に関しては、取締役会にせよ株主総会にせよ、現経営陣の強大な影響力の行使を食い止めることはできない。現経営陣が株主の利益に配慮して信頼を勝ち得ていれば、なおのことである。実質的な決定権が利害の一致と結びついていることは、実証的に確かめられている。

では資金の出し手は、経営陣のふるまいが自分たちの利益に反しないことを、現実にはどうやって確かめられるだろうか。答は、企業統治のさまざまなメカニズムにある。単一のメカニズムでは投資家と経営陣の利害の一致を保証するには不十分だが、二重三重のプロセスを経ることによって、それが可能になる（だが万全ではない）。

資本構成

フランコ・モディリアーニとマートン・ミラーが一九五八年に発表した有名な理論（モディリアーニ＝ミラーの定理）では、完全市場においては企業の資本構成（自己資本か負債か）は経営に何ら影響を与えず、したがって企業価値にも影響はないとされている。一言で言えば、ケーキ（企業の将来利益）を資金の出し手（株主、債権者）がどう分け合おうと、ケーキの大きさは変わらない。したがって、企業が株式、社債、銀行借り入れ、その他どんな方法でどんな組み合わせで資金を調達しても、将来利益に影響はないというのである。

だがモディリアーニとミラーの仮定は納得しがたい。資本構成や統治形態いかんでケーキの大きさは変わるからだ。たとえば債務超過に陥った企業は、債権者が支配権を握ることになる。彼らは慎重なスタンスをとりやすく、資金を回収するために資産の切り売りや事業の解体を選びがちだ。一方、自己資本が潤沢にあり借金の少ない企業の経営陣は、心安らかに経営に専念できる。期日までに債務を返済せねばというプレッシャーに悩まされることがないからだ（配当を出さねばというプレッシャーはあるが、こちらはさほど厳しくない）。

要するに、万事がうまくいっているときは株主が決定権を握っている。したがって会社の経営に責任があるのは株主だ。となれば当然ながら、会社が破綻したときに最初に出資分を失うのは株主である。債権者は経営に関して受け身の立場なので、二重に保護されている。第一に、会社が債務超過に陥り、株式の新規発行による資金調達がもはやできなくなった場合には、債権者が経営権を握る。第二に、一部の債権者は担保をとっている。銀行は融資に際して、不動産、株券、機械設備などの担保の差し入れを要求するのがふつうだ。債務の返済が行われない場合、担保の所有権は銀行に移転する。同様に、担保付社債は会社の資産を担保にした債務であり、社債のデフォルトを起こした場合には資産による優先的な弁済が行われる。

経営陣のインセンティブ

株主価値の向上を左右する大きな要因の一つは、経営陣に対するインセンティブであるとされている。インセンティブ・メカニズムは、経営陣の利益と会社の利益を一致させるべく複雑に組み合わされていることが多いが、一つひとつのインセンティブを取り出してみると、かなり欠点が目につく。中でもひんぱんに非難されるのは、経営陣に対する実績連動型の報酬（とくにボーナス）とストックオプションだ。(8)このタイプの報奨は、法外だというだけでなく、そもそもよからぬ経営に対して払われているとして批判の的になっている。経営者がストックオプションを行使して大金を手にしてから数カ月後には会社が破綻に瀕していたことがわかる、といった事態が繰り返されたためだ。この種の実績連動型報酬の設計が悪いという批判は、まことにもっともである。だが適切に設計すれば（とくに期間を長めにとり、同業他社の実績や株価を参照するようにすれば）、実績連動型の報酬は経営陣の意欲を高め、長期的な利益をめざすインセンティブとなるはずだ。これについては後段でも取り上げる。

二〇〇八年のグローバル金融危機の際には、短期的な利益を追求するあまり無謀なリスクテークに走った銀行や証券会社に対して轟々たる非難の声が巻き起こった。彼らがそんなことをしたのは、主として経営陣のボーナスがその年の業績を基準に算定されるというメカニズムのためである。その結果、将来を犠牲にして目先の利益を最大化する誘因が働いた。報酬の実績連動部分をその年の業績に基づくボーナスではなく、株式で与えることにすれば、それだけでもかなりの進歩である。もし経営陣が、短期的に利益が増えても長期的にはコストが嵩むようなやり方で会社の収益を膨らませても、そのことに市場が気づけば、たとえ見かけの業績はよくても株価は下がるはずだ。そうなれば、報酬を株でもらう経営陣は罰を受けることになる。だが一つ重大な問題がある。そのためには異時点間のこの利益のちがいに市場が気づかなければならないが、それは必ずしも容易ではないことだ。

報酬の実績連動部分について、回収（clawback）条項を設定するのもよい。ある年の業績が一時的な見せかけにすぎないと判明した場合には、支払った報酬を遡《さかのぼ》って回収できるようにする。言い換えれば、経営陣に対する報酬を一定期間「冷蔵庫」に入れておけば、目先の利益追求をいくらかでも挫くことができる。こうした発想から、金融危機後に開かれたバーゼル銀行監督委員会では、規制対象となる銀行および証券会社に対し、経営者の報酬を長期的な基準で算定するよう求めている。

この方法は有効ではあるが、十分とは言いがたい。第12章では、金融部門において望ましくない報酬体系が生まれた経緯を考察するが、規制当局の監督不行届き、公的資金で救済されることを見越した無謀なリスクテーク（事態が悪化してもリスクをとり続けた）、経営陣に短期的な成果を求めがちな株主、取締役会配下の報酬委員会と経営陣との暗黙の了解(9)、人材獲得競争の激化とボーナスの重要性などが原因として考えられる。

外部からの監視

社外取締役、主要株主、買収を仕掛ける企業や乗っ取り屋、監査人、倫理委員会、マスメディア、規制当局といった第三者も、経営陣が株主利益の創出を怠っていることを発見し、追及する役割を果たす。これらの第三者は、経営陣にとってはいわば「反対勢力」だ。経営や戦略に関する情報を集め、必要と判断すれば経営に口を出してくる。彼らの複雑な影響力やその相互作用、企業の資金調達への影響などは議論の的になっている。監督役は誰に監督されるのか、これらの第三者は企業価値の創出に寄与しているのか、自己利益の追求をしているのではないか、等々(10)。

資産構成とガバナンス

理論上も、また計量経済学的な検証でも、資産構成と資金の出し手への「譲歩」の間には一貫した関係性があることが指摘されている。資産構成が「脆弱」な企業、すなわち流動性に乏しい、有形資産がほとんどない、将来の収益や評判に関して不確実性がきわめて大きいといった企業は、必然的に資金の出し手への依存度が大きくなる。その結果、たとえば投資計画の修正、債務の満期構造の短縮化（問題が起きたときに債権者がすばやく切り抜けられるようにするためだ）、ガバナンスの厳格化、担保の強化などを余儀なくされることになりがちだ。このような譲歩はコストが嵩む。とはいえ事業拡大のために資金が必要なら、避けられないことだとも言える。

十分な流動性と担保能力を備え、評判も高い企業は、社債のスプレッドが小さく、市場で直接調達が可能だ。これに対して中小企業は銀行借り入れに依存せざるを得ないので、企業と銀行の間の情報の非対称性はかなり解消される。同様に、スタートアップ企業は手元資金も担保も将来キャッシュフローもないので、調達資金の投資先、ガバナンス、借り換えなどを投資家に厳しく審査される。経営者がさまざまな制約を課され、あっさりクビになることもめずらしくない[11]。

フランス企業の資金調達

フランスでは大企業は比較的高業績だが、なかなか新しい企業が誕生しないことが悩みの種になっている。CAC40株価指数の構成企業は、一九六〇年から存在している企業ばかりだ。対照的にアメリカでは、現在のS&P500株価指数構成企業の半分は、二〇〇〇年の時点では入っていなかった。グーグルも、アップル、マイクロソフト、アマゾン、フェイスブック、インテル、ウーバー、アムジェン、ジェネンテックも、である。このこととも関連するが、フランスでは従業員数二〇～五〇〇名の企業の赤字が深刻だ（近いうちにここに大企業が加わらないとも限らない）。このため成長が期待できないし、雇用もいっこうに拡大しない[12]。もう一つ、フランスには同族経営会社が多いことも懸念すべき問題とされている。とはいえ先進国であっても同族経営企業はめずらしくないし、中には大企業が同族経営というケースもある。経営スタイルが上場企業とちがう（資金調達手段が限られている、さほど成長志向でない、給与水準が低い、やや保守的であるなど）からといって、必ずしも悪い経営とは言えない[13]。むしろフランスの場合、株式の希釈化と資本の膨張の目立つ企業が多すぎて、魅力に乏しい投資環境になっていると考えられる。フランス企業に関する限り、株主数が増えすぎることの弱点は一考を要する課題と言えよう。

2　企業の社会的責任

第6章で論じたように、現在主流となっている企業の経営形態は長い進化の賜であり、二本の太い柱に支えられている。一つは価値創造、もう一つは説明責任である。これらは、アダム・スミスとアーサー・ピグーにまで遡る概念だ。企業は、自らの決定に伴うコストについて、さまざまなステークホルダーに対して責任を負わねばならない。たとえば環境税[14]は、環境保護の責任を企業に負わせる制度的措置である。労働市場における類似の措置として、解雇の多寡に応じた失業保険の割り引き、または割り増しがある（これは、解雇の法規制を代替しうる効果がある[15]）。この措置もまた、人的資源の管理責任を企業に負わせるものだと言える。より一般的に言うなら、これらの措置は意思決定プロセスに関与できないステークホルダーを保護し、このプロセスを支配する株主や経営陣が、過度の外部不経済を生じさせるような選択に走ることを防ぐ。経済が企業に適切なシグナルを発信すれば、企業は本来の使命に集中するはずだ。その使命とは、企業を信頼して資金を投じてくれた投資家のために価値を創出して投資に報い、それを通じて雇用を創出することにほかならない。

とはいえ、ステークホルダーの保護はとかく手薄になりがちである。契約にしても規制にしても将来を完全に見通すことはできないので、不完全にならざるを得ない。そこにさらに、先ほど述べたように、国家の失敗という問題まで加わる。ステークホルダーを保護するからこそ、資本主義的な利益の最大化が社会的に許容されるのであるから、両者をもっとエレガントな方法で調和させることが必要になってくる。

そこで、企業の社会的責任（CSR）である。欧州委員会によるCSRの定義は「企業が社会・環境・経済面の配慮を、自主的に事業活動およびステークホルダーとの相互関係の中に組み込むこと」となっている。[16]この定義で重要なのは、「自主的」という要素である。社会的な責任を感じる企業であれば、二酸化炭素（CO_2）排出量を減らす。あるいは障害のある人を雇用する。それは、政府が法令で定めるからではなく、また補助金や優遇税制が受けられるからでもない。社会に望まれる行動をとることは自らの義務だと考えるからである。

CSRは、けっして目新しい概念ではない。一九世紀末のフランス、ドイツ、イギリスでは、当時の政府が社会問題をいっこうに解決できないことに心を痛めたキリスト教の擁護者たちが、自ら社会保障的な対策（住宅、家族手当など）を考え出した。今日CSRとして再び注目されるようになった取り組みの源流はそこにある。もっともこの概念の受けとめ方はさまざまで、どうすれば責任を果たすことになるのか、とまどう企業も少なくない。CSRにはおおざっぱに三通りの取り組みがあるが、もちろんこの三つに限られるわけではない。第一は、持続可能な開発と両立するような長期的なビジョンを持つことである。第二は、ステークホルダー（顧客、投資家、従業員）が望ましいと考えるような善き行いをすることである。第三は、自ら社会貢献（フィランソロピー）を実践することである。以下では順に解説する。[17]

持続可能なビジョン

社会的責任投資（SRI）を謳う多くの投資ファンドは、長期的な視点に立つ運用を旨とし、長期的な利益を重視する。言い換えれば社会的責任投資ファンドは、投資選択に際して、サステナビリティ（持続可能性）を中心に据えている。またノルウェーの場合のように、ソブリン・ファンドが国民の意図を反映してサステナビリティ重視の投資を行うケースもある。

こうしたファンドの存在とＣＳＲは何の関係があるのだろうか。企業はちゃんと経営されていれば、それでよいのではなかったのか。じつは、目先の利益に走る企業の行動と社会にとって有害な行動は密接に結びついている。たとえば銀行がリスクの高い戦略を選んだとしよう。この戦略のおかげで短期的に利益は増えるとしても、破綻のリスクも大きくなる。そして銀行が破綻すれば、被害は株主だけにとどまらない。預金者も、ひいては預金者を救済する預金保険機構も損害を被る。最終的には、住宅バブルが崩壊したスペインやアイルランドの例でもわかるように、公的資金が投じられることになる。銀行の破綻が経済全体におよぼしかねない影響を懸念して、政府はだいたいにおいて救済に乗り出す。それを見越して銀行は無謀なリスクテークを続ける。資金の出し手も、銀行が破綻することはないと高を括り、経営の健全性に目をつぶって投資を続ける。

こうした例は枚挙にいとまがない。たとえば保守作業を怠ったり、危険性をよく理解していない商品を販売したりする企業は、儲かるかもしれないが事故や健康被害を引き起こすリスクがある。実際にそうした事態になれば、企業自身を窮地に追いやるだけでなく、犠牲者を出し、政府に余計な出費を迫ることになりかねない。最悪の場合には倒産し、大勢の失業者を出すことになる。同様に、従業員を大切にしない企業は、従業員の士気が低下し熱意ある貢献が期待できないし、いい人材も集まらない。こうした理由から、ＣＳＲは持続可能な戦略構想に相通じると言える。そしてＳＲＩファンドは「ものを言う」投資家として行動し、企業の経営を監視するだけでなく、取締役会や株主総会に参加するなどして、より長期的な戦略への軌道修正を求めていくことが望ましい。

ＳＲＩファンドは、投資判断を通じて企業の経営方針にノーを突きつけることもできる。しかしこれはさまざまな検討を要する問題であり、ここで論じるのは手に余る[18]。たとえば、大量の温室効果ガスを排出するエネルギー関連企業には投資したくないとしよう。この場合、エネルギー産業全体を投資対象から外すべきだろうか。それとも、エネルギー産業なしで生きていくことは少なくとも当面できないのだから、せめてより良い行動を激励しようということで、排出削減に最も熱心に取り組んでいる企業を選んで投資すべきだろうか（これをベストインクラス・アプローチと呼ぶ）。

人々の要望に応える社会貢献

第5章で述べたように、経済主体はつねに自己利益ばかりを追い求めるわけではない。心からの同情や共感に突き動かされて、他人の幸福のために自己の物資的利益を多少犠牲にすることもある。また、自分は「いい人間」だと他人（あるいは自分自身）に思われたいという欲望から、そうした行動をとることもある。私たちの利他心は往々にして純粋な利他心でなく、より良いイメージ、より社会的なイメージを作り上げたいという下心から来ている。

社会的な行動を望む気持ちは、企業のステークホルダーの場合、企業に善き行いを求める形で表現されることもある。投資家は、人権を無視する国で活動する企業や、子供を働かせたり武器やタバコを製造するサプライヤーに下請けに出す企業には投資したくないし、そうした企業が自国経済を牛耳ることも望まない。投資家としては、それを避けるためなら、場合によっては多少の生産性を犠牲にするつもりはある（とはいえだいたいは、企業に善き行いをすると同時により多く利益を上げることを要求する）。消費者も、フェアトレードの商品であれば多少高い値段でも払う用意がある。さらには、安定した給与や地位を捨ててまでサブサハラの子供たちの医療や教育に尽くすNGOに参加し、そこに大きな喜びを見いだす人もいる。

このような場合、企業は社会的な行動を望む人々の気持ちを体現する存在となりうる。つまり、ステークホルダー（投資家、消費者、従業員）に成り代わって、社会的責任のある行動をとるわけだ。ここで改めて注意してほしいのは、企業の社会的行動はアダム・スミスの思想と何ら矛盾しないことである。驚かれるかもしれないが、フェアトレードのコーヒーを提供するカフェ・チェーンは、利益を犠牲にするわけではない。高いお金を払う用意のある顧客の需要に応えているだけである。したがって、カフェ・チェーンは自己の利益を最大化している。

人々の要望に応えて社会貢献をするという考え方はわかりやすいが、十分な効果を上げるためにはいくつか考慮すべき点がある。第一は、フリーライダーの存在である。たいていの人は、温室効果ガスの排出量を減らすために多少の努力はしてもいいと思っている。だが、地球全体の温暖化を抑制するために必要な膨大な努力はいやだというのが本音だ。その証拠に、温暖化抑制のためにあらゆる努力をすると口では言いながら、小幅の炭素税にすら大勢が反対している。苦しい努力は他人にやってもらいたいのである。

第二は、ステークホルダーが持ち合わせている情報の質の問題である。どの企業に投資するか、どの企業の製品を買うか、どの企業で働くか選ぶためには、その会社が本当に社会的なのかどうかを知る必要がある。ところがそれは、次の三つの理由から容易ではない。

一つ目は、情報収集である。企業の実態を知るためには、的確な情報収集が必要だ。たとえば、その企業自体はやっていなくても、下請業者が子供を働かせていないだろうか。言い換えれば、孫請け[19]やその下になったら管理不能になることを承知のうえで、倫理観の乏しい下請け業者を使っていないだろうか。あるいは、ほんとうに環境改善に役立つことをしないで、グリーンウォッシング（メディア受けのする見かけだけの欺瞞的な環境配慮）をしているのではないだろうか。個人がこうした情報を集めるのは容易ではないので、最近ではステークホルダー向けに社会的評価を行う調査会社も現れた[20]。

二つ目は、金銭的に計測できない業績や行動の重み付けである。企業は、環境、事業の継続性、従業員の福利厚生、納税などの面で、金銭価値とはまた別の価値を創出している。そして、ある面ではプラスであっても、別の面ではマイナスだったりする。それらをどう差し引きして総合的に評価すべきかは、悩ましい問題だ。この問題を解決するために、近年では社会的評価を行う調査会社が合成指数を開発している。具体的には、大量のCO_2を排出するが、地元経済で大量の雇用を創出してきた工場の閉鎖をどう評価すべきか。環境をいくらか汚染した多国籍企業は、学校、病院、ゴミ処理場などに資金を投じたことで、地域社会に与えた損害を相殺できるだろうか。多くの多国籍企業が節税戦略を実行しつつ社会貢献に取り組んでいるが、これをどう考えるべきか。現時点では、まだ結論は出ていない[21]。というのも、目標が一つであれば取り組みはたやすいが、目標が複数あると、往々にして目標同士が衝突するからだ。複数の目標の実現を強いられた組織は、すべての実現がむずかしい場合、結局は経営陣の自由裁量で優先順位を付けることになる。社会的評価を行う機関がさまざまな目標の実行難度も勘案して評価基準を定めておけば、このような状況を避けることができよう。

そして三つ目の理由は、社会的無責任になりがちなことである。CSRは権限委譲を伴うものであり、民主的なプロセスにつきものの長所と短所を伴う。前章では、良い公共政策が採用されるためには、有権者が問題を適切に理解できること、少なくとも無用の先入観がないことが重要だと指摘した。同様に、消費者、従業員、投資家が企業に善き行動を要望できるのは、その行動の結果や影響をきちんと理解できる場合に限られる(22)。

以上の分析は、CSRの効果をより高めるためには配慮すべき点があることを示しただけであって、言うまでもなく、企業がステークホルダーの要望に応えて行うCSRの価値を下げるものではない。

企業の自主的な社会貢献

一方、社会的な行動の中には、企業が自ら正しいと判断して行うものもある。たとえば貧困地区の支援、若年層の雇用、芸術・文化の後援、医療支援などで、これらは利益追求が目的ではない。とはいえ実際には、自主的な社会貢献（利益を犠牲にする）と要望に応えて行う社会貢献（利益は犠牲にしない）の区別をつけるのは容易ではない。というのも、社会的な責任を果たす行為はその企業のイメージを向上させるので、金銭的な利益につながる可能性は否定できないからだ。

自主的な社会貢献は、じつは保守からもリベラルからも批判されている。ミルトン・フリードマンは一九七〇年に発表した著名な論文の中で、企業は株主のお金で慈善をすべきではなく、経営陣や取締役が自腹を切って行うべきだと主張した。一方ロバート・ライシュは、企業は国家の代わりを果たすべきではないと断じている。

両者の主張の正しさは、企業が社会貢献活動をしようとする分野の行政の質はどうなっているか、という別の評価基準に左右される。これは実証的な問題であって、どの国にも同じ答を期待することはできない。行政の質に関する知識はまだ限られており、したがって、この方面でのより一層の研究が望まれる。現実には大方の国が実利的な方針を採用しており、企業のフィランソロピーには大きな自由度が確保されている（寄付に対しては税制優遇措置が適用される）。

最後に、企業の社会的責任も社会的責任投資もフェアトレードも、市場経済と両立不能ではないことを述べておきたい。むしろ逆であって、これらはどうすればより良い社会にできるかという問題に対する市民からの部分的な答だと言えよう（「部分的」としたのは、フリーライダー問題があるからだ）。国家が効率的かつ博愛的で、市民の意思を正しく代表していると言える分野は減ってきたと考えられる。現実の世界では、市民や企業が主導権を握る余地が少なからず存在するのであり、ここではそうした余地のいくつかをあきらかにした。

第Ⅳ部　マクロ経済の課題

第8章　気候変動

1　気候変動の実態

海面が上昇して島や沿岸の村落が水没しかねない、気候の変化が荒々しい、極端な豪雨や旱魃に襲われる、農作物の生育が不安定だ。いま、誰もが地球温暖化の影響を日々感じている。経済的にコストが嵩《かさ》むだけでなく、地政学的な影響も大きく、深刻な打撃を受ける人々の中には移住を強いられ、不満や遺恨が強まるといった問題も起きてきた。国際社会がよほど奮起しない限り、気候変動は次世代の幸福を大きく損ないかねない。現世代の無関心がどのような結果を引き起こすのか、計測は容易ではないが、現状維持が悲劇を招くことだけははっきりしている。まずまず受け入れられる温度上昇の限度は摂氏一・五～二度程度というところで専門家の意見は一致しているが、気候変動に関する政府間パネル（IPCC）が二〇一四年に発表した第五次評価報告書によると、二一世紀末までに平均気温は二・五～七・八度上昇する見通しだという。[1] 二酸化炭素（CO_2）やメタンなど温室効果ガスの排出量はかつてないペースで増え続けており、温度上昇を一・五～二度に抑えるのは途方もない難題である。世界人口の増大が見込まれ、かつ多

■ **図表8-1　炭素排出量と国内総生産（GDP）の推移（1960-2008年）**

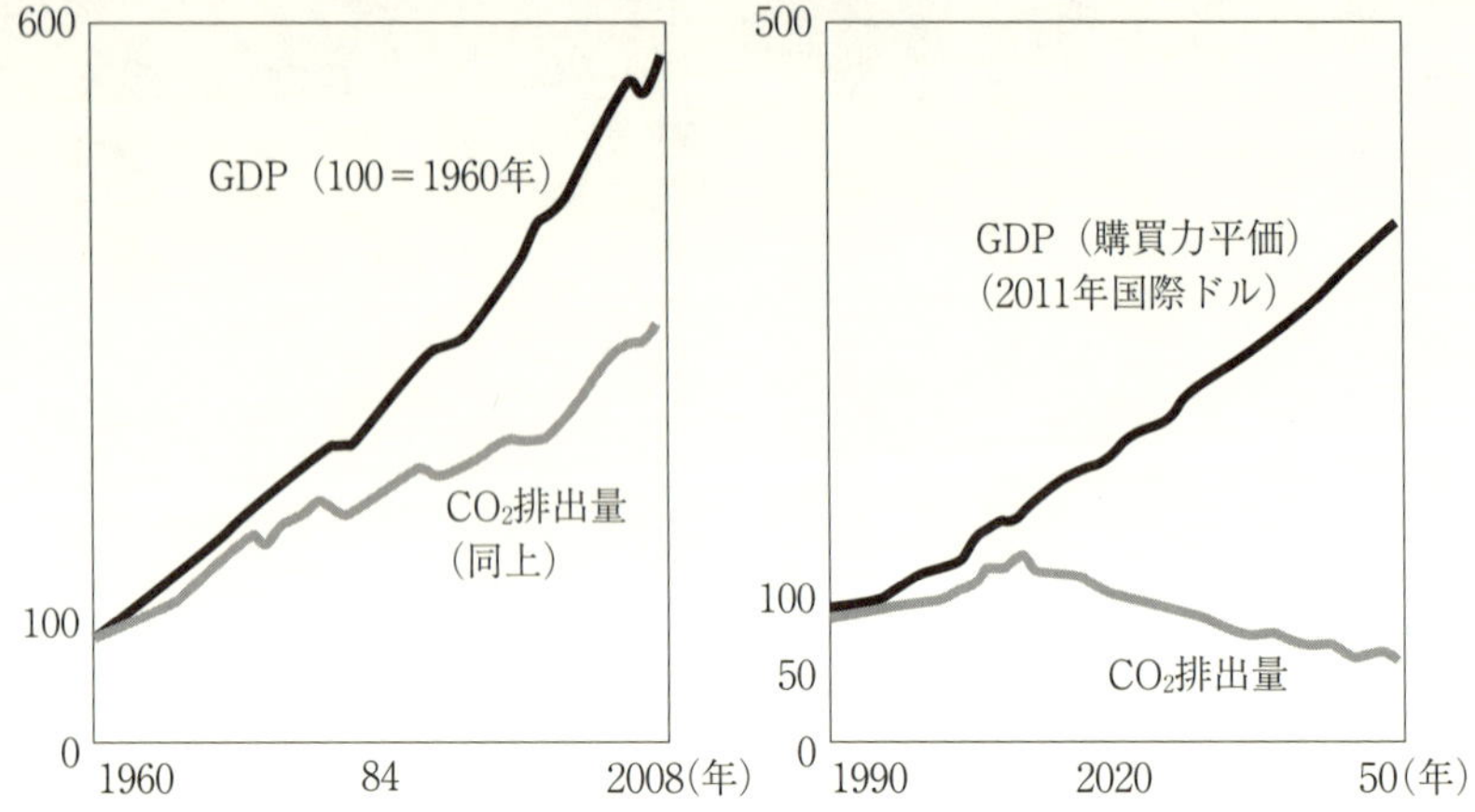

資料：Pascal Canfin-Alain Grandjean報告（2015年6月）

くの国の人々が欧米の生活水準に近づきたいというもっともな願いを抱いているのだから、なおのことだ。

図表８－１は、この課題がいかに困難か、その一端を示したものである。左のグラフは一九六〇～二〇〇八年の世界の国内総生産（ＧＤＰ）合計と温室効果ガス排出量の推移、右のグラフは二〇五〇年までの見通しを表す。後者は、私たちが賢明にも温度上昇を一・五～二度に抑えるというシナリオに基づいている。左のグラフが示すように、技術の進歩のおかげで、ＧＤＰ一単位当たりの温室効果ガス排出量は徐々に減ってきてはいる。だがそのペースはにぶい。右のグラフを見ると、目標（世界全体で二〇一〇年比四〇～七〇％削減）を達成するにはＧＤＰ一単位当たりの温室効果ガス排出量を劇的に減らさなければならないことがわかる。技術と行動規制を総動員して、三五年という比較的短い期間で結果を出さなければならない。エネルギー消費のあり方、暖房・冷房の使用から、建築設計、人・モノの輸送方法、モノの製造やサービスの提供の仕方、農地・森林の管理にいたるまで、すべてを抜本的に見直す必要がある。温室効果ガス排出量を減らす抑制策に加えて、温暖化の影響への対抗策も講じなければならない。たとえば異常気象に対する警報システムの整備、建設中の橋梁の高さ変更、低

地の保護、栽培種の変更、移住などだ。

いま挙げたのは、とくに目新しいことではない。だが国際社会が、少なくとも一九九二年にリオデジャネイロで開催された国連環境開発会議（リオ・サミット）のときからずっと、この問題を検討してきたことを忘れてはならない。一九九七年の第三回気候変動枠組条約締約国会議（ＣＯＰ３）では京都議定書が採択され、温室効果ガス排出量の削減目標を数値化するという重要な一歩を踏み出した。にもかかわらず、削減はいっこうに進んでいない（これについては後段で改めて取り上げる）。二〇〇九年にコペンハーゲンで開かれたＣＯＰ15では、各国の熱意の乏しさが目立つ結果となった。[2]

図表８－２と図表８－３は、排出削減への取り組みに伴う別の重要な側面を浮き彫りにする。図表８－２には、国別排出量を示した。[3]このグラフを見ると、人間の活動に起因する排出量の大半が先進国によるものではあるが、将来大きな比重を占めることになりそうなのが新興国であることが予想される。その前兆となるのが、中国の動向だ。現在、他を引き離して排出量が多いけれども、同国の膨大な人口はまだまだ欧米の生活水準を大幅に下回っているのである。インドその他の新興国や発展途上国も中国に追随すると予想され、地球温暖化に重大な影響を与えることになろう。

図表８－３には、ＧＤＰ一単位当たりの排出量を示した。このグラフを見ると、環境効率のちがいが一目瞭然である。また、温室効果ガスを減らす余地が国によってかなりちがうこともわかる。ヨーロッパもさして威張れたものではないが、ともかくも排出削減の余地が他国に比べて少ないとは言えるだろう。

それにしても、各国の傍観者的な姿勢は嘆かわしい。産業・輸送機関・住居の脱炭素化や低炭素化に十分な努力をしないどころか、石炭が最も炭素排出量が多いとわかっていながら、石炭火力発電所の建設を推進している国がいくつもある。化石エネルギー（石油、石炭、天然ガスなど）はCO_2排出量の八〇％、温室効果ガス排出量全体でも六七％を占めているのだが、その化石エネルギーに補助金を出す国まで存在する。経済協力開発機構（ＯＥＣＤ）の最近の報告によれば、世界で毎年一七七〇億ユーロ（約二一兆円）が優遇税制や付加価値税減税の形で化石エネルギーの支援に使われているという。[4]そのために消費者やさ

■ 図表8-2　温室効果ガス国別排出量（2011年）

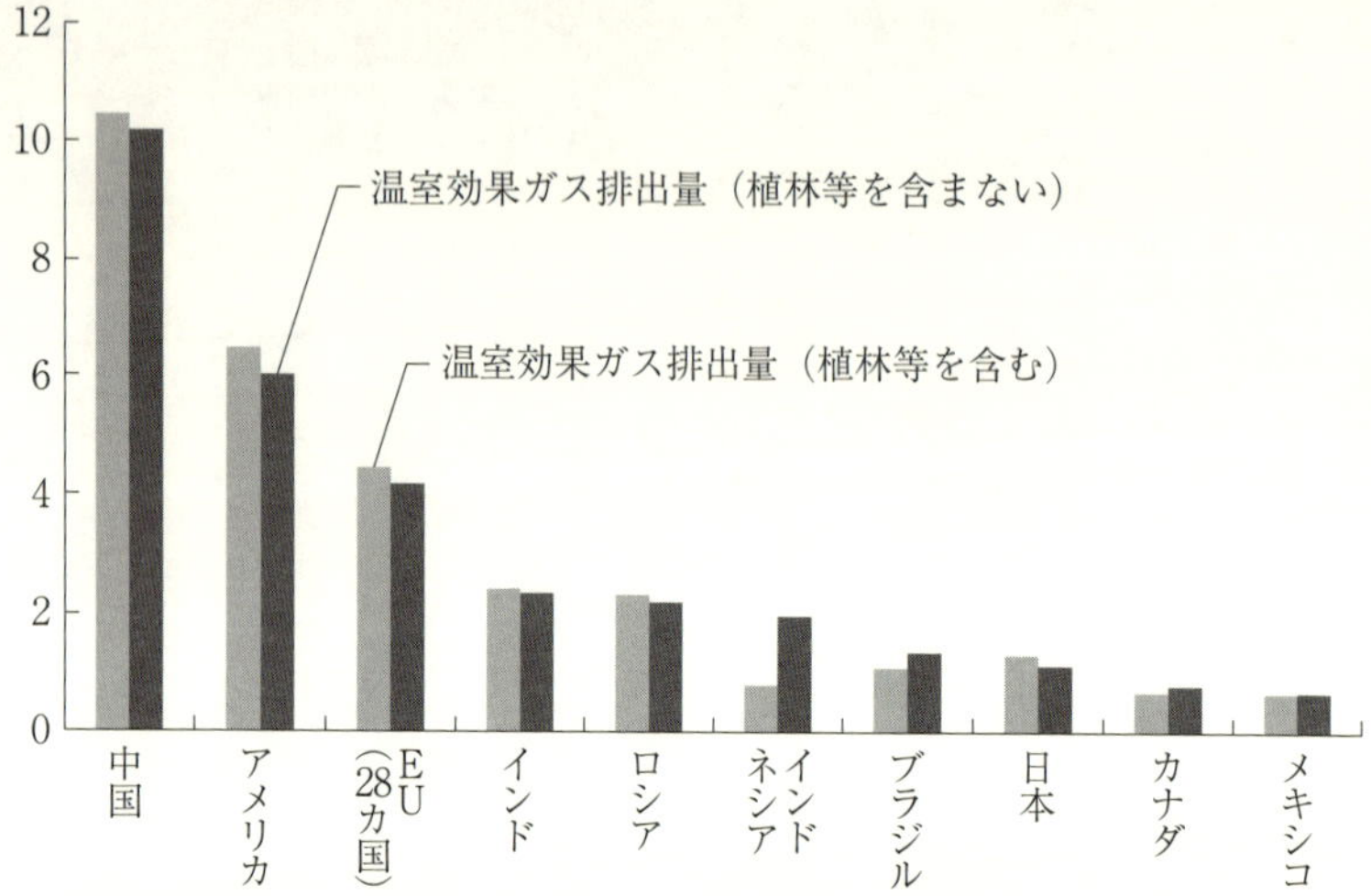

資料：世界資源研究所

■ 図表8-3　温室効果ガス排出量（対GDP比）（2011年）

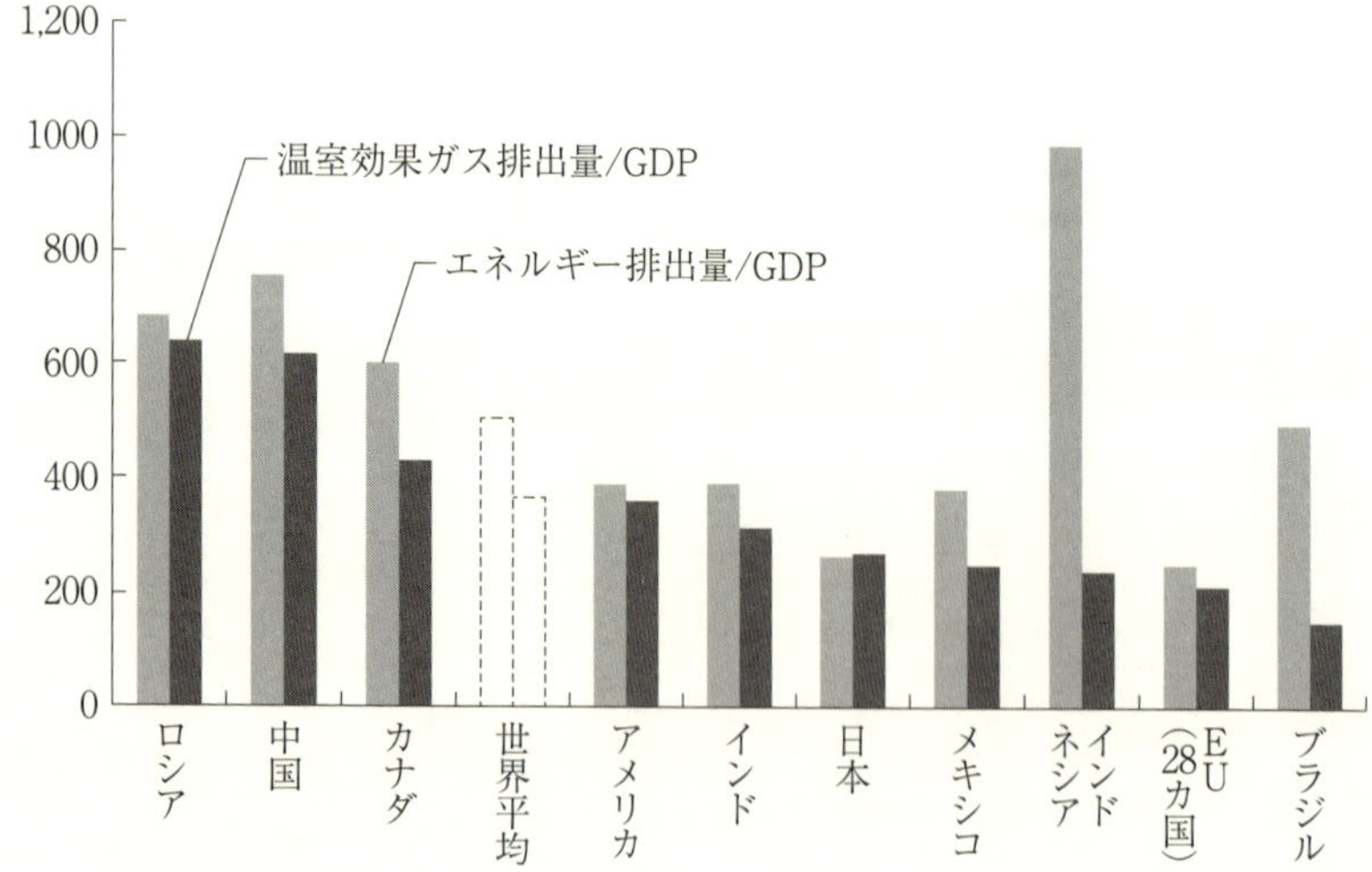

資料：世界資源研究所

まざまな業種（農業、漁業、運送業、航空会社、貧困層など）が恩恵を受けるとともに、大型投資（石油ターミナルなど）も免税措置を適用されている。言うまでもなく、化石エネルギーに課される税もいろいろとあるので、差し引きで補助金の正味効果を推定するのは容易ではない。加えて、エネルギー製品の消費に課される旧石油製品国内税（ＴＩＰＰ）のようなフランスの税は、減免措置があれこれ用意されていて、望ましい環境課税のあり方とは言いがたい。だが正確な計算結果がどうなるにせよ、世界全体でエネルギーに投じられる補助金の額を見れば、環境保護という至上命令よりも各国のエゴが優先されていることはあきらかだ。

どうしてこんなことになったのだろうか。世界中の国を巻き込む話し合いが二五年も前から続けられてきたというのに、ほとんど前進が見られないのはどうしたことか。人類は地球温暖化に打ち克てるのだろうか。本章ではこれらの問いに答えようと試みる。[5]

2　交渉難航の原因

対話を呼びかけるのは結構なことだし、（自分以外の）誰もが環境にとって好ましい行動をとるような別世界を夢見るのも自由だ。それにもちろん対話は必要であり、手をこまぬいていたら失われるものの大きさも説明しなければならない。だがそれだけではまったく不十分だ。なにしろ二五年以上も前から話し合いは行われているし、誰も無視できないほどさかんに報道されてもいる。そして大方の人は、環境のためにちょっとしたことならやるつもりだ。だが車を手放す、再生可能エネルギーによる高い電力料金を払う、肉を食べるのをやめる、飛行機での旅行をあきらめる、といったことをする覚悟はない。持続可能な開発に向けた限定的な試みは、もちろん称賛に値する。だが、もはやそれで済むような話ではない。私たちは本音では、誰かが私たちのために（というよりもむしろ子供たちの世代のために）代わりにやってくれればいいと思っている。政治も、負けず劣らず無責任だ。それは、政策を見ればすぐわかる。どの政策も、将来世代のことを考えない利己主義に根ざし、フリーライダー問題を引き起こしている。気候変動の抑制がもたらす便益は地球全体と将来世代のものになってしまうが、抑制に伴うコストは自分たちに直ちに降りかかるからだ。

フリーライダー問題

どの国もまずは自国の利益のために自国の経済主体を代表して行動し、他人の努力の恩恵に与《あずか》ろうとする。経済学において、気候変動は共通善の問題と捉えることができる。地球温暖化は経済的・社会的・地政学的に深刻な影響を生じさせるのだから、温室効果ガス排出量が大幅に削減されれば、大方の国が長期的には多大なメリットを享受できるはずだ。つまり社会全体にとって良いことである。ところが個々の国にとっては、削減に取り組むインセンティブがほとんどない。というのも、ある国の努力によって得られる利益の大半は、よその国を潤すことになるからである。

たとえばある国が、一〇〇％自前で環境政策を実行するとしよう。たとえば住居の断熱強化や、石炭からクリーンエネルギーへの切り替えを推進する。しかしおおざっぱに言うと、その国の人口が世界人口の一％だとしたら（かつその国が受ける気候変動の影響が中程度であれば）、この立派な政策がもたらすメリットの一％しか享受できない。言い換えればこの国の環境政策は、ほぼ全面的に他国の利益に寄与する。この状況は、たとえば一〇〇ユーロを今日使ってしまうか、貯金するかの選択にいくらか似ている。もし貯金すると、そのうち九九ユーロは引き出されて見知らぬ誰かに配られるとわかっていたら、誰が貯金するだろうか。おまけにこの環境政策の実りの大部分は、今日の有権者ではなく将来世代にもたらされる。

こうしたわけで、どの国も排出削減策の成果を自ら享受することができない。そこで、どの国の政策もおざなりになり、排出量はいっこうに減らず、気候変動は深刻化するという結果になっている。他の多くの分野でたびたび見受けられるように、フリーライダー問題が「共有地の悲劇」を招いているのである。牧草地に大勢の牛飼いが放牧すると、往々にして過放牧になる。各自が一頭よけいに放牧すれば、個人的には利得があるとしても、他の牛にとっては食べられる草が減り、全体としては損失のほうが大きくなる。同様に、猟師や漁師は自分たちの獲物の社会的コストを考えようとしない。獲り過ぎは、モーリシャス島のドードーを絶滅させ、ピレネーのヒグマや北米のプレーリーのバイソンを絶滅寸前に追いやった。こうした傾向は今日でも改まっていない。生物学者のジャレド・ダイアモンドは、イースター島の森林伐採がどのようにして一つの文明の消滅につながったのかを解き明かした[6]。似たような「共有地の悲劇」は、水質汚染、大気汚染、渋滞、国際安全保障など、さまざまな分野で見受けられる。

政治・経済学者のエリノア・オストロム（二〇〇九年ノーベル経済学賞受賞）は、規模の小さい安定した社会では一定条件下で共通の資源を賢く活用していることに注目し、共有地の悲劇がなぜ起きないのかを分析した[7]。オストロムによると、そうした小さい社会では非公式の信賞必罰メカニズムがうまく働くからだという。なるほどそのようなメカニズムが機能するのであれば、フリーライダー問題は回避できるかもしれない。だが気候変動の場合、地球上で暮らす七〇億の人々とその子孫がステークホルダーである。小規模社会のやり方を応用することはできまい。超国家的な機関が存在してコストを内部化する手続きを定め、実行を監視するのでない限り、世界的な外部性の問題を解決するのはむずかしい。経済理論で提示される共有地の管理手法は、おおむね国家レベルに限定される。

炭素リーケージ

そのうえ「炭素リーケージ」と呼ばれる現象が起きるために、排出削減策を導入しようと考えている国や地域もやる気をなくしてしまう。炭素リーケージ（漏れ）とは、排出規制の度合いが国により異なる場合、規制が厳しい国の産業と規制がゆるやかな国の産業との間で国際競争力に差が生じ、前者の生産・投資が縮小して排出量が減る一方、後者の生産・投資が拡大して排出量が増加する現象を指す。たとえばある国で、温室効果ガス排出量の多い産業（国際競争にさらされているものとする）に重い炭素税をかけるとしよう。すると、その産業の国際競争力は損なわれる。となれば企業は、炭素税が課されないかゆるやかな国にこぞって移転するだろう。さもないとシェア（国内も輸出も）を失い、温室効果ガスに無頓着な国の企業が得をすることになるからだ。かくして単独での排出規制導入は無責任な国への生産の移転を促し、事実上の生産と富の再配分を引き起こすだけで、環境改善にはほとんど寄与しないことになる。

同様に、「よい国」が化石エネルギーの需要を抑える目的でガソリンやディーゼル油の価格を引き上げるとしよう。「よい国」で需要が減れば、その分だけ他国で供給がだぶつき、世界的には価格が下がる。すると、よからぬ国では化石エネルギーの需要が拡大し、したがって温室効果ガス排出量は増えるだろう。このように炭素リーケージ現象はせっかくの削減努力を損ね、差し引きで環境へのプラス効果を減らしてしまうことになる。

炭素リーケージを引き起こしかねないもう一つの例として、京都メカニズム（他国での排出量削減を自国での削減に換算できる柔軟措置）の一つであるクリーン開発メカニズム（ＣＤＭ）が挙げられよう。これは、排出削減義務のある先進国（たとえばヨーロッパ）が削減義務のない途上国（たとえば中国）で温室効果ガス削減プロジェクトを実施した場合、そこで生じた削減分の一部が先進国にクレジットとして与えられ、自国の削減量に充当できるしくみである。削減分の評価額は、既存の排出権取引市場（事実上、ヨーロッパの取引市場）の価格に連動する（市場価格の下落によりＣＤＭが中断したのはこのためだ。このことは後段で改めて論じる）。

私は最初、これは良いしくみだと反射的に思った。途上国への開発援助にもなるし、他の政策との整合性もある。削減分の評価額を、欧米企業が排出に対して支払う額に等しくしたのは好ましい（炭素価格を統一したのは、排出する企業や立地のいかんにかかわらず、炭素排出量一トンが地球環境に与える影響は同じだという論拠に基づく）。

だがよく考えてみると、見かけほど好ましいメカニズムではないとの結論に達した。まず、運用面が煩雑である（炭素クレジットを獲得するためには、削減プロジェクトが「追加的」であること、すなわち、ＣＤＭがなかったら排出削減はなかったことを証明しなければならない）[8]。それに、ＣＤＭによる環境へのプラス効果がさほど大きいとは思えない。たとえば、森林保存プロジェクトをどこかの国で実行するとしよう。すると、木材など林業製品の供給不足が起きるため、結局はどこか別の国で森林伐採を行うことになる。森林保全という「よい選択」が林業製品の価格を押し上げ、他国での伐採を促すことになるのである。

炭素リーケージ現象を考えるにつけ、全世界が足並みをそろえて行動しない限り、気候変動問題は解決できないと結論せざるを得ない。炭素排出を規制しない国は、自国はもとより他国にも汚染を輸出することになる。専門家の中に、一部の国が炭素税を導入したところで地球全体の排出削減は実現できまいという人がいるのはこのためである[9]。

先送りの誘惑

そのうえ、フリーライダー現象を一段と悪化させる要因がある。それは、いま何も努力せずにいるほうが将来の交渉で有利になるという発想だ。この不埒な考えは、理論的な根拠と過去の経験に基づいている。現在の高い炭素強度（エネルギー消費量一単位当たりの排出炭素の質量）を長く維持するほど、国際協定に将来批准したときにより多くの見返りを要求できるというわけだ。ある国の炭素強度の水準があまりに高く、国際協定に参加する気にならないとしよう。すると国際社会は、参加を促すために、より多くの排出枠を（金銭価値に換算または無償の排出権の形で）与えざるを得なくなる。たとえば一九八〇年代のアメリカでは、酸性雨の原因物質である二酸化硫黄（SO_2）を大量に排出する中西部と、それ以外の州との間で排出削減交渉が行われた。しかしこの交渉は、そもそも協定など望んでいない中西部にひどく寛容な割当量を与えて妥結するという、苦い結末に終わっている。なさけない話だが、これが現実なのだ。

ささやかな前進

そうはいっても、何も進歩がなかったわけではない。

まず、排出権取引市場が発足した。ヨーロッパ（二〇〇五年に発足）を皮切りに、アメリカ、中国、日本、韓国など、現在では四〇カ国で取引市場が稼動するほか、地域や都市で市場が運営されているケースもある。[10] 排出権取引は、経済主体に対して温室効果ガスの排出に責任を持たせるメカニズムである。そのしくみは、こうだ。まず、公的機関が排出量の上限を定める。たとえば温室効果ガスについては、地球の温度上昇を一・五〜二度に抑制しつつ排出可能なCO_2の量（トン）の上限を定める（この量を「炭素予算」〔カーボン・バジェット〕と呼ぶこともある）。そしてこの上限に基づいて各産業、各企業に排出許可を割り当てる。この許可を排出権と呼ぶわけである。たとえば電力会社は毎年年度末に許可された排出量と実際の排出量を報告し、実際の排出量が上回った場合には、不足分の権利を排出権取引市場で買うか、罰金（通常、市場価格よりもかなり高い）を払わなければならない。逆に排出量が下回った場合には、その分を排出権として取引市場で売ることができる。このため炭素は万人にとって同一価格に設定されている。排出上限（キャップ）に基づいて排出権を売り買い（トレード）できるということから、キャップ＆トレードという言葉もよく使われる。

炭素税を導入した国もある。CO_2排出量一トンごとに政府が税金を徴収するやり方だ。最も重い課税を打ち出したのが、スウェーデンである。同国は早くも一九九一年に、家庭にCO_2一トン当たり一〇〇ユーロの炭素税を課している[11]（ただし、すでに述べた炭素リーケージを考慮して、企業向けには多くの減免措置が用意された）。フランスはようやく二〇一五年になってから化石燃料に炭素税を導入したが、CO_2一トン当たり一四・五ユーロにすぎない。[12] ヨーロッパ以外では、日本とメキシコがごく低率の炭素税を導入している。

スウェーデンの炭素税を除けば、どの国の施策も炭素に設定した価格水準が低すぎて、温度上昇を一・五〜二度以下に抑えることは到底できない。炭素予算に基づいて排出権の数を決めることと、炭素排出の社会的費用をまかなえる水準に炭素税率を設定することは同等のはずである。となれば炭素価格は、温度上昇を一・五〜二度以下に抑えられるだけの努力を経済主体がしようという気になる水準に設定しなければならない。現時点の炭素税収入は、社会的費用を大幅に下回っている。炭素価格に関するキネ報告、および同じ考え方を踏襲した炭素税に関するロカール報告によれば、二〇一〇年における炭素の社会的費用はCO_2一トン当たり推定四五ユーロである（二〇五〇年に一五〇〜三〇〇ユーロを実現するには、二〇三〇年に一〇〇ユーロとしなければならない）[13]。言い換えれば、炭素の価格水準が世界的にこの数字に連動していれば、ＩＰＣＣのシナリオに従い温度上昇を抑制することができるはずだ[14]。ところが現時点では、ヨーロッパとアメリカの取引市場における炭素価格は一トン五〜一〇ユーロというところである。それどころか、ゼロだという市場も少なくない。

それにしても驚くべきは、率先して単独で行動を起こす国が存在することだ。こと地政学的な問題となるとどの国も国益優先であることを考えると、排出削減策の単独導入に踏み切る国が存在するのは驚きに値する。なぜ、人類の幸福のために犠牲を払う国が存在するのだろう。理由は二つある。まず、「犠牲」と言っても、たいしたものではないことだ。単独で採用された政策はどれも控えめで、悲劇へと突き進む事態を軌道修正できるようなものではない。

さらに、環境保護策の採用によってその国固有のメリットが生じることを勘案すれば、「犠牲」であるとも言いがたい。たとえば温室効果ガス排出削減策の導入によって、ごく局地的な性質の他の汚染物質も減らせるとすれば、そのメリットはその国だけが享受することになる。石炭火力発電所が、温室効果ガスであるCO_2のほかに、二酸化硫黄（SO_2）と窒素酸化物（NO_x）も排出しているとしよう。SO_2とNO_xは局地的影響の大きい汚染物質で、酸性雨や微小粒子状物質（ＰＭ２・５）の原因となる。したがって発電所のエネルギー効率の改善は、温暖化防止効果を考慮しないとしても、その国にとって好ましい。

同じ理由から、第二次世界大戦後の西ヨーロッパで低品位の石炭リグナイトを天然ガスや石油に切り替えたところ、健康や環境が劇的に改善された。あの悪名高いロンドンのスモッグがなくなったのである。だがこれもまた、地球温暖化の防止にはほとんど寄与しない。そもそも当時は温暖化という問題は発生しておらず、大気汚染は各国、各地域の問題として対処されていた。同様に、政府が温室効果ガス排出削減のためではなく成人病防止のために、国民に霜降り肉ではなく赤身の肉を食べるよう指導することはありうる。こうした副次的な効果は、排出削減のインセンティブとしてはごく弱いものではあるが、それでもインセンティブにはちがいない。

もし中国のような大国がCO_2排出の一部でも内部化する場合、おそらくその動機の大半は、世論を鎮め国際社会からの圧力を和らげることにあるだろう。こうした要因は、たとえ国際的な協定が存在しなくとも、行動を促す強力な誘因となる（何と言っても中国は世界人口の二〇％を占めるのだし、自身が地球温暖化の深刻な影響を受けている）。このように国益しか眼中にない国でも、単独で環境政策を導入する可能性はある。だから製造プロセスから炭素を減らす政策をある国が採用したとしても、必ずしも地球全体に与える影響を考慮したとは言えない。このような政策を、ハーバード大学のロバート・スタビンズは皮肉を込めて、「ゼロ・エミッション」ならぬ「ゼロ・アンビション」と呼んだ。そうした政策には、自国の環境破壊を食い止め産業活動の有害な影響を防ぐ意図のみが反映されている。だが多国間交渉を経ずに一国が導入する規制基準は、当然ながら、地球全体の温暖化を抑制するには不十分である。

コストのかかりすぎる政策

排出権取引や炭素税のほかに、政府が環境基準などを義務づけ（コマンド）、その実施を強制（コントロール）するコマンド＆コントロール方式も多くの国で行われている（これについては後段で改めて取り上げる)。だが温暖化を防ぐ効果に比してコストがかかりすぎる例が多い。たとえば数値目標が明確でない環境基準や政府によるエネルギー源の選択などは、多くの場合に一貫性を欠き、汚染物質の排出削減コストを無用に膨らませている。政府は一トン当たり一〇ユーロで済むところに一〇〇〇ユーロをかけているることがめずらしくない(とりわけ顕著なのがドイツで、日照時間が少ないにもかかわらず最新鋭の太陽光発電装置を導入している)。こうした政策に大勢の専門家がお墨付きを与えたと言うが、そんなはずはない。それだけのコストをかければ、一トンではなく一〇〇トンの排出削減ができるはずだ。環境政策といえども経済効率が重要である。

3　不十分な目標

京都議定書の失敗

温室効果ガス排出削減の数値目標を掲げた京都議定書は、一九九七年に採択され、二〇〇五年に発効した。附属書B締約国(主に先進国)は、二〇〇八〜一二年に排出量合計を一九九〇年比で五%削減することを約束し、同時に排出権取引市場を発足することになる。だがこの取り組みは不十分であるだけでなく、制度設計に重大な欠陥のあることがあきらかになった。議定書が採択された時点では、締約国の排出量合計は世界の排出量の六五%以上を占めていた。だが二〇一二年になると、議定書がカバーするのは一五%以下になってしまったのである。アメリカが批准を拒否したうえに、カナダ、ロシア、日本が第二約束期間から離脱したためだ。たとえばカナダは、オイルサンド(採掘・精製の際に排出するCO_2が他の資源より多い)の採掘を推進する方針を採用したことが離脱の理由となった。京都議定書に批准したままだと、排出削減目標を達成するために排出権を買わねばならず、それなら離脱するほうが得策だというわけである[15]。またアメリカでは上院が、批准の条件としてフリーライダー問題（とくに中国）の解決を要求した。アメリカ世論に根強い温暖化懐疑論と、ふんだんに化石燃料を使う消費スタイルを変えたくないという声に押し切られ、上院は嘆かわしいことに現状維持を選んだ（後掲の図表8－5を参照されたい）。

そのうえ、京都メカニズムの一つとして発足した排出権取引市場の価格決定メカニズムも、失敗に終わってしまう。二〇〇八年のグローバル金融危機がヨーロッパ経済を襲ったことに加え、再生エネルギーの導入が（とくにドイツで）ハイペースで進んだ結果、ヨーロッパの排出権取引スキーム（EU ETS）では排出権需要が大幅に縮小し、供給過剰になったためだ[16]。とくに何も措置が講じられないまま、CO_2一トンの価格はピーク時の三〇ユーロから五～一〇ユーロまで下落した。この価格水準は、排出削減努力を促すには低すぎる。それどころか、電力会社に天然ガスから石炭への切り替えを促す結果となった。改めて言うまでもなく、石炭は天然ガスの二倍も炭素を排出するうえ、PM2・5の問題もある。CO_2が一トン当たり三〇ユーロ前後であれば、天然ガスで発電しても石炭に十分対抗できたはずだ。さらにエンジー（フランスの電気・ガス事業者）は、石炭火力発電所との競争で不利だという理由から、天然ガス発電所三基を閉鎖してしまった。いまや石炭火力発電所は、ほとんど何のペナルティーも受けずに堂々と汚染物質を排出している[17]。

こうした結末は、石炭価格の下落に原因があると指摘する向きもある。だが究極の原因は政治の決断にほかならない。ヨーロッパは、世界で自分たちだけが京都議定書を守るのはいやだという意思を示したのである。政策当局には、経済状況に合わせて排出許可証の割り当てを減らすといった措置を講じることもできたはずだ。しかしそれをせずに、相場が下落するにまかせた。こうして、せっかくの環境政策も他国並みに効果の乏しいものに成り下がる。共有地の悲劇の始まりである。

ヨーロッパの人々は過去二〇年間にわたり、自分たちが率先して排出削減に取り組めば、他国もやがて追随すると考えてきた。だがこのような連鎖反応は起きず、京都議定書は失敗に終わったと言わざるを得ない。失敗の原因は、根本的な制度設計にある。フリーライダーの問題があり、それを助長するリーケージ現象が存在する以上、グローバルな取り決め以外は解決策になり得ないのである。

自主的な約束

京都議定書は性善説に基づいており、締約国がフリーライダーとしてふるまうことを阻止できない。コペンハーゲン合意も拘束力のない約束という点では同じだが、しかしこれは別の理由からである。二〇〇九年のＣＯＰ15（コペンハーゲン）は、もともとはより多くの国によるポスト京都議定書の合意をめざしていた。だが実際の結果は、各国が自主的に約束（プレッジ）する温室効果ガス削減目標を国際的な場で定期的に検証（レビュー）するプレッジ＆レビュー方式という、似て非なるものになる。以後、各国が自主的に決定する約束草案（ＩＮＤＣ）を国連に提出する方式が定着した。この方式に基づく二〇二〇年以降の国際的枠組みを定めたパリ協定が二〇一五年のＣＯＰ21で採択され、翌年一一月に発効している。だが、自主的な約束というやり方には重大な欠陥があり、気候変動対策としては不適切と言わざるを得ない。

第一に、各国が約束する排出削減は、必要なコストが国によって大幅に異なる。したがって、約束草案に表明された各国の熱意を一つのものさしで測ることができない[18]。この状況は、グリーンウォッシングをやりたくなる強力な誘因となる。グリーンウォッシングとは、実態を伴わないのに環境へ配慮しているイメージを与えるような欺瞞行為を指す[19]。グリーンウォッシングが横行すると、排出削減の測定・評価はますますむずかしくなる。

当初から予想されたことだが、各国は目標設定に当たって自国に有利な基準年を選んでいる。たとえばアメリカは二〇〇五年だ（シェールガス〔炭素排出量が少なく化石燃料の代替となる〕の商業採掘が始まる前年である）。ドイツは一九九〇年である（この年に東西ドイツは再統一を果たし、環境汚染の甚だしい東ドイツの発電所がドイツに加わることになった）。その国にとって汚染のひどい年を基準年に設定することで、目標を本来以上に野心的なものに見せかけることができる。各国の取り組みを一つのものさしで比較できない不都合を一段と助長するのが、対象範囲や測定単位が異なることだ（ピーク時の排出量、国民一人当たりの排出削減、ＧＤＰ一単位当たりの排出削減等々）。また、一部の国は条件付きの約束をしている。たとえば日本は原子力発電所の再稼働が前提になっているし、多くの新興国や発展途上国では外国からの「十分な」支援が条件となっている。

第二に、約束草案は各国が自主的に用意するものである以上、国益優先に基づくフリーライダー問題がやはり生じうる。ジョセフ・スティグリッツが指摘するとおり、「公共財の供給不足の問題が自主的な行動で解決された分野は、いまだかつて存在しない」のである[20]。ある意味で、自主的な約束メカニズムは、各自が自ら税額を申し出る所得税の申告制度と似ている。となれば、ＩＮＤＣがゼロ・エミッションならぬ「ゼロ・アンビション」の約束にしかならないのではないか、と多くの専門家が心配するのも無理はない。

第三に、約束に縛られるのは約束を守る人だけである。公式の拘束力のある約束が存在しないのでは、その約束は信頼に足るものとはなり得ない。人道的な理由から約束された寄付は、往々にして当てにならないものだ。どこか一国でも約束を破ったら、他の国もそうしたくなる。そもそも他国が約束を守るか疑わしい状況では、なおのことだ。

ＣＯＰ21の評価

ＣＯＰ21は二〇一五年一二月にパリで開催され、公正で信頼できる協定の締結をめざした。果たしてこのミッションは完遂されただろうか。どの国も積極的にコミットする気がなかったため、交渉は難航を極めた。とはいえ最終的な協定はひどく野心的である。まず、温度上昇抑制の長期目標は、それまで単に摂氏二度だったのが、「二度を大幅に下回る」とされた。さらに、二〇五〇年以降は温室効果ガスの排出量をゼロにする。また、ＣＯＰ15で取り決められた発展途上国への援助は年間一〇〇〇億ドルだが、二〇二〇年以降はこの額を引き上げる、となっている。

ＣＯＰ21で合意に達した内容は、おおむね好ましい。現在の排出をこのまま続けていたらきわめて危険だと認識されたこと、したがって断固たる行動をとる必要があり、また環境技術の開発に力を入れるべきだという点で意見が一致したこと、さらに、パリ合意だけでは不十分であると認識されたことは評価できる。二〇五〇年以降に排出をマイナスにする（炭素吸収源による吸収が排出を上回る）[21]という目標や、排出削減状況の検証（レビュー）制度を確立する方針も好ましい（ただし新興国と先進国とに区別を設ける二段構えとなる）。取り組むべき行動を新興国も含むすべての国（一九六カ国）が話し合ったこと、目標策定の透明性が確保されたことも評価すべき点だ。パリ協定の内容は一九九二年の国連枠組条約に沿ったものとはいえ、一九六もの国がその妥当性を再確認したことはまことに喜ばしい。

その一方で、パリでなされた数々の約束は適切とは言いがたく、具体的な対策に関する限り、ほとんど進歩はなかった。まず温暖化対策として多くの経済学者や政策当局がカーボン・プライシングを推奨しているにもかかわらず、ベネズエラとサウジアラビアが強く反発した（後者は、協定の結果として原油価格が下落した場合の補償まで要求した）。交渉参加者の多くが無関心だったこともあり、カーボン・プライシング案は葬り去られたのである。

次に公正の観点から、先進締約国から発展途上締約国への資金援助が検討され、総額は決まったものの、個々の国の供与額は定められなかった。だが「みんなの約束」というものは、滅多に守られない。誰も、自分に責任があるとは考えないからである（これも、フリーライダー現象の一種である）。先進締約国個別の供与額を明記しておけば、この約束はもっと信頼できるものになったはずだ。さらに、資金提供がほんとうに追加的なのか、それとも既存の資金援助の目的を環境関連プロジェクトに振り替えるだけなのか、あるいは無償援助ではなく返済義務のある融資なのか、将来の歳入を条件にした約束なのか、といったことも問うべきだった。

さらに、協定では各国が提出する削減目標に拘束力を持たせていない。しかも、仮に持たせたとしても、二〇五〇年までに達成すべき削減量を大幅に下回っている。また、透明性（目標の実施状況に関する情報提供と評価）に関する交渉も失敗に終わった。なぜ「南」は「北」と同じモニタリングやレビューを受けなくてよいのか、理解に苦しむ。もちろん先進国は途上国に寛容でなければならないが、だからといって目をつぶるべきではない。このような扱いの差異化は、先進国に将来約束を反古《ほご》にする口実を与えるようなものだ。

最後に、五年ごとに実施状況を定期的に確認し、これに基づいて各国が行動や支援を更新・強化するとの条項（グローバル・ストックテイク）が満場一致で採択されたが、これは経済学で言う「ラチェット（歯止め）効果」を無視している。がんばって約束を守れば次の交渉で有利に立てる、とどの国もほんとうに考えるだろうか。むしろ、わざとのろのろ手間取るのではないだろうか。優等生にはより多くが求められるのが常だということをみな知っているにちがいない。

とはいえ外交的には協定は文句なしの成功と言える。なにしろ一九六カ国の満場一致で採択されたのだから。だがこの合意は、多くの譲歩の末に形成されたものであり、野心（表向きの野心ではなく、ほんものの野心）の乏しいものと言わざるを得ない。野心の低いほうに足並みを揃えたこの協定に果たして効果があるのかどうかは、すぐに判明した。各国代表は意気揚々と国へ帰り、成果を誇示したものの、国民はいっこうにその気にならず、汚染が安上がりな時代はもう終わったという意識が高まった兆候も見られない。

それどころか、南アフリカ、インド、オーストラリア、中国といった国では石炭消費が増えた。アメリカはほとんど偶然にもシェールガスの採掘コストが下がったおかげで温室効果ガス排出量を減らすことはできたものの、石炭の余剰は相変わらず輸出している。そしてヨーロッパは、再生可能エネルギーへの移行段階で天然ガスに切り替えようとせず、相変わらずドイツとポーランドの石炭を活用している。

４　汚染者負担の原則

気候変動問題は、要するに温室効果ガスを排出する経済主体が、環境に与えるダメージを内部化しないことから発生する。この問題を解決するために経済学者が提唱してきたのが、汚染者負担の原則、すなわち排出事業者に炭素排出の負の外部性を内部化させることである。

そのためには、排出事業者に払わせる必要がある。地球の温度上昇を一・五～二度に抑える目標をにらみつつ、排出する炭素に価格付けし、立地がどうあろうと、同じだけの追加的損害を発生させる。CO_2の分子は、排出者が誰であろうと、また排出する事業の性質やれも同じでなければならない。世界中の経済主体に単一の炭素価格を適用することによって、炭素価格を下回るコストでの排出削減努力を促せるはずだ。したがって、CO_2一トン当たりの価格はど

見かけほどグリーンでない環境政策

以上のように単一の炭素価格であれば、CO_2排出削減目標を達成するために要する各国のコストの総和を最小限に抑えることができる。

ところが多くの環境政策は、税やキャップ&トレードといった経済的手法に拠っておらず、コマンド&コントロールのトップダウン方式になっている。この方式では、排出源によって異なる規制を導入する、実際の汚染の度合いとは無関係に同一の排出削減を要求する、汚染の度合いに見合わない補助金または税金を設定する、設備の耐用年数・産業政策・技術基準などを斟酌して異なる基準を適用する、といったことが起きる[22]。これでは排出源によって暗黙の炭素価格に甚だしい不公平が生じ、社会全体にとっての環境

政策のコストがひどく高いものにつくことになる。

このことは、ちょっと考えてみればすぐにわかるだろう。ここにA社とB社があって、どちらも炭素を二トン排出しているとしよう。両社の合計で排出量を現在の半分、すなわち四トンから二トンへ減らさなければならないとする。A社は排出削減コストが一トン当たり一〇〇〇ユーロかかり、B社は一〇ユーロである。「公平」な政策の下では、A、Bどちらも排出量を半分に減らす、すなわち排出量に対して同じだけ削減努力をすることになる。この場合のコストは、合計で一〇一〇ユーロとなる。だが経済効率の点から言えばあきらかに、B社が二〇ユーロかけて二トン減らし、A社は何もしないほうが、コスト合計は九九〇ユーロも少なくて済む。このように、経済的手法を採用すれば、トップダウン方式よりコストを大幅に抑えることができる。

炭素価格に基づく経済的手法を採用することにし、たとえば炭素価格を五〇ユーロに設定するとしよう。この場合、A社は自前で削減努力をする（＝一〇〇〇ユーロ）より炭素価格に基づく炭素税または排出権を買うほうが安上がりなので、二トン分一〇〇ユーロを払う。これに対してB社は自前で安上がりに排出をゼロにすることができるうえ、社会にとっても九九〇ユーロの節約になる。しかもこのとき、「公平」と「効率」が衝突することもない。経済的手法に切り替えることで、負担の大きかったA社も埋め合わせが得られる。しかも一時払いによる埋め合わせなので、将来も汚染し続ける選択には結びつかない。

政府がトップダウン方式にこだわるのは、環境対策に熱心だという姿勢を誇示したいからだろう。目につきにくい分散的な方法（モノやサービスの値段に上乗せするなど）は、実際にはコストが嵩むのだが、政治的に容易だという点で、政府にとっては炭素税より都合がよい。炭素税は、当然ながら徴収される側にとっては一目瞭然である。また補助金は、最終的には誰かが負担するにもかかわらず、つねに税金より受けがよい。ここでも、目立つものと目立たないものとの歪みが生じることになる。

トップダウン方式が環境対策コストを大幅に押し上げることは、実証的にも確かめられている。過去の事例を検討すると、単一の炭素価格を導入すれば、部門や業種別に差を設ける場合に比べ、コストが半分以下で済んでいることがわかった[23]。

欧米各国は、温室効果ガス排出量削減の目的でさまざまな試みをしてきた。とくに多いのは、グリーン技術に直接補助金を出すことである。具体的には、太陽光など再生可能エネルギーで発電された電力を公共電力事業者が高い価格水準で買い入れる、低公害車に税制上などの優遇措置を適用する、バイオ燃料産業に補助金を出す、などだ。これらの補助金プログラムごとに、CO_2排出削減量一トン当たりの社会的費用を割り出すことができるが、これはまさに、暗黙に想定された炭素価格にほかならない。経済協力開発機構（ＯＥＣＤ）の推定によると、この暗黙の炭素価格は、電力事業で〇（またはマイナス）～八〇〇ユーロである[24]。陸運業では、とくにバイオ燃料を導入した場合には、一〇〇〇ユーロに達する。公共政策において想定されている炭素価格にこれほどばらつきがあること自体、トップダウン方式の非効率性を如実に示すものと言えよう。同様に、気候変動に関してグローバルな協定が結ばれたとしても、すべての地域に統一的に適用されないのであれば、さしたる効果は望めない。協定に批准しない国では炭素価格はゼロなのに対し、批准した国の炭素価格は最終的に非常に高くなる。

再生可能エネルギーへの補助金は、「学習曲線」を理由に正当化されている。つまり、発電が軌道に乗ればコストは下がるはずなので、それまでの補助ということだ。だが学習効果というものは一般に予測がきわめてむずかしいうえに、産業団体は補助金欲しさから学習効果を誇張しがちである。とはいえ再生可能エネルギーの場合、学習効果がきわめて大きかったことは事実だ。たとえば日照時間の長いドバイで二〇一五年に締結された集光型太陽熱発電プラント契約は、五・八五セント／ｋＷｈとその時点で世界最安値だったが、このコストにしてもつい最近まで実現不可能だった。しかもコストは下がり続け、いまや五セントを大きく割り込んでいる。だから、学習効果に期待する補助金にそれなりの根拠はあるだろう。しかし効果が最も大きいのは技術導入時であることを踏まえ、一定期間を経過したら補助金を減らすべきである[25]。

以上のように、気候変動問題に取り組むときには、プレーヤーによって扱いに差を設けないことがきわめて重要である。そうすれば環境政策は信頼を勝ち得ることができる。差異化によりコストがひどく嵩むことになれば、いずれは有権者あるいは利益団体からの圧力を受けて、その政策は放棄せざるを得なくなるだろう。環境への取り組みはすべての人にとっての義務ではあるが、経済の原則が守られない限り、この義務は順守されまい。そして環境政策も経済的手法も、世界全体としてのアプローチと価格付けメカニズムを必要とする。つまり、価格付けメカニズム（炭素税あるいは排出権取引市場）は環境政策の敵ではなく、むしろ大規模な環境政策を実現するための必要条件である。

経済的手法

大多数の経済学者は、グローバルなレベルでのカーボン・プライシングを提言している。そのための方法で意見が分かれるとしても、それは価格付けの原則と比べれば副次的な問題にすぎない。多くの社会運動団体（たとえば環境運動家のニコラ・ユロ[26]）、NGO、シンクタンクなども意見を共にしている[27]。たとえばIMFのクリスティーヌ・ラガルド専務理事と世界銀行のジム・ヨン・キム総裁は、二〇一五年一〇月八日に次のような共同声明を出した。

「よりクリーンな未来をめざすためには、政府が行動を起こすとともに、民間部門に適切なインセンティブを設けることが必要である。その柱となるのが、強力な公共政策の下でのカーボン・プライシングだ。燃料、電力を始め、炭素を排出する産業活動に対して、現在より高水準の炭素価格を設定するなら、クリーンな燃料の活用、省エネルギー、クリーン技術への投資を促すことができよう。炭素税、排出権取引などの価格付けメカニズムを導入する一方で非効率な補助金を廃止すれば、企業も世帯も、地球温暖化との戦いにおいて長期的に何に投資すべきなのか、明確に判断できるようになる[28]」

どの国も、どの産業も、どの企業も世帯も、炭素を排出したら同じ価格を払う――これこそ、最高にシンプルな方法ではないだろうか。だがこれまでのところ、世界はあきらかに複雑なやり方のほうが好きらしい。

一貫性のあるカーボン・プライシングを実現する経済的手法は二通りある。炭素税と排出権取引である。ここで重要なのは、これらの方式が個々の国の環境政策にどう影響するか、ということだ。となれば、グローバルな統一価格を導入するとしても、その実施に関しては各国政府に自由裁量の余地を与えたほうがよい、ということになる。すべての国の政府が、排出削減のために最もローコストな方法をとるとは限らないとしても、だ。たとえば、税の徴収と再分配のしくみが整っていない国があるとしよう。その国が貧困層の住宅建設を奨励するために、セメントに適用する炭素価格を低めに設定したいとする。するとこの国は、一律価格の原則から大幅に乖離してしまうことになる。それでも、各国政府への権限委譲には二つのもっともな根拠がある。第一に、各国政府に自由裁量の余地を残すことで世論を（あるいは政府部内を）説得しやすい。第二に、他国が気にするのはCO_2排出量だけであって、どうやって減らしたかは問題ではない。

目標達成のためには、炭素税、排出権取引いずれを選ぶにせよ、地球全体の排出量をカバーする国際協定に依拠することになる。したがって「あなたがやるなら私もやります」という姿勢になりやすい。そこで、どちらの方式を選ぶ場合でも、政策の実施状況について監視と検証が必要になる（一般的に言って、何かを効果的に減らそうとする場合には、減らしたいものを測定するための透明で信頼できるメカニズムの導入が前提条件となる）。経済学者は、炭素税を選ぶか排出権取引を選ぶかについて必ずしも意見が一致しているわけではないが、ともかくも現在の自主的な約束よりはるかにましだという点では一致している。

オプション1：グローバル・ベースの炭素税

すべての国が、温室効果ガス排出に対して同一価格（たとえば炭素一トン当たり五〇ユーロ）を設定することに同意する。そして各国は国内の排出量に見合うだけの税金を徴収する。こうすれば、どの国も温室効果ガス排出一単位について同一価格を払うことになる[29]。一つのやり方として、すべての国に共通の最低炭素価格を定め、どの国の政府にもいっさい権限を委譲しない方式が考えられる（もちろん、もっと高い価格を単独で課すのはかまわない）。より高度なやり方としては、平均価格だけを決めておき、あとは各国の裁量に任せる方式がある[30]。ある国における炭素価格は、炭素税収を排出量で割った数字に等しくなる。炭素税のみを採用する場合には、この価格が排出一単位当たりの炭素税の額に等しくなる。だが一般的には、税額はさまざまな政策の組み合わせから導き出されることが多い。炭素税、税額控除、懲罰的措置（たとえば排出量に基づく自動車への割増税）などである。

炭素税またはこれに準ずるアプローチでは、各国が国際協定を守っているかどうかを確認しなければならない。その理由を説明しよう。

第一に、徴税のインセンティブの問題がある。炭素税の大半は第三世界に恩恵をもたらすことになるため、先進国には、自国民、自国の公的部門、自国に立地する企業の排出に対して税を取り立てるインセンティブが存在しない。取り立てれば財政が潤うとわかっていても、である。だから、これまでスウェーデンを除いては、炭素税の徴収がきちんと行われていない。こうした状況を踏まえると、国際協定が締結されたところで、守らない国が出てきてもおかしくない。仮に排出量の計測にコストがかからないとしても、政府は一部の排出事業者に目をつぶったり、排出量を過小に見積もったりし、環境保全に伴う経済的・社会的費用を払わずに済まそうとするだろう。政府のそうした日和見主義的な姿勢を防ぐのはむずかしい。極端な例ではあるが、脱税天国ギリシャの例を見れば、税の徴収と強制の困難さがよくわかろうというものだ[31]。要するに全世界統一の炭素税の導入には、グローバルな利得のためにローカルな負担が生じることから、古典的なフリーライダーの問題がつきまとうのである。グローバル・ベースの炭素税が正しく機能するためには、厳格な国際監視システムを同時に発足させなければならない。

第二に、課税対象産業の負担を埋め合わせる政策がとられることがある。例えば、化石燃料産業に炭素税を導入するときに、その分だけ別の税金を軽減する（または補助金を増やす）といった措置を講じて炭素税の負担を打ち消してしまう、といったことだ[32]。

第三に、炭素に明示的な価格付けができないような政策が存在する。たとえば環境技術の研究開発、建築基準の改正、農業の改良、植林政策などだ[33]。カーボン・プライシング政策を導入する場合、明示的な価格がつけられないこうした環境政策を評価するために、換算レートを設定する必要がある。場合によっては、国によって固有の換算レートを設ける必要もあるかもしれない。というのも、建築基準が温室効果ガス排出におよぼす影響は、気候帯によって異なるからだ。同様に、高緯度地域で不用意に植林をすると、太陽光を反射して気温上昇を防いでいる雪面を覆ってしまい、むしろ温室効果ガスの排出量を増やすことがある[34]。

オプション2：排出権取引

すべての経済主体に単一の炭素価格を適用するもう一つの方法は、排出権取引メカニズムの導入である。グローバルな排出上限を決め、それに見合う排出許可証を割り当てる。無料で割り当ててもいいし、入札方式にしてもいい。割当量以上に排出する事業者は、取引市場で超過分相当の許可証（＝排出権）を購入しなければならない。逆に割当量を下回った事業者は、その分を市場で売ることができる。すべての事業者にとって、排出した炭素一トン当たりの価格と、市場で取引される排出権の一トン当たりの価格は等しい。割当量を上回って排出する企業は、当然ながら市場で売ることはできず、市場価格で許可証を購入しなければならないというペナルティーが課されるわけである。

国際協定によりCO_2排出量の上限が定められ、それに基づいて、グローバル・ベースで取引可能な排出権の数が予め決定されることになる。排出権は市場で取引されるので、最終的には炭素価格は同一水準に収斂する。国同士の許可証のやりとりでも、炭素価格を取り決める必要はなく、市場における需要と供給の法則に委ねればよい。当面は国ごとに許可証を割り当て、すべての国に取引参加のインセンティブを与えるとともに、各国内での平等の実現をめざす。

では、取引市場に参加しない家計にはインセンティブはあるのだろうか。じつは家計は、炭素価格が反映されたモノやサービスの価格を通じて間接的な影響を受ける。家計のエネルギー消費に関しては、排出権取引制度における炭素価格の水準と炭素税の水準が同等であれば、エネルギー価格に上乗せせず、炭素税を設定してもよい。あるいは、バラク・オバマ方式で、川上部門の製油所や天然ガス生産・輸入事業者を排出権取引に参加させるやり方もある。これらの事業者は、「炭素価格シグナル」を消費者に送ることになる。

排出削減の試みの中で最も成功した例は、酸性雨の原因物質である二酸化硫黄（SO_2）と窒素酸化物（NO_x）の排出削減だろう。その契機となったのが、一九九〇年にアメリカで超党派で採択された大気浄化法である。この法律では、当時二〇〇〇万トン近くに達していた排出量を一九九五年から段階的に一〇〇〇万トン減らすこと、排出量をその後三〇年にわたり排出権の数に見合う水準に抑えることが定められている。やや高めの目標だったが、この目標は達成された。排出権取引市場が存在したこと、法律に明記されたため削減量が厳格に守られたことが要因だったと考えられる[35]。

この例から、いくつか教訓を引き出すことができる。まず、単一の炭素価格を適用する方式は、すべての経済主体を完全に同等に扱うことができない場合でも、うまく機能するということだ。たとえばアメリカ中西部（石炭発電所が多くSO_2排出量が多い）は、一九九〇年大気浄化法に猛反発して結局無償で排出権をせしめたのだが、それでも排出権価格がインセンティブとなって、効率的に削減目標を達成することができた。もう一つの教訓は、時間が重要な要素になるということである。企業であれ、家計であれ、あるいは公的部門であれ、経済主体は炭素価格が将来十分に上昇すると見込めなければ、わざわざクリーン技術を導入しようとはしない。同様に、企業は経済的利益が見込めない限り、クリーンな新技術の開発に本腰を入れないだろう。だから、将来の炭素価格の不確実性をできるだけ減らすことが重要になる。

だが、排出権取引を積極的に活用する場合、いわゆるカーボン・ファイナンスを心配しなくてよいだろうか。つまり排出権をめぐって投機が横行し、バブルにつながるのではあるまいか。まず言っておきたいのは、排出権価格が上がるにせよ、下がるにせよ、市場参加者が手持ちの現金で決済する限り、投機は大規模にはなり得ないことである。これに対して、銀行や電力会社が金融市場で資金調達してリスクの大きい取引を行うようだと、厄介なことになりかねない。銀行の預金者や電力の消費者に被害がおよんだり、さらには大いにありそうなことだが、政府がこの銀行やエネルギー事業者を救済しようとすれば、納税者がみな影響を被ることになる。これは、典型的な規制の枠組みで解決できるだろう。政府は対象企業のポジションを監視し、排出削減目的とは無関係な取引を行っていないか確認する。そのためにも、排出権やその派生商品は所定の取引所で取引することを義務づける必要がある。相対《あいたい》取引のダメージがいかに大きいかということは、二〇〇八年の金融危機ではっきりした。透明性の高い市場で取引が行われれば、取引参加者のポジションもチェックしやすくなる[36]。

不確実性の管理

気候変動対策としてどの方式を採用するにせよ、不確実な要素が多く絡んでくるため、政策立案の過程でエラーが入り込むことは避けられない。気候変動の科学的解明そのものにも、技術面（たとえば脱炭素技術の開発動向）、経済面（たとえば脱炭素技術のコスト）、政治面（意味のある国際協定の成立可能性と各国の順守の意思）にも、多くの不確実性が存在する。

将来の炭素価格動向に伴う不確実性が存在する以上、それを補うような政策が必要になってくる。その柱となるのは、新たな動向（予想を上回る環境劣化の進行、世界的な景気後退など）を考慮して排出許可証の数あるいは炭素税の税率を調整することだ。このような調整がありうる場合、排出削減に向けた長期的な約束がしにくいとの懸念が生じるかもしれない。だが、解決策は十分に存在する。[37] ヨーロッパでは、二〇二一年から排出権取引市場に価格安定化メカニズムが導入される。さらに、市場参加者は許可証の活用を先送りすることも可能になり、これによって価格変動を抑えられるようになった。将来の価格上昇が見込まれる場合には許可証を使わずにとっておくことができるので、現在の価格水準を押し上げ、将来の水準を抑える方向に作用する。[38]

国ごとの説明責任

国際社会によるCO_2排出量の監視は、事業者レベルではなく国レベルで行うほうが技術的にはるかに容易である。となれば、各国政府にその国の温室効果ガス排出量に関して説明責任を持たせることが理に適《かな》う。一国の人間の活動による排出量は、カーボン・アカウンティング（炭素会計）によって計算する。カーボン・アカウンティングでは、事業活動による温室効果ガスの排出量をCO_2に換算し、公表する。森林や農業関連の炭素吸収源については、衛星から観測することが可能になった。またアメリカ航空宇宙局（NASA）とヨーロッパ宇宙機関（ESA）が国別のCO_2排出量を計測する実験プログラムに取り組んでいる。[39] 監視の面でも、国単位で監視するほうが、排出源ごとに行うよりはるかに容易だ。そして現在のキャップ&トレード方式のような取引制度があれば、年度末に割当量を超過してしまった国はその分の排出権を購入すればよく、下回った国は譲渡してもいいし、将来のためにとっておいてもいい。

5　不平等とカーボン・プライシング

不平等の問題は、二つのレベルで発生しうる。一つは国内、もう一つはグローバルなレベルである。いま現実の問題となっているのは、後者のほうだ。

国内レベルでは、炭素税は貧困世帯への負担が大きいとして、ときに反対の声が上がる。カーボン・プライシングは世帯の購買力を押し下げるので、そこに貧困世帯も含まれてしまうのは好ましくない、というわけだ（過去にそのような反対を押し切って他の環境税が実行に移された例があっても、である）。なるほどその言い分はわかる。だが、それを理由に排出削減目標の達成を犠牲にすべきではあるまい。公的介入を行う場合には、目的に応じた適切な手段を選ぶこと、できる限りその手段に手心を加えないことが望ましい。不平等問題を解決するためには、政府はできるだけ所得税を活用し、透明性の高い方法で再分配すべきであって、環境政策を巻き込むべきではない。不平等への取り組みがいかに重要だとしても、そのために環境政策の第一義的な目標から逸脱してはならない。環境政策に不平等の問題を関連づけようとすると、きわめて好ましくない政策を生み出すことになる。たとえば電力料金をコストの一〇分の一に設定するのは、その代表例だ（そんなことをするから、セントラルヒーティングや、さらには一年中温水プールの営業が可能になる一方で、ビルの断熱工事などの省エネ対策がおろそかになるのである）。また、貧しい人ほどよくタバコを吸うという理屈をつけてタバコ税の引き上げを妨害し、ニコチン中毒患者を増やすのも、けしからぬ政策の一例である。タバコと環境政策は無関係だ、と思われただろうか。だが現に私たちは、炭素に関してまさに同じことをしている。

同じ原則がグローバル・レベルにも適用される。すなわち、非効率で信頼性の低い政策を採用するぐらいなら、貧困国に富の再分配を行うほうが好ましい。ローマ教皇フランシスコも、回勅「ラウダート・シ」

■ 図表8-4　1850年以降のCO_2排出量累計

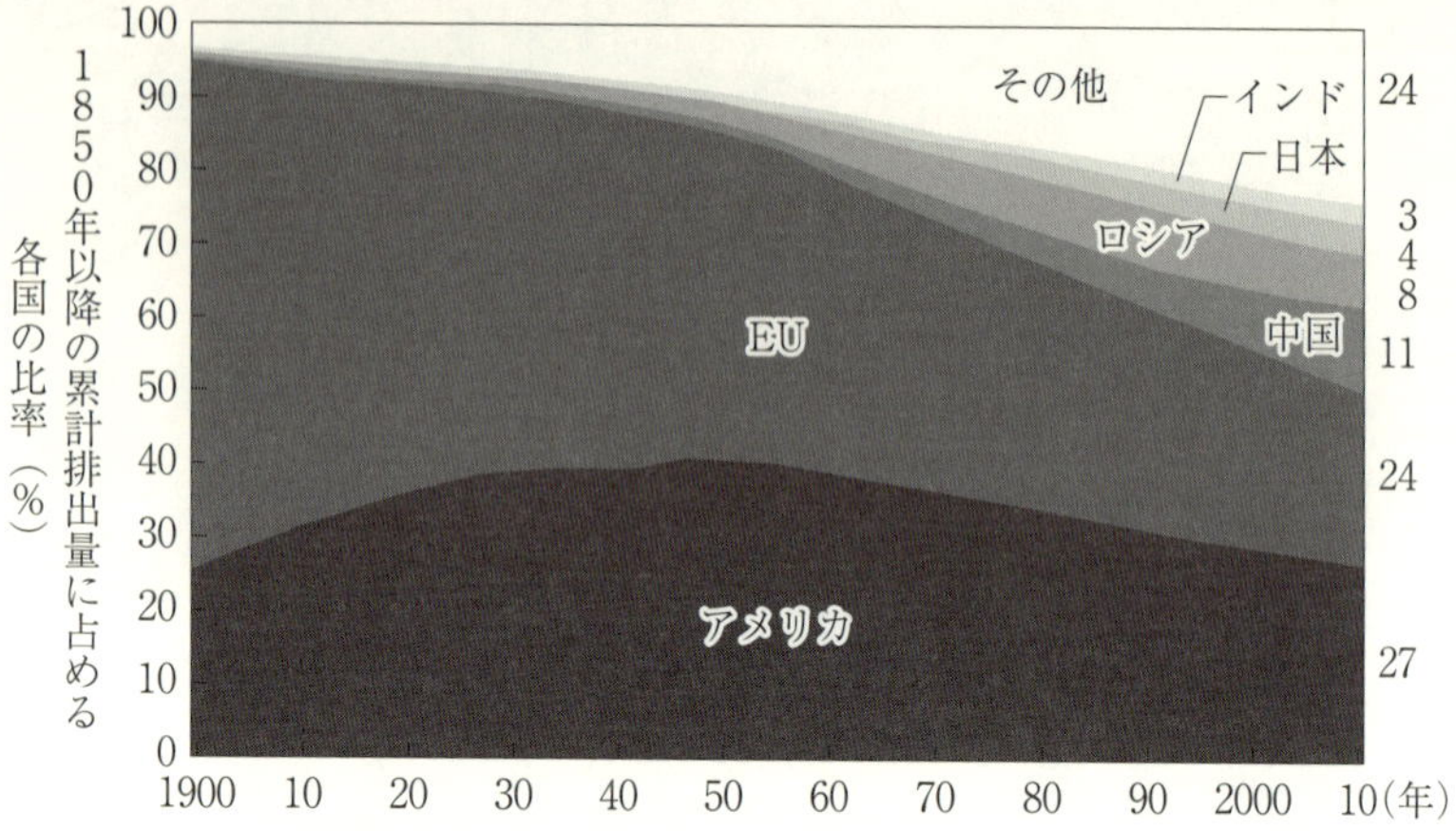

資料：Chaire Economie du climat（原資料は世界資源研究所）

の中で次のように語っている。

「今後数十年の間に、最悪の影響は発展途上国に降りかかる可能性が高い。多くの貧しい人々が、地球温暖化の影響をとりわけ強く受ける状況で暮らしており、彼らの生計の手段である農業、漁業、林業などは、天然資源や生態系の営みに大きく依存している。この人たちは気候変動に適応するために他の経済活動を行う手立てもなければ、他の資源にも恵まれていない。また、大規模な自然災害に対して打つ手もない。そのうえ、社会福祉や保護へのアクセス手段もほとんど持ち合わせていない」

富裕国は地球を汚して工業化を推進してきたのだという貧困国や新興国の主張は正しいし、自分たちも富裕国の生活水準に近づきたいという要求ももっともである。図表8－4と8－5は、富裕国の責任の大きさを雄弁に物語っている。こうした状況での取り組みを明確にするために、「共通だが差異ある責任」の原則を改めて考えてみるべきだろう[40]。先進国が責任を負うのはもちろんだが、将来には新興国も排出量のかなりの割合を占めるようになることは、図表8－4を見ればあきらかだ。このデータから、一部では「差異があるからこそ公平な」アプローチを支持する声が上がっている。すなわち先進国では炭素価格を高めに、新興国や発展途上国では低めに設定するという。

だが先進国に高めの炭素価格を設定しても、その効果は限定的である。というのも、生産拠点を炭素価格の安い国に移転することが可能だからだ（京都議定書の場合のように、批准を承認しない国が出てくるケースはさて措くとしても）。そのうえ、先進国がいかに努力しようとも、新興国と発展途上国が将来野放図に排出するなら、温度上昇を摂氏一・五〜二度に抑えるという目標はとうてい達成できない。とりわけ、新興国の負担を免除することは不可能である。たとえば中国のCO_2排出量は、二〇年以内に、産業革命以降のアメリカの排出量累計に達する見通しだ。

では、どうしたらいいのか。答は、新興国が企業と世帯の両方にカーボン・プライシングを受け入れさせることである（世界的な水準と同等の価格であることが望ましい）。そして、不平等の問題は富裕国から貧困国への移転という形での解決をめざす。コペンハーゲン議定書は、この方向での支援を決定しており、パリのＣＯＰ21でもこの原則が再確認された。

つまるところ、先進国とそれ以外の国の間で負担の問題が表面化したのは、国家間の不平等が存在するからである。「共通だが差異ある責任」の原則は、富裕国はおおむね過去に温室効果ガスの蓄積の「主犯」だったという認識に基づいている。この認識は正しいとしても、だからといって一九九七年の京都議定書のときのように、単一

図表8-5　国民1人当たりのCO_2排出量

国	1人当たりのCO_2排出量（単位：t）
ウガンダ	0.11
コンゴ共和国	0.53
インド	1.70
ブラジル	2.23
世界平均	4.98
フランス	5.19
中国	6.71
ドイツ	8.92
日本	9.29
ロシア	12.65
アメリカ	17.02
カタール	43.89

資料：世界銀行

炭素価格の原則を放棄してよいということにはならない。京都議定書ではいわゆる発展途上国、（気候変動枠組条約「非附属書Ⅰ国」）には排出削減義務がいっさい課されず、したがってカーボン・プライシングを導入する必要もなかった。このことが、各国議会が批准手続きを承認する段階で問題となり、アメリカの上院では批准が可決されなかった。この失敗を繰り返してはならない。

最後に、たとえば中国企業がアメリカやヨーロッパへ輸出する製品を生産するケースについて考えてみよう。そのような生産に伴う温室効果ガスの排出は、中国の排出量としてカウントすることは正しいのだろうか。この場合には、中国企業はその分の炭素価格をモノの値段に上乗せすればよい。そうすれば、払うのはアメリカあるいはヨーロッパの消費者ということになる。したがって、国際貿易が行われるからといって、汚染者負担の原則を曲げる必要はない。

グリーン・ファンド

貧困国もグローバルな排出削減努力に参加できるよう資金援助をする試みは、いまのところ停滞気味だ。いちばん新しい試みでも二〇〇九年のコペンハーゲン・サミットまで遡《さかのぼ》らねばならない。このときは、最貧国を支援する「緑の気候基金（ＧＣＦ）」の創設が決まり、二〇二〇年までに年間一〇〇〇億ドルの拠出をめざすことになった[41]。

ＯＥＣＤは二〇一五年一〇月に、気候変動対策のために先進国が拠出した資金的援助が、官民合わせて六二〇億ドルに達したと発表した。これは、二〇一四年の予想を上回る額である。だがＮＧＯや貧困国自身の言い分を聞くと、額面通りには受け取れないようだ。まず、コミットされた金額の一部は贈与ではなく融資である。そのうえ、資金の多くは国際的な援助機構（世界銀行、アジア開発銀行、欧州復興開発銀行など）または国家機関（フランスの場合はフランス開発庁）が拠出している。だからといって、これらの機関の予算が増えたわけではないから、果たして援助が追加的なものなのかどうかが疑わしい。ほんとうに途上国の温暖化支援のために拠出された新たな援助なのか。既存の援助に「グリーン」のラベルを貼っただけではあるまいか[42]。

自然災害後の人道支援や途上国向けの医療支援活動など他の援助でもそうだが、とかく先進国の議会は、第三世界への資金の拠出を渋る傾向がある。ＧＡＶＩアライアンス（ワクチンと予防接種のための世界同盟）のように費用対効果がきわめてすぐれているプログラム（しかも予算規模ははるかに小さい）でさえ、ビル＆メリンダ・ゲイツ財団からの資金提供がなかったら、実現しなかっただろう。国際会議では、政治家は太っ腹な資金供与を約束するが、会議が終わったとたんに減額したり、形ばかりの支援に格下げすることが多い。緑の気候基金の場合にも、フリーライダーが横行し、実現が危うくなる事態が懸念される。

言うまでもなく、二〇〇カ国近い国の集まりとなれば、資金の受け手と出し手それぞれの立場を理解し合うのはむずかしい。どの国も自国の利益を前面に押し出し、払う側はできるだけ少なく、もらう側はできるだけ多くしようとする。おそらく、国ごとに拠出金を割り当てるのではなく、何らかの変数（人口、現在および将来の排出量、温暖化の影響度など）に基づく機械的なやり方で決めるほうがよいのではないか。この方法にしても容易ではないが、二〇〇近い国が交渉するよりは現実的だと考えられる[43]。

6　国際協定の信頼性

気候変動枠組条約のような国際協定が効果を発揮するためには、すべての国とすべての地域がそれぞれの領土で単一の炭素価格を適用するという合意が成立しなければならない。そのうえで、国や地域は自由に排出削減策を立てることができる。炭素税を導入してもいいし、排出権取引市場を創設してもよく、両者を併用してもよい[44]。だが合意を維持するという困難な課題には、フリーライダーの問題がつきまとう。あの国もこの国もちゃんと合意を守ると当てにしてよいのだろうか。これは厄介な問題ではあるが、けっして解決不能ではない。

ここでは、公的債務の事例が参考になる。債務不履行にいたった国に対する制裁は限られている（幸いなことに、軍事的圧力をかけることはもはや許されない）。となると、債務国がきちんと返済するのか、心配になってくる。同じことが、排出削減にも当てはまる。望ましい協定の成立にいたったとしても、その実行を強制する手段は限られている、ということだ。気候変動に関する国際的な議論では、このことがしばしば見落とされている。だからといって、人類の希望を盛り込むことをあきらめる必要はない。必要なのは、協定に拘束力を持たせること、約束のうえに成り立つ合意ではなく、正式の条約にすることだ。公的債務の場合、国際的な制裁の余地が限られていても、大方の国はだいたいにおいて対外債務を完済している。ウェストファリア条約の伝統は広く受け継がれており、条約というものは最終的には実行される可能性が高い。

協定を遵守しなかった国を名指しで非難することは、とるべき戦術の一つである。だが京都での「約束」に見られるように、さして効果はない。どの国も、約束を守れない立派な理由をいくらでも述べたてられるからだ。他の環境対策を優先した、不況になった、他の国がちゃんと努力していない、政権交代があった、雇用維持のためにやむを得なかった、等々。国際協定の遵守の問題には、全員が満足する完璧な解決は存在しない。それでも、少なくとも二つの手立てが考えられる。

第一は、どの国も自由貿易を望むことを利用する方法である。ある国が気候変動に関する国際協定に違反した場合、世界貿易機関（ＷＴＯ）は環境ダンピングを行ったとみなして制裁を科す。また、協定に参加しない国に対しては、その国からの輸入品に懲罰的関税を課す。このような政策は、協定参加をためっていた国に参加を促す効果があり、国際的な合意の形成・維持につながると期待できる。言うまでもなく、制裁の内容は各国が勝手に決めることはできない。そんなことをすれば、ここぞとばかり各国が必ずしも環境とは関係のない自国の事情を言い立てることになるだろう。

第二は、協定違反を債務不履行と同じく将来世代への先送りとみなす方法である。この場合には、

ＩＭＦが関与する。たとえば排出権取引制度を導入した国が、年度末に割当量を上回った場合には、その分だけ政府債務残高を増やす。排出権の市場価格に基づいて債務に換算すればよい。

それなりにうまく機能している国際的なしくみに気候変動対策を関連づけることによって、思わぬ弊害が出る危険性があることは、重々承知している。だが、ほかに妙案があるだろうか。拘束力のない協定の参加国は、各国の善意により排出削減の約束が守られると期待しているのだろう。彼らが正しいとしても、より強力なインセンティブの設定は、副作用をもたらすことなく効果を発揮できるはずである。

7　交渉を正しい道に引き戻す

地球温暖化は人間の活動が原因で起きたという科学的な証拠が積み上がっているにもかかわらず、問題解決に向けた国際社会の努力は不満足と言わざるを得ない。京都議定書は、社会的費用を引き受けてでも単一の炭素価格を導入しようという国際的な連帯を形成することができなかった。また、フリーライダー問題を十分考慮しない国際協定がいかに脆いものかを露呈することにもなった。あらゆる国際協定が満たさなければならない基準は三つある。経済的効率、遵守を促すインセンティブ、そして平等の原則である。温暖化防止に関しては、すべての国が単一の炭素価格を適用しない限り、経済的に効率とはなり得ない。また、フリーライダーを罰する形でインセンティブを設ける必要がある。平等は、国によって解釈の異なるむずかしい問題ではあるが、定額資金移転が有効と考えられる。排出削減を自主的に約束する方式は、主要国の日和見主義を招き、結局は排出削減の具体的な取り組みを先送りするだけである。

とはいえ、本章では楽観的になってよい理由も示した。まず、数年前から多くの人々の間で環境が意識されるようになったことである。経済危機の際には環境への配慮が二の次になった時期もあったが、大きな流れとしては変わっていない。さらに、排出大国（アメリカ、中国、ヨーロッパなど）を筆頭に四〇カ国以上で排出権取引市場が創設された。排出量の上限がかなりゆるく、炭素価格がひどく低いという問題は残るものの、温暖化に対して合理的な方法で取り組む意欲は十分にうかがわれる。各国の排出権取引市場はいずれリンクされてグローバル取引市場となり（「換算レート」の問題はあるが）、統合的かつ効率的になると期待される[45]。このほか、太陽光エネルギーのコストが大幅に下がったことは、アフリカをはじめとする途上国の発電にとって心強い材料である。とはいえこれだけでは、温度上昇を摂氏一・五～二度に抑えるという目標達成にはあきらかに不十分だ。では、これらの有望な要素を目標達成につなげるにはどうしたらよいだろうか。

グローバルなレベルで対話を続けることはもちろん大切だが、国連を介するプロセスは、危惧されたとおり効果に乏しいことがわかった。二〇〇近い国による交渉は、あまりに複雑だ。現在および将来の排出大国による「気候対策連合」といったものを形成すべきである。それは主要二〇カ国（G20）かもしれないし、もう少しメンバーを絞るほうがいいかもしれない。二〇一二年には、五大排出国（ヨーロッパ、アメリカ、中国、ロシア、インド）だけで世界のCO_2排出量の六五％を占めた（うち中国が二八％、アメリカが一五％）。この五カ国がCO_2排出量一トンにつき相応の炭素価格を払うことを約束すれば、どうだろう。すべての国に参加を促すことはもちろん大切だが、全員が始めから膝を付き合わせる必要はあるまい。「気候対策連合」が先行し、排出削減に非協力的な国に対してＷＴＯを通じて圧力をかけることは十分可能だろう。すでに述べたように、排出削減をしない国には、環境ダンピングを行ったとみなして制裁や懲罰的関税を課すことが考えられる。

排出削減に取り組むには、結局のところ、良識に立ち返ることが必要である。本章の結論を以下にまとめる。

(1) 交渉の最優先課題は、温度上昇を摂氏一・五～二度に抑えるという目標の達成に向けて、単一炭素価格の原則に合意することである。国によって価格設定に差異を設けようとすれば、パンドラの箱を開けることになるし、環境対策としての効果も乏しくなる。新興国や貧困国からの排出量は増加しており、これらの国でカーボン・プライシングが行われなかったり不十分だったりすれば、温度上昇の抑制目標は絶対に実現できない。先進国で炭素価格が上昇し、温室効果ガスを排出する事業者が炭素価格の安い国に移転すれば、なおのことだ。

(2)　独立機関による監視体制の整備が必要であることについても、国際的な合意を形成する必要がある。各国の排出規制の遵守状況や排出権取引などのメカニズムの運営状況を監視する。

(3)　基本に立ち返るという精神から、平等という困難な課題に正面から取り組む。容易に解決できる問題ではないが、あらゆる交渉はこの問題に必ず直面することになる。多くのテーマにまたがる議論をしていたら、不平等の問題は永遠に解決できまい。単一炭素価格の原則に合意が成立した後は、他の付随的な議論からは切り離し、この問題に的を絞って取り組むべきである。排出削減目標を確実に実現するメカニズムが導入されない限り、先進国のグリーン・ファンドへの拠出の約束を取り付けても意味がない。グリーン・ファンドは、資金供与という形をとってもいいし、グローバルな排出権取引市場を前提として途上国に排出枠を多めに与える形をとってもいい。現状では、以上の方法に代わるものはないと信じる。

第9章　失業

二〇一五年のカンヌ映画祭では、ステファヌ・ブリデ監督作品『市場の掟』（邦訳タイトル『ティエリー・トグルドーの憂鬱』）で主役を演じたヴァンサン・ランドンが主演男優賞を受賞した。ランドン演じるティエリーは五〇代の男性。大企業を解雇され、失業保険をもらい、当てもないまま職業訓練を受けさせられ、職業紹介所に通う毎日だった。住宅ローンの返済と障害のある息子を抱えたティエリーはついに生計に窮し、やむなくスーパーマーケットの監視員の仕事に就く。客だけでなく従業員も見張ることが仕事だ。従業員を信用しない会社に対する苛立ち、些細な不正で従業員をクビにしなければならない仕事に対する苦悩、自らの尊厳を保とうとする苦しい闘いを映画は克明に描き出す。フランスで一〇〇万人が観たというこの社会派映画は、フランス社会を取り巻く不幸な空気をひしひしと感じさせる。仕事を失った人の立場はひどく弱くなり、社会から疎外されていく。また雇用主と被雇用者の関係は、往々にして敵対的で刺々《とげとげ》しいものになる。

『市場の掟』という映画のタイトルは何か運命の力を暗示しているように見える――この悲しい現実は、市場というものの不可避的な結末なのだ、と。たとえば市場経済においては、五〇代で失業するとまず二度と職に就けない。となれば当然ながら、職業訓練（その膨大なコストは間接的に被雇用者自身が負担している）は何の効果もないわけだ。またかなりのフランス人が悪条件の仕事から悪条件の仕事へと渡り歩くことを余儀なくされ、期間の限られた有期雇用契約（CDD）が終了すると、補助金付き雇用（長期失業者、生活扶助受給者、技能水準の低い若年層を対象に、政府が企業に補助金を出して雇用を促す措置）を経て、ついには失業状態に陥っている。あるいはまた、まだ若くて健康で働きたい人たちがあまりに早い退職に追い込まれ、働いている間に天引きされていた退職金でしのがなければならない。これはほんとうに市場の掟なのか、むしろ社会の選択ではないのか。

本章ではフランスの労働市場のデータを紹介したうえで、失業の一因が社会の選択にあることを示し、なぜそのような選択が行われたのかを究明する。社会が選択したのだとすれば、大量失業と労働市場の二極化はけっして必然ではない。本章では改革の道筋も提案する。改革案では労働契約の問題を重点的に論じるが、しかし労働契約の改革は、包括的な労働市場改革の一部にすぎないことを忘れてはならない。機能不全に陥っている他の面も改革しない限り、もう四〇年以上も無縁になっている完全雇用の復活は望めない。本章の最後では、労働時間、職業訓練、法規、保険などの問題にも簡単に触れる。フランスの失業問題は、長い年月の間悪化し続けてきた。このまま手をこまぬいていれば一段と深刻な雇用危機に見舞われることは必定であり、労働市場改革は急務である。

1　フランスの現状

フランスの雇用・仕事満足度は低いなどという表現は、まったく手ぬるすぎる。他国と比較するだけで、フランスの労働市場の問題点が明確に浮かび上がる。その結果が悲惨な労働統計に如実に表れており、それは北ヨーロッパより南ヨーロッパのほうにはるかに近い。ざっとまとめてみよう。

1　フランスの失業率は、北ヨーロッパ諸国（ドイツ、オランダ、スカンジナビア）や英語圏の国（アメリカ、イギリス、カナダ、オーストラリア、ニュージーランド）よりはるかに高い。
2　失業がとくに多く深刻なのは、主に一五〜二四歳および五五〜六四歳の年齢層である。
3　失業は、教育水準の低い人や資格を持たない人、都市部の住人に顕著に多い。
4　長期失業はことに弊害が大きく深刻な問題になりやすいが、これが二〇〇七年以降増加の一途をたどっている。
5　多くのフランス人が、職業の移動性が低い、職場の人間関係がうまくいかない、短期契約で不安定であるといった不満を抱えており、一般に仕事満足度が低い。
6　こうした状況から、フランスは雇用対策に多くの予算を投じている。

失業率の上昇と失業の長期化

まず、フランスにはどのくらい失業者がいるのだろうか。国際比較のためによく引用されるデータは、国際労働機関（ＩＬＯ）の定義に沿った数字である。しかしＩＬＯの定義はかなり限定的で、実際に職を失い再就労を望んでいる約一五〇万人が含まれない。[1]国立統計経済研究所（ＩＮＳＥＥ）によると、ＩＬＯの定義によるフランスの失業者は、二〇一五年第三・四半期の時点で二九〇万人、失業率は約一〇・六％だ。これでもドイツの二倍以上であり、英語圏や北ヨーロッパの国々よりかなり高い。

経済・産業・雇用省調査統計局（ＤＡＲＥＳ）の統計では、フランスの就労希望者を五つのカテゴリーに分けている。報道などで最もよく取り上げられるのは、カテゴリーAの「積極的な求職活動を義務づけられる求職者で、該当月に一度も就労しなかった者」である。このカテゴリーの失業者は、二〇一五年一月の時点で三五七万四八六〇人だった。ただしこの数字には、他のカテゴリー、すなわち職業訓練中、実習中、傷病休暇中または妊娠休暇中、補助金付き雇用契約者、パートタイム勤務者は含まれていないので、実際より低めに出ている。[2]これらのカテゴリーを含めた合計は、六一四万二〇〇〇人となる。

そもそも求職活動をしない人の存在も、失業者の計測をむずかしくしている。フランスの雇用事情の悪さに嫌気がさして大学院へ進む若者、初めから外国で職探しをする人、五〇代になって解雇され、ほんとうはまだ働きたいが再就職は絶望的と考えて求職しない人等々である。失業統計につきまとうこうした複雑さを考慮して、経済学者は就業率に注目することが多い[3]。フランスの就業率は、とくに二つの年齢層で非常に低くなっている。

第一の年齢層は、一五～二四歳である。この層の失業率は二四％に達する。就業率は二八・六％にとどまっており、経済協力開発機構（ＯＥＣＤ）の平均（三九・六％）も、北ヨーロッパの就業率（ドイツが四六・八％、オランダが六二・三％）も大幅に下回っている[4]。このように、フランスの労働市場は新規参入の余地に乏しく、とりわけ働き始める若者に対して厳しい。フランスだけでなく大方の国で若年失業率が高くなっていることは事実だ。企業は、まだ実績も経験もない人間の採用に消極的である。初めて社会人になる若者の場合、教育研修のコストがかかるうえ、いざ役に立つようになったら転職する可能性もあるのだから、なおのことだ。そうは言っても、フランスの若年層の失業率は、北ヨーロッパ諸国や英語圏に比べると大幅に高い。

その結果として、世代間の不平等が顕在化している。若年層は失業率が他の年代より突出して高いうえに、住宅の取得にも困難をきたす[5]。経済活動が活発で雇用機会が存在する地域では、おおむね住宅の需給が逼迫する。政府の政策で土地利用が厳格に制限されているため、住宅は慢性的に不足している。そのうえ借家人の権利が手厚く保護されているため、借家の供給はいっこうに増えない。貸し手市場のため、貸し手が借り手を選別し、高い保証金を要求することがまかり通っている。となれば、雇用が不安定な若年層は家を借りることもできない。

就業率の低い第二の年齢層は、五五～六四歳である。この層の早期退職率は、自ら希望したかしないかはともかく、ヨーロッパで最も高い。就業率（四五・六％）もＯＥＣＤの平均を大きく下回り、とりわけ北ヨーロッパにおけるこの年齢層の就業率（スウェーデンは七〇％以上）より大幅に低い。五〇歳以上で職を失うと長期失業（一年以上）になりやすく、五六％がこれに該当する。

より広い年齢層で見ると、フランスでは求職者の四％が長期失業状態にある。これは、北ヨーロッパの水準の二倍近い。そして、長い失業状態は一時的な失業よりはるかに悪影響が多いことがわかっている。まず、職業的な知識や技能が衰えてしまう。社会的に疎外され、労働市場でも門前払いを食わされやすくなる。長期失業率の上昇は、フランスの雇用問題を一段と深刻化させている。

弥縫策に頼る

失業問題を解決するために、フランス政府は（そして南ヨーロッパ各国の政府も）有期雇用契約（ＣＤＤ）を奨励し、補助金付き雇用契約に予算を投じるということを続けてきた。政権交代があっても、この方針は変わっていない。

補助金付き雇用は、すでに述べたように、長期失業者や若年層などを対象に、企業に雇用を促すために政府が補助金を出す形の雇用契約である。しかしこの政策は、公的資金の無駄遣いの典型例と言えよう。とりわけ、非営利部門についてそう言える。[6] 投じられた資金は、経営者に人材活用を促すというよりは人件費節減に利用され、さして必要でない雇用を定着させる役割を果たしている。もちろん、それなりのメリットがあることは認めよう。十分なスキルを持ち合わせていない若年層の雇用に関しては、「市場の失敗」を補う意義はある。企業は貴重な人材資源を育てるためにコストをかけて教育研修を実施しても、技能と経験を身につけた若者がもっと給与の高いところへ転職してしまったら、何の利益も得られない。だが全体としてみれば、補助金付き雇用契約の終了時に無期雇用契約（ＣＤＩ）に移行するケースがきわめて少ないことを統計は示している。とくに非営利部門でこの傾向が顕著に見られる。したがって、補助金付き雇用契約が安定した雇用への踏み台になるという論拠はまだ実証されていない。

近年のフランスでは、新たに創出される雇用の大半がＣＤＤである。二〇一三年にはＣＤＤが新規雇用の八五％（人材派遣を含めれば九〇％）を占め、増加の一途をたどっている（一九九九年には七五％だった）。これと並行して、超短期の契約や臨時雇用契約が急激に増えている。ここで言う臨時雇用とは、繁忙期などにのみ一時的に雇用され、次の雇用期間までは待機者として同じ企業に登録する雇用形態を指す。このような雇用契約は、雇われる側にとってとうてい満足できるものではないうえ、失業保険制度のコストが嵩《かさ》む(7)。今日では、CDDの二件に一件が同一企業での再雇用となっている。

CDDが雇われる側にとって好ましくないのはもちろんだが、じつは雇う側にとっても好ましくない。

雇われる側にとっては、このタイプの雇用契約を結んだところで解雇から守られるわけではない。理論上は、CDDの期間が延長されて無期雇用に移行することになっているが、実際にはまさにそれと反対のことが起きている。雇用主は、たとえ雇い入れた人に満足していたとしても、保障や解雇規制の厳しいCDIに移行したくはないのである(8)。こうしたわけでフランスは、不安定な雇用から安定的な雇用に移行する率がヨーロッパで最も低い(9)。つまり臨時雇用にようやくありついたとしても、将来の雇用の安定はほとんど期待できない。企業のCDD依存度が高まり、しかも企業も被雇用者もそれに満足していないという事実から、現在の労働規制によってフランス社会が引き受けさせられている暗黙のコストの大きさがうかがわれる。

フランス政府は、企業がCDIでの雇用に及び腰でCDDが多用される傾向にあることを知っていながら、この問題に手をつけようとしなかった。というのもCDDは、硬直的なCDIこそが望ましい唯一の雇用形態だとする建前にとって、安全弁の役割を果たしているからだ。少なくとも雇用は雇用であり、失業率がむやみに上昇することを防いでくれる。過度に保護され硬直的なCDIと融通無碍《むげ》なCDDとの二極化は、そのまま労働市場の二極化につながり、ほぼ終身雇用を保証される労働者と、不安定な職に就き多くの時間を安定した職探しに費やす労働者に二分されている。これは労働者全体として不健全な状況であり、とりわけ若年層にとってそう言える(10)。

こうした状況にもかかわらず、公的な場での議論は解雇（雇用主による一方的な雇用契約の終了）の問題に終始している。しかし、解雇はそもそもCDIにしか関係がない。政府は解雇というもの自体をなくそうと躍起になっているが、解雇が雇用契約終了に占める割合は四・四％にすぎない。辞職（被雇用者による一方的な雇用契約の終了）のほうがまだ多いが、これも九％にすぎず、しかも減少傾向にある。大半を占めるのは、もともとCDDだった雇用契約の終了であり、七七％に達し、なお増加の一途をたどっている。残りは、労使合意による契約解消、試用期間の終了、早期退職などである。

費用対効果の悪い政策

どの国も雇用政策には予算を投じており、そのこと自体に問題はない。予算は、職業訓練、弱者保護、職業斡旋などに充当される。とはいえフランスが雇用政策に投じる予算は、国際的な標準を大幅に上回る。教育、医療など他の公共政策にはこれほどの予算は割り当てられておらず、巨額の雇用対策予算は重い財政負担となり、公的債務を大幅に増やす結果となっている。つまり失業は労働者自身にとって高くつくだけでなく、社会全体にとっても高いものについているのである。

ここで、フランスの雇用政策に何が含まれているのかをざっと見ておこう。まず、失業補償である（二〇一四年の時点で三一〇億ユーロ）。それから、雇用支援や職業訓練、職業斡旋の公的サービス、補助金付き雇用、勤労学生や都市免税区域での雇用への公的支援があり、さらに一般措置と呼ばれるものがある。ここには、低賃金労働者向け社会保障の雇用主負担軽減措置、競争力強化・雇用促進税額控除（CICE：企業の競争力を高めるために支払報酬額に応じて税額控除を適用する措置）、週三五時間労働の導入の影響を軽減するための特別融資などが含まれる。[11] これらを合計した雇用対策予算は一九九三年以来増え続けており、二〇一二年には、消極政策（失業保険）が国内総生産（GDP）比一・四一％、積極政策（職業訓練、補助金付き雇用など）が〇・八七％に達した。[12] これに雇用主負担軽減措置やCICEを加えれば、じつにGDP比三・五〜四％となる。[13]

不満足な労働事情

失業や不安定雇用は、雇用問題の氷山の一角にすぎない。このほかにもさまざまな形の不利益が隠されている。

第一に、労働市場の流動性が乏しく、必ずしも適材適所になっていない。労働者が転職を考えるのは当然のことである。たとえば新天地で新しい職業体験をしたいとか、新たな技術や知識を身に付けたいと考える。あるいは、同僚や上司との関係がうまくいかないからよそに活路を見いだしたいと考える。また企業の側も、変化の激しい経営環境に適応すべく事業の方向性を変えたいと考え、これまでとはちがう知識や経験を持つ人材を雇いたいと考える。ところがＣＤＩは、フランスではある種の特権（もちろん相対的な意味合いだが）のようになっており、一度この契約を勝ち取った労働者は、転職したら同等の契約を結ぶのはむずかしいと恐れ、なんとしてもしがみつこうとする。その結果、労働市場は硬直し、しかるべき知識と経験を備えた人材がそれにふさわしい仕事に就くというふうになっていない。これは労働者にとっても企業にとっても暗黙のコストを生じさせている。

第二に、労使関係が敵対的である。フランスでは雇用主と被雇用者がだいたいにおいてうまくいっていない。実際、労使関係の満足度評価では、フランスは一三九カ国中一二九位という体たらくである[14]。なぜこうも満足度が低いのか、その原因は推測するほかない。おそらく、先ほど挙げた流動性の欠如が一つの原因だろう。労働市場の流動性が高ければ、人間関係など職場に不満を抱く労働者は転職を考えるのがふつうである。だがフランスでは転職先が容易に見つからないため、どんなに不満でも現在の仕事にとどまるしかない。そのうえ一部のよからぬ雇用主は、意図的に職場環境を劣化させ、労働者が雇用契約の解消を受け入れざるを得ないような状況に追い込む。こうすれば、労働裁判所に訴えられることもなく、厄介払いできるからだ。

仕事上のストレスの点でも、フランスの職場環境は好ましくない。ある国際的な調査によると、[15]雇用の保護を定めた法規と職場のストレスには正の相関関係があるという。これは、驚くには当たらない。雇用が硬直的なうえに新規雇用機会が少ないとなれば、すでに見てきたとおり、雇用者と被雇用者の関係はさまざまな形で悪化する。雇われる側は職場や仕事に満足していないにもかかわらず、とにもかくにも一度ありついた仕事を手放すまいとする。腹黒い雇用主は、失業を恐れる社員の弱みに付け込んで精神的・肉体的苦痛を与える。

第三に、雇用の不安定が労働者に重くのしかかる。言うまでもなく、雇用が不安定なのはCDDで雇われた労働者である。だが意外なことに、世界で最も保護されていると言ってよいCDIで働く人も、不安に苛《さいな》まれているのである。[16]そんな馬鹿なと思われるかもしれないが、実際にはそれほど意外ではない。CDIで働く人たちは、万が一解雇となって失業したら、それまでと同等の条件の仕事を見つけることがきわめてむずかしいこと、身近にいる大勢のCDDの境遇に落ち込むことを知っているからだ。こうしたわけでフランス社会には悲観的な感情が充満しており、現状は受け入れられないが、かといって革新的な打開策を見いだすこともできなくなっている。

労働市場改革の必要性

フランスでは、労働市場改革の必要性に対する反論として、失業問題は循環的要因によるものだから、景気が回復すれば失業率も低下する、という主張をよく耳にする。たしかにフランスが、他のヨーロッパの国々と同じく、EUの将来の不透明性やグローバル金融危機の余波の影響を受けていることはまちがいない。それに、景気が回復して企業収益が改善すれば、雇用は確実に上向くだろう。だが以下の理由から、景気原因説は正しくないと断言できる。

第一に、失業は構造問題であって、景気だけが原因ではない。フランスの失業率はもう三〇年以上、七％を下回ったことがない。補助金などに多額の予算が投じられ、また予告退職（今日では合意による契約解消が認められて容易になった）やＣＤＤが多用されているにもかかわらず、である。制度がもともとフランスと似ている南ヨーロッパの国々の失業率が、北ヨーロッパや英語圏の国々よりはるかに高いのは偶然ではない。第二に、もし景気後退期に財政赤字が膨らみ失業が増えるのは自然だというなら[17]、現在はユーロ安、低金利、原油安が重なって景気が回復してきているので、失業は徐々に減るはずである。だが実際には、そうはなっていない。第三に、フランスの企業収益が伸び悩んでいるのは国際競争力の低下が一因であって、単に人件費だけの問題ではない（たとえば人材と雇用のマッチングも大きな要因であり、これについては後段で取り上げる）。そして第四に、財政出動による失業対策は、健全なときにやるほうが、財政が悪化してしまってからやるよりもリスクが小さい（悪化したのは、四〇年におよぶ野放図な財政緩和の責任である）。

2　労働契約の経済分析

以下の考察は、オリヴィエ・ブランシャールマサチューセッツ工科大学教授（二〇〇七〜一五年に国際通貨基金〔ＩＭＦ〕チーフエコノミスト）との共同研究から着想を得たものである[18]。フランスの悲惨な労働事情にはさまざまな要因があり、短期的には、循環的な需要変動などが失業率の変動に大きく影響していることはまちがいない。しかしフランスの高い失業率は長期的な現象であり、景気要因だけでは説明できない。したがって、構造的な要因を分析する必要がある。本節ではまず象徴的な問題として雇用の保護を取り上げる。この問題は、南ヨーロッパ（たとえばイタリア、スペイン）では変化が見え始めた。雇用保護に関するフランスの政策を理解したうえで、次にステークホルダーそれぞれの立場を検討する。この手順を踏むことによって、フランスの制度をよりよく分析し、可能な改革を模索することが可能になる。

雇用の保護、流動性、解雇者負担の原則

労働契約と解雇手続きは、次の二つの点に配慮しなければならない。一つは、労働者は技術の進歩や不況による需要減といった事態に責任はないことである。したがって労働者は、自分の仕事が陳腐化するとかなくなるといったリスクから保護されなければならない。その一方で、企業は技術の進歩や循環的要因に対処できるよう、人材管理にある程度の柔軟性を備えていなければならない。そうでない場合、企業は雇用の創出そのものを渋るようになるだろう。何らかの仕事が不要になったり生産性が相対的に下がったりしたときにも調整不能となれば、甚大な損失を被ることになる。この二つは二律背反だろうか。必ずしもそうとは言えない。だが二つの要件を満たすために必要なのは、雇用を守ることではなく労働者を守ることであり、このことを肝に銘じなければならない。

雇用主は、ある雇用が企業にとって有益と判断すれば（言うまでもなく、収益性が正しく理解されているという前提である）、一時的に需要が落ち込んでそのポストあるいはその部門自体が不要になった場合でも、雇用を維持して一時的な損失を吸収する。そうすれば、長期的には雇用維持によるメリットを享受できるとの判断からだ。つまり雇用主は、雇用管理に必要な情報を把握している。ただしここで、雇用の継続か解雇かの選択が、少なくとも二種類の当事者に影響を与えることに配慮しなければならない。

第一の当事者は、言うまでもなく労働者である。解雇となれば収入を失うだけでなく、心理的な打撃も大きい（社会とのつながりを失う、家族関係に悪影響が出るなど）。解雇に伴うこうした外部性は、労働者の立場からすると二種類の補償の対象となる。一つは企業が支払う解雇手当、もう一つは失業保険（主に雇用復帰支援手当）である。失業保険は失われた収入を代替し、場合によっては職業訓練の費用を負担する。

第二の当事者は、見落とされがちだが、社会的な制度とりわけ失業保険制度である。解雇が発生すれば

失業手当、職業訓練給付を支払わねばならず、雇用局（職業斡旋所）の経費もかかり、さらには補助金付き雇用契約に予算も充当しなければならない。

現代の経済において他の領域で大前提となっている説明責任の原則に従えば、企業が労働者を解雇する場合には、社会にもたらす外部効果をすべてを「内部化」することが望ましい。労働者にとってのコストも、社会制度にとってのコストも、である。そうでないと、企業は安易に解雇するようになるだろう（ここでは意図的に解雇の法的要件を無視している。これについては次節で扱う）。企業に社会制度のコストも内部化させるためには、解雇にペナルティーを課し、それを労働者に還元せず公的予算に繰入れる必要がある。

このペナルティーは必ずしも追加的な税負担を引き受けさせるということではなく、一種のボーナス・マルスであることに注意されたい。ボーナス・マルスとは、ここでは、解雇をしなければ優遇措置（後述）すなわちボーナス（ラテン語で善）が受けられる一方で、解雇をすればペナルティーすなわちマルス（悪）が課されるというほどの意味である。それに、ペナルティーが払われれば社会的費用の軽減につながるため、税収としては中立である。ところが、環境に関してはいまや汚染者負担の原則が当然と受け止められているにもかかわらず[19]、こと解雇に関しては、解雇者によるコスト負担が当然とはみなされていない。したがって「解雇者負担の原則」についての議論を深め、現行制度がいかにこれとかけ離れているかを認識する必要がある。

このときにまず問題にすべきは、解雇に伴い失業保険制度に実際にどの程度のコストが生じているのか、ということだ。三〇歳のＩＴ技術者をパリで解雇しても、すぐさま次の仕事を見つけられるのでコストは発生しない。だが特別な技能を持ち合わせていない五〇歳のジェネラリストを地方都市で解雇したら、話はちがってくる。では、解雇のコストをどうやって計算したらよいだろうか。

解雇ペナルティーを適切に計算するには、失業給付金を支払い職業訓練の費用を負担する公的機関にとって、解雇された労働者一人にどの程度のコストがかかるかに注目すればよい。このアプローチはアメリカでルーズベルトが導入し、今日でもなお生命保険分野で「経験料率」として知られるシステムからヒントを得ている[20]。この計算方法には二つのメリットがある。一つは、次の職を見つけるのが困難な労働者の場合ほどペナルティーが高くなることだ。もう一つは、企業に人材育成や教育訓練を促す効果があることである。そうなれば労働者の技能水準は向上し、いざ解雇となった場合でも失業期間を長引かせずに済む。同様に公的サービスの担い手にも、職業訓練の質的向上を促す効果がある。適切な職業訓練は、失業期間短縮の決め手となるからだ。

後段では、解雇ペナルティー制度の他のメリットを取り上げたい。たとえば、雇用主と労働者の暗黙の結託による社会保障制度の悪用を防げる、部門間の配分をより適切にできる、などだ。

解雇者負担の原則で考慮すべき点

解雇者負担の原則は望ましい責任のあり方を示すものではあるが、あまりに漠然としている。ここでは、いくつか補足すべき点を挙げておきたい[21]。

第一は、短期雇用の問題である。ＣＤＤは雇用期間が制限されているからけしからぬ、そんなものはなくしてしまえと言う議論がある。だが実際には企業は、間欠的に発生する仕事や季節的な仕事などのために短期の雇用を必要とする。このようなケースでは、一本の包括雇用契約を結んで次回・次々回の雇用を保障すれば、短期契約の必要性を満たしつつ労働者に手厚くすることができよう。

第二は、責任回避の問題である。環境汚染の場合もそうだったが、解雇に関しても、企業には法の網の目をかいくぐる方策がいろいろとある。その代表格が、不安定で解雇の可能性の高い仕事を下請けに出してしまうことで、そのためのペーパーカンパニーを介在させるケースもある。実体も資本金もないペーパーカンパニーが解雇しても、責任追及はむずかしい。だが環境税の事例を参考にすれば、こうした抜け道に対処する方法が思い浮かぶ。銀行保証を要求する、法的責任を親会社または解雇命令を出した事業者に負わせる、などである。

第三は、企業側の選択の影響である。ペナルティーが導入されたら、企業は雇用に慎重になるだろう。とりわけ職歴や教育水準などから企業の要件を満たせそうもない求職者の採用には慎重になるはずだ。こうした選択はすでにCDIによる採用に顕著に見られるが、一般に解雇のコストを企業が負担するような雇用制度では、企業は解雇リスクをできるだけ抑えるような行動に出る。その対策としては、労働市場でとりわけ弱い立場の求職者の採用には補助金を出す、といった方法を検討してはどうか。あるいは、そうした求職者を採用した場合には、ペナルティーの計算基準を緩和する、といった方法も考えられる。

3　フランスの制度の内部矛盾

解雇を促すシステム

フランスでは、企業は労働者に解雇手当を払うが、その解雇に伴い現実に発生する失業保険のコストは払わない。そして、後者のほうが前者を上回ることは大いにありうる[22]。反対に、労働者の雇用を維持する企業は、社会保障費を負担し続ける。つまり雇用を維持する企業は、解雇した企業のために失業保険料を払ってやっていることになる。こんな馬鹿げた話はない。解雇しない企業が払い込む保険料で支えられる失業保険制度によって解雇のコストがまかなわれるというこのシステムは、二重の意味で解雇を奨励している。この歪みはぜひとも是正しなければならない。

ミッション・インポッシブル

当局は、現行制度が解雇を促すしくみになっていることにおそらく気づいていると思われる。そこでこの不都合なインセンティブを打ち消すために、解雇自体を規制している。すなわち解雇による雇用調整は、裁判所または労働裁判所による正当性の判断に委ねられる。だが、裁判官がいかに有能で人格高潔であっても、解雇の経済的正当性を判断するために必要な情報は、経営者ほどには持ち合わせていない。このため解雇手続きに関する裁判所の判断は、きわめて不確実で行き当たりばったりと言わざるを得ない。これは制度設計のミスであり、不可能な任務を裁判所に与えているのである。

解雇の隠れたコスト

解雇をめぐって法廷闘争となれば、企業にとっては解雇手当をはるかに上回るコストが発生しかねない。[23] 裁判手続きは短縮化の方向にあるとは言うものの、やはり非常に長い。解雇関連の訴訟は、二〇一三年雇用保障法の制定以降、二年以内に提訴しなければならないとされている。[24] その後一審判決が出るまでに平均一三・六カ月、[25] 控訴すれば（六七・七％が控訴する）さらに三五カ月を要する。そのうえ現状復帰が命じられ、その間の給与も払わされるリスクがあるのだ。

解雇をする場合、雇用主は「現実かつ重大な事由」の存在を証明しなければならない。多くの国とは異なりフランスでは、当人の問題以外の、一部事業の閉鎖・撤退や経済効率や生産性の大幅改善といった理由は、正当とはみなされない。経済的な理由による解雇は、企業自体の存続が危うくなるほどの財務状態の悪化以外は、認められないのである。となるとフランスの企業は存続が危うくならない限り、もはやこの先ずっと需要の見込めない事業であっても、打ち切ってはいけないということになる（その不振事業の労働者を別の事業に配置転換できるならよいことになっているが、これはまた、労働者が別の仕事に適応できるという前提になっている）。

雇用保護のために配置転換が義務づけられることで、問題は一段と複雑化する。とりわけ多国籍企業の場合や経済的事由による解雇の場合がそうだ。雇用側は、当人の能力や資格、あるいは需要減の原因とはまったく関係のない基準（勤続年数、年齢、扶養家族など）を満たさなければならない[26]。さらに配置転換計画の法的適合性について、地方の労働監督局や、競争、消費、労働、雇用などの管轄官庁から承認を得なければならない。その手続きに要する費用と時間は膨大なものである[27]。

労働者にとっても不当に負担が大きい。きわめて弱い立場の人々や法的手続きに不慣れな人々は、手続きの煩雑さに嫌気がさし、当然得られるはずの補償のごく一部しか勝ち取ることができない。さらに最終判決によっては訴訟費用も負担しなければならないが、これがどう転ぶかは不確実であり、管轄の裁判所によってもちがいが大きい[28]。

こうした非効率の大半は、ボーナス・マルス方式で解雇ペナルティーを導入すれば解決できる。企業は解雇一件ごとにペナルティーを払うのと引き換えに、社会保険料分担金の軽減、解雇に伴う行政・司法手続きの円滑化といったメリットが得られる。このように解雇に関して企業に応分の責任を負担させることで、企業はより柔軟な人材管理が可能になる。北ヨーロッパをはじめとする国々と同じように、経済的解雇も一定の条件で認めるべきだ。これらの国で行われているのは、フランスとはちがった形の労働者の保護であり、労働者の権益と雇用主の権益とをうまくバランスさせることをめざす。労働者にとっては、仕事は生計の手段であり社会との絆である。一方、雇用主のほうは、経済や技術面のニーズに適応していかなければならない。経済的解雇を認めるといっても、労働者が雇用の保護をすっかり失うわけではない。安定したＣＤＩを失っても、払い込まれたペナルティーによってより充実した失業補償や訓練が受けられ、再就職がしやすくなる。また、解雇するたびにペナルティーを払うとなれば、企業の側には社員の教育研修を充実させ、解雇した場合にも容易に再雇用されるようにしたい、というインセンティブが働く。やむを得ず解雇することになっても、技能や資格を備えた人材であれば再雇用されやすいので、ペナルティーも小さくなるからだ。

言うまでもなく、司法に訴える可能性を完全に排除してはならない。解雇に関する制度がどうあれ、妊娠中の女性の解雇や経営側と対立している組合員の解雇は、訴訟に持ち込むことが可能でなければならない。一般的に言うなら、社会の良識に反するような雇用主の行動（各種のハラスメントや権力濫用など）によって解雇されたと疑われる場合には、裁判所が介入できるようにしておかなければならない。このような場合、裁判所は、雇用主が経済的動機による解雇だと主張しても、社会的に容認できない個人的動機が隠されていないか、調査する。とはいえ、このような防波堤を維持しておく必要があるということは、けしからぬ雇用主の有害な行為自体を食い止められるような方策が必要であることを意味する。

部門間の不当な再配分

企業が直接的な解雇コストを負担しないフランスの現在のしくみは、このほかにも目に見えない重大な影響を引き起こしている。ピエール・カユックによると、失業保険料の給付額は、有期契約労働者と臨時雇いだけでも予想給付額を一一〇億ユーロも下回っているという（ちなみに失業保険制度全体では年間四〇億ユーロの赤字を垂れ流している）。

失業給付には大きな歪みが生じており、経済活動の変動が大きい業界ほど得をするしくみになっている。こうした業界は構造的にひんぱんに解雇せざるを得ないので、結局は失業保険のコストをごく一部しか負担しないことになり、他部門が払い込んだ保険料を食いつぶす形になる。このようなしくみで割りを喰うのは、雇用が比較的安定していて解雇がめったにない業界である。これに対して、臨時雇用を多用する業界は、赤字の元凶となる。

たとえば映画産業など間欠的な雇用が常態化している業界では、雇用主はたいへんな得をしている。彼らは他部門から補助金をもらっているようなものだ。この業界では、失業保険に関して一五年前から毎年約一〇億ユーロの赤字を出し続けてきた。映画・ビデオ制作会社は、文化の継承の美名の下に本来は常勤のポストまで臨時雇用を多用し、他業界からの補助金を享受している。会計検査院によると、フランスではこうした臨時雇用が拡がっているという。雇用される側は通常の雇用形態よりも割のよい失業給付にありつき、雇用する側は給与を低く抑えられるというからくりだ。臨時雇用労働者の数はうなぎのぼりに増えている。だがこのように制度を悪用する連中ではなく、本来的な臨時雇用労働者の所得は、当然ながら増えてはいない。いわゆる文化的な産業を対象に、この産業に適した失業保険を用意し、不正や棚ぼたを可能な限り防止し、雇用主にはこれまで社会に押し付けていたコストを負担させなければならない。こうした条件が整わない限り、臨時雇用を認めるべきではない。また政府の文化政策で奨励すべきはすぐれた作品であって、そこに透明性の高い補助金を出せばよろしい。雇う側と雇われる側が結託した結果としての隠れた補助金をいつまでも野放しにすべきではない。

保険制度はどれもそうだが、ある職業に生じた突発的なショックをカバーするなら、部門間の移転は正当化できる。だが部門間の移転が構造的な要因から恒常的に一方方向に行われるようであれば、とうてい正当化できない。この問題は、雇用ペナルティー制度を導入すれば解決できる。つまりどの企業も、解雇した人の失業保険分を払う、という制度である。そうすれば、どの部門も他部門から補助金をもらうような形にはならない。

雇う側と雇われる側の共謀

フランスでは、雇う側と雇われる側の関係は一般に全然良好ではない。ただし、失業保険制度をうまいこと利用する段になると話は別だ。とはいえ毎度のことながら、経済主体の行動は目の前の誘因に反応しているだけであるから、雇用主と労働者が結託してよからぬことをしてのけるのは、制度に問題がある。

この「労使の共謀」では、まず辞職つまり自主退職を「解雇」とする。自発的に辞めたら失業保険は受け取れないからだ。解雇扱いにすることによって、雇用主も退職者も得をする。雇用主には、追加的な負担は生じない。退職者のほうは、訴訟等を起こさないといった約束のもとに円満に会社を去る。

しかも二〇〇八年に「合意による労働契約の解消」（無期契約労働者と雇用主双方の契約破棄合意による雇用関係の終了）が導入されて、この種の共謀が事実上合法化され、もはや労使で解雇を偽装する必要もなくなった。したがって、二〇一五年に「労働契約の解消」による退職が三五万人を上回ったのも驚くには当たらない。ピエール・カユックとアンドレ・ジルベルグは次のように指摘する。

「このほど導入される合意による労働契約の解消という制度によって、雇用主と労働者は〝友好的な離婚〟ができるようになる。だがこの制度をくわしく検討すると、重大な欠陥があることがわかる。状況にもよるが、うまくやれば五七歳で早期退職しても失業給付がもらえるのである。つまり高齢者は金銭的損失なしに会社を辞め、この事実上の早期退職を失業保険でまかなってもらうことができる」

解雇ペナルティー制度を導入すれば、こうした労使結託による失業保険の搾取はできなくなる。今日では偽装解雇が横行しているが、そうした行為は雇用主にとって高くつくことになり、社会は制度の悪用から守られる。

現行制度が誘発する悪習の例をもう一つ挙げておこう。それは、経済的事由による（多くは集団的な）解雇を人的事由による解雇と偽ることである。(29) このケースでは、雇用の打ち切りを望むのは雇用主の側だ。ピエール・カユックとフランシス・クラマールは次のように指摘する。(30)

「経営者、労働組合、人事管理担当者から入手した資料によると、人的事由による解雇はじつは経済的事由による解雇であることが多い。雇用主にとっては、人的な事由だと偽ることによって、集団解雇に伴う面倒な手続きを回避できる。このため雇用主は解雇をする場合に人的事由にしたがる。解雇される側は、賠償請求の権利などを放棄することと引き換えに、有利な退職条件を勝ち取るというわけだ」

こうしたことが起きるのは、企業側が自社の従業員の解雇に伴って失業保険制度に現実に発生するコストを負担しなくてよいしくみになっているからだ。二〇一三年には、平均して月三万八〇〇〇人が人的事由により解雇される一方、経済的事由による解雇は一万六〇〇〇人にとどまっている。そして前者の四分の三は、訴訟になっていない。

解雇に伴う失業保険制度のコストがきちんと内部化されないことに加え、労働市場が硬直的であるために、こうしたよからぬ行為が横行する結果となっている。このような悪習は高くつくうえに、雇う側にとっても雇われる側にとっても、けっして真の利益にはならない。

失業が他の制度におよぼす影響

雇用先が容易に見つからない状況では、現在ある雇用の保護が当面の最大の関心事となっており、経済のあらゆる部分でそれが見受けられる。たとえば、企業が倒産したときの権利保護がフランスではひどく偏っている。他国と比較すると、フランスでは債権者の保護が薄く、経営陣や株主に異常に手厚い。これを定めた法律は、雇用の保護を念頭に置いている。つまり、いざ企業が破綻したら、支配権を債権者が握るよりは、経営陣に残しておいたほうが、従業員の雇用を維持できる、ということだ。

さらに奇妙なのは、フランスではとかく問題を根元から直接的に正そうとはせず、間接的に調整する方法が好まれることである。このようなやり方はとうてい正当化できない。そもそも雇用保護を最優先することが理論的に正しいのかが議論されず、実際に成果が上がっているのかの実証的検証も行われていない[31]。経営チームは、企業の経営状態や、それに基づいてなされた行動にいくばくかの責任があるはずだ。自分の会社をうまく経営できない経営者に、社員の先行きをうまく扱える能力があるとは思えない。しかも倒産危機を切り抜けるために経営陣が無用のリスクをとり、社員の雇用を危うくする可能性もある。こうしたわけだから、経営陣に手厚い現行制度にもっともな理由があるとは言いがたい。

とりわけ問題なのは、雇用の創出という視点がここでもまたすっぽり抜け落ちていることである。債権者が十分に保護されない現在のしくみは、企業の資金調達ひいては事業拡大にとってマイナスだと考えられる。となれば、雇用の保護自体にとってもおそらくはマイナスであろう。

4　労働市場改革

本章では、労働市場改革の柱として、雇用の保護から労働者の保護へ転換する、企業に解雇のコストを分担させる一方で人材管理に柔軟な対応の余地を与える、裁判所の役割を縮小することを提案してきた。計画主義の伝統を持つフランスでは、こうした改革の必要性は必ずしも自明ではない。改革の効果に対する懐疑論が必ず出てくるだろう。改革に期待できるメリットは何か。そのメリットを得るために何を犠牲にしなければならないのか――。改革が理論的には完全無欠だとしても、企業にいま以上の負担を引き受けさせたり解雇の自由度を与えたりするには、実行面で何らかの調整が必要になるだろう。以下では改革のメリット、移行期の配慮、社会的配慮について検討する。

労働市場改革に何が期待できるか

柔軟な解雇を可能にすることによって失業の吸収が容易になるというのは、直観に反するかもしれない。事実、最初の理論分析では、柔軟な解雇可能性が雇用におよぼすプラスの影響とマイナスの影響のどちらが大きいのかは、はっきりしなかった。CDIの解雇は増えるだろう。その一方で、柔軟な解雇の可能性を保証された企業は、より積極的にCDIで雇用するようになるだろう[32]。となれば、差し引きの効果はどうだろうか。

第一のメリットは、より満足度の高い雇用につながることである。これまでに見てきたように、現在の制度には数多くの非効率が存在する。まず、いったん失業すると、長期失業になりやすい。そして失業が長期間におよぶと、短期で終わる場合より弊害が大きい。また、新天地を求めて転職したいとき、上司や同僚とウマが合わないとき、単に自分のポストが不要になったときにも、現状では次の就職先を見つけるのがむずかしいため、不満を抱えながら現在の職にとどまらざるを得ない。雇用側はCDIでは解雇できないと恐れるので、CDDの労働者がたとえ優秀でも、CDIへの移行はまず行われない。さらに、解雇が訴訟に持ち込まれたとき、裁判期間が長く、かつ不確実である（どちらが勝つかは宝くじのようなものだ）。これらの問題は、CDIの解雇に柔軟性を持たせることで、かなりの程度解決できる。そして雇用満足度が高まれば、企業の競争力は高まり（したがって雇用機会が増える）、労使双方にとって職場環境が改善されるはずだ。

第二のメリットは、公共財政および失業保険制度のコストが軽減されることである。今日では、CDDの期限切れによる失業、労使合意による契約解消、長期失業が多発して、増税と社会的費用の増大を招いている。どちらも失業を減らすことにはまったく寄与していない。

改革には時間がかかる

大規模な改革はどれもそうだが、労働契約の改革も時間を要する。改革が効果を上げるためには、雇用主が改革の正当性や価値を信じなければならない。ところが企業は、政府が本気で改革に取り組むつもりなのか、確信が持てない。それも当然だろう。梯子を外される心配はないのか、つまり妥当な理由による解雇が容易になると信じてうかうかとCDIでの雇用を増やしたときになって、政府が「やはりCDIでの雇用に解雇は認めない」などと言い出すことはないのか、企業は疑わしく感じている。

政府の公約遂行能力が政策の成否を分けることはいうまでもない。したがって、労働契約の改革が断固必要だという政治的コンセンサスの醸成は、最低限の前提と言える。雇用は国家的な問題であるから、失業と社会的疎外の問題を最終的に解決するために超党派の合意を形成できるはずだ。

段階的移行が望ましい

以上の点を踏まえたうえで、まず気をつけなければならないのは、現行のCDIで働く労働者が損を被らないようにすることだ。「解雇に柔軟性を持たせる」ことが実現した場合、潜在的な解雇対象者がさっそくクビを切られる現象が起きると予想される。つまり企業としては、これまで解雇したくてもできなかった部門や職種で人員整理を行う一方で、現在の経営環境で必要とされる人材を新たに雇用したいところだろう。ここでも環境税の教訓を生かして、[33] 旧CDIで雇用された人には「既得権条項」を適用すべきである。すなわち、この人たちには新法の適用を免除し、新CDIで雇用される人のみを対象とする。イタリアでマッテオ・レンツィが二〇一四年に行った改革は、まさにそうなっていた。[34]

言うまでもなく、いくら既得権条項で守られていると言っても、旧CDIの被雇用者が暗黙の不利益を受ける可能性は否めない。もし新CDIへの乗り換えを承諾しなかったら将来昇進で不利になるのではないか、と不安になるだろう。それに、国に対する不信も拭いきれない。大半が新CDIで雇用されるようになった暁には、旧CDIが廃止されるかもしれない——。

新たな法規の下で転職先を見つけるのが容易になり、子供たちの世代で就職の見通しが明るくなるようであれば、こうした懸念は払拭されるはずだ。北欧諸国は、賢明にも雇用の保護ではなく労働者の保護を優先し、この方向で改革を行ってきた。労働市場の柔軟性（flexibility）と労働者の保護（security）を両立させる北欧型労働政策は、フレキシキュリティ（flexicurity）と呼ばれて高く評価されている。対照的にフランスの労働市場は、本章の冒頭で指摘したように、低い就業率、きわめて高い失業率、低い仕事満足度、低い職業移動性、険悪な労使関係、雇用不安定などに喘いでいる。公明正大な議論を行い、実のある改革に結びつけなければならない。

旧ＣＤＩの被雇用者のために既得権条項を設けるべきもう一つの理由は、労働市場の改善には時間がかかることを考慮すべきだからである。たとえば、新ＣＤＩで雇用された人が解雇された場合、現状ではやはり長期にわたって失業状態に陥ると予想される。したがって改革の効果が現れ、実際に失業が減少に転じるまでは、旧ＣＤＩの被雇用者を保護すべきだろう。

社会的に受け入れられるか

本章で提案する改革はフレキシキュリティほど大胆ではないものの、経営者にペナルティーと引き換えに柔軟性を与えることは、大きな進歩の一つだと自負している。ただしこれを強く批判する向きもある。フランスには、企業に解雇のコストを負担させることをタブー視する傾向があって、長年にわたり改革の阻害要因となってきた。なぜタブー視するかと言うと、解雇を金銭で解決するのは、倫理的に許しがたい行為（＝解雇）を認めたことになると考えられているからだ。

だがこのようなタブーは、二つのことを引き起こしている。第一に、解雇をする企業は、それに伴う社会的費用のごく一部しか払わない（解雇手当のみ）。そして、失業保険制度に要するコストの大半は、解雇をあまりしない企業が負担している。だから、解雇を倫理の問題と捉えてしまうといっこうに前へ進めない。じつはほんの二、三〇年前には、環境税に関しても同じタブーが存在していた。経済学者は、炭素税などの環境税（または排出権取引）が環境保護にも効果的であると同時に排出削減を安価に実行する方法であるとして、支持してきた。だがフランスでは（そして他国でも）、世論の反応は「環境を汚染しておいてカネでカタをつけるとは、倫理的に許せない」というものだった。ならば、汚染しておいて払わないのは、倫理的に許せるのだろうか。最終的にこのタブー論者は次第に少数派になり、環境税はいまやすっかり定着している。となれば、解雇の権利についても同様の進展があっておかしくない[35]。

フランスの労働市場がうまくいっていないことは火を見るよりあきらかであり、しかもそれが長年にわたって続いてきた（グローバル金融危機を受けてさらに悪化していることは事実だが）。となれば、なぜいつまでも手ぬるい政策でお茶を濁しているのか、経済学者はその原因を突き止めねばならない。ところがフランスの制度は、いまだにフランス人の大半に支持されているのである！　となれば、政府がいっこうに危機感を抱かず、困難な改革の道に踏み出そうとしないのも、驚くには当たらない。政権が交代しても、政府は判で押したような失業対策を繰り返してきた。国民からすれば、フレキシキュリティのような政策が導入されたら、無期雇用契約の打ち切りが現行制度より容易になることは簡単に理解できる。その一方で、無期契約で働く人にとっても、有期契約で働く人や失業者にとっても、柔軟な制度にすれば雇用が増えより良いマッチングが期待できると理解することは、はるかにむずかしい。

それだけではない。経済的事由による大量解雇は大々的に報道され、政治的にも問題になりやすい。雇用保護を後生大事にする社会では、解雇された労働者には「顔」があり、悲劇がある。なぜならフランスの労働市場の現状では、前職と同じ条件での再就職はまず望めないからだ。対照的に、企業が新規雇用を渋る状況で「創出されない雇用」には名前がない。雇用が存在しないのでは、失業者にせよ、有期契約の労働者にせよ、求職のしようがない。解雇は新聞の大見出しになる。雇用の創出は、よほどメディア受けする場合を除き、あまりニュースにならない。そして創出されない雇用は、目に見えないのである。

こうした目に見えない犠牲者については、心理学者がひんぱんに取り上げて分析してきた[36]。それによると、人間は顔の見える犠牲者のほうに感情移入することがわかっている。これに対して、顔の見えない犠牲者、言い換えれば「統計上の犠牲者」にはあまり同情しない。たとえば、テレビに取り上げられた犠牲者たちには多額の寄付や義援金が集まる。しかし、もっと困窮している人でも、メディアに取り上げられないと誰も注意を払わない。労働市場では、経済的事由による大量解雇の憂き目にあった人たちは顔の見える犠牲者である。これに対して、「創出されない雇用」の犠牲者には顔がない。

5　雇用をめぐるさまざまな課題

失業問題の原因は一つではない

労働契約は目立つ存在ではあるが、それだけがフランスの失業問題の原因ではない。フランスの制度には多くの問題点がある。

- 公的機関や半官半民組織が提供する職業教育は、内容が乏しいうえに費用が嵩《かさ》む。労働需要の現状に即しておらず、現在必要とされる資格や免許にも一部しか対応していない。にもかかわらず、実習費用を含めると年間三二〇億ユーロに達し、GDPの一・六％を占めている。
- 職業訓練[37]も就学中の職業体験制度も不十分である。
- 学校教育が企業の求める人材とマッチしておらず、十分な専門知識を身につけた学生を輩出していない（失業率が高い一方で、分野によっては深刻な人材不足が起きている）。
- フランスでは、低所得者への再分配が税制（労働所得に対する税額控除）よりも最低賃金を通じて行われており、フランスの最低賃金はEUの中で最も高くなっている。
- 失業保険（消極政策）も、雇用支援のための公的サービス（積極政策）も、非効率である。フランスの失業補償は、補償率（失業補償と失業する前の給与の比率）ベースではEUの平均的な水準だが、じつは高所得層に手厚い（たとえばドイツの三倍である）。一方、職業訓練や職業斡旋、雇用助成金などの積極的な労働市場政策は、北欧などと比べるとかなり見劣りする。北欧では、失業者の再雇用が強力に支援されている。

- 臨時雇いなどの一時雇用に柔軟性が乏しい。
- 一部の職業はきわめて閉鎖的であり（たとえばタクシー）、たとえ需要があっても雇用機会の創出が妨げられている。

これらの問題に、北ヨーロッパや英語圏とはかなりちがうフランス文化の影響を除外するわけにはいかないだろう。南ヨーロッパの国々（スペイン、イタリア、ポルトガル、ギリシャ）もフランスと似た制度を運用しており、やはり失業問題は悲惨な状況になっている。とりわけ若年層の失業が深刻だ。いま挙げた問題を逐一検討するとなったら、何冊も本を書かねばなるまい。ここでは、いくつか重要な点を指摘するにとどめたい。

労働時間の短縮はまちがいだ

ほとんどの経済学者は、雇用の数は決まっているという主張には与しない[38]。「雇用有限説」によれば、ある経済における雇用機会の数には限りがある、だから平等に分け合わなければならないという。フランスではこの理屈に基づき、全員で仕事を分け合うことによって雇用を創出するという趣旨の週三五時間制が、経済学者の反対を押し切って唐突に導入された。

雇用の数に限りがあるという主張は大昔から存在し、不況になるたびに繰り返されてきた。この「雇用有限説」は、極右による「移民が雇用を奪う」という主張と根は同じである。数が限られているから「奪う」という表現が出てくる。また、「雇用有限説」を根拠に定年の前倒しを唱える人もいる（高齢者が若者の雇用を奪っていると言いたいのだろう）。さらに、保護貿易を声高に主張する人もいる（外国企業が雇用を奪うと言いたいらしい)。徴兵制を打ち切ると、その分を吸収できないと心配する人もいる。

いったい、このような理屈がどこから出てきて、雇用の分かち合いに政府が介入しなければならないとされるようになったのだろうか。間接的ではあるが、元凶はあのマルサスである。一九世紀初めには、生産財と言えば土地(農地)であり、土地は稀少資源であって、大なり小なり限られていた。したがって、土地を耕作する仕事も限られていた。今日では農業部門の雇用は、膨大な雇用のごく一部にすぎない。言うまでもなく、生産に必要なのは労働者だけではない補完的な生産要素を必ず必要とする。たとえば工作機械、コンピュータ、工場や事務所も必要だ。だが、マルサスにとって重要な生産要素だった土地とはちがい、これらの生産要素には限りがない。少なくとも中長期的にはいくらでも追加供給できる。そして短期的にも、場合によっては調整が可能だ。たとえば一九八〇年には、一二万五〇〇〇人ものキューバ人移民がマイアミに送りつけられるというマリエル事件が発生した。この事件が雇用におよぼす影響を調査したカリフォルニア大学バークレー校デービッド・カード教授の有名な研究がある。[39] 一二万人というのはマイアミの人口規模に比して膨大な数であるが、失業率への実質的な影響はなかったという。また、労働市場でキューバ人移民と競合する労働者にもとくに影響はなかった。つまり、雇用の数に限りはなかったのである。繊維産業への積極的な投資が行われた結果、比較的短期間で新規雇用が創出されたのだった。

労働時間を分け合ういわゆるワークシェアリングになると、根拠はいくらかちがってくる。労働側に有利、企業側に不利な形での労働時間の短縮が義務づけられたとしよう。労働側に有利、企業側に不利とは、給与水準が変わらないことを意味する(実際には、労働時間の短縮は給与協定の調整や国からの補助金を伴うことが多い。この点については後段で論じる)。すると短期的には、労働時間の短縮を補うために雇用が増える。そうしないと、需要を満たし生産性を維持することができないからだ。だが、これに対しては二通りの反論が可能だ。第一に、そのような雇用の増加はごく一時的な現象にすぎない。中期的には需要も生産性も雇用も調整されるし、そうでなければ雇用政策によって雇用を創出しなければならない。第二に、公共政策が失敗した場合にはコストがかかることを考えなければならない。そのコストは結局のところ、増税か公的支出の切り詰めでまかなうしかない。

ここで私が問題にしたいのは、ワークシェアリングや大量の移民流入の影響をどのように計測したのか、ということである。計測方法には、計量経済学に基づく厳密な分析が必要になる。というのも、労働需給へのショックというものは、けっして単独の現象ではあり得ないからだ。労働時間の短縮にせよ、移民の流入にせよ、それが起きたときの経済は拡大局面かもしれないし、後退局面かもしれない。前者であれば、ショックのあるなしにかかわらず失業率は下がっているだろうし、後者であれば上がっているだろう。他の経済データについても同じである。仮に短期的な影響だけを計測するとしても、労働時間短縮なり移民流入なりの影響を他の雇用関連要素の影響から切り離さなければならない。デービッド・カードも、キューバの移民が流入した時点では失業率は上昇基調にあったことなど、他の要素を考慮してデータに重み付けをしている。同様に、週三五時間労働の影響分析でも、景気循環の影響（一九九八〜二〇〇二年は拡大局面だった）はもちろん、雇用創出に関わる他の要素（税制、給与協定など）も考慮しなければならない。要するに、移民あるいは労働時間短縮の純粋な影響を抽出して分析する必要がある[40]（ちなみに労働時間の短縮政策は、一九八一年と二〇〇〇〜二〇〇二年にケベック、ドイツ、フランスで導入された）。これまでに行われたそうした厳密な分析を見る限り、短期的にも移民流入による雇用破壊は起きていないこと、労働時間を短縮しても雇用は創出されないことが確かめられている[41]。雇用機会の数に限りがあったら、このような結果にはならなかったはずである。

誤った「雇用有限説」は、技術革新に直面したときにも声高に主張される。だが雇用というものはつねに変化している。機械化・自動化が雇用を奪うとの懸念は、少なくとも二世紀も前から言われてきた。一九世紀初めにはイギリスの繊維産業でラッダイト運動が起こり、一九五〇年代には組立ライン、最近ではロボットに雇用が奪われると反発が起きている。たしかに技術の変化が、ある種の仕事を消滅させることはまちがいない。だがありがたいことに、雇用そのものを消滅させることはない（さもないと、大方の人が失業していたはずだ）。これとまさに同じで、移民もむしろ雇用創出の好機であることをこれまでの研究は示している[42]。雇用機会の数に限りはないのである。

もちろん、技術や経済情勢の変化で深刻な影響を受ける労働者には、何らかの公共政策で支援を提供する必要がある。となれば、こうした突然の変化は、短期的には社会にとってコストを生じさせる。変化に伴って新しい雇用機会が創出されると言っても、奪われた雇用と同じ領域で創出されるとは限らない。たとえばかつては貧しかった中国が貿易自由化の恩恵に与《あずか》って大きく発展を遂げる一方で、アメリカの中西部などは大打撃を被っている[43]。

そうは言っても、中国製品の輸入自体が競合するアメリカ企業やアメリカの地方に直接被害を与えたわけではない。ましてアメリカ経済全体に直接被害をもたらすことはない[44]。

よく聞いてほしい。経済学者は、週三五時間労働がいいとか、週四五時間労働のほうが適切だ、といった主張をしたことはない。どれだけ働くかは社会の選択だし、当事者である個人の選択だ。この個人の選択ということに関しては、完全に各自の自由に委ねた場合（実際、自営業者はそうしている）、誰もが同じ選択をすると考えるべき理由は何もない。収入よりも自由な時間を選ぶ人もいれば、逆の選択をする人もいるだろう。雇用を創出するために労働時間を減らすべきだとか、定年を早めるべきだとか、移民の流入を阻止すべきだとか、保護貿易を行うべきだといった主張は、理論的にも実証的にも根拠がない。

煩雑で押し付けがましい労働法典

フランスの労働法典は、煩雑で押し付けがましい。煩雑なことは誰もが認めるだろう。なにしろ三二〇〇ページもあり、さらに毎年増え続けているのである。労働法専門の学者でさえ、完全には把握していない。となれば、「法の不知はこれを許さず」の原則は、他の法律には当てはまるとしても、こと労働法に関する限り、お笑いぐさである。顧問弁護士を雇う余裕のない中小企業の経営者が、これほど七面倒な法律に精通できるはずもない。しっかりした顧問弁護士の付いている大企業でさえ、知らないうちに労働法違反を犯してしまう可能性が高い。

押し付けがましさに関しては、さらに問題が多い。フランスは、労使の契約関係に国が干渉する度合いが世界の中でもきわめて大きく、労使の自治に委ねられる部分が小さい。たとえばイギリスではかなりのことが企業単位の労使交渉で決められるし、北欧では産業別の労使交渉に委ねられている。デンマークなど一部の国では労働法典の類がそもそも存在せず、契約の自由度がきわめて高いため、企業固有の事情や産業環境に即した雇用契約を結ぶことができる。

フランスの労働法規にしても、産業レベルや企業レベルでの交渉の余地を認めていないわけではない。とくに二〇〇四年五月四日法では、産業別労働協約に特段の規定のない限り、企業別労働協約が優先されるとの条項が盛り込まれた。だが実際にはその事例はきわめて少なく、やはり序列として、一に労働法典、二に産業別労働協約、三に企業別労働協約の順が厳格に守られている。そして労働協約は産業別に締結され、組合員か非組合員かとは無関係にその産業で働くすべての労働者に拡張適用されるため、フランスの労働者の九〇％以上がカバーされる[45]。じつはフランスの労働者の組合組織率は八％前後で、先進国の中では最も低い。にもかかわらず協約の適用率がこれほど高い国はまずない。たとえばドイツの協約適用率は一％程度にすぎず、企業レベルの協約で決められる余地がきわめて大きい[46]。

だからといって、産業別の交渉が不要だということにはならない。企業単位の場合、経営陣にせよ組合代表にせよ、必ずしも労働協約締結に必要な専門知識を備えているわけではないし、協約の条項が後々どのような結果を引き起こすか予見できるわけでもない。とりわけ中小企業の場合にそう言える。したがって業界団体や労組が有用な知識を提供したり相談に応じたりすることは非常に役に立つだろう。産業別協約が企業を束縛するのではなく、一つの選択肢として参照できることは望ましいあり方と言えよう。

また、企業別の協約が産業別の協約より優先される場合であっても、労働法典にはやはり重要な意義がある[47]。法典は労使交渉における基準点となり、いずれの当事者も、法典で保障された条件を下回ることはできない。

職業訓練

最後に、フランスの職業訓練や実習・研修制度には経済学者が厳しい評価を下していることを述べておかねばならない。多額の予算を投じているにもかかわらず、効果のほどには大いに疑問符が付く[48]。インプットの側でもアウトプットの側でも無駄の多い壮大な発電所のようなものだ。企業ひいては労働者のニーズに応えていない、対象を最弱者に絞り込んでいない（職業訓練受講者の四分の一は大学生である）、職業訓練の効果測定が不十分で、訓練や資格についての情報を求職者に提供できていない、といった問題は早急に解決する必要がある。

6　なぜ喫緊の課題なのか？

フランスの労働市場、広くは南ヨーロッパの労働市場制度は、国際的な標準に比して相当にお粗末である。一見すると労働者を保護しているように見えるが、実際には労働者を弱い立場に追いやり、社会から疎外しかねない。このことはこれまであまり論じられておらず、表面的な現象をさらに深く掘り下げる必要がある。

フランスの制度の機能不全は、かつてはあまり目立たなかった。「栄光の三〇年」と呼ばれる高度成長期（一九四五～七五年）には、新規雇用、それも無期契約による雇用が次々に創出され、財政も健全だったため、さして問題が起きなかったからである。だがその後の四〇年間に状況はゆっくりだが確実に悪化した。今日ではフランスは三重苦に喘いでおり、その一つひとつが雇用問題に重石となってのしかかっている。

第一は、財政収支の悪化である。フランスの財政赤字はGDP比一〇〇％に達しており、なお拡大中だ。さきほど述べたとおり、雇用政策は多額の予算を喰う。このまま放漫財政を続けていたら、他の社会制度の維持が危うくなりかねない。財政を健全化するためには、失業を減らし、雇用対策のコスト削減を図ることが急務である。

第二は、移民の急増である。ヨーロッパへの移民の大量流入で、雇用不足の問題が改めて浮き彫りになった。仮に今回の危機を乗り越えられたとしても、これはほんの序の口にすぎない。地球温暖化を抑制できない限り、新たに大勢の移民が発生することは必至である。[49]とはいえ、移民の流入は文化に刺激をもたらすだけでなく、経済にとっても活性剤となる。彼らの尊厳を傷つけることなく迎え入れるべきであり、労働市場から疎外してはならない。これもまた、フランスが労働市場改革を行うべきもう一つの重要な理由である。

第三は、デジタル革命である。デジタル革命によって、労働市場の硬直性に起因する社会的費用は二つの理由から一段と膨らむことになる。[50]まず雇用の変化のペースが加速し、雇用主にとっては硬直的な無期雇用の魅力がますます乏しくなる。また職業教育の必要性が一段と高まる。さらに、働き方が変わる。すでに、個人事業主いわゆるフリーランサーが増えつつある。この人たちは雇用主を固定せず、出来高払いで報酬をもらうこともあれば、一括請負の形で仕事を引き受けることもある。こうした動きを受けて、個人事業主の権利保護の必要性が指摘されてきた。ところがフランスの労働法典は、あれほど分厚いにもかかわらず、ほとんど全部が賃金労働者に関する規定で占められている。これでは、工場労働が主流だった時代の遺物と言わねばなるまい。したがって、デジタル新時代に適応した労働市場改革が差し迫って必要だ。

これまでフランスは、失業の増加を食い止めることに本気で取り組んできたのだろうか。この点は大いに疑わしいと私は考えている。本章ではなぜ労働市場改革が必要かを説き、改革の道筋を示した。あとは行動に移すのみである。

第10章 岐路に立つヨーロッパ

1 ヨーロッパの建設――希望から懐疑へ

同じヨーロッパの国同士で殺し合う戦争に倦み疲れた欧州大陸では、新しいヨーロッパの建設が人々の希望の星となった。人の行き来や、モノやサービスの貿易や、資本取引の自由を保障して、保護主義を未来永劫追放しよう。ヨーロッパの連帯を実現し、各国のエゴを封じ、新生ヨーロッパの経済基盤の上で貧しい国や地域の発展を促そう――。しかし時が経つと、この希望は一部の国の暗黙の意図を反映する形になっていった。それは、市場開放などの改革を通じて経済を近代化する困難な仕事を第三者機関、つまり欧州委員会（ＥＣ）にやらせようという意図である。各国の指導者は改革の必要性を重々承知していたが、国レベルでは手をつける勇気がなかったのだった。

欧州統合を疑問視する声が高まってきた今日、新生ヨーロッパへの取り組みが所得格差の縮小に寄与できたのか、近年のグローバル危機の影響は差し引くとしても経済成長に貢献できたのか、検証しておくことは無駄ではあるまい。共同体という存在はさまざまな義務の集合体であり、かつては経済が機能不全に陥っていたヨーロッパに対し、全体の利益に目配りした厳格な経済運営を強制してきた。その成果は果たしてどうだったのか。

統一通貨ユーロは希望そのものだった。通貨同盟にとって理想の条件が整っていないことは、当初から認識されていた。まず、経済が好調な国から不調な国へ自動的に移転を行う財政同盟が存在しない（この点については後段でくわしく論じる）。さらに、文化や言語のちがいから、労働者の移動可能性が限られている。したがって雇用機会に関する限り、地域的なショックをユーロ圏全体で吸収する余地は小さい。現時点で、ヨーロッパ各国間の労働者の移動は、アメリカの州間移動の三分の一程度にとどまっている。(1)連邦制をとる国では財政移転と労働者の移動性の二要素がショックの安定化装置となるのだが、ヨーロッパではどちらも機能していないのである。しかも通貨統合の結果、貿易収支が赤字に陥った国にとって国際競争力回復の手段である為替切り下げの可能性も、排除されている。

そうは言っても、ユーロは欧州統合の絶対的なシンボルである。ユーロは、貿易にとって大きなプラスになるはずだった。単にスペインからフランスへ行く旅行者が同じ通貨を使えて便利だというだけではない。為替変動という不確実な要素が排除されるので、企業にとってはその分を見込んで手当てするコストが減る。ヨーロッパの域内貿易は活発で、欧州連合（EU）加盟国の輸入の六〇％以上が他の加盟国からだ。かつては、自国通貨の変動を防ぎ乱高下を抑制するのは非常にむずかしかった。一九九二年のポンド危機はその何よりの証拠である。ジョージ・ソロスの率いるヘッジファンドが、過大評価されていたポンドに巨額の売りを仕掛けて暴落させた。この件を機に、イギリスは欧州為替相場メカニズム（ERM）（EU加盟国の通貨間に中心レートを設けて変動幅を安定させるしくみ）を脱退している。ユーロはまた、ヨーロッパ各国の貯蓄率のばらつきを是正し、各国経済の安定化にも寄与する。さらに、南ヨーロッパへの資本の流入を促し、南欧諸国の財政基盤を強化して経済成長を促す効果も期待できる。

ユーロ擁護論者は、ユーロの先に、より深化した欧州統合を見据えている。彼らにとって、EUの発足とユーロの導入は、真のヨーロッパ連邦実現への第一歩にほかならない。統合の深化は、粘り強いコンセンサス醸成の末に実現するかもしれないし、「乗りかかった船」だから後戻りはできないという理由で実現にこぎつけるのかもしれない[2]。だがいまのところ統合が深化しているとは言い難いし、近い将来に実現するとも思えない。その最大の原因は、統合を深めるためには各国がいま以上に主権を放棄しなければならないことにある。そのためには相互の信頼、リスクを分け合う覚悟、連帯意識が欠かせない。そのどれもが、いまのヨーロッパには乏しい。かといって命令して実現できるものでもなかろう。今日のヨーロッパを覆っているのが、広くは欧州統合に対する、狭くは通貨ユーロに対する幻滅と失望であることは、率直に認めなければならない（とはいえこの感情は一様ではない。たとえば南ヨーロッパの国々は、おおむねユーロ圏にとどまることを希望している）。

どうしてこんなことになったのだろうか。EUに未来はあるのだろうか。この問いに答えるために、本章ではまずユーロ危機の原因を分析し、次にギリシャのケースを取り上げる。公的債務の問題は誰もが意識しており、五年前からヨーロッパを二分する論争の種になってきた。この点を踏まえ、より大きな問題として、公的債務の持続可能性についても論じる。いったい、国家というものは、どの程度借金をしても安泰なのだろうか。そして最後に、避けられない問いに向き合うことにする。それは、ヨーロッパに残されている選択肢はあるのか、ということだ。ここでの議論はユーロ圏自体の問題に集中することにし、ユーロ圏外に向かう動き（たとえばイギリスのEU離脱）も、逆にEUの拡大という懸案事項も取り上げない。また、経済以外の面（たとえば一部加盟国におけるヨーロッパの価値観の軽視など）も本章の守備範囲外とする。

2　ユーロ危機の根本原因

二重の危機と借金文化

一九九〇年にユーロが発足してからの一〇年間、南ヨーロッパは二つの問題に直面してきた。一つはユーロ加盟以降に生産性の向上を大幅に上回るペースで賃金が上昇し、競争力が低下したこと、もう一つは官民を問わず債務過剰に陥ったことである。

競争力の低下

まず、競争力を取り上げよう。図表10－1に、ユーロ加盟国における一九九八年以降の賃金の推移を示した。ドイツと南ヨーロッパとのちがいが鮮明であることがおわかりいただけよう。なおこの分析の必要上、フランスは南ヨーロッパに含めてある。フランスの賃金と生産性は、ドイツより南のほうにずっとよく似ているからだ(3)。

ドイツは組織的に賃金上昇を抑制してきた。とくに国際競争に直面している企業部門では、賃金抑制に対する労働組合のコンセンサスが比較的得られやすかったという事情がある。これに対して南ヨーロッパ（スペイン、フランス、ギリシャ、イタリア、ポルトガル）とアイルランドでは、生産性が七％しか上昇していないのに、賃金上昇率は四〇％に達している(4)。賃金と生産性の乖離は、最終価格に跳ね返ってくる。ドイツ製品の価格が低めに抑えられているのに対し、南ヨーロッパの製品は値上がりした。となれば、ヨーロッパ域内の貿易（先ほど述べたように、ヨーロッパの貿易全体の六割が域内貿易である）に極端な不均衡が生じるのも当然だろう。ドイツが輸出し、南が輸入するという構図である。

図表10-1　ヨーロッパにおける賃金と生産性の推移（1998-2013年）

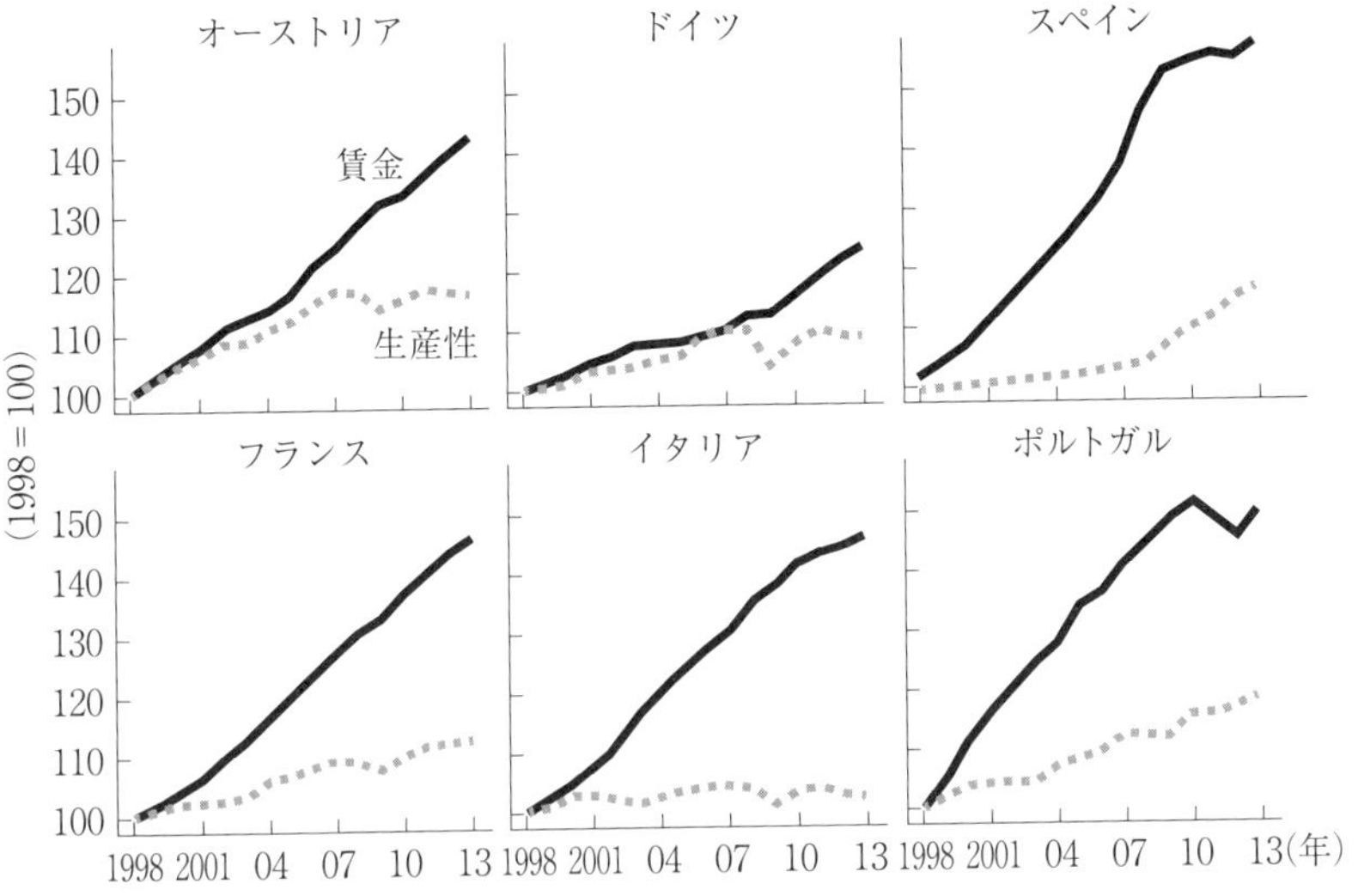

資料：欧州委員会（アメコ&クリスチャン・シマンのデータに基づく）。
注記：ギリシャを含めなかったのは、生産性の推移がおおむねポルトガルと同じだったにもかかわらず、賃金上昇率が1998-2008年に180％に達し、グラフのスケールを突破してしまったためである。債務危機後に賃金上昇率は20％下がって160％になっている。

ある国が輸出する以上に輸入すると、どうなるだろうか。差し引きの輸入金額を手当てするために、その国（最終的には家計）は資産の一部を売って資金を捻出しなければならない。売りに出た資産は、個人、投資ファンド、あるいは外国が買う。こうしたわけで、CAC40（ユーロネクスト・パリの代表的な上場銘柄四〇種）を構成する大手フランス企業の株式の約半分と不動産の一部を、今日では外国が所有している。それは国家のこともあれば、銀行のこともあり、あるいは外国から借金した企業だったりする。いずれにせよ資産を外国に切り売りする国は、今日たくさん使って明日切り詰める選択をしたことになる。

　このような不均衡は、最終的には南ヨーロッパに貧困をもたらす。南では生産性に比して賃金の上昇率が大きすぎることがさほど問題視されない理由のひとつは、評論家の多くが責任をドイツになすりつけていることにある。ドイツの重商主義的な政策が悪い、というわけだ。ドイツの政策は、他国の市民の幸福にプラスとマイナスを同時にもたらす。プラス面は、消費者が安価なドイツ製品を買えることだ。マイナス面は、ドイツとの競争に直面する企業の製品が売れず、経営不振に陥り、ついには労働者が解雇の憂き目に遭うことである。しかもフランスの場合、前章で述べたとおり、一度職を失うと再就職はむずかしい。南ヨーロッパの雇用市場がうまく回らないのは、もちろん当該国の政策の責任である。[5]それにしても、ドイツの賃金抑制策で大きな影響を被るのは、ドイツ製品と競合する企業の労働者になってしまう。

統一通貨が重大な問題と化すのは、このときだ。各国がそれぞれに固有の通貨を持っているなら、ドイツ経済の一人勝ちとなればドイツマルクが上昇し、フラン、リラ、ペセタ、ドラクマは下落する。するとドイツ以外の国では消費者の購買力が大幅に低下するが、その一方で、ドイツとの競争にさらされている企業は輸出競争力を取り戻し業績が回復するので、大量解雇を免れるはずだった。しかし単一通貨の導入によって自国通貨切り下げの可能性が排除されると、残されているのは効果の乏しい方策しかない。[6]一つは、為替切り下げを再現する「税による減価」と呼ばれる方法である。付加価値税（ＴＶＡ）を利用するフランスの方法は、その一種だ。付加価値税を輸入品にとくに重くし、その税収を財源にして企業が負担する社会保障税を軽減する。するとこれは輸出企業にとって輸出補助金のような役割を果たし、広く製品価格を押し下げる。この種の「税による減価」は南ヨーロッパの多くの国が実施してきたが、どの国も控えめなやり方に終始している。失われた競争力を埋め合わせるほどのＴＶＡの増税をしたら、今度は平等の問題が起きてくるし、脱税も横行しかねないからだ。

通貨切り下げの代替手段としてもう一つ考えられるのは、賃金または物価を下げることである（経済学者はこれを「内的減価」と呼ぶ）。この方法も、スペイン、ポルトガル、ギリシャで実施されたことがある。だが、この代替手段はひどく高くつく。賃金がユーロ加盟前の水準に戻った場合、[7]加盟後に上がった賃金を知っているだけに人々の不満はつのり、後先を考えずに借金に走るかもしれない。それに、政府が直接的にコントロールできるのは公務員の給与水準だけなので、実行自体がむずかしい。賃金と物価を同時並行的に押し下げるとなれば、なおのことである。

膨張する債務

欧州債務危機は予想可能だったのだろうか。たとえばポルトガルの場合、オリヴィエ・ブランシャールとフランチェスコ・シャヴァッツィが二〇〇二年に発表した論文[8]によると、一九九〇年代（好景気だった）と二〇〇〇〜〇一年の債務の拡大は、投資の伸びではなく家計の貯蓄率の低下が主因だという。そもそもポルトガル経済が一九九〇年代に活況を呈したのは、ユーロ圏加盟の見通しに国全体が沸いてバブルが形成されたからで、実体経済が成長したわけではなかった。

南ヨーロッパでは通貨同盟に加入したことで長期金利が低下し、さらに銀行規制が不備だったことも手伝って、バブルが形成された。一九九九年以降の賃金上昇や購買力拡大の背後に債務の膨張や資産の切り売りがあったことは、すでに述べたとおりである。とはいえ「先祖伝来の宝石」の切り売りには限りがある。そのうえ宝石の大半について外国人投資家の所有率が高いとなれば、価値も下がろうというものだ。フランス企業の過半数の株式を外国人投資家が取得した場合、税制に関しても規制に関してもフランスの優遇措置は受けられなくなる[9]。となれば、残りの株式を買いたがる投資家はいないだろう。

そして言うまでもなく、借金にも限界がある。外国人投資家が、あの国には債務返済能力があるのかと疑い始める瞬間が必ず来るだろう。そうなれば、金利の引き上げすなわちリスク・プレミアムを要求するか、でなければそれ以上の貸し出しを拒絶するはずだ。

さもないと、ギリシャのようなことになる。図表10－2に示すように、二〇〇九年までは、ギリシャもドイツと同じような金利で借金ができていた。世界中の投資家がギリシャ財政の危うさを承知していたにもかかわらず、である。言い換えれば投資家は、ギリシャが窮地に陥ったらユーロ圏の他の国が助けるだろう、だからギリシャ国債がデフォルトになるリスクは小さいと踏んでいた。より広くは、南ヨーロッパの国が危機に瀕したらユーロ圏の連帯が機能するにちがいないと信じきっていた。だがそれにも限界があ

■ 図表10-2　10年物国債利回りの推移

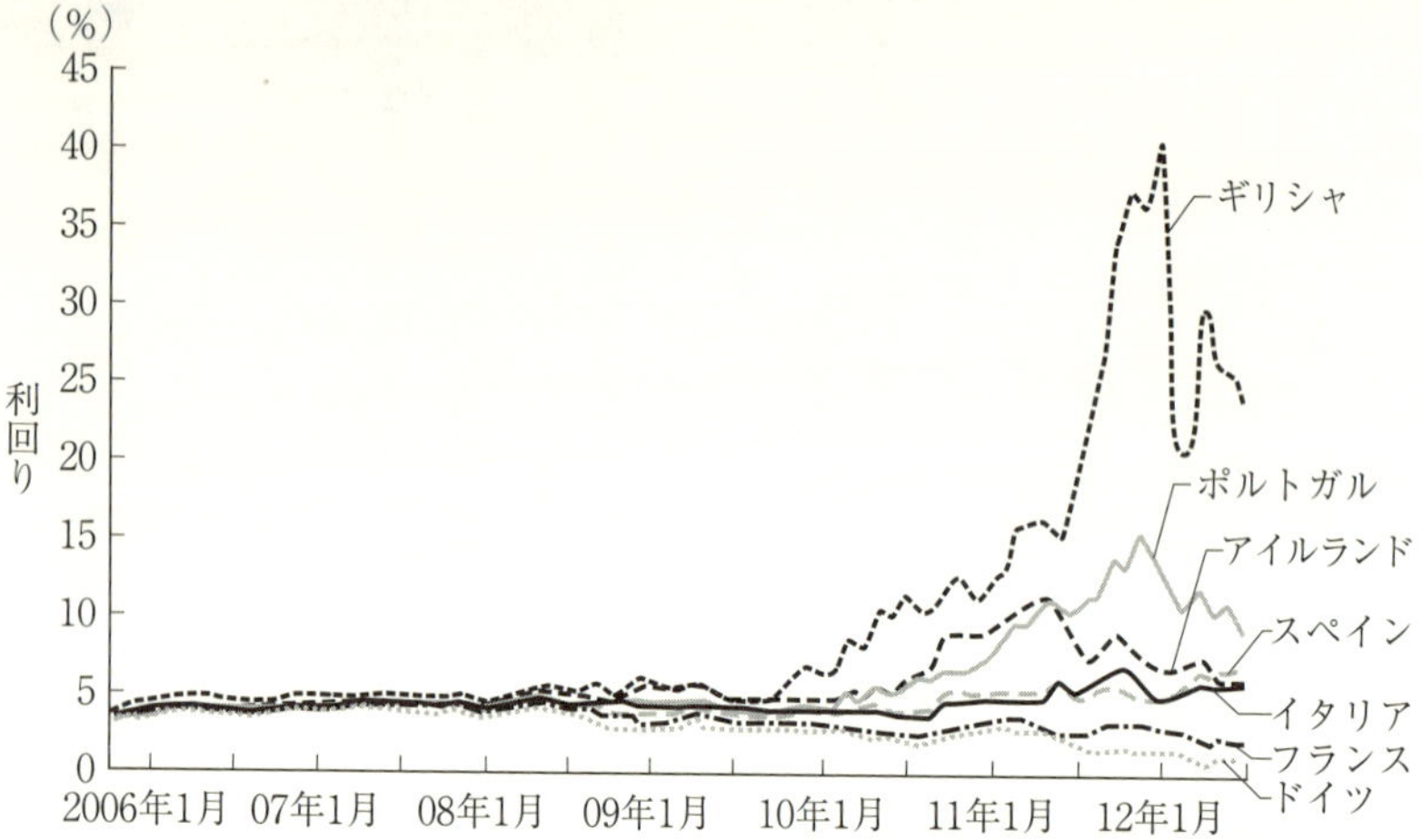

資料：Niccolò Battistini, Marco Pagano, Saverio Simonelli, "Systemic Risk and Home Bias in the Euro Area", *European Economy*, avril 2013, Economic Papers 494. データはDatastreamによる。

る。二〇〇九年一一月にギリシャで政権交代があり、前政権の借金隠しが露見した――実際の債務は、前政権が公表した額の二倍だったのである（公的債務は対国民総生産〔GDP〕比で一二〇％に達した）。これがギリシャ危機の引き金となった。

南ヨーロッパでは低金利をいいことに債務が増大し、過剰債務の問題はいまやユーロ圏の存続を脅かす事態となっている。過剰債務は、公的部門（ギリシャがそうだ）でも民間金融部門（スペイン、アイルランドはこちらである）でも発生している。たとえば、アイルランドの財政赤字は二〇一〇年に突如としてGDP比一二％から三二％に膨らんだが、これは巨額の不良債権を抱えた銀行を救済したためだった。

監督体制の不備

経済学者のカーメン・ラインハートとケネス・ロゴフは、すでに古典となった著書『国家は破綻する』（邦訳、日経BP社刊）の中で、失敗は繰り返されること、ソブリン債務危機の多くはバブル（とくに不動産バブル）に起因すること、バブルの形成を国家が放置し、場合によっては奨励したことを示した。[10]

スペインはまさにそのケースである。一九九九年のユーロ発足で、スペインにとっては借入コストが大幅に下がった。その結果、不動産バブルが形成される。スペインに流れ込んだ大量の欧州資本は、競争力低下で軒並み経営不振に陥っていた産業部門には向かわず、不幸にも不動産に投じられた。つまり、この国の将来のためには使われなかった。そのうえ銀行まで、過熱する不動産投機に便乗した。とくに甚だしかったのは、Caja（金庫という意味）と呼ばれる地域金融機関であり、最終的には国に救済されている。スペインのケースから学ぶべき教訓は多い[11]。スペインでは、第四位のバンキアを除き、大手銀行はおおむね健全に経営されていた（バンキアはＧＤＰの二％に相当する公的資金を注入され、国有化された）。これに対して地域金融機関（スペインの金融部門の四〇％を占める）であるCajaグループは、地元政治家との癒着体質もあって野放図に不動産ローンを貸し出し、バブル形成の旗振り役を務めたのである。結局彼らは不良債権を抱えて窮地に陥り、再編されるか公的資金で救済された[12]。

第6章で説明したように、政府も地方自治も中央銀行が発する警告をとかく無視する。不動産バブルは政治的にはいろいろと好都合なので、むしろバブルを煽り、Cajaグループの無謀なリスクテークに誰も歯止めをかけようとしなかった。欧州銀行同盟のようなものが存在していたら、スペインの悲劇は防げたかもしれない。今日では欧州中央銀行（ＥＣＢ）がヨーロッパ中の銀行を監視する役割を担い、スペインの銀行の不動産融資が行き過ぎだと察知したら、手控えるよう指導することになっている。同じことが、ドイツの州立銀行（ランデスバンク）にも当てはまる。州立銀行も地元に強い顧客基盤を持つ地域密着型であり、やはり面倒を引き起こすことになった。

ヨーロッパでは銀行に対する監視が全般的に緩んでいる。フォルティス、ＫＢＣ、ＩＮＧ、コメルツバンク、さらにイギリスやアイルランドの一部の銀行が次々に問題を起こしたのはこのためだ。欧州債務危機に何か良い点があったとすれば、たとえ政治家が乗り気でなくても（ドイツでさえ、州立銀行の監督は自国でやると主張した）、欧州レベルでの銀行規制の必要性が改めて認識されたことである。国レベルでは、銀行を管轄する省庁の予算も限られているし、大手銀行の不備を見抜けるような能力も持ち合わせていな

■ 図表10-3　EU加盟国の公的債務（対GDP比）

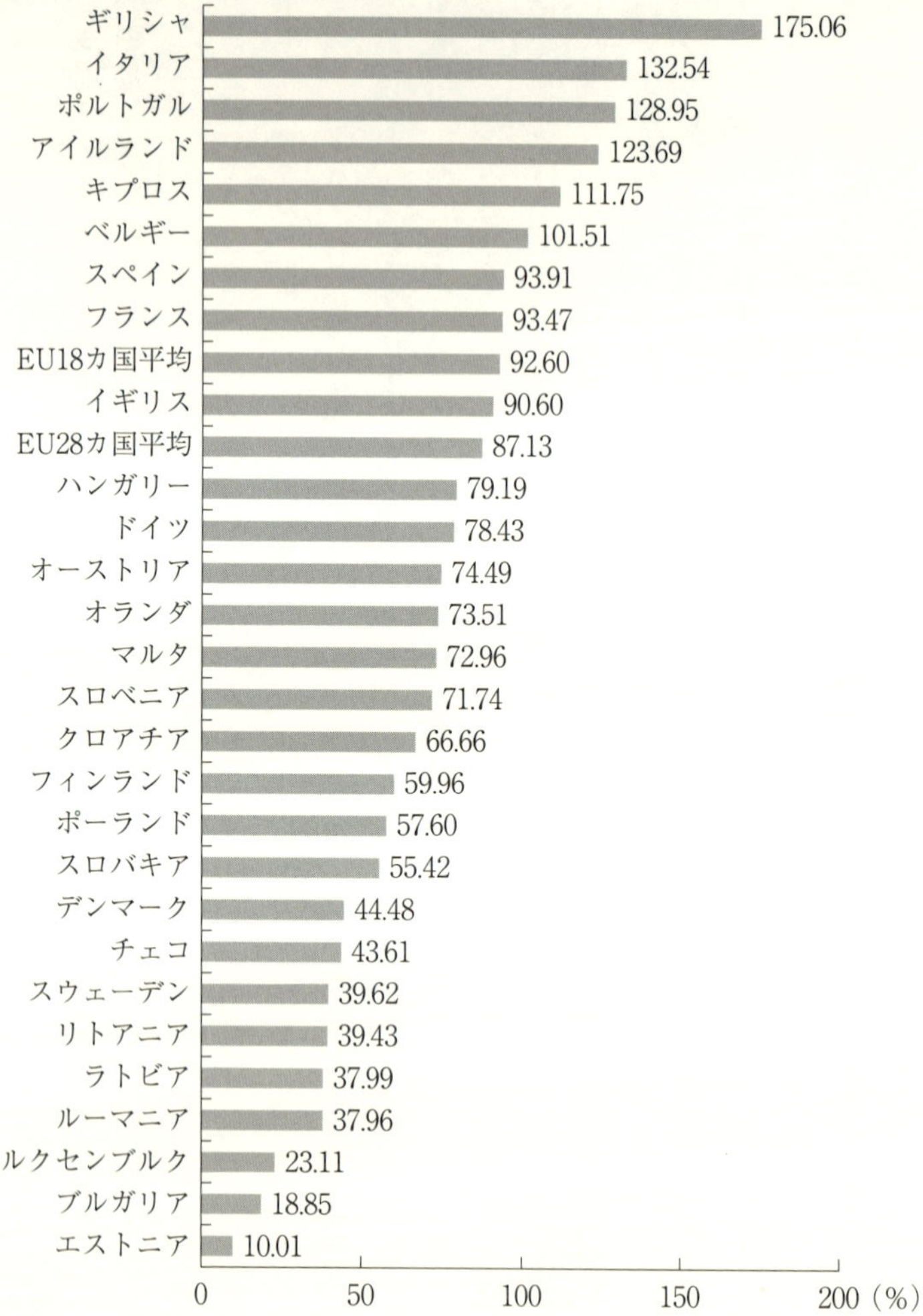

資料：Eurostat

い。そのうえ、不動産バブルの形成に目をつぶりがちだ。こうした不備を克服すべく、二〇一四年に単一監督機構（ＳＳＭ）が発足し、ＥＣＢがユーロ圏内の銀行に対する単一の監督権を持つこととなった。

　銀行監督の緩みは、財政規律の緩み同様、公的債務を膨張させることになる。図表10－3には、ＥＵ加盟国の公的債務（対ＧＤＰ比）を示した。

頼りない防波堤

　ユーロ圏の設計にはあれこれ不満があるとしても、マーストリヒト条約の起草者が危険を予見していなかったと責めるのは当たらない。万一の場合にユーロ加盟国の連帯に期待できるとなれば、どこかの加盟国が景気よく浪費したり銀行監督を怠ったりする危険性を、彼らは十分に見通していた。そこでマーストリヒト条約には、単年度の財政赤字の上限（当初の規定では対ＧＤＰ比三％）、公的債務残高の上限（対ＧＤＰ比六〇％）が設定されるとともに、他の加盟国の債務引き受けを禁じた「非救済条項」も定められた。その後ほどなく、これらの制限を景気循環に応じて調整すべきだとの意見が出されたため、景気後退局面の財政赤字は容認するが妥当な期間内に予算均衡を回復すべし、ということになった。

　ＥＵの包括的な財政協定である財政安定成長協定にも加盟国間の相互監視が盛り込まれ、全加盟国の経済・財務相で構成される経済・財務相理事会（ＥＣＯＦＩＮ）が、財政規律を逸脱した国に是正勧告を行うことになった。よほどの異常事態でない限り、財政赤字がＧＤＰ比三％を超えた時点で当該国が妥当な対応策を講じない場合には、その国のＧＤＰの〇・二～〇・五％の罰金を科すというのである。だがこれは、非現実的な規定と言わざるを得ない。財政困難に陥った主権国家から罰金を取ることが適切とは思えない。さらに二〇一二年三月には「安定、協調、統治に関する条約」が署名された。ユーロ圏の財政規律と監視強化を図るための政府間条約で、加盟各国は単年度の構造的財政赤字がＧＤＰの〇・五％を超えないという財政均衡義務を守らなければならない[13]。

マーストリヒト条約に基づくアプローチは、これまでのところ失敗に終わっている。規則は厳格だがいっこうに実行できておらず、これが混乱の火種となってきた[14]。規則が実行されない主な原因としては、各国の実情に合っていない、債務の計測が困難である、監視が不十分である、などが挙げられる。以下では、一つひとつ検討していきたい。

債務の持続可能性は一様ではない

不平等と受け取られることを避けたいという政治的理由は理解できるが、だからといってすべての国に画一的に規則を押し付けても解決にはならない。一国の債務の持続可能性を判断する万国共通の基準は存在しないのであって、公的債務のGDP比が同じでも、ある国では持続不能だが別の国ではそうでないことがありうる。たとえばアルゼンチンは、公的債務残高がGDP比六〇％に達したところで返済不能になった。だが日本の公的債務残高は二四〇％を超えているというのに、信頼性の危機は（まだ）起きていない。ではどうなったとき、もはや持続不能と言えるのだろうか。

債務の持続可能性は、さまざまな要因に左右される。ここでは、持続可能性を高める要因を四つ挙げておこう。第一は、経済成長率が高いことだ。この場合、税収が増えるので債務の返済が容易になる。第二は、債務が国内に限定されていることである。どの国の政府も、デフォルトが自国民や自国の銀行を直撃するのは避けたいので、なんとか緊縮財政に移行しようとする。こうしたわけで、公的債務残高の九〇・六％（二〇一四年当時）が国内で保有されている日本は、いまのところあまり不安視されていない[15]。第三は、金利水準が低いことである。低金利環境では債務の返済が容易になる。第四は、徴税能力があり、増税の余地があることだ。アルゼンチンやギリシャのように徴税インフラが整っていない国は、債務が膨らむとあっという間に危機に陥る。同様に、アメリカはフランスに比べて増税余地が大きいため、債務を維持しやすい。

債務の持続可能性に影響をおよぼす要因は、ほかにもある。まず、他国による救済が期待できる場合には、資金調達が容易である。二〇〇九年までのギリシャはまさにそうだった。逆にアメリカの場合、州や市が破綻に瀕しても連邦政府は救済しないことを市場が承知しているので、地方自治体が公債などで借金をするのはそう簡単ではない。ソブリン債の発行地も影響してくる。おおむね民間の貸し手のほうが手厚く保護されるため、気前よく資金を出す傾向がある。したがってロンドンやニューヨークで起債するほうが、借り手の国で発行するより債務を維持しやすい。

ある国にそもそも借金を返す気があるかどうかが借り入れ能力に影響することは言うまでもないが、デフォルトのコストがどの程度につくかということも、借り入れ能力に影響してくる。デフォルトのコストは、国によってまちまちだ。たとえば一度評判を落としてしまうと、市場から信用されなくなり、資金調達がむずかしくなるし[16]、新たに借りるときにもリスクが生じる（損を被った債権者が、前回分の返済を要求してくる可能性がある）。さらに、国外に保有する資産を没収される恐れもある。また一度信用を失うと、商取引全般がうまくいかなくなる。

そして借金が増えるほど、問題は大きく厄介になり、いわゆる自己実現的な危機に陥る可能性が高まる。市場がある国の返済能力に疑いを抱くと、その国の国債金利に上乗せ（リスク・プレミアム）を要求するようになる。すると返済時の金利コストが嵩《かさ》むので、いよいよ返済が困難になり、市場の疑念をみごとに「裏付ける」ことになるわけだ[17]。

これらの要因がすべて債務の持続可能性や資金調達能力に作用するとなったら、ある国が耐えられる債務残高の上限を正確に見積もるのはきわめて困難であることがおわかりいただけよう。

公的債務の正確な計測はむずかしい

ある国の公的債務には、確実に発生するとわかっているのに含まれていないものがある。年金がそうだ。年金が国の債務の一部でないと知ったら、読者はきっとびっくりすることだろう。年金債務は、国に必ずしも支払い義務がないという意味で、いわゆる「簿外債務」扱いとなっている（言い換えれば、国は全額を払わなくてもいいし、年金額を引き下げることもできる。もちろん、そんなことをする前によくよく考えはするだろうが）。フランスの場合、年金総額の九〇％以上が公的債務にカウントされていない（イギリスは約六〇％、オランダはもっと少ない）。最近の研究によると、ＯＥＣＤ加盟国二〇カ国では、引き当て不足の年金債務が七八〇〇億ドルに上ることがわかった。公式の公的債務が四四〇億ドルだから、膨大な数字である[18]。

それだけではない。だいたいにおいてどの国の政府も、公的債務を偶発債務の中に紛れ込ませることに多大なエネルギーを使っており、会計検査院などがこの創意工夫の産物を発見することがめずらしくない。企業や公的・半公的制度（社会保障、健康保険など）の債務保証、預金保険や年金の引き当て不足、ヨーロッパの場合の仲介機関（ＥＣＢ、欧州安定メカニズム〔ＥＳＭ〕、再保険など）を介した高リスク国への融資といったものが隠れた債務に含まれる。債務の把握を困難にするもう一つの問題として、計算の対象になるのはバランスシートで言うと負債の部だけだということがある。つまり資産のほうは対象にならないので、資産を切り売りしたり、さらには借金減らしのために収入源を叩き売ったりしても、気づかれない。

一国の偶発債務の大部分を占めるのは銀行リスクである。アメリカ、スペイン、アイルランドの最近の例は、まさにそうだ。そうは言っても、銀行リスクは必ず現実の危機になるわけではないという理由で「簿外」に押しやられる。しかも実際の金額は、公式の見積もりよりはるかに多いのがふつうだ。預金保険機構が積み立て不足に陥っている状況で国が個人預金者を救うとなったら、中小企業の預金も銀行が発行した社債も救わないとおかしい、という話になる。現に銀行改革をめぐる議論では、どこまでを救いどこからは救わないかが一つの焦点となっている[19]。

国に返済義務のある公的債務と銀行に返済義務のある民間債務は一体として考えるべきであることが多い。銀行債務は公的債務の一部であり、銀行が危機に瀕するときには国も危機に陥っていることが多く、その逆もまた当てはまる。にもかかわらず、ユーロ加盟国の債務水準を決定するに当たって考慮の対象になったのは、公式の公的債務だけだった。

相互監視は信頼できるのか

マーストリヒト条約は、第一に財政赤字と公的債務の監視を、第二に加盟国の救済禁止を目的として定められたことを思い出してほしい。しかし実際には、どちらも守られていない。

まず監視だが、欧州経済・財務相理事会は、財政安定成長協定の違反が多数あったにもかかわらず（欧州債務危機前ですでに六八件もあった）、制裁を科さなかった。またどの違反事例でも、介入や勧告さえ行われていない。二〇〇三年以降には、盟主であるフランスやドイツまで違反を犯している。さらに、ユーロ圏に加盟を希望する国に好ましくない慣行があっても目をつぶり、加盟後に規律が緩んでも大目に見てきた。その代表例がイタリアである。イタリアは、ユーロ加盟時にはかなりの努力をして債務を削減し、基礎的財政収支（プライマリーバランス）の大幅な黒字化を達成した。ところが加盟してしまうと、それまでのがんばりはどこへやら、金利が下がったのをいいことに借金を膨らませた結果、ついに二〇一一年夏にはイタリア国債の利回りが財政運営上の「危険水域」とされる七％に迫る勢いとなり（国債価格は下落）、シルビオ・ベルルスコーニ首相の退陣を招いている。

似た者同士である加盟国間の相互監視がうまくいかないのは、驚くには当たらない。財務相にしても、違反国に勧告を出すなど介入して怒りを買いたくはない。それに、いくら介入したところで違反国の体質が改まるとも思えないのだから、なおのことだ。さらにヨーロッパの場合、政治的課題も絡んでくる。欧州の政治的統合という遠大な目標はそれとしてもっともではあるが、この目標があるためにかえって、疑わしい会計慣行やユーロ加盟基準の未達を大目に見ることが正当化されるきらいがある。そのうえどの国も、今回見逃せば自分のときも目をつぶってもらえるだろうという思惑で行動しがちだ。

次に、救済の禁止も、これまでのところいっこうに守られていない。ＥＵはギリシャを救済したとき、自ら定めたルールを破る肚を決めたのだろう。ＥＣＢもそうだ。彼らは破綻に瀕した国の国債を買い入れたほか、疑わしい担保も受け入れた。これでは、救済禁止条項を真に受ける国はあるまい。加盟国が破綻の危機に瀕したという事実を前にしたとき、ヨーロッパの国々は破綻の後遺症を恐れるあまり、ひたすら「連帯」の絆を誇示したのである。ある国が破綻し、デフォルトしたとなれば、経済的な後遺症（通貨および資産価格の下落、破綻国の企業や銀行が被る打撃の波及効果など）はもちろん、それ以外の後遺症（心理的打撃、ヨーロッパ統合への懐疑など）も懸念されることはたしかではあるが。

アメリカとの比較

ここで参考のために、同じく通貨同盟の一種とみなすことのできるアメリカと比べてみよう[20]。カリフォルニア州は、二〇〇九年にリーマン・ショック後の不況で税収が激減し、予算不足に陥ったが、オバマ大統領は救済を拒否した。また二〇一三年にはデトロイト市が連邦破産法九条の適用を申請し、事実上の財政破綻となったことは記憶に新しい。アメリカでは、州であれ都市であれ、連邦政府からの救済を当てにせず、自力で難局を打開し、予算均衡を回復しなければならない。実際にも、一八四〇年以降に州または都市が政府に救済された事例は存在しないのである。いや、厳密に言えば、一九七五年に構造的不況と放漫財政で破綻に瀕したニューヨーク市が、連邦政府からの融資で切り抜けたことがある。しかしこのときは、緊急財政管理委員会による厳しい予算管理を受けなければならなかった。

じつは一八四〇年以前のアメリカは、こうではなかった。独立戦争の際には多くの州が借金を抱え、破綻寸前となった。その後五〇年近くにわたり、連邦政府による救済が常態化したのである。だが地方自治体に厳格な財政規律を求め連邦政府による救済は断固行わない方向で、政治的コンセンサスが醸成されていった。今日では、アメリカの自治領であるプエルトリコの財政危機に対して、アメリカ政府がどう対応するかが注目されている。というのも、プエルトリコ債は優遇税制を適用されることもあって、アメリカの地方債市場で残高が大きく、しかも個人投資家の保有が多いからだ。万一デフォルトとなれば、貧困層が打撃を受ける恐れがある（訳注：アメリカは二〇一六年六月に「プエルトリコ監視・管理・経済安定化法」を制定。一七年五月にプエルトリコは債務再編を発表した）。

国民が負担するコスト

債務過多になった国では、実際にソブリン債務のデフォルトを宣言する前から、コスト負担が生じている。まず、債務返済のために、本来なら他のことに使うはずだったリソースを振り向けなければならない。さらに、カウンターシクリカル（景気変動抑制的）な政策をとりにくくなる。つまり、景気後退局面や銀行危機の際にはほんとうは財政規律を緩めたいのだが、債務に神経をとがらせる市場に財政規律を守っていることを示さなければならないため（そうしないと次の資金調達の際に困ることになる）、不況時にも緊縮を続けざるを得ない。

とはいえ、債務の最終的なコストはやはりデフォルトによって生じる。この点に関しては、家計も企業も政府も変わりはない。債務不履行を起こすと自立性を失うことになり、その代償は大きい。将来の借入れが困難になるのはもちろんのこと、債権者の差し金で銀行管理下に置かれたりする。ソブリン債務のデフォルトが避けられない場合には、国民に引き受けてもらわざるを得ないコストをどう説明するか、困難な課題が待ち受ける。国民に納得してもらうには、払うべき犠牲が正当なものであると同時に、免除されるのは最貧困層だけであることが重要だ。さらに、国防費の削減、労働市場改革と年金改革、課税強化に取り組まねばならず、同時に未来のために、輸出産業、教育、知識経済への投資が求められる。

またヨーロッパの場合、汎欧州的な機関の力が弱く、破綻に瀕して財政健全化が必要な国を十分に支援できないため、結局は国際通貨基金（ＩＭＦ）頼みということになる。ＩＭＦの役割はとかく誤解されがちなので、ここで一度復習しておこう。簡単に言うと、ＩＭＦは財政困難に陥った国を対象とするサービス供与機関である。財政困難に陥った国は、資本市場での資金調達ができなくなる。あるいは、途方もない金利を付けないと国債の買い手がいなくなり、そうなれば金利コストが嵩んで返済が困難になり、さらに金利の上乗せが要求され……という悪循環に陥りかねない。そこでＩＭＦはその国に流動性つまり資金を提供するわけだが、ＩＭＦの主たる任務はそれではない。そもそもＩＭＦの資金は原則として返済しなければならないので、急場しのぎにはなっても、ほんとうの意味での支援には当たらない[21]。じつはＩＭＦは、厳格な財政運営を行わないと満たせないような返済条件を当該国に強制する。それによって財政健全化と信頼回復を実現し、再び国債資本市場での調達を可能にすることが、ＩＭＦの役割なのである。とかくＩＭＦの押し付ける条件が批判されるが、ＩＭＦの存在理由はそのやり方で破綻国を助けることにある。そしてＩＭＦに助けを求めたのは、破綻国自身にほかならない。

モラルハザード、再び

本書ではすでに、エージェンシー理論を扱った箇所でモラルハザードを取り上げた。モラルハザードが起きやすいのは、一方の当事者の行動が相手方に不利益をもたらしうるが、相手方がそれを事前に正しく予測して防ぐことがむずかしいときである。本章に関して言えば、外国から借金をした国が返済を怠る、財政赤字を垂れ流して債務残高を野放図に増やす、教育などに投資せず目先の消費に走るといった行動は、モラルハザードの一例である。さらに言えば、投資の選択によって債務の持続可能性にも影響が出る。国が債務を返済するには、外国にモノを売り、輸入を減らすことが必要なので、貿易財に投資すれば債務返済能力は高まる。逆に非貿易財に投資すれば、返済能力は低下する。そして不動産は非貿易財の代表例であり、定義からして自国民が「消費」するほかない。ところがヨーロッパには不動産にむやみに投資している国がある。

連邦制をとっているアメリカとカナダでは、モラルハザードを防止する最善の方法として、救済を禁止するルールを決めてこれを厳格に守ってきた。先ほど述べたように、アメリカでは一八四〇年以降は連邦政府による州や都市の救済を行っておらず、その結果として八州がデフォルトを起こした。二〇世紀にはカナダがやはり郡の救済を却下し、結局はデフォルトせずに済んでいる。対照的なのが、アルゼンチンだ。アルゼンチンは一九八〇年代末に、破綻しかかった州を相次いで救済した。ところが一〇年後に、救済された州がまたもや問題を起こし、ついに二〇〇一年には政府対外債務の支払停止を宣言するにいたる。ブラジルでも同様の危機が起きた。また興味深いのは、ドイツのケースである。ドイツでは、一九八〇年代から連邦政府がたびたび州の救済に乗り出しており、ブレーメン州もザールラント州も救済されている。ところがこれらの州の放漫財政はいっこうに改まらず、地方財政破綻の主犯格となった(22)。EUの財政安定成長協定が信用を失ったのも、ドイツとフランスが制裁を免れるなど、規則の緩みが原因だった。

3　ギリシャ危機

ギリシャでは、二〇一五年七月五日の国民投票で緊縮財政に「ノー」が突きつけられたものの、最終的にはユーロ圏にとどまることに成功した。というのも、国民投票のほんの数日後に、アレクシス・チプラス首相が掌を返したようにEU側の条件を呑んだからである。そもそも国民投票を実施したのは、EUから突きつけられた支援条件を嫌ったからだが、結局はそれを上回るような厳しい条件を受け入れた格好だ。さらに同年九月の選挙では、首相の豹変ぶりが国民に支持された。ユーロ圏の他の国は、ギリシャ離脱やユーロ圏解体の危機がひとまず回避されて安堵している。五年にわたる危機の間、ヨーロッパの政治指導者たちは親EU派も反EU派も世論をなだめて時間を稼ぐことに終始し、目の前の火の粉を振り払うだけでユーロ圏の将来についてあまり考えようとしなかった。

ユーロ圏全体はさて措きギリシャ問題だけを論じるときでも、各国は自国の思惑から勝手な意見を述べてきた。ニューヨーク大学経済学教授のトーマス・フィリッポンは次のように指摘する。「ギリシャ経済と巨額のソブリン債務にどう対処するかについては、誰もが一家言持っているようだった。だがそれらの意見は本質的には気まぐれで、一貫性のない矛盾した論理に基づいていた(23)」。

親トロイカ派(24)の一部は、ギリシャが（渋々ながらも）改革に着手したこと、二〇一四年に何年ぶりかで経済成長率がプラスになったこと、賃金水準がかなり押し下げられたこと、政府支出の削減と公的部門の縮小に向けた努力がなされたことに正当な評価を与えていない[25]。とりわけ、ギリシャの財政再建が進まないのは同国の政治的腐敗だけのせいではなく、深刻な不況が多分に原因になっていることを十分にわかっていない。ギリシャ向け投資は、国内需要の不確実性と将来起こりうる「没収」を恐れて激減した。ギリシャ政府は巨額の債務を返済するか、借り換えを継続しなければならないので、いずれ負担に耐えかねて暴挙に出るのではないかと怯えたわけである。これでは、労働市場改革が着手されたにもかかわらず、失業率が高止まりしているのも無理はない（もっとも、改革の継続性が疑わしいため、限定的な効果しか上がっていないのだが）。ギリシャは現在抱える債務（前回の債務再編により返済期間はきわめて長く、本格的な返済が始まるのは二〇二二年からである）のごく一部を返済するのにも四苦八苦しているが、債務の軽減を言い出したのはＩＭＦだけだ。

反トロイカ派の一部は、ギリシャがすでにかなりの支援を受けていることすら認めようとせず[26]、債務の軽減は求めても本物の改革は避けて通ろうとする。計画された多くの改革は、すべて机上の空論に終わった。まず税制で言うと、最富裕層が享受している特権的優遇税制や、給与所得者とそうでない人の間の不平等（前者は税逃れができない）が指摘されたが、是正されていない。市場開放もいっこうに進んでいないし（薬局の営業時間が自由化された程度である）、成長志向の政策も講じられていない。そのうえ、政府は民間企業の経営の足を引っ張っている。というのも、契約履行や商取引の実行に関する法の整備がいっこうに進まないからだ。一部の部門（公共輸送など）で団体協定が中止されたこと、産業別労使交渉から企業別への移行を奨励する法規が定められたことは意義深い。ただし、これらの措置はいつ覆されるかわからないという不安がつきまとう。というのも、ギリシャでは、政権交代があると前政権のやり方を徹底的に排除する悪しき慣行があるからだ。年金改革も、議会は通過したが実行に移されていない。

反トロイカ派は、財政の健全化（つまり緊縮）が避けられないことさえ認めまいとする。ＩＭＦの元チーフエコノミスト、オリヴィエ・ブランシャールは、こう述べている。

「二〇一〇年の支援プログラム発動前ですら、ギリシャの債務残高は三〇〇〇億ユーロ（対GDP比一三〇％）、財政赤字は三六〇億ユーロ（同一五・二％）に達していた。債務残高は年一二％のペースで増え続けており、あきらかに持続不能である。ギリシャは、もう自力ではどこからも借りられない。GDP比二〇～二五％の資金が必要だとすると、その分だけ財政赤字を減らさなければならない。たとたとえ全額をデフォルトしても、プライマリーバランスの赤字がGDP比一〇％を上回る現状では、財政赤字をその分だけでもすぐに削減する必要がある。そうなると、プライマリーバランス黒字化のために、支援プログラムよりはるかに苛酷な調整を五年以上続けなければなるまい。当然、社会的費用も高くつくことになる[27]」

反トロイカ派は、債務放棄や欧州版ブレイディ債[28]の発行などを要求しており、自国の返済能力に疑いを抱いていることがわかる。それ自体は正しいが、中南米のケースとギリシャのケースのちがいをよく理解していないようだ。中南米の国々が一九八〇年代に債務不履行に陥ったときは、貸し手は民間銀行だった。一方ユーロ加盟国の場合、民間銀行とは異なり、ギリシャの債務再編が終わったらもう関係を絶つ、というわけにはいかない。ユーロ圏の幸福はギリシャの幸福と不可分に結びついているのである。だからギリシャの債務再編が完了するとしても、ギリシャと他の加盟国との金融関係はなくならない。私の見るところ、ギリシャは債務超過であり、同国の将来に長く負担を強いる可能性が高い。この見方が正しいとすれば、単純に目の前の債務を帳消しにしたところで万事解決とはなるまい。

対立は誰にとっても利益を生まない

現在の状況を憂慮すべき理由は多々ある。まず、経済面だ。ギリシャへの投資が近い将来に持ち直す見通しはまずない。銀行は企業融資や住宅ローンなどの巨額の不良債権を抱えるうえ、国債の保有にも足を引っ張られており、一段の資本注入が必要になるだろう（この点をECBは強く主張している）。そして外国人投資家の信頼を回復しなければならない。

トロイカによる押し付けがましい介入が必ず実を結ぶとは言い切れない。ギリシャに対しては国有企業の民営化が強く勧告されているが、その経営を特権階層に委ねるべきでないことはあきらかだ。だがそれは原則であって、国有企業を安価で払い下げるようなことをすれば、ギリシャ政府も債権者も大損を被る。国内の買い手は数が限られており、かといって外国に買い手を求めれば買い叩かれるだろう。外国人投資家は当然ながら、ギリシャ政府が自国の既得権団体を優遇するのではないか、投資しても将来的に没収されてしまうのではないか、と疑心暗鬼になっているからだ。ここでもまた、長期的な不確実性がギリシャの将来に暗い影を落としている。

次に懸念されるのは、ヨーロッパの他の国との関係である。欧州連合創設の父たちは、ヨーロッパ大陸の平和を願って壮大な構想を描いたのだが、いまやヨーロッパの国々の関係はしだいに悪化している。ユーロ圏で財政状態がとくに厳しいポルトガル、アイルランド、イタリア、ギリシャ、スペインがＰＩＩＧＳと揶揄されたこともあったが、ギリシャを除いて財政状態は改善された。そうなると、じつに悲しいことだが、ギリシャ人（および対照的なドイツ人）に対する昔ながらの軽蔑的な見方がよみがえってくる。そしていまや反ＥＵ派のポピュリスト政治家、とりわけ極右が選挙で多くの票を獲得するようになってきた。

こうした状況では、差し迫った脅威でもない限り、合意が成立しにくくなっている。その最たる例が、二〇一五年七月にギリシャがＩＭＦに債務を返済できなかったときだ。一方の選択肢はギリシャのＥＵ離脱（グレグジット）である。しかしそうなれば、バルカン半島の地政学的な混乱が懸念され、債務の返済拒否（いずれ避けられないことはわかっているのだが、各国政府は選挙対策もあり、できるだけ先送りしたいのが本音である）とそれに伴う責任追及は避けられない。他方の選択肢は汎ヨーロッパ的解決である。こちらを支持する人々は、痛みを伴わない解決はあり得ないとのメッセージをポピュリスト政治家に突きつけ、ＥＵ離脱後にギリシャ国民が追いやられる経済的困窮や精神的苦痛を指摘し、最終的に「勝利」を収めた。そもそも当事者であるギリシャの人々は、EUを離脱したらドラクマへの回帰、自力での予算均衡の実現、生産性の低下や拡大した不平等への取り組みがいずれも非常に困難であることも、EU加盟国としての多くの既得権益を失い、資金調達面で不利益を被ることも、よく理解していたのである。[29]

グレグジットか、トロイカ支配か

一時期はグレグジットがさかんに取り沙汰された。ギリシャ財務相自身が国民投票直後に離脱を計画したことを認めたし、ドイツの財務相も一時的な離脱の可能性に言及している。

EUから離脱した場合、ギリシャにとっての最大のメリットは、すみやかに競争力を回復できることである。新通貨（おそらくはドラクマ）はユーロに対して価値が下がるので、ギリシャのモノやサービスは割安になるからだ（当然、輸入品は高くなる）。そうなれば経済活動は活発化し、雇用も拡大するだろう。ただしギリシャ国民は、購買力の低下だけでなく、かなりの犠牲を強いられることになる。EU離脱となれば、まず国としてのデフォルトは避けられない。国内の銀行もそうだ。なにしろ、ユーロ建ての債務をはるかに安い新ドラクマで返済しなければならないのである。ギリシャ政府は、銀行が抱える国内通貨建ての債務や一般的な契約に関して再デノミを行うことになるかもしれない（二〇〇一年のアルゼンチンでは債務のペソ化を行った）。しかしこれは一種のデフォルトにほかならず、ギリシャの評判をますます落とすにとどまらず、資金調達面で国際的な制裁を受けることになる。外国からの借り入れはもはやできないので、早急に予算均衡を回復しなければならない。そうなると、荒っぽい調節は避けられない。そのうえギリシャは、EUから毎年受け取っていた五〇億ユーロを失う。もちろんEUに加盟していればGDP比一％相当の拠出金を払うのだが、ギリシャの場合は構造基金から四％相当を受け取っていた。EUは、払い込みがなくなれば資金提供も打ち切ることになる。さらにギリシャは、すでに甚だしい不平等の一段の拡大に直面することになるだろう。外国に預金や資産を保有する富裕層はドラクマ安で大いに潤うが、そんなことのできない一般庶民は購買力の低下に苦しめられることになるからだ。

グレグジットが他国へおよぼす悪影響については、意見が分かれている。二〇一一年に第一回救済が行われた時点では、ヨーロッパの銀行は多額のギリシャ国債を保有しており、万が一デフォルトとなれば、とくにドイツとフランスの銀行が被る損害は大きかった。しかしいまではどの銀行もギリシャの資産をほとんど保有していない。となれば、どのような影響があるだろうか。大きく分けて二通りの見方がある。一つは、離脱する国が次々に出現して金融市場が大混乱に陥るという見方である。もっとも、EUがもはや加盟国の債務を保証しないことを市場は学習するだろうという穿《うが》った見方もある。すでに二〇一一年には民間投資家にギリシャ国債のヘアカット（元本の減免）を受け入れさせ[30]、二〇一三年のキプロス危機の際には預金者への課徴金の適用を提案するなど、EUが当てにならないことは薄々わかっていた。その一方で、EU離脱がギリシャに多大な犠牲を強いることが判明したら、他の南ヨーロッパ諸国での反EUポピュリズムがいくらか鎮まるだろうという見方もある。ギリシャとの交渉に毅然とした態度で臨むことは、自力で努力している国や構造基金からの分配を受けていない国（スペイン、ポルトガル、アイルランド、東欧諸国）を勇気づける。したがってこれらの国は、この問題に関してドイツに味方するはずだ。

ギリシャが現在の状態を続けるのは言うまでもなく危険だが、さりとてEUを離脱するのもリスクの大きい選択である。時間稼ぎをしたくなるのはわかるが、政治指導者はユーロ圏の将来という大きな問題としっかり向き合わなければならない。どの選択肢を選ぶにしても、少なくとも以下の点についてはコンセンサスを形成すべきだ。

(1)　トロイカは、二〇年、三〇年にわたって国家を共同統治することはできない。ギリシャの公的債務残高がGDP比一八〇％に達しており、しかも国債の外国人保有率が高く、徴税能力の低い国としては膨大なリスクであることはまちがいないにしても、満期になるのはかなり先だし（償還期間が通常のソブリン債の倍はある）、二〇一〇年と一二年の債務再編により利率もかなり低い。したがって返済額が大きくなるのは二〇二二年以降であり、しかも長い年月にわたって償還することになる。それほど長い期間をトロイカが君臨することは考えられない。国民投票の結果やギリシャ国民が抱く漠然とした不満を考えても、トロイカによる統治は長くは続けられまい。本来ＩＭＦは、破綻に瀕した国から要請を受けて、信頼回復の手助けと短期的な流動性の供給を行う組織である。民主主義の観点からも、ＩＭＦの介入は一時的なものにとどめるべきだ。

(2)　ギリシャの長期的な展望が好転しない限り、同国への投資が近い将来に回復することは期待できず、したがって雇用の改善も望めない。

(3)　改革の詳細に合意を得ることはむずかしいにしても、改革は厳格な財政緊縮よりは価値がある。

(4)　債務の減免はおそらく必要だろう。しかしそれは時間稼ぎにすぎないし、一度やってしまうと、次から次へとやらざるを得なくなるリスクがある。

(5)　連帯と責任は表裏一体の関係である。ヨーロッパはこの二つをどちらも強化する必要がある。

(6)　連帯は政治的に決めるべきものである。ＥＣＢは、景気後退や危機の恐れのあるときに流動性を供給し、危機の波及を食い止めるという使命を果たすことはできる。だが、連帯（この場合には共同体による救済）について各国議会の承認を取り付けるのはむずかしいという理由で、選挙の洗礼を経ていない一機関が恒久的な支援を行うべきではない。このようなことをしていれば、ＥＣＢにぜひとも必要な独立性が損なわれる恐れもある。

(7)　ＥＣＢはユーロ圏に流動性を供給し、窮地を脱するための時間と可能性を提供することはできる。だがＥＣＢには、問題を根本的に解決することはできない。ＥＵおよび加盟各国は、ＥＣＢが与えてくれた時間をうまく使って、制度の改革や改善に取り組む必要がある。

4　ヨーロッパに残された選択肢

欧州連合創設の父たちは、多難な戦後期を統治するために長期的な構想を持ち、ヨーロッパを再建するための十分な政治的後ろ盾も得て、その実現をめざした。今日も、改めてそうした長期的な構想が必要とされているように思う。あえて単純化して言えば、ＥＵの運営には二通りの戦略が存在する。一つは、現在の戦略である。具体的に言えば、ＥＵ共通予算や共通の預金保険などのような経済の安定化を図るオートマティックなメカニズムには踏み込まず、マーストリヒト条約を少しずつ手直ししていくにとどめる。この戦略では、リスクの共有は自ずと限られる。

もう一つは、より野心的に連邦制をめざす戦略である。この戦略では、当然ながらより大きなリスクを分かち合うことになる。銀行同盟の発足は、連邦主義の萌芽と言えよう。ここにＥＵ域内のすべての銀行の小口預金を保護する欧州預金保険のようなメカニズムが伴えば、リスク分担に向けた重要な一歩となる。域内の銀行の監督はＥＵレベルで行うので、加盟国によるモラルハザードの問題も回避できる。連邦主義には賛否両論があるけれども、銀行同盟がうまく運用されるなら、気運は変わってくるかもしれない。もっとも、域内の膨大な数の銀行をどのように監督するかはまだ固まっていないものの、加盟国政府や金融業界からの独立性を確保しなければならないことははっきりしている。それに、銀行の監督という仕事はあまり政治の議題に上らず、メディアからもさして注目されなかったおかげで、銀行同盟発足に当たって主権の放棄が比較的容易にできた面は否めない。となれば、銀行同盟がヨーロッパ連邦に向けた次の段階にすぐに結びつくとは言えまい。人々は銀行同盟はすんなり受け入れても、次の一歩には抵抗することも考えられる。

ヨーロッパの指導者や市民は、第一の戦略と第二の戦略がそれぞれに機能する条件をきちんと理解しているのだろうか。主権の維持とリスク共有の拡大は両立しない。ヨーロッパの問題の根っこはそこにある。

第一の戦略：マーストリヒト方式

マーストリヒト条約を手直ししていくアプローチは、加盟国の主権保持の原則を公的債務残高と財政赤字の監督権限に関してのみ放棄するというものである。そしてマーストリヒト条約では、原則として救済を禁じている。実際には、加盟国が危機的な状況に直面した場合にEUは連帯精神を発揮してきたが、事前に規定はなく事後的に必要に迫られての連帯であるから、自ずと限界がある（ドイツからのテコ入れで得をしたのはどこで損をしたのはどこかという議論が起きること自体、事後的な連帯の限界を如実に物語っている）。最近の論文で指摘したように[31]、低リスク国からすれば、高リスク国のために保険（たとえば公債の連帯保証）を増やしてやっても、高リスク国はさらに借金をしない限り償還できないというのでは、ほとんどメリットがない。この「ほとんどないメリット」は、純粋に金銭的メリットだけを意味するわけではない。低リスク国が高リスク国に同情するとか、地政学的な悪影響やデフォルトを懸念するといったことはあるかもしれないが、事前のリスク共有を望まない以上、結局はいざ救済というときになって事後的に共有することになる。

マーストリヒト方式のアキレス腱は、赤字の抑制にある。すでに見てきたようにこれだけでも厄介な問題だが、そのうえに、まだ痛みが少なくて済む早い段階で介入しようという政治的意思が欠如しているため、ますます抑制がむずかしくなっている。たしかに、財政ガバナンスを強化する改革の一環として「ツーパック（two-pack）」が導入され、一定の前進は見られている。ツーパックでは、各国が次年度の予算計画を欧州委員会に提出して評価を受けることが義務づけられた。だが義務違反をする国があってもEUには強制力がないため、効果のほどは疑わしい。

政治的プロセスに委ねていたら期待する成果は上がりそうもないため、マーストリヒト方式のアプローチでは、高度な知識を持つ専門家で構成される独立した予算審議会のようなものを設けようとしているらしい。この審議会は、加盟国の財政赤字または財政収支の構成にのみ介入し、赤字をどう削減するか（歳入を増やすか歳出を減らすか）には立ち入らない。近年では、ドイツやスウェーデンに倣《なら》って、独立した予算審議会を導入する加盟国も増えている。たしかに専門家による評価を受けることは、よからぬ症状の早期発見に役立つ[32]。たとえば、大方の政府は楽観的な成長予想に基づいて予算編成を行い、予想税収を膨らませて赤字を少なめに見せかけている。スウェーデンの予算審議会のように大きな権限を持つ機関であれば、そのような政策の持続可能性や悪影響を指摘することができよう[33]。

二〇一一年には加盟各国に「均衡予算」の達成・維持が義務づけられたが、予算審議会はその性質上、EUレベルでなければならず、かつ是正措置を強制できなければならない。さらに、すでに財政危機に陥っている国に対して罰金などの制裁を科すことは望ましくないため、それ以外の形での制裁を考える必要がある。となれば、罰金以外の制裁が自国の主権を脅かすのではないかとの不安が出てくる。いずれにせよ、主権擁護派が主権を制限する方向でのマーストリヒト条約の改正に反対することはあきらかだ。

要するに、独立性のある予算審議会の設立は興味深い提案ではあるものの、劇的な効果は期待できない。それに、審議会のメンバーは当事国出身であるにもかかわらず、EUとしての任務を遂行しなければならないという点にもむずかしさがある。さらに、審議会の警告を無視する国が出現したらどうするのか、という問題はいっこうに解決しない。しかもそのようなケースは現実に起こりうる、というよりも、起こっているのである。

第二の戦略：連邦方式

リスクの共有

歴史を振り返ると、自国の地方自治体の財政困難を解消するために、連邦政府の借り入れ能力を高め、それを自治体間で組織的に配分するシステムを作って切り抜けてきた国は少なくない。一八世紀末のアメリカは、その筆頭である。こうした連邦方式では必然的に、現在のヨーロッパが考える以上の大きなリスクを分かち合うことになる。EUの統合が進めば、いわゆるユーロ共同債が発行され、加盟国は互いの債務に共同責任を持つことになる。ユーロ共同債とは、ユーロ加盟国が共同で発行する債券で、その償還は加盟国が連帯保証する。どこかの国がデフォルトをしたら、他国が肩代わりするわけだ。EU共通の予算、共通の預金保険、共通の失業保険は経済の「自動安定化装置」として機能し、一時的な財政困難に陥った国に頼れるセーフティネットを提供する。たとえばEU共通の所得税は、累進的であればなおのこと、富裕な地域から貧しい地域への移転を実現することになる。

共通予算や共通保険を通じたリスク共有の重要性がしきりに論じられている。アメリカをはじめとする連邦制国家を見る限りでは、その安定化効果は、金融市場を通じたリスク分担に比べ、さほど大きくないようだ。金融市場では、個人や企業が国境を越えてじつに多種多様な投資を行うことによってリスクが分散される。[34]それでも、リスク共有という前提の存在が、救済しないという断固たる政策の実効性を高めていることはまちがいない。アメリカでは、一八四〇年以降、連邦政府が破綻した州を救済していないことを思い出そう。安定化装置の存在は、財政運営の悪化に口実を与えないという役割も果たしている。

連邦制の条件

連邦制を導入する場合には、二つの条件が必要である。第一に、保険契約は原則として「無知のヴェール」を通して締結しなければならない。私の家がすでに火事になっていると知っていたら、誰も私と同じ火災保険に入ろうとはしないだろう。大きなリスクの共有を北欧諸国がいやがるのはこのためだ。ヨーロッパの南と北で現実に存在する非対称の問題を解決するには、過去から受け継いだ問題を特定して切り離すことが必要である。これは複雑な作業ではあるが、解決不能とあきらめるにはおよばない。たとえば

ＥＵ共通の預金保険制度を設計するに当たっては、過去に銀行が被った損失についてはディフィーザンス（無効化）措置を各国の責任で用意し、処理することが考えられる。

第二に、一つ屋根の下で暮らす国々は、モラルハザードを防ぐためにも共通の法体系を持たなければならない。こちらのほうが、第一の条件よりはるかに重大だと言えるだろう。この共通の法律は、何らかの悪しき行為があったときに、他国の助けを求めることが効果的であるような分野をカバーする。たとえば銀行規制は、国レベルではあまり効き目がないことがわかった。銀行部門と政治が密接に結びついていて、厳正な監督ができないからである。銀行監督より一段と複雑なのは、ＥＵ共通の失業保険制度である。加盟各国の失業率が景気循環にのみ左右されるなら保険の導入は正当化できるが、実際には各国の制度や政策、たとえば雇用保護、労働市場の規制緩和、社会保障給付、職業訓練、団体交渉、職業の参入規制などにも左右される。となれば失業率五％前後の国が、二〇％の国と同じ保険に加入したくないのは当然だろう。失業保険のみならず、年金や司法制度についても同じことが言える。ヨーロッパでは、連邦主義者を自認する人たちも含め、これ以上の主権の放棄に抵抗感を抱く人がかなり多い。

連邦制をとるにしても、単なる政治同盟の創設にはメリットがない。何よりもまず、共通の法律という土台を築くことに合意を形成する必要がある。ヨーロッパ建設の当初や共同体が次第に強化された段階でもこうした構想はあったが、それよりも緩やかな形が望ましい。政治面で長く苦しい改革に取り組んできた国は、自国の成果が吹き飛んでしまうことを不快に思うだろう。またどの国も、ヨーロッパの政治的統合が道半ばで挫折したら、いま以上にひどいことになるのではないかと恐れている。したがって、ヨーロッパ連邦が形成されたら何がどうなるのかということを、この道に進み始める前にすべての国が十分に理解していることが必須条件となる。

連帯の限界

連邦制というものは、ときには同一連邦内において地域間の保険以上の役割を果たす。別の言い方をすれば、地域間の移転は状況に応じて行われるのではなく、構造的要因に基づいて行われる。アメリカでは、富裕な州（カリフォルニア州、ニューヨーク州など）から貧しい州（アラバマ州、ルイジアナ州など）へ相当額の補助金が組織的に交付される。たとえばニューメキシコ州、ミシシッピ州、ウェストバージニア州は、過去二〇年にわたり平均して州GDPの一〇％相当の補助金を受け取ってきた[35]。自治領プエルトリコにいたっては、三〇％相当である。ドイツでも、国民一人当たりの受取額が居住地にかかわらずほぼ同じになるよう、州間で相当額の移転が行われる。イタリアの北部から南部へ、イギリスの南部から北部へ、スペインのカタルーニャ州から他州への移転も同様である。また今日のベルギーでは、フランドル地方（オランダ語圏）からワロン地方（ほぼフランス語圏）への移転がやはり同じように行われている（かつては、逆にワロンからフランドルへ移転されていた）。

移転が円滑に行われるかどうかは、富裕な地域の意思に懸かっている。富裕な州にその気があるのかどうかは、完全にはわからない。同じ言葉を話すとか、愛国心が強いといった条件の下では、一方通行の移転にもさほど抵抗がない。ドイツやイタリアは、このケースである。カタルーニャ州やフランドル地方はひんぱんに分離独立が叫ばれるが、文化的・言語的な距離の近さでかろうじて結束を保っている。一般に、社会保障制度の発達は均質な社会で見られることが多い[36]。地方自治体について言えることは、おそらく国家レベル、グローバル・レベルにも当てはまるだろう。それがいいか悪いかは別にして、与える側と与えられる側の文化、言語、宗教、人種などが近いほど、再分配に対する抵抗は小さくなる。

ヨーロッパの明日

本章で挙げた問題を解決するために、ヨーロッパはどの道を選ぶのか――それをいま予想するのはむずかしい。マーストリヒト条約の新たな改定が行われ、特定分野の統合が進む可能性は高い。だがこのやり方での統合は、銀行同盟のような形に制限されるだろう。私たちヨーロッパの住人が一つ屋根の下で暮らすことをほんとうに望むのであれば、もう少し主権を手放すことを受け入れなければならない。主権至上主義の時代にそれを実現するためには、けっして簡単なことではないが、私たちがヨーロッパの理想を再確認し、その理想の下に一つになることが必要である。

第11章 金融は何の役に立つのか？

経済に関する話題の中で、金融ほど誰もが感情的になるテーマはあるまい。二〇〇八年のグローバル金融危機以来、金融批判論者は猛烈な勢いで増えており、擁護論者は肩身が狭い。どの先進国でも金融部門が経済で大きな役割を果たしていることには誰もが同意するだろう。だが、それはよいことなのか、悪いことなのか？　この問いに答えるには、金融というものが存在する理由、そのメリットとデメリット、そして金融に関する規制について理解しておかなければならない。経済学者には、市場の失敗をいくらかでも和らげることに力を貸す使命がある。そこで本章では、社会における金融の必要性を論じたあとで、章の大半を割いて、金融の問題点はどこにあるのか、それに対して国家はどう対応すればよいのかを解説したい。それを踏まえ、次章では二〇〇八年のグローバル金融危機の分析と危機後の世界について論じる。

1　金融の役割とは？

まずは証拠のあることから始めよう。金融は、経済にとって不可欠だということである。もし不可欠でないなら、金融を経済から締め出すことができるはずだ。そうすれば、たびたびの金融危機もその救済も避けられる。だがそのような選択をした国は一つもない。おおざっぱに言うと、金融は借り手にとって二つの役割を果たしている。一つは、企業や家計や政府にお金を貸したり、資金調達の手助けをしたりすることだ。もう一つは、安定した経済基盤が脅かされるリスクに対してなんらかの予防手段や解決策を提供することである。さまざまな貯蓄商品を家計に提供するのは、その一環である。

金融の特徴的な役割は、誰がお金を借りたがっているか知らない預金者（つまりあなたや私である）と借り手との間を取り持つことである。つい最近まで、銀行の主業務といえば、個人から預金を受け入れて貸し出すことだった。貸し出す先は、不動産や高価な耐久消費財を買う他の個人だったり、事業の拡大や苦境からの脱出に資金を必要とする中小企業だったりする。個人や中小企業は資金が必要になったら銀行から借りるしかないが、大企業は自前の資金力が豊富だし、社債を発行して市場から直接調達することも可能だ。金融部門は、個人の預金を最も有望な企業へと貸し出すことで、つまりは貸し出す相手を選別することで、資金を最もうまく活用できそうな企業へと再配分する。このように、金融は経済の拡大にとってきわめて重要な役割を果たしている。

こうした資金配分を通じて、銀行は期間の変換と流動性の創造を行っている。端的に言って、銀行は短期で借りて長期で貸す。たとえば、私たちはいつでも好きなときに銀行預金を下ろせるが、家を買うときには二〇年ぐらいの長いローンを組む。これは銀行にとって潜在的なリスクとなる。くわしくは後段で改めて論じるが、わかりやすいのは、貸したお金がまだ帰ってこないうちに預金者が一斉にお金を下ろそうとする、いわゆる取り付け騒ぎである。この場合、銀行は預金の流動性を保証した約束を守るために、何らかの方法で資金を調達しなければならない。もっと資本を増やすとか、住宅ローンなどの債権を転売するとか、方策を講じることになる。

金融事業者は、企業や個人や公的部門のために保険商品も提供する。保険会社が交通事故や火事や労災や死亡に対する備えを提供するのとまさに同じように、企業の成長や存続を危うくするような事態に対する備えを提供するわけだ。たとえばエアバス社の収入は基本的にドル建てだが、支出の一部はユーロ建てである。この状況でドル安になると、収益に悪影響が出る。そこでエアバスは、ドル・ユーロの為替レート変動に備えて、為替スワップという手法で保険をかけている[1]。

銀行自体は、金利変動の影響を受けやすい。先ほど述べたように、銀行はだいたいにおいて短期で借りて長期で貸すので、市場の金利が上がればすぐさまコストが膨らむ一方で、収入はあまり増えない。企業や個人への融資は固定金利がほとんどで、市場金利に連動しないからだ。銀行は、金利スワップと呼ばれる手法でこのリスクに保険をかけることができる。また銀行は、重要な貸付先や取引先が破綻するリスクも抱えている。この種の信用リスクに対しては、クレジット・デフォルト・スワップ（CDS）という手法で保険をかけて、万一デフォルトとなった場合の損失を補塡する。このように、さまざまな変数（為替、金利、倒産など）の動きに応じて価値の決まるデリバティブ商品が、多種多様な経済主体にリスクをカバーする手段を提供している。この点で、金融は社会にとって有用だと言えよう。

今日、銀行をはじめとする金融サービス事業者の事業内容は、かつてとは比べものにならないほど広くかつ複雑になっている。銀行が破綻するたびに、社会は膨大なコストを強いられてきた。だが二〇〇八年グローバル金融危機以来、金融は全体として悪者扱いされている。なぜそんなことになったのだろうか。

2　有用な金融商品がなぜ有害になるのか？

金融では、正規の軌道から脱線して暴走することが起こりうる。このことについて、二〇〇八年グローバル金融危機で重要な役回りを演じた二つの金融商品を例にとって説明したい。一つはデリバティブ、もう一つは証券化商品である。有用であるはずのこれらの商品がなぜ危機の元凶となったのだろうか。簡単に言ってしまえば、本書で何度も取り上げた情報の非対称性が原因である。ここに、外部性の問題が絡んでくる。というのもこれらの商品は、第三者に、たとえば納税者や投資家に損失をもたらすリスクを孕《はら》んでいるからだ。

デリバティブの落とし穴

デリバティブが金融システムを大混乱に陥れたくわしい経緯は次章で論じることにして、ここでは公的部門が絡んだケースを取り上げたい。報道によると、フランスでは一五〇〇もの公的機関（地方自治体や公立病院など）が主にデクシアを介して資金調達を行っていた[2]。デクシアは公的機関向け融資を専門とする大手金融機関で、もともとはベルギー系とフランス系の金融機関が政府に救済され、合併して発足したという経緯がある（なお経営破綻により二〇一一年に解体が決まった）。ここで第一の問題は、よくあることだが、この種の融資では当初の金利が低めに設定されており（ティーザー金利あるいは客寄せ金利と呼ぶ）、一定期間後に跳ね上がるしくみになっていたことだ[3]。これは悪徳なしくみなのだろうか。必ずしもそうとは言えない。借り入れた地方自治体が、金利が上がってもきちんと返済できるよう、金利の低いうちにせっせと節約するなら問題はない。だがそのような殊勝な地方自治体はまずない。彼らは大掛かりな支出や人員増強を行う際に、見かけの予算均衡を維持するためにティーザー金利を利用する。

このような慣行は、政治家にとってはまことに都合がよい。次の選挙まで県なり市町村なりの借金を少なめに抑え、予算均衡を達成したと有権者に誇示できるからだ。金融機関のほうも、シェアを獲得したいがために政治家と暗黙のうちに結託し、返済が遠い将来になるようなスキームを用意する。政治家たちはサブプライムローンのティーザー金利をあくどいごまかしだと糾弾するが、実際には公共機関の借り入れはまったく同じしくみになっていたのである。もちろんフランスでも管轄の会計検査院が検査を行うが、当然ながら実態は事後になって発覚するので、だいたいにおいて手遅れだ。一部の聡明な知事たちはこの種の誘惑に負けないよう自治体に呼びかけているが、残念ながらこの警告が聞き入れられることはめったにない。こうした状況では、公的機関の資金調達に新たな条件を付け加えるべきだろう。たとえば、あらゆる新規支出は翌年度中に資金手当てしなければならないというふうに（非常に期間の長い投資は例外とする）。公会計は実行も検査も容易ではなく、どの国もさまざまな方法を試してきた。(4) だがフランスの官僚が透明性を高める努力をしてきたようには見えない。

第二の問題は、公的部門の借り入れの多くが、何らかの変数（たとえば円相場やスイスフラン相場）と連動していたことだ。たいしたことではないと思われるかもしれないが、注意を要する。たとえば多くの地方自治体が発行した公債は、スイスフランに連動していた。(5) 言い換えれば償還額は、自治体の財政状況とはまったく何の関係もない為替レートの変動に左右されるということである。その結果、これらの自治体は、金利に換算すれば年利四〇〜五〇％のローンを返済するのと同じ羽目に陥った。欧州中央銀行（ＥＣＢ）の政策金利がほぼゼロだというのに、である。

「地方自治体は相場師や投機家の犠牲になった」と当時さかんに報道されたが、ほんとうにそうだろうか。答はイエスでもあり、ノーでもある。デクシアを筆頭に、金融機関の側に慎重を欠く行為があったことはまちがいない。彼らはリスクを承知のうえでローンを組んだ。彼ら金融のプロたちは、地方自治体の利益（直接の交渉相手である知事や自治体幹部の利益ではなく）に適《かな》う提案をしなければならないはずだが、その義務に違反したのである。

だが責任は借り手の側にもある。金融の専門知識や経験を持ち合わせていない知事や市長が騙されやすいことは容易に想像がつくのだから、それだけでも慎重になるべきだった。さらに、自治体の規模が大きいほど、そこには高度な金融商品を売り込む大手金融機関が存在するので、リスクが大きくなりやすい。(6) そもそもティーザー金利がひどく低く、返済期間がきわめて長いだけでも話がうますぎる。そのうえ発行体である地方自治体当局は、新種の金融商品に疎《うと》い（それだけでも慎重さが求められる）。にもかかわらず円やスイスフランに連動させたのは、そうすればリスクがカバーされるとでも考えたのだろうか。故意か偶然かはともかく、地方自治体は財政の表向きを短期的に改善するために、あるいは当面のリスクを排除して別のリスク（円やスイスフランが上がるか下がるかは、まさにルーレットのようなものだ）を背負い込むために、デリバティブを活用した。だがデリバティブという商品は、賭けのようなものである。地方自治体は金融で損を出すと恐慌を来し、投機をしたと非難されることを恐れる。その一方で、儲けたときには口を拭って知らん顔をし、健全な財政運営をしているのだと自慢する。ところが皮肉にもフランス政府は地方自治体のために補償基金を用意し、知事や市長の注意義務違反や地方金融機関の共謀や無能力を、事後的に埋め合わせてやっている。

地方自治体のよからぬ借り入れは、ある意味では瑣末な現象である。世界的に見れば、あやしげな資金調達によって失われた金額は、全体のごく一部にすぎない。だがある意味では象徴的な現象とも言える。金融メカニズムに起因するリスクは、ほとんどの場合、情報に疎くリスクをコントロールできない第三者を直撃するということだ。この第三者は自治体当局だったり、銀行の預金者だったり、納税者だったりする。こうした大勢の人が巻き込まれると、金融市場はあっという間に機能不全に陥りかねない。

デリバティブのような金融商品に関しては、監督官庁と監督下に置かれる銀行、保険会社、年金基金などの間でも情報の非対称が発生する。相対《あいたい》取引されるこうした商品はきわめて複雑なしくみになっているが、それは意図的にそうなっているのである。複雑であるほどリスクが見えにくくなるからだ[7]。実際、高度な知識を持つプレーヤーが活用する商品（金融取引につきもののリスクは含むが、小口預金者や国家のお金を危険に陥れる恐れはない）と厳重に取り締まるべき商品との区別はつきにくい。ウォーレン・バフェット[8]が複雑なデリバティブや破綻しかかった企業の社債でギャンブルをしたとしても、心配する必要はない。バフェット自身は言うまでもなく投資の専門家だし、ファンドが預かっているのも高度な知識を持つ投資家の資金だからだ。銀行、保険会社、年金基金、もっと広く言えば金融サービス事業者を規制するのは、高度な金融知識を持ち合わせていないプレーヤー、つまり複雑な金融商品のリスクを理解できず、また取引事業者のオフバランスシートはおろかバランスシートすら読めないようなプレーヤーを保護することが目的である。また、公的金融機関も保護する必要があるだろう。そうした機関が破綻すると、結局は公的資金を使って救済することになるからだ。

証券化に潜む危険

私が銀行に一五年の住宅ローンを組んでもらうとしよう。すると銀行は、このローンをバランスシートに計上し、一五年にわたって返済された元本と利子で消し込んでいくことになる。だが、バランスシートに計上しない方法もある。このローン債権を（利子もろとも）売ってしまうのである。売る相手は別の銀行でもいいし、どこかの投資ファンドでもいい。あるいはまた、ローンを何本か集めて証券化して売ることもできる。その証券の配当またはクーポンは、私の住宅ローンの返済でまかなわれる。

上記の方法の中間をとって、銀行は住宅ローン・ポートフォリオの一部だけを証券化し、残りをバランスシートに残しておくこともできる（この残しておいた分を、自前の資金でリスクをとるという意味で、金融業界では "skin in the game" と言う）。この部分は自己勘定取引ということになるので、銀行としては慎重になるし注意も払う。逆に言えば、証券化は責任観念をなくしてしまうということだ。住宅ローン債権担保証券（ＲＭＢＳ）の発行体は、その証券がどうなろうと損害を被るわけではないので、ローンの質に注意を払うインセンティブがない[9]。ここに危険が潜んでいる。リスクの大きいローン債権も証券化して売ってしまえば、貸し手は厄介払いできる（もちろん買い手が証券の危険性に気づけば話は別だが、そんなことはめったにない）。となれば、発行体が自己勘定扱いにしない住宅ローン債権担保証券には警戒が必要だということになる。実際にも証券化が容易な住宅ローンの場合、ほぼ同条件の他のローンに比べ、債務不履行率が二〇％も高い[10]。これはまさにモラルハザードの典型と言えよう。

証券化は以前からある手法で、ほとんどどんなものにも応用できる。中小企業向けの融資、自動車ローン、カードローン、保険または再保険契約等々。いったい、証券化は何の役に立つのだろうか。まず、証券の発行体は流動性を獲得し、他の経済活動に投資ができる。言い換えれば証券化により、固定されていた資本を再活性化できる。さらに、ある特定の貸し手に大きなリスクが集中した場合、それを分散することができるので、債務不履行が発生した場合に大きな損害を一人で引き受けずに済む。こうしたわけだから、良き意図から活用するのであれば、証券化はたいへん役に立つ。ところがデリバティブと同じで、金融危機前の数年にわたり、証券化はよからぬ目的で使われるようになっていた。

住宅ローンの貸し手は、かつてはローン債権の大部分をバランスシートに計上することが当たり前だった。しかしいまや住宅ローン債権を担保に証券を組成し、リスクの大きい部分をどんどん他人に移転するようになっている[11]。住宅ローン債権の証券化率は、一九九五年には三〇％だったのが、二〇〇六年には八〇％に達した。とりわけ悪名高いサブプライムローン（もともと優良でない借り手に貸すのだから、当然ながら債務不履行率がきわめて高い）の証券化率は、二〇〇一年の四六％から、わずか五年間で八一％に跳ね上がった。だが発行体は、全額を証券化すべきではない。保険会社が再保険に回すのはリスクの一部だけであるように、債務不履行リスクについても、少なくとも一部は自前でとるべきだ。リスクが高まったときほど証券化がさかんになるのも懸念すべき現象である。理論的にも実務的にも、ローンのリスクが高まり、したがって情報の非対称性が顕著になったときほど、銀行は重要部分を自己勘定に残しておくことが望ましい。

なお、証券化に際してはある種の「証明書」が必要になる。市場に売りに出すからには、たとえば株式上場の際には条件を満たしたうえで審査に合格しなければならない。証券化の場合には、買い手による厳しい吟味と格付会社による評価がこれに相当する。ところが買い手は往々にして証券の複雑さに幻惑されてしまうし、格付会社のほうはリスクを過小評価しがちである。トリプルA格の債券にデフォルトが頻発したことが、評価の甘さを雄弁に物語っている[12]。

大事なものまで捨てるな

どんな金融証券も、次の条件を満たしている限り、それ自体として非難されるべきものではない。第一は、その証券を活用する当事者がリスクを十分に理解していることである。第二は、その証券の潜在的リスクを十分に知る手段のない第三者（投資家、保証基金、国庫等々）にリスクを押し付ける目的で活用しないことである。この条件から逸脱して悪用されてきた金融商品も、正しく使えば経済の活性化に貢献できたはずだ。だから、せっかく蓄積してきた現代金融の知識やノウハウをすっかり投げ捨ててしまうのではなく、なぜ市場は失敗したのか、なぜ規制はうまく機能しなかったのかについて深い議論を戦わせるほうが、よほど建設的である。とはいえ、複雑怪奇な金融商品が監督システムを機能不全に陥らせたこと、「金融イノベーション」と賞賛されたものが実際には法規をかいくぐる手段でしかなく、そんなものを望んでいなかった経済の他のプレーヤー（小口投資家や納税者）に重大なリスクを引き受けさせたことははっきりしているし、そのような金融商品の濫用を断固排除しなければならないこともあきらかだ。証券化やデリバティブが良いか悪いかといった哲学談義をする必要はまったくない。重要なのは経済の基本に立ち返り、悪しき慣行を引き起こすような要因を取り除くことである。

投機は悪か？

経済に関することでいちばん侮辱的なのは、「投機家」だとか「相場師」などとみなされることではないだろうか。投機家とは、要するに金融市場で賭けをする人のことである。だがまずはっきりさせておきたいが、私たちはみなそれぞれのやり方で賭けをしているのである。たとえばあなたの友人が、ギリシャに投資せず金も貸さずにギリシャ国債を投げ売りするのは国際的な投機だし、それがあの国の経済を干上がらせているのだ（たしかにそうにちがいない）と批判したとしよう。ではその友人に、じゃあ君が郵便貯金か生命保険を解約してギリシャ株に投資するか、ギリシャ国債を買ってはどうか、と言ったらどうするだろうか。もっと身近な例で言っても、私たちは家を買うとき、この区画のこの不動産は値下がりしないだろう（あわよくば転売するときに値上がりするだろう）と見込んで買っている。これは資産価格で賭けをしているのであり、つまりは投機的な行為にほかならない。貯めたお金を投じるとき、個人であれ企業であれ、あるいは金融機関であれ政府であれ、最悪でもそのお金を失わず、できればリターンを増やせると思う方法を選ぶ。言い換えれば、自分のリスク選好に応じて、リスクとリターンのバランスをとっている。

株式市場の役割

ここでしばし債券の世界を離れ、株式の世界をのぞいてみることにしよう。株式は償還期限がなく、配当を払い出すだけだが、その配当がいくらかは事前に決まっておらず、取締役会の提案を採決する株主総会の裁量に委ねられている。企業がこのような証券を発行するメリットはどこにあるのだろうか。たくさんのメリットがあるが、第一に挙げるとすれば、債券の金利とは異なり、証券保有者（＝株主）への支払いを予め決めておかなくてよいことだろう。だから、経営が苦しいときに無理をして配当を出さずに済む。企業にとって、手元資金が不足しているときに支払期限が迫ることは悪夢である。とはいえこのメリットは、デメリットと背中合わせだ。経営陣には、とにかく利益を出して配当を出せと圧力がかかる。企業の借入比率を決めるのは、最終的には予想収益である。たとえば生まれたてのスタートアップ企業は、しばらくはほとんど利益が上がらない。したがって借金の返済は重い負担となってのしかかる。対照的に、定期的な収入が見込まれ、さして有望な投資先もない企業（たとえば大手タバコ企業）にとっては、定期的な利払いはむしろ好ましい[13]。

第二のメリットは、矛盾するようだが、株式が債券よりもリスクが大きいということに由来する[14]。リスクが大きいからこそ、株式アナリストはほんとうの価値を見極めようと厳しく吟味する。それはつまり、その企業の経営戦略が最終的に利益を生み、ひいては配当を出し、株価を押し上げるものになっているかどうかを評価することにほかならない。この意味で企業の株価というものは、経営陣のクオリティに対する市場の評価の表れだと言える。ただし、雑音の混じった評価ではある。株価は、企業の実力以上に評価されていわゆるバブルになることがあるし、そうでなくとも一般に上下動が大きい。また、経営陣が株価操作を試みることもある。多くは短期的に株価を吊り上げる狙いから、都合のいい情報だけを戦略的に流す、といったことをする。そうした欠陥はあるにせよ、株価はその会社の長期的なパフォーマンスを表す指標として、単年度の決算報告よりもすぐれている。ただし経営陣の報酬が完全な実績連動制の場合には、目先の利益に走りがちになるので投資家は注意が必要である。

完全に自己利益のために行われる投資（または投資資金の回収）であっても、一般の預金者に利益をもたらさないわけではない。事情通のプレーヤーが割高だった株を売ると、その株価は下がる。すると、私のように情報に疎い小口預金者がその株を買うだろう（私の加入している生命保険会社や私の持っている株式貯蓄口座の運用会社が買えば、間接的に買ったことになる）。するとその株は本来の価格水準に近づくので、私はみすみす損をせずに済む。このような価格調節も一種の投機であるが、けっして有害ではない。

有害な投機

そうは言っても、よからぬ投機ももちろんある。言うまでもなく違法行為はそうだし、もっぱら超過利潤を求めるのもそうだ。たとえば、自分の特権的な立場を利用して得た情報（合併が近い、規制改正が間近だ、など）に基づく投資は悪名高いインサイダー取引であり、違法である。近く起きる出来事を内部の情報源から知る行為は、数日後には公になる情報を入手しただけであって、社会に何の新しい価値ももたらさない。好材料の場合はひたすら儲けを懐に入れ、悪材料の場合は売って厄介払いするという具合に、小口預金者を犠牲にして自分だけは儲けようという強欲の表れである。つまりインサイダー取引は経済価値を創出しない。それどころか、小口預金者の預金が企業の資金調達に配分されることを妨げ、経済価値を破壊すると言える。

証券会社による株価操作も、インサイダー取引の一種である。たとえば客から大量の買い注文を受けたブローカーが、この注文を出せば株価が下がると予想し、注文を出す前に自己勘定で買っておく。それから客の注文を出して株価が上がった時点で、先ほど自分の買った分を売りに出す。これで労せずして儲けを手にできるというわけだ。言うまでもなくこうした行為は違法であるが、いっこうに後を絶たず、市場の番人が厳しく取り締まっている。その任に当たるのは、フランスであれば金融市場庁（ＡＭＦ）、アメリカなら証券取引委員会（ＳＥＣ）だ。ただし、公の情報だけを使った取引なら、違法ではない。たとえば一九九二年にジョージ・ソロスが仕掛けたポンド売り浴びせがそうだ。ソロスはポンドが過大評価されていることに目を付け、イングランド銀行の防戦を破ってポンドを大幅安に追い込み、巨利を上げた。

違法な行為は、建て前上は監督官庁が取り締まり、少なくとも小口預金者は保護されることになっている。しかし違法行為はともかくとして、各自が勝手に売ったり買ったりするだけで金融市場は効率的になりうるのだろうか。次節ではこの問題を取り上げたい。

3　市場は効率的なのか？

二〇〇八年グローバル金融危機に限らず、金融危機が起きるたびに、金融市場も市場参加者も全然合理的でないのではないか、という疑問が蒸し返される。多くの人にとって、この問題はおなじみのものだろう。株もコモディティ（石油、金属、小麦などの市況商品）も金融商品も値動きが激しい、不動産や株のバブルもめずらしくない、為替レートも国債のイールドスプレッド（利回り格差）も乱高下する、大手金融機関が破綻する――等々。こうした現象をのべつ目にしていたら、市場参加者の合理性を前提にして経済分析を行うことに懐疑的になってもふしぎはない。

この疑問に経済学者の立場から答える前に、一つ言っておきたいことがある。経済学者は金融市場の効率性を信じきっているという見方は、少なくとも三〇年は古いということだ（三〇年前に新しく経済学者になった人が、すでに金融市場の効率性を全面的には信じていなかった）。いまでは、効率的市場仮説は市場分析の出発点にすぎないこと、もっと広い枠組みで市場を捉える必要があることが認められている。近年では、バブル、エージェンシー理論、金融恐慌、行動ファイナンス理論、市場摩擦を切り口に、より精緻な市場分析に取り組む研究が増えてきた。以下ではこの五つの見方を一つひとつ検討する。

バブル

効率的市場仮説は、金融資産の価格にはそれを発行した企業に備わった本来の価値が反映されているという見方に行き着く。この本来の価値を反映するのが「ファンダメンタル価格」だ。これはすなわち、その企業が将来もたらすリターンを金利で割り引いた現在価値に相当する。ファンダメンタル価格の概念を簡単な例で説明してみよう。ある金融資産が来年一ユーロの利益をもたらすとしよう。再来年も一ユーロ、その次の年も一ユーロ――という具合に未来永劫続くとする。また金利は年一〇％とする。この場合、この資産のファンダメンタル価格は一〇ユーロである。あなたが一〇ユーロ持っていて、年利一〇％で預託すれば、死ぬまでずっと毎年一ユーロが入ってくる[15]。つまりこの一〇ユーロの資産は、一〇ユーロの現金と同じキャッシュフローを生む。

効率的市場仮説は、一面の真実ではある。ある企業に悪い材料が出れば（裁判で有罪になった、不正が発覚した、市場シェアが下がった、経営チームの重要メンバーが辞めた、等々）、その材料が想定範囲内であってすでに株価に織り込まれていた場合を除き、株価は下がる。企業ではなく国に関して債務返済に影響するような悪い材料が出れば、国債の金利スプレッドが拡大し、すでに発行済みの国債（既発債）は価格が下落する。同じように、私の家の近くに地下鉄が通ることになったら家は値上がりし、住宅規制が緩和されたら、住宅の密集を懸念して値下がりするだろう。

そうは言っても、金融資産の価格は必ずしもその資産の本来的な価値に等しいわけではない。本来の価値との乖離が生じる第一の原因は、バブルである。金融資産の価格がファンダメンタル価格を上回っていたら、言い換えれば本来の価値（その資産を保有していれば得られるはずの将来の配当、クーポンなどを現在価値に割り引いた価格）に対して過大評価されていたら、それはバブルの存在をうかがわせる。先ほどの例に挙げた金融資産がどこかの企業の株だとしたら、株価が一〇ユーロを上回った時点で株式バブルが疑われる。

バブルの例は枚挙にいとまがない。たとえば、金《きん》である。金の相場は、産業用（医療、電子機器、歯の充塡材など）に使う場合の価値とはまったく一致していない。もし金を単なる原料とみなしたら、中央銀行の金庫におさまっている金塊の価格ははるかに低くなるだろう。また一八四九年の一フラン・バーミリオン切手は、現在なんと一〇万ユーロの値が付いている。だからこれまた銀行の金庫に鎮座していることが多いのだが、この切手自体に何の価値もないことはあきらかだし、芸術的に美しいとも言いがたい。いや、ピカソやシャガールの絵にしても、バブルと言ってしまってよろしかろう。芸術的価値はもちろん否定できないし、その意味で所有者に「リターン」をもたらすとしても、現代の技術をもってすれば、数千ユーロ程度でその芸術的価値を再現できるはずだ。おそらく普通の人の目には、本物と見分けがつくまい(16)。バーミリオン切手にしろ、ピカソにしろ、あの途方もない値段はバブル価格であって、稀少性だけでは説明がつかない。

もう一つバブルの例として、通貨が挙げられる。最近よく耳にする仮想通貨はまさにそうだ。ある日、ビットコインには何の価値もないと市場が宣告したら、つまり投資家がビットコインに対する信頼を失ったら、ビットコインにはほんとうに何の価値もなくなってしまう。なぜなら株式や不動産とちがって、ビットコインには裏付けとなる実体価値がいっさい存在しないからだ。その一方でビットコインは、バブルにもなりうる。つまり、実力以上の価格で取引されることがありうる。二〇〇一年に崩壊したインターネット・バブルは、まさにこのタイプのバブルだった。幸いにもこのときの余波はさほど大きくなかったが、これは二〇〇八年グローバル金融危機の場合と異なり、インターネット企業の株を持っていたのが債務比率の高い金融機関ではなかったからである。住宅バブルも典型的なバブルで、しかも頻発する。ラインハートとロゴフは『国家は破綻する』の中で、銀行危機とソブリン危機は、信用バブルとくに住宅バブルに続いて起きると指摘している[17]。

金融バブルに関する研究は数多い。たとえば元ＩＭＦチーフエコノミストのオリヴィエ・ブランシャール、そして私自身も、一九八〇年代にそれぞれの成果を発表している。どちらの研究も、経済主体が合理的である世界での金融資産バブルの発生可能性を検討し、非合理性がバブル発生の前提条件ではないとの結論に達した。さらに一九八五年に発表した論文では、金融バブルが発生しやすいマクロ経済条件について考察し、それが実体経済に与える影響を分析している[18]。結論を一言で言うと、ある国の金利はその国の経済成長率を上回ってはならない、ということだ[19]。バブルは平均的には金利と同じ率で拡大するはずだと証明できるからである（金融資産の保有は、平均的には他の資産と同じリターンを生まなければならない[20]）。金利が成長率を上回ると、金融資産が実体経済の規模に比して幾何級数的に拡大し、金融資産の買い手は資金調達ができなくなり、バブルは崩壊する。逆に長引く低金利は資産バブルの発生を助長する。

ミクロのレベル、すなわち資産を個別に取り上げた場合、バブルに巻き込まれるのは、次の特性を備えた資産だけである。第一に、数の限られた資産である。数に限りがないなら、資産がどんどん市場に流れ込んで結局は値下がりすることになる。ピカソがバブルの対象になり、ピカソの複製がバブルにならないのはこのためだ。複製の価格は制作コストに近づくはずである（実際には、同品質の複製との競争があるかどうかに左右される）。

第二に、長期資産である。満期が一年以内に迫った債券はバブルにはならない。合理的な投資家は、過大評価された資産を買って寝かせておくつもりはない。そんなことをすれば、市場金利のつく資産に投資する場合より損をしてしまう。したがって、市場が過熱しているうちに転売しなければならない。話を単純にするために、ある債券（ゼロ・クーポン債）が一二月一日に一〇〇ユーロ償還されるとし、その債券は毎月一日にしか売買できず、かつ市場金利はゼロであるとしよう。一二月一日には償還され、もはや取引はできない。一一月一日には、一二月一日に一〇〇ユーロ受け取る権利を買うことができる。したがって一一月一日におけるこの債券の価格は一〇〇ユーロである。一〇月一日には、投資家は一一月一日に一〇〇ユーロで売りに出すか、一二月一日に一〇〇ユーロ受け取るために、この債券を一〇〇ユーロで買うことができる――という具合に、満期前の取引日における債券の価格は、ファンダメンタル価格（この場合には一〇〇ユーロ）に等しくなる。

バブルの発生条件とその経済への影響に関しても、多くの研究がなされてきた[21]。ここではその一例として、二〇一二年に発表されたエマニュエル・ファーリ（ハーバード大学教授）との共同論文を取り上げることにしたい。この論文では、バブルは当該市場で取引される資産の価値を膨らませるだけでなく、金利を押し上げ、金融システム内部の流動性を増大させることを示した。しかもバブルは、拡大し続ける限りにおいて、過大評価された資産を保有する金融機関の純資産を増やすため、彼らが（社債を新規発行するなどして）借入比率を高め、投資に回す結果、経済全体はいよいよ過熱することになる[22]。だがバブルが崩壊すると資産価値が急落して「逆資産効果」が生じ、バブル資産を抱えていた金融機関は資本不足に陥る。そうなった金融機関の借入比率がひどく高い場合には、景気後退を招きかねない。二〇〇八年グローバル金融危機はまさにこのケースだった。対照的に二〇〇一年のインターネット・バブル崩壊時には借入比率が低かったため、深刻な景気後退に陥らずに済んだ。この事例からも、バブル期に銀行が過剰投資に走らないように策を講じるべきだということがわかる。その方法はいくつかある。監督当局が、バブル崩壊時のリスクに見合うだけの自己資本の積み増しを要求することは、その一つだ。当局は、バブル気味の資産に対する需要を抑える策を講じることも可能である（たとえば不動産であれば、融資比率の上限を設けるという形で自己資金による頭金支払いを要求する、借り手の収入に対する月次返済額の比率の上限を設ける、などが考えられる）。

どのような場合に金融バブルが発生するかについては、ロバート・シラー（二〇一三年ノーベル経済学賞受賞）の重要な実証研究があり、バブル発生の兆候について警告を発する内容となっている[23]。だがあいにくなことに、耳を貸す人は少ない。そもそもバブルを察知することはむずかしい。シラーの先駆的研究を筆頭に現在使われているバブル判定法は、ファンダメンタル価格とバブル価格の乖離に注目する方法である。すなわち、資産の価格と、その資産が生む配当その他の利益とを比較する。たとえば不動産であれば、購入価格とその賃貸収入を比較するわけだ。もちろん、不動産を買うことにも借りることにもそれぞれにメリット、デメリットがあるので単純な比較はできないし、税金面も考慮に入れる必要があろう。それでも、価格が将来の賃貸収入合計の現在価値を大幅に上回っていたら、バブルの可能性が高い。

不動産価格と賃貸収入を比較可能にするためには、原理的には将来の賃貸料と将来の金利を仮定して、現在価値への割引率を計算することになる。しかし実際には、価格と家賃の比率を見るだけでバブル判定に役立つことがわかっている。

たとえばフランスでは一九九八〜二〇〇六年の八年間で、可処分所得で見た価格が家賃の倍になった（図表11－1参照）。現在も、不動産価格は一九九八年の水準より二〇〇六年のほうにずっと近い。国際比較で見ても、現在のフランスの不動産価格はドイツよりかなり高いが、二〇〇三年の時点ではドイツのほうが高かった。可処分所得で見た価格も、フランスのほうが二五〜三〇％高い。このことから、フランスでは不動産リスクを抱える金融仲介事業者の支払い能力をよく監視する必要がある。

世帯の借金を制約する債務返済コストと借り手の収入との比率も、バブルの指標となりうる。結局のところ世帯の借り入れ能力は、返済能力つまりは収入に左右される。そして不動産を買う人が必要な金額を払えるかどうかは、借り入れ能力に左右される。ところが銀行が不動産価格は上がると見込んでいる場合には、借り手は収入以上に借りられる可能性がある。というのも銀行は購入不動産を担保に取り、借り手が債務不履行をした場合には担保を回収するので、値上がりが見込めるならリスクは小さくなるからだ。したがって借り手の収入に比して返済額が大きい状況は要注意である。

■ 図表11-1　フランスにおける不動産価格と賃貸料の関係

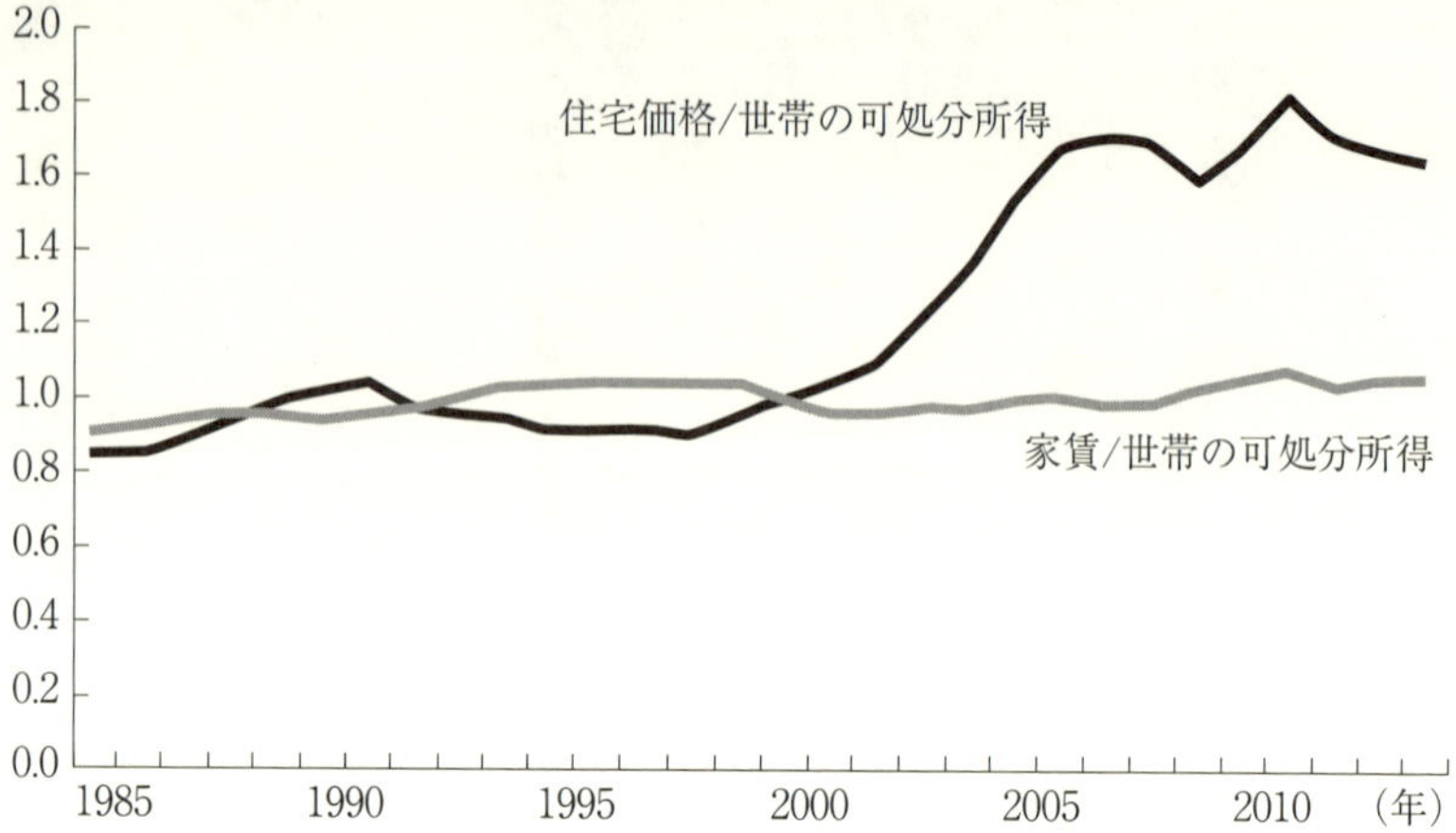

資料：Guillaume Chappelle. 環境・持続可能開発審議会（CGEDD）のデータに拠る。

株式についても不動産の場合と同様に、株価収益率（PER）に注目するとよい。PERは株価を一株当たり利益で割った数字で、これがあまりに高いようならバブルが疑われる。ただしPERが高すぎるか高すぎないかを判断するのはそう簡単ではない。ここでもまた、将来の配当（これは不動産の場合の将来の家賃に相当する）と金利を仮定しなければならない。しかし不動産の場合と同じく、やはり配当利回り（現在の株価に対する配当の比率）を見るだけでバブル判定に十分役立つことがわかっている。ロバート・シラーは一九八一年に発表した著名な論文で、株価変動が配当の変化によって説明できる変動幅よりも大きいことを示し、バブルの存在が時間経過に伴い変化することを示唆した。

エージェンシー理論：個人の利益と社会の利益の乖離

市場を見る第二の切り口は、エージェンシー理論である。この理論では、個人にとっての合理性と社会にとっての合理性の不一致に注目する。ある経済システムの中の経済主体は、自分の立場からすれば合理的な行動をとることができるが、その結果は社会全体からすれば有害だということがありうる。規制の経済学において古くて新しいこのテーマは、本書でも繰り返し論じてきた。

ここでは、ある銀行が何らかのリスク資産、たとえば株式を大量に抱えているとしよう。何も問題が起きなければこの株は大きなリターンを生み、株主は大金を手にするはずだ。だが問題が起きると資産価値は下落し、株主は大損を被り、債権者も、おそらくは従業員も窮地に追い込まれる。つまりステークホルダーに負の外部性が作用する。しかも銀行の場合、大きなリスクを抱え込んでいてもなお、借金をし続けることができる。銀行が破綻しかかったら国が救ってくれるだろうと貸し手（預金者）は考えるからだ。この場合、個人の利益と社会の利益が大きく乖離していることは明白である。簡単に図式化すれば、利益は個人が手にし、損失は社会に押し付けられる。

いざとなったら公的資金つまり税金を当てにできるだろうという一見合理的な判断も、リスクテークを助長する。ユーロ危機以前にギリシャ国債を買った人の多くは、ギリシャ国債がドイツ国債ほど安全ではないことをよく承知していた。だが、万一のときにはドイツをはじめとするユーロ加盟国がギリシャを救済するだろうと考え、ギリシャ国債の利率がドイツ国債と同じぐらい低いことも納得していたのである。

まさにこれと同じように、投資銀行リーマン・ブラザーズのCEO（最高経営責任者）だったリチャード・ファルドは、破綻の淵に瀕しているときにさらにサブプライムローン商品を買いあさった。その時点ではすでに危険性が十分認識されていたにもかかわらず、である。その資金を金融市場から調達することはできなかったが、多くの銀行がリーマンに貸した。まさか政府がリーマンを破綻させるはずがない、必ず救済するだろうと踏んだからだ(24)。その結果リーマンは、ひょっとすると危険水域を抜け出せるかもしれないという一縷の望みにすがってリスクをとり続けた。ちょうどトーナメント方式のサッカーの試合で、終盤で二対〇とリードされたチームが守備を捨てて攻撃を仕掛けるようなものだ。そんなことをすれば四対〇になるかもしれないが、どのみち負けたら終わりなのである。破綻寸前の企業がどこもそうであるように、リーマンも大逆転のわずかな可能性に賭けてリスクをとる理由が大いにあった。しかしそれが債権者や従業員の利益にならないことは言うまでもない。

エージェンシー理論が関わってくるもう一つの例として、報酬システムが挙げられる。二〇〇八年のグローバル金融危機の前には、ボーナスが目先の利益追求を促すように設定されている事例がひんぱんに見受けられた。取締役会の報酬委員会と経営陣が暗黙のうちに結託しているケースが多かったが、最高の人材を引き止める、引き抜くといった目的で行うケースもあった（報酬の問題は次章でくわしく論じる）。

個人と社会の利益が乖離する例の最後に、高頻度取引（アルゴリズム取引とも言う）を挙げておこう。高頻度取引とは、コンピュータが株価や出来高などの動きをミリ秒単位以下の速度で判断し、超高速の自動発注を繰り返して大量売買する取引のことで、やる側にとっては合理的だが、それが社会にもたらす付加価値は、控えめに言ってもはっきりしない。今日の金融機関が情報インフラに巨額の投資をしているのは、ライバルより少しでも早く注文を出し、サヤを抜くためなのである。そのことが社会にどれほどの利益をもたらすのだろうか。いまでは、買い注文も売り注文も瞬時には実行できないようタイムラグを設け、この種の高速取引を打ち止めにすべきだという声が上がっている。なにしろこれは、マイナスサム・ゲームなのだから[25]。

個人の利益と社会の利益の乖離をなくしていくことは、金融規制の目的の一つである。ところが規制は情報の壁にぶつかることが多い。経済学の分野では、いわゆるエージェンシー問題、すなわちエージェントが情報の非対称性を利用して自己利益を追求する問題に一冊まるごとを割いた文献が少なくない。この情報の非対称性の存在が、預金者による銀行の資金運用の監視、銀行によるトレーダーの行動の監視、監督当局による銀行や証券会社の行動の監視を困難にしている。

金融業界の肥大化

この問題に関連して、フランス人経済学者トーマス・フィリッポン（ニューヨーク大学教授）の興味深い研究に触れておこう[26]。金融業界における雇用の変遷に関するフィリッポンの研究によると、規制緩和後に雇用構造が変化し、高度な教育を受けた人材が増えたという。しかし教育水準や取得資格が高度化した結果、一九九〇～二〇〇六年に給与も五〇％跳ね上がった。金融仲介サービスが経済に占める割合も、英米を中心に急速に増えている[27]。これほど金融部門が拡大したのは、あまりにやすやすと利益が上げられるせいで優秀な人材が惹きつけられているのだと理解しなければならない。第12章でくわしく論じるが、当局は過剰なリスクテークも、投資ビークルと呼ばれる専門会社を使う（合法的な）規制逃れも見て見ぬふりをしてきた。投資ビークルを使えば、銀行はほとんど自己資本がなくても投資ができてしまう。それに言うまでもなく、銀行が過剰なリスクテークに走ったのは、最後は公的資金で救ってもらえると見込んだからでもある。たしかに万事がうまくいくなら、ハイリスク・ハイリターンの投資は利益製造機になりうる。となればエージェンシー問題の根源は、一九九〇年代の一〇年間にみられた金融の急拡大にあると言えよう。

金融恐慌

金融市場の効率性を脅かすもう一つの要素として、投資家が示し合わせたように「異常な」行動をとることが挙げられる[28]。すでに触れたが、その代表例が取り付け騒ぎである（おそらく読者の中には、ウォルト・ディズニーの映画『メリー・ポピンズ』の一場面を思い出した方もおられよう。ユーモラスに描かれているが、取り付け騒ぎの描写としてはなかなか秀逸である[29]）。

銀行による金融仲介の基本的な機能として、期間変換機能が挙げられる。たとえば短期の預金と長期の貸し付けを抱える銀行が多数存在すれば、銀行システム全体としては、短期の負債（預金）を長期の資産（貸出債権）に変換していることになる。ここで預金者が一斉に預金を引き出そうとしたら、銀行は債務を返済するために手持ちの資産を換金しなければならない。手持ち資産の流動性が低い場合、すなわちすぐには適正価格で売れない場合には、[30]足元を見られて買い叩かれ、預金を払い出すだけの現金を銀行が調達できないということが起こりうる。そうなったとき預金者は、他人より一足早く預金を下ろそうと窓口に殺到する。この現象を「予言の自己実現」と呼ぶ。みんなが「この銀行は危ないかもしれない」と思うだけで、健全な銀行が倒産してしまうのである。これは、個人にとっての合理性が社会にとっての不合理を招いた例と言える。

「危ない」と噂の立った銀行の前に預金者の長蛇の列ができる光景は、いまではほとんど見られなくなった。というのも、今日では一般の市中銀行が預かる預金は預金保険の対象になっているし、中央銀行から当座の流動性を供給してもらえるからだ。これで時間的余裕ができるので、資産を買い叩かれずに済む。にもかかわらず二〇〇七年九月には、イギリスのノーザンロック銀行の玄関先に預金者の長い列ができて、全世界に衝撃を与えた（イギリスの銀行で取り付け騒ぎが起きたのは、一八六六年以来のことである）。そんなことになったのは、イギリスの預金保険が非常にまずい制度設計になっていたことに一因がある。二〇〇〇ポンドまでは一〇〇％保証されるが、二〇〇〇～三万三〇〇〇ポンドは九〇％保証となっていたのである。そこで二〇〇〇ポンドを一ポンドでも上回っている預金者は、少しでも悪い噂を耳にしたとたんに銀行から預金を引き出そうとした。現在では、ヨーロッパでは一〇万ユーロまで、アメリカでは二五万ドルまで、預金保険で全額保証されることになっている。

したがって、今日では銀行が破綻しても小口預金者が重大な影響を被ることはない。だが大口預金は預金保険の対象にならない。短期金融市場（インターバンク市場、オープン市場）でやりとりされる資金、企業の銀行預金、富裕な世帯の預金等々は対象外である。現にノーザンロック銀行の真の問題は、長蛇の列が大々的に報道された小口預金者ではなく、預金の四分の三を占める大口預金であり、しかもその多くは超短期だった。

大口預金者の「取り付け」を防ぐには、中央銀行からの流動性供給に頼らざるを得ない。ただしこちらは、預金保険のように自動的にカバーされるわけではない。従来は、手元流動性に乏しくなった銀行は、中央銀行に担保を入れて短期で借り入れていた。だが二〇〇八年グローバル金融危機を契機に、これを補う措置が多数講じられている。たとえばヨーロッパの銀行は、長期リファイナンス・オペレーション（ＬＴＲＯ）のおかげで、ＥＣＢから通常より長い三年間の融資を受けることができる。またＥＣＢはアウトライト・マネタリー・トランザクション（ＯＭＴ）を通じて、リスクの大きい南ヨーロッパ諸国の国債などを流通市場で積極的に買い入れた。いずれも、苦境に陥った銀行に時間を与えることが目的である。銀行の抱える問題が、取り付け騒ぎなど純粋に流動性の問題であれば、時間的余裕が与えられた銀行は資産を投げ売りせず、適正価格で売ることが可能になる。問題が流動性にとどまらずバランスシートの質にかかわるようであれば、経営再建とリスク削減のためにもっと踏み込んだ対策が必要になる。

ソブリン債務のレベルでも、発生のメカニズムはちがうが、取り付け騒ぎと似たようなことが起こりうる。ある国は、国債の金利が市場金利とほとんど同水準であれば、きちんと償還できるとしよう。ところが大勢の投資家がその国はデフォルトを起こしかねないと考え、リスクの見返りとしてより高い利率を要求したとする。すると国にとっては返済コストが嵩《かさ》むため、財政赤字が膨らみ、政府債務が拡大してデフォルト・リスクがますます大きくなる。となれば投資家はいっそう不安になり、より高い利率を要求する。かくして国債の流通市場では、その国債は誰も買わないという事態に立ち至る。ここでもまた、個人にとっての合理性が社会にとっての不合理を招いている。

国の場合には、流動性を供給するのは銀行の場合より複雑になり、さまざまな方法が採られている。ヨーロッパでは、二〇一二年七月二六日にドラギＥＣＢ総裁が発した有名な「何でもやる」発言以来、ＥＣＢが全加盟国に流動性を供給する役割を担ってきた[31]。世界では、窮地に陥った国はＩＭＦに助けを求めることができる。ＩＭＦは財政規律の回復を条件に流動性を供給する。また事後的な救済ではなく、重大な困難が予測された時点で、国際的な銀行コンソーシアムあるいはＩＭＦにクレジットライン（信用供与枠）を設定してもらうという予防的な方策も可能である。

行動ファイナンス理論

市場を理解するもう一つの切り口は、行動経済学の一分野の行動ファイナンス理論である。行動ファイナンス理論では、合理的エージェントを想定した論理モデルと齟齬《そご》をきたす行動（たとえば認知バイアス）を手がかりに、金融市場を分析する（広くは、ここ二〇年間で経済分析に心理学を援用する例が増えてきた）[32]。ここでは個人の合理性と社会の合理性の不一致ではなく、そもそもの発端として個人の不合理性が問題となる。行動ファイナンス理論で取り上げる不合理性は多種多様だ。すぐに思いつくだけでも、過度の楽観主義（たとえばファンドマネジャーは自分の手腕を過信し、競合他社よりうまく運用できると信じ込む傾向がある）、不注意あるいは特定のリスクに対する過剰反応[33]、誤った思い込み（確率に関するベイズの定理の誤解、先入観やバイアスなど）、損失回避行動、生来の倫理性（社会的に容認できる行動を選ぶ）などが挙げられる。

この分野では多くの実証研究が行われているが、その一例を挙げると、株価評価の小さなアノマリー（異常値）を追跡し、必ずしもつねに「裁定取引」が行われているわけではないことに注目したものがある。これは、市場参加者がある種の相関関係または因果関係を見落としているか、逆にある種の株式を大きすぎる括りで捉えているからだと考えられる。ここから、合理性（プレーヤーは合理的だが、より精緻なモデルに従う取引とそのモデルを構築するコストとを天秤にかけている）と不合理性（金融市場の状況を正しく理解していない）との境界が微妙であることがうかがえる。

理論研究の例も一つ挙げておこう。ロラン・ベナブー（プリンストン大学教授）による「現実否認」に関する研究である。サブプライムをめぐって金融業界が陥った集団幻想の中で、現実否認が重要な役割を果たしていた、とベナブーは指摘する[34]。こうした集団的な自己欺瞞が出現するのは、重要なものが懸かった不確実な局面で強い感情（たとえば不安）がかきたてられるからだ、とベナブーは仮定した。プレーヤーはこうした感情に押し流されて、直面する危険を見ないふりをし、悪い判断の代償をあとで払わされることになる。人間の記憶や注意は総量が限られているうえに影響を受けやすく操作されやすいので、あとからバイアスのかかった修正を施すことが簡単にできてしまう。たとえば、自分のやったことを都合のよいように解釈したり、都合の悪いことは忘れてしまったり、後付けでもっともらしい理由づけをしたり、という具合である。これらは多くの実証研究で裏付けられており、好ましい情報と好ましくない情報の処理が非対称に行われることが実証されている。どうやら人間には、悪い情報を先験的に回避する傾向が備わっているらしい[35]。

続いてベナブーは、プレーヤー同士の経済的・社会的相互作用がどのように思考プロセスを決定づけ、均衡に至るかを体系的に調べた。この「集団思考」の分析により、ある共同体全体が危険な現実否認に陥る可能性が浮き彫りになった[36]。この分析は、企業、公的機関、政治体制が集団的自己欺瞞によって崩壊していくケースを説明するときにも役に立つ。マイケル・ルイスの『世紀の空売り』（および同書を原作とする映画『マネー・ショート』）は、この集団的自己欺瞞が金融市場の一部で起きたケースを描いている。この本については後でまた触れる。

金融市場の摩擦

情報の非対称性

市場分析の最後の切り口として挙げられるのは、市場の摩擦に注目する手法である。情報が一様に行き渡らない金融市場では、「適正価格」はなかなか形成されない。この方面の研究は、ここ三〇年ほど活発に行われてきた。その嚆矢とされるのが、一九七〇年に発表されたジョージ・アカロフ、マイケル・スペンス、ジョセフ・スティグリッツの共同研究で、三人は情報の非対称性を伴う市場分析の功績により二〇〇一年にノーベル経済学賞を受賞している。簡単に言うと、取引の利益がよほど大きくない限り、誰しも自分より情報に通じている人との取引はしたくない――正確に言えば、自分の利益を考えるなら、そうした取引をしたいと思うべきではない。たとえば、私だけが実際の価値を知っている金融商品（証券）を七五で買わないか、とあなたに持ちかけるとしよう（あなたと私はさほど親しくなく、信頼関係は築かれていないものとする）。その証券は、五〇％ずつの確率で五〇または一〇〇の利益をもたらすとする。あなたはこの証券に七五払ってもいいだろうか？　この場合、次のように考えなければならない。この証券の真の価値が一〇〇だとしたら、私はあなたに七五で売らずに自分で持っているだろう。したがって、あなたは七五で買うべきではない。私が一〇〇以下で売ろうとするときは、その証券はリスクの大きい商品である。したがってこの例では、この証券の価格は五〇に落ち着く。私が「あぶない商品」しか売らないことをあなたが知っているからだ。この理屈は、めったに金融取引をしない人にはわかりにくいかもしれない。だが金融取引のプロフェッショナルの間ではおなじみのものである[37]。

市場参加者の間で情報の非対称性が存在する場合、金融市場は本来よりも流動性が乏しくなり、ときには商いが不活発になって「値が付かない」状態になることもある。取引が成立しないということだ。売り手が望む価格では買い手がおらず、取引が成り立つ価格では、売り手が売りたがらないからである。二〇〇八年グローバル金融危機の際に多くの市場が消滅したのも、これと同じ理屈からだった[38]。近年では金融市場のマイクロストラクチャーの研究により、市場の円滑な運用を妨げる摩擦の存在があきらかになってきている。

裁定の限界

市場価格が、その資産の真の価格に関する情報を正しく反映していないことがある。たとえば非合理な投資家（ノイズトレーダー）が大勢いる場合などがそうだ。通常は合理的な投資家や正しい情報を持っている投資家が裁定取引を行うので価格の歪みは解消されるはずだが、手元資金が足りずに大規模介入できない場合には、裁定取引が行われなかったり、失敗に終わったりする。こうした「裁定の限界」は今日ではいくらか解明されてきたが、なお研究の深化が望まれる分野である。

先ほど挙げたマイケル・ルイスの『世紀の空売り』では、裁定の限界があざやかに描かれている。ここでは金融トレーダー集団が住宅バブルに気づき、空売りを仕掛ける。彼らは、住宅ローンの返済に依存する金融商品（モーゲージ債〔ＭＢＳ〕、債務担保証券〔ＣＤＯ〕など）は過大評価されているうえ、格付会社は幻惑されて格付けを高くしすぎていると考えた。なお空売りというのは、証券を持たずに相手方（多くは証券会社）から借りて行う売りのことである。近い将来にその証券が下落すると予想し、現在の価格でいったん売り、決められた期日に買い戻して借りた証券を返す。予想通り値下がりすれば、売り手は安い値段で買い戻せるので、差額が利益になる。逆に取引相手は損をすることになる。予想に反してその証券が値上がりすれば、売り手は高い値段で買い戻さなければならないので、損をする。ただし売り手に十分な資金がなく破産してしまったら、取引相手は得られるはずの利益を手にできない。このような取引では、多くの貸付契約がそうであるように、相手方は売り手に対して担保を要求する。この場合には、それに当たるのが「証拠金」である。ここで売り手つまり裁定取引を仕掛けた側にとっての問題は、仮に彼らが正しく、証券は過大評価されていたとしても、いつその過大評価に調整が入るのか、すなわち本来あるべき価格に戻るのか、わからないことだ。調整が行われない限り、売り手は損をした状態であり、相手方は追加の証拠金（追証）を要求できる。すると場合によっては、自分たちの正しさを証明できないうちに資金切れになってしまうということが起こりうるわけだ。『世紀の空売り』ではまさにそれが起きる。売り手は自分たちの見通しが正しいと確信を持っているのだが、なかなか調整が起きないため、損がどんどん膨らんでいくのである。

裁定の限界は、もっと重大な結果を引き起こすこともありうる。とりわけ、機関投資家が流動性不足に陥ると予想される場合などがそうだ[39]。するとヘッジファンドが流動性ショックを見越して空売りを仕掛け、市場を一段と不安定化させるといった事態になりやすい[40]。

4　なぜ規制が必要なのか？

金融規制には二つの側面がある。一つは証券取引、より広くは金融市場の規制、もう一つは金融機関の支払い能力の監視である。この二つの仕事は、別々の機関が担当する（フランスの場合は金融市場庁〔AMF〕とプルーデンス規制・破綻処理庁〔ACPR〕で、どちらも独立機関である[41]）。前者の市場規制は、金融市場における有害行為の防止が目的である。具体的には、市場に参加する投資家を詐欺や価格操作から守る。

後者は金融仲介事業者（銀行、保険会社、年金基金など）を監督し、情報に疎い顧客の債権を守る。破綻に瀕した金融機関（とりわけクレディ・リヨネやＡＩＧのような大手金融機関）を国が救済する可能性が十分あるのだから、支払い能力の監視は納税者のお金を守ることにもつながる。このようにプルーデンス規制当局の第一の役割は、小口債権者の利益を代表することである[42]。

第二の役割は、ドミノ効果を防ぐこと、専門的に言えば「システミック・リスク」を防ぐことだ。システミック・リスクとは、ある銀行が破綻すると、その銀行の債権者だった別の銀行が債権を回収できずに手元流動性が不足したり、手持ち資産をむざむざと安値で売ったりするという具合にして、次々に破綻の連鎖が起きることを意味する。こうしたリスクを防ぐ理由は、多くの銀行を巻き込むドミノ効果を防ぐという意味で、第一の役割と重なる。ただしシステミック・リスクの防止には、より広く銀行システム全体の安定性を維持するという意味が含まれている。いずれにせよこの第二の役割が、小口預金者のいない金融機関（投資銀行など）を救済する口実に使われたことは事実だ。二〇〇八年には小口預金者を持たない保険大手のＡＩＧと投資銀行のベア・スターンズがアメリカ政府に救済されたが、これはシステミック・リスクが懸念されたからだった。

銀行規制の背後にある理念を理解するには、導入当初の資本規制に立ち戻って考えるとよい。一九八〇年代にはどの国の政府も、規制は最低限に抑えたいと考えていた。そうすれば、自国の銀行の自己資本が手薄でも、あるいは同じことだが自己資本に比して借り入れが多いままでも、国際展開できるからだ。商業銀行については一九八八年にバーゼル合意が成立し、リスクの大きい債権をカバーできるだけの自己資本を持つことがバーゼル規制Iによって定められた。この最低所要自己資本比率は、すべての国に等しく適用された。

銀行の自己資本規制というものは、妥協の産物にならざるを得ない。一方で、銀行は預金者ひいては納税者が最終的な損害を被らずに済むよう、十分な資本を準備しておかねばならない。しかし他方で、あまりに厳格な自己資本規制を敷くと、銀行が貸し出しを渋って信用収縮につながりかねない。これでは、金融仲介の役割を果たせないことになる。具体的には、企業とりわけ中小企業の設備投資に融資する、企業や市場に流動性を提供する、といったことができなくなってしまう。

規制厳格化の一環として、これまでほぼ野放しになっていた金融部門（原則として預金保険の対象にならず、中央銀行による流動性の供給も受けられない）にも監視の目を光らせることになった。中国のシャドーバンキングなど、通常の銀行システムに属さない主体による信用仲介、狭義にはいわゆるノンバンクによる信用仲介は、監督が行き届かなかった五大投資銀行（リーマン、ベア・スターンズ、メリルリンチ、ゴールドマン・サックス、モルガン・スタンレー）と同じく、厄介な問題を引き起こしかねない。

図表11－2は、一般的な商業銀行のバランスシートをごく簡略化したものである。資産の部は主に中小企業および個人向けの貸し出し、負債の部は主に預金で構成されている。

プルーデンス規制の最初の国際合意である一九八八年のバーゼルIは信用リスクが対象となっており、主に債務不履行リスクを念頭に置き、銀行に対して貸出リスクに応じた自己資本の積み増しを求めている。一安全な貸し出し（たとえば国債の保有）であれば資本の引き当ては不要だが、リスクがある場合には、一ユーロ貸すごとに八セント（＝八％）の自己資本を積まなければならない。もう少しこまかく言うと、銀

■ 図表11-2　リテールバンクの簡略化したバランスシート

資産の部	負債の部
中小企業向け貸し出し	自己資本（株式、留保利益）
住宅ローン	プルーデンス規制当局より自己資本とみなすことが認められた債務（劣後ローン、転換社債、優先株など）
その他の債権（短期金融市場への貸し出しなど）	預金保険の対象とならない預金（10万ユーロ以上、中小企業、大企業、短期金融市場からの借り入れ）
無リスク資産（財務省証券、国債など）	預金保険の対象となる預金（10万ユーロまで）

行の資産の各項目には、〇～一の間でリスク・ウェイトがつけられる。地方自治体や他の銀行への貸し出しには〇・二、担保付き貸し出しには〇・五[43]、企業向け貸し出しや各種証券には一、という具合である。たとえば住宅ローンの場合には、一ユーロにつき四セントの自己資本を積む必要がある。

バランスシート上の自己資本の計算では、Tier 1と呼ばれる基本的項目（普通株、優先株、内部留保など）と Tier 2 と呼ばれる補完的項目（有価証券含み益の一部、一般貸倒引当金、劣後債・劣後ローンなど）を区別する必要がある。Tier 1は、自己資本の半分以上を占めなければならない。つまり、ウェイトを付けた資産の四％を上回らなければならない。

ただし規制当局は、バーゼル規制の弱点もわきまえていた。バーゼルIでは市場のリスクやリスク同士の相関性が考慮されていない、リスク・ウェイトが一律である（たとえば企業向け貸し出しにおいて貸し出し先企業の信用格付けが考慮されていない）、手元流動性が考慮されていない、などだ。これではリスクの質を適切に評価しているとは言えない。貸し出しを行うたびに単純に自己資本を積み増せばよいことになっていた。また、金利や為替の変動リスク、カウンターパーティー・リスク（取引相手方の契約不履行リスク）、不動産価格の変動リスクといったさまざまなリスク同士の相互作用や相関性が考慮されていない点も問題だ。もし相関関係があるならば、それは正の相関関係なのか、それとも負なのか、すなわちリスク同士は互いを埋め合わせるのか、それとも相乗作用でより危険性が高まるのか。この点が無視されているため、銀行の側は、とくにすでに苦境に陥っている場合、より多くのリスクをとるインセンティブを持つことになり、後者のケースになりやすい[44]。

そこで、一九九〇年代に検討が始まり二〇〇七年から実施されたバーゼルⅡでは、リスク計測が精緻化された。まず、第一の柱である最低所要自己資本比率については、信用リスクと市場リスク（一九九六年の改定で追加された）に加え、システム障害や不正行為などにより損失が生じるオペレーショナル・リスクが加味された。また信用リスクについては、貸し出し先企業の信用力（格付会社を利用）に応じたリスク・ウェイトを使用することを可能にしたほか[45]、より実態に即した評価を行うために資産の時価評価を使用しやすくした。さらに大手銀行の場合には、債務者のデフォルト率など各銀行が行っている行内格付けを利用して、借り手のリスクをより精密に反映する手法（内部格付手法）が認められている。

バーゼルⅡの第二の柱としては、銀行自身による必要自己資本の評価管理と監督当局による検証の実施が義務づけられた。そして第三の柱として、情報開示の充実を通じて市場規律の実効性を高めることが定められた。より多くの情報が開示されるようになれば、市場は危ない銀行から資金を引き揚げてしまうはずである（言うまでもなく、政府が必ず銀行を救済すると市場が見込んでいる場合には、銀行に対する債権は保証されたも同然となり、市場による規律は機能しない）。

バーゼルⅠからⅡへの移行は、画一的な規制方式と、当事者により多くの裁量を与える方式との長年のジレンマを浮き彫りにしたと言えよう。バーゼルⅠでは自己資本の所要額が一律に適用されるため、実態からかけ離れた要求になりがちだった。しかしその一方で、硬直的な規制には、銀行側が都合よく数字を操作する余地に乏しいというメリットがある。バーゼルⅡでは、銀行側に内部格付手法による柔軟な対応の余地が与えられた。銀行が公明正大にこの手法を適用するのであれば、リスクを実態に即して精緻に評価することが可能になる。だがそうなっているかどうかをより厳格に監視する必要が出てくる。内部格付手法は、たとえ監督当局に適切と認められたとしても、銀行側にある程度の自由度を与えることになる。

そしてこれまで銀行は、それほど良心的ではなかったと言わざるを得ない。規制当局との情報の非対称性を利用して、リスクを実際よりも少なく見せかけ、当局をまんまと出し抜いてきたのである。また、格付けを広い範囲で使用するということになれば、格付会社が業界と暗黙のうちに結託することを防止しなければならない。なにしろ産業界のほうは、高い格付けを付けてもらうためにお金を払っているのだから。

では、どのような規制のあり方が望ましいのだろうか。経済理論から引き出せるのは、ごく常識的なルールでしかない。リスク評価に柔軟性を持たせれば、必ずその代償として、評価する側（格付会社、監督当局）とされる側（銀行）との間に大きな溝ができる。裁量の余地が増えるということは、評価される側にとってリスクを冒しても得るものが増えたということであり、評価する側に圧力をかけたり共謀したりする危険性が高まる。したがって監督や評価の操作や歪みを恐れるなら、たとえリスク評価の精度が落ちて実態にそぐわなくなるとしても、一律の規制を強制するほかない[46]。

第12章 二〇〇八年グローバル金融危機

おそろしいことだ。なぜ誰も予想できなかったのか。

——エリザベス二世(1)

二〇〇八年グローバル金融危機は多くの人に深刻な影響をおよぼした。成長率は下がり、失業率は上がった。アメリカの成長率は今日では通常の水準を回復し、失業率も五％まで下がり、消費者の信頼感も戻ってきているものの、危機当初に失った成長を埋め合わせるにはいたっていない。そしてヨーロッパは、金融危機以外の危機に見舞われたこともあって、いまだに困難な状況から抜け出せていない。とりわけ南ヨーロッパで失業率が高止まりしていることが頭痛の種である。危機後は財政も重い負担を強いられ、次の危機に襲われても政府にできることの余地が小さくなっている。

二〇〇七年八月九日にアメリカの連邦準備理事会（FRB）とヨーロッパの欧州中央銀行（ECB）が最初の介入を行ったとき、やがて銀行システム全体が救済されることになると予想した人は一人もいなかった——経済学者を含めて、である。まして、五大投資銀行が当時の形では存在しなくなると予想した人がいなかったのは言うまでもない（リーマン・ブラザーズとベア・スターンズは文字通り姿を消した。メリルリンチはバンク・オブ・アメリカに買収された。ゴールドマン・サックスとモルガン・スタンレーは生き残ったが、ＦＲＢによる支援と管理を受けやすい金融持ち株会社に移行した）。それに、シティグループ、ロイヤルバンク・オブ・スコットランド、ＵＢＳグループといった巨大銀行の経営がぐらつき、政府出資を受けることになるとは、誰が想像しただろうか。アメリカでは大手保険会社一社と連邦住宅貸付抵当公社（フレディマック）、連邦住宅抵当公社（ファニーメイ）が国から三五〇〇億ドルもの資本注入を受け、政府は一年足らずの間に総額で国内総生産（ＧＤＰ）の半分近い公的資金を投入することになった。アメリカ政府とヨーロッパ各国の政府は民間部門への直接融資も行っている。並行して中央銀行は非伝統的金融政策を導入するなど、本来の使命を大幅に逸脱してまで政策金利を超低水準に誘導し、政府と金融システムを支えた。

ヨーロッパでは、イギリス、ベルギー、スペイン、アイスランド、アイルランドが深刻な銀行危機に直面した(2)。こうした状況を踏まえると、フランスは、一部の銀行が公的資金で救済されたにしても比較的ましだったと言えるかもしれない。それはもしかすると、過去に悲惨な経験（たとえばクレディリヨネの破綻）をしたおかげなのだろうか。やはり一九九〇年代に重大な危機を経験した北欧や日本についても、そう言えるかもしれない。

となれば、今回の危機から何を学ぶべきだろうか。そもそも危機の原因は何だったのだろう。そして、次の危機を防ぐことはできるだろうか。これらの問いに答えるためには、まずは危機前の状況を診断し、そのうえで危機後の対応を検討することが必要だと考える。本章の最後では、危機の予防に関して経済学者にはどのような責任があり、またどのような役割を果たすべきかを考察したい。本章は、他の章に比べるといくらか専門的であり、またこの章だけは完全には独立していない。読者には、できれば第11章を読んでからこの章にとりかかってほしい。

1　金融危機

経済危機についてはたくさんの本や論文が書かれているが、[3]ここではそれを逐一検討することはしない。一つだけ、確実に言えることを挙げておこう。二〇〇八年グローバル金融危機は、大学の経済学部で情報の経済学やインセンティブについて教えるときの格好の材料になるということだ。リスク移転の連鎖の各段階において、ある当事者が別の当事者より多くの情報を握っていること（これは「情報の非対称性」に当たる）が市場の効率的運営を妨げるという事実を教えてくれるからである。

とはいえ情報の非対称性に起因する市場の失敗は、永久に続くわけではない。「金融イノベーション」と称する新奇な金融商品が次々に投入され、市場参加者がそうしたものに不慣れなせいで混乱が長引くことはあっても、けっして恒久的なものではない。したがって、危機の原因を情報の非対称性だけで説明することはできない。危機を理解するには、市場の失敗を導く他の二つの要因を考慮する必要がある。一つは、規制が市場に追いついていないこと、しかもその規制の実施に緩みや甘さが見られることだ。とくにアメリカで顕著だが、ヨーロッパがましとも言いがたい。その結果、規制当局の陰で、つまりは納税者を裏切って、リスクテークをするインセンティブを市場参加者に与えている。もう一つの要因は、リスクテークがひどく容易な状況だったために、市場と規制の失敗の影響が一段と深刻化したことである。

金余り現象と不動産バブル

金融危機は往々にして、景気が過熱気味になり全体にルーズな投資が行われるようになったところから始まる。二〇〇八年グローバル金融危機の発端となったアメリカでは、二〇〇〇年代にいわゆる金余り現象が起き、多くの人が投資先を探すような状況になっていた。しかもFRBは二〇〇〇年代前半の数年にわたり、政策金利を異常な低水準に据え置いていた（かなりの期間にわたって短期金利が一％に設定された）。そこで投資家は市場の低金利を嫌気して、高いリターンを追い求めるようになる。そう考えると、金融政策が不動産バブルに拍車をかけたと言ってよい[4]。

その一方で、アメリカには高度に発達した金融市場が存在し、市場で取引可能なさまざまな証券が次々に生み出されている。中国などに積み上がった外貨準備の一部は、自国の金融市場には還流せずに、アメリカで投資されていた。こうした世界的な貯蓄過剰を背景に、金融機関も不動産に投資するようになっていく。投資先を物色するプレーヤーが増え、証券需要が拡大すると、規制も証券化（セキュリタイゼーション）にひどく甘くなり（危機が起きてからようやく厳しくなった）、債権の証券化が活発になる。これらのマクロ経済データを見ると、金融市場で自由放任が進み、市場と規制の失敗がもたらした陥穽に大勢のプレーヤーが呑み込まれていったことがよくわかる。

アメリカでは、債権の証券化が活発になるのと並行して、リスクの大きい借り手を対象にする住宅ローンも急激に増えていった[5]。ローンで購入した住宅以外に担保となる資産を持ち合わせておらず、返済能力も乏しい借り手に[6]、最初の二年間だけ超低利でその後は金利が大幅に変動するローンを組み、審査も十分にせずに貸し出したのである[7]。この状況で住宅価格の上昇が止まり、時を同じくしてローン金利が上がったら、大量の債務不履行が発生することは確実である。多くの世帯が借金を返せなくなり、自己破産をしても法律上財産が保全される人たちは、住宅の価値が返済残高を下回った瞬間から返済をやめてしまうだろう。つまり、マクロ経済状況の悪化が重大なリスク要因となる。景気が悪くなれば差し押さえや強制退去が急増する一方で、不動産価格の評価替えに伴い、貸し手側の損失も拡大する。住宅ローンの貸し手が被る損失は甚大で、少しでも埋め合わせるべく担保の投げ売りに走れば、住宅価格は一段と下落することになる[8]。

こうした展開が予想される中、アメリカ政府はどう対応したのだろうか。他国の銀行危機（たとえば同時期のスペイン）を招いたのとまったく同じ政策をとったのである。二〇〇〇年代初めは民主党政権、その後は共和党政権だったが、いずれも持ち家奨励策を推進している。こうして二〇〇〇年代を通じて政府は不動産バブルが膨張するにまかせた。さらに重大なのは、銀行がそのリスクにさらされるのを放置したことだ。アメリカ政府は、住宅取得に対する税制上の優遇措置の縮小、準公的機関であるファニーメイとフレディマックによる保証の制限、融資基準の厳格化に乗り出すべきだった。別の言い方をすれば、不動産価格に対する借入比率、借り手の年収に対する返済比率に上限を設けるべきだった。だが政府は政治的配慮を優先した。

ハイリスクのローンが出現したおかげで、収入が乏しい人も自分の家を買えるようになった。だがローン金利が上がったらどうなるのか。あるいは住宅が値下がりし（すなわち担保価値が下がり）、期日に返済できなくなったときによそから借りられなくなったらどうなるのか。こうした情報を多くの世帯が持ち合わせていなかったことはあきらかである。住宅ローンの貸し手は、毎度のことながら持ち家が欲しいという人々の願いに付け込んで、リスクの大きい契約を売りつける。少なくともアメリカ政府は、貸し手と借り手の間の情報の非対称性を解消するよう努力すべきだったと感じる。とはいえ、住宅ローンの条件を厳格化して有害な商習慣を防ごうとする政府はめったに見かけない。

適切な情報開示による情報の非対称性の解消以外にも、政府にできることはある。それは、借金をしてでも家を買おうとする世帯を「パターナリズム」の姿勢で守るアプローチである。パターナリズムは父親的温情主義などと訳されるが、住宅ローンの場合にはこの「温情」は、消費者は衝動に負けやすく、冷静であれば選ばないような過剰な消費に走りやすいのだから、そうならないように戒めるという形で現れる。とはいえパターナリズムは、政府の干渉やいらぬお節介と紙一重だ（第5章を参照されたい）。このパターナリズムに基づく規制では、最初だけひどく低利のローン（たとえば借入期間の最初の二年だけティーザー金利と呼ばれる超低金利を設定する）を禁止するとともに、購入価格対借入比率や年収対返済比率に上限を設けることになろう。

過剰な証券化

まず、住宅ローン債権の適切な証券化には二つの条件がある。第一は、住宅ローンを貸し出す銀行が、ローンのかなりの部分を自己勘定に計上することだ。そうしないと、銀行はローン審査で慎重さを欠くことになる。すでに前章で論じたように、銀行はリスクのごく一部しかバランスシートに計上しないので、健全な融資をしようという気にならない。

そして第二は、ローン・ポートフォリオのクオリティを評価する格付会社が、しかるべき精査を行うことである。とくにアメリカでは、証券化のプロセスで格付会社の果たす役割が大きい(9)。銀行の自己資本規制においては、分母となる資産のリスクが重要な意味を持つことを思い出してほしい。アメリカではバーゼル規制Ⅱが実施された二〇〇四年以来、このリスクの評価は格付会社に委ねられてきた。ある銀行が証券化商品を購入した場合、その格付けがトリプルAであれば、ダブルBの場合と比べ、自己資本を積み増す必要はぐっと少なくなる。したがって規制当局としては、格付会社が信用できないと困る。実際のところ、格付会社は規制を補う役目を与えられていると言ってよい。

いわゆるサブプライム危機で問題だったのは、トリプルAに格付けされた一般企業や地方自治体の社債や公債よりはるかにリスクの大きい証券化商品に、格付会社がトリプルAを与えたことである。そうした商品に対する知識や経験不足だったのか、それとも利益相反だろうか？　断定するのはむずかしい。だが、格付会社のインセンティブが規制当局の目的と必ずしも一致しないことは断言できる。格付会社は証券発行高に応じて手数料をもらっているからだ。したがって、色よい格付けをしたくなる誘因は強い（大学教授の報酬が、学生のレポートにつける成績に応じて上がるとしたらどうなるか、想像してほしい）。何と言っても、格付会社の収入のかなりの部分は、投資銀行から得られる手数料が占めているのである。となれば、彼らが大事なお客さんを喜ばせたくなってもふしぎではない。その結果、よからぬ役回りを演じることになった可能性は十分ある。

期間変換機能の濫用

ごく単純化して言うと、銀行は短期で借りて長期で貸す。銀行の債権者（預金者）が銀行を信用できなくなって一斉に預金を引き出そうとすると、銀行恐慌、俗にいう取り付け騒ぎが起きる。金融危機前には、商業銀行のみならず多くの金融事業者がホールセール市場（インターバンク市場、短期金融市場）において超短期で借り入れ、大きなリスクを伴う取引をしていた。このやり方は、短期金利が超低水準に維持されている間は濡れ手に粟の利益をもたらすものの、銀行は金利変動リスクにさらされることになる（リスクヘッジをしていない場合）。短期金利が一％から四％に上がったら、ほぼ短期のみで借り入れていた金融事業者（住宅ローン債権を証券化するために設置された投資ビークルはまさにそうだった）の資金調達コストは、一気に四倍に膨らむからだ。

とくにリスクの大きい取引をしていたのは、預金を持たない金融機関だった（預金保険の導入以後、個人の預金はきわめて安全なので、取り付けは起きない）。現に五大投資銀行が倒産したり、商業銀行に買収されたり、公的資金で救済されたりしたことは、すでに述べたとおりである。だが本来は安定した業務運営をすべき商業銀行も、期間変換機能を活用したリスクテークを積極的に行うようになった。

そうなると、金融政策当局は微妙な立場に追い込まれることになる。金利を引き上げれば、金融システム全体が転覆しかねない。かといって人為的に低い水準に維持すれば、野放図なリスクテークに走る金融機関を間接的に支援することになる。それはつまり、社会に莫大な損害を与えかねない金融機関の危険な行動を容認することにほかならない（これについては後段で改めて論じる）。言ってみれば当局は罠にはまったようなものであり、危機はそのことを鮮明に浮かび上がらせたと言える。今日ではこと金利に関する限り、中央銀行と市中銀行は異なる悩みを抱えている。中央銀行は、政策金利をゼロ以下にできないという問題に直面している（マイナス金利にしたら、誰も銀行に預金せず、金利のかからない現金で保有するだろう）。一方、市中銀行にとって低金利は営業利益を圧迫するので好ましくないうえ、顧客は投資より現金で持ちたがるようになる。

自己資本規制

規制対象となる金融機関（商業銀行、保険会社、年金基金、証券会社）は、最低所要自己資本を維持しなければならない。商業銀行については、バーゼル規制により国際的な原則が定められている。要するに、銀行が直面する可能性の高いリスクを吸収するだけの「資本」を用意して、預金者を保護しなさい、ということだ。それは預金の保険者である預金保険機構、ひいては納税者を守ることになる。その一方で銀行の側は、最低所要自己資本をできるだけ減らしたいと考えている。自己資本が少なくて済むほど、多くを運用し、資本効率を高められるからだ。それは、資本をもたらしてくれた株主のためになる。

こうした状況では、金融規制当局が果たすべき任務はじつに困難なものとなる。一方で、銀行が抱えるリスク資産の状況も、そして金融技術も、時々刻々と変化する。他方で、監視に必要なリソースも、あまたある金融機関や格付会社と競争して優秀な人材を獲得するリソースも、限られている（おまけに監督官同士の競争もある。危機前のアメリカでは事実上銀行が監督官を指名でき、できるだけ寛大な監督官に来てもらうことが可能だった）。このように国内レベルでは所要自己資本の規制が甘くなりがちであり、それを危惧したからこそ、バーゼル合意によってプルーデンス規制が国際的に共有されたわけである。

ところが、プルーデンス規制におけるリスク分析の欠陥を悪用して自社が必要とする自己資本を少なめに見積もり、資本効率を高めようとする金融機関が後を絶たない。自己資本の積み増しを求められない投資ビークルを設置し、貸付債権を証券化した商品の運用・管理に当たらせるのはその一例だ[10]。つまり、自己勘定で行うとしたら、すなわちバランスシートに計上するとしたらとらないようなリスクを、このような形でとっているのである。しかも規制当局は、こうした悪しき行動を阻止する術を持たない。その端的な例が、世界最大の保険会社ＡＩＧである。ＡＩＧは実体的には投資銀行と化しており、政府に救済されるほんの二週間前に気前のいい配当を出していた。

バンクとノンバンク、官と民の境界

単純化して言えば、銀行のプルーデンス規制では、規制に対して見返りが用意されている。商業銀行は監視され、自己資本規制を強制され、その他諸々の制約を受ける見返りとして、いざというときに中央銀行から流動性の供給を受けられ、また預金保険で保護される。この二つの措置により、銀行のリスクは大幅に軽減される。たとえ銀行の資産内容の悪化が公になっても、預金保険で保護されるとわかっていれば、小口預金者はあわてて預金を引き出そうとは思わないだろう。さらに、中央銀行から当面の流動性が供給されれば、銀行は時間的余裕ができるから、足元を見られずに保有資産を適正価格で売る、新株発行などにより自己資本を増強する、といった対策を講じることができる。一方、こうした規制の対象とはならない金融事業者（シャドーバンキング、投資銀行、ヘッジファンド、プライベート・エクイティ・ファンドなど）は、規制を受けない代わりにこの二つの特権も与えられない。少なくとも、建て前上はそうなっている。

二〇〇八年グローバル金融危機では、規制が甘かったせいで規制対象金融機関と対象外の金融機関との間で相互にエクスポージャーが存在することになり、結局政府は対象外の金融機関まで救済する羽目に陥った。救済は資本注入や資産購入の形で行われたが、単に低金利を維持することも一種の救済だったと言える。つまり一部の金融機関は、煩わしいプルーデンス規制を受けずに、公的資金や中央銀行による流動性供給という恩恵にだけ与《あずか》ったわけである。

規制対象と対象外との境界がこのように曖昧になっていたことは、アメリカ政府が二〇〇八年にリーマンを救済しなかったときに、国を挙げての議論の的になった。比較のために言うと、公的資金つまりアメリカの納税者のお金は、投資銀行であるベア・スターンズの救済には使われた[11]。さらにリーマン倒産の数日後には、規制対象外だったAIGも救済されている。その後、商業銀行や投資銀行が次々に救済された。その時点で投入された金額を見積もることはむずかしい。アメリカでは、その額が思ったほどでなかったことが事後的にわかっている。救済された銀行は、資金の大半を返済したからだ。だがもちろん、事態がもっと深刻化し、損害が天文学的な数字に達していた可能性はある。

AIGのケースをもう少しくわしく見てみよう。大手保険会社を救済すること自体は何の問題もない。だが、AIGの保険事業は十分に存続可能だったし、そもそも資本も別立てだった。これは言うまでもなく、持ち株会社（投機を行っていた）が傾いたときに保険事業を守るための措置である。したがって、保険事業になんら影響を与えることなく持ち株会社を倒産させることは可能だったはずだ。監視を免れていたAIGホールディングが、ひとたび経営不振に陥ると公的資金にアクセスできるのはおかしい。だが、同社と規制対象金融機関との複雑な取引関係（デリバティブ商品の相対市場での取引など）から、同社を倒産させればシステミック・リスクにつながりかねないとの理由で、同社の救済は「正当化」されたのだった。

規制対象と対象外との境界が曖昧になっていることに加え、公的機関と民間機関との境界も曖昧になってきている。二〇〇八年九月に、フレディマックとファニーメイという二つの半官半民の抵当保証機関が救済された。両者はアメリカにおける住宅ローンの四〇～五〇％（二〇〇七年には約八〇％）に保証をつけている[12]。フレディマックもファニーメイも、ある意味で存在自体がアノマリーだったと言える。民間であるなら、政府からは助けてもらえないはずだ[13]。ところがフレディマックとファニーメイは、財務省のクレジットライン設定という形で、アメリカ政府からの保証を取り付けていた。となれば、いざというときには政府に助けてもらえるのだろうと人々が考えるのは当然である。そして実際にもそうなった。利益は自分のもの、損失は国のものになったわけである。しかもフレディマックもファニーメイも、厳しく監督されていなかった[14]。これに対してヨーロッパでは、欧州委員会が国家支援に関する法律を活用して、暗黙の政府保証を与えることを禁じた[15]。またフランスは、二〇〇七年のアメリカの事例から学び、銀行に貸し出し枠の拡大を促す法案をゴミ箱行きにした。

2　危機後の経済環境

危機の置き土産は少なくとも二つある。一つは低金利、もう一つは新たな規制である。

歴史的低金利

危機の第一の遺産である低金利は、当初は一時的なものと考えられていた。危機が宣言されると同時に、アメリカ、ヨーロッパ、イギリスの中央銀行は政策金利をほぼゼロまで引き下げた。インフレ率を考慮すれば、つまり名目金利ではなく実質金利で言えば、マイナスにしたということである。日本は一九九〇年代半ばに金利を一%以下に引き下げ、今日ではゼロとなっている。二〇一六年の時点では、日欧ともに金利はしばらくゼロ近傍に張り付いたままだろうと予想されている。一方、アメリカは利上げに転じたものの、きわめて慎重な姿勢を崩していない。

このような低金利の狙いははっきりしている。金融機関が低コストで資金調達を続けられるようにすることだ。ケインズの理論でも、金融機関が窮地に陥ったら流動性を供給することになっている[16]。国家は、経済に流動性を供給し続けることのできる「最後の出し手」なのである。国には、市場にはできない二つのことができる。第一は、世帯や企業の現在の所得を守ることだ——しかしそれは、その所得から将来税金を取り立てることと同義である。なぜなら、現在の所得を守るために国は公的資金を投入するか、国債を発行しなければならないからだ[17]。国がマクロ経済において決定的な役割を果たせるのは、この徴税能力があるからにほかならない。言い換えれば国は、現在の銀行や企業に救いの手を差し伸べることができるが、それと引き換えに将来増税をしなければならない。国にできて市場にできない第二のことは、中央銀行がインフレを起こすことである。インフレによって、債務契約の名目金額を実質ベースで押し下げることができるし、雇用契約が物価スライド制でなければ、実質賃金も押し下げることができる（もっとも今日では、中央銀行は予想インフレ率のごく小幅の押し上げにも苦労している。だから、この第二のことが国にできるとは言えなくなってきた）。

流動性の供給は、自らの不注意により窮地に陥った銀行を救済すること自体が直接の目的ではない。経済活動の円滑な運営に欠かせない金融仲介機能を守ることが目的である。とりわけ中小企業は、保有資産や多角化などの面で市場からの評価があまり高くないため、社債発行などによる金融市場での直接調達がむずかしい。したがって、銀行からの借り入れに頼らざるを得ない。銀行は中小企業の経営状況を監視し、差し入れられた担保を精査したうえで、確実に回収できる額を貸し出す。このような取引関係にある銀行が破綻したとき、最も打撃を受けるのは中小企業である。そのことは、信用収縮が起きるたびに確認されている。

金利の引き下げは、危機の際には必要な措置だとしても、少なからぬ弊害がある。

第一に、預金者から借り手への大規模な資金移動が起きる。これはまさに銀行救済の意図するところではあるのだが、低金利は規制対象銀行だけでなく、他の投資家も喜ばせることになる。というのも、金利が下がれば不動産や株式などの資産の価格は上がるからだ（これらの資産がもたらす将来の利益は、債券の低い利回りより魅力的になると見込まれる）。すると、これらの資産の所有者は、規制対象であろうとなかろうと、売却時の利益が大きくなり、富の再分配が行われることになる[18]。このように、低金利がもたらす大規模な再分配効果の中には、好ましいものもあれば、そうでないものもある。

第二に、低金利はバブルの格好の土壌となる。前章で取り上げたように、バブルは低金利環境で形成されやすい。

第三に、低金利環境は、顧客に利率を保証した金融機関にリスクテークを促す要因となる。たとえばドイツでは、保険会社が生命保険の加入者に最低四％の利率を約束していた。ところが安全な運用資産である一〇年物ドイツ国債の利回りが〇・五～一％に下がってしまい、予定利率を実現できない逆ざや現象が起きてしまう。となれば、ハイイールド債に手を出さざるを得ない。しかしそれは、投資不適格なジャンク債である。利回りが高いのは、債務不履行リスクが非常に大きいからにほかならない。

理論上は、生命保険会社は保険債務と同じ期間の資産（債券）を引き当てておけばよい。そうすれば、金利が下がったときには引き当てておいた資産の価格が上昇するはずだ。だが実際には、保険加入者には期間を延長するオプションが与えられている。そして低金利であれば、銀行に貯金しても金利があまりつかないので、良い利率のときに加入していた人は当然ながら延長を選ぶだろう。すると、資産の部と負債の部で期間構造に不均衡が生じることになる。

おそらく、低金利が経済全体にとって有用であるなら、低金利を放棄するよりも、リスクテークの誘因を直接厳重に監視するほうがよいだろう。それにしても、超低金利がもたらすリスクは認識しておくべきである。

第四に、低い短期金利は銀行にいっそうの短期借り入れを促し、次の危機を準備することになる。ただし今日では二つの理由から、この論拠は説得力に乏しい。一つは、量的緩和は短期金利だけでなく長期金利にも作用して金利水準を押し下げることだ。もう一つは、銀行規制当局が金融機関の短期借り入れを制限する措置を講じていることである。

以上四つの副作用に加え、五つ目も付け加えておかねばならない。それは、名目金利がゼロになったら、それ以下には引き下げられないことである。金利をゼロ以下にしたら、人々は現金で保有することを選ぶようになるからだ。現金なら名目金利がゼロを下回ることはない[19]。これがゼロ金利制約と呼ばれる現象である。ゼロ金利に達すると、中央銀行はそれ以上利下げで経済を刺激することができないので、景気後退を招き、あるいは回復を遅らせ、失業率を押し上げることになる。そうなると景気を刺激するためには、複雑で効果のほどもよくわかっておらず、運用の仕方も定まっていないような新奇な政策（非伝統的金融政策）を取り入れざるを得ない[20]。その詳細については、ここでは立ち入らないことにする。

慢性的な低金利

危機発生前のマクロ経済は、「大いなる安定」の時代に入っているとみなされていた。金融政策は、ときに財政政策を従える形で（ポリシーミックスと称された）運営され、危機前の二〇年にわたってめざましい成果を上げているように見えた。金融政策は物価の安定を目的とし、インフレ誘導目標をたとえば二％に設定して、経済活動や失業率の状況をにらみつつ調整を行っていた。金融政策の優位に対するこうしたコンセンサスは、今日では以前ほど盤石ではない。その一因は、ゼロ金利制約下では金融政策がもはや有効ではないことにある。

低金利は、金融危機や欧州債務危機だけが原因とは言い切れないのではないか。これから当分の間低金利環境が続き、金融政策は市場を刺激することも景気後退や失業率の上昇を防ぐこともできず、「長期停滞」と呼ばれる現象が続くのではあるまいか[21]。この問いに対する答は、経済学者の間で真っ二つに割れている。安全資産（投資適格国債）の利率が一九八〇～九〇年以降下落基調にあったことは、はっきりしている。安全資産の実質金利（名目金利から物価上昇率を差し引いた金利）は、一九八〇年代には五％だったのが、一九九〇年代には二％になり、二〇〇八年のリーマン・ショックまでは一％、そしてその後はマイナス一％となっている。このような基調的な金利低下の原因は何だろうか。

第一の原因は構造的なもので、安全資産の需要と供給の関係に求めることができる。供給が少なく需要が多ければ、当然ながら価格は上昇する。そして、価格が上昇すればリターンは下がる（直観的には、将来乏しいリターンしか受け取れない権利を買ったのだから、買い手は高い買い物をしたことになる）。需要過剰は、ほかの症状も引き起こす。二〇〇八年グローバル金融危機の前は、証券化の急増という形で現れた。証券化の目的は、金融市場で確実に取引可能な資産を供給することにある（結果的に証券化によって危険（リスク）資産が供給されたとしても、表向きの目的はそうではなかった）。もう一つの症状は、バブルの形成である。

安全資産に対する需要は拡大基調にある。新興国（中国など）や資源輸出国（原油価格が高かったときの産油国など）は、国内の金融市場が発達していないため、豊富な資金の投資先を先進国で物色することになる。これが、先ほど触れた貯蓄過剰現象だ。しかも危機以降はプルーデンス規制が強化されたため、おいそれとリスクテークができない。その結果、銀行、保険会社、年金基金などは自己資本の積み増しが少なくて済む安全資産での運用を好むようになった。個人も、不確実な世相を反映して、安全資産に逃げ込もうとする。たとえばフランスの生命保険会社は、資産運用の八五％近くがユーロ建て債券（基本的に信用格付けの高い国債および社債のみで、元本割れのリスクがない）で、株式などのリスク資産はほとんどない。

その一方で、安全資産の供給は減っているように見える。分散投資された不動産ポートフォリオやOECD加盟国のソブリン債はかつては安全と考えられていたが、いまやリスク資産である。したがってこれらの資産の流動性は大幅に低下している。リカルド・カバレロとエマニュエル・ファーリによると、安全資産の供給は、二〇〇七年には世界GDP比三七％だったが、二〇一一年には同一八％まで減少したという[22]。

低金利の第二の原因は、貯蓄と関係がある。不平等が拡大すると、貯蓄は増える。というのも、富裕層は貧困層よりもはるかに多く貯蓄に回すからだ。貯蓄が増えると、需要と供給の法則にしたがい、貯蓄のリターンは下がることになる。

そして第三の原因として、人口の伸び悩みや減少が挙げられる[23]。人口の増加ペースが鈍化すると（とりわけ日本のように減少に転じると）、複雑な影響が生じるが、その多くが金利を押し下げる方向に作用する。たとえば人口が減ると雇用機会が減り、資本効率が低下して金利を押し下げる。この状況で年金制度の一部が賦課方式で設計されている（年金給付に必要な原資を積み立てておくのではなく、現役労働者から徴収する分でまかなう）場合、人口が横ばいまたは減少して労働人口が相対的に減少すれば、給付額を減らさざるを得ない。すると個人は老後に備えて貯蓄を増やすので、金利は低下する。

以上のように低金利は長引く可能性があり、マクロ経済政策は大幅な見直しが必要になろう。

新たな規制環境

何事もリスクがゼロということはあり得ない。規制の失敗を正すべくいかに熱心に取り組み、危機の頻度や規模の抑制に成功したとしても、危機のリスクを完全になくすことはできない。電車の出発時刻や待ち合わせや映画に一度も遅れたことがないという人は、多分おそろしく注意深く、おそらくは慎重すぎるのだろう。それと同じで、絶対に危機を起こすまいとする経済は、ポテンシャルをはるかに下回る成果しか上げられまい。危機を完全に防ごうとすれば、リスクテークにもイノベーションにも手を出さず、長期的な投資は行わずに済ませなければならない。なぜなら、長期は短期よりも不確実であり、したがってリスクが大きいからだ。こうしたわけだから、大事なのは危機を完全に排除することではなく、経済において有害な行動を促すような悪しき誘因を排除することにある。そのためにとくに必要なのは、金融システムが預金者や納税者にもたらしかねない負の「外部効果」を抑制することだ。

プルーデンス規制と監督は、科学的に行えるとは言いがたい。というのも、データが入手困難であるため、それに基づいて影響を予測することも当然ながらむずかしいからだ。それでも、いくつかの原則は存在する（その妥当性や優先順位については諸説あるが）。私自身は二〇〇八年に発表した論文で、以下を提言した[24]。規制対象外部門の有害な影響の遮断、カウンターシクリカル（景気変動抑制的）な自己資本規制、支払い能力比率や流動比率の強化、銀行幹部の報酬制度の監視、証券化手法の監視強化、格付会社の監督、金融機関監視体制の強化改善などである。以下ではこの順で説明する。さらにヨーロッパについては、ECB内部にユーロ圏内の銀行を包括的に監視する機構を設けることを提言したが、これはすでに述べたように、早くも実現している。私だけでなく他の多くの経済学者も大筋において同じようなことを提言してきたが、今日の実態はどうなっているだろうか。

規制対象外部門の遮断

監督当局、中央銀行、政府は、たとえ規制対象外の金融機関であっても、破綻寸前となれば救わざるを得ないことがある。それは救済そのものの形をとることもあれば、不良債権を買い取ることもあり、あるいは単に超緩和政策の継続という形をとることもある。その最たる例が、アメリカの大手投資銀行の救済、とりわけベア・スターンズとAIGの救済である。唯一救済されなかったリーマン・ブラザーズが危機を引き起こしたのは周知の事実だ。

だが政策当局は、システミック・リスクを恐れすぎているように思われる。その原因の一端は、相互のエクスポージャーがどうなっているのか、不透明であることに由来する。規制当局はエクスポージャーの正確な内容や相対《あいたい》取引における相手方のリスク（カウンターパーティー・リスク）について、ほとんど情報を持ち合わせていない。もっと広く言えば、規制当局がグローバルな金融システムにおけるプレーヤー同士のエクスポージャーの関係性を理解するなどということは、まずもって不可能だ。なにしろ一部のプレーヤーは規制対象外だし、また一部のプレーヤーは他国の規制当局に監督されているのだから。

したがって、いまやるべきなのは、有害な金融商品を正規取引の場からできるだけ締め出すことである。正規取引の場とは、ここでは規制対象となる部門を指す。理論上は、政府が救うべきはこの部門に属す金融機関だけである。この方向での改革が各国で進められてきた。

その第一歩となるのが、金融商品を標準化あるいは規格化し、かつそれを監視の目の行き届く市場で取引することである。顧客の特定のニーズに対応する商品の開発も金融の重要な機能の一つにはちがいないが、それを自由にさせたら、監督当局がその価値を評価したり債務の履行状況を把握したりすることは非常に困難になってしまう。だからといって、（自己資本規制を厳格化するなどして）金融イノベーションや特定のニーズに応える新商品の開発を禁止せよと言うつもりはない。ただし規制対象の金融機関は、正規の証券取引所で取引される標準的な商品だけを取り扱うようにすべきである。そして規制対象外の金融機関は、相対取引に軸足を移せばよろしい。さらに前章で触れたように、企業も銀行も、単純なリスク（為替レートや金利の変動、大きな取引残高のある相手方の破綻）についてはそ適切に保険をかける必要がある。[25]

標準化された金融商品は、相互のエクスポージャーがコントロールされた市場で取引できるようにする。そのためには、規制対象の金融機関が他の金融機関の破綻リスクにどの程度影響を受けるか、規制当局が明確に相互関係を把握しておくことが必要だ。そこで有用なのが、各国市場に中央清算機関（CCP、セントラル・カウンターパーティー）を設置し、取引を集約するやり方である。[26] CCPは十分な資本を持つと同時に、市場参加者に証拠金の差し入れを要求し、万一の際の清算に備える。危機後に適用が開始されたバーゼル規制Ⅲは現にそうなっており、相対取引には自己資本の積み増しが必要となる。これと並行して、CCP自体を厳格なプルーデンス規制の対象とすることが重要だ。さもないと、銀行の破綻リスクは軽減したがCCPの破綻リスクを増やしただけ、ということになりかねない。個人や中小企業を相手にする商業銀行の保護をとくに強化するには、商業銀行と投資銀行の間に垣根を設けるような踏み込んだ措置が必要になる。このアイデアは繰り返し提案されており、アメリカではFRB議長だったポール・ボルカー、ユーロ圏ではECB理事のエルッキ・リッカネンが提唱したほか、イギリスでは新設された銀行業に関する独立委員会の議長を務めるジョン・ヴィッカーズがより大胆な案を発表している。[27]

カウンターシクリカルな自己資本規制

カウンターシクリカルな支払い能力比率の維持は、さまざまな理由から望ましい。カウンターシクリカルな支払い能力を備えるとは、景気拡大局面で自己資本を積み増し、次の景気後退局面に備えることである。銀行の自己資本が乏しい時期には信用収縮（貸し渋り）が起きやすく、銀行借り入れに依存する企業（とくに中小企業）にとっては、融資を断られたり高い金利を要求されるなど厳しい状況になる。このような時期には公共政策で支援しなければならない。流動性ショックの可能性があるとなれば、なおのことである（このような時期に民間部門が手元流動性を高めるのはきわめてむずかしい）。この状況で、たとえば金融政策当局が自己資本規制をいくらか緩和すれば、流動性を高めることができる[28]。

こうした考え方から、銀行を将来的な損失から守るためにバッファー（緩衝材）としての資本を持つ枠組みとして、バーゼル規制Ⅲではカウンターシクリカルな資本バッファーが導入された。資本バッファーの必要額は、銀行が実際に直面しているマクロ経済環境を踏まえて算出することになっている。

流動性カバレッジ比率、安定調達比率、レバレッジ比率

危機前には、世界でもヨーロッパでも流動性に関する規制を統一する動きはなかった。また、流動性に関する各国の規制そのものも緩やかだった。だが二〇〇八年グローバル金融危機では、十分な自己資本比率を確保していても、運用資産の流動性不足が原因で破綻の危機に瀕した金融機関が存在した。流動性を高めるには、理論的には支払い能力比率と流動比率の両方を高めればよいはずだが、現実にはそう簡単ではない。そもそも、金融機関の流動性を適切に測定することがむずかしい。銀行の流動性は、バランスシートの資産の部（市場流動性）では、証券を売りたいときに不当な安値でなく転売できるかどうかに左右

される。そして負債の部（資金流動性）では、資金を好条件かつ短期間で調達できるかどうかに左右される。そして転売の可能性にせよ資金調達の可能性にせよ、銀行自体の評判に大きく左右される。

そうした困難を踏まえたうえで、バーゼル規制Ⅲでは二つの定量的な流動性規制が導入された。流動性カバレッジ比率（ＬＣＲ）と安定調達比率（ＮＳＦＲ）である。ＬＣＲの目的は、銀行の流動性リスク管理の短期的な強靭性を高めることにある。バーゼル規制Ⅲでは、容易に転売可能な質の高い流動資産（適格流動資産）を、三〇日間の厳しいストレス下における正味資金流出額以上に保有することを求めている。こちらは二〇一五年に導入された。一方、ＮＳＦＲの目的は、銀行の流動性リスク管理の中長期的（残存期間一年以上）な強靭性を高めることにある。バーゼル規制Ⅲでは、ＮＳＦＲを一〇〇％以上としている。つまり流動性の源となる安定的な資本・負債を、流動性を生むことが期待できない（売却が困難な）資産以上に保有しなければならない。こちらは二〇一八年から導入される。

自己資本に関する規制はつねに発展途上にあると言えるだろう。自己資本の適正な水準は、金融当局が吸収できるリスク、経済環境の変動性、規制の遵守と監視の徹底、銀行のバランスシートの内容、規制対象外のセクターからの有害な波及効果などに左右される。適正な水準を見積もるためのデータが乏しいため、計量経済学をもってしても「これだけあれば安全」とはなかなか断言できない。要するに、つねに暗中模索状態である。ただ、一つ確実に言えるのは、危機前の水準はあきらかに低すぎた[29]ということだ。

そこで危機以降、自己資本規制は一段と強化されている。バーゼル規制Ⅲでは、Tier 1が総資産の四％から七％に引き上げられ、さらにカウンターシクリカルな資本バッファーをTier 1の〇～二・五％積まなければならない。そして合計自己資本（Tier 1＋2）は八％から一三％に引き上げられた。このほかに新たな指標として、銀行部門におけるレバレッジの積み上がりを抑制する目的で「レバレッジ比率」が導入される。現時点ではまだ確定していないが、自己資本比率におけるTier 1を非リスクベースのエクスポージャーで除した値が三％以上となるように求める方針でテストが行われている（非リスクベースとは、リスク・ウェイトによる調整を行わないという意味である）。さらにシステミック・リスクが懸念される大規模な銀行持ち株会社に対しては、上乗せが求められる可能性がある。

これで十分と言えるだろうか[30]。十分だと言い切るのはむずかしいが、自己資本の増強が定められたことは、大きな進歩と言ってよかろう。

マクロプルーデンス規制

現在進行中の改革は、マクロプルーデンス規制の方向、すなわち金融システムを安定させるために、個別の金融機関のリスクだけでなく金融システム全体が抱えるリスクを規制・監督することもめざしている。言い換えれば、一つの銀行の健全性は、その銀行の自己資本や流動性だけでなく、他の銀行の健全性にも依存するということだ。そう考えるべき理由は多々ある。

銀行は、相互のエクスポージャーにより互いに依存している。したがって、どこかの銀行が破綻すると、その影響が広く波及しかねない。また、間接的にも互いに依存している。というのも同じ時期に何らかのショックに遭遇すれば、どの銀行も一斉に保有資産を売り急ぐからだ。そうなるといわゆる投げ売りの状態になり、どの銀行も手元流動性が不足することになる。

危機のときとそうでないときでは、一つの銀行の破綻がもたらす影響は異なる。危機のときには、大方の銀行が同時に打撃を被る。そして資本不足に陥る銀行が一気に増えると、一行の破綻がシステミック・リスクにつながる可能性が高くなる。すると政府が最終的に救済する場合にも、対象となる銀行が増えてコストが嵩《かさ》むことになる（したがって、銀行の抱えるリスクがマクロ経済ショックと強く相関する場合には、自己資本を十分に積んでおくことがきわめて重要であることがわかる）。さらに、多くの金融機関が短期で借りて長期で貸すという期間の変換を大量に行っている場合には、中央銀行は金利を引き下げざるを得ない。

金融機関の報酬制度

金融機関の報酬制度は二通りの反感を買っている。第一は、とにかく高いことだ。とくに英米系の金融機関における給与水準の高さは物議を醸している。とはいえ単に高いというだけで、金融部門の報酬を場当たり的な政策の対象とすべきではない。政府は、所得再分配を好むと好まざるとにかかわらず、税による再分配を実行すべきであって、金融マンはテレビのキャスターや会社役員やサッカー選手ほどの報酬を得る価値はない、などと決めるべきではない。第二の反感は、高報酬が必ずしも高業績に対して払われておらず、逆に高報酬がよからぬ経営姿勢を誘発している、というものである。たとえば、役員が法外なボーナスを受け取った直後に銀行が破綻した[31]、相場急落の直前にうまいことストックオプションを行使した、業績不振にもかかわらず黄金のパラシュートが用意されている[32]、といったことが批判の対象となっている。これらは倫理的に問題だというだけでなく、経営効率の観点からも好ましくない。このような報酬のあり方は、どうみても、勤勉や献身を促すとは言えまい。

金融部門の「ボーナス文化」は、産業全体からの逸脱という点でも、不平等という点でも、不適切である。銀行役員の報酬制度は、目先の利益や派手な成果をめざす行動を招きがちだ。それはつまり、リスクテークを促すということでもある。テールリスク（確率は低いが発生すると非常に巨大な損失をもたらすリスク）を敢えてとる行動は、まさにそうだ。ある戦略が、九五％、いや九九％の確率で利益をもたらすが、残りの確率で破滅的な結果を招くとしよう。経営幹部はそしらぬ顔でこのリスクをとり、だいたいは利益を上げてけっこうな報酬を頂戴する。だからといってリスクが減るわけではない。めったに起こらないとしても、起きれば株主、債権者、そして政府にとって破滅的な結果となるリスクは、相変わらず残っている。

となれば、なぜ株主はそのような戦略を黙認するのか、という疑問が湧く。第一の答は、万一のときには大損を被るにしても、その万一にならない限りは株主自身も利益を得られるからである。第二の答は、金融業界では有能な人材を引き抜くために高報酬で誘うという習慣が定着し、容認されているからだ。この慣行は、二〇〇八年グローバル金融危機前の数年間はとりわけ甚だしかった。一般に人材獲得競争の激化は、ボーナスの引き上げにつながる（人材獲得・定着のための高報酬は、固定給の引き上げではなく、歩合給など変動部分の拡大を招く）。すると潤沢なボーナスを手にすべく、ショートターミズム（短期志向）に拍車がかかる。ショートターミズムとは、長期的な成功や安定を犠牲にして短期的な利益追求行動をとることを意味する。またボーナスが大幅に上がると、報酬の平均的な水準が押し上げられると同時に、そうした高報酬が役員全員あるいはトレーダー全員に拡がりやすい[33]。

ではなぜ債権者は、このような危うい戦略を容認するのか。銀行のリスクテークについて十分な情報を持ち合わせていない、ということが一つの理由ではあるだろう。だがそれよりも、金融部門は直接間接に政府の保護を得られるものと理解されていることのほうが大きい。おかげで金融機関は、資金調達に困ることはない。金融機関の特殊性は、まさにここにある。テレビのキャスターも、会社役員も、サッカー選手も、窮地に陥ったときに公的資金で助けてもらうことはできない。

となれば政府は、規制対象の（つまりは救済対象の）金融機関の報酬制度を監督し、長期的な展望に基づく経営を促すことが望ましい。創業者の保有株に買い戻し権を設定する、ストックオプションによる報酬では権利行使までの期間を長くとる、などの措置も求められる[34]。さらに、報酬制度が短期志向に陥り過度のリスクテークが行われているようなら、バーゼル規制Ⅱの第二の柱に基づく自己資本の積み増しを要求することも必要だ。とはいえ、ストックオプションの行使可能までに数年の期間をとるだけでは十分ではない。リスクの中には長期にわたるものもあるからだ。きわめて長期（たとえば一〇年）にわたるリスクの場合には、そのリスクをとった張本人と後継者の責任を分けて考えるのはむずかしいだろう[35]。

また金融機関の場合、報酬委員会が経営陣に対してひどく甘いように見える。だがこれはけっして金融業界に固有の現象ではない。どのセクターでも、この現象は見受けられる。したがって金融部門にだけ特別の規制を検討するのは意味がない。

一方、報酬規制に反対する人々が持ち出すのは、次の二つの論拠である。

第一は、一般企業にとってもそうだが、銀行にとって何より重要なのは、優秀な人材をトップに据えることだというものである。この論理で行くと、こうなる。ある銀行が他より優秀な人物を迎え入れることができたら、株式時価総額を〇・一%押し上げられるとしよう。この銀行の現在の時価総額が一〇〇〇億ドルだとしたら、わずか〇・一%といえども一億ドルになる。となれば銀行としては高額の報酬を提示し、この優秀な人材に何としてでも来てもらわなければなるまい[36]。この理屈の変形として、「ほかに選択肢はない」という言い分もある。規制対象外の金融機関、たとえばヘッジファンドやプライベート・エクイティ・ファンドなどがこれぞという人材に金に糸目をつけずに払うので、銀行としても対抗するにはそうせざるを得ないという。

第二の論拠は、こうだ。金融業界の過大な報酬は、規制したところで一朝一夕に改まるものではない。よからぬふるまいが利益をもたらす限りにおいて、強欲な輩が幅を利かせるようになるだろう（一九九三年に巨額の投資損失を出して破綻寸前に追い込まれたクレディ・リヨネ、二〇〇八年にソシエテ・ジェネラルに四九億ユーロの巨額損失を負わせたトレーダーのジェローム・ケルビエル、二〇〇八年にリーマン・ブラザーズを破綻させたリチャード・ファルドを思い出そう）。もしそうだとすれば、報酬規制をしてもさしたる効果は期待できまい。結局、伝統的なプルーデンス規制と監視だけが、リスクテークを抑制できると考えられる。

以上の議論から、報酬の水準の問題は、金融部門の枠を超えてより広く考えるべきであるように思われる。上下の報酬格差が天文学的なものではなく穏当なものであるべきだとすれば、それは金融部門のみならずすべての部門に当てはまるだろう。ただし、報酬の構造とそれが引き起こす悪しきインセンティブに関しては、金融機関が万一の場合に公的資金で救済されうる点からすれば、金融部門固有の問題だと言える。したがって金融部門の報酬制度の規制・監督に当たっては、リスクテークを促すような制度になっていないか、長期的利益を犠牲にして目先の利益追求に走る制度になっていないか、といった点に目を光らせることが大切になる。

　バーゼル規制Ⅲは、この方向に沿ったものとなっている。すなわち、リスクテークの誘因を減らすために変動給の部分を抑制する（たとえば、変動給が固定給を上回ってはならないとする）、ストックオプションなどの報酬を受け取るまでにタイムラグを設け、目先の利益追求を防ぐ、などである。自己資本規制と同じく、こうした報酬制度改革の成果を数値化することはむずかしい。だが少なくとも正しい方向に向かっていると考えられる。

格付会社

　二〇〇八年グローバル金融危機では、格付会社の問題もあきらかになった。今日の金融市場において、格付会社は投資家や規制当局にさまざまな金融手段のリスクを知らせるという重要な役割を果たしている。ところがサブプライムローンの場合には、この役割を果たさなかった。そこで、格付会社に対しても最低限の規制が必要ではないかという議論が巻き起こったわけである。格付会社がいつのまにか「規制の補佐役」を果たすようになり、それによって潤沢な収入を得るようになっていることも、この議論に拍車をかけた。規制対象となる金融機関（銀行、保険会社、証券会社、年金基金など）は、高い格付けの債権を保有していれば、資本を引き当てる必要性が大幅に減る。このような重要な意味を持つ審査を行う以上、その審査手法が適切か、利益相反はないかといったことを厳格に監視する必要がある。ところが格付会社にはプルーデンス規制は適用されず、甚だしい利益相反行為でもない限り、監督の対象にもならない。

　バーゼル規制Ⅲおよび保険会社を対象とする欧州連合（ＥＵ）の新たな規制ソルベンシーⅡでは、資産に伴うリスクの見積もりに格付けを利用している。しかしアメリカは、今日では格付けの利用にきわめて慎重な姿勢を見せている。

監視体制の改善

金融危機は、規制の不備だけでなく、その規制を実施する監視体制の不備も浮き彫りにした。ここで問題になったのは、金融機関を閉鎖に追い込む前に、規制当局にはもっと抜本的な是正措置を講じる余地はなかったのか、ということである。国内の他の監督官庁、さらには他国の規制当局と連携すれば、より効率的な是正が可能だったのではないか、という指摘もあった。他国の当局との連携は、国際展開する金融機関にとってはとりわけ重要である。預金保護、資産の移転、破産法などの規定は国によって大幅に異なるからだ。国外事業を持つ金融機関の監視（自己資本比率の監視と是正）および危機管理（金融機関の救済、破産整理、不良債権の買い取りなど）は「外部性を伴うゲーム」の典型例であり、「我が身が第一」という行動を誘発してきた。しかしこの問題を論じることは本書の手に余るので、これ以上立ち入らないこととする。

金融システムはもう安泰か？

すでに述べたとおり、現在わかっている限りでは、もう安泰だなどとはとても言えない。とりわけ自己資本と流動性が要求水準に達しているかどうかを精密に計測したデータが十分にないことを考えると、謙虚にならざるを得ない。しかし改革が確実に進捗し、途中で脱線するようなことがなければ、金融システムに内在するリスクは以前より減るはずだ。バーゼル規制Ⅲによる改革は、正しい方向に向かっていると思われる。たとえば自己資本比率の引き上げ、流動性カバレッジ比率の導入、マクロ経済状況の包括的な考慮（カウンターシクリカルな自己資本規制の導入など）、集約的な市場の活用（ＣＣＰの設置）と相対取引の抑制、制度改革（ＥＵにおける「銀行同盟」発足への準備）などは大きな前進である。

それでも重大なリスクの領域は残っている。その一部はグローバルなマクロ経済環境と関係があり、一部は国や地域の特殊性と関係がある。前者は、世界経済の成長鈍化、金融市場の変動性（ボラティリティ）の増大、低金利政策からの出口戦略の円滑な実行などが挙げられる。後者は、ヨーロッパでは欧州統合の今後の不確実性、一部の国の不安定な経済構造、ヨーロッパの銀行がいまも抱える大量の不良債権、銀行と保有国債の問題などがある。[37]また中国ではキャッチアップ型経済から技術主導型経済への移行、制度改革の必要性（福祉の充実、市場規制など）、新興国では一次産品偏重とそれに伴う不適切なリスク管理、[38]膨らむ対外債務（その多くはドル建て）と現地通貨下落の危険性などのリスクを抱える。なお、プルーデンス規制をどう実行すべきかについては、経済学者にはまだわかっていないことが多い。たとえば、規制対象金融機関における投資について投資家にはどこまで責任を負わせるべきか（すなわちデフォルトとなった場合にどこまで救済すべきか）もわかっていないし、[39]自己資本や流動性要件の適切な基準も定まっていない。

最後に、シャドーバンキングについて言及しておきたい。規制が厳格化すると、銀行の事業は規制の対象外か適用の緩い、いわゆるノンバンクに移される傾向がある。脆弱な利用者（小口預金者、中小企業など）や政府財政にツケが回るのでなければ、移管自体に問題はない。ところが二〇〇八年グローバル金融危機のようなことが起きると、規制を逃れていた金融機関まで公的資金の投入を受けたり救済されたりしている。相互のエクスポージャーがあったことや資産の投げ売りが懸念されたことなどが原因だが、それだけではないと想像される。おそらくシャドーバンクに預金した個人、そこからの借り入れに依存していた中小企業などを救済せざるを得なかったのだと考えられる（実際に中国などではそうなっている）。

3　経済学者と危機防止

二〇〇八年グローバル金融危機は、最終的にソブリン危機をあぶり出すことになった。ソブリン危機は、突き詰めれば規制と監督をきちんと行わなかった政府の危機である。第10章で取り上げたように、危機の原因は規制の失敗にあった。金融危機の場合には個別の金融機関の監督が不行き届きだったし、ソブリン危機の場合には政府の監督が万全でなかった。いずれの場合にも、「どうにかなるだろう」という楽観主義が優勢だったのである。金融機関や政府によるリスクテークは、手遅れになるまで容認されていた。これらの危機は、市場の失敗だったとよく言われる。すなわち、市場が生み出した悪しきインセンティブにプレーヤーが反応し、しかるべき注意を怠り、規制の網をかいくぐって投資家を騙した挙句、最後はセーフティネットの恩恵を被った、というわけだ。だが厳密に言えば、実際にはそうではない。これらの危機は、国内・国際レベルの規制・監督制度の失敗が症状となって現れたものとみるべきである。

危機が起きると、なぜ予見できなかったのかと大勢の人が経済学者を責める。[40] また、危機が起きたのは経済学者のせいだと言いだす人もいる。実際には、金融危機の原因の大半は情報の問題にあり、それらは危機が起きるずっと前から研究されてきた。具体的には、過剰な証券化が発行体のインセンティブに与える悪影響、金融機関の短期債務の急増と手元流動性の不足、銀行が抱えるリスクの計測方法の不備、格付会社のモラルハザード、相対取引の不透明性、市場の流動性の枯渇、群集行動（スケープゴート探し）、規制のプロシクリカル（景気循環増幅的）な傾向などである。

だが、危機を引き起こしかねないさまざまな要因についての研究成果が次々に発表されても、危機を防ぐことはできなかった。少なくとも危機が起きる前には、経済学者にはさしたる影響力はなかったということである。その理由は、大きく分けて四つある。

第一は、経済学の研究が非常に細分化され専門化されていて、一般の人々には理解しがたいことだ。これは、配慮の足りない研究者と、好況時には経済学の成果に無関心な政策担当者の両方に責任がある。研究者は、高度に専門的な論文を政策担当者が読むとは期待できないはずだ（政府部内で顧問役を務める経済学者が知識移転に尽力してはいるが）。となれば、研究のエッセンスを取り出して嚙み砕き、どうやって政策に活かすかを説明する労を惜しむべきではない。しかし高い地位にいる学者ほどそれをいやがる。学問的な名声は政策担当者による評価ではなく同業者の評価で決まるのだし、それをさて措くとしても、彼らは知識の普及より創造のほうが好きだからだ。

第二は、現にどんなリスクがとられているのか、研究者の大半が知らないことである。たとえば、バランスシート外の取引残高がどの程度あるのか、相対取引の規模や相互関係はどうなっているのかといったことは、研究者には皆目わからない。なにしろ規制当局にしてからが、把握しているのは断片的なことだけである。となれば、大学の研究室にいる学者がそれ以上の情報にアクセスできるはずもあるまい。この問題に対するうまい解決策を私は持ち合わせていない。経済学者が投資現場の話を聞く機会があれば有効かもしれない。また、研究・教育に専念する学者と政策への応用に多くの時間を割く学者というふうに、ある程度の棲み分けも必要かもしれない。もちろん両者は互いに情報交換し補い合う必要がある。

第三は、利益相反の状況に置かれた一部の経済学者が、相対取引をはじめとする不透明な取引の利点を過大評価する一方で、金融規制の重要性を過小評価したことにある。一部の利益団体は、さっそくこうした主張を利用したものだ。映画『インサイド・ジョブ　世界不況の知られざる真実』（チャールズ・ファーガソン監督、二〇一〇年）は、学者と金融のプロたちとの間に存在した暗黙の了解を抉り出す。この映画は、いくらか誤解はあるものの、実態をよく描写しており、経済を学ぶ学生たちにぜひ観てもらいたい。

経済学者のそうしたよからぬ行動を根絶やしにするには、他の学問分野における産学連携などの事例を参考にするとよい。すると、どこに問題があるのかがはっきりする。情報を入手でき、したがって政府の決定に最も影響力を持つ人物は、利害関係のある組織に雇われ、利益相反の状況に置かれていることが多いのである。

この問題に対する特効薬は見当たらないが、いくらかなりとも症状を改善する対策はある。まず専門知識の普及に関しては、政策への応用を研究する経済学者を養成し、政策現場で働くことが大学でのキャリア形成を妨げないようにする、民間企業、規制当局、中央銀行、金融機関が連携しての調査研究や会議も有用だろう。利益相反に関しては、研究機関、大学、公的機関の大半が、研究者の潜在的な利益相反を規定した倫理規範を定めている。もちろんこれが万能薬になるとは言えないが、有効ではあるだろう。いずれにせよ、最終的に欠かせないのは研究者個人の倫理観念である。

経済学者が影響力を失った第四の原因は、きわめて本質的なことである。それは、経済学者というものは、危機を引き起こしそうな要因を特定することには長けているが、それがいつ起きるか予測するのは不得手だということだ。ちょうど、医者が病気の原因を見つけることには長けていても、いつどうなったらそれが発症するのかを予測するのは苦手なのと同じである[41]。伝染病の大流行や大地震と同じく、金融危機も、起こりやすい条件を特定することはできても、いつ起きるのか予測するのはむずかしい。金融に関するデータは不備が多いうえ、世界は絶え間なく変化している。どの要因がどのような規模で影響をおよぼすのか、つねに大きな不確実性がつきまとう。自己実現的な取り付け騒ぎはその典型例だ[42]。こうした現象は、ケインズの表現を借りるなら「投資家のアニマル・スピリット」に由来するだけに、予測することはまずできない。

第V部　産業の課題

第13章　競争政策と政治

自由放任か計画経済かという不毛な二元論を超えて、今日では、政府が賢く市場を規制することによって市場の非効率を減らすと同時に、政府の干渉に伴うイノベーションや創造性への悪影響を抑えることは可能だとする議論が主流になってきたように見受けられる。競争と規制の最適な運用メカニズムを決めるに当たっては、経済主体同士の複雑な相互作用、情報の非対称性、経済の不確実性や多様性など、考えるべき要素は数多い。経済学者は実証テストを行って理論の有効性を確かめたうえで、市場の規制や運営に関する改革を提言していくことが求められる。

市場経済においても、政府および政府関連機関は、経済活動で中心的な役割を果たしている。その役割は、大きく六つに分けられる。第一に、公的部門の買い手として資材調達（公共建築物、交通機関、病院その他公共施設用の設備や機材など）を行い、サプライヤー同士を競争させる。第二に、規制当局として、スーパーマーケットや観光バスの営業許可を与える、航空会社に乗り入れの権利や通信事業者に周波数を割り当てるなどし、それによって利用者が支払う金額に間接的に影響を与える。第三に、市場のレフェリーという役割がある。競争状況を監視し、イノベーションが妨げられていないか、製品がリーズナブルな価格で提供されているかをチェックする。また競争法規を通じてゲームのルールを定め、公正取引委員会などを通じて独占的な地位を利用した搾取を防ぎ、価格カルテルや談合、独占につながる買収合併を禁じる。第四に、通信・電力・郵便・鉄道といった独占または寡占状態の市場を監督し、利用者が搾取されないようにする。第五に、金融業界の監督という役割もある。銀行や保険会社が、利益を追求するあまり預金者や保険加入者を顧みず行きすぎたリスクテークをしないように指導する。危機の際には公的資金で金融機関を救済することも大いにありうるので、この役割は納税者を守るという意味合いも強い。そして第六に、国際協定（とくに国際貿易に関する協定）の当事者となり、国内企業を外国との競争に向かわせる。とはいえ、政府はこれらの役割をきちんと果たしていない（金融危機の発生は、その何よりの証拠である）。怠慢のせいもあるが、多くは既得権益団体の圧力に負けてしまうからだ。利用者や納税者のほうが当事者としての数ははるかに多いのだが、たいていは無関心であり、情報も持ち合わせておらず、行動も起こさない。となれば、圧力団体にいい顔をするほうが楽だ。そこまで言わなくとも、真っ向から対立はしたくない、ということになる。

こうした団体がとりわけ熱心に影響力を発揮するのは、競争の制限さらには禁止を求めるときである。その業界ですでに事業を営んでいる企業（株主や従業員を含む）が参入障壁を高くしてほしいとか、新規参入企業に縄張りを荒らされたら政府に何とかしてもらいたい、と望むのは自然なことだ。だがそうした願望に政府が応じるとしたら、それは自然なこととは言えまい。ところが政治家というものは、必ずしも競争志向ではない。彼らは、競争からの保護を求めるロビー団体の便宜を図ってやって恩を売ることが好きだし、自由競争となれば自分たちの影響力が削がれてしまうのでうれしくない。競争がなくなったときに損をするのは、購買力が乏しくなる消費者である。しかし消費者は組織されていないうえに、政府の決定がどんな影響をおよぼすか、無関心だし理解していない。とくにフランスの場合には、驚くべきことに、消費者も消費者団体も市場競争に懐疑的だ。これでは自分の足に弾丸を撃ち込むようなものである。

圧力団体に対して政府が弱腰なのは、なにもフランスに限ったことではない。程度の差こそあれ、どの国も似たようなものである。その中でヨーロッパの政治家は共同体としての高い理想を掲げ、欧州連合（ＥＵ）によって汎ヨーロッパ的なルールを定め、競争を管理したいと考えてきた。多くの国が圧力団体の抵抗に遭いながらも経済の近代化に成功してきたのは、そのおかげと言ってよいだろう。ＥＵに加盟しているポーランドと、加盟していないウクライナのたどった道のりが、それを雄弁に物語っている。ポーランドがＥＵに加盟した時点では、両国の国内総生産（ＧＤＰ）はほぼ同水準だった。その後は両国のＧＤＰに大幅に差がつき、ウクライナ危機勃発の前ですら、その差は一目瞭然だった。ポーランドでは市場開放を行い、競争法の下で独占が排除されたのに対し、ウクライナでは国有企業民営化の際に正反対のことが起きた。政治の腐敗もひどかった。ＥＵに加盟し市場の自由化を推進したエストニアは、一段とみごとな例である。

1　競争は何の役に立つのか？

経済学者は、口を開けば市場の競争のメリットを述べ立てる。だが、完全な競争が実現した試しはまずないし、市場は失敗を繰り返してきた。そして企業がコストを大幅に上回る価格を設定したり品質の悪いものを供給したりできる現実に対しては、市場の支配というものを改めて考える必要があるだろう。競争擁護論者も反対論者も、ともすれば競争それ自体が目的ではないことを忘れているようだ。競争は、社会に資する手段の一つにすぎない。競争が十分な効果を上げないことがあるとしても、それを理由に競争を排除すべきではない。では、なぜ競争は社会に資するのだろうか。理由は大きく分けて三つある。

価格を押し下げる

競争のメリットでいちばんわかりやすいのは、消費者にとっての価格が下がることだ。独占やカルテルは価格を吊り上げることができ、しかもある程度までは買い手を失わずに済む。市場を支配する企業は、国営であれ民営であれ、値上げをするとか、品質の悪いモノやサービスを供給するという誘惑から逃れられない。その結果、消費の縮小または購買力の低下を招くことになる。これに対して競争相手が参入してくれば、消費者は独占企業から買わざるを得ない状態から脱し、価格に下押し圧力がかかることになる。

このことをフランスのタクシー業界の例で見てみよう。新規参入から保護されているフランスのタクシーは、料金が高いうえにサービスが悪く、しかも数が足りない。だからよほど時間とお金があるという人以外、フランス人はタクシーに乗らない。だがそのフランス人も、バルセロナやダブリンで暮らしていたら、きっとタクシーを利用するだろう。そこでは市場開放のおかげで供給が増え、料金は下がっている。経財相だったマクロンの名前を冠した法律で、旅客自動車運送事業の一部が自由化されたため、フランスもそうなる可能性が出てきた。

アフリカにおける携帯電話とインターネットも、競争のメリットを雄弁に物語っている。かつてアフリカの電話事業は支配層に牛耳られており、利用者も富裕層に限られていた。そもそもアフリカでは固定電話の敷設が地理的に困難だということもあるが、やはり独占の超過利潤が原因で庶民には手の届かないものになってしまったのである。したがって料金もひどく高い。だからアフリカの人々は電話をかけないどころか、大半の人が家に電話を引いていなかった。しかし移動通信事業者の競争が起きると、この状況は劇的に変わる。競争によって料金が大幅に下がったおかげで今日のアフリカでは貧しい人々も携帯電話を持てるようになり、医療サービスや金融サービスにアクセスできるようになったし、無料の通信教育（篤志家が民間企業を支援している）も利用可能になっている。

先進国の多くでは、ほとんどの家に固定電話がある。だが長距離通話や国際通話に関しては、自由化以前は料金が目の玉の飛び出るほど高かったため、個人で利用する人はめったにいなかった。市場開放によって料金が下がると、利用率は大幅に上昇している。

もう一つ、競争不在のデメリットを示すおもしろい例を挙げよう（不利益を被った世帯にとっては少しもおもしろくないかもしれないが）。フランスでは、一九七三年に制定されたロワイエ法および一九九六年に制定されたラファラン法により大規模小売店舗の出店が厳しく規制されており、売り場面積三〇〇平米以上の店舗は当局の出店許可を得なければならない。この法律の目的はスーパーマーケットの市場支配力を弱め、町の小さな店を保護することだったと思われるが、実際には法案成立と同時に既存の大型スーパーチェーンの株価が跳ね上がった。誰もが、これで既存店はこの先競争から守られ、しかもすでに大型店舗で営業している以上、規模のメリットが活かせると正しく判断したからである。実際にもこの法律のせいでその後一〇年間、ハイパーマーケットは出店できなかった。[2] さらにラファラン法と同じ年にギャラン法（流通関係の正義と公平に関する法律）が制定され、サプライヤーから得た値引きを売り値に転嫁することが禁じられた。[3] その結果、大型店で小売価格が押し上げられたことはいうまでもない。私自身は大都市に住んでいるので近くにたくさん店があり、値上げされれば別の店で買うことができた。だが都市部の住人はごく一部にすぎず、フランスの規制当局は他の大勢の消費者に犠牲を強いたと言わざるを得ない（都市部の小さな小売業者を守る方法はほかにいくらでもあるはずだ）。

最後に、国際競争から自国産業を保護した例を挙げておこう。一九九〇年代初めのフランスの自動車産業は、他国のライバル、とりわけ日本のメーカーに比べて大幅に立ち遅れていた。価格は高いうえに品質は劣っていたのに、競争は制限されていたからだ。ヨーロッパで貿易自由化が始まると、この状況は一変する。ルノーとプジョー＝シトロエンの生産性は劇的に改善され、国際標準に照らしても遜色がなくなった。[4] 国際競争が生産性やイノベーションに好影響を与えたもう一つの例として、二〇〇一年の中国の世界貿易機関（ＷＴＯ）加盟が挙げられる。これで競争の脅威にさらされた繊維産業では、イノベーションと生産性が大幅に向上した。[5] さらに、消費者にもたらされた恩恵も大きい。フランスに輸入される消費財のおよそ四分の一は、人件費がより安い国で作られている。よって、フランスの世帯は毎月一〇〇〜三〇〇ユーロの節約になる勘定だ。[6] その大部分はフランスの独占・寡占企業が競争に直面した結果ではなく、もっぱら賃金格差に由来するのではあるが。

生産性を押し上げイノベーションを促す

競争には、価格押し下げ効果以外のメリットもある。企業に効率的な生産を促し、イノベーションへと駆り立てることだ。競争は多様なアプローチや実験を促進し、より革新的で効果的な技術やビジネスモデルの選択肢を増やす。そのことは、オンライン・ビジネスを見れば一目瞭然である。生産性は、個々の既存企業が競争による刺激を受けることによって、また産業全体では非効率な企業が効率的な企業に駆逐されて姿を消していくことで伸びる。生産性の伸びのうち少なくとも四分の一は、多くの場合はそれ以上が、この企業の新旧交代によるものである。この事情は、アメリカでもフランスでも変わらない[7]。

競争がないと、企業は、つまり経営陣と従業員は、保護された市場で刺激も脅威もなくぬくぬくとした日々を送る。独占は、生産コストを押し上げるだけでなく、イノベーションを停滞させる。もし革新的な製品を開発したら、「共食い」になってしまうからだ（新製品で獲得したシェアの分だけ旧製品のシェアが減ることになる）。それに、そもそもイノベーションの必要もない。経営陣は、ライバル企業と比較され批判される心配はいらないからだ。

こうした例はあちこちで見られる。モノやサービスのイノベーションは、必ずしも驚異的な技術の飛躍を伴うわけではない。タクシーの例をもう一度挙げるなら、配車サービスのウーバーやリフト、運転手サービスのスナップカーなどのアプリを使って車と時間のある一般ドライバーと利用者を結びつけるサービスは、ごく簡単なアイデアを実用化したものだが、利用者から圧倒的な支持を得た。全地球測位システム（GPS）を使ったルート検索、到着遅れ、無用の迂回などの追跡が可能になって、利用者は不正から守られるほか、予め登録したカードで決済できることも利便性を高めている。また、フィードバック情報が得られることも強みだ。利用した人による評価が蓄積され表示されるので、運営側にとってはサービスの向上に、利用側にとっては評価の確認に役立つ。どれも革命的なことではない。だがタクシー業界がこのような発想にたどり着くことはけっしてなかっただろうし、仮に思いついても葬り去っていただろう。

裁量の余地を排除する

競争がもたらすもう一つ大事なメリットは、「自由」と結びついている。完全な競争市場では、いかなる経済主体も規制当局から特別な恩恵に与《あずか》ることは期待できない。逆に言えば、当局がたとえば免許や割り当てなどと引き換えに賄賂を受け取るといった悪しき慣行もない。輸入規制が行われている一部の発展途上国では、輸入許可を出す役人が私腹を肥やす例が後を絶たない。また数量制限をしている場合には、「いちばんいい贈り物」をくれる業者に割り当てるといったことが日常的に行われている。

こうした甚だしい例までいかなくとも、新規参入が制限されている市場では、規制当局者がしがらみのある業者にだけ参入を許可するとか、政治家が選挙の票集めの思惑から恣意的な判断を下すといったことが起きがちだ。地元の店で買うのはいいことだという主張は直観的には頷けるし、実際にメリットも多いが、しかしそれは何ら依怙贔屓《えこひいき》やバイアスがかかっていないという条件付きである。考えてみれば、A市（あるいはA国）では地元でないサプライヤーも、B市（あるいはB国）では地元なのである。このような狭量なローカリズムは、国レベル、グローバルレベルで競争ルールを定めるなどして排除しなければならない。しかも、このような地元あるいは自国優遇は、最終的にどこでも地元企業が市場を支配するという具合に均衡するわけではない。自由な競争が行われていれば、消費者は世界のどこからでもより良い製品やサービスを手に入れることができる。地元のサプライヤーを特権的に厚遇する規制当局は、買い手や納税者に高い値段を払わせたり、質の劣るサービスを利用させたりして、犠牲を強いているのである。

民主国家で規制当局の決定に圧力をかける行為は、その分だけ政府の権力を強めるのだということを忘れてはならない。そうした行動は、政府に対するロビー活動のように密かに行われる場合もあれば、フランスでよくあるバリケードやゼネストのように大々的に行われる場合もあるが、どちらも同じ結果を招く。

そしてどちらも国民にとってコストを生じさせることは言うまでもない。

経済理論と政策

先進国では、市場の力の活用と抑制について多くの研究が行われ、さまざまな状況のエッセンスだけを抽出した経済モデルが構築されてきた。モデルに基づく予測は、計量経済学によってテストすることができる。あるいは実験で、場合によっては現場で試されることもある。最終的には、モデルの仮説の妥当性、仮説に基づく予測の確かさ、実証テストの精度が、政府の政策決定の現場で経済学者が公的に行う提言や、企業が立てる戦略の信頼度を左右する。

先進国の経済が現在の形になるまでには、長い歴史があった。フランスでは、数理経済学の創始者として知られるアントワーヌ・オーギュスタン・クールノー（一八〇一～七七年）と費用便益分析の祖と言われるジュール・デュピュイ（一八〇四～六六年）が、具体的な問題を足がかりにして経済分析のフレームワーク構築に取り組んだ。デュピュイは橋梁・道路の土木技術者として、橋や道路や鉄道の利用者がいくらまでなら通行料を払ってもいいと考えるか、その金額を求める計算方法を考案した。この「払ってもいいと思う金額」と実際に払う額との差額は、経済用語で「消費者余剰」と呼ぶきわめて重要な概念である。というのも、サービスの提供に要するコストと比較すれば、そのサービスがほんとうに必要かどうかを判断できるからだ。実務家だったデュピュイは、料金決定の問題にも取り組んでいる。彼は鉄道の客車に一等から三等まであることに注目し、鉄道会社はさほどコストをかけずにもう少しましなサービスを提供できるはずなのに、なぜ三等はあれほど劣悪なのか（なにしろ三等客車には屋根がなかった！）と考えた。鉄道会社の言い分はあきらかだ。そんなことをしたら、二等客が三等に移ってしまうだろう。そうなったら、二等のサービスをさらに良くするか、料金を下げなければなるまい。そうなったら今度は、一等客が二等に移ってしまうだろう――。この荒削りだが先駆的な分析から、のちに精緻なセグメンテーション戦略が生まれ、輸送からソフトウェアにいたるまでさまざまな分野で活用されている。

やがて、一八九〇年にアメリカでシャーマン法（反トラスト法）が制定されたことを契機に、先進国は公共政策に取り組み始める。シャーマン法は競争に反する行為を禁じるとともに、より広く、競争の権利と規制の権利を出現させたと言える。この政府の介入主義的なアプローチは、のちに伝統的産業組織論において、ハーバード学派により強化された。彼らは市場の構造・行動・成果には因果関係があるとするSCPパラダイムに基づいて厳格な独占禁止政策を主張し、市場への政府の介入を擁護・精緻化した。これに対して、一九六〇～七〇年代にはシカゴ学派がハーバード学派の理論的根拠の不備を批判し、産業組織論全体の再構築を主張した。しかし彼らは、確たる理論の構築にはいたっていない。これはおそらく、規制というもの自体をよしとしなかったためだろう。そして一九七〇年代末から八〇年代初めには、新しい産業組織論が出現する。ゲーム理論をはじめとする新しい手法が登場したおかげで、政府介入の方法をより堅固な理論に基づいて再考することが可能になったためだ。

競争はつねに好ましいか？

この問いに対する答は、あきらかにノーだ。競争は、たとえばコストの重複につながることがある。高圧電線が何系統も並行して敷設されるとか、パリとトゥールーズの間に何本も鉄道が並行して走る、といった事態を想像してほしい。電気や鉄道といった事業では、莫大な固定費がかかる。固定費とは、鉄道の線路や駅など、輸送量とはほとんど無関係に必要となるインフラのコストである。また、供給側にとってのネットワーク効果も見逃せない要素だ。フランス国鉄（SNCF）に競争相手がいたとして、ドル箱のパリ～リヨン間に第二のTGV専用線を建設する気にはなっても、リヨンから先の在来線に手をつけようとはしないだろう。となれば、鉄道全線での競争はとうてい望めないことになる。

こうした固定費やネットワーク効果が存在すると、真の競争の導入はむずかしくなるし、望ましくもなくなる。インフラ建設がボトルネックとなるのである。したがって解決策としては、電力、鉄道などの分野で独占を容認し、そのうえで値上げの制限や新規参入余地の確保などの規制・監督を行っていくということになる。このとき、バリューチェーンのある地点で自然独占が起きても、それを利用してセクター全体を独占することがないよう、注意が必要だ。自然独占が生じうる状況では、上流部門（インフラ事業）を切り離し、下流部門で公平な競争が導入できるようにすべきである。しかしフランスではこれがうまくいっていない。その代表例が鉄道である。一九九七年の改革では、インフラ部門を鉄道線路公社（ＲＦＦ）として分離・独立させた。ところが駅・信号施設の保守管理、運行管理はＳＮＣＦに残されたうえ、両者の協約により線路の保守もＳＮＣＦが肩代わりした（当然ながらこれではＳＮＣＦの高コスト体質は解消されない）。駅や信号などの保守管理をＲＦＦに移せない経済的理由は何もないはずだ。このようなやり方では保守コストの圧縮がいっこうに実現しないうえ、鉄道事業者間の競争導入を打ち出した一九九一年ＥＵ指令の精神にも反する。ようやく二〇一五年になってこの歪んだ関係は是正されることになったが、今度はＲＦＦもＳＮＣＦもＳＮＣＦグループに統合されるという。何をか言わんや。

一方、教条的に競争が導入されて望ましくない結果を招いた例もある。その代表例がイギリスのバス輸送だ。イギリスでは一九八六年からロンドン以外の都市部でバス事業への新規参入が自由化され、同一路線で複数の事業者による運行が可能になった。すると、利益の大きい繁忙路線の、それも通勤時間帯を中心に新規業者が多数参入し、路上で乗客争奪戦を繰り広げるという事態になった。我先にとバス停に先着し、できるだけ多くの乗客を獲得すべく長々と停車して後続バスの邪魔をする、といった具合である。共通乗車券などの整備が遅れ、乗り換えも不便でネットワーク性は弱体化し、早々に自治体が介入して事態の改善が図られることになった。またチリのサンティアゴではバスがすべて私営で、運転手には固定給がなく、乗客数に応じて払われるしくみになっていた。そこでバス同士がフルスピードで走って客を奪い合い、「黄色い悪魔」と呼ばれたほどである。

市場の中に競争が存在しないからといって、競争がないと決めつけるのは短絡にすぎる。通常の競争ではなく市場のための競争が行われているケースがあるからだ。たとえばフランスでは、水道・下水道事業の民間委託が行われているほか、都市間鉄道への民間参入解禁や地方自治体への移管などが実現している。

重要なのは、競争が利用者に資するものでなければならないことである。競争が、ライバルを遠ざけようと画策する事業者のあさましい行為で歪められてはならない。競争で勝つためにやってよいのは魅力的なモノやサービスの提供、投資、イノベーションだけであり、そうなるように監視することが競争法の本来の趣旨である。

競争は雇用を奪うか？

「競争」と言うと「雇用を奪われる」と考える人が多い。だが、この見方はあきらかに正しくない。競争が増えれば価格が下がるか、質が向上する。すると顧客が増え、潜在的市場が拡大し、雇用が創出される。このように、論理的には雇用は増えるはずだ。ここで例として、それまで保護されていた職業に競争が導入されたケースを考えてみよう。タクシー免許の数が増えれば、タクシーの台数は増え、料金は下がるので、需要は増え、雇用が創出される（ウーバーが導入されると、従来の利用者ほど裕福でない人も利用するようになるのと同じことである）。

とはいえ、「雇用を奪われる」という人々の心配はもっともでもある。というのも、競争が導入された業界では再編や調整を余儀なくされるので、そこで働いていた人は割を食う可能性があるからだ。つまり競争は、過去に技術革新のたびに起きたことと同じ反応を引き起こす。あの有名なラッダイト運動は、その代表例だ。一九世紀初めに紡績機に仕事を奪われると考えたイギリスの繊維産業の労働者たちは、機械を片端から壊して回った。これほど過激な反応がのべつ起きていたら、技術革新のたびに歴史は滞っていただろう。

鉄道や電力などのネットワーク産業が自由化された場合、既存事業者は余剰人員を抱えられなくなるので、人員削減につながる可能性はある。この場合、解雇された分だけ新規参入事業者が雇用を生み出さない限り、失業問題が発生することになる。自由化に伴う業界再編によって利用者の満足度が高まるだけでなく、長期的にはその産業自体の存続可能性が高まり、ひいては雇用機会が拡大するとしても、短期的には失業が発生する可能性は否定できない。この問題には、退職者の補充をしないで解雇は避ける、労働者の配置転換を行うなど、さまざまな対策を講じる必要がある。大事なのは労働者を保護することであって、雇用を守ることではない(8)。

市場開放を段階的に行い、既存企業が競争環境に順応できるようにする、というのも一つの方法である。ただし、このやり方が自由化を先送りする口実に使われてはならない。前段で触れた一九九一年EU指令の例を再び取り上げよう。この指令は鉄道事業者間の競争導入を規定したもので、ドイツ、スウェーデン、イギリスは指令に従い鉄道市場に競争原理を導入した結果、貨物輸送も旅客輸送も拡大している。一方フランスは、二〇一九年をめどに市場開放を検討するとした。その結果、一部の鉄道事業者の努力にもかかわらず、フランスの鉄道は旅客・貨物ともにいっこうに振るわないまま推移している。

2　産業政策とは何か

産業政策で最も多いのは、政府によるてこ入れ（または減税）の対象を決めるというものである。それはつまり、何らかの産業、技術、ひいては企業を優遇することになる。「中小企業に不利にならないようにしよう」とか、「ロボット開発に力を入れよう」といった議論は、産業政策を論じている。

産業政策は、「解決すべき問題はどれか」と問うところから始めなければならない。するとそれは、どこに「市場の失敗」があり、なぜそうなったのかを問うことになるだろう。もし失敗していないなら、政府が介入する必要はない。失敗のないところに介入しようとする場合には、その理由を問わねばならない。

ただし、市場の失敗を分析するだけでは十分ではない。

ここで、環境問題の例で考えてみよう[9]。経済主体が汚染の悪影響を内部化せずに済んでいるという意味で、ここには市場の失敗がある。だが二酸化炭素（CO_2）排出削減をめざす経済的アプローチでは、CO_2排出量に課金するだけで、排出削減の方法にはいっさい言及しない。電気自動車の開発か、再生可能エネルギーか、炭素隔離、それとも省エネ――などさまざまな方法が考えられる。仮に電気自動車の開発に力を入れるとなった場合、どの技術を採用するのか。あるいは再生可能エネルギーの開発を推進するとなったら、どのエネルギーが最も効率的なのか。風力か、太陽光か、それともさまざまな選択肢に広くばらまくべきか。それともまったく新しいエネルギーの開発を促すほうがいいだろうか。ここで思い出すべきは、アメリカが政府主導で推進したバイオエタノールの失敗である。

となれば、別の問いが出てくる。好ましいエネルギーの出現に有利な条件を整えるだけにして、どのエネルギーが有望かを予め政府が決めないほうがよいのではないか。「百花斉放百家争鳴」の言葉通り、多様な意見が多様な文化を開花させると言うではないか[10]。炭素税は、さまざまな地球温暖化対策の間の競争を歪めることはない。同様に、中立的な競争的産業政策のほうが、他の政策より経済成長にとって好ましいと考えられる[11]。

産業政策の合理的な論拠となりうるものとしては、以下が挙げられる。

- 中小企業は資金調達が困難である。
- 民間部門における研究開発が不十分である。とくに基礎研究を担う川上部門が、費用対効果が悪いという理由でないがしろにされやすい。基礎研究をしている企業からすれば、他社はただ乗りをしているという恨みがある。後追い企業のほうが先行企業のアイデアを活用してローコストで製造できるというのも、研究開発に十分な資金が投じられない一因である。
- 相互補完的な企業のコーディネートがうまくいかず、クラスター型、エコシステム型の事業環境が整備されない。

最初の二点に関しては、業界横断型の産業政策の導入が正当化できるだろう。特定の企業、技術、立地を有利にすることがないよう、中小企業や研究開発に補助金を出す政策などがこれに該当する。反対に、政府が特定の対象を支援しようとする産業政策もあり、本章ではまずこちらを取り上げる(12)。

選択的な産業政策

産業の構造や組織に関して政府がとる行動の問題は、政治の世界でたびたび取り上げられてきた。政府の支援を求める業界の声を重視する政治家もいれば、正しいかどうかはともかく、雇用の創出源だと判断した産業の発展または救済を支援することが国民の利益に適《かな》うと考える政治家もいる。彼らは一様に、産業政策に対して経済学者があまり乗り気でないこと（著名な経済学者の中で熱心なのはダニ・ロドリックとジョセフ・スティグリッツぐらいである）に腹を立て、説明を求める。

無分別な選択

経済学者が産業政策に否定的な第一の理由は、端的に言って、「勝ち馬を当てる」ことがむずかしいからだ。なぜむずかしいかと言えば、政治家も有権者も、将来に富をもたらす技術、産業、企業がどれなのかについて、情報を持ち合わせていないからである。政策担当者がいかに有能で誠実であろうとも、従来製品の価値を破壊してまったく新しい価値を生み出す「破壊的イノベーション」がどこにどのように出現するかを予測することは不可能だ（そのうえ、政策担当者が特定の産業団体や利益団体とつながりがあったら、結果は悲惨なことになるだろう）。その判断を委ねられた委員会だの審議会だのが無理矢理どれかを選ぼうとしても、結局は選択肢を羅列するだけということになる。その多くがデータの裏付けのない強弁か、この分野で後れをとらないほうがいいだろうという程度だったりする。

要するに、政府には未来に大ブレークするものを当てる能力など備わっていない。そこでアメリカやイギリスなどでは、政府が特定の産業の振興に影響をおよぼすべきではないとされている。つまり、勝ち馬を当てようとするな、ということだ。うまくいってもまぐれ当たりにすぎず、悪くすれば利益団体を喜ばせるだけになりかねない。

この主張の根拠となっているのが、政府主導の壮大なプロジェクトの大失敗である。その代表格が超音速旅客機コンコルドだ。また膨大な公的資金を投じられて生き残ってきたフランスのブル社は、国家助成を得てＩＢＭに拮抗するスーパーコンピュータを開発するという。また、一時期国有化され、その後民営化されたものの事業の相次ぐ分離など経営がいっこうに安定しないテクニカラー（旧社名トムソン）の例もある。さらに、あまり知られていないがきわめて示唆的な例として、二〇〇五年に発足した産業革新局が挙げられる。この機関の任務は前途有望とされたさまざまなプロジェクトに資金供与することだが、実績は必ずしも芳しくない。たとえばインターネットのためのマルチメディア検索エンジン開発プロジェクト「Quaero（クエロ）」がそうだ（Quaero はラテン語で「探す」という意味である）。このプロジェクトには、フランスからトムソン、ドイツからドイツ・テレコムなどが参加し、すでにフランス政府から九九〇〇万ユーロの資金が投じられている。いったいフランス政府は、スタート時点ですでにグーグルに気の遠くなるほど後れをとっているというのに、本気でクエロがグーグルを追い越せると信じているのだろうか。戦争直後に産業政策を立てるのは容易だった。復興が最優先課題であり、社会に何が必要か（輸送、電力、製鉄など）もはっきりわかっていたし、そのための技術も確立されていた。だがデジタル、バイオ、ナノテクノロジーといった今日の技術に同じ基準を当てはめることはできない。

経済学者が産業政策に否定的な第二の理由は、産業クラスターの形成には政府が関与しないほうがいいからである。クラスターとはブドウの房のことで、企業、公的機関、インキュベーター組織などがブドウの房のように一定地域に集積した状態を指す。その代表格が、情報通信関連企業が集積したシリコンバレーだ。しかしフランスでは、産官学の協調によりイノベーションをめざすという立派な意図の下、バイオ、医薬、ソフトウェア、ナノテクノロジーなどの分野で政府主導の産業クラスター政策が推進されてきた。たしかにクラスターの形成は、次の三つの理由から経済的に好ましい。まず、クラスターが形成されるとクリティカル・マスに達する可能性が高まり、雇用機会も増える。急成長中で人材移動の多い産業では、これは重要な要素だ。さらに、インフラが共有されるという利点がある。最後に、企業間の非公式な交流が活発になるため、技術面のスピルオーバー効果が期待できる[13]。だがこうした政府主導のプロジェクトは、失敗に終わることがあまりに多い。だいたいにおいて盛りだくさんな総花的計画で[14]、明確な戦略に基づくというよりは、地域の人々の要求に満遍なく応えたという代物であることが原因だ[15]。

政府は、しっかりと過去の事例や証拠に依拠しなければならない。ハイテク分野で成功しているクラスターの大半は、自然発生的なものである。とりわけ注目に値するのは、マサチューセッツ工科大学（ＭＩＴ）の近隣に出現したケンドール・スクエアだ。ここは、バイオテクノロジーの聖地となっている。ＭＩＴには医学部はないが、著名な生物学者を教授陣に抱えていた。フィリップ・シャープ（一九九三年にノーベル生理学・医学賞受賞）、デービッド・ボルティモア（同一九七五年）、サルバドール・ルリア（同一九六三年）などである。ＭＩＴの質の高い研究に加え、シャープを共同創設者の一人として一九八二年にバイオジェンが同地に誕生したことも相俟って、世界各地から優秀な頭脳がここに集まるようになった。教授陣の後押しを得て起業する学生も多く、今日ではケンドール・スクエアはバイオ分野の研究だけでなく経済活動の中心地にもなっている。バイオジェンのほか、アムジェン、ジェンザイム（今日ではサノフィの傘下に入っている）も、こうして立ち上げられた企業である。また大手製薬会社（アストラゼネカ、ノバルティス、ファイザー、サノフィなど）も同地に研究所を置くようになった。この周辺にある大学研究機関（ブロード研究所、コーク研究所、ホワイトヘッド研究所など）との交流や好ましい研究環境の恩恵に与ろうという思惑からである。

ここから得られる教訓は何だろうか。まず、クラスター形成の気運を高めるには、重要な意味を持つ技術やイノベーションの存在が必要であることに気づく。ただし、どの技術がクラスター形成の核となるのかは誰にもわからない。このような状況で、政府が「勝ち組」となる技術を選ぶのはまちがっている。ナノテクノロジーやバイオテクノロジーだけではない、未来の技術すべてについてそう言える。

この項を終えるにあたり、産業政策について別の角度から批判しておきたい。それは、官民のいずれが選ぶにせよ、技術の選択は賭けであり、リスクを伴うということである。リスクがゼロということはあり得ないし、望ましくもない（というのもこの場合、リスクをゼロにするとは何もしないことを意味するからだ）。よって政府による選択が大はずれだったということは十分に起こりうる。ここで大事なのは、まちがいを認め、見込みがないと判明したプロジェクトにいつまでも予算を投入し続けないことだ。その資金は、他のプロジェクトに回すほうがずっと有効に使えるはずである。ところが政府は、追加的に膨大な資金を注ぎ込むという力技で問題を解決したがる。おそらく、自分たちはまちがっていなかったと誇示したいのだろう。あるいは、プロジェクトを売り込んだ圧力団体との腐れ縁があるのかもしれない。それにいずれにせよ、いったん始めた公的プロジェクトを打ち切るのはむずかしい。当初は十分な根拠があって始めたのだから、なおのことだ。技術分野に限らず、政府の補助金全般についても、昔から同様のことが繰り返されてきた。

たしかに、生まれたばかりの技術に補助金を出して「呼び水式経済政策を実施する」のは、経済学的には理に適っているかもしれない。問題は、補助金の恩恵に与った産業や企業が、もはや補助金が必要ない状況になっても、いつまでもおねだりを続けるようになることだ。この点では、民間の資金調達に委ねておくほうが賢いと言える。投資のリターンが十分に上がらないと見極めがついたら、彼らはさっさと資金を引き揚げ、もっと有望な用途に回す。

壮大なアプローチ

いま挙げた産業政策の失敗例は、とくに関連性なくばらばらに起きている。そこに問題の芽を読み取ることができるだろう。失敗が起きても、事後的な政策評価が行われないため、厳密な統計的分析に基づく教訓や指針が導き出されないままに終わる。そのうえ一部の産業政策擁護論者は、単発的な成功例をむやみに強調する。たとえば、欧州産業政策の果実であるエアバスは、その代表例だ。エアバス開発の背景にあった動機は、何とかしないとボーイングに独占されてしまうという焦燥感だった。たしかにエアバスが登場しなかったら、ボーイングは航空会社ひいては利用者に高い価格を押し付けることができていただろう。その意味でヨーロッパを挙げての開発努力は、世界中の人々に貢献したと言ってよい。費用を負担したヨーロッパの国々だけでなく、それ以外の多くの国の人々にも寄与したのである。ダミアン・ネブンとポール・シーブライトは二〇年前に、アメリカとヨーロッパの航空機開発で繰り広げられている補助金合戦は、実際には全世界にメリットをもたらしていることを示した[16]。補助金はエアバスの競争参入を可能にしただけでなく、航空各社により高品質の製品をより安価で購入すること、利用者にその恩恵に与ることを可能にしたと言えよう。

産業政策擁護論者が好んで挙げる成功例は、ほかにもある。たとえばアメリカの国防高等研究計画局（ＤＡＲＰＡ）だ。ＤＡＲＰＡは国防総省の機関で、軍用の先端技術研究を行う。ここから、インターネットの元祖であるコンピュータ・ネットワーク、アーパネット（Arpanet）が生まれた。当初はアメリカ国内の四カ所の大学や研究室にあるコンピュータを結んでいただけだったのが、やがてインターネットに発展している。また韓国や台湾の経済成長も、政府の産業政策が奏功したおかげだという[17]。さらに、アメリカの高等教育・研究分野そのものも産業政策の成功の証と評されている。アメリカの一流大学（ＭＩＴ、カリフォルニア工科大学、ハーバード、スタンフォード、イェール、プリンストン、シカゴ等々）はどこも私立ではあるが、政府が補助金の付与を競争的に行うことによって、世界におけるアメリカの研究優位を後押ししているというのである。この点については後段でくわしく論じることにするが、ここではとりあえず、アメリカでもヨーロッパでも、政府の関与の成功例が産業政策に由来することはめったになく、多くは国家の思惑（軍事的に他国に依存したくない、など）に根ざしていることを指摘しておきたい。

産業政策はどうあるべきか？

こうした状況では、産業政策をどう考えるべきだろうか。二〇一四年六月にスティグリッツとともにトゥールーズに招かれたロドリックは、良識あふれる意見を述べている。それは、こうだ。好むと好まざるとにかかわらず、政府は産業政策を推進するにちがいないし、今日や明日に打ち切るはずはあるまい。となれば、産業政策に関する知識や理論が今後変化することはあるにしても、ともかく当面は、できるだけ実り多い政策になるよう工夫を凝らすことが得策だ、というのである。そこでここでは、私自身の経験から産業政策の策定に有益な指針を七項目掲げ、一つずつ簡単に解説したい[18]。

(1)　市場の「失敗」や「機能不全」の原因を突き止め、それに対処する。

(2)　公的資金を投じるプロジェクトや受益者の選定に当たり、中立の立場の信頼できる専門家を活用する。

(3)　需要サイドだけでなく供給サイドにも注意を払う。

(4)　競争に関して中立な産業政策、すなわち企業間の競争を歪ませる恐れのない政策を採用する。

(5)　政策の事後評価を行い、評価結果を共有する。サンセット条項（終了条件を明示する条項）を設け、評価が低かったら自動的に終了する。

(6)　民間部門にリスクを負担させる。

(7)　自国経済の変化の動向を見極める。

第一は、市場の失敗を理解することである。これについてはすでに論じたので、これ以上は立ち入らない。ともかくも、なぜ政府が介入するのか、その理由を知ることが重要である。それは、介入の正統性を裏付けると同時に、市場の失敗にどう対処すべきかを熟考することになるからだ。

第二は、プロジェクトを選定する前の評価の徹底である。政府は、高度な知識を備えた専門家組織をもっと活用すべきだ。もちろんその組織は、政治介入から厳重に遮断されなければならない。現にアメリカの産業政策の成功例として先ほど挙げたＤＡＲＰＡや大学での研究では、同分野の専門家による評価（ピアレビュー）が活用されている。もっとも、高度な知識を備え、かつ自由独立の適切な専門家を見つけるのは容易ではない。有能な人ほど忙しいし、すでに関連産業に関わっていることも多いからだ。それでも、ピアレビューは最も信頼できる評価手法である。

大学の場合には、最高級の頭脳が集まってプロジェクトの優先順位を決め、政治的思惑からその順位を動かすことはできないようになっている。これもまたピアレビューの一種と言えるだろう。アメリカ国立科学財団（ＮＳＦ）やアメリカ国立衛生研究所（ＮＩＨ）といった国立機関も、独立の研究組織として専門家の意見を尊重している。二〇〇七年に発足した欧州研究会議（ＥＲＣ）もそうだ。ＥＲＣは、その専門性と公平性に対して高い評価を得てきた。また二〇一一年には、研究・教育分野のある賞の審査で、外国在住の研究者グループに評価を依頼するということが起きた。利益相反の可能性をできるだけ減らすためだという。このこと自体、フランスの学界におけるイノベーションと言えるだろう。最適の専門家を選び、利益相反がないか確認することは言うまでもなく重要である。研究者同士、あるいはチーム同士、大学同士の競争は、イノベーションを生み出すうえで非常に好ましい[19]。今日ではフランスでも、産業政策当局が単独で将来の科学技術動向を予測するのは不可能であることが認識されており、投資リスクや民間との共同出資など公共投資の専門家も含め、必要に応じてしかるべき専門家の知恵を借りるようになってきた。

第三は、供給サイドに注意を払うことである。というのも、産業政策の策定に当たっては、国や地方自治体など需要サイドからの要望を優先するケースが非常に多いからだ。するとどうしても、環境やバイオといった一般的に有望とされ、また好まれるプロジェクトに偏りやすい（もちろん、それが適切なケースもある)。だが供給がないところに、具体的には、研究を主導するだけの水準に達した研究者がそろっていない分野にいくら予算を注ぎ込んでも、役に立たない。このような供給サイドの問題は、他分野同様、科学技術研究においても現実に起きている。政府が立派な研究所をつくり、凡庸な研究者に潤沢に資金をあてがったら結果がどうなるか、言うまでもあるまい。

需要偏重のこのメンタリティを、私は「フィールド・オブ・ドリームス」症候群と呼んでいる。一九八九年に公開されたフィル・アルデン・ロビンソン監督の映画のタイトルだ。映画の中では、アイオワ州で貧乏農家を営む男（ケビン・コスナーが演じている）が、ある日預言めいた声「それを作れば、彼が来る」を耳にする。そして憑かれたように、大事なトウモロコシ畑を切り拓いて小さな野球場を作る。するとたしかに、主人公の亡き父や在りし日の名選手たちがやって来たし、最後のシーンでは大勢の観客も駆けつけた。だが現実の経済では、研究所ができたからと言って一流研究者が馳せ参じるわけではない。したがって、現実に優秀な研究者や学生を呼び込めるような分野を見極めることが、プロジェクトを成功させ、その国の技術フロンティアを開拓するうえできわめて重要だと考えられる。

第四は、競争中立性を確保することだが、これについてはすでに述べたとおりである。中立性は経済的にも望ましいし、政府の意思決定者に対する防波堤としても必要である。彼らはとかく口を出したがり、しがらみのある特定の企業や個人を優遇したがるからだ。

第五は、事後評価の徹底である。これはなかなか実行がむずかしい。というのも、事後評価を行うのは意気の上がる仕事ではないからだ。しかしだからこそ、失敗から教訓を引き出すためにも、プロジェクトがただの金食い虫の無用の長物であることを責任者に気づかせるためにも、厳正な事後評価は欠かせない。なお言うまでもなく、産業政策に限らずすべての公共政策について事後評価を行うべきである。[20]

第六は、民間との共同出資の手続きを定め、産業政策の受益者である民間にもリスクを負担させることである。民間企業がリスクをとりたがらないようなら、おそらくそのプロジェクトの価値は疑わしい。逆に言えば、民間が本気で取り組む意思を見せたら、そのプロジェクトには現実の利益が見込めると考えてよい。

第七は、経済の動向を的確に予測することである。フランスでは製造業に対するある種のノスタルジーが存在する。もちろん、良いプロジェクトであれば排除すべきではないし、実際にドイツは製造部門の活性化に成功している。だが過去への回帰は、未来の創造にとって好ましいことではない。フランスの製造業がGDPに占める比率はここ数年で一八%から一二%に下がっており、これを盾に取って、国家の製造業再生戦略が正当化されている。だがこれは、私の見るところ、問題の捉え方がまちがっている。製造業再生を掲げるよりも、製造業の比率がなぜ下がったのか、原因を究明すべきだ。産業政策の活用で成功した韓国のようになりたいなら、同国が適用したいくつかの原則を理解しておかねばならない(21)。企業間競争の導入、ピアレビューの活用、プログラムの終了条件の明示、輸出貢献度の高い企業の見極め、民間部門のリスク負担などである。

「産業再生」は、戦略ではなくただのスローガンである。少なくとも先進国においては、二一世紀の経済は知識経済、サービス経済になるだろう。したがって製造業の再生を重点政策とするのは、政府予算の無駄遣いになるだけでなく、付加価値の低い経済活動を推進し、国民を貧困化させることになりかねない（逆にドイツのように、民間主導で付加価値の高いニッチ産業に焦点を合わせるのは意味がある）。だからといって、製造業を見捨てるべきだということではない。高い付加価値を生み出せるような産業再生を実現する最善の方法は、資金調達が容易で事業戦略を実行しやすい環境を整備し、自国企業が世界のイノベーション創出に後れをとらないようにすることである。

フランスおよびヨーロッパの中小企業と産業構造

フランスの産業構造が弱いというのはよく知られた事実である。具体的には、ある程度以上の規模を持つ中小企業が少なく、そのこととも関連するが、大企業の新陳代謝がほとんどない。一五年前にフランスの経済分析評議会（ＣＡＥ）が発表した報告で、すでにその実態が浮き彫りにされている[22]。世界の大企業一〇〇〇社にランクされたアメリカ企業二九六社のうち、六四社は一九八〇年以降に設立された。これに対し、ランキングに入ったヨーロッパ企業一七五社のうち一九八〇年以降の設立は九社だけだった。フランスのＣＡＣ四〇株価指数の構成銘柄四〇社の営業年数は平均一〇一年なのに対し[23]、フォーチュン五〇〇の構成銘柄のほうは一五年だ[24]。この数字を見ても、ヨーロッパがダイナミズムに乏しく起業が不活発であることがよくわかる。二〇世紀後半に世界の「スター企業」となったヨーロッパ企業は、ボーダフォンとＳＡＰの二社しかないのである。

もう一つの問題は、中規模の企業が育たないことである。この問題はとりわけフランスで深刻だ。フランス企業のうち、従業員が五〇人以上の企業は一％しかない。これに対してドイツは三％である。中規模の企業はドイツでは一万二五〇〇社を数えるが、フランスではわずか四八〇〇社にすぎない。

では、どのように中小企業を支援すればよいだろうか。いや、そもそも支援すべきなのか。支援を正当化する理由としてすぐに思いつくのは、中小企業は資金調達面で不利だということである。大企業は自己資金が潤沢にある。借り入れる場合でも、評判も確立されているし、差し入れる担保も豊富だ。さらにこうした条件が備わっているため、社債による市場からの直接調達も容易である。中小企業はそうはいかないため、銀行借り入れに頼らざるを得ない。少なくともフランスではそうだ。欧州単一市場の創設を謳ったローマ条約において、研究開発税額控除（ＣＩＲ）や中小企業に対する信用保証などの措置を政府補助金（原則禁止である）と同列に扱わず、また中小企業や研究開発に対する助成金を認めているのは、このためである。研究開発に対する優遇措置は、川上部門の研究や中小企業によるものに対しては一段と強化されている。

現在の状況で中小企業の資金調達をもっと優遇すべきかということになると、いささか議論を要する。というのも今日の中小企業は、多くの公的支援や優遇税制の適用を受けているからだ。フランスでは、近郊地域投資ファンド（ＦＩＰ）、技術革新投資ファンド（ＦＣＰＩ）、預金供託公庫（ＣＤＣ）による支援、中小企業融資保証会社（ＳＯＦＡＲＩＳ）による保証差し入れ、公共投資銀行（ＢＰＩ）の地域ファンドなどがあり、さらに言うまでもなく、ＣＩＲの適用はすべての企業に開かれている。

ところが制度が複雑で抜け道が多く、公的資金を首尾よく手に入れるには僥倖に期待するしかないような状況だ。たとえばＦＣＰＩなど、途方に暮れるほど手続きがややこしい[25]。このため企業は既存プロジェクトに公的資金を取り付けるために、相当の予算と労力を投じなければならない。これは社会的に見て望ましいことではない（価値を創出するどころか減じている）うえ、そのようなことに投じるリソースを欠く中小企業にとっては不利である。

ここで少しばかり脱線させてほしい。公的資金プログラムをこれでもかとばかり用意し、それを運営する制度をどんどん作るということ自体が、フランス流産業政策の弱点を露呈しているのである。大学、雇用、税制など他の分野でもそうだが、政府は次から次へと計画を立て、実行に移す。だが打ち切ることはめったにない。これに対して市場には、いつまでも浪費し続けることはないという長所がある。期待された結果を出せなかったら、市場では切り捨てられる。

もっと一般的に言うと、政府が現在やっている「邪魔」を排除する改革を行えば、中小企業はずいぶん助かるはずだ。政府のやっている邪魔の例を以下に挙げておこう。

第一は、「境界線効果」である[26]。この効果が企業の成長の足を引っ張っていると多くの専門家が指摘してきた。どういうことか、説明しよう。フランス企業は、従業員数が一〇人、二〇人、五〇人の境界線を越えるごとに、いろいろな制約が課され費用負担が大きくなるのである。会計報告に関する義務が増え、社会保険料の料率は上がり、通勤費は会社が負担しなければならず、従業員が五〇人を超えればあれこれの委員会を設置しなければならない。経済的理由による解雇もむずかしくなる。なにしろ従業員が四九人から五〇人に増えた瞬間に、三四の義務が一気に加わるのである。もし企業が将来の成長を確信しているなら、ためらわずこの境界線をまたぐだろう。だが確信が持てなければ、境界線を前に逡巡することにな

図表13-1　従業員数別（31-69人）のフランス企業

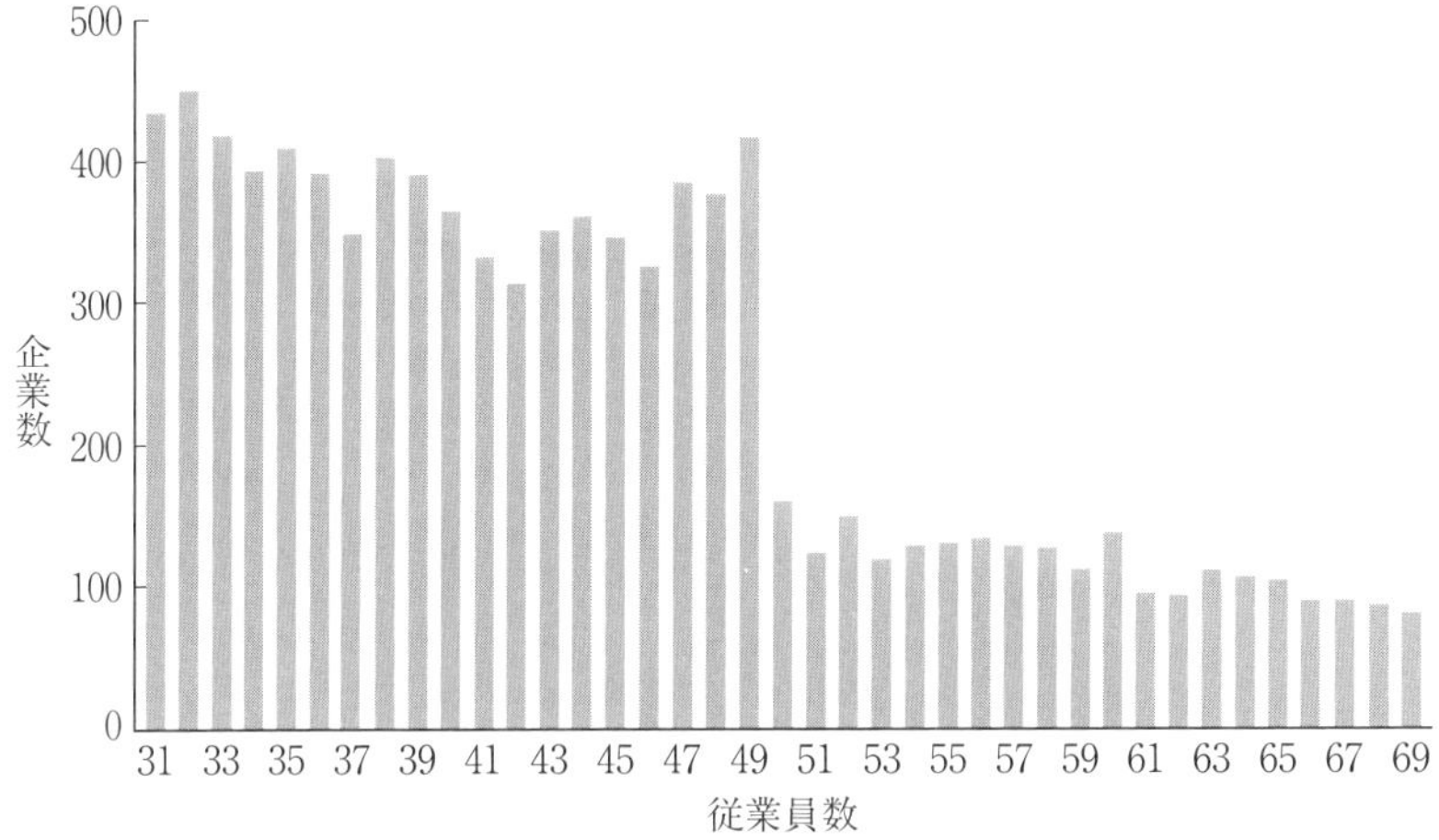

資料：Ficus (fichier fiscal), 2002.

る。そしてたぶん、残業や外注や別会社を作るなどしてしのぐことになるだろう。つまりこの境界線が企業の加速的な成長を阻害し、「中小企業の罠」を形成しているのである。図表13－1から、五〇人という境界線がフランスの企業経営におよぼす影響をはっきりと読み取ることができる。このような境界線は、大なり小なり他国にも存在する。アメリカでさえ、従業員数五〇人未満の企業を対象とする助成金が存在するといった形で境界線がある。だが、フランス、イタリア、ポルトガルなどでは境界線がとくに顕著で、失業率を押し上げる一因ともなっている。一部の研究によると[27]、国家にとって境界線効果のコストはGDPの数パーセントに達するという。

　第二に、労働法や税制がややこしすぎ、また公的部門の資材調達への参入手続きが煩雑である。こうした要因もまた、中小企業にとりわけ不利に作用する。彼らは対策を練る専門家を雇う資金的余裕がないからだ。

　第三に、フランスでは倒産手続きが独特であり、倒産がほぼ確実の状況でも株主と経営者の権利が守られる[28]。この点は、債権者の権利が保護される世界的な趨勢に反している。このような状況では、中小企業の借り入れがむずかしいのは当然と言えよう。

第四に、公的部門や大企業は調達時の支払いが遅い。

第五に、政府や団体協約により、賃金管理に課される制約が多い[29]。

第六に、税制上、企業から創業経営者一族や非居住者への移転が容易になっている[30]。

第14章 デジタル技術とバリューチェーン

今日ではインターネット上でモノを買ったり、銀行取引を行ったり、ニュースをチェックしたりする人が急激に増えている。配車サービスのウーバー、カーシェアリング（ヒッチハイクの交渉プラットフォームと言うほうが当たっているかもしれない）のブラブラカー、民泊のエアビーアンドビーも普及してきた。二一世紀の経済と社会に起きた変化の中心にあるのがデジタル化だと言ってよかろう。デジタル化はすでに商取引、金融、メディア、輸送、旅行のあり方を変えており、人間のありとあらゆる活動に影響を与えることになるだろう。

したがって、あらゆる人がデジタル化の大きなうねりに適応しなければならない。もちろん公的部門も例外ではない。たとえば従来型の報道の衰退に直面したアメリカの公共ラジオ放送ナショナル・パブリック・ラジオ（NPR）は、二〇一四年七月からポッドキャスト（インターネットからダウンロードして聴取できる音声ファイルの提供）に軸足を移すことによって収益改善に成功した。言ってみれば、音楽のストリーミング配信で世界最大手のスポティファイのモデルに近づいたわけである。[1] NPRは、まさにスポティファイと同じく、リスナーにレビューを求め、聴取件数や傾向などを計測・分析し、リスナーの好みにあった番組を自動配信するといったサービスを提供している。こうした現象は始まったばかりであり、今後は保険、医療、エネルギー、教育など多くの分野で革命的変化が起きるだろう。近い将来、多くのサービスがロボットで置き換えられるほか、医師、弁護士や司法書士、税理士など高度に専門的な仕事の一部も、機械学習に基づくアルゴリズムに置き換えられる可能性がある[2]。

こうして見ると、商取引のデジタル化など大きな変化のごく一部にすぎないことがわかる。デジタル化は人間関係も変えたし、政治運動のあり方も変えた。そして企業は、製造技術や生産工程、組織構造、情報セキュリティなどさまざまな変化に直面している。さらに知的財産法、競争法、労働法、税法をはじめ、広く規制全般もデジタル化の影響から逃れることはできない。デジタル経済と言えば、飛躍的な技術の進歩、生産性そして購買力の向上と結びつけられるが、危険も孕《はら》んでいることを見逃してはならない。本章と次章では、製造、雇用、法規つまりは広く社会全般におよぶデジタル経済の脅威を分析し、どのように対処すべきかを論じる。

まず本章では、デジタル市場における企業の経営戦略と、この市場における規制を取り上げる。分析の主な対象となるのは、二面市場（two-sided market）におけるプラットフォームである。プラットフォームは、市場の二つのサイド、たとえば売り手と買い手を結びつける役割を果たす。デジタル・プラットフォームが経済において果たす役割の重要性は高まる一方だ。今日では、企業価値で見た世界トップ五社のうち、三社（アップル、グーグル、マイクロソフト）までがプラットフォーム企業である。また、やはり企業価値で見て世界のスタートアップ上位一〇社のうち七社までがそうだ。本章では彼らのビジネスモデルを分析し、それが人々の幸福にどのように寄与するかを論じる。

1　プラットフォームとデジタル経済

ビザカード、プレイステーション、そして検索エンジンのグーグル、インスタントメッセンジャーのワッツアップ——。これらと街角の不動産屋には、じつは意外な共通点がある。どれも二面市場だというこ

図表14-1　二面プラットフォーム

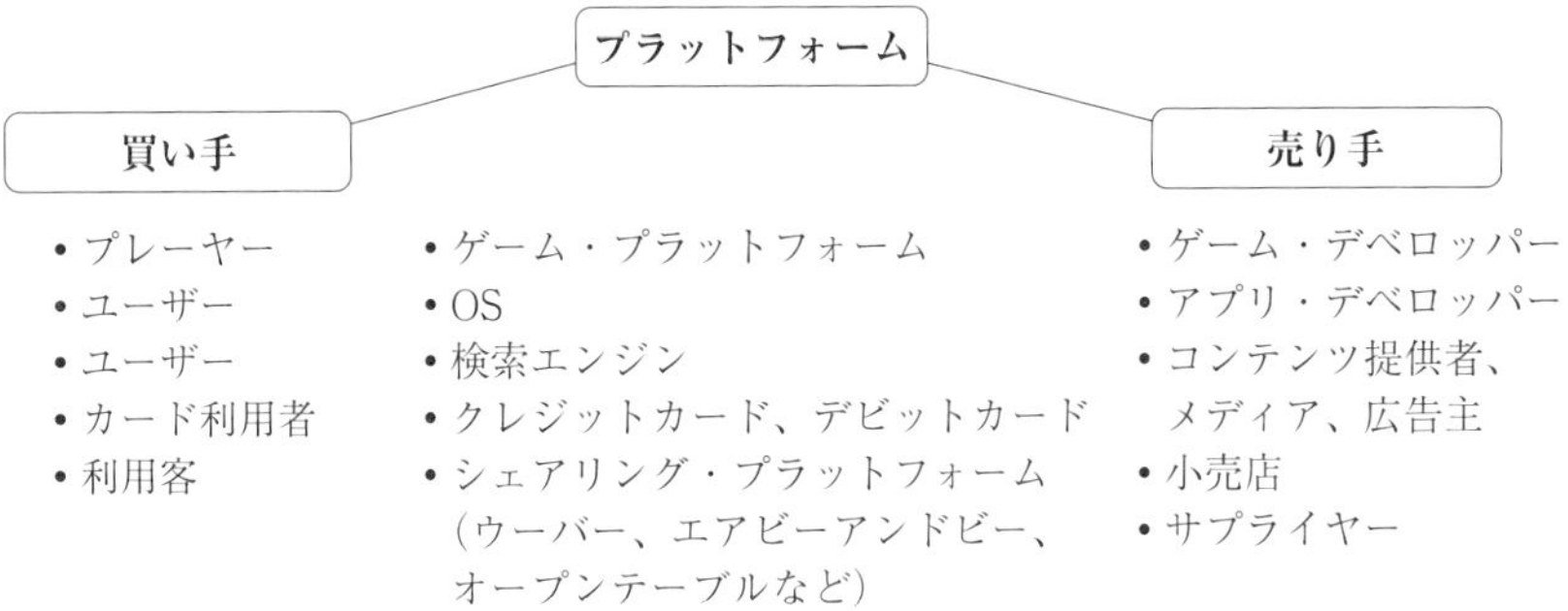

買い手	プラットフォーム	売り手
• プレーヤー	• ゲーム・プラットフォーム	• ゲーム・デベロッパー
• ユーザー	• OS	• アプリ・デベロッパー
• ユーザー	• 検索エンジン	• コンテンツ提供者、
• カード利用者	• クレジットカード、デビットカード	メディア、広告主
• 利用客	• シェアリング・プラットフォーム	• 小売店
	（ウーバー、エアビーアンドビー、	• サプライヤー
	オープンテーブルなど）	

とだ。[3] そこでは、プラットフォームを提供する企業（いま挙げた例で言えば、ビザ、ソニー、グーグル、フェイスブック、不動産屋）が売り手と買い手の仲立ちをする。プラットフォームは、お互いに相手を求めている人たちの集団、たとえばゲーム機の場合はプレーヤーとゲームソフトのデベロッパーを、オペレーティング・システム（Windows、Android、Linux、OSx、iOSなど）の場合はユーザーとアプリケーションのデベロッパーを、検索エンジンの場合はユーザーとコンテンツ提供者やメディアや広告主を、クレジットカードの場合はカード利用者と小売店を結びつける。

こうしたプラットフォームは、ユーザーを結びつける、インターフェースを提供するという二つの問題を一気に解決し、ユーザー間のやりとりを可能にする。これについて、もう少しくわしく見ていこう。

アテンション・エコノミー

経済学では非常に長い間、経済の進化は新しい製品の開発や製造・取引コストの圧縮に由来すると考えられてきた。そして取引を活性化するには、取引コスト、とくに貿易の妨げとなる輸送コストや関税を下げればそれで十分だと考えられていた（「国際貿易の重力モデル」では、両国間の距離が近いほど二国間の貿易量は大きくなるとされている）。

五〇年前には、本好きの人は手近な本屋で買えるだけの本で満足していた。ニュースを知りたければ新聞を一紙購読すれば十分だった。読みたい本を探したり聴きたいレコードを探したりするときは、公共図書館の目録にあるものでよしとしなければならなかった。裕福な人なら自分で買って自前の書庫なりレコードのコレクションなりを作れたが、それにしても無制限というわけにはいかない。買い物をするときは多かれ少なかれ近くの商店で買わざるを得なかったし、同好の士や結婚相手を探すときも村や町の範囲に限られることが多かった。だがデジタル技術の出現で、データの輸送コストはほぼゼロになり、地球の裏側に送るにもほとんどコストがかからなくなった。そして、入手可能な品物の目録はいまや無限大だ。いまでは供給が少なすぎることよりも、多すぎることが悩ましい。好みのものを見つけるのに時間とアテンション、つまり注意や関心をどう配分するのが最も効率的か、ということに誰もが頭を悩ませている。アテンション・エコノミーの出現で、コンテンツ産業における人々のふるまいや相互作用は根本的に変化した[4]。この変化を理解するには、経済学だけでは足りない。心理学や社会学の知恵を借りる必要がある。

取引コストの中でしぶとく残っているのは、供給の精査や取引先の選定に関するコスト、そしてシグナリング（この場合には、潜在的な取引相手に対してこちらが信頼できることを売り込む行動）に要するコストであって、もはや輸送コストではない。数千年の間、私たちの祖先たちは取引相手を見つけるのに苦労していたが、今日の私たちが抱える問題は、数千数百万の相手の中から、誰と取引するのが最も良いかを判定することなのである。情報源はほとんど無限に存在するが、その中からこれはと思うものを選んで吟味する時間は限られている。となれば、このゲームで中心的な役割を演じるのは、仲立ちをする企業でありプラットフォームだということになる。プラットフォームは相手を見つける手伝いをしてくれる。輸送、関税、検索などのコストが下がれば下がるほど、相手の選定に要するコストは相対的に重要度を増す。そして、巧みに選別をしてくれる高度なプラットフォームが求められるようになる。

プラットフォームは、売り手（ブッキングドットコム［ブッキング］ではホテルやレストラン、イーベイでは出品者、ウーバーではドライバー）の評価を買い手に知らせ、また買い手の好みに合ったモノやサービスを推奨すること（アマゾンやＮＰＲやスポティファイなどの「おすすめ」など）によって、供給のクオリティやニーズとの適合性についての正確な情報を提供する。おかげで私たちは、より信頼できる相手や、よりよくニーズに応えてくれる相手と出会うことができる。言うなればプラットフォームは、無限の供給が押し寄せる大海の中で、私たちを導く水先案内人の役割を果たしているのである。しかもそのコストはごく小さい。

　シェアリング・エコノミーもこのカテゴリーに属す。シェアリング・エコノミーとは、要するにあまり使われていないリソースをもっと活用しましょう、ということだ。エアビーアンドビーなら空き部屋を、ドリビーなら自家用車を、ウィングリーなら自家用飛行機を、ブラブラカーなら移動中の車の空いた座席を、そしてクラウドソーシング型宅配サービスの Amazon on my Way や You2You なら車の荷台のスペースを、活用する。だが取引を成立させる（たとえばこれこれの期間にこれだけの人数が泊まれる部屋を探している旅行客と、自分が留守にする間に部屋を貸して小遣い稼ぎをしたい人とをマッチングする）には仲介のしくみが必要だ。さらに、情報の洪水に溺れかかったインターネット・ユーザーを導くこうしたサービスは、ユーザー側の信頼を前提としている。具体的には、レビューや評価の公平性や適切性に対する信頼、開示した個人情報が利用後に削除されることや第三者に漏洩されないことに対する信頼である。これらの点については、次章で改めて取り上げる。

　サプライヤーを見つけるのが容易になったことで、かつては想像もできなかったような相手と取引ができるようになっただけでなく、サプライヤー同士を競争させることによって価格を押し下げる効果も期待できる。ただし、必ず価格が下がるかと言えば、そうとは言えない。マサチューセッツ工科大学（ＭＩＴ）のグレン＆サラ・エリソンの研究によると、あまり需要のない古本の価格は、インターネット上のほうが高いことが多いという[5]。インターネット上で「ニッチ商品」を探す人は、それを手に入れるためなら気前よく払う用意があるが、たまたま古本屋や骨董屋で見つけた人は大枚をはたくつもりはないからだ。だから、インターネット上の高値は、必ずしも電子商取引の非効率性を示すとは言えない。そもそも検索エンジンやプラットフォームがなかったら、探し物に出会う可能性は皆無に近いのだから。

さまざまなプラットフォーム

クレジットカードやデビットカード、オンライン決済サービスのペイパル、仮想通貨のビットコインといったものは、グーグルやイーベイやブッキングドットコムとはちがい、売り手と買い手を結びつけるわけではない。これらのプラットフォームでは、私たちはすでに小売事業者と取引に入っている。私たちが決済プラットフォームに求めるのは、仮想店舗であれ実店舗であれ、迅速かつ安全で、いちいちＡＴＭに走ったり銀行振込をしたりせずに済む決済方法である。

また最初に触れたように、ゲーム機も一種のプラットフォームである。オペレーティング・システム（ＯＳ）に適合していさえすれば、独立系のゲーム・デベロッパーが開発したゲームを動かすことができ、魅力的なゲームが多く開発されたゲーム機ほど多くのユーザーを呼び込むことができる。

このほかスカイプやフェイスブックは、家にいながらにして遠く離れた人とコミュニケーションをとることを可能にする。このようにプラットフォームは、利用者同士の円滑なやりとりを物理的に可能にする役割も果たしている。

2　二面市場

二面市場を経済学的に分析すると、異質な経済主体がばらばらに寄り集まってきたように見えるこの市場において企業の行動を解明する理論に行き着く。この二面市場理論は、競争促進をめざす政府にとっても有用である。

卵もニワトリも

プラットフォームを提供する企業にとって重要なのは、市場の二つのサイドの両方で大勢の参加者を確保できるような、持続性のあるビジネスモデルを確立することである。じつは二面市場はどれも「卵もニワトリも」という問題を抱えている。たとえばゲーム機メーカーは、ゲームのプレーヤーとゲームソフト開発者の両方を呼び込みたい。プレーヤーはできるだけたくさんのゲームが用意されていることを、ゲームソフト開発者はできるだけ多くのお客がいることを望む。となればゲーム機メーカーとしては、両方の望みをいっぺんに満足させ、願わくはもっとユーザーを増やしたい。新聞、テレビ、インターネット・ポータルなどのメディアが抱える問題もまったく同じである。彼らは大衆の関心を惹きつけると同時に、広告主にも大いに関心を持ってもらい、帳尻合わせに貢献してもらいたい。アメリカン・エキプレス（アメックス）、ペイパル、ビザといった決済システムでは、できるだけ多くの消費者にカードを持ってもらうと同時に、できるだけ多くの小売店にカード決済を受け入れてもらうことが必要になる。カード会社からすれば消費者も小売店もプラットフォームの参加者であり、それぞれの関心を引くことができなければビジネスは成り立たない。

こうして試行錯誤の末に、新しいビジネスモデルが出現した。このモデルを説明するにあたり、最初は経済学者の言葉を使うことをお許しいただきたい。その後に、もっと身近な言葉で解説することにしたい。まず、二面市場の経済モデルは、需要の価格弾力性と、市場の各サイドの外部効果に依存する。需要の価格弾力性とは、価格が上がれば需要が減少し、価格が下落すれば需要は拡大するという変化を意味し、価格を一％引き上げたらどれだけ需要を失うかを数字（パーセント）で表す。価格を設定するときには、この数字が一つの決め手となる。需要の価格弾力性が大きい商品では値上げは手控えられ、弾力性が小さい商品では値上げをしやすい。このことは企業が日々行っている行動に当てはまるし、競争が一般に価格押し下げ効果を持つことの説明にもなる。競争市場では、A社が値上げをしたら、消費者は消費自体をやめるのではなく、競合するB社の商品に乗り換えればよいからだ。

次に、より二面市場に固有の特徴として、一方のサイドの参加者は、他方のサイドの参加者の存在によって恩恵を受けることが挙げられる。両サイドの間には外部効果が働くということだ。このとき、一方のサイドの参加者のほうがより多くのメリットを得られる場合、プラットフォーム企業はそちらから多くの手数料をとることが可能になる。そして「シーソー」のように他方のサイドの手数料を引き下げて、より多くの参加者を呼び込もうとする。そこでプラットフォーム企業には、最も関心が高いのはどの参加者か、すなわち参加をやめずに気前よく払ってくれる可能性があるのは誰か、またどちらのサイドが相手方により多くの価値をもたらすかを見きわめる必要が出てくる。

一般的に言って、二面市場の一方のサイドの価格をごく低く設定することによって、プラットフォームは発展する。一方のサイドの低価格が参加者を呼び込み、そのことが間接的に別のサイドの参加者に収益をもたらすというしくみである。こうした価格構造は、両サイドの間の外部効果を存分に活用したものと言える。基本的な考え方は、ごくシンプルだ。一方のサイドの参加者が生じさせる真のコストは、サービスの物理的な利用コストではない。その参加者の存在は、別のサイドの参加者に利益をもたらしており、それは収益化できる。よって、その分だけコストから差し引くわけである。すると場合によっては、一方のサイドの参加者は一銭も払わず（したがって補助金をもらっているのと同じことになる）、他方の参加者が両方の分を払うケースも出てくる。たとえば一部の新聞、とくに無料配布される新聞（スウェーデンのメトロ紙、スイスの20ミニッツ紙など）、ラジオ、ウェブサイトなどは、情報や娯楽の提供に対して一般視聴者や読者から料金をとらない。それでもやっていけるのは、広告主がいるからだ。[6]また電子文書としておなじみのPDFは、閲覧ソフトは無償配布されているが、作成ソフトのほうは有償である。理由は、PDF文書を作成してインターネット上で公開しようとする人は、大勢の人に読んでもらう必要があるとか、ぜひ読んでもらいたいといった強い動機があるが、潜在的な視聴者のほうはそうではないからだ。

■ 図表14-2　平等ではないが効率的な費用負担

価格の低いサイド	価格の高いサイド
消費者（検索エンジン、ポータル、新聞）	広告主
カード保有者	加盟店

同様に、グーグルのユーザーは、検索エンジン、メール、マップなど有用なサービスを無料で利用する。なぜなら、ユーザーの存在そのもの、そしてユーザーがグーグルのプラットフォームに残す好みや利用傾向などの大量の情報が、広告主を呼び込むからだ。広告主はこうした情報を分析し、ターゲットを絞り込んで、プラットフォーム上に的確に広告を打つことができる。この特性に対して、広告主は気前よく料金を払うわけである。こうしたビジネスモデルは他の業界でも採用が進んでいる。たとえば高級レストランのオンライン予約を扱うオープンテーブルは月間一二〇〇万件の予約をさばくが、消費者からは料金をとらない。レストラン側が客一人につき一ドル払うしくみになっている。

とりわけ興味深いのは、クレジットカードやデビットカードなど支払い機能の付いたカードである。消費者がカードで決済すると、加盟店はおおむね販売価格の二～三％の「加盟店手数料」をカード会社に支払う（ビザとマスターカードの場合は、カード発行会社は「インターチェンジ・フィー」も受け取る）[7]。カードを無料で消費者に提供できるのはこのためだ（キャッシュバックやマイル・システムにより、カード利用者が得をすることさえある）。つまり支払い機能付きカードのビジネスモデルは、消費者に安価（または無料）にカードを提供し、加盟店からは取引の都度、手数料を取り立てることで成り立っている。加盟店手数料の料率（ビザやマスターカードで〇・五～二％、ペイパルで三％程度[8]）が高くても、カード決済を受け入れなければ客を失う恐れがあるため、小売店にとっては加盟のメリットのほうが大きい。この現象がとりわけ顕著なのが、アメックス・カードである。このカードを持つことは全世界でステータスの証とされ、多くの富裕層や実業家を顧客に抱えており、それを背景に加盟店に課される手数料も突出して高い。

以上のように、プラットフォームの価格構造は、一方のサイドがひどく優遇され、もう一方のサイドはひどく高い料金を払わされるしくみになっている。となれば、前者は不当に低く（略奪的価格設定）、後者は不当に高い価格設定と言えるのだろうか。そうは言えまい。業界で独占的地位を占めていない企業も、こうした価格設定を実行しているのである。この点については後段でまた取り上げることにしたい。

卵がニワトリより先になったら

二面市場のプラットフォームにとって第二の問題は、どちらか一方のサイドの参加者が、もう一方のサイドに参加者がいないうちに先行投資を迫られる場合があることだ。この場合、将来の展望がカギを握る。たとえばゲーム機メーカーが新製品を発売するとしよう。このとき独立系のゲームソフト開発者は、そのゲーム機が大ヒットするかどうかわからないうちから、開発に着手しなければならない。つまり、ある単一のプラットフォームにのみ適合するフォーマットのゲームを、かなりの先行投資をして開発するリスクを冒すわけだ。もしそのプラットフォームが十分なプレーヤーを獲得できなかったら、その投資は回収できないかもしれない。そこでゲーム機メーカーはソフト開発者に報いるため、ゲームが売れるたびに一般に一本当たり五～七ユーロを払う。さらにゲーム機自体も、できるだけ多くの買い手を呼び込むために、安価で売り出されることが多い。ときには損失覚悟で売られることもある（一台売れるごとに一〇〇ユーロの赤字になることもある）[9]。ゲーム機メーカーのこうした姿勢は、ゲームソフト開発者に対して「必ず大勢のプレーヤーを集めます」という保証にもなるわけだ。そこで投資は回収できそうだと見込んだ開発者は、ゲーム機発売のかなり前から開発に着手するのである。プラットフォーム企業であるゲーム機メーカー自身も、呼び水のために、ゲーム機発売前にゲームを開発することが多い。たとえば、マイクロソフトは二〇〇一年にゲーム機 Xbox を発売したが、そのためのゲーム Halo シリーズも自前で開発した。

ゲームの場合、二面市場の二つのサイドのタイムラグが極端に大きいが、これほどではなくても、卵がニワトリより先になるケースは少なくない。そのような場合には、自前で開発する戦略がよく使われる。たとえばアップルは、二〇〇七年にiPhoneを市場に投入した時点ではまだAppStoreを準備できておらず、自前でアプリを開発した。またオンラインDVDレンタルと映像ストリーミング配信のネットフリックスは、オリジナル作品も扱うほか、外部から買い付けた独占配信も行っている。デービッド・エヴァンスとリチャード・シュマレンジーの新著『マッチメーカー』が指摘するとおり、二面市場では戦略的なタイミングが重要な意味を持つ[10]。

プラットフォーム間の互換性

二面市場あるいは多面市場における第三の問題は、市場参加者の協力が関わってくる。消費者は、全員が気をそろえて同じプラットフォームを選ぶわけではない。となれば、プラットフォーム企業同士が提携して互換性を実現すべきだろうか。たとえば通信に関しては、互換性の確保が法律で定められている。たしかに、A社と契約した人とB社と契約した人の間で電話が通じないとかメールをやりとりできない、などということがあっては困る。また不動産に関しては、代理店ネットワークが整備され、どの代理店の顧客も他社の物件の情報が得られるようになってきた。

だが、我が道を行く選択をした業界もある。たとえばビザとマスターカードしか受け付けない店では、アメックスで払うことはできない。またWindows専用に開発されたソフトウェアは、Linuxでは動かない。このように互換性が確保されていない状況では、異なるプラットフォームのユーザーも取り込めるようにしたいという動機が出現し、たとえば複数のプラットフォームで動作可能なソフトウェア、ゲーム、周辺機器の開発につながる。このように異なる種類のプラットフォームでも使えることを指して、マルチプラットフォーム仕様と呼ぶ。消費者が複数のカードを保有するのも、小売店側が複数のカードに加盟するのも、非互換対策の一つだ。不動産店のネットワークが確立されていない場合、客が複数の代理店に出向いて物件を探すのも、非互換対策だと言える。

　マルチプラットフォーム仕様の例として、スマートフォン用のアプリも挙げておこう。スマートフォン市場は、アップルとAndroidの安定した寡占市場になっている。(11) そしてマルチプラットフォーム仕様のアプリを開発する場合には、当然ながら、人気のあるプラットフォームが対象になる。個別にプログラムを書かなければならないうえ、販促費用も倍になるからだ。そしてアプリが認知され、大勢のユーザーを獲得するためには、検索エンジンやランキング・サイトで上位になることが必須である。現在最も人気のある四つのアプリ（フェイスブック、パンドラ、ツイッター、インスタグラム）は、アップル、Androidの両方に対応している。さらに言えば、マルチプラットフォーム対応のアプリは六五％がランキングで上位を占めているが、これは偶然ではあるまい。(12)

　こうした動向は、ビジネスモデルの選択に影響をおよぼす。マルチプラットフォームの出現や非互換対策は、価格設定に直接関わってくるからだ。たとえばアメリカでは、アメックスは小売店に負担させてきたひどく高い手数料を引き下げざるを得なかった。一九九〇年代にビザやマスターカードが年会費無料を謳い文句に登場し、多くの消費者が二枚目のカードを持つようになったからである。経緯を説明しよう。アメックス・カードの保有者は、二枚目のカードは年会費無料だからよけいなコストはかかりません、それにアメックス・カードの磁気が薄れたり利用を断られたりしたときに備えて二枚目を持っておくと便利ですよ、と口説かれてその気になる。すると小売店側はこう考える。お客さんはアメックスだけでなくビザかマスターカードも持っている。そっちのほうが手数料が安いので、ウチにとっては好都合だ。アメックスでの支払いを断っても、客を取られる心配はないし、客に迷惑をかけることにもならない、と。となればアメックスとしては、小売店をプラットフォームにつなぎ止めておくために、手数料を引き下げざるを得ない。

オープン化

プラットフォーム企業は、自らが二面市場の一方のサイドを形成することを選ぶ場合がある。つまりこれは、最終消費者だけを呼び込もうとする伝統的な企業モデルにほかならない。よく知られた例としては、一九八〇年代にマイクロコンピュータ市場を席巻した当時のアップルがある。アップルは、自社製のＯＳで動作するハードウェアもソフトウェアも制限しようと考えた。そしてハードウェアはアップル自身が設計・製造し、ソフトウェアについても開発キットの価格を高水準に設定して、事実上「閉じた系」を作り出す。これに対し、ＯＳのDOS（のちのWindows）を引っ提げてやや遅れて登場したマイクロソフトは、早い段階でオープンにすることを決め、自分ではコンピュータを製造せず、ソフトウェア開発キットもほぼ無料で配布した[13]。そして一九九〇年代には圧倒的なシェアを持つにいたる。アップルはここから教訓を得たのだろう、いまやApp Storeからは、外部の開発者の手になる一五〇万ものアプリをダウンロードすることができる[14]。ただしアップルは、スマートフォンのハードウェア（iPhone）、ＯＳ（iOS）ともに、いまでも自前で製造している。これに対してグーグルは、外部製品へのアクセスを制限していると批判されることもあるが、ＯＳのAndroidはフリーであり、アップルよりは開かれている。

市場への参入障壁については後段で改めて取り上げるが、オープンにする度合いは市場の成熟度と関連づけることもできよう。アップルが実行したような閉じた系では、ハードウェアの供給を効果的にコントロールできる一方で、消費者は純正品しか選べないことになる。これではあまり魅力的とは言えない。ただ、誕生したばかりのプラットフォームには選択肢がないこともままある。たとえ開かれた系をめざしていても、市場が未成熟で自前でハードウェアやソフトウェアを製造せざるを得なかったり、一手供給契約の締結（ちょうど一九八〇年代のＩＢＭとマイクロソフトのように）を迫られたりすることがあるからだ。プラットフォームがオープン化のメリットを十全に活かすには、タイミングが重要だということである。

3　ビジネスモデルのちがい

プラットフォームが従来型の市場とどうちがうかを理解するには、ビジネスモデルの比較をしてみるのがよいだろう。ここでは、製薬産業の垂直統合モデルを例にとることにする。医薬品のイノベーションが小規模なバイオ・ベンチャー企業から誕生するケースが次第に増えてきた。ただ、こうした小粒のベンチャーは、治験、当局への製造承認申請、製品化、販売などの面では比較優位に欠ける。そのため、特許を取って権利を売る、独占的ライセンス契約を結ぶ、大企業（アベンディス、ノバルティス、ファイザー、グラクソスミスクラインなど）による有利な条件での買収をめざす、といった方法をとることになる。いずれの方法をとるにせよ、ある医薬品を製品として売り出すのは一社だけである。理由は単純明快だ。非独占的ライセンス契約を結んで製薬企業同士の競争になったら、値下げ合戦になって特許の価値は失われ、収入が減ってしまうからである。したがって上流部門で独占を確保し、販売利益を最大化することが望ましい。

図表14－1の二面プラットフォーム・モデルと図表14－3の垂直統合モデルを比較してみよう。後者では、バイオ・ベンチャーは最終消費者との接点を持たない。彼らがやり取りするのは、製薬企業だけである。したがってバイオ・ベンチャーとしては、製薬企業がどのように価格を設定し、それが製品の売り上げにどう寄与するか、ということにはあまり関心がない。では製薬企業は、特許なりライセンスなりの売り手であるバイオ・ベンチャーと、最終製品の買い手である消費者とを結ぶプラットフォーム企業に当たるのだろうか。答はノーだ。ベンチャーと消費者との間に直接的な相互作用が働かないからである。

プラットフォーム・モデルと垂直統合モデルのちがいを明確にするもう一つの例として、野菜市場とスーパーマーケットを比べてみよう。野菜市場は正真正銘のプラットフォーム・モデルである。野菜農家は

図表14-3　垂直統合モデル

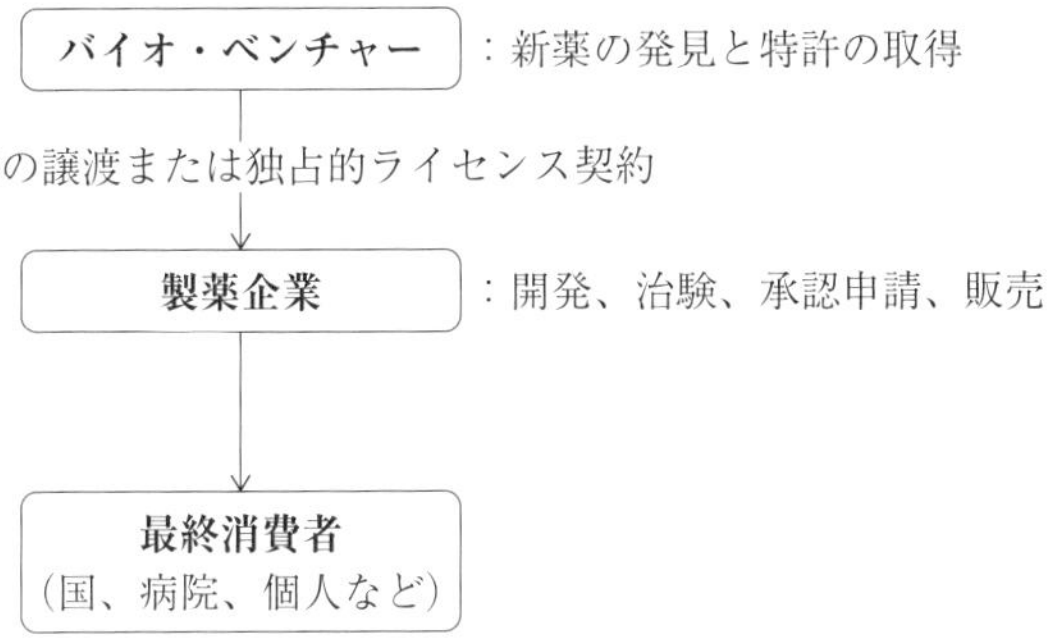

消費者と直接取引をするために市場という場を必要とする。一方、スーパーマーケットの場合、サプライヤーは消費者と直接の接点は持たない。スーパーマーケットに商品を売り、それを今度はスーパーマーケットが消費者に売るというしくみである。野菜市場で売る農家にとっては、商品をどう並べるか、価格をどう設定するかはもちろんだが、市場にどれほど買い手が集まるかも重要な問題だ。一方、スーパーマーケットの納入業者にとっては、スーパーマーケットの仕入部がいくらでいくつ買ってくれるかだけが問題で、集客のことまで心配する必要はない。この例から、プラットフォームがデジタル時代に固有の現象ではないこともおわかりいただけよう。もちろん、デジタル技術によってプラットフォーム・モデルが格段に増えたことはまちがいない。アマゾンにしても、一九九四年にインターネット書店として創業した時点では、プラットフォーム企業ではなかった。単に出版社から本を仕入れてウェブ上で売っていただけである。

二面プラットフォームに特徴的な戦略

二面プラットフォームは、定義からして、両方のサイドに同時に働きかける。したがって、利用者の最終的な利益に配慮する。これは何も慈善ではない。利用者が満足すればより多く払ってくれるし、さらに多くの利用者を呼び込んでくれるからだ。二面プラットフォーム型ビジネスモデル独特の次のような戦略は、まさにこのことに由来する。

第一の戦略は、売り手を競争させることである。製薬企業の垂直統合モデルでは、新薬の特許を持っているのは一社だけだが、プラットフォーム・モデルでは売り手同士のある程度の競争を歓迎する。同様にWindowsのOSは、外部の開発者によるアプリを受け入れる開かれたプラットフォームを形成しており、外部のアプリ同士、また外部と自前のアプリとが競争している[15]。競争があれば価格は押し下げられ、品質は押し上げられるので、プラットフォームは一段と魅力的になり、さらに多くの参加者を呼び込むことができる。このプロセス全体は、まるでプラットフォームが売り手に「参入免許」を与えているように見える。一方、買い手との関係からして、プラットフォーム企業は売り手の利益より買い手の利益を守ることに熱心である。対照的に、一九八〇〜九〇年代にフランスで普及した国営の情報通信サービス「ミニテル」は閉じた系だったため、インターネットの出現とともに急速に衰退してしまった。

第二の戦略は、場合によって価格統制を行うことである。たとえばアップルが運営する音楽・動画などのコンテンツ配信サービスiTunes Storeでは、ダウンロードできる楽曲の価格上限を定めている。シングルなら〇・九九ユーロ、アルバムなら九・九九ユーロといった具合である。また決済カードのプラットフォーム企業は、小売店に対し、カード利用者に手数料を請求することを禁じている。

第三は、品質管理を徹底することである。利用者の利益を守るために、プラットフォームは好ましくないアクセスを遮断する策を講じる。たとえば証券取引所がそうだ。上場に際しては、営業年数、純資産、株式数などの厳しい基準に合格しなければならないし、その後も常時チェックが行われている。上場企業が倒産するようなことがあれば、株式市場全体に甚大な悪影響をおよぼしかねないからだ。また、ナイトクラブがいかがわしい客の入店を断るように、いわゆる婚活サイトも、不適切あるいは悪質な人物の登録を排除する。このほか、非倫理的な行為の禁止も品質管理の一環と言えよう。たとえば証券取引では、フロントランニング（顧客の注文情報を利用して、証券会社が顧客注文の成立前に自己売買を行うこと）は禁じられている。アップルはAppStoreにアップロードされるアプリの品質管理を行っているし、フェイスブックは攻撃的なコンテンツや行動を監視するスタッフを相当数配置している。また多くのプラットフォームが、個人間の売買のトラブルを防ぐためにエスクロー会社を使っている。エスクロー会社は買い手から商品代金を預かり、買い手が売り手から契約通りの商品を受領したことを確認してから、預かった代金を売り手に送金する。

第四は、情報の提供である。多くのプラットフォームが、レビューや格付システムを用意して、売り手の信頼性に関する情報を買い手に提供している。また、中古車のオークション・サイトなどのように、出品者への値下げ交渉や価格裁定プロセスなどを用意して、調停機能を果たすケースもある。

今日話題のシェアリング・エコノミーは、ここに挙げた戦略をすべて駆使していると言えよう。たとえば配車サービスのウーバーは、ドライバーの履歴調査を行い、サービスの品質基準の遵守を要求するとともに、利用者に評価を依頼し、評判の悪いドライバーの登録は停止している。また、トラブルの際の調停システムや返金保証も整備されている。

4　二面市場と競争法

競争政策の論理を見直す

二面市場特有の商習慣をどう考えるべきだろうか。世界のどの国でも、公正取引委員会などの競争当局は、この問題に直面している。二面市場では、従来の競争法の原理が通用しない。二面市場のプラットフォームでは、市場の一方のサイドで価格を非常に低く、ときには無料にし、もう一方のサイドでは高く設定していることを思い出してほしい。一方のサイドの低価格は、競争当局から見れば大いに疑わしい。弱小の競争相手を蹴散らす略奪戦略に見えるからだ。平たく言えば、相手が音を上げるまで赤字覚悟で安値攻勢をかけたり、あるいは単にそうするつもりだぞと宣戦布告して、体力勝負に劣る相手を退場させる戦略である。また反対のサイドでの高価格は、独占的な企業のやり口を彷彿とさせる。だが市場をよく観察すれば、市場に参入したばかりの小粒の企業も、同じような価格構造を採用していることがわかる。

二面市場のこうした特殊性をちゃんと理解していない規制当局は、新旧大小を問わず定着した商習慣であるにもかかわらず、一方のサイドを略奪戦略と誤認し、もう一方のサイドを過剰高値と誤認して、告発しかねない[16]。規制当局は、従来の競争法の原理を、本来なじまない市場にまで機械的に当てはめることを厳に慎まなければならない。競争法には、二面市場の特殊性に適応した新たな指針を導入すべきである。競争当局はそれぞれのサイドを個別に検討して「けしからん」となりがちだが、そうではなく、両方のサイドを一つのものとして同時に検討する姿勢が求められる。

二面市場に競争法は不要か？

二面市場に競争法をそのまま適用すべきではないからと言って、この市場での競争法の適用を完全に断念し、言わば無法地帯にしてよいということにはならない。

最終顧客に払わせる場合

ここで、プラットフォーム企業が売り手に対し、このプラットフォームで買ってくれるお客から手数料をとってはいけない、プラットフォームを経由しない客と同じ値段で売らなければならない、と要求する慣行について考えてみよう。客が全員同じプラットフォームを使うケースは、むしろ少ない。たとえばアメックスがいかにステータスの高いカードだとしても、消費者の中には現金で払う人もいれば、小切手で払う人、そしてもちろん、別のクレジットカードを使う人もいる。またホテルや航空券を予約する人にしても、ブッキングを使う人もいれば、ホテルや航空会社に直接アクセスする人もいる（図表14－4参照）。

このような状況では、プラットフォーム企業は二つのサイドのうち、最終顧客ではなく売り手のサイド

図表14-4　統一価格

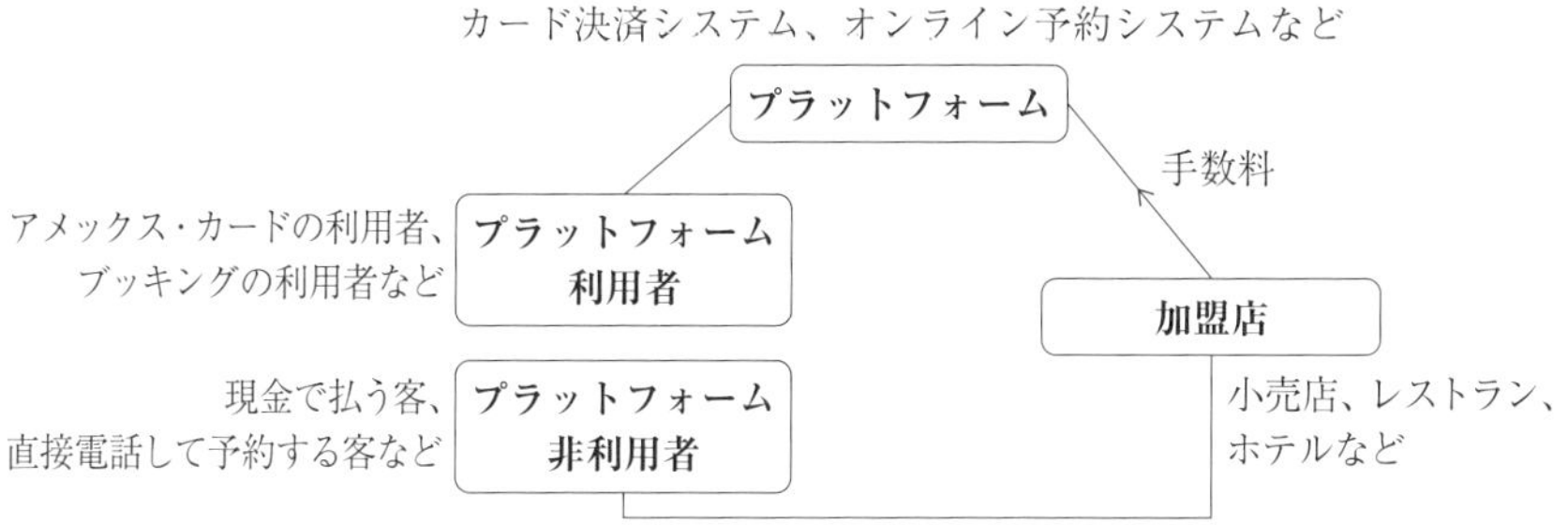

（先ほどの例では小売店やホテルなど）から手数料をとるのがふつうだ。そのうえで、最終顧客に対しては他の消費者と同じ価格設定にするよう（言い換えれば、統一価格の原則を守り、季節変動などがある場合でも同じ変動率を適用するよう）要求する。要するに、プラットフォームの利用の有無で最終価格に格差を設けてはならない。アメックス・カードで払う価格も他の決済手段で払う価格も同じでなければならず、ブッキングで予約した人も他の方法で予約した人も、同一ホテル、同一時期、同一グレードの室料は同じでなければならない[17]。アマゾンは、サプライヤー（出版社、レコード会社など）に対してもこの原則を適用している（しかしイギリスとドイツでは、このような要求をすることは現在では認められていない）。

　クレジットカードなどの支払い機能付きカードの場合、一部の国の競争当局は小売店にもっと自由裁量を与えるべきだと判断し、カードで払う客から利用手数料をとることを認めている。当局は、統一価格がそれとしてよいものだということを忘れてしまったらしい。誰に対しても同じ価格を請求するなら、ある品物を買うと決めてカードを提示したお客が、取引の最後の瞬間になって（つまりもう引っ込みがつかない状況で）上乗せを要求されるようなことはない[18]。ウェブ上でこんな経験をした人はいないだろうか――予約サイトでスケジュールにちょうどぴったりの安価な航空券を見つけ、必要事項をあれこれ入力し、いざ決済というときになって、最後の画面で手数料一〇ユーロが追加される――これと同じ場面が、統一価格の原則を守らなくてよいことになった国（イギリス、オランダ、アメリカ、オーストラリアなど）では実店舗でも展開されるのである。おまけにこの手数料は、加盟店がカード会社に払う手数料を大幅に上回っていることがめずらしくない。ブッキングをはじめとする旅行予約サイトの場合でも、統一価格が適用されていれば、みすみす利用客を逃さずに済む。手数料をとられるとわかっていたら、客は予約サイトの機能を利用して好みのホテルを選び、空き状況を調べたうえで、直接ホテルに電話するだろう。

とはいえ、統一価格が必ずしも消費者全員にとって好ましいとは限らないこともまた、認めなければならない。小売店なりホテルなりがプラットフォーム企業からとられる高い手数料は、じつは第三者に転嫁されている。その第三者とは、プラットフォームを利用しない消費者である。たとえば、ブッキング経由で予約した宿泊客がいた場合、ホテル側は室料の一五％を手数料として同社に払うとしよう。このとき、当の宿泊客はこの一五％の一部（仮に二〇％とする）しか負担せず、残りの大半（八〇％）はブッキングを利用しない客が負担するのである。これでは一種の税金のようなものと言わざるを得ない[19]。こうしたやり方が可能だと見越しているのか、ホテル側にひどく高い手数料が課されるケースも珍しくない[20]。この場合の市場の失敗は、価格の非対称性（これ自体は二面市場の特徴と言える）ではなくて、プラットフォームを利用しない消費者に負の外部効果が押し付けられることである。

こうした例は枚挙にいとまがない。プラットフォームは、寄生するのではなく、付加価値を生み出さなければならない。そうでないと、市場の二つのサイドを結びつけるサービスは単なるレント（超過利潤）の追求になってしまう。プラットフォームの登録料をとる、広告の出稿を強要する、売り手サイドから料金をとっておきながら買い手にはお粗末なサービスしか提供しない、などはレント追求に該当する。じつはすでに私たちの多くが、迷惑を被っている。たとえばある小さなレストランのウェブサイトを探すときがそうだ。そのウェブサイトは、少なくとも検索エンジンの先頭ページには見つからない。なぜなら、評価サイトだの予約サイトだのたくさんのプラットフォームが私たちとレストランの間に立ちはだかっているからである！　プラットフォームの手数料を規制すべきかどうか、もしすべきだとすれば上限はどの程度かを検討することが今後の課題になるだろう。ウーバーが付加価値を生み出していることはまちがいない。だがその付加価値は、ドライバーから運賃の二〇%を徴収してもいいほどのものだろうか。手数料押し下げ効果を狙うために、プラットフォーム間に十分な競争を導入すべきではないだろうか。

この問題に関する限り、経済学はまだ手探りの状況だ。それでも、経済分析によって二面市場の規制の原則を決定することは可能だと信じる。支払い機能付きカードに関しては、分析の結果、加盟店手数料は外部性を内部化するという原則に従うべきだということがあきらかになった。これは、本書の多くの章で繰り返し述べてきた原則である[21]。加盟店手数料は、小売店がクレジットカード加盟によって得た（他の決済方法を上回る）メリットに等しく設定すべきである[22]。そうすれば、決済方法を自ら選ぶ消費者が小売店に負の外部性をもたらすことはない。この原則は欧州委員会で採用され、ビザとマスターカードの監督に適用されている。

二面市場も、他の分野と同様、自由放任か厳格な規制かという議論は正しくない。問題の本質に迫る経済分析だけが、適切な答を導き出すことができる。

売り手が反撃に出る場合

プラットフォーム企業がつねに決定権を握っているわけではない。ときには自分より強い立場の相手が登場することもある。たとえばアメリカで出現した航空券の比較サイトがそうだ[23]。比較サイトのビジネスモデルは、航空会社のデータ（価格および空席状況）にアクセスできるからこそ成り立つ。アメリカの航空業界は集中が進んでおり、大手航空会社は、比較サイトにデータへのアクセスを禁じる措置をとってきた。なぜ彼らは比較サイトへの掲載を拒否するのだろうか。

航空会社が独占的に管理したいと堂々と言えるのは、顧客情報である。顧客情報は、利用傾向や特性に応じて的確なマーケティングを行ううえで欠かせない。比較サイトに手数料を払いたくないという理由もある（もっとも、手数料が低いサイトへの掲載も拒絶している）。じつは公には認めたがらないが、彼らが本音では最も望まないのは、利用客が簡単に価格を比較できるようになることである。というのも他の分野では、消費者による価格比較が容易になると、必ず価格に押し下げ圧力がかかっているからだ。だが同じ目的地に複数の便が飛んでいる場合、ある航空会社が比較サイトへの掲載を拒絶したら、潜在利用者はいちいちその航空会社のサイトをチェックしなければならない。このような場合、比較サイトへの掲載の拒絶は、反競争的行為とみなしうる。

競争可能性

ＩＴ市場を観察してすぐに気づくのは、集中化が進んでいることである。グーグル、マイクロソフト、フェイスブックが代表例だが、ある一つの市場を一つの企業が支配しているケースが多い。このこと自体は少しも異常ではない。二つの要因が、一つか二つのプラットフォームへの利用者の集中を促すからだ。しかし競争という点からすると、この状況はいささか心配でもある。

集中化を促す第一の要因は、ネットワーク外部性である。ネットワーク外部性とは、ある財またはサービスの利用者が増加すると、その財またはサービスの利便性や効用が増加することを指す。たとえば電話は自分だけが加入していても何の役にも立たないが、普及するにつれてその利便性は飛躍的に高まる。これを最大限に活用しているのが、フェイスブックやインスタグラムだ。連絡を取り合いたい友人がフェイスブックに登録しているなら、写真を共有したい友人がインスタグラムに登録しているなら、自分も登録しなければ、ということになる。これとまったく同じ現象が、アナログ電話ですでに起きていた。電話会社の競争はいったん独占で決着したものの、一九八〇～九〇年代になって規制緩和により競争が再び導入された。このとき、当局は電話網同士の互換性が確保されるよう、平たく言えばどこに加入していても支障なく通話ができるよう、監視しなければならなかった。さもないと在来の電話会社が新規参入者の回線アクセスを遮断して邪魔立てする恐れがあったからである。

ネットワーク外部性は、フェイスブックのように直接的に働くこともあれば、アプリやゲームの数が多いプラットフォームが好まれ、そのプラットフォームのユーザー数が増えるほど、また多くのアプリやゲームが供給されるという具合に、間接的に働くこともある。このようなケースでは、ユーザーは見知らぬ他のユーザーの存在によって恩恵を受けるわけだ。同様に、都会の住人は他の住人の恩恵を受けている。住んでいる人が多いほど、公共施設やバーや映画館が増えて利用しやすくなるからだ。

第二の要因は、スケールメリットである。サービスの中には、技術面の初期投資が膨大な額に上るものがある。たとえば高性能の検索エンジンは、年間二〇〇〇件しか検索を実行しなくても、二兆件（グーグルはまさにそうだ）でも、同じ費用がかかる。だが広告収入も、利用者がもたらす情報の価値も、当然ながら後者のほうが段違いに大きい(24)。グーグルのような企業に有利に作用するスケールメリットは、ほかにもある。他の検索エンジンは、頻出するキーワードに関してはグーグルに対抗できたとしても、頻度の低いキーワードでは妥当な検索結果を表示できないことだ。したがって必然的に「自然独占」へと向かうことになる。

ネットワーク外部性とスケールメリットにより、インターネット経済ではいわゆる「勝者総取り」という現象が起きやすい。たとえばインターネット・ブラウザは、その典型例だ。最初は Netscape が、次いでマイクロソフトの Internet Explorer が、いまではグーグルの Chrome が市場をほぼ独占している。もちろん、例外もある。ネットワーク外部性とスケールメリットがそこまで強力でないときは、市場は独占や寡占状態にはならない。たとえば音楽配信プラットフォームがそうだ。アップル、フランスのディーザーやカナルプレイ、スウェーデンのスポティファイ、アメリカのパンドラやネットフリックスなど、多数のプラットフォームが出現している（これらのプラットフォームは、聴取者との交流などさまざまな点で個性を打ち出している）。

デジタル市場の集中化は、競争上の問題を引き起こす。ある企業が支配的な地位を占めるようになると、価格が引き上げられるとか、後発のイノベーションが阻害されるといった事態が懸念される。独占企業よりも効率的あるいは革新的な製品やサービスを持ち合わせている新規参入者が市場への参入を妨害されることは、あってはならない。経済学の言葉で言うなら、市場は「競争可能（contestable）」でなければならない。どこかの時点で多くの企業が激しく競争することがなかった場合には、シュンペーター流の「創造的破壊」、すなわち現在支配的な企業が技術的・商業的な飛躍をもたらすような新参企業に完全にとってかわられるような事態を期待するしかない。

この競争可能性の問題は、何度となく表面化している。たとえば一九六九年のＩＢＭがそうだ。アメリカで反トラスト法違反を問われた訴訟の結果、ＩＢＭはソフトウェア事業とハードウェア事業の分離を余儀なくされた。またマイクロソフトもＯＳ、Windows の市場独占を問題視され、アメリカでは一九九五年に、ヨーロッパでは二〇〇四年に、ＯＳからブラウザ Explorer と動画・音声再生ソフト Media Player の切り離しを迫られている。そして最近では、グーグルがＥＵ競争法（独占禁止法）違反であるとして巨額の賠償金を課されたことは記憶に新しい。こうした独禁法違反では、いわゆる「抱き合わせ販売」が関わっていることが多い。抱き合わせ販売がとくに問題視されるのは、市場を支配する企業が、自社製品またはサービス（たとえばＩＢＭのハードウェア）に補完的な自社製品またはサービス（たとえばＩＢＭのソフトウェア）を無償またはただ同然の値段でおまけに付けて販売するときである。すると本体を買った人は結果的におまけも入手することになる。

抱き合わせ販売は、なぜ問題なのだろうか。この問題は、見かけより複雑である。ＩＢＭ製ソフトがライバル企業より品質が劣るとしよう。するとＩＢＭは本来的には、顧客にライバル製品を使ってもらうほうが利益になる。というのも自社製ハードウェアの魅力が一段と高まり、価格を引き上げられるからだ。この推論を押し進めると、抱き合わせ販売の慣行は、ＩＢＭ製ソフトがライバル製品より高品質であることを意味するとの結論にたどり着く。さもなくばＩＢＭは抱き合わせにする理由がない。そして高品質であるなら、何も心配する理由はないはずだ。むしろ、抱き合わせ販売を差し止めればユーザーの利益を損ねるだけだ、ということになる――。

独禁法関連の訴訟では、独占的企業は抱き合わせ販売の理由として、これとは別の（ときに正当な）根拠が持ち出される。たとえば、抱き合わせにすれば責任の所在がはっきりするというのが、その一つだ。製品が不具合を起こした場合、ユーザーにはハードウェアが悪いのかソフトウェアなのか、ＯＳが悪いのかブラウザなのか、わからないという。あるいは、知的財産権を保護するためだと主張するケースもある。ライバル企業の製品との互換性を確保するためには企業秘密を教えなければならない、というわけだ。市場の細分化を促すという理由もある。ＩＢＭは、パンチカード式コンピュータの時代にこの理由を挙げた。パンチカードの販売（こちらは新規参入の余地があるはずだった）を手がけることによって、ライトユーザーとヘビーユーザーを峻別し、後者により多く払わせることが可能になるというのである。また、売り手が一つなら販売コストが倍にならずに済むという理屈もある。もっともデジタル時代には、多くの製品がインターネット経由で販売できるので、この理屈はあまり説得力がない。

競争可能性という経済学の概念を踏まえれば、なぜ抱き合わせ販売が問題なのかが理解しやすくなるだろう。インターネット市場への新規参入者は、はじめから全ラインナップを取り揃えるのではなく、ニッチ戦略を立て、何か一つの製品に特化していることが多い。得意とする製品で突破口を切り開いてから、製品ラインナップを拡大していく。グーグルにしても、最初は検索エンジンの開発から始めた。今日のような企業になるのはずっとあとのことである。だが新規参入を果たすためには、最初のオリジナル製品が売れなければならない（もちろん、既存企業の製品を上回るものであることが条件だが）。既存企業としては、このような部分的な参入も阻止したい。短期的に自社の利益を守りたいということも理由の一つだが、それだけでなく、この新規参入企業がやがて自社の独占を脅かすような存在になる芽を予め摘んでおきたいからだ[25]。となれば、抱き合わせ販売は反競争的な商慣習だと言える。

以上の分析から、デジタル経済とりわけ二面市場において競争を促すためには、あらゆる場面に適合する万能の対策は存在しないことがわかる。たとえば一方のサイドの低価格を禁止すべきなのか、そうでないのか。抱き合わせ販売やこれに類する販売方式（たとえば多品目購入時の割引など）を禁止すべきなのか、そうでないのか。こうした商慣習は容認してよい場合もあれば、独占的な地位を一段と強固にする場合もある。デジタル経済においても競争が行われるようにするための唯一正しい方法は、経済分析に基づきケースバイケースで対応することである。

第15章
デジタル経済と社会的課題

デジタル革命は、多くの機会をもたらす。好むと好まざるとにかかわらず、この革命はどこにでも顔を出す。どんな産業も影響を受けずにはおれない。したがってデジタル革命が現代社会に突きつける課題に対して十分に準備し、ひたすら耐え忍ぶのではなく、スマートに適応していくことが求められる。主な課題としては、デジタル世界の信頼性、情報の所有権、医療保険制度の維持、雇用、税制が挙げられる。これらの課題は一筋縄ではいかない。経済はどう対応すべきか、どのような枠組みで考えるべきか、早急に決めなければならない。

本章では、まずインターネット・ユーザーにとってのデジタル・エコシステムの信頼性の問題を取り上げる。エコシステムとは、複数の企業が互いの技術や資本力を生かしながら、消費者も巻き込んで広く共存共栄していくしくみを指す。デジタル・エコシステムにおける信頼性は、二つのレベルに関わっている。前章でも論じたように、今日では製品や情報があふれ、相互作用するプレーヤーたちも膨大な数に上る。そこでプラットフォームが登場して案内役を務め、限られたアテンションを誘導するようになった。ここで第一に問題になるのは、プラットフォームの推奨は信頼できるのか、ということである。第二に、ユーザーの個人情報の利用方法が問題になる。今日では、個人情報を掌握している主体は経済的・政治的に強力な切り札を握ったことになる。情報が、いつも好ましいやり方で使われるとは限らない。このことは、情報の所有権の問題に結びつく。これに関連して、第三の問題として、リスクの相互共有をよりどころとする医療保険制度を取り上げる。本章では医療保険制度がなぜ情報によって危うくなるのかを説明し、この危険に対してどのように対処すべきかを考えていく。

第四の問題は雇用である。デジタル革命が雇用に、さらには職業のあり方に大きな不安をもたらしていることは、改めて言うまでもあるまい。デジタル化によって消えていくのはどの職業なのか。高度に専門的な仕事も、そうでない仕事も、人工知能（ＡＩ）とロボットに次々に置き換えられていくのか。生き残る仕事はどれも「ウーバー化」されたものばかりだろうか。もはや会社から給料をもらうような仕事はなくなり、誰もが個人事業主になるのだろうか。誰もあえて考えたくはないことだろう。そこで本章では、いくつか考えるヒントを提案したい。最後に、第五の課題として、デジタル経済における税制の問題を取り上げる。

1　信頼性

これまで私たちは、自分のコンピュータやスマートフォンやタブレットを介してインターネットとつながっていた。しかしいまや「モノのインターネット（ＩｏＴ）」が登場し、ありとあらゆるモノがインターネットに接続するようになった。この状況では、私たちはたとえばインテリジェントな服、腕時計、眼鏡などを介して、否応なしに常時インターネットとつながることになる。それは多くの可能性を開く一方で、多くの危険も孕《はら》む。これまでクッキー（ブラウザに蓄積されるサイトの来歴情報）を心配していた人は(1)、履歴からプロフィールが特定され、さらには顔認識システムで顔まで特定されてしまう心配をしなければならないかもしれない(2)。ジョージ・オーウェルの描いたビッグブラザー、絶えず国民を監視するあの独裁者を連想させるような事態である。デジタル化が社会に受け入れられるかどうかは、ユーザーの提供する情報が本人の利益に反することに使われないか、大勢が利用するプラットフォームは機密保持をはじめとする契約条項をきちんと守れるのか、プラットフォーム上の情報や推奨は信用できるか、といったこと次第だ。つまり一言で言えば、信頼性の問題である。

「おすすめ」は信用できるか？

私たちは多くの事柄で、自分よりはるかにくわしい専門家の意見に頼っている。病気になれば医者にかかり、借金をするときは銀行に、家を建てるときは建築家に、遺産相続では公証人に、精密機器やハイテク製品などを買うときには専門店の店員に頼る。彼らを信用するのは、評判がいいからであることが多い——ちょうどレストランを選ぶときと同じように。自分の町のレストランなら、行ってみて満足できなければ二度と行かなければよい。だが旅先でレストランを探すときは、過去の利用者によるレビュー、仲間のクチコミ、グルメ評論家のおすすめ情報などを信頼する。ただしレビューにせよクチコミにせよ、その当否が事後的に評価されていない限り、信頼に値するものにはなり得ない[3]。もし信頼性に乏しい情報が横行するようであれば、何らかの規制が必要になる。

専門家の意見の信頼性は、その専門家の知識や能力だけに基づくわけではない。利益相反がないことも重要だ。たとえば製品によって店に入るコミッションがちがう場合に、コミッションの多い製品をお客に奨める行為は利益相反に当たる。店の利益にはなっても、お客の利益にはならないからだ。家電の量販店などで起きるこうした事態は、ネット通販でも起きている。消費者の側は、いったいこのサイトはこちらの好みや、製品の品質やコストパフォーマンスに基づいて「おすすめ」をしているのか、それともコミッションの多い製品を「おすすめ」しているのか、疑問を抱かざるを得ない。

今日では医師は、利益相反の公表を義務づけられるようになった。たとえばアメリカやフランスがそうだ。製薬会社は自社製品を患者に推奨してもらうべく、医師に「贈り物」をしたりコミッションを払ったりする。その結果、効能の乏しい薬を奨めたり、同じ効能なら値段の高い製品を奨めたりすることになりかねない。同じことが近い将来にはインターネット上で起きるだろう。サイトが推奨する処方は、果たして公正なものなのだろうか。そしてもちろん問題は、医薬品にとどまらない。将来的には多くの職業で、利益相反の可能性を公表するよう法的に義務づけられるようになるか、自主的にそうすることが当たり前になるだろう。

個人情報の保護方針は信用できるか？

私たちはかかりつけの医者を信頼している。一般的に医者は職業上の守秘義務を遵守すると信頼しているからだ。では、ウェブサイト上やソーシャルネットワークで開示する個人情報については、どうだろうか。デジタルの世界でやりとりする情報は、医師に明かす情報に劣らず重要である。だが前者の秘密保持に対する保証は、はるかに危ういと言わざるを得ない。

サイトでモノを買ったり、助言を得たり、連絡を取り合ったりするときに私たちが開示する情報はどのように利用されるのか――こうした心配に応えるために、どのサイトも個人情報保護方針（privacy policy）を掲げ、クッキーの利用を含め、情報利用の透明化を図っている（ちゃんと読む人は少ないが）。それでもやはり、ウェブ企業と私たちの間で取り交わされたことになっている契約は、経済学者の言葉で言えば「不完備契約」である。そして私たちは、どんなリスクを冒しているのかはっきりと知ることができない。

まず一般の利用者は、プラットフォーム企業が情報セキュリティにどれほどの投資をしているのか、知らない。大々的に報道された最近の多くの事例からもわかるように、個人情報が漏れるリスクは現実のものとなっている。主な事件だけでも、二〇一三年に小売りのターゲットで四〇〇〇万人分、一四年にはホームデポで五六〇〇万人分のクレジットカード情報が流出したほか、二〇一五年にはアメリカの人事管理局がハッカー攻撃を受け、二〇〇〇万人分の情報が盗まれた。また既婚者向け出会い系サイト、アシュレイ・マディソンから三七〇〇万人分の個人情報（氏名、住所、クレジットカード情報、さらにはセックス願望まで）がハッカー団に盗まれ、ダークウェブ上で公開されるというセンセーショナルな事件も発生した。[4]たしかにウェブ企業は、自社の事業にとって評判が非常に重要であることを承知しており、相当な額のセキュリティ投資をしている。だが顧客情報が流出した場合のコストを全額内部化してみたら、もっと投資しなければならないことに気づくはずだ。

モノのインターネットが登場し、車、家電、医療機器など毎日使うモノの一部または全部が遠隔操作されるようになったら、情報窃盗の可能性は飛躍的に高まる。こうした技術の進歩には、もちろん好ましい面も多い。だが、セキュリティに不備があって対応に追われた初期のマイクロコンピュータの轍を踏まないよう、厳に注意しなければならない。

さらに、顧客情報の第三者への譲渡禁止条項もかなり心許ない。たとえば、企業Aが取得した顧客情報を子会社Bに無償で渡し、Bがその情報に基づいてサービスを提供するとしよう。これはAの契約違反に当たらないだろうか。企業間のデータ共有という問題はきわめて複雑だ。一般に、顧客情報を収集した企業は、その情報を（間接的にでも）譲渡した相手が悪用あるいは濫用した場合、それに対して少なくとも部分的には責任がある（これは、公害企業や搾取企業の下請けや調達先などといくらか似ている。弱い立場の下請けや調達先に命令を下した企業は、刑法上の責任を問われる）。

では、企業が倒産したらどうなるのか。インターネット企業にせよ、そうでないにせよ、倒産ということになったら、債権者はその企業の資産をもらうか売るかして債権を一部なりとも回収することができる。この保証がなければ、そもそも企業はお金を借りられない。そしてデジタル経済においては、データは重要な資産だ。債権者が、破綻企業の集めた個人情報に目を付けるのは当然の成り行きである。だが、企業が情報収集の際に掲げている個人情報保護方針からすると、このような譲渡は望ましいとは言えまい。これについても、懸念された事態がすでに現実の世界で起きている。アメリカの大手家電量販店チェーンのラジオシャックは二〇一五年に倒産。なんと顧客情報が入札にかけられた[5]。

問題を一段と困難にしているのは、個人情報が適切に保護されなかった場合、予想もしない場面や遠い将来にその影響が表れかねないことである。そしてユーザーである私たちには、どんなことが起こりうるかを理解するだけの知識もなければ、理解するために時間をかける気もない。たとえば、ウェブ上で写真その他の情報を無邪気に公開している若者の大半は、就職活動や借金をする際にそれらの情報が思いがけず問題にされ我が身に降りかかる可能性に気づいていない。

したがって、ウェブサイトに掲げられた個人情報保護方針をろくに読まずに「同意する」ボタンをクリックしている私たちは、その同意が何を意味するかをよくよく考えなければならない。ここでもまた、従来の商取引同様、法規制による消費者保護が重要になってくる。駐車場を利用する場合、ゲートで受け取る駐車券は入場許可証になると同時に、利用規約に同意したことの証にもなる。だが、駐車券の裏に小さな字で書かれた規約を読む人がいるだろうか。そんなことをするのは時間の無駄だし、ゲートで渋滞を引き起こしてしまう――。それでも法律では、消費者側に一方的に不利な契約条項を無効にできる場合を定めるなど、消費者の救済措置が用意されている。同じことがウェブにも当てはまる。サイトにログインするたびにユーザーに面倒な規則を仔細に吟味せよと要求するのは、どう考えても現実的ではない。

2　データの所有権

今後、データの処理や加工から付加価値が生まれる例がどんどん増えていくだろう。そうなったとき私たちは、自分自身のデータへのアクセスと秘密保持をコントロールできるのだろうか。それとも、私たちの個人情報は企業や国家に未来永劫掌握されることになるのだろうか。

ありとあらゆる場面にＧＡＦＡＭ（グーグル〔Google〕、アマゾン〔Amazon〕、フェイスブック

〔Facebook〕、アップル〔Apple〕、マイクロソフト〔Microsoft〕）をはじめとするアメリカ企業（たとえば人工知能ワトソンを開発したＩＢＭ）が進出している現状に、フランスをはじめ多くの国が懸念を抱いている。この懸念は部分的には、アメリカという一つの国がこれほどの支配力を持つことに対する嫉妬に由来する。アメリカは、ＩＴやバイオなどの先端分野で企業や大学の研究環境を整え、研究開発を促進してきた。同国がさまざまな分野で世界のトップを走っているのは、けっして偶然ではない。とはいえ私たちが抱く懸念は、嫉妬だけが理由ではない。データの所有権を独占することにより参入障壁を築いているのではないか、という正当な理由もある。[6]

インターネット企業は、分野を問わず、顧客に関する多くのデータを活用している。たとえば、お客の好みに合う商品を推奨する、興味を持ちそうな関連商品を提案する、などだ。このこと自体は別に悪くない。きらいな商品を奨められたり、まったく興味のないものを示されたりするよりはずっといい。とはいえ、競合する企業がデータを持ち合わせていないために同様の提案をできないとすれば、データを所有している企業は支配的な地位を確立し、利幅を引き上げて消費者に不利益をもたらすことが可能になる。

となれば、こんな疑問が思い浮かぶ。顧客情報を握っている企業は、それによって他を圧するほどの大きな利益を得るに値するのだろうか。この疑問は第16章と第17章でも取り上げるが、常識的に考えれば、データ収集が独自のイノベーションや巨額の投資の結果であれば、その企業はデータを保有し活用して利益を得る資格があると言えるだろう。しかし逆に、ほとんどコストをかけずに容易に収集できるデータは、企業が独占すべきではあるまい。むしろその情報は、提供した本人の所有権に帰すると考えられる。

この点をわかりやすく説明するために、二面プラットフォームの利用者が提供した情報を考えてみよう。私がイーベイで中古品を売ったら、買い手に評価される。ウーバーのドライバーやトリップアドバイザーが紹介するレストランも、利用者に評価される。ここには何もイノベーションはない。ユーザーによるレビューは、いまやどのウェブでも行われている。となれば、私に対するレビューは、私のものであるはずだ。だから、もしイーベイが利用料を値上げしたり、サービスの質を落としたりしたら、私としては他のプラットフォームに乗り換えるときに、それまでのレビューを持って行きたい。良い評価を得るためにあれこれ気を遣い、がんばって評判を維持してきたのだから。ウーバーのドライバーも、同業のリフトで仕事を始めようとするなら、やはりそれまでの評価を持って行きたいだろう。だが実際には、まったく逆のことが起きている。私たちの個人情報を（私たち自身の同意の下で）所有しているのは、プラットフォーム企業のほうだ。医療機器が読み取った健康状態に関する情報やスマートウォッチが記録した生体情報でさえ、多くは機器メーカーのサイトに送られ、彼らが我が物顔に所有権を主張している。

利用者が提供した情報と、その情報の処理や加工との間に明確な区別があるとすれば、とるべき方針ははっきりしている。情報は、提供した本人に所有権があるということだ。したがって、本人が持ち運ぶこと（ポータビリティ）を保証しなければならない。つまり、本人が望むのであれば第三者への譲渡を認めなければならない[7]。こうした配慮から、アメリカでは二〇一四年以降、個人の医療情報が十分なセキュリティ対策を施したデータベースに標準フォーマットで蓄積され、患者はブルーボタンをクリックすれば自分の医療情報にアクセスできるようになった。おかげでいまでは患者が自分で医療機関を選択し、情報を共有できるようになっている。一方、情報解析など情報の処理のほうには、企業が投資する。したがって、その結果については企業が知的財産権を保有する。このように、生データの所有権は提供した本人に帰属し、処理済みデータの知的財産権は処理をした企業に帰属すると考えるのが自然だと言えよう。ところが現実には、両者の境界は微妙である。

第一に、データの質は企業の努力に左右されることが多い。ブッキングドットコム（ブッキング）などの予約サイトやトリップアドバイザーなどのクチコミ・サイトでは、情報の信頼性がきわめて重要だ。たとえば、あるホテルを依《え》怙《こ》贔屓《ひいき》したり競合するホテルを不当に非難するといった、実体験に基づかない投稿などが紛れ込んではならない。またグーグルは、多くのサイトからリンクされているページを上位表示させるために PageRank というアルゴリズムを使っているが、上位表示を狙って人為的な対策を施された質の悪いサイトに、このアルゴリズムが惑わされないようにしなければならない。誰も作為的で悪質な投稿などしない世界であれば、ブッキングは投稿をただそのまま掲載しているだけということになる。だが実際には、同社は情報の信頼性を高めるために巨額の投資を行い、不正投稿の防止対策を講じて、ホテルの評判と経済的価値の確立に共同参加している。彼らがホテル評価の所有権を主張する根拠はここにある。

第二に、情報の収集と処理は往々にして密接な関係にある。そもそもどんなデータを収集するかを決める時点で、どんな目的に利用するかに左右されるからだ。この場合、生データ（本人に所有権がある）と処理済みデータ（処理した側に知的財産権が発生する）の区別は一段とむずかしくなる。

プラットフォームはデータの提供に対して対価を払うべきだということがよく言われる。だが実際には、ある種のプラットフォームは現に払っている――金銭ではなく、無償のサービスという形でだが。私たちは無料の付随的なサービス（検索エンジン、ソーシャルネットワーク、インスタントメッセージ、動画サイトなど）に対して、あるいは有料の取引（ウーバーやエアビーアンドビーなど）に対して、自ら個人情報を提供しているのである。だからインターネット企業はしばしば、自分たちはただで情報を入手しているわけではない、ちゃんと払っていると主張する。

最後に、データの所有権と関連する問題を指摘しておこう。情報を収集した側が、本人の同意の下にどこかに譲渡する場合、たとえばブルーボタンのように患者の医療情報を他の医療機関に送信する場合、標準化されたインターフェースが必要になる。このような場合、どのデータをデータベースに入れるべきか、またそのデータベースはどのような方法で構築すべきか、誰が決めるのだろうか。標準化を推進すれば、イノベーションを阻害することにはならないだろうか。情報は、今日では価値創出の中心に位置づけられている以上、その利用を律する何らかの原則を決めておくことは喫緊の課題と言えよう。安易に答を出さず、綿密な経済分析を行うことが重要である。

3　医療保険制度

医療分野は、デジタル化が企業や公的制度のあり方をどのように変えるかを示す代表例となるだろう。私たちの健康状態に関する情報は、従来は医療機関を受診したときに生成されていた。それは開業医の診察室のこともあれば、病院や研究所のこともあった。だがこれからは、こうした専門機関だけでなく、私たち自身も継続的に自分の健康情報を収集できるようになるだろう。身体に取り付けたウェアラブル端末のセンサーから情報がスマートフォンに自動送信され、いつでも自分でチェックしたり専門家に相談したりできるようになる。今日すでにペースメーカー、血圧測定器、血糖値測定器などがそうなっている。

これらの情報を遺伝情報と組み合わせれば、診断や治療にとって途方もなく役に立つだろう。いわゆるビッグデータの収集と解析は、このようにすばらしい機会を提供してくれる一方で、危険も孕んでいる。まず、良いほうから取り上げよう。大量の生体情報が継続的に収集・解析可能になれば、より正確な診断が下せるようになると同時に、コストも大幅に圧縮される。なぜなら、非常に高コストな医療専門家（患者の診察に要する時間や医師免許を取得するまでの労力が高コストの原因である）の手を煩わせずに済むからだ。近い将来、検査と診断はコンピュータが実行するようになり、医師と薬剤師はルーティンワークから解放されるだろう。すると、医療分野に限らないが、コンピュータがどこまで人間を代用できるのか、ということが問題になる。言うまでもなくコンピュータは、人間と比べてはるかに大量のデータをはるかに短時間で処理できるし、診断対象の患者と同様の症状や似たような遺伝情報を持つ他の患者のデータと比較対照することも瞬時にやってのける。直観や閃きの点では人間に劣っているが、機械学習（マシンラーニング）の進歩により、そのギャップもいまや急速に縮まってきた。機械学習とは、人工知能のプログラム自身が過去の経験を踏まえて誤りを修正し学んでいくことである。人工知能は、もともとは人間をまねて設計されたのだが、さまざまな新しい試みが積み重ねられた結果、二〇年前にチェスのチャンピオンに圧勝し、ついに二〇一六年には碁のチャンピオンを負かすようになった。今後医療分野では、情報技術者と並んでバイオと神経科学の研究者がバリューチェーンで中心的な役割を果たすようになり、医療がもたらす付加価値のかなりの部分を占めるようになるだろう。まるでSFのように聞こえるかもしれないが、医師という職業がいずれ今日とは似ても似つかぬものになることは確実だと断言できる[8]。現在はいまなお薬による治療が主流だが、デジタル化が進むにつれて、予防が一段と強化されるだろう。また今日では医療費の高騰と財政事情の悪化により、万人に平等に治療へのアクセスが保証されているとは言いがたい状況だ。医療情報のデジタル化は、公平なアクセスにつながるとも期待できる。

このように、医療のデジタル化が社会にもたらすメリットはきわめて大きい。だがその一方で、加入者のリスク分担に支えられている医療保険制度にとっては、大きな問題も孕んでいる[9]。

モラルハザードと逆選択

保険を論じるときに必ず出てくるのが、モラルハザードと逆選択という問題である。医療保険の場合のモラルハザードは、保険に入ると治療費の全額は負担しなくて済むので、自分の健康にあまり注意を払わなくなったり、健康に良い習慣を励行しなくなったりする傾向を指す。より広くは、自分が責任を負わなくて済む場合に、他の全員にとって好ましくない行為を平気ですることも含まれる。たとえば公共施設の電気をつけっぱなしにする、公営プールでむやみに景気よくシャワーを浴びる、などだ。銀行の無謀なリスクテークもモラルハザードに当たる。破綻の危機に瀕したとしても公的資金で救済されると見越して、無用のリスクを冒すからだ。会社と社員の間で協定を結び（つまりぐるになって）、退職理由を取り繕って失業保障が社会保障プログラムでまかなわれるようにするのも、そうだ[10]。このような例は枚挙にいとまがない。

一方、逆選択とは、健康に不安のある人や危険な職業に従事している人など身の回りのリスクが高い人ほど保険に入りたがること、さらには不摂生や手抜きや危険運転など自分の保険事故の発生確率が高いことを知りながら、そしらぬ顔で保険に入ろうとすることを意味する。そして不摂生のせいで病気になっても遺伝のせいに、農薬散布を怠って作物が全滅しても旱魃のせいにするというわけだ。

理論上は、この種の問題の取り扱いはきわめて単純明快である。保険事故が当事者の責に帰すべきでない場合には、保険で補償すればよい。加入者が自分だけでなく社会も負担してくれると当て込んでリスクを冒した場合には、当人が負担する。洪水がよく起きる地域と知りつつ、「いざというときは国が助けてくれるだろう」と見込んで安値で家を建てる人を保険で補償すべきではない[11]。一方、ほんとうに予見不能な事由で損害を被った場合には、全額を保険で補償すべきである。なお医療保険の場合には、安易な受診を防ぐために、予見不能であっても簡単な治療や薬代は患者が負担することが望ましい。

しかし現実には、ものごとはそんなに単純ではない。モラルハザードや逆選択を峻別し責任の所在を明確にするのは必ずしも容易ではないからだ。収穫が乏しいのは、農家がすべきことを怠ったからなのか、それとも土地や天候のせいなのか。駐車禁止区域に車を停めたのは不注意のせいなのか、それとも緊急事態が発生して医者に駆け込まなければならなかったためなのか。セカンドオピニオンを求めて社会保障プログラムに余計なコストを負担させるのは、最初にかかった医者がお粗末で信用できないからなのか、重大な病気で慎重な判断を下す必要があるからなのか、それとも患者が自分は重病だという強迫観念に取り憑かれているからなのか[12]。

責任の所在をはっきりできないため、現実には保険会社と保険加入者がリスクを分け合うしくみになることが多い。たとえばフランスの医療保険制度は、創設された時点から患者負担率が高めに設定されており、診療費は三〇％、入院費は二〇％が患者負担である。今日では追加的に別の保険に入って患者負担分を全額カバーするケースが増えているが、そうなるとまた新たな自己負担項目が追加され、患者はまた追加で保険料を払うといった事態になっている[13]。

現時点の規制

保険市場の中にはほとんど規制の必要がない市場もある。たとえば住宅用の火災保険では、逆選択やリスク選択（後段で説明する）が行われない限りにおいて、相互扶助によるリスク分担が可能である（私の家が火事になった場合、建て替え費用の一部はあなたの保険料でまかなわれる。逆もまた成り立つ）。言い換えれば、私の家が火事になる確率とあなたの家が火事になる確率は本来的にほぼ同じなので、どの人も同じような妥当な保険料率で保険をかけられる。

だが医療保険は、そうはいかない。というのも、病気になる確率は個人によってばらつきが大きいからだ。したがって適切な規制を行わないと、リスク分担はうまく機能しない。このような状況で、保険会社の側には、病気になるリスクの小さい「好ましい」加入者だけを集めたいという誘因が働く。これがリスク選択である。現にフランスでは、医療費の半分は、保険加入者のわずか五％に施された治療で占められている[14]。リスク選択が行われると、たとえば長期の治療を必要とするような人は、妥当な保険料率では保険に加入できないという事態が起こりうる。このようにリスクの低い人にのみ有利な条件の保険が提示され、リスクの高い人は保険にも入れないというのは、自分では如何ともしがたい要因（病気にならない・なるの運・不運）による重大な不平等だ。情報が保険を殺しているのである[15]。

そこで世界のほとんどの国では、医療保険制度が公営か民営かを問わず、リスク選択を禁じている。少なくとも基本的な保険についてはそうだ。フランスの場合、国民皆保険を謳っており、基本的な医療保険に関する限り、リスク選択の問題は存在しない。ドイツ、スイス、オランダでは基本的な保険の供給も民間企業の競争に委ねられているが、リスク選択は法律で禁じられている。質問調査に基づく選択は禁止で、申し込み者全員を受け付けなければならない。料率も同一である（免責金額の選択や年齢層ごとのある程度の料率のちがいは認められている）。たしかに、ハイリスク・グループを対象にした広告は打たないなど、間接的なリスク選択の方法がないわけではない。だが、そうした手段の濫用には規制当局が目を光らせている。たとえばスイスでは、保険会社が共同補償する方法で、リスク選択に走るインセンティブを抑制している[16]。

補完的な保険についても同じことが言える。フランスは医療保険にハイブリッド方式を採用しており、基本的な保険は政府が、補完的な保険は民間が提供する。このため加入者は二つの保険会社と契約することになり、コストもかかるし、医療費の管理もややこしい（ヨーロッパの他の国は、基本的な保険と補完的な保険がともに同じ方法で提供される。すなわちイギリスではどちらも政府が、ドイツ、スイス、オランダではどちらも民間が提供する）。しかも補完的な保険では、往々にしてリスク選択が行われる。

フランスの医療保険は、「各人は能力に応じて働き、必要に応じて受け取る」という格言に表される保険の原則を必ずしも守っているとは言えない。そのうえ政府は、団体契約に補助金を出してリスク選択を助長している[17]。企業の社員は、平均的に、それ以外の全人口と比べて健康である。したがって、団体契約に補助金を出して個人契約との間に差をつけるのはあきらかに差別であり、とりわけ失業者や高齢者を犠牲にするものだ。彼らは補完的な保険に入るために、高い保険料を払わなければならない[18]。

将来の規制

情報の入手可能性が高まると、相互扶助すなわち保険加入者によるリスク分担に大きな影響が出る。新たなデータが入手可能になるメリットとして、モラルハザードをよりよく抑制できるようになることが挙げられる。加入者の運転マナーや走行距離、あるいは健康によい習慣の励行などをローコストでモニタリングできるようになれば、保険会社は責任ある行動をとっている人に対しては保険料や免責金額を低めに設定することが可能になる。またモニタリングした情報を踏まえ、より良いマナーや衛生習慣を推奨することもできる。

その一方で、デジタル経済と遺伝情報の解析の進歩はそれとしてすばらしいことではあるが、保険の運用にとっては新たな脅威となりかねない。

個人が受け継ぐ遺伝子は、モラルハザードとはいっさい無縁である。私たちには遺伝子を選ぶことはできない。これに対して、私たちの行動は事故の確率を左右するし（慎重な運転か、乱暴な運転か）、盗難の可能性も左右する（車庫に入れてロックするか、路上駐車か）。しかし近い将来には簡単に遺伝子検査が行えるようになり、もし規制が何もなければ、健康で長寿と判定された人はその情報を保険会社に開示して、有利な条件で保険に加入できるようになるだろう。それのどこが悪いのか、と言う人がいるかもしれない――だが、逆の立場だったらそうは言えまい。遺伝子検査の結果、慢性疾患にかかる可能性が高いなどと判定された人は、保険会社からひどく高い保険料を要求されることになる。これでは、相互扶助の精神などもはや望むべくもない。まさに情報が保険を破壊するのである。

遺伝情報、広くは生体情報に基づいて保険料に差をつけるなどの差別行為を禁止しても、それだけでは十分ではない。というのもここに、デジタル経済が絡んでくるからだ。ある人の購入履歴、インターネット検索、メール、ソーシャルネットワークでのやりとり等々の情報を解析すると、健康状態や病気の症状までわかってしまうのである。ツイッター、フェイスブック、グーグルなどは、私たちの医療情報にアクセスするわけではない。が、近似的な推定ではあるが、親や祖父母が病気だったとか、こんな不摂生をしているとか、薬物に手を出したことがある、といったことは知っている。かくしてインターネット企業は、あちこちから拾い集めた断片的な情報を集約し、かなりの精度でリスクの高い人と低い人を区別してのける。となれば、それぞれに応じた条件で保険契約を提供することも十分に可能だ。そう考えると、保険会社の今後のライバルは、グーグルやフェイスブックやアマゾンになるのかもしれない。

保険の、とりわけ相互扶助の未来については、考えるべきことが多い。重要なのは、変化の速い世界で後手を踏まないよう、今後の展開を見定めることである。この問題は、国家にとっても経済学者とっても大きな試練となろう。

4　二一世紀における雇用の新しい形

雇用の新しい形

デジタル経済の到来で誰にとってもいちばん心配なのは、雇用はどうなるのか、ということだろう。この心配には、まったく異なる二つの面がある。一つは、会社に雇われ給料をもらう働き方が減って個人が独立する働き方が増えること、もう一つは失業が増えることだ。雇用形態が今後どうなるのか、予測するのは容易ではない。それでも経済学者としていくつか検討材料を提供することはできる。まずは、新しい仕事のあり方を見ていくことにしよう。

個人事業というものは、じつは古くから存在する。たとえば農家や小売店がそうだ。彼らの多くは生産手段を自前で所有している。また、フリーランスのライター、コンサルタント、演奏家、奇術師といった人たちは、同時に複数の雇用主と契約する。このほか、二つ以上の職業を兼業する人もいる。

経済学は、この働き方がよいとか悪いとか、判断することはない。重要なのは、誰もが自分にとって都合のよい働き方を選べることだ。報酬よりも安定を求める人もいれば、設立間もない企業の自由な雰囲気を好む人もいる。孤独を嫌って同業者とオフィスをシェアする人や、仲間を求めてコミュニティを形成する人がいるかと思えば、一人の自由を満喫する人もいる。人それぞれだ。

デジタル経済において仕事が細分化されると、個人で独立して働くスタイルが増える。たとえば相乗りサービスの UberPop（現在フランスではサービスが停止されている）は、会社勤めをしている人や定年退職した人が、収入を補うために好きな時間に働くことが可能だ。また Amazon On My Way は、個人が通勤途上などでついでに荷物を運ぶサービスである。短距離の配達で個人が配送会社の代わりをしようという発想だ。やはりアマゾンが二〇〇五年から実施しているウェブサービス Mechanical Turk（機械仕掛けのトルコ人という意味）は、大量あるいは突発的に発生した作業を小口に分けて登録ワーカー（ターカーと呼ばれる）に割り振り、作業量に応じて報酬を払っている。今日では全世界に五〇万人ものターカーがいるという。ウェブ版便利屋サービス TaskRabbit は、ちょうど手が足りなくて困っているときに、芝刈りをする、代わりに買い物に行く、家具を組み立てる、引っ越しの段ボール箱を開梱するといった仕事をしてくれる。

これらの仕事自体は目新しいものではないが、デジタル化のおかげで、仕事を頼みたい人としてくれる人とを結びつけることがはるかに容易になった。アメリカの元労働長官ロバート・ライシュは、こうした動向を「余り物を分け合う経済」だと軽蔑的に表現している[19]。

「ＩＴによって、事実上ありとあらゆる雇用がごく小口の仕事に細分化され、それらは必要なときに労働者の間で割り振られることになる。その報酬は、その瞬間のその仕事に対する需要によって決まる」

こうした働き方を支持する人たちは、ウェブサービスは需要と供給をうまく結びつけて市場の効率を改善し、双方が満足するウィン・ウィンの関係を実現できると反論する。具体的には、これまでなかったサービス、あってもあまりに高コストだったサービスを家庭が利用できるようになる。また中流層にとってUberPop のようなサービスは、副業としても利用する側としても大いにありがたい。フランスのタクシーはべらぼうに高いため、利用するのは富裕層か、誰かが料金を負担してくれる人に限られている。後者は、たとえば会社の役員や公務員（会社か国が負担する）[20]、自営業者（所得税または社会保障税の申告段階で控除されるので、最終的には国庫が負担することになる）、病気の人（病院までタクシーで行った場合、社会保障制度が負担する）などだ。懐がさほどゆたかでない人や若者などは、たとえ夜遅くなってもタクシーをめったに使わなかったが、ウーバーの登場で利用しやすくなった。

ウーバーについてどう考えるべきか？

ここで、フランスでタクシー業界との真っ向対決になっているウーバーについて考えてみよう。論争を巻き起こしている「ウーバー現象」を経済学者はどう見ているのだろうか。議論の材料として、次の三点を挙げておきたい。

第一に、賛成派であれ反対派であれ（それぞれについて後段で改めて取り上げる）、ある種の技術の進歩がウーバーを出現させたことは認めざるを得まい。この進歩はけっして魔法のような超絶的なものではないが、競争不在がイノベーションを阻むことを雄弁に物語っている。では、ウーバーではどのようなイノベーションが採用されているのだろうか。思いつくままに挙げてみると、予め登録したカードで自動決済が可能なため支払いがスムーズである、ドライバーも乗客も評価される、電話をかける必要も配車の電話がかかってくるのを待つ必要もない、GPSを使って乗車前・乗車中にルート確認ができるので到着時間を正確に見積もれる、時間帯に応じて料金設定を変えられる、などだ。どれもこれもささやかなイノベーションではあるが、従来のタクシー会社は考えてもみなかった、というよりも望んでいなかったものばかりである。

これらの中でとくに物議をかもしたのは、時間帯に応じた料金設定、とりわけラッシュ時の割増料金である。だが、悪質な運転手に高い料金を吹っかけられるケースがままあることを考えれば、むしろ割増料金が予め決まっているほうが好ましいだろう。現に、フランス電力（ＥＤＦ）は世界に先駆けて昼夜別料金を導入するとともに、平常・需要逼迫・非常に逼迫の三段階の料金水準を適用する Tempo という方式を一九九五年から採用している。これを考案したのは、のちに同社社長となる若きエンジニア、マルセル・ボワトーで、じつに一九四九年のことだった。需給状況に応じた料金を設定するやり方は、いまでは航空、鉄道、ホテル、スキー場などで採用されている。閑散期には、赤字にならない程度に料金を低く設定して客を呼び込むわけだ。話をウーバーに戻すと、ラッシュ時で車が足りなくなったときに際限なく客を待たすのではなく、高料金に設定すれば、可能な人は歩いて行くだろうし、地下鉄を使うとか、友人の車に便乗するなどするだろう。そうなれば、ほかに選択肢のない人、つまり切羽詰まって必要な人だけが車を使うことになる。

第二に、技術が進化すると、既存企業は既得権益を脅かされるのではないかと往々にして敵対的になる。だが公共政策において、既得権益の保護は適切な指針とはなり得ない。とくにこのケースでは、現状維持はまったく満足できない政策である。なにしろフランスのタクシーは高いうえに数が少ない。これでは、社会的に最も恵まれない層を含め、多くの雇用を奪っているも同然である。フランスの労働市場は移民に有利とは言いがたいが、ウーバーのおかげで大勢の移民の若者が仕事にありつくことができたのは興味深い。

第三に、タクシーに有利な論拠は主に二つある。一つは、競争における平等ということだ。これは重要な点である。同じ事業をしているのであれば、既存のタクシーと新規参入のウーバーとが社会保障税や所得税を同条件で課されているかどうかはぜひとも検証しなければならない。フランスのタクシー運転手が最初にウーバー反対のストライキをした二〇一五年六月に政府がまずやるべきだったのは、タクシーとウーバーの納税額などの数字を調べ、競争は歪められていないと確認することだった。これは純粋に事実に基づく検証であり、感情の入り込む余地はない。

二つ目は、過去に政府はばかげた過ちを犯していることだ。規制当局はタクシー免許の交付数を制限したうえで、その貴重な免許をただで与えた。そして、転売を黙認したのである。だから、現在の状況に政府は重大な責任がある。一部のタクシー運転手は途方もないお金を払って免許を買った挙げ句、競争の導入により、引退するときには免許を転売して退職金代わりにしようという目論みは水の泡と消えた。彼らには何らかの補償が必要だろう（当然のごとく転売が禁じられていたら、この問題は起きなかったはずだ。ただで取得してすでに元を取っている免許が引退とともに消滅しても、文句を言う筋合いはない）。長らくタクシー台数が凍結されていたダブリンでは、あまりに需給が逼迫し、裁判所がタクシーの台数制限は違法であるとの判断を下した。その結果、免許の数は三倍に増やされたが、一部は埋め合わせとして既存タクシーの運転手に与えられたという。これで一時しのぎはできたかもしれないが、結局はウーバーやリフトの出現で事態は様変わりすることになった。

イノベーションの課題

雇用の創出には企業が必要である。フランスの場合、国際的な企業がなかなか育たないという懸念すべきデータがある。ＣＡＣ40構成企業は国際標準で見ても好業績を上げてはいるものの、どれも古くからある企業だ。対照的にアメリカでは、時価総額で上位一〇〇社のうち五〇年前から存在する企業はほんの一握りにすぎない。雇用の創出には、起業を促すような文化と環境が求められる。また、知識、データ解析、創造性がバリューチェーンの中心に位置づけられる経済においては、世界的な水準の大学も必要である。大学は、水平的な協力、創造性、多様性、自己表現が重んじられる点で、ある種ビジネスの世界の変化を凝縮した存在だと言える。逆に言えば、シリコンバレーやケンブリッジ（マサチューセッツ州）の企業に見られる新しい働き方にはアメリカの大学のあり方が反映されており、創造的な若者を惹きつけている。

給与生活者はいなくなるのか？

多くの評論家が、これからは個人事業が主流になり、会社に雇われて給料をもらう仕事は消えて行くと予想している。ほんとうだろうか。たしかに前者が次第に増えていくとしても、後者が消滅するとは思えない。

個人事業主の占める割合が増えると予想されるのは、新しいテクノロジーの登場で、仕事をしたい人と、してほしい人とを結びつけることが容易になるからだ。さらに重要なのは、個人の評判がローコストで入手可能になったことである。これまではタクシー会社の評判を信用し、会社が運転手のマナーをきちんと管理していると信じるしかなかった。あるいはブランドを信用して、この洗濯機がいいとか、あのパソコンがいいなどと考えていた。ある特定の運転手の評判や、特定の作り手の評判を知る術はなかったのである。だが今日では、ウーバーは配車をリクエストした時点で、ドライバーの評価をお客に知らせてくれる。あまり評判のよろしくないドライバーだったら、断ることも可能だ。人事管理を行う企業全体としての評価に代わって、社員一人ひとりの評価が可能になったのである。[21]ウーバーをはじめとするプラットフォーム企業の場合、こうした個人の評判が入手可能であることに加え、進捗状況や料金がオンラインで追跡可能であることが信頼性につながっている。

だがテクノロジーはときに逆方向に作用し、雇用を促進することもある。たとえば、ジョージ・ベイカーとトーマス・ハバードが挙げる長距離トラック運転手の例がそうだ。[22]アメリカでは、長距離トラック運転手の多くが個人事業主であり、自前のトラックを所有している。これは、かなりの投資だ。しかも自分の働く業界と同じ産業分野になけなしの貯金を投じるのだから、運転手は大きなリスクにさらされることになる。景気が落ち込んだら、仕事が減るうえに、トラックの価値も下がってしまう。投資は自分の職業とは無縁のところにすべしという鉄則を破っているわけだ。しかも個人事業主の運転手は、トラックの修理や点検も自前でしなければならない。修理に日数を要する場合、その間は仕事ができないことになる。

なぜトラック運転手は一匹狼でいるのだろうか。企業に所属すれば、会社がトラックを買って整備もしてくれるはずだ。答は、社員運転手はモラルハザードが懸念されるため、会社は雇いたがらないからである。トラックが会社のものとなれば、運転手が乱暴な扱いをしないか、会社はのべつ心配しなければならない。これに対して個人事業主の運転手は、当然ながら自分のトラックを大切に扱う。するとここで、デジタル技術が運転手の雇用に有利に働く。運送会社はトラックを保有しつつ、さまざまな情報技術を使って運転手の運転の仕方をモニターできるようになるからだ。

一般に、どんな要因が企業に雇われる働き方を成り立たせているのだろうか。巨額の初期投資を必要とするため個人または少人数ではまかなえない、という理由が大きい。仮にまかなえても、リスクをとりたくない、先行投資のストレスを避けたい、といった理由もある。たとえば医師の場合にも、先行投資のリスクをとって開業するより病院に属す働き方を選ぶ人が少なからずいる。

また、複数の雇用主と契約する働き方は、企業の側からするとあまり好ましくない。生産技術をはじめとする企業秘密が保てなくなることを恐れる雇用主は、従業員と独占的な雇用契約を結びたがる。またチームで仕事をする場合、各自が自分の自由に仕事を進めるわけにはいかない。チームのメンバーが複数の雇用主と契約していると、仕事の割り振りや進捗に重大な支障を来しかねない。

以上のように、企業に雇われて給料をもらう働き方が消滅することはないと考えられる。しかし、その重要性が近い将来薄れる可能性は高い。

時代遅れの労働法

フランスの労働法は、工場労働者を想定して設計されている[23]。したがって、有期雇用契約（CDD）のことはほとんど考慮されていない。まして、在宅勤務者、個人事業主、フリーランスは言うまでもない。こうしたわけだから、パートタイムで働く学生や定年退職者、フリーランスのジャーナリスト、ウーバーのドライバーなどは、法律ではまったく想定されていないのである。たしかにフランスでは、無期雇用契約（CDI）が政府部門を除く雇用の五八%を占めているものの、この数字は下がり続けている。英米をはじめ多くの国で給与所得者は減り続け、複数の雇用主と契約する働き方、あるいは雇用主を定めない働き方が増えている。となれば、出勤状況で社員を管理する文化から、実績で評価する文化へと移行しなければなるまい。すでに会社役員など多くの給与所得者の評価が実績主義に移行しており、職場にいるかいないかはさほど重視されず、管理もできにくくなっている。

こうした変化を目の当たりにした規制当局は、往々にして新しい形の雇用を無理矢理既存の形に当てはめようとし、ウーバーのドライバーは賃金労働者かそうでないか、といった質問に答を出そうとする。ドライバーはウーバーとパートナーシップ契約を結んでおり、雇用関係にはないが、料金水準をウーバーが決めているという点では賃金労働者に近い。またフランスでは、ウーバーは運転手付き観光車両（VTC）の位置づけなので、運転手の資格（運転免許、運転経験、身体検査）や講習時間数などが定められており、車種にも制限がある。これはちょうど開業医が、診療報酬を自由に決めることはできず、資格要件も厳重に決められているのと似ている。つまり独立して自由に見える多くの人たちも、自分の職業、業界、ブランドなど、全体としての評価を守るためにさまざまな制約を受けている。

その一方で、ウーバーのドライバーは働く時間や場所を自由に決められるし、休むのも自由だ。別の仕事をしていてもかまわない。さらに、経済的リスクを自分で負う。そう考えれば、フリーランスに近い。となれば、ウーバーのドライバーはグレーゾーンにいることになる。

思うに、このような議論は意味がない。雇用形態の分類はそもそも恣意的なものだから、新しい働き方を歓迎するか嫌悪するかによって分類の仕方はちがってくるだろう。それに、分類してどうするというのか。ウーバーのドライバーの雇用形態は何かという問いに答えるには、労働法の根本に立ち返らなければならない。労働法の存在があまりに当たり前になった結果、私たちはこの法律が何のために制定されたのかを忘れてしまっている。労働法の目的は、労働者の幸福を高めることだったはずだ。となれば重要なのは、さまざまな働き方が競争において中立であることではないだろうか。法律の規定は、給与所得者に有利であってもいけないし、個人事業主に有利であってもいけない。一つ確実に言えるのは、技術が急速に変化する世界にあって、労働法と労働環境（職業訓練、退職、年金、失業保険など）の早急な見直しが必要だということである。

不平等

デジタル社会では、不平等が顕著になる可能性もある。

第一の不平等は、個人間の不平等である。アメリカでは、最富裕層一％の所得が全所得に占める比率は、一九七八年には九％だったのが、二〇一二年には二二％に達した。[24] エリック・ブリニョルフソンとアンドリュー・マカフィーが著書『ザ・セカンド・マシン・エイジ』（邦訳、日経ＢＰ社）の中でくわしく解説しているとおり、デジタル時代に大金を稼ぐのは「スターとスーパースター」である。[25] 多くの労働経済学者が賃金の推移を分析した結果、次のことが判明している。大学院卒の給与水準は大幅に上昇した。大学卒の給与も上がっているが、上昇幅は大学院卒よりかなり小さい。高校卒業以下の給与は伸び悩んでおり、場合によっては下がっているケースもある。

給与のこのような二極化は、将来一段と顕著になる恐れがある。今日の経済では、高度な知識を必要とする職業でイノベーションをもたらす人たちが最も大きい分け前に与《あずか》る。今後もこの傾向は続くだろう。となれば、どの人にも一定水準の収入を保証するために、所得補助や定額給付を行うなど、所得再分配の問題が持ち上がる。これからの社会は、相当数の人が働かずに、デジタル技術のお恵み、すなわちデジタル経済の収益を原資とする給付を受け取るようになるのだろうか。たとえばアラスカの居住者は、石油のお恵み、すなわち石油収入を原資とする給付を毎年受け取っているが、これに近いようなことになるのだろうか。[26] それともこの相当数の人は、ちょうど今日のサウジアラビアのように、公的部門で生産性の低い仕事に就くことになるのだろうか。

そして第二に、国家間の不平等がある。この不平等がいかに危険であるかを示すために、ここでは極端なシナリオを挙げておこう。将来、デジタル経済で最も高い能力を持つ人々を呼び込むことに成功する国は、あらゆる産業分野のバリューチェーンを支配し、途方もない富を築く一方で、それ以外の国はおこぼれに与るだけになる。このような不平等に触発されて、高等教育、研究、イノベーションに関する政策が変わってくる可能性はある。だが同時に、租税競争を引き起こす可能性もある。優秀な人材は、昔とはちがって今日ではグローバルに移動し、好条件を提示してくれる国へ行く。その好条件の中には優遇税制も含まれる。ここで、国家間の不平等が個人間の不平等に結びつくわけだ。人材競争に割り込めない国は、貧困層に富を再分配することもできない――なぜなら、その国にはもはや貧しい人々しかいないからである。もちろんこのシナリオは極端に単純化され、不平等をことさらに強調している。だが私たちがこれから直面する問題の本質を示していることも、またたしかだ。

5　デジタル経済と雇用

最も危うい職業は？

デジタル化で大量失業が出るといった記事を見ない日はないほど、近年ではデジタル失業が心配の種になっている。そのきっかけとなった出来事の一つが、台湾のフォックスコンが二〇一四年に行った発表である。同社は電子機器受託生産の世界最大手だが、今後は製品の組み立て（とくに iPhone）にロボットを導入すると発表したのである。言うまでもなく、デジタル化の波は単純作業をロボットに置き換えるだけではない。定型的な仕事すなわちプログラム化しやすい仕事は、どしどしコンピュータに置き換えられている。日常的に親しんでいるものを挙げれば、たとえば銀行取引がそうだ。小切手類の読み取り・分類・集計・記帳も自動化されている。コールセンターも、音声認識技術の進歩により定型的な処理は自動化された。

こうした流れは、たしかに気がかりだ。新興国や発展途上国は、人件費の安さを売りにして外国資本を呼び込み、雇用の創出と貧困からの脱出をめざしてきた。だが人間と同じように対応できる人工知能（ＡＩ）が登場してコールセンターの仕事をこなせるようになったら、いや、コールセンターだけでなく他のさまざまな仕事をするようになったら、これらの国はどうなるのか。いやいや、先進国にしてもそれは同じことである。

マサチューセッツ工科大学（ＭＩＴ）の経済学教授デービッド・オーターは、技術革新が引き起こす仕事の二極化について研究してきた。二極化現象はアメリカで始まり、今日では他の国にも広がっている。[27]オーター教授によると、ルールや手順を明示化できる定型的な仕事（窓口業務や組立作業など、おおむね中スキル・中賃金の仕事）は容易にコンピュータやロボットに置き換えることができるが、明示化しにくくルールや手順が暗黙的に理解されてきた非定型的な仕事は置き換えにくいという。現に定型的な職種の雇用はあきらかに減っている。非定型的な仕事は、さらに高スキル・高賃金の労働と低スキル・低賃金の労働に分けられ、どちらの割合もおおむね増加傾向にあるものの、両者の賃金格差は一段と大きくなっている。高スキル・高賃金の仕事に分類されるのは、経営者、エンジニア、医師・弁護士などの専門職、低スキル・低賃金に分類されるのは、介護、清掃、外食産業、アパートの管理人、警備、社会福祉などである。このほかに、とくにアメリカで顕著な現象として、大学卒業者と高校卒業者の賃金格差がここ三〇年間で非常に大きくなっているという。

コンピュータは、ある種の仕事はやすやすと人間に取って代わることができる。たとえばＡＴＭは、銀行カードの番号を読み取り、暗証番号を照合し、銀行残高を確認してから、カード提示者に紙幣を払い出すと同時に、システムにはその記帳を指示する。このように一連の処理が自動化された結果、窓口係がいらなくなった。これはルールや前提を事実に適用して問題を処理する演繹的アプローチの例だが、これに対して、個々の事実から共通する性質や関係を取り出し、一般的なルールや法則を導き出すのは帰納的アプローチである。こちらのほうが複雑だし、コンピュータが反復するパターンを見つけ出すためには多くのデータが必要だが、コンピュータの高度化・高速化に伴い、この帰納的アプローチの進化が近年著しい。たとえばアメリカでは、特許訴訟に関する最高裁の判断を、ＡＩが法律専門家に劣らぬ精度で予想できるようになった。

コンピュータにとって最もむずかしいのは、前例がなく予測不能な問題だと考えられる。そのような問題は当然ながら定型的ではないし、前例がなければ、大量のデータを集めて分析し、ルールを導き出すと

■ 図表15-1　雇用の喪失

（プログラム化の難度）→

	ルールに基づく処理	パターンの認識	人間の判断
分類	演繹的アプローチ	帰納的アプローチ	プログラム化不能、データなし
例	税務計算、乗客名簿の作成	音声認識、不動産ローン不履行率の予想	説得力のある法律的助言の作成、アパートの3階からの引越

資料：Frank Levy, Richard Murnane, *Dancing with Robots,* NEXT report 2013, Third Way.

いう帰納的なアプローチは通用しない。フランク・レヴィーとリチャード・マーネインの研究（図表15－1はこの研究から引用したものである）では、そうした問題の例として、次のものが挙げられている。無人の自動運転車の前に小さなボールが転がってきたとしよう。このボール自体は、自動車にとっては何ら危険ではない。したがって、急ブレーキをかける理由はない。だが人間が運転していたら、小さなボールのすぐあとから小さな子供が飛び出して来ると予想して、急ブレーキをかけるだろう。自動運転車は、適切な対応ができるだけの十分な経験を積んでいない。だからといって、この問題が解決不能だというわけではなく、ボールと子供の関係性を自動運転アルゴリズムに学習させることは可能だろう。それにしてもこの例は、コンピュータが遭遇する難題がまだ少なからずあることを教えてくれる。

このように、コンピュータにとってむずかしいことと人間にとってむずかしいことは同じではない。コンピュータは、論理的で予測可能な仕事は人間よりはるかに高速かつ確実にこなす。そして現在では機械学習によって、パターンが認識できる程度に十分なデータさえあれば、予測不能な状況にも対応できるようになった。その一方で、人間の頭脳のように融通無碍ではないため、五歳の子供でも解決できるような問題で立ち往生することがある。レヴィーとマーネインは、新しいデジタルの世界によりよく適応できるのは、抽象的な理解力を備えている人だと結論づけている。これに対して単純かつ具体的なことしか理解できない人は定型的な仕事に向いているため、コンピュータに取って代わられる可能性が高い。このことは、教育システムと無関係ではあるまい。家庭環境や教育の質に起因する不平等は、今後ますます顕在化する恐れがある。

給与労働は消滅するのか？

雇用をめぐる変化は従来よりも急速ではあるが、やはり従来と共通する性質を備えている。すぐに思い浮かぶのは、一九世紀初めにイギリスで起きたラッダイト運動だ。自動織機の導入により未熟練工に押しのけられると恐慌を来した織物職人たちが機械を叩き壊して回った。だがこのような破壊行為は、軍隊による抑圧や刑の厳罰化を招いただけだった。またアメリカでは二〇世紀に農業従事者が全労働者に占める比率が四一％から二％まで激減した。だがこれほど大量に農業の雇用が失われたというのに、アメリカの失業率は五％にとどまった。雇用の喪失は新規雇用の出現で埋め合わされるという原則が改めて確認されたと言えよう。

雇用に関してまず理解しておきたいのは、技術の進歩は雇用全体を圧迫するわけではないということである。技術革新は、ある種の雇用を破壊するとしても、別の雇用を生み出す（デジタル経済においては、新たに創出される雇用として最もわかりやすいのは、情報通信やインターネット関連の職業である）。世界は二世紀以上にわたってさまざまな技術革新を経験してきたが、それによる失業はごく少なかった[28]。雇用が消滅するという不吉な警告が的中したことは一度もない。そのことは、ブリニョルフソンとマカフィーが挙げた次のような事例からもあきらかだ。

「一九三〇年に電気と内燃機関が飛躍的発展を遂げたとき、ジョン・メイナード・ケインズはこうした技術革新が物質的繁栄につながると同時に、〝技術が生む失業〟という新しい病が蔓延するだろうと予言した[29]。また、コンピュータが登場した一九六四年には、科学者と社会学者で構成される委員会が公開書簡をリンドン・ジョンソン大統領に送り、コンピュータと自動制御機械によって『生産能力がほとんど無制限に拡大する一方で、人間の労働は次第に不要になっている』と警告した[30]」

ここで不平等の問題に立ち返るなら、問うべきは雇用が消滅するのではないかということよりも、社会的にみて妥当な報酬が得られるだけの雇用が十分に存在するのかということだろう。これを予想するのはむずかしい。現在の所得の不平等を考えると、答はノーになりそうだ。だが多くの人が社会にとって有用な存在でありたいと考えており、仕事は報酬の有無を問わず、この目的を叶えてくれる一つの手段となる。またブリニョルフソンとマカフィーが指摘するように、人間は社会的な絆を求めるものだ。仕事は社会とのつながりを実現する手段でもあるから、そのためなら低い報酬でも受け入れることができるかもしれない。

短期的にみれば、一部の雇用が破壊された場合、現に職を失った人にとってはたいへんな痛手となる。となれば、創造的破壊の進行によって私たちは三つの課題に直面することになる。雇用形態を問わず、労働者をどのように保護するか。この新しい世界に適応していくために教育はどうあるべきか。また、社会のシステムはどうあるべきか。砂に首を突っ込むダチョウのような政策が答でないことは、はっきりしている。

6　税制はどうあるべきか？

デジタル経済は、税制に関しても新たな課題を突きつける。あるいは、昔からある問題を一段と深刻化させる。しかもそれが、国レベルのみならずグローバル・レベルでも顕在化している。ここでは紙面の関係上、簡単に触れるにとどめたい。

国レベル

国レベルでは、商取引と物々交換の区別という昔ながらの問題が改めて浮き彫りになっている。両者を分ける境界線はか細いものだが、どちらに属すかで税法上の取り扱いはまったくちがってくる。家のペンキの塗り直しを工務店に依頼したら、私の支払ったお金には付加価値税（ＶＡＴ）が課され、さらに工務店の雇う側と雇われる側の両方の収入に社会保障税、一般社会税、所得税などさまざまな税が課される。一方、友人にペンキ塗りを頼み、お返しに良いワインを一箱進呈すれば、税務署からも社会保障制度からも税金を取られずに済む。この種の取引を当局が探知するのはほとんど不可能だし、そもそも商売人同士のやり取りではないので課税対象にならない。なるほどもっともらしく聞こえるが、いったいどこからが商人で、どこまでが商人でないのか。家族や友人の間で、あるいはサークルなど小さな集まりの中でモノを売ったり買ったりしたらどうなのか。それでもやはり商取引ではないと言えるのだろうか。また、そうした区別に意味があるとして、なぜ税法上の扱いがこれほど大きくちがうのだろうか。この問題は、労働者への課税が重いフランスではとりわけ重要な意味を持つ。

新たに登場したシェアリング・エコノミー（共有経済）でも同じ問題が起きている。共有することと取引関係を持つことはどうちがうのか。労働法の場合もそうだったが、新しい経済活動を既存の枠に無理矢理当てはめようとするのは慎まなければならない。既存の枠にしても、恣意的に決められていることが少なくないのだから、なおさらだ。そのうえで、税制を見直す必要がある。

グローバル・レベル

税金はグローバル・レベルでも問題になっているが、こちらもまた目新しい現象ではない。多国籍企業は子会社の間で移転価格操作を行い、税金の安い国に利益を移すということをやっている。税金の安い国で買い付けたモノやサービスに対して、税金の高い国の子会社に法外な値段を払わせ、後者の課税対象利益をなくしてしまうというやり方だ。このような税逃れは昔から行われており、税制統一を定める国際協定が存在しない以上、避けられない現象と言わざるを得ない。スターバックスなどグローバルに事業を展開する多国籍企業が目に余る税操作を行った場合に、見せしめとして摘発されているのは読者もよくご存知のとおりである。

インターネット企業の場合、そのコンテンツが無形であるため、税逃れが一段と容易になっている。もはや、いったい事業がどこで行われているのかもはっきりしない。高収益の事業を税金の安い国に置き、そうでない事業を税金の高い国に設置して、あとは移転価格をうまく使って税操作をするということが以前にも増して簡単になった。電子書籍・楽曲などの知的財産権は、消費地とは無関係にどこの国に帰属させることもできる。たとえターゲット消費者がフランス人であっても、アイルランドで著作権料を回収することが可能だ。現にグーグルをはじめとするアメリカの大手企業は、「ダブルアイリッシュ」と「ダッチサンドイッチ」といった複雑だが「違法ではない」節税策を講じている。アイルランド支社を設立し、海外事業のライセンスを与える（この会社は実態がないためアイルランドでの法人税が免除され、登記はタックスヘイブンのバミューダ諸島なので完全無税）。次にアイルランド支社が子会社を設立し、こちらにサブライセンスを付与して海外事業収入の大半を計上する。子会社からライセンス料収入をオランダ支社に送金し（アイルランド～オランダ間の移転は非課税）、さらにもとのアイルランド支社に送金するというやり方だ。二つのアイルランド子会社を持ち、間にオランダ子会社を介在させるので、「ダブルアイリッシュ」と「ダッチサンドイッチ」というわけだ。アメリカ企業の利益は本国送金したときにしか課税されないため、バミューダに留め置かれている利益は課税対象にならない。たまさか本国送金を促すためにアメリカの税務当局がきわめて低い税率を適用する特別措置を講じるので、そのときだけ送金されるというのが実態である。アメリカの大手企業五〇〇社が海外に滞留させている利益は、おそらく二兆ドルに達するだろう。

インターネットには国境がない。インターネットの目的に関する限り、それはすばらしいことだ。だが企業税務に「協力」する国が存在し[31]、「税の最適化」のために税金の安い国に企業が流れ、活気ある事業環境の整った国が企業を呼び込めなくなるのは重大な問題である（なお、社会にとってどの程度が税の適切な水準かということはまた別の問題であり、ここでは扱わない）。

この問題を是正するための一つの例が、通信販売に課されるVATに関してEU域内で結ばれた協定である。この協定では買い手の国がVATを徴収することになり、加盟国間のVATのちがいに起因する無用の軋轢が回避されることになった。二〇一五年一月一日までは、VATは売り手の国で納税していたため、一部の事業者はVATの安い国に拠点を置いて、高い国の消費者に販売していた。消費地課税の新方式は、アマゾンのようにインターネット経由でモノを売って代金を請求する企業にはよくフィットする。だが、グーグルのようなプラットフォーム企業はどうだろうか[32]。グーグルは、フランスの消費者に何かを売るわけではない。だが広告主から広告料はとる。そして広告主がフランスの消費者に商品を売るという流れになっている。この流れのどこで課税すべきかについては、まだ結論が出ていない。電子書籍や楽曲を売る場合と比べて課税標準が明確でないからだ。

以上のように、デジタル化は社会に途方もない機会をもたらす一方で、新たな問題を引き起こしたり、すでにある問題を深刻化させたりする。その主なものとして、本章では信頼性、情報の所有権、相互扶助の精神、雇用、税制を取り上げたが、これらはデジタル社会にとってだけでなく、共通善の経済学にとっても重大な課題となる。

第16章　イノベーションと知的財産権

1　イノベーションという至上命令

古典的な成長理論は、成長をもたらすのは資本蓄積（生産手段やエネルギーなど）と労働力の拡充（人口増や衛生状態・教育水準の向上など）の結果であるとの前提から出発している。だが一九五六年にロバート・ソローが著名な論文を発表し、これら二つの生産要素の蓄積だけでは成長の一部しか説明できず、残るかなりの部分は技術の進歩によると主張した。今日では一九五六年にも増して、技術革新が成長メカニズムにおいて重要な役割を果たしている。二一世紀の経済は知識経済だと言われる。それはまちがいなく、裾野の広いイノベーションが主役となる経済だろう。

従来の成長と言えば、つねに「キャッチアップ」がキーワードだった[1]。第二次世界大戦後の三〇年間で高度成長を遂げた日本もそうだったし、一九八〇年代の中国もそうだ。フランスも栄光の三〇年を経験している。だが外国の技術や経営手法の模倣も、資本蓄積も、いずれは効果が逓減し、成長に寄与しなくなる。そうなったら新たな路線に切り替え、新たな技術の開発に取り組まなければならない。

技術の最前線でイノベーションを生み出すには、キャッチアップ経済とは異なる文化や制度が必要だ。大学は質の高い教育を提供することに加え、先端研究を推進し、また学生たちの起業家精神を育まなければならない。投資も、既存の大企業や中小企業だけを対象にするのではなく、イノベーションをめざすスタートアップにも積極的に資金を投じる必要がある。シュンペーターは、新たなイノベーションによってそれまでのイノベーションが陳腐化することを「創造的破壊」と表現した。これを実現するためには、競争当局は人為的な参入障壁を取り払わなければならない。その見返りは莫大なものとなろう。いまや付加価値の大半がイノベーションによって生み出されており、この傾向は強まる一方だ。一国の富は、イノベーションによる価値創造をいかに巧みに取り込むかに懸かっているのである。

知識経済における価値創造と言えば、すぐに思い浮かぶのが知的財産権である。そもそも知的財産とは何か。知的財産権にはどのようなメリット、デメリットがあるのか。知的財産権に関して政府が取り組むべき課題は何か。本章ではこれらの点を検討したのち、第3節ではとくに特許範囲の拡大によって技術全体の開発が阻害されている問題を取り上げる。この問題は重大であり、イノベーション創出の意欲を削ぐことなく、より広く技術の普及を促すにはどうしたらいいかについて、経済分析に基づく具体的な解決策を示す。

ヨーロッパはここ数年相次ぐ危機に苦しめられてきたが、それ以上に懸念されるのは、現時点でイノベーション創出がアメリカに劣り、近い将来にはアジアにも追い越されそうなことである(2)。アジア各国は知識経済への移行をめざして集中的な投資を行っている。イノベーションには文化と制度が必要であることはすでに述べたとおりだ。第4節では、イノベーションを取り巻く事業環境を検討する。

そして第5節では、知的財産権に代わるモデルとして、いやむしろ、知的財産権とは異なる発想に基づくモデルとして、オープンソースのソフトウェア開発における協働モデルを取り上げる。オープンソース・プロジェクトは、きわめて独創的な価値創造のあり方だ。その特徴を解説するとともに、関与するさまざまなプレーヤーの戦略を検討する。

2　知的財産権

知的財産権制度

あなたがバイオテクノロジーを学び、それを応用研究に活かそうと考えたとしよう。たとえば新しいワクチンを発見する、微生物を利用してバイオ燃料を作る、害虫に強く水をあまり必要としない作物を開発する、などだ。研究には資金が必要だが、そのプロジェクトが潤沢な利益を生むと予想され大きなリターンが見込めない限り、資金調達はむずかしい。そこから、問題の本質が浮かび上がってくる。あなたが生み出す知識は「公共財」と呼ばれるものに属す。公共財は、いったん生み出されたら、誰でも事実上ただで自由に使ってよい。たとえばある分子の化学式が解明されたら、どの企業もその化学式を使って製品（ワクチン、バイオ燃料、種子等々）を開発し、商品化できる。もとの化学式の研究にお金を使った人には、ほとんど利益は入ってこない。ここでもまた問題は、フリーライダーである。あらゆる発見が直ちにパブリック・ドメインに属し、誰でもただで利用できるとなったら、他人が研究開発費を投じて発見や発明をしてくれるのをひたすら待ち構える人が大勢出現するだろう。そこで、特許権というものが出現した。この権利の登場は意外に早く、古代ギリシャに早くも最初の特許が見られる。その後、一五世紀のフィレンツェやヴェニスで特許制度は大きく発展を遂げた。

知的財産権には、次のような形態がある。

- 特許は、何らかの発見・発明をした人にその独占的な利用を認める。特許には期間が定められており、通常は出願日から二〇年である。この期間が終了すると、その発見・発明はパブリック・ドメインに属することになる。法律上、特許の要件は、新規の発明であること（新規性）、先行技術との差異が明確であること（非自明性または進歩性）、産業上利用できること（有用性）と規定されている。特許権の出願・交付は公的な手続きによって行われ、権利者は自分で実施しない場合、他人にそのライセンス（特許の実施権）を与えることができる。

- 著作権は、文学・美術・音楽などの創作表現（著作物）を保護する権利である。著作物を創作した時点で発生し、特許権とはちがって権利を得るための手続きは必要ない。著作権にも保護期間が定められている（たとえばアメリカでは、著作者の死後七〇年である）。
- 営業秘密（トレード・シークレット）は、その名のとおり、知的財産を窃盗から保護するためのもので一般に技術やノウハウに適用される（新製品は公知の情報なので、保護の対象にはならない）。営業秘密に関して注意したいのは、特許とは異なり、ライセンスの許諾が事実上不可能だということである。というのも、A社が営業秘密として管理している製造方法を、B社がライセンス料を払って合法的に知ってしまったら、ライセンス契約終了後もその製法を自由に使えることになるからだ。したがって第三者とのライセンス契約を考えている場合には、製法特許をとるべきである（ただし特許は、出願内容が公開されて誰でもその内容を知ることができる。製品とは異なり、製法は特許権を侵害されても発見がむずかしいという問題がある）。
- 登録商標は、「誰がこの製品を作ったのか」「誰がこのサービスを提供しているのか」を表すマークのことである。出願した商標が登録されると、商標権者はその登録されたマークや名称を独占的に使用することができる。

これらはいずれも知的財産を保護し、発明者に市場で金銭的利益を得る機会を与える。特許のライセンスを売ってもいいし、自ら最終製品を製造・販売して他社製品より高い利益を上乗せしてもいい。このように発明者は自分の発明から利益を得ようとするが、その発明がパブリック・ドメインに帰属したら、発明の利用者は一銭も払わなくてよい。そこで政府は発明や技術革新のモチベーションを維持するために、発明者が自らの発明から利益を得られるように図る。そのためには発明の使用料を引き上げねばならない。となるとその発明の普及は阻害され、利用者は減る。これが、現在の知的財産権制度に潜む根本的な矛盾である。

このため、何世紀も前から、現在の制度に代わる方法が模索されてきた。一七～一八世紀のイギリスとフランスでは懸賞金制度が創設された。すぐれた発明には国王から賞金が与えられ、それと引き換えに発明者は権利を放棄するので、発明はパブリック・ドメインに帰属することになる。フランスは、一七世紀に水力タービンの発明者に懸賞を用意した。一六世紀に同様の懸賞がスペインやオランダで実施された（ついに与えられずに終わった）ことに倣《なら》ったのである。そして一七一四年には、イギリス議会が航海中に経度を正確に計測する方法の発見者に対し、相当額の賞金を用意した。時計職人ジョン・ハリソンが開発した経度測定可能なクロノメーターは、精度試験でさんざんけちをつけられた挙げ句、ようやく一七七三年に賞金が支払われる。ハリソンは一七一四年から開発に取り組んでいたので、賞金獲得までじつに五九年かかったのだった。

懸賞金制度は、思うほど容易ではない。というのも、何の発明を求めるか、予めはっきりわかっていなければならないからだ。だが創造的な仕事から何が生まれるかは、事前にはわからないものである。もし何も発見されないうちにそれについて科学論文を書けるなら、その発見は発見とは言えまい。だが場合によっては、どうやって達成するのかはわからないままに、目的だけが見えているときもある。たとえば病気の予防ワクチンなどがそうだ。このような場合、懸賞金（すなわち金銭的見返り）の適切な水準というものが問題になる。もし不十分だったら、しかるべき開発努力がなされない可能性があるからだ。とくに近年では、発展途上国に固有の風土病などのワクチンや医薬品の開発が問題になっている(3)。これらの国は貧しいため、民間企業が薬の開発に乗り気にならない。このようなケースでは、政府がワクチン開発目標を掲げることに意義がある。

知的財産の保護は、最近になって多くの議論を呼んでいる[4]。私にはこの問題を網羅的に論じることはできないので、ここでは個人的に関心を抱いている事柄だけを取り上げることをお許しいただきたい。たとえば、著作権の保護を遡《さかのぼ》って延長するということが行われているが、これには大いに違和感を覚える。知的財産権というものは、本質的には研究開発や芸術的創造を促すための必要悪である。したがって、この目的の達成に寄与しなければならない。それなのに、すでに成果を挙げた投資に対して知的財産権を強化しても、開発の誘因とはなり得ない。保護期間の延長は普及を阻害するだけである。にもかかわらずアメリカ議会は二度までも著作権の期間の延長を承認した。一度目は一九七六年で、死後五〇年に延長し、次に一九八八年にそれを七〇年に延ばした。後者は、ディズニー社が高収益の映画やグッズの著作権を失う危機に瀕して強力なロビー活動を行ったことから、ミッキーマウス保護法と揶揄されている。

この三〇年間で特許の件数は大幅に増えている。その背景には複数の要因があるが、世界各国の特許庁、とりわけアメリカの特許商標庁（ＵＳＰＴＯ）が誤ったインセンティブを設けたことが大きい。アメリカでは、二〇一一年に特許法が改正される前は、出願されたらとにかく認めるという方針が暗に示され、特許権の範囲もソフトウェア、バイオテクノロジー、ビジネスモデルなどにまでどんどん拡大された。特許がむやみに増えても、その大半がくだらないもので社会的影響がなければ問題はない。たとえば、ふつうの時計の七倍の速さで時が進む犬用の時計などというものが特許を得たとしても、大方の人には無関係だろう。インターネットで検索すれば、そうしたばかげた特許をリストアップしたサイトがいくつも見つかる。だが実際には、特許の飛躍的増加は経済に重大な影響をおよぼしている。特許の中には、社会にさしたる価値をもたらさないのに膨大な利益を独り占めにする可能性のあるものが存在する。たとえばアマゾンのワンクリック特許は、顧客が一度登録した情報（配送先および請求先の住所、クレジットカード番号など）を二度目以降は入力せずに注文できるシステムだが、これなど、実店舗つまり伝統的な小売店が昔からアナログ形式でやってきたことだ[5]。となれば、ウェブではそうした慣習がなかったとしても、特許に値する新発明とは言いがたい。特許の三条件（新規性、非自明性、有用性）に照らすと、ワンクリック注文は有用性しか満たしていない。この特許は幸いにもヨーロッパでは認められなかった。だがもし認められていたら、アマゾンはあらゆるeコマース企業からロイヤリティをせしめていたことだろう。

特許の増加に伴うもう一つの危険性は、ある一つの技術に対して複数の権利者が発生し、その技術の利用者は巨額の対価を払わなければならなくなることである。これについては以下でくわしく論じる。

3　膨れ上がるロイヤリティ

バイオテクノロジーやソフトウェアは、膨大な数の特許が存在し、したがって大勢の権利者がひしめいている分野だ。権利者たちは門番よろしく利用者の前に立ちはだかる。このように多数の特許群が絡み合った状況を「特許の藪」と呼び、企業が何かを開発、生産、販売しようとすれば他企業のたくさんの特許に抵触し、累計すると巨額のロイヤリティを払わなければならない事態となっている。

コーペティションと特許プール

ロイヤリティが膨れ上がる問題は、早くも一八三八年にフランスの数学者・経済学者のアントワーヌ・オーギュスタン・クールノーが指摘し、近年では経済学者のカール・シャピロが取り上げている[6]。この問題を理解するに当たっては、図表16－1の比喩を使うとわかりやすいだろう。読者は中世ヨーロッパにタイムスリップしたと想像してほしい。当時は大きな河を航行する際には、各所に設けられた関所で通行料を払わなければならなかった。図表16－1では、川沿いに四カ所の関所があり、船長は航行許可を得るために四カ所で順次払うことになる。このようなケースでは、関所は補完的だと言える。つまり、一カ所でも許可を得られなかったら、船は海に出ることができない。ちなみに一四世紀には、ライン川には六四カ

■ 図表16-1　補完的な特許

所の関所があったという。[7] 関所の主は、自分の実入りをできるだけ多くすすべく通行料を決める。そんなことをしたら利用者がどれほど困るか、他の関所の主はどうなるのかなど、おかまいなしだ（通行料が上がるほど河を航行する船は減るので、他の関所は収入が減ることになる）。これはまさに村人が牛を見境なく放して共有地の草が食べ尽され、乳が出なくなってしまう「共有地の悲劇」と同じ構図である。[8] あるいは、未来のことなどおかまいなしに温室効果ガスを排出することと似ているかもしれない。ヨーロッパでこのばかげた通行料の慣習が打ち切られたのは、一八一五年のウィーン会議後のことである。[9]

エレクトロニクスやネットワーク関連分野などでは多数の技術を複合して標準化することが一般的であり、標準技術を使って新製品や新サービスを開発しようとする場合、ロイヤリティが膨大な額に上ってしまう。このためハイテク産業は、ロイヤリティの軽減方法を模索してきた。そして考案されたのが、複数の企業や研究機関などがそれぞれに取得した特許権を持ち寄って特許プールを形成し、一括してライセンスを与えるしくみである。このしくみなら、利用者はいくつもの特許を調べて必要なライセンスを取得する手間が省けるし、どれか一つの特許の権利者に利用を阻まれて開発努力が水泡と帰すリスクも防ぐことができる。特許プールの形成は、経済学者が「コーペティション（coopetition）」と呼ぶ現象の一例だ。これは協調（cooperation）と競争（comptetion）を合成した造語で、競合する可能性のある企業が、新製品や新サービスを市場に浸透させる段階では協力し合うこと

■ 図表16-2　代替可能な特許

を指して言う。特許プールで言えば、競合企業が保有する特許を一本化して管理・運用面で協力し、場合によってはロイヤリティの料率を引き下げて、特許の利用と技術の普及を図るわけだ。図表16－1の例で言えば、関所が協定を結び、割引料金に設定した通行料を一カ所で徴収すれば、時間も手間も短縮でき、河川は利用しやすくなる。特許が相互に補完的であって、利用者が価値創造に当たって全部の特許を必要とする場合には、この方法は権利者にとっても利用者にとっても好ましい。

だが特許プールとは、より一般的には営利目的の企業協力にほかならず、それは価格の吊り上げにつながりかねない。たとえば、二つの特許が互いに代替可能だとしよう。言い換えれば、第一の特許のライセンスを受ければ、第二の特許は必要ない。通行料の例で言えば、支流のそれぞれに関所が設けられている状況だ（図表16－2）。船長は北ルートをとってもいいし、南ルートをとってもいいが、両方に通行料を払う必要はない。そこで二つの関所は結託し、両方の合計額を支流が分かれる前に徴収しようとする。特許で言えば、第一の特許の権利者と第二の特許の権利者がプールを形成し、両方の特許のロイヤリティをせしめてしまう。この場合のプールはカルテルと同じであり、もっと言えば、二つの特許の権利者が一体化した独占と同じことである。つまり特許プールには、利用料を引き下げてその技術の普及を促す良いプールと、その逆の悪いプールが存在する。

特許プールの歴史的経緯を振り返ってみると、おもしろいことに気

■ 図表16-3　ライセンスの個別販売

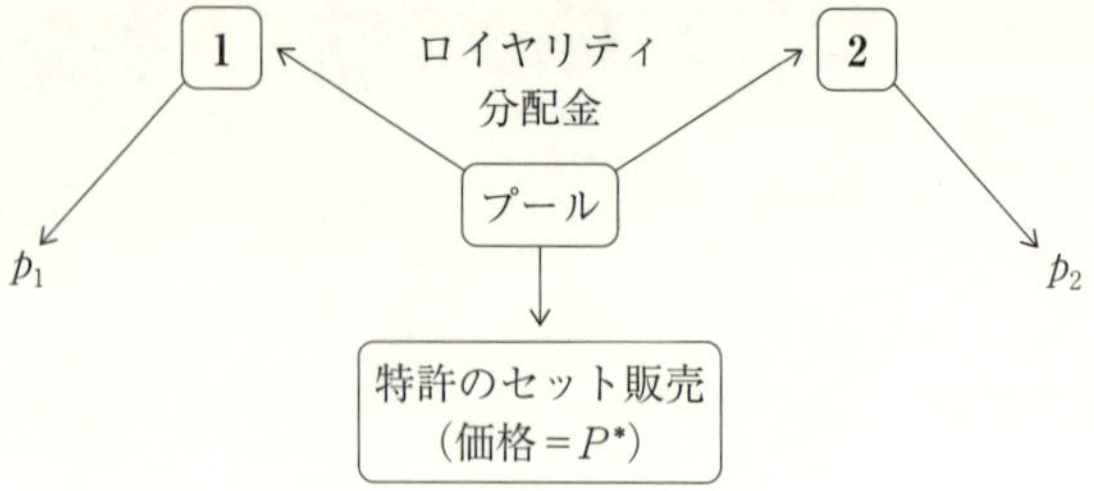

■ 図表16-4　ライセンスの個別販売＋切り売り

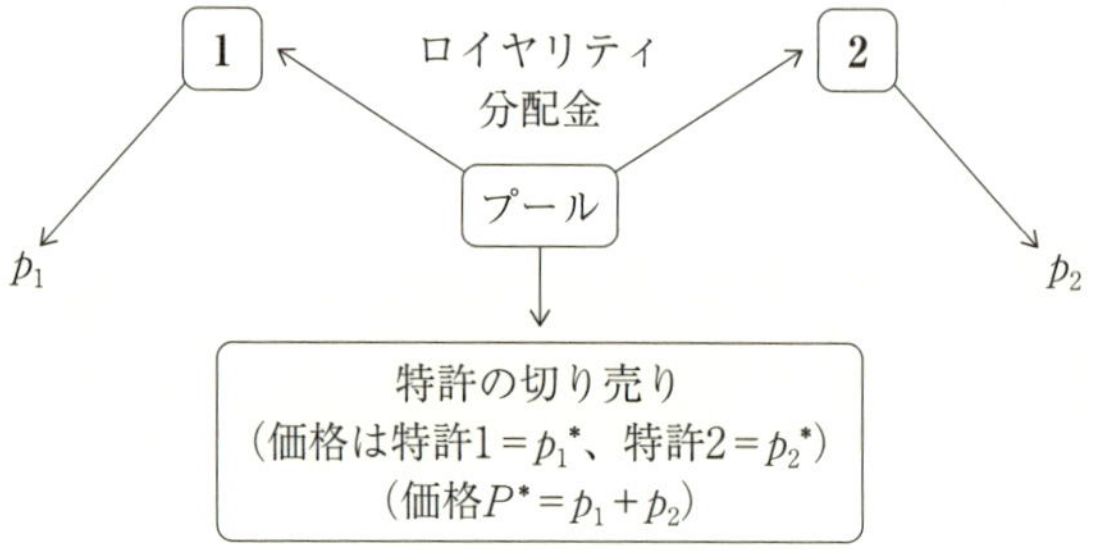

づく。じつは一九四五年以前には、航空、鉄道、自動車、ラジオ・テレビ、化学品といった大規模な産業の大半では特許プールが形成されていた。だが一九四五年になって、このようなプールは隠れたカルテルに当たると指摘されるようになり、アメリカの最高裁が特許プールに否定的な判決を下す。その結果、特許プールは消滅し、そのメリットが再評価されて復活するのは一九九〇年代末になってからだった。たしかにプールが形成されると、似たような特許の権利者同士の競争が阻害される可能性はある。だが五〇年にわたって特許プールが事実上禁じられていたため、技術開発がきわめて面倒で困難になったのは嘆かわしい[10]。

競争当局は特許プール全体を禁じるのではなく、悪いプールを取り締まり、良いプールを許可すればよいではないか。だが残念ながら、彼らは適切に善し悪しを判断できるだけの情報を持ち合わせていない。過去の乏しいデータしかないうえ、この特許とあの特許は補完関係にあるのか、代替関係にあるのかといったことは、技術の活用状況に応じて変化する[11]。

とはいえ、競争当局が情報を必要としない単純な規制でも、よいプールと悪いプールを選別することが可能だ。特許プールの管理組織が、ライセンスの個別供与を認めるとしよう。すなわち特許の権利者は、プールとは別に、独自にライセンスを販売してもよいことにする（図表16－3では権利者1と2がそれぞれライセンスを販売している）。すると、ハーバード・ビジネススクールのジョシュ・ラーナーとの共同研究で示したように、特許プールがロイヤリティを引き上げると個別の権利者との競争が再発する。このように個別ライセンスとの併用方式なら、よいプールによるロイヤリティ引き下げはそのままにし、悪いプールの効果は打ち消す働きがある。

このことは、完全に代替可能な二つの特許という単純なケースを使うと容易に説明がつく。この場合、二つの特許の競争価格は、ほぼゼロに等しくなる。どちらの権利者にも、市場で利益が得られる限りにおいて、ロイヤリティを下げ続ける誘因が働くからだ。このような場合にプールが形成されると、競争を阻害し、権利者の合計利益が最大化する独占価格までロイヤリティを押し上げる危険性がある。つまり、プールが事実上カルテルとなりかねない[12]。

だがここで、個別ライセンスの可能性を導入し、特許プールが価格をP（たとえば独占価格）に設定しようとし、その分け前は権利者に等分に分配するとしよう[13]。するとそれぞれの権利者は、プールの分け前を半分もらうより、自分の特許のライセンス料をPより少しだけ低めに設定し、市場を独占して利益を独り占めすることが可能になる[14]。

おそらく賢明な読者は、権利者がそのような行動をとると仮定するのは単純すぎるとお考えだろう。たとえば権利者1が値下げをして一時的にせよ利益を増やしたら、権利者2がさらにそれを下回る水準に引き下げるだろう。そして価格戦争の末にどちらも利益を失ってしまう、というわけだ。そこから、経済学者や競争当局が懸念する「暗黙の共謀」が生まれる[15]。この場合、権利者は価格戦争になることを恐れて、プールとの競争を避けようとする。

暗黙の共謀を防ぐには、第二の条件を付け加える必要がある。こちらも当局がとくに情報を持ち合わせている必要はない。この第二の条件は、アンバンドリングである。すなわちプールは、抱き合わせ販売だけでなく切り売りにも応じなければならない。こうすれば、利用者は必要なライセンスだけを買うことができる。プールが設定するセット価格は個別ライセンスの合計額となる（図表16－4）。個別の権利者による販売に、プールによる切り売りを組み合わせることによって、プールによる価格の吊り上げを防ぐことができる。[16] この二つの条件を導入したとき、プールは各ライセンスの上限を設定する役割のみを果たすことになる。[17] このように、プールの形成はけっして社会にとって有害ではない（必ずしもライセンス価格の押し上げにはつながらない）。また、複数の特許が相互補完的である場合には、プールが形成されれば低めのセット価格での販売が可能になり、権利者はより多くの利益を手にできるし、それがイノベーションのインセンティブにもなる。以上の対策は、どれも経済理論に依拠するもので、競争当局に特段の情報を必要としないことが特徴だ。実際に、これらの対策はＥＵ指令に採用されている（個別の権利者による販売は二〇〇四年、アンバンドリングは二〇一四年）。

技術の標準化

特許件数の増大が何をもたらしたか――この議論を締めくくるに当たり、技術の標準化の問題を取り上げることにしたい。情報技術分野がとくにそうだが、企業が何らかの製品を開発する場合には、自社製品が他社製品と相互運用できるように調整しなければならない。もしあなたのスマートフォンが４Ｇ（第四世代）モバイル通信規格またはその先行規格に準拠していなかったら、私の４Ｇスマートフォンからあなたを呼び出すことができない。また４Ｇスマートフォン向けアプリケーションの開発者も現行規格に適合することが求められる。つまり相互運用性を確保するためには、さまざまな企業の活用する技術が一つの標準に収斂することが必要だ。どうすれば収斂は実現するだろうか。ある一つの企業が強い市場支配力を持ち合わせている場合には、その企業の技術が事実上の標準として業界に受け入れられることもある。だがそれよりも、標準化団体がさまざまな技術を比較検討して技術標準（規格）を定めることのほうが多い。[18] いったん標準が定められたら、スマートフォンの例で言えば、スマートフォンのメーカー、通信インフラ

■ 図表16-5　独占の形成

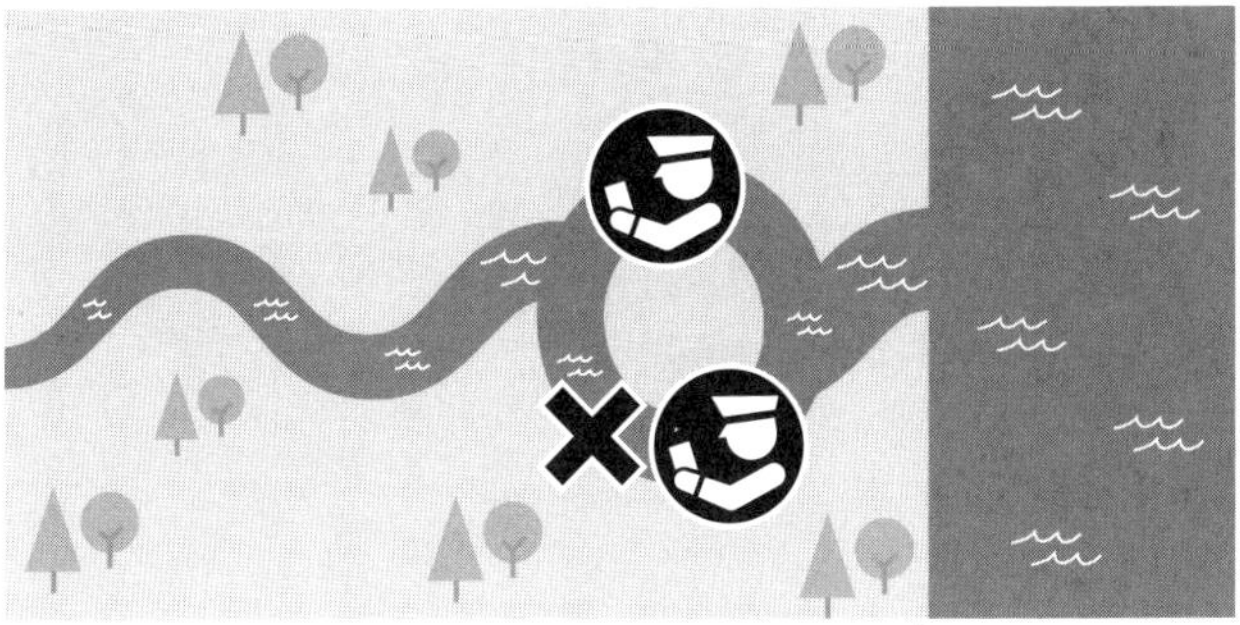

や通信衛星のサプライヤー、アプリの開発者などはみな標準に適合する技術を使わなければならない。

技術的な問題に対する解決は一つではないことが多く、どの方法もそれぞれに有効であることが十分にありうる。だが標準化団体はだいたいにおいて、一つの技術を選ぶ。すると、標準化の過程で独占の超過利潤を作り出すことになりかねない。もう少しくわしく言うと、何らかの機能を実現するのにほぼ同等の技術が複数存在し、したがってどれか一つの技術がとくに重要とは言えない状況で、特定の技術Aが標準に選ばれることがありうる。するとその瞬間に、Aの特許は標準必須特許（SEP）、すなわち標準に準拠した製品を作るうえで避けることのできない特許となる。単に標準化団体に選ばれたという理由で、他の技術が選ばれる可能性もあったのに、その特許が必須になるのである。すると権利者は途方もないロイヤリティを要求することが可能になる。同等の他の技術の特許権利者にとっては、納得しがたい結果と言えよう。

このことを、再び通行料の例で考えてみよう。標準化団体は、支流の上流側に水門を設けて一方のルートに船を誘導するとか、片方のルート沿いに大規模な定期市を開催して魅力を高めるといった方策を講じて、一方のルートを有利に、他方を不利にすることが可能だ（図表16－5）。水門にせよ定期市にせよいったん北ルートが有利になったら、それまでは南北どちらのルートがとくに魅力的ということもなかったのに、北の関所では通行料を独占価格に設定できることになる。

特許の権利者が、標準に必須になったという理由だけで法外なロイヤリティを要求する事態を防ぐために、標準化団体はＦＲＡＮＤベースでライセンスを提供するよう、予め権利者に求めることが多い。ＦＲＡＮＤとは、公正、合理的、非差別的（fair, reasonable and non-discriminatory）の頭文字をとったものである。だが公正とか合理的といった条件は、あまりに曖昧だ。公平で合理的なロイヤリティ料率などというものはどうやって決めればよいのか。現に、公正性や合理性の度合いをめぐる訴訟が世界各地で頻発し、アップル、グーグル、マイクロソフト、サムスンなどが巻き込まれている。彼らがＦＲＡＮＤ条件に含まれる暗黙の節度を無視してロイヤリティを吊り上げているというわけだ。この問題には巨額のお金が絡んでくるが、残念ながらある料率が「合理的」かどうかを裁判所が判断するのはきわめてむずかしい。端的に言って、そのための情報を何も持ち合わせていないからだ。

ロイヤリティの高騰を防ぐもう一つの方法として、理論分析に基づくやり方を提案したい。標準が最終決定にいたる前に、すべての関連特許の権利者たちにロイヤリティの上限を設定させ、これを守るとの約束を取り付ける方法だ。これなら、規制当局に特段の情報がなくても実行できる。標準化団体は、各権利者の上限額を知ったうえで、標準を決定すればよい。

建設費を知らないまま家を建てようとする人はいない。技術にしてもそれは同じだ。そこで私たちは、標準となる技術を最終選択する前に、特許の権利者に対して実施許諾の条件を先に表明させることを提案するとともに、標準化団体同士が自由競争をしている場合には、この問題が持ち上がる可能性は小さいことも説明してきた[19]。

4　イノベーションを生む環境

イノベーションを生み出すためには、創造的な人間と資金が必要である。この二つの要素について考えてみよう。

企業vsスタートアップ

イノベーションは、大企業よりも小さなスタートアップから生まれるケースが増えてきている。そこにはたくさんの理由がありそうだ。民間の大企業に属す研究者は、組織の抵抗に遭うことが多い。新製品に旧製品のシェアを喰われることを恐れるあまり、共食いの可能性が出て来たときにプロジェクトを断念させる圧力がかかってきたりする。一方、研究者のほうも、アイデアの初期段階で十分な根拠に基づいてプロジェクトの発足または続行を説得することがむずかしい。それに大企業の場合、イノベーションを促す経済的インセンティブがスタートアップほどには大きくない[20]。社員が重要な発明をし、会社が事後的にその社員に報酬を払う場合、発明の価値に見合うほどの報酬でないことがままある。たとえば青色発光ダイオードの発明で二〇一四年にノーベル物理学賞を受賞した中村修二は、当時所属していた日亜化学工業から発明報酬として支給されたのは一八〇ドルだけだったと主張している[21]。

大企業も、社外のベンチャー・キャピタル・ファンドを活用するスタートアップの手法のメリットをなんとか社内で再現しようと努力している。だがサム・コータムとジョシュ・ラーナーの研究によると[22]、成功例はさほど多くないという。それは、企業内の研究開発が挫折するのと同じような理由からだ。すなわち共食いの懸念、出資者に対する説得、企業報酬の制約などである。

起業家精神が充満したスタートアップは、資金より知的創造のほうが重要である限りにおいて、言い換えればさほど巨額の先行投資を必要としない限りにおいて、大企業の自前の研究部門よりも競争優位に立っている。またイノベーションの利用者が一社しかなければその企業の意向に振り回されるが、潜在的な顧客を自由に奪い合う環境であれば、小さなスタートアップのイノベーションは守られる。このように起業に有利な環境を構成する要素はさまざまだ。バイオなどの先端技術の場合には、高度な専門知識が何よりも重要であるから、起業家は大学から生まれることが多い。だが、イノベーションがつねに高度な専門知識を必要とするわけではない。エドマンド・フェルプスが指摘するとおり、イノベーションは高等教育を受けたエリートだけのものではないのである[23]。一九世紀の著名な発明家を挙げるだけでも、そのことがわかる。たとえば発明王トーマス・エジソンはさほど裕福な家庭の生まれではないうえ、小学校に途中まででしか通っていない。鉄道の父と呼ばれるジョージ・スティーブンソンは読み書きができなかった。トラクターなど農業機械の発明家であるジョン・ディアは鍛冶屋だったし、ミシンを発明したアイザック・メリット・シンガーは機械工だった。同時代のフランスでは、ラファージュ、ミシュラン、シュナイダーなどの企業が興されているが、どれもけっして先端技術を駆使していたわけではない[24]。

今日でも、ウーバー、フェイスブック、ネットフリックス、エアビーアンドビーといった企業は、ニッチ市場を突き止め、需要があるのに誰もやっていなかったサービスを洗い出すことには長けているものの、そのためにとりたてて高度な知識が必要だったわけではない。こうしたわけだから、高等教育を受けないと起業ができないということはない。むしろ大事なのは、起業家精神を育む文化である。半導体分野には革新的な企業が多数存在するが、どれも元はと言えば起業家がゼロから作ったスタートアップだったことを忘れてはいけない。

スタートアップの資金調達

企業内でイノベーションをめざす場合には、外部資金の心配をする必要はない。自分のアイデアは有望だということを社内で説得できればよい。これに対してスタートアップの場合は、最初は自己資金（起業した本人の資金や家族、友人からの借金）でまかなうことが多い。だがアイデアが有望であれば、すぐにもっと資金が必要になるだろう。このときスタートアップにとって頼りになるのは、第一に富裕な個人投資家、いわゆるエンジェルと呼ばれる人たちである。エンジェルは自身が起業家であることが多く、将来性のあるプロジェクトを見抜く能力と経験が備わっている。第二は、ベンチャー・キャピタルと呼ばれる投資ファンドだ。ベンチャー・キャピタルは、資金を募ってファンドを形成し運用し、回収、分配、清算までファンドの管理業務を執り行い、その対価として管理報酬・成功報酬を受け取るゼネラル・パートナーと、単に出資して運用の成果を受け取るリミテッド・パートナーから構成される。後者は年金基金、保険会社、企業、財団などの機関投資家が多い。

このように実際には、ベンチャー・キャピタルは自前の資金を投じるわけではない。彼らがまず行うのは、有望なスタートアップやプロジェクトを探して選別することである。有望な投資対象を見極めたら、次には営業支援や経営管理に関する助言を提供する。創業者は先端技術に通じていても経営や販売には無知であることが多いので、ベンチャー・キャピタルはスタートアップの創業期に重要な役割を果たすことになる。しかもベンチャー・キャピタルは段階的に資金を投入し、中間目標が達成されないと次の出資をしない。また少なくとも一定期間は経営に関与する権利を留保し、目標が達成されない場合などには、スタートアップの経営陣の交代などを要求する。もちろん目標が順調に達成されていれば、経営陣の裁量に委ねられる。

とはいえスタートアップというものは、数年にわたり利益がゼロということがめずらしくない。したがって、スタートアップがあまり巨額の借金をすることは望ましくない。というのも、期日が到来しても返せないという事態に陥りやすいからだ。そこで投資家は、優先株を持つとか、転換社債を持つといった方策を講じることが多い。優先株であれば剰余金の配当や残余財産の分配が優先的に受けられるし、転換社債であれば言うまでもなく最終的に株式を持つことができるからだ。

ベンチャー・キャピタルから出資を受ける場合に契約上重要な要素の一つは、出資金の引き揚げについての取り決めである。プロジェクトが首尾よく成功すれば、通常スタートアップは上場を果たすので、市場からの直接の資金調達が可能になる。そこでファンドは資金を回収し、新たに別のスタートアップに投資するわけだ。しかし言うまでもなく、上場の時期がいつになるかはわからない。それに、タイミングも重要である（市場に資金が潤沢に出回っているときが望ましい）。

ベンチャー・キャピタルによる投資には問題点もいくつかある。まず、最初に自己資金を投じる投資家が必要だ。それが呼び水となって、ファンドにリミテッド・パートナーを募ることが可能になる。また、集められる資金量は時期によって大きく変動する。インターネット・バブルの頃には、スタートアップの上場時にかなりの高値がついたため、ベンチャー・キャピタルの手元資金は潤沢になった。だが新たな規制が導入され、年金基金がリスク資産での運用を制限されると、資金は集まりにくくなった。一般に、ベンチャー・キャピタルの資金調達力は景気循環の影響を受けやすい。

また、多くの国で公的機関によるベンチャー投資が行われている。民間のベンチャー・キャピタルには上記のような問題点があることを考えると、公的機関は補完的な役割を果たしうるが、それも条件付きだ。産業政策の分析結果から言うと、[25]投資の専門家が中心となって運用し、政治家の影響を極力抑えなければならない。[26]たとえばアメリカの中小企業技術革新研究ファンドは政治家がむやみに口を出し、見込みのないプロジェクトに大金を投じると悪名高い。公的ベンチャー・キャピタルはあくまで民間を補う脇役にとどまり、民間と競争しないことが望ましい。さらに言えば、カウンターシクリカルな、すなわち景気循環の影響を打ち消すような投資方針を採用すれば理想的だ。ただしこれは、口で言うほど容易ではない。

5　内製化とオープンソース

オープンソース・ソフトウェア（ＯＳＳ）の登場は、経済学者の従来の考え方を覆すような出来事だった。長い間、営利企業が社員に報酬を払い、やるべき仕事を規定し、成果物の知的財産権を占有するという形が続いてきた。これに対してオープンソース・プロジェクトでは、往々にして開発参加者に報酬が払われない。プログラマーたちはだいたいにおいてボランティアでプロジェクトに貢献し、自分に興味のある領域や自分の能力が発揮できる領域を自由に選んで開発する。だからといって、開発が無秩序に行われているわけではない。プロジェクトは明確に定義されたモジュールに分割されており、公式バージョンでの開発・改良のみが受け付けられる。このような体制を整えて、有用で一貫性のある開発作業が行われるようにするとともに、船頭多くして船山に上るような事態に陥ることを防いでいるわけだ。またＯＳＳの利用に際しては、著作権表示をするなど何らかの条件が付く。ライセンス形態によっては、オリジナル版に何らかの改良を加えた場合には、改良版もオリジナル版と同条件で提供するといったかなり制限的な条件が付いている。

今日ではさまざまな分野でＯＳＳが活用されているが、中でも最も有名なのはLinuxだろう。[27] Linuxはマイクロソフトの Windows やアップルの MacOS と同じくオペレーティング・システム（ＯＳ）だが、その Linux とスマートフォン向けＯＳのAndroidは、オープンソースだ。Android は、iPhone 用のＯＳである iOS をシェアで圧倒している。もちろんオープンソースで開発されているのは、ＯＳに限らない。ウェブサーバー（Apache）、プログラミング言語（Java）、スクリプト言語（Perl、PHP、Python など）、データベース管理システム（MySQL）、ウェブブラウザ（Chromium、Firefox など）、メールソフト（Thunderbird）、オフィススイート（LibreOffice）、クラウド環境構築（OpenStack）、大規模データ分散処理（Hadoop）といった具合に、多種多様な分野でＯＳＳが出現している。

オープンソース・プロジェクトに参加する人たちの動機は何だろうか。またどんな人がどんな役割を果たしているのだろうか。

プロジェクト参加者の動機

プログラマーがＯＳＳの開発プロジェクトに参加するとなると、相当な時間をとられることになる。フリーランスのプログラマーであれば、民間企業や大学から仕事を請け負って得られたはずの報酬をあきらめなければならない。民間企業や大学や研究機関に所属するプログラマーの場合、オープンソース・プロジェクトに参加すると、他の仕事に集中できなくなるという機会費用が発生する。たとえば睡眠不足や注意力散漫で、本業の研究や仕事の生産性が下がることが考えられる。

二〇〇〇年代初めにジョシュ・ラーナーと私は、オープンソース・プロジェクトの成功例が増えていることに関心を持ち、成功の理由や将来の商用ソフト開発戦略についての当時の分析に疑問を抱くにいたる。[28] まず、オープンソース・プロジェクトに参加するプログラマーの動機については、次の二通りの説明がまかり通っていた。第一は、そのようなプロジェクトに参加する人は、もともと鷹揚で金銭欲があまりなく、企業勤めをする人の安定した高報酬に固執していないというものである。たしかに、経済活動の多くの分野で社会的な行動が重要な役割を果たしていることを考えれば、この仮説にはそれなりの説得力がある。だがそうなると、商用ソフトの開発に従事するプログラマーは、オープンソース・プロジェクトに参加するプログラマーと比べて、社会的でないのだろうか。この問いに答えるのはむずかしい（この種の問題に関するアンケート調査は自己肯定的な回答が多いことで知られており、信頼できない）。

第二の説明は、経済学の論理からすると、第一の説明以上に奇妙である。それによると、こうだ。参加者はプロジェクトへの自分の貢献がギブアンドテイクに基づく善意の行動を生み出すきっかけとなり、大勢のプログラマーが次々に開発に参加するようになると期待する。そうなればＯＳＳの開発は加速し、いずれ自分自身も利用できるようになるだろう。そのことが各自に参加を促す合理的な理由となる、というのである。自己利益に基づくこの説明は、共通善の理論にも、ただ乗り（フリーライディング）という現実の現象にも反する。たとえば国も企業も家庭も、自分たちが温室効果ガスの排出を減らせば、他の人も同様の行動をとり、地球温暖化の問題が解決するだろうとは考えていない（ヨーロッパは京都議定書を受けて模範的な行動を示そうと試みたが、ほとんど成功しなかった）。

ラーナーと私は、オープンソース・プロジェクトに参加する動機はほかにもっとあると考えた。第一は、企業や大学に雇われているプログラマーの場合、ＯＳＳ開発に参加することによってむしろ能力の向上につながることである。とりわけ企業内システムの向上や問題解決に取り組むシステム管理者にとっては、

ＯＳＳの開発経験が役に立つはずだ。実際に多くの調査も、ＯＳＳ開発に参加したプログラマーが、自社のシステムの問題点に気づいた、固有の問題点を解決できた、といったメリットを得られたことをあきらかにしている。第二は、プログラマーにとって「クール」なオープンソース・プロジェクトを選んで参加することは本質的な喜びである。それに、上司から指示された仕事をするよりも楽しいだろう。第三に、オープンソース・プロジェクトへの貢献を通じて、プログラマーは自分の能力を周囲に示すことができる。

この第三の点に関して言うと、経済学のシグナリング理論からすれば、自分の能力を誇示したがっているプログラマーほど、オープンソース・プロジェクトに参加する誘因が強まると考えられる。シグナリングとは、相手に見えにくい自分の特徴をアピールするために行う行動を指す。アピールする相手は、まずは同業者や同僚である。プログラマーは、いや職業に就いている人なら誰でもそうだが、自分の業界で認められたいと望む。とはいえ同業者に認められることはもちろん誇らしいが、さらに望ましいのは、雇用市場で認められることだ。商用ソフトの開発会社は、ＯＳＳ開発でとりわけ貢献度の高かった腕利きのプログラマーを採用したがっているからである。また、ベンチャー・キャピタルに認められれば、ＯＳＳを利用した商用ソフトの開発プロジェクトに出資してもらえるかもしれない。

そもそもＯＳＳというものは、シグナリングにじつに適している。モジュールに分解できるので、仕事の難易度、ソリューションの質の高さ、担当した人の能力が明確になるからだ。とりわけ、あるプログラマーがモジュールなりサブプロジェクトなりのリーダーとして全責任を負う立場にあった場合には、その人の能力がはっきり示されることになる。また、プログラマーやプロジェクトマネジャーなどの位置づけが明確に決まっていることも、シグナリングに適している。商用ソフトの開発会社はこうしたシグナリング願望に気づき、オープンソース・プロジェクトを模倣してソフト開発プロジェクトをサブプロジェクトに分割し、個々のプログラマーの能力を的確に評価できるようにしている。このことも、シグナリング仮説を裏付けると言えよう。

営利企業の戦略

オープンソース・ソフトウェアの台頭に直面した商用ソフト開発会社は、どのような戦略をとっているのだろうか。当初はオープンソース・プロジェクトに敵対的だった彼らも次第に順応し、いまやそこにチャンスを見出すようになっている。

- 社員にオープンソース・プロジェクトへの参加を促し、業界での社員の能力を見極めるとともに、腕を磨いてもらおうとする。
- Linux のような無料で使えるＯＳＳは、ソースコードが公開されているので、プログラミングやバグ修正の格好の勉強材料になる[29]。
- 営利企業でも、ソースコード自体で利益を得るのではなく、コードを公開してさまざまなモノやサービスを第三者に自由に開発してもらい、補完的な分野で利益を得ることをめざすようになった。たとえばグーグルはスマートフォン用ＯＳである Android のソースコードを公開し、普及やアプリ開発を促すと同時に、ユーザーのデータを収集している。また、Linux のエンタプライズ版を制作・販売するレッドハットや組版ソフト LaTex の数式処理版などを扱うサイエンティフィック・ワークプレイスなど、ＯＳＳを利用して営利事業に結びつける企業も存在する[30]。

一般にオープンソース・プロジェクトでは、エンジニアたちは無報酬で参加していると考えられている。たとえば Linux が象徴的だが、誰かがどうしてもやりたいことを個人的に始めた場合には報酬が払われないことが多い。だが今日では、たとえ個人的な思い入れから始まった場合でも、産業上重要なオープンソース・プロジェクトには企業が資金を投じ、社員であるエンジニアやプログラマーが主力となって開発する形がめずらしくない。ご存知のとおり Android は基本的にグーグルのものであり、MySQL はオラクルのものだが、プログラミング言語 Java の開発戦略はちょっとちがう。当初は一九九〇年代初めに、サン・マイクロシステムズ（のちにオラクルに買収された）の社内プロジェクトとして発足した。ほどなくインターネット時代が到来すると、プロジェクトチームは開発方針を転換し、Java 開発キットＪＤＫを無償配布する。こうしてマイクロソフト、アップル、ＩＢＭ、ＳＡＰなどがこぞって Java を使ってプログラムを開発するようになった。開発キットを無償配布したのは、Java のエコシステムの細分化を防ぐ配慮からだった。

とはいえ企業が利益追求の目的でオープンソース・プロジェクトの中核組織となることには多くの問題点がある。まず、オープンソース・コミュニティ本来のあり方を内部化することがむずかしい。とりわけ、ソースコードをパブリック・ドメインに供すると約束できるかどうか、仮に約束してもそれが信頼できるのか、という問題がつきまとう。またプロジェクト参加者の貢献度を公表せず成果を横取りにするのではないか、という疑いも消えない。たとえば Android はオープンソースではあるが、バージョンアップするにつれて、グーグルが提供するウェブサービスへの依存度が高まってきた。グーグルがこのあたりの事情をあきらかにしていないため実態は不明だが、Android のオープンソース性に疑問が持ち上がっていることはたしかである。

ヒューレットパッカードがソースコードの公開を伴う分散型開発環境の構築に当たり、コラブネット社と提携したのは、こうした背景からだろう。コラブネットはオープンソース運動を推進するエンジニアたちが創設した企業で、自社製プログラムの一部公開を望む企業のためにオープンソース環境を構築するサービスを提供し、プロジェクトのオープンソース性について認証を行っている。

知的財産権の管理スキーム

この項目を設けたのは、プログラマーがオープンソース・プロジェクトに参加する動機と関連づけられるからである。ＯＳＳのライセンス形態は、動機に大きく関わってくる。というのも、オープンソースであり続けるためには、プロジェクトの理念をライセンスで規定する必要があるからだ。ＢＳＤライセンスと呼ばれるライセンス方式では、著作権の表示と免責条項さえ明記しておけば、再利用も再配布も自由である。自分で改変して商用ソフトを開発してもよく、そのコードを非公開にしてもよい。ちなみにＢＳＤは Berkeley Software Distribution の略で、もともとはカリフォルニア大学バークリー校で生まれた Unix のライセンス方式である。当初のＢＳＤライセンスでは、派生するプログラムやソフトウェアの広告に初期開発者の名前を表示することが条件だったが、その後にこの条件が削除されたため、オリジナル版と修正版の二通りのライセンスが混在している。

これに関連して興味深いのは、グーグルが Android に採用したライセンス戦略である。自由な改変や商用化を許可してオープンソースの魅力を保つために、グーグルは Android に著作権表示のみをすればよいというきわめて条件の緩やかなライセンス方式を採用した[31]。だがスマートフォン・メーカーや通信事業者の勝手な改変により互換性が損なわれるようなことがあっては困る。そこで Android の市場投入に際して[32]、グーグルはメーカー、通信事業者、アプリ開発者などに対し、最新バージョンに関する情報共有を行うなどの連携プログラムを実施している。

一方、ＧＰＬ（General Public License）方式では、自分で改変したプログラムを再配布する場合も同じ条件で行うこと、すなわちＧＰＬライセンスを継承しなければならないという条件がついている[33]。改良されたバージョンを含め、すべてを一般の利用に供すということだ。このライセンス方式は、コピーレフト（著作権を保持したまま著作物の自由な利用・配布・改変を許諾する概念）を提唱した伝説的人物リチャード・ストールマンが打ち出し、早い時期に Linux で採用されたことから、ＯＳＳのライセンス形態を象徴するものとなった。だが今日では、ＧＰＬのようなタイプのライセンス方式はオープンソース・プロジェクトで一般的とは言えなくなっており、商用利用に関してより条件の緩やかなＢＳＤ、ＭＩＴ、Apache などを採用する例が増えている。

オープンソース・プロジェクトでは、ライセンス形態をどのように選択するのだろうか。優秀なプログラマーを呼び込むためには、プロジェクトが魅力的でなければならない。プログラマーたちは、営利企業がプロジェクトの推進者だったり、ＯＳＳのソースコードに執着しているようだと、警戒心を強める。ライセンス形態がＧＰＬ方式であれば、プログラムの分裂・細分化やフリーライダー行為を防止できるので、安心するだろう。また、プログラマーが自分の能力を発揮し貢献度を誇示したがっていることも忘れてはならない。この点からすると、コードを読めない最終ユーザーに人気になるソフトウェアよりも、プログラマーに活用されるようなソフトウェアのほうに分がある。

調査によると、ライセンス形態の選択は経済理論上の予測と合致しており、けっして不合理ではないことがわかった。SourceForge のデータベースに収録された四万件のオープンソース・プロジェクトを分析したところ、プログラマーにとって魅力に乏しいと予想されるプロジェクト、すなわち一般大衆向けのアプリ（ゲーム、ビジネスソフトなど）の開発プロジェクト、商用環境やプロプライエタリなシステムで運用されるプログラムの開発プロジェクト、自然言語が英語でないプロジェクトでは制限的なライセンスが多いことが判明したのである。

オープンソース・プロジェクトにはさまざまな魅力的な要素があり、取り上げるべき問題も多い。たとえば、この種のプロジェクトが多数出現する状況にふさわしいのはどのような公共政策か。特許の重要性は今後どう変わるのか。ＯＳＳに関して特許侵害の訴訟リスクはあるのか、そのための保険はどうあるべきか。オープンソース・モデルはソフト開発以外の分野でも活用できるか、等々。しかしここでは紙面の関係上これらの問題には立ち入らず、次の二点を指摘するにとどめたい。第一に、ソフト開発においてオープンソースに代わるさまざまな形が出てきて、それらが平等に比較検討されるようになることが望ましい。そうなれば、状況に応じて適した形態を選ぶことが可能になる。単一のモデルをすべての状況に無理に当てはめるのは好ましくない。第二に、オープンソース現象に当惑する経済学者が少なくないが、先ほども述べたように、けっして経済学的に謎であるとか説明がつかないということはない。経済理論は大方のことに当てはまる。

6　知的財産権をめぐるさまざまな問題点

知的財産権のあり方をめぐっては、他にも多くの問題が熱心に議論されているが、いずれも特殊だったり専門的になりすぎたりするので、ここでは立ち入らない。

たとえばパテントトロールの問題がある。パテントトロールは、倒産企業や個人発明家などから特許を買い漁り、自らは権利を実施せずにひたすら保有特許の侵害に目を光らせ、法外なライセンス料または和解金をせしめることを目的とする会社を指す。アメリカでは、二〇一一年にこの手のパテントトロールが、特許関連訴訟のじつに六一％を占めた。パテントトロールは、力のない弱小特許権利者に代わって、特許権の効率的な流通市場を創出していると言えるのだろうか。それとも、特許を濫発する当局のルーズな姿勢に付け込んで、ゆすりたかりを働いているとみなすべきだろうか。

また、知的財産が価値創造の中核を担うような社会において、競争政策はどうあるべきだろうか。下流側の企業がロイヤリティを払わずに製品を製造販売した場合、当局は差止命令を出すべきか。差止命令は、大企業に対してきわめて有効な武器となる（たとえばブラックベリー携帯端末の特許侵害訴訟では、結局ＲＩＭ社はパテントトロールに巨額の和解金を払った）。それとも、特許権利者に対して妥当な条件でのライセンス供与を義務づけるべきか。これらは、知的財産権をめぐって世界各国で提起されている問題のごく一部にすぎない。

第17章
産業規制

産業規制の課題

一九八二年に、フランス国立土木学校の若手研究者だった私は大きなチャンスに恵まれた。トゥールーズ・スクール・オブ・エコノミクス（ＴＳＥ）の創設者ジャン＝ジャック・ラフォン教授と、産業規制について長期にわたる共同研究に取り組むことになったのである。私たちは、電力や鉄道などのいわゆるネットワーク産業の調達と規制から始めることにした。古くからの独占企業が政府の規制の下で運営する公共サービスは、質が悪いうえに料金が高いと世界中で不満が高まっていた時期である。アメリカではカーター大統領が、批判の対象になっていた航空、通信、電力、ガス、鉄道、郵便などの規制緩和に踏み切ったばかりだった。一方ヨーロッパでは、公営の巨大独占企業を単に民営化しても、問題の解決にはつながらないと考えられていた。規制下に置かれた民間企業も甚だ非効率であることは、アメリカの民間公益事業の例を見ればあきらかだったからだ。したがって単なる民営化ではなく、長年の独占企業に生産性向上やコスト削減のインセンティブを設けると同時に、競争原理を導入することが必要だと考えられた。

完全な自由放任国家であれば話は別だが、規制緩和と競争原理の導入は放っておいて実現するわけではない。そもそも競争不在の産業には、そうなった理由が十分に存在する。まず大きいのは、いわゆるラインフラインと呼ばれるインフラ事業は、新規参入者がいると重複してしまうことだ。競争法の用語で言えば、「自然独占」になるようなインフラ事業は、きわめて大きな初期コストが発生することが特徴である。ここには、送電、郵便、ガス、鉄道、通信のいわゆるラストワンマイル（家庭や事業所から幹線網までの接続）が含まれる。考えてみてほしい。パリとリヨンを結ぶＴＧＶ用の線路をもう一組敷設し、新パリ駅や新リヨン駅を建設するなど、どうみても無駄である。こうした基本インフラ事業には、多くの国に昔から独占的にやってきた事業者が存在する（フランスでは、フランス電力〔ＥＤＦ〕、フランス・テレコム、フランス国鉄〔ＳＮＣＦ〕、ラ・ポストなどが該当する）。

こうした規制産業の生産性向上を研究するに当たっては、多くの課題と取り組まねばならない[1]。たとえば、政府と事業者の契約に生産性向上やコスト削減のインセンティブを盛り込むにはどうすればいいか、一貫性のある概念フレームを構築することは、その一つだ。競争原理を導入し新規参入を促すには、従来は既存の独占企業の所有に帰属していたインフラについて、利用料の設定方法を決める必要もある。また経済にとってきわめて重要なこれらの産業について、より広い視野から規制のあり方、規制者としての政府のあり方を考えることも必要だ。

1　規制改革とその根拠

通信、エネルギー、鉄道、郵政の各分野では、非効率に対する批判に応える形で、二〇世紀末から改革が実行されてきた。これらの事業には規模の経済が存在するため、各分野の事業者は事実上の独占を謳歌しており、高い料金を設定する、ほかに選択肢のない利用者に不満足なサービスを提供する、といったことを平気でやってきた。一九八〇年代までは世界のどの国でもこれらの部門は基本的に独占で、生産性向上のインセンティブは乏しかった（ヨーロッパでは公営企業、アメリカでは民間企業が独占していたが、どちらも事実上リスクを利用者に押し付け、過大なコストもほぼ全額利用者に転嫁し、したがってひどく高い料金を徴収していた）。これらの部門では、経済論理の裏付けのない政治的な配慮から利用料金が設定されていた。ある部門の低い料金の赤字は他部門の高い料金の黒字で補塡されるという具合で、言ってみれば部門間で補助金のやり取りが行われていたのである。

大方の国で政府が長い間ネットワーク産業の独占事業者を規制してきたのは、自然独占が発生したからである。とはいえ規制のやり方には疑問符がつく。コストについても、また技術の選択や需要についても、甚だしい情報の非対称性が存在するため、政府は質の高いサービスを安価に市民に提供させることができていない。言い換えれば、規制される側である事業者は、自分たちだけが持っている情報を戦略的に活用することができる。そして言うまでもなく彼らは自分たちの利益になるように情報を使い、透明性が求められて超過利潤が危うくなっても、情報を開示しようとはしない。

経済学用語で言うと、規制当局は二種類の情報の非対称性に直面している。一つは逆選択、もう一つはモラルハザードである。第一に、企業は、自分の置かれた事業環境、技術、調達コスト、自社が扱うモノやサービスに対する需要動向を規制当局よりもよく知っている[2]。第二に、企業自身の行動、すなわち人的資源の管理、生産能力の戦略的選択、研究開発、品質管理、リスク管理などがコストと需要に影響を与える。規制当局がこうした情報の非対称性を見落としていたら、効果的な規制が行えるはずもなく、利用者や納税者の負担を適正水準に引き下げられなくても当然と言わねばならない。市場の力について第8章と第9章で別々に取り上げた例でも論じたとおり、環境と解雇に関する強権的な規制アプローチは非生産的であることが判明した。政府が何らかの目的を設定して企業に強制しても、じつはその目的自体が規制の受益者と想定されていた人なりモノなり（第8章と第9章の例では環境と労働者）の利益にならないことが判明した、という例が多すぎるのである。同じことが、産業規制にも当てはまる。

言うまでもなく、規制当局にしても情報の非対称性を減らそうと試みてきたし、いまも試みている。その方法としては、データの収集のほか、類似企業のパフォーマンスをベンチマークするという手法がとられることが多い。また、独占的権利を入札にかけ、応札者は自社のコストの開示が義務づけられるというケースもある。だが経験から言うと、こうした方法はそれなりに有用ではあるものの、規制当局の圧倒的不利を打ち消すにはいたらない。また、政治的駆け引きも規制改革を阻む。規制される側では株主、経営陣、労働者が規制改革に目を光らせており、自分たちに不利な改革が行われようとすると機敏に阻止に動くからだ。もちろん利用者側にもロビー団体はあるが、彼らも社会の利益のためと言うよりは、自分たちの利益のために規制緩和を要求することが多い。

規制改革の四つのポイント

この三〇年間で、経済理論も援用しながら、四項目にまたがる規制改革が行われてきた。本章では以下の順でくわしく論じていくことにしたい。

- インセンティブの強化：自然独占事業者を対象に、生産性向上やコスト削減などの経営努力による利益を国と事業者で分け合うメカニズムが導入された（並行してヨーロッパでは民営化も推進された）。たとえば上限価格契約が一般化した。平均料金の上限を定め、これを守っている限りにおいて事業者は利益を上げてよい。上限は、インプット（天然ガス発電所であれば天然ガス）の物価スライド方式とするのが一般的だが、類似産業をベンチマークすることもある。また、技術が進化したら、上限価格も柔軟に調整する。
- 料金格差の調整：個人と大口需要家、加入者間、市内通話と長距離通話などの料金格差は、需要の価格弾力性が小さいサービスを値上げすることで調整すべきである。さもないと、事業者が負担した固定費をカバーするために、需要の価格弾力性が大きいサービスにひどく高い割増料金を請求しなければならない。そんなことをすれば、消費が抑制されて非効率になり、新たなサービスの導入も遅れてしまう。

- 市場開放：業種によっては、自然独占の特徴を備えていない場合もある。新規参入者に免許を交付しているケースや、昔からの事業者が市場の入り口を押さえていてアクセスを阻止しているケースがそうだ。このような場合には、市場開放が望ましい。市場競争ほど企業活動に刺激を与えるものはないのであり、それは国営企業か民間企業かを問わない。
- 規制機関の独立性：第6章で説明したように、政府の役割は変化している。かつて国家は生産の当事者だったが、いまでは規制する側に回っている。しかし一般に企業というものは、政府に規制されると、政治の思惑によるさまざまな圧力や予算の締め付けから、良質のサービスを安価に提供することができない。そこで政治の影響を受けない独立機関として、たとえば公正取引委員会のような競争当局などを設けるようになっている。

インセンティブと料金設定の興味深い事例として、アメリカで制定された一九八〇年鉄道輸送規制緩和法（スタガーズ法）が挙げられる。一九七〇年代のアメリカの鉄道は、貨物中心だったが、瀕死の状態だった。多くの鉄道会社は地域ごとに独占ではあったものの、経営不振に喘いでいた。アメリカの貨物輸送量に占める鉄道の比率は一九二〇年代には七五％だったが、トラック輸送が台頭した一九七〇年代には三五％まで低下している。レールをはじめとするインフラは老朽化し、そのため極端に速度を落として運行しなければならなかった。スタガーズ法では、鉄道各社に料金設定の大幅な自由裁量を認め、荷主企業と個別の輸送契約を結ぶことも自由化した（不当な料金設定を防ぐため、当局による監視は行われた）。この改革によって鉄道会社のコストは大幅に削減され、従業員一人当たりのトンキロで見た生産性は、四・五倍と大幅上昇を遂げる。サービスの質も向上し、消滅寸前だった鉄道貨物輸送はシェアを取り戻した。

事前の競争と事後の競争

市場原理を導入するには、二つの方法がある。市場のために導入する方法と、市場の中で導入する方法だ。前者は事前的、後者は事後的と言える。

事前的に競争を導入するとは、独占状態の市場を獲得する権利を競争させることである。たとえば地方自治体が、ある路線を運営する企業を入札で選ぶケースがこれに該当する。通常は最低値を入れた事業者が選定されるが、そのほかにサービスの質など、予め定められた審査基準に基づいて落札企業を決定する。このような競争入札方式は、公共部門の発注（公共事業の発注、公的サービスの民間委託、官民の提携など）では標準的となっている[3]。一方政府は、複数の事業者を市場で競わせる事後的な競争導入方法を選ぶこともできる。事業者が公平な立場で競争できるようにするためには、どの事業者にも基本的なインフラへのアクセスが保証されなければならない。これをオープン・アクセスと呼ぶ。

政府はだいたいにおいて、二つの方式のどちらかを選ぶことになる。たとえばフランスの鉄道事業調整機関（ＡＲＡＦ）がパリ～リヨン間のＴＧＶ運行に競争を導入したいと考えたら、国際入札（フランス国鉄、ドイツ国鉄などが応札するだろう）を行って落札者に運行を委託する方式か、複数の事業者を同一路線で競争させる方式（午前八時の便はフランス国鉄、九時の便はドイツ国鉄、という具合に）か、どちらかを選ぶ。同じ鉄道輸送でも、貨物に関しては市場での競争という昔ながらの競争が導入されているが、その一方で地方の旅客輸送のように独占が残ったままのケースも少なくない。後者については、欧州連合（ＥＵ）は不採算路線を維持して僻地の経済発展を促そうと、公共サービス輸送義務（ＰＳＯ）を定めて入札の実施を推進している（一回目の入札で応札者がいない場合には、補助金付きの条件で二回目の入札を行う）。これは先ほどの分類で言うと、事前的な競争の導入に当たる。

2　インセンティブの強化

企業に裁量権を与える

経済学者は総じて強いインセンティブを活用すること、言い換えれば企業の自由裁量に委ねることに好意的であり、ネットワーク産業の規制改革でも、インセンティブの活用を後押しした。常識的に考えても、生産性向上やコスト削減を促すには、事業者に一定の価格決定力を認めるなど、ある程度の裁量権を与える必要があるだろう。とくに営業権や採掘権などを譲渡する利権契約では、事業者側がコストをコントロールするとともに不可抗力以外のリスクはすべて引き受けるような、インセンティブの強い契約を結ぶことが望ましい。

利用料を徴収しない公共事業（たとえば通行料をとらない橋の建設）では、固定価格契約がインセンティブの強い契約となる。政府は予め取り決めた金額を払い、事業者側はかかったコストの全額を負担する（したがって政府の監査を受ける必要はない）。利用料を徴収する公共事業では、実際にかかったコストに連動しない上限価格を設定すると、インセンティブが強まる。規制当局は平均料金の上限を定め、事業者はこの条件に合致する限りにおいて自由に料金を設定し、かかったコストは全額負担する。

これらは生産性向上やコスト削減のインセンティブが強く働くタイプの契約だが、これに対してインセンティブの乏しいタイプもある。事業者が予めコストの大半を保証されるような契約、たとえば当初の見積もりを上回るコストが発生したら補助金でカバーするとか、料金を値上げして利用者に転嫁することが認められている場合がそうだ。利用料を徴収しない公共事業では実費精算契約が、徴収する場合には実際のコストに連動して料金を設定する契約がインセンティブに乏しい。かつてはこのように事業者側に企業努力を促すインセンティブに乏しい契約が一般的で、たとえばアメリカでは一九八〇年代まで、公益事業において民間事業者とこのタイプの契約が結ばれていた。

インセンティブの強い契約を導入するということは、より良いサービス提供の意欲を高めるために、事業者により多くの裁量権を与えることを意味する。たとえば、送電事業を考えてみよう（フランスでは国営電力会社の子会社が担当している）。送電事業は、送電網の整備保守のほか、給電指令（送電容量を考慮しながら発電制御を行い需給均衡を図る業務）を出して安定的な電力供給を行う重要な役割を担っており、電気を使う企業や世帯に多大な影響を与える。ここで、消費地に近い発電所の発電コストが、一〇〇ユーロ／MWhだとしよう。一方、消費地から遠い発電所は、二五ユーロ／MWhのコストで発電できる。ところが、発電所から消費地までの送電網が整備不良または老朽化して利用できないと、コストの高いほうの発電所を選択せざるを得なくなり、七五ユーロの追加コストが発生することになる。このコストは経済的損失であり、高い料金という形で消費者に転嫁されることになる。したがって、送電事業者は送電網整備に適切に投資し、電力供給全体のコストを押し下げることが望ましい。イギリスでは、送電事業者（電力小売事業者とは独立している）に対して、一九九〇年に初めてインセンティブ契約が適用された。安価に発電できる北部から大量消費地である南部への送電能力不足を解消し、高コストの発電所を使う追加コストを削減できた場合には、その分の見返りが送電事業者に払われるという契約である。その結果、送電網の運用が改善され、さほどコストをかけずにスムーズな送電が行われるようになり、事業者にも利用者にも利益をもたらすことができた。

自由裁量の限界

インセンティブの強い契約を導入する際には、十分な検討が必要だ。第一に考慮すべきは、利益とインセンティブのせめぎ合いである。規制当局が事業者側のコストについて正確な情報を把握しているか（そういうケースはめったにないが）、同じような規模の事業者同士の競争が適切に行われていない限り、インセンティブが強く潜在的な利益が大きいほど、問題は大きくなる。

規制当局が事業者側のコストを正確に見積もることは可能だろうか。答はノーだ。すでに述べたように、事業者は当然ながら自社のコストを正確に知っているし、どこに切り詰める余地があるかも熟知している。このような情報の非対称性が存在する状況で、規制当局はどうすればよいだろうか。身も蓋もない言い方になるが、あらゆるケースにうまく当てはまる規制などというものは存在しない。だから、事業者側に情報を自由に活用させておくのが得策である。言い換えれば、規制当局は情報の非対称性が存在することを認識し、契約形態の「メニュー」を提示して、事業者に選ばせればよい。メニューには、固定価格契約、実費精算契約などさまざまなタイプを用意する。実費精算契約では、発生したコストはすべて発注側が払う。固定価格契約なら事業者が手にする金額は大きくなるが、しかしそれはすべて込みの金額であり、事業者はコストを全額負担しなければならない。つまり契約総額から実際のコストを差し引いて利益が出るようにしなければならない。適切に設計されたメニューであれば、自社のコストは少ないとか削減できると承知している事業者は、インセンティブの強い固定価格契約を選ぶはずだ。一方、コストが嵩《かさ》む恐れが大きいと見込む事業者は、実費精算契約を選ぶだろう。言うまでもなく、事業者がコスト削減に努力するのは前者である。事業者は「情報レント（超過利潤）」を手放さないが、メニューがよくできていれば、事業者側の利益を抑制することとインセンティブを活かすこととがうまく釣り合う結果をもたらすだろう。

政府はレントとインセンティブの兼ね合いをとかく無視しがちである。たとえば、固定価格契約なら事業者がコスト削減努力をするだろうと見込んで（この論拠自体は正しい）、政府は固定価格契約を結びたがる。だが彼らは、この契約では事業者側の利益も大きくなる可能性を忘れていたのだろう。一時期は事業者がコスト削減努力をする固定価格契約が大流行りだったが、やがて企業の超過利潤はけしからん、実費精算契約にせよとの政治圧力が強まった。だが結局のところ、こちらを立てればあちらが立たず、である。固定価格契約が促すはずの生産性向上にしても、事業者が政府を信用しない限り実現しない。一九九〇年代半ばに、イギリスの電力事業の規制当局にいた経済学者のスティーブ・リトルチャイルドは、固定価格契約に近いアプローチを考案したが、政治圧力に屈し、地域電力会社との契約を見直す羽目に陥った。他の多くの国でもこうした例が頻発した結果、事業者の自由裁量に委ねる方式はうまくいかないという誤った結論に達している。だがほんとうの問題は、発注者がインセンティブの強い契約の実行に一貫性を欠くこと、とりわけ時間経過とともにぐらついてくることにある。

インセンティブ契約で考慮すべき第二の点は、品質と安全性の両立である。インセンティブの強い契約では事業者がコストをすべて引き受けるので、クオリティの高いサービスを提供しようとすればするほど、事業者にとっては高いものにつく。すると事業者側には、サービスの質を落とす誘因が働くことになる（あるいは、たとえば病院の場合、死亡率を押し下げ治癒率を押し上げるために、リスクの小さい患者を選別するといった誘因が働く）。考えてみればわかりきったことなのだが、規制する側はこうした誘因を見落としがちだ。イギリスでは国営だったブリティッシュ・テレコム（ＢＴ）を一九八四年に民営化し、インセンティブの強い契約を導入した。そこまではよい。だが規制当局は、サービスの質を落とすことがＢＴの利益になることを見抜けなかった。結局、規制当局はあわてて契約条件を見直し、サービスの質の維持を盛り込まなければならなかった。イギリスでは鉄道を民営化した際にも、設備保守に十分な投資が行われず、列車の遅延や事故が頻発するといった問題が起きている。

サービスの質と安全の問題には、二通りの対策が考えられる。第一は、サービスの質を計測し、直接それを監督・指導することである。こちらのほうが理想だが、サービスの質を数値化するのはむずかしい。第二は、第一の対策が困難な場合、サービスの質を落としても事業者の利益にならないよう、実費精算契約などインセンティブの乏しい契約を結ぶことである。

インセンティブの強い契約で考慮すべき第三の点は、事業者側の企業努力によって超過利潤が生じた場合、政府がそれを横取りするリスクが大きくなるという問題である。インセンティブが強いほど事業者側が利益を生み出す可能性は大きくなるので、利益団体などが絡んできやすい。動機はどうあれ、政府の懐に転がり込む利益が大きいほど、利益没収の可能性は高まる。そうなると、規制当局の独立性が確保されない場合にはインセンティブの乏しい契約が結ばれることになり、生産性やコスト面での改善は期待できなくなる。

規制する側・される側のご都合主義

鉄道や電力などのインフラの管理運用で問題が起きやすい理由の一つは、契約が往々にして不完備なことである。とくに、こういうことが起きたら誰がどのように補償するか、といったことがきちんと決められていないときが問題だ。契約期間が長いほど（技術の進化や需要動向の予測が困難なため）、また不確実性が大きいほど、契約は不完備になりやすい。契約が不完備であって、当事者のどちらかが事後的に自分の都合で行動を変える余地があると、双方の良好な関係を維持しようとする意欲は低下しかねない。そうなると、どちらの側も契約の不備に付け込んで利益を得ようとすることになる。たとえば事業者側の投資を政府が横取りする、逆に事業者側が事後的に要求を膨らませる、といったことが起きる可能性がある。

契約期間中に事業者側の投資を搾取する例は枚挙にいとまがない。たとえば、資産の没収（一部または全部の国有化）、工事代金などの不払い、利用料金の突然の引き下げ、契約金額の上乗せなしでの高度な技術仕様または環境保護策の要求、必要な付随的サービスの不備（たとえば高速道路や港湾の建設工事を発注したが、国が必要なアクセスを用意していない）、工事・運用に際しての過剰な人員雇用の強要、事後的な無計画の競争の導入などだ。政府が圧力に屈しやすく契約遵守の能力に乏しいケースほど、このような搾取の恐れは強まる。

逆に、発注側が何らかの理由でインフラ敷設の完成を急いでいるとか、サービスの運用開始を強く望んでいるといった状況で、事業者の側が過大な要求を持ち出すこともある。また当初計画の大幅見直しを迫られた状況に便乗して、大幅な値上げや補助金の拠出を要求するケースも少なくない。さらには、収支悪化により破綻の恐れがあると脅して良い条件を引き出すというケースもある。

こうしたリスクへの対処法としてまず考えられるのは、言うまでもなく、完備契約を結ぶことである。だが条件が複雑だったり、長期にわたったりすれば、完備契約を作成するのはむずかしい。結局は再交渉が避けられないのであれば、初めから契約修正および仲裁手続きを明確に定めておくのが賢明である。また、契約当事者に守るべき評判が存在する場合には、ご都合主義的な行動に走るリスクは小さくなる。

競争の事後的な存在も、ご都合主義的な行動の抑制要因となる。たとえば、事業者側が不当な値上げ再交渉を要求してきたとしても、競合企業が存在し、発注者はさしてコストをかけずにそちらに乗り換えることが可能で、かつその権利が認められているなら、不当な要求を頑としてはねつけることができる。ここには、資産の所有が絡んでくるケースもある。たとえば、地方鉄道が運行事業者を選定する場合、その鉄道が車両を保有していれば（とりわけその車両が標準仕様ではなく、流動性の高い市場が存在しなければ）[4]、運行事業者を容易に乗り換えることが可能だ。したがって、鉄道車両の所有権は地方鉄道なり地方自治体なりに帰属させることが望ましい。とはいえ、地方の鉄道や自治体は運行の経験に乏しいので、適切な事業者の選定がむずかしいとか、契約期間の終わりに近づくに従って受注者側が保守作業の手抜きをしないよう厳格な取り決めが必要である、といった問題は残る。

ご都合主義的な行動を防ぐもう一つの方法として、担保を取ることが考えられる[5]。契約条件に違反した場合、訴訟に持ち込むこともできるが、解決には時間がかかりすぎる。担保はその代用となる。ただし、担保はあくまで「脅し」の手段であるから、契約の意図や「精神」の実現といった抽象的な問題になるとあまり役に立たない。

3　規制産業の料金設定

価格と限界費用

経済学部の学生は最初の授業で、経済効率を最大化するには、モノやサービスの価格をその生産の限界費用に等しくなるように決める、ということを教わる。限界費用とは、生産を一単位増やしたときの総費用の増加分である（総費用を生産量で割ったものが平均費用である）。価格を限界費用に等しくするという原則の背後にあるのは、単純な理屈だ。ある財を一単位よけいに生産するのに一〇ユーロ（＝限界費用）かかるとしよう。消費者である私は、この財の価格が一〇ユーロのときだけ、この費用を社会にとって内部化できる。というのも、もし価格が限界費用を下回る六ユーロだったら、八ユーロまで払う気があったとしても買ってしまうし、限界費用を上回る一四ユーロだったら、一二ユーロまで払うつもりがあっても買わないからだ。限界費用に等しい価格であれば、売り手・買い手双方が満足し、片方しか満足しない取引を駆逐することになる。

限界費用には、固定費（設備、不動産、管理費、研究開発費など）は反映されない。固定費は、定義からして生産量とは無関係だからだ。では固定費用のきわめて大きい事業者（鉄道、電力など）が限界費用に等しく料金を決めるとしたら、どうだろうか。この事業者は固定費の分だけ赤字になる。となれば、何とかして固定費をカバーしなければならない。政府から補助金をもらうか、限界費用とはかけ離れた料金を利用者に払ってもらうしかない。前者すなわち納税者に負担してもらう方法は、鉄道輸送に関して多くの国で行われている（フランス、ドイツなど）。後者すなわち収支がトントンになるまで利用者に負担してもらう方法は、フランスの通信と電力で行われている。補助金に頼れない場合には、固定費をカバーできるだけの利益を上げるしかない。

固定費は誰が負担すべきか？

サービスを利用する人が、そのサービス提供にかかった費用を払うべきだろうか。それとも、この費用の少なくとも一部は広く国民が分担すべきだろうか。後者の場合、あまり利用しないのに負担する人が出てくることになる。この問題は、公共サービスだけでなく民間のサービスにも当てはまる。

たとえば、フランスの鉄道を例にとろう。フランス鉄道（ＳＮＣＦ）は毎年巨額の赤字を計上しており、ＳＮＣＦグループのインフラ保守管理を担う鉄道線路事業の債務総額は、およそ四〇〇億ユーロに達している。だがすべての路線が赤字というわけではないし、赤字路線の利用者が、その路線の固定費・運用費を全額負担するわけでもない。地方路線の固定費は、黒字の幹線の利用者か、でなければ補助金の形で納税者が負担しているはずだ。

固定費を広く薄く負担すれば、限界費用に近い妥当な料金水準でサービスを提供できるというメリットがある。だがこの場合、赤字サービスの存続の可否が問われたときに判断がむずかしくなる。たとえば過疎地の路線を考えてみよう。このとき問題なのは、費用負担をどうするかということよりも、そもそもその路線の維持が社会的に望ましいのか、ということだ。アダム・スミスが『国富論』を書いた一八世紀末頃からすでに、公共サービスの社会的便益があきらかでない場合の料金水準は経済学にとって悩ましい問題だった。この路線の運賃を限界費用のみに設定した場合、この路線の維持に伴う固定費を正当化できるだけの消費者余剰はあるのだろうか[6]。

問題の一つは、所与の料金水準での地域的な需要しかわからないことである。そのサービスにかかった費用の一部が税金や補助金や他の路線の利益でまかなわれていたら、入手可能な情報だけから、そのサービスの存続の可否を判断することはできない。言い換えれば、利用者の余剰利益と事業者の利益の合計が固定費用を上回るかどうか、判断できない。このようなケースで必要なのは、料金を高くしても利用者が払うかどうかをテストすることだ[7]。逆にかかった費用を利用料で全額カバーできているのであれば、サービスの社会的有用性はあきらかである。消費者余剰はつねにプラスになるし（利用するかどうかは各自の自由なので、サービスの存在によって消費者が損をすることはない）、事業者が納税者や他のサービスの利用者に費用負担を押し付けることはないからだ。

上限価格

フランスの電力事業や郵政事業や国鉄は、一つではなくいくつものサービスを提供している。となると、補助金ではなく利用料で固定費を回収しなければならない場合、限界費用を大幅に上回る料金に設定すべきなのはどのサービスだろうか。経済学ではこの問題に、基本的には「ラムゼイ＝ボワトーのルール」を適用する。一九五六年にマルセル・ボワトーが開発したルールだが、フランク・ラムゼイが一九二七年に提唱した最適課税理論（個別の財に対する税率は、その財に対する需要の価格弾力性に反比例するように決定するのが望ましい）との類似点が多々あるため、「ラムゼイ＝ボワトーのルール」と名付けられた（ラムゼイはケインズの弟子で、すぐれた数学者、哲学者にして経済学者だったが、二六歳で急死した。またボワトーはエンジニア経済学者として著名な人物で、のちにフランス電力の総裁となって原子力計画を推進した）。

ラムゼイ＝ボワトーの価格付け理論は、私たちに何を教えてくれるのだろうか。正直に言って、ごくあたりまえのことである。価格が限界費用を上回るほど、そのモノやサービスに対する需要は減る、ということだ。となれば、値上げをしても需要があまり減らないモノやサービス、すなわち需要の価格弾力性が小さいものに高い価格を付ければよい。ここから、電力事業や郵政事業の大きな固定費をカバーするには、需要の価格弾力性の小さいサービスに限界費用を上回る料金を設定し、その利潤でまかなえばよい、ということになる。

ラムゼイ＝ボワトーの価格付け理論では利潤は価格弾力性の減少関数なので、これは論理的な結論に見える。だがじつは、この理論に基づく価格体系は、民間企業のそれとほとんど変わらない。民間部門では、何らかのモノやサービスの価格を決めるとき、市場がいくらまでなら払ってくれるかと考える。これは要するに、需要の価格弾力性を問題にしているのである。結局のところ、規制された独占企業と民間企業の価格付けのちがいは、規制がなかったら前者の設定する価格水準は高くなる、ということである。現に規制の目的は、放っておけば独占企業に高い価格設定を可能にするような市場の力を抑えることにある。

だが現実にはそうなっているのだろうか。つまりネットワーク産業の料金は、ラムゼイ＝ボワトーのルールに従っているのだろうか。つい最近まで、そうではなかった。いやむしろ、逆になっていた。需要の価格弾力性の小さいサービスの料金が低く、弾力性の大きいサービスの料金が高くなっていたのである。これは、政治的な理由からである。公共料金を使って、大衆の不満を引き起こさない方法で再分配をしようというわけだ。たとえば電力や電話は、たしかに需要の価格弾力性は小さいけれども、貧困層にとって必須のサービスである。そこで政府は、彼らの収入を増やす施策を講じず、経済に大きな歪みを作って再分配を試みている。価格弾力性が小さいサービスの料金を低く設定すると、固定費をカバーするためには、価格弾力性が大きいサービスの料金をひどく高くしなければならない。しかも再分配は必ずしもうまくいかない。農村地帯の料金を低く抑えれば、田舎に別荘を持つニューヨークの大金持ちも得をすることになる。

それでも、需要の価格弾力性が小さいにもかかわらず、電話料金は低く抑えられている。経済理論に従って料金を引き上げたとしても、ほとんどの世帯は加入契約を打ち切らないだろう。それに貧困世帯には補助金を出すことが可能だ（たとえば電力会社は貧困世帯に割引料金を適用している）。こうすれば、富裕な世帯も利用するようなサービスへの補助金を打ち切ることができるし、需要の価格弾力性が大きいサービス（長距離電話や国際電話）に不当に高い料金を設定する必要もなくなる。高い料金設定のせいで利用が少ないのは、まったくの非効率だ。回線電話の加入者は、電話機と幹線から家までの引き込み線という非常にコストのかかるものを持っているのに、十分に利用していないのだから。同様に、規制産業では企業などの大口需要家に高い料金を設定し、世帯に低い料金を設定するというやり方をしてきた。これも、企業の富を世帯に再分配する狙いからである。だが企業は、コストのかからない代替サービスを探して乗り換える知識や能力を持ち合わせていることを忘れてはいけない。

非効率な価格体系は、世界のどの国でも、またどのネットワーク産業にも、見受けられる。ボワトーの提唱した価格付け理論は画期的なものだったにもかかわらず、四〇年以上にわたって無視されてきた。需要の価格弾力性に関する情報を規制当局が持ち合わせていなかったため、ボワトー・ルールの適用は進まなかったのである。ボワトー方式の批判者が情報の非対称性を指摘したのは、それとして正しかった。

ここで基本に立ち返っておくと、規制の本来の目的は、自然独占を導くような市場の力が価格水準の押し上げに結びつかないようにすることである。だが規制当局は従来、価格の絶対水準の規制だけでなく、相対価格も規制しようとしてきた。これはつまり、価格体系を規制することにほかならない。ところが規制当局は、持ち合わせている情報の点で不利な立場にあるうえ、価格体系を規制する必要性は、水準の規制ほど自明ではない。というのも、独占企業が値上げで得をすることははっきりしていても、ある利用者層をとくに優遇し、別の利用者層をとくに不利にしているかどうかははっきりしないからだ。

規制によって商業的に合理的な価格体系になることが理想だが、規制を行わなかった場合の独占企業の価格と比較して大幅に低くなることが条件である。ラフォンとの共同研究では、一定条件下における規制のあり方として、二つの原則を示した。第一に、企業利益の抑制とコスト削減を促すインセンティブのさじ加減は、費用便益分担の原則に基づいて決める。言い換えれば、企業にリスクをとらせたら、応分の裁量権を与えるべきである。第二に、価格体系はラムゼイ＝ボワトーのルールに従うべきである。この二つの原則に従った場合の重要なメリットとして、企業が持ち合わせている情報を十全に活用することが可能になる。上限価格方式（事業者は、平均料金が政府の定める上限を下回るという条件さえ満たせば、自由に料金を設定できる）は、事業者のコストマインドを強化することによってコスト削減を促す強いインセンティブを形成する一方で、事業者自身が持ち合わせているコストや需要弾力性などの情報に基づき、商業的に合理的な価格体系を選ぶ自由を与える。

以上のように、二〇世紀後半に導入された上限価格方式は、非効率な価格体系に対する回答として、理論的にも現実的にもすぐれている。しかもこの方式は、効率改善やコスト削減の強いインセンティブをもたらす。規制改革前のフランスでは、政府が経済理論とは無関係に恣意的に価格体系を決めて強制していたが、改革後は事業者がより効率的な価格体系を選ぶことが可能になった。自由裁量の余地を与えられた事業者は、手持ちの情報を十分に活用して価格体系を決めることができるからである。

4　ネットワークのアクセス料

競争導入の阻害要因

インセンティブと同様、競争という刺激も企業に経営努力を促す。ただし、ネットワーク産業に競争を導入し維持するのは容易ではない。ネットワーク産業では、どうしても基本インフラの部分やボトルネックとなる部分が存在するからだ。ネットワーク産業は、端的に言って、事業者を自然独占に導くようなインフラに依存している。そしてインフラのコストが大きいほど、重複は望ましくない。このことが真の競争を阻害する。少なくとも、自然独占に導くようなインフラ領域での競争を阻む。その一方で、いわゆる補完的な領域でなら競争の導入は可能だ。送配電事業では、送電網は一つでいいし、一つでなければならないが、最終需要家へのサービス提供では競争が可能である。ただしこのとき、送電網へのアクセスが平等に提供されることが条件となる。

ネットワーク産業の市場開放には厄介な問題が絡んでくる。規制が行われず野放しになっていると、基本インフラの運用者は、下流側での競争を阻もうとする。下流部門の子会社に特権を与える、独占契約を結ぶ、インフラへの優先的アクセスを認めるといった方策を講じて、利益の浸食を防ぐわけだ。したがって、まずはこのような慣行が正当化しうるものかどうかを考える必要がある。たとえば、大きな社会的価値をもたらすイノベーションや投資を行った事業者が、少なくとも一時的にその果実を手にすることは妥当と言えるだろう。逆に、独占的地位が単なる幸運や政府から与えられた特権（空港や港湾の管理権など）による場合には、その事業者が下流部門で競争相手を排除し、独占によるレントを手にする謂《いわ》れはない。港湾や空港インフラに関する競争法はこの原則に基づいて整備されてきたし、一九八〇年代にはオンライン予約システムなどに関する法規もそうなった。したがってネットワーク産業でも、市場開放のための枠組みを検討すべきである。

基本インフラへのアクセス料

長年にわたり基本インフラを管理・運用してきた事業者が、自由化政策の下で使用料を徴収して他事業者にインフラへのアクセスを提供する場合、二つの理由から、当局による規制が必要になる。まず、基本インフラへの入り口を押さえている事業者は、不当に高いアクセス料を設定し、競争相手を排除しようとする。そこで規制当局が、基本インフラへのアクセス料を決める必要が出てくる（一般的には、能力や質などの許可条件も決める）。規制は競争を促すことはもちろん、基本インフラ管理者の保守整備や新規開拓の意欲を高めるようなものでなければならない。

たとえば通信事業では、相互接続料金を決めるに当たり、新たな問題に直面することになった。イギリスは一九八四年に通信事業の市場開放に踏み切ったが、基本インフラの管理者であるブリティッシュ・テレコム（現ＢＴ）に対し、参入を許可された長距離電話事業者のマーキュリーはいくら払うべきか、料金設定のきちんとした方針が存在しなかった。同じ問題は、のちに競争を導入した他の国でも発生している。そこでジャン＝ジャック・ラフォン、パトリック・レイとの共同研究では、補完的事業（長距離電話、国際電話、インターネットなど）でローカルループ（加入者の家から最寄りの電話局までを接続する伝送路のこと。通信関連ではラストワンマイルという言葉がよく使われる）に競争を導入すると同時に、長年の独占事業者にインフラ投資のインセンティブを与えるにはどうしたらよいか、という問題を検討した。フランス・テレコムのローカルループのアクセスは一方方向だが、共同研究では複数のローカルループが存在する場合と相互アクセスが行われる場合の新たな問題点を取り上げ、相互接続料金の算定方法を提案した。

一般にアクセス料のような価格シグナルを設計する場合、複数の目的がある。以下では、鉄道インフラの例で説明しよう。

第一の目的は、効率的なリソース配分を促すことである。鉄道の場合で言えば、大都市圏周辺の過密な路線網で、さまざまな事業（長距離旅客輸送、通勤電車の運行、貨物輸送、線路保守等々）の配分や、同じ線路を使うさまざまな事業者の配分を最適化することだ。また、効率的な配分は的確な投資に結びつくという効果も期待できる。

第二の目的は、基本インフラを提供する事業者に十分な収入を確保することである。基本インフラを握っている事業者の経営を安定させ、インフラ保守をしっかりやってもらい、また継続的な投資を行ってもらわなければ困るからだ。そのためには、ボワトーの研究成果をいくらか調整して適用する必要がある。ボワトーの論文では最終財とサービスが対象だったが、既存の独占事業者が基本インフラのアクセス料（ここでは線路使用料）を決定するとなれば、中間財も対象になるからだ。ラフォンとの共同研究では、アクセス料決定の問題は、多種類の最終財を供給する独占事業者の価格付けと似ていることがわかった。この種の独占事業者が固定費をカバーできるような価格設定をするのと同じく、新規参入者が払うアクセス料は、既存事業者の固定費をカバーすることに寄与しなければ意味がない。そこで私たちは、アクセスと最終財・サービスの両方を含むパッケージに上限価格を設定する方式を提案した。ラムゼイ＝ボワトーのルールを応用する場合には、事業者が負担したコストを考慮しながら、市場が受け入れられる料金を設定することになる。

下流部門の競争を公平にするためには、利用距離に比例する完全従量制がよい。固定料金（たとえば年間基本料金）にプラスして一回ごとに線路使用料を払う二部料金制だと、小口事業者にとっては固定料金の負担が大きすぎて参入できなくなる。このように料金体系の選択は、産業構造と密接に結びついている。下流部門に競争を促すなら、完全従量制にし、かつ単価が上流部門の限界費用を上回るように設定する。下流部門が独占状態であれば、逆に基本料金（インフラ管理者の固定費をまかなう）と従量料金（インフラ管理者の限界費用を反映させる）の二部料金制にするほうがよい。

最悪のシナリオは、独占状態で完全従量制を採用することだ。この場合、アクセス料が高くなりすぎて参入は進まないだろう。二部料金制にするか、でなければ競争を導入するのがよい。独占状態であるにもかかわらず、競争市場であるかのように規制するのはまちがっている。

ヨーロッパの鉄道産業では、二〇〇七年以降、貨物輸送が古典的な競争市場になっており、新規参入を促し効果的に競争を維持するうえで完全従量制が適している。一方、地域旅客輸送など他の事業は独占状態が続いており、公共サービス義務（ＰＳＯ）に関するＥＵ規則では、地域圏ごとに市場のための競争をめざすとしている。地域旅客輸送は一社が独占している状況なので、新規参入者に対しては二部料金制にして一回ごとの線路使用料を低く抑えるほうがよい。このように、下流部門の自由化に際しては、二つの料金体系をよく吟味することが必要だ。事業によって独占と競争の棲み分けがあってよいだろうか。高速鉄道については市場の中の競争と市場のための競争と、どちらが望ましいだろうか。こうした問いに答が出たら、それぞれに適した方式を採用すればよい。

送配電網へのアクセス

下流部門で競争が導入された場合のアクセス料の問題は、業種によって異なるため、さまざまな研究が行われてきた。一九九〇年代に電力事業の市場開放が始まると、送配電網の使用料問題が政府と学者の関心を集めることになる。図式的に説明すると、電力事業は三つのレベルで構成されている。第一は発電、第二は長距離の送電を行う高圧送電設備、第三は地域的な配電を行う低圧送電設備である。このうち高圧設備は卸売市場の対象であり、市場を解放してアクセスを公平に提供すべきだと広く考えられている。電力自由化に踏み切った国では、公平なアクセスを実現するためにさまざまな方法がとられてきた。ヨーロッパの多くの国とアメリカでは、従来の垂直統合型独占事業者から送電部門を切り離し、独立した管理会社に委ねる方法を採用している（フランスとドイツは垂直統合構造を維持したが、発電に関してはＥＵ電力指令に基づく市場開放の義務を遵守しなければならなかった）。

だが自由化に伴う新たな悩みの種として、送電網使用料（託送料金）はどのように決めるべきか、という問題が生じた。第一の解決策は、売り手と買い手の間で物理的に電力を送ると考え、電気を運ぶ権利すなわち物理的送電権（ＰＴＲ）を相対《あいたい》取引する方法である。Ａ地点の発電者がＢ地点の電力小売事業者に電力を売るには、Ａ↓Ｂの物理的送電権をインフラ管理者から買うわけだ。たとえばフランスの発電者がイギリスに電力を売りたいときは、英仏連系線を使用する権利を買う。送電権を買った者は、送電設備の容量および電気回路の物理法則（とくにキルヒホッフの法則）に注意しなければならない（訳注：キルヒホッフの法則とは、電気回路の分岐点に流れ込む電流の和はその分岐点から流れ出る電流の和に等しいというもの）。Ａ地点の発電コストは二五ユーロ／ＭＷｈ、Ｂ地点の発電コストは一〇〇ユーロ／ＭＷｈだとしよう。すると両地点の電力料金が等しくならない限り、Ａ～Ｂ間の送電網は大混雑に陥るはずだ。したがってＡ↓Ｂの送電権の価格は、七五ユーロ／ＭＷｈでなければならない。

第二の解決策は、送電設備の利用で金融上の便益を受けると考え、その権利すなわち金融的送電権（FTR）を取引する方法である。金融的送電権は相対取引ではなく、ヨーロッパでは複数の発電者や供給事業者が参加できるオークション制度が確立している。参加者は、あるノードでの需要または供給量に対して価格を表示する。たとえば発電者は、発電所と連結したノードAでxMWhを二五ユーロ／MWhで供給する、というふうにコストを開示する。

送電事業者は、容量や電圧など送電制約を考慮したうえで、全体の利益を最大化できるように割り当てることになる。異なる地点での需要量が判明したら、送電網の信頼性を確保しつつ発電コストを最小に抑えるわけだ。制約が何もなければ、最低値をつけた発電者が選定されるはずである。制約があれば、送電網を守るという理由で高値の発電者が選ばれる。垂直統合されていた頃の国営フランス電力などは、まさに内々でこれをやっていた。

金融的送電権の入札は、二つの点で新しい。第一に、発電事業者が入札に参加し、発電コストが開示される。第二に、金融的送電権を買うことで、高い混雑料金を課されるリスクを回避できる。たとえばアルミ・メーカーなどの大口需要家が、送電混雑による料金高騰を懸念したとしよう。この場合、自社の需要に見合う分だけ金融的送電権を購入すれば、混雑料金のリスクをヘッジすることができる。

先ほどの例で言えば、A地点の発電コストは二五ユーロ／MWhと安価だが、B地点の需要家は混雑料金が発生するリスクに直面しているとしよう。B地点の需要量が小さければA～B間で混雑が発生する可能性は低いので、二五ユーロ／MWhで電力を買えるだろう。だがB地点の需要量が大きい場合や、気象条件などによりA～B間の送電容量が下がった場合などには混雑が発生し、B地点での価格は一七五ユーロ／MWhまで上がりうるとする。このとき、B地点の需要家はA～B間の金融的送電権を買っておけばよい。金融的送電権のしくみでは、混雑発生時にオークション収入を分配することで、両地点間の価格差相当分の支払いを保証する。この場合、B地点の需要家は〇～一五〇ユーロ／MWh（混雑の発生確率を五〇％とすれば平均七五ユーロ）の支払いが受けられるので、混雑料金高騰リスクをカバーできる。なお、需要家はあくまで金融的送電権を買ったのであって、物理的送電権は買っていない。金融的送電権は、混雑料金などのリスクをヘッジできるだけである。

この方面の先駆者であるハーバード大学のウィリアム・ホーガンは、完全競争下では、二地点間の価格差の支払いを保証する金融的送電権の相場は、物理的送電権の相場に等しくなることを示した。しかしこれは、不完全競争市場では成り立たない。マサチューセッツ工科大学のポール・ジョスコウとの共同研究で不完全競争の場合について調べたところ、地域独占発電者または地域独占需要家は、巧みに物理的・金融的送電権を利用することによって市場支配力を強められることがわかり、競争当局にこの点を指摘することができた。

5　競争とユニバーサルサービス

ネットワーク産業では伝統的に、公平性の確保、すなわち誰もが等しく便益を受けられるようにすることが公共サービスの義務であるとされてきた（これをユニバーサルサービス義務と言う）。そのために裕福な消費者は、いわば社会的料金を払う形で貧しい消費者に補助金を出すことになる。公共サービスの利用料金が全国均一であれば、ローコストでサービスを提供できる地域（たとえば都市部）に住んでいる消費者は、コストのかかる地域（たとえば過疎地域）に住んでいる消費者に補助金を出しているわけだ。裕福な消費者や都市部の消費者はコスト以上の料金を払い、貧しい消費者や過疎地域の消費者はコストを下回る料金しか払わなければ、前者は後者のコストと料金の差額を負担していることになる。これはサービス間、消費者間で内部補助金を出しているのと同じことである。

競争市場では、内部補助金による埋め合わせはいわゆるスキミング戦略（富裕層などをターゲットに高い価格を設定して利益を確保する戦略、上澄み吸収価格戦略とも言う）を有利にすることになるので、経済的には持続不能である。赤字地域の損失を埋め合わせるために黒字地域でコスト以上の料金を設定すれば、同程度に効率的（つまり同程度に非効率）だがユニバーサルサービス義務を負わない競争相手に付け入る余地を与えることになるからだ。ユニバーサルサービス義務を負う事業者は、スキミング戦略をとる競争相手と真っ向勝負するためには、最も競争の激しい地域、すなわち最もローコストでサービスを提供できる地域で料金を安くしなければならない。これでは内部補助金のしくみは成り立たなくなってしまう。

自由化された産業（通信、エネルギー、郵便など）は軒並みこの問題に直面しており、公共サービスの使命を果たすために、多くの国で競争中立的な補償が行われている。事業者の如何を問わずすべてのサービスに課金し、それを原資にして、再分配や地域格差解消につながるサービスに補助金を出すわけだ。こうすれば、貧しい消費者やコストのかかる地域にサービスを提供する事業者は補助金をもらえるので、競争をしつつも公共サービスの使命を果たすことができる。となれば一般的な見方とは裏腹に、公共サービスと競争は対立しないことになる。競争導入後に価格設定が変化し内部補助金が機能しなくなっても、ユニバーサルサービス義務によって弱者や不利な地域の利用者は保護されるからだ。

しかし再分配が目的であれば、別の解決も考えられる。たとえば、税による直接的な所得移転がそうだ。アンソニー・アトキンソンとジョセフ・スティグリッツは一九七六年に、消費選択を歪めないためには、一定条件下では個人間の再分配は累進所得税によって行うべきである（ユニバーサルサービス義務や累進消費税などを使うべきではない）と結論づけた。

実際、ユニバーサルサービス義務を果たそうとすれば、ある種の人々の消費選択に影響をおよぼすことになる。だがそのようなパターナリズムは避けるべきだと、アトキンソンとスティグリッツは主張する。間接税や、それに類する内部補助金などよりも、直接税を使って収益を再分配するほうがよい、というのが彼らの主張だ。たしかに直接税による再分配なら、消費選択を変えることなく貧しい世帯の収入を増やすことができる（貧困世帯への税の軽減、生活扶助など）。アトキンソンとスティグリッツは、農村地帯の貧しい世帯の収入を増やす一方で、こうした過疎地域の公共サービスはもっと高い料金にすべきだと述べている。そうすれば、貧しい農家は消費選択の自由が与えられるという。公共サービスの本来あるべき料金（つまり高い料金）を提示されたら、この人たちは、それなら電話や郵便はいらないと言うかもしれないし、そのほうが生活満足度も高まるかもしれない。

アトキンソン＝スティグリッツの定理にはいくつかの仮定が設けられているが、それらを外す場合（とくに、収入に応じて消費選択が変わる場合や、発展途上国でありがちなことだが収入が完全には明確ではなくしかるべき課税ができない場合）には、公共サービスによる再分配は適切だと考えられる。とくに、直接的な所得移転の対象を絞り込むのに必要な情報が十分にない場合には、おおよそ狙いをつけた人々が購入しそうな財やサービスに補助金を出すことによって、情報の非対称性をいくらかなりとも解消することができよう。その典型例が、ユニバーサルサービス義務に組み込まれた全国一律料金である。このような料金設定は、過疎地域の郵便サービスの消費に補助金を出すのと同じことであり、したがって過疎地域の世帯の消費にのみ補助金を出すことができる。ところがユニバーサルサービス義務を廃止し、過疎地域に住んでいると申告した人に直接補助金を出すことにすると、都市部の住人まで過疎地域に住んでいると申告しかねない。

このように、公共サービスの規制問題は容易ではない。仮に規制の目的にはみなが同意するとしても、そのやり方については意見が分かれるだろう。とはいえ、現在の政策を見直す必要があることに異論を唱える人はいまい。まずは公共サービスの使命を明確に定義し、その特殊性を踏まえたうえで、他のサービスと生産性を比較することが必要である。公共サービスは非常に金額が大きいので、入念な分析を行う価値がある。たとえばフランスでは、再生可能エネルギーの利用を促す補助金、全国一律料金、社会的料金が世帯の払う電力料金の一六％を占めるにいたっている。総額ベースでは、二〇〇三年の一四億ユーロから二〇一六年には七〇億ユーロに膨らんだ。

規制政策を検討する際には、次の二点に注意しなければならない。第一は、すべての政府の決定に通じることだが、必ず経済分析に依拠することである。補助金の恩恵に与《あずか》る少数派は情報に通じており、自分にとって得な政策が施行されれば次の選挙で政府に返礼するだろう。一方、補助金の恩恵に与らない多数派は、じつは補助金の原資に寄与しているのだが、補助金の不透明性に気づいていないので、経済政策を批判する動機がない。

第二は、複数の政策の衝突である。個々の政策だけを取り出せば十分に理由のあるものであっても、すべてを同時に施行したらどうなるのか。貧困層や過疎地域に少しだけ有利にする政策、再生可能エネルギーに少しだけ有利にする政策等々が重なると、最終的に全体にとってどうなるのかが見えなくなってしまう。

電力の例で言えば、フランス電力に再生可能エネルギーの購入を義務づけ、裁量的に買い取り価格を決めるよりも、ＥＵで推奨されているように入札制度によって競争を導入するほうがよい[8]。とはいえ重要なのは、それぞれの政策の最終目的を問うことである。たとえば再生可能エネルギーに補助金を出すのは、地球温暖化を食い止めるためなのか。もしそうなら、直接的な炭素税のほうが効果的ではないか[9]。炭素税なら、どの再生可能エネルギーを選ぶかに政府の予断が入り込む恐れがない。また、再生可能エネルギー政策は、他の公共サービスの目的に抵触しないだろうか（アメリカでは太陽光発電に補助金が出された結果、自宅を改造するゆとりのある富裕層が潤う結果になった）[10]。炭素税を導入する場合、課税ベースは適切だろうか[11]。補助金は、他の目的によって正当化されているのではないか。公共サービスの隠れた補助金である均一料金や社会的料金についても、これらの問いは当てはまるのではないか。そうした料金設定は、本来助けるべき人々や地域を助けているのだろうか。現時点で私は答を持ち合わせていない。だが、手段が最もよく目的を実現しうるのは、目的に重要な意義がある場合だけだという確信は持っている。

経済学は、自然独占企業にコスト削減を促し、社会厚生に資する価格設定の動機づけを与えるような改革を導いてきた。また経済学は、競争至上主義に陥る愚を避けつつ、自然独占になりがちなネットワーク産業に競争を導入する方法を模索するとともに、公共サービスと競争が両立しうることを示してきた。だが経済学にやるべきこと、学ぶべきことはなお多い――共通善のために。

原注

はじめに

1 フランス人に限って言えば、市民一人ひとりが六六〇〇万分の一の確率を表していると考えなければいけない。それぞれに価値観の異なる他人への批判を手がかりにすれば、無知のヴェールのうしろに身を置きやすくなるだろう。できれば、自分は他国の市民ではなくフランス人だという先入観から出発しないようにする。思考実験にちがう世代も含める場合には、一段と複雑になる。とはいえ、政府債務や気候変動対策など現実の問題を検討するときには、当然ながらちがう世代も含めて考えなければならない。

2 この点に関してアリストテレスはプラトンの共通善の概念を批判している。プラトンが考えた理想的な社会のあり方は、問題を解決するよりもむしろ新たに生じさせているという。

3 言うまでもなく、私が大気を汚染しないことが条件である。私の消費があなたの消費を妨げないこうした財のことを、経済学では「公共財（public goods）」と呼ぶ（公共財の定義では、一部の利用者の排除が不可能であるとの条件を付け加えることがある。スポーツのテレビ放映、地域の広場、公開オンライン講座、特許を取得した発明などは、代替財ではないが、空気とはちがってアクセスを制限することが可能である）。

第1章

1 Dan Kahan, "Ideology, Motivated Reasoning, and Cognitive Reflection", *Judgment and Decision Making*, 2013, no. 8, pp. 407-424. その後カーハンは、温暖化が人為的要因によることを示す証拠に対する態度も教育水準と無関係であることを示した。二〇一〇年に地球温暖化の存在を認めた共和党支持者は三八％にとどまったが、産業革命以降の温暖化が人為的要因によることを認めたのはわずか一八％だったのである。

2 Melvin Leraer, *Belief in a Just World: A Fundamental Delusion*, New York, Plenum Press, 1982.

3 Daniel Kahneman, *Système 1/Système 2. Les deux vitesses de la pensée*, Paris, Flammarion, "Essais", 2012. 以下も参照さ

れたい。Amos Tversky and Paul Slovic, *Judgment Under Uncertainty. Heuristics and Biases*, New York, Cambridge University Press, 1982. Gerd Gigenrenzer, *Simple Heuristics That Make Us Smart*, Oxford, Oxford University Press, 1999.

4 ノースカロライナ大学の社会学者チャールズ・クスマンの調査による。サイモン・クーパーがフィナンシャル・タイムズ紙の記事（二〇一五年一一月二一日付）で引用した。言うまでもなく、五〇人の中には9・11の犠牲者は含まれていない。クスマンはハフィントン・ポスト（二〇一五年一二月一七日付）にも次のように寄稿している。「今年、アメリカに住むムスリム一〇〇万人のうち、宗教を理由に殺された人は一人だった。一方、一七〇〇万人が同じムスリムの兵士に殺されている」。

5 カーネマンらの例では、実際には癌の可能性は二%にすぎないにもかかわらず、学生の半分が九五%の可能性があると答えた。くわしくは第5章を参照されたい。

6 アメリカでは、医学を修めるには高校卒業後に大学の医学部に入るのではなく、大学で四年間別の学問を専攻した後に、医学大学院（メディカル・スクール）を受験する。

7 以下を参照されたい。Michael Kremer and Charles Morcom, "Elephants", *American Economic Review*, 2000, vol. 90, no. 1, pp. 212-234.

8 ここで重要なのは売ることによって正しい方向に向かうということであり、下げ幅がどの程度か、つまり売ったことの効果がどれほどか、ということは問題ではない。

9 人類の存続は、限られた社会集団内の「持ちつ持たれつ」の関係に大きく依存してきた。進化史における近年の特徴の一つは、見知らぬ集団との平和的な相互作用の学習が行われることである。以下を参照されたい。Paul Seabright, *The Company of Strangers: A Natural History of Economic Life*, Princeton, Princeton University Press, 2010.

10 アメリカの心理学者ポール・スロービックは、マリで餓死した子供の写真が、餓死や栄養失調の統計データの公表よりもはるかに多くの寄付につながったと報告している。この反応の差に合理的な理由があるとは言いがたいが、いかに認知や感情が行動に影響を与えるかを雄弁に物語っている。

11 暖房の効いた待合室を用意すればコストの一部は減らせるという考えは、幻想にすぎない。そうなったら、買い手はもっと早朝から列をつくるだろう。そして結局は、低すぎる価格に伴うレントは消失する。

12 言うまでもなく、入札価格が高くなりすぎ、落札した事業者が経営破綻に直面するようでは困る。多くの研究者が入札の弊害を指摘し是正が必要であるとしている。

13 イギリスは交渉の末にEUへの拠出金を少ししか払っていない。また、イギリスの法規の拘束力が強いという議論もおかしい。問題の法規の大半はいずれにせよ国際貿易に必要なものである。むしろＥＵから離脱すれば、同国の将来の不確実性から投資が低迷するだろう。イギリスの輸出の四五％はヨーロッパ向けであり、輸入の五三％はヨーロッパからである。貿易協定の基本となるのはＷＴＯの枠組みであり、ＷＴＯによる関税障壁の大幅削減の結果、今日の貿易の阻害要因は主に規格や標準、国内法規、原産国規制などの非関税障壁となっている。こうした非関税障壁は、離脱後は重大な問題となるだろう。欧州各国には、イギリスと新たな貿易協定を結ぶインセンティブがない。そんなことをすれば他国の離脱を促しかねないからだ。離脱によってイギリスの被る経済的コストの推定額はまちまちだが、差し引きでマイナスであることは一致している。

14 ＲＴＬ（民放ラジオ局）二〇一四年三月二九日放送。

15 Paul Krugman, *Pop Internationalism*, Cambridge, MA, MIT Press, 1996.（邦訳『クルーグマンの良い経済学、悪い経済学』日本経済新聞出版社）この中でクルーグマンは、「賢明で深い知識を持つと自認している人たちにとってすら、安易に流れることへの誘惑はいつも強い」と述べている。

16 以下の序文を参照されたい。*L'Âge des rendements décroissants*, Paris, Economica, 2000.

第２章

1 *Fondements de la métaphysique des moeurs* (1785), II. この引用文は、バカロレアの哲学の試験でたびたび出題されている。

2 ガーディアン紙二〇一三年四月二七日付。

3 一九九八年六月。当時は首相だった。

4 *World Value Survey*.

5 市場経済に関する読みやすい本としては、以下を奨める。Bernard Salanié, *L'Économie sans tabou*, Paris, Le Pommier, 2004およびAugustin Landier et David Thesmar, *Le Grand Méchant Marché*, Paris, Flammarion, 2007.

6 Michael Sandel, *What Money Can't Buy: The Moral Limits of Markets*, Farrar Straus & Giroux , 2012.（邦訳『それをお金で買いますか』早川書房）

7 これに近いテーマを扱った著作として、Michael Walzer, *Sphères de justice. Une défense du pluralisme et de l'égalité*, trad. fr. Pascal Engel, Paris, Seuil, 2013（邦訳『正義の領分』而立書房）をお奨めしたい。非常に異なるアプローチを採用した著作としては、以下がある。Debra Satz, *Why Some Things Should not Be for Sale: The Moral Limits of Markets*, Oxford, Oxford University Press, 2010.

8 第8章、第9章を参照されたい。

9 経済主体が外部性をもたらすとは、その主体の行動が何らかの効用を他の主体にただで与える場合、または何ら補償なしに損害を与える場合を言う。

10 より議論を深めたい向きは、たとえば以下を参照されたい。Alessandra Casella, *Storable Votes: Protecting the Minority Voice*, Oxford, Oxford University Press, 2012.

11 よりくわしくは、以下を参照されたい。James Hammitt, "Positive vs. Normative Justifications for Benefit-Cost Analysis. Implications for Interpretation and Policy", *Review of Environmenttal Economics and Policy*, 2013, vol. 7, no. 2, pp. 199-218. 多くの論文が、生命保護に関する人々の選択に一貫性が欠けることを指摘している。たとえば以下を参照されたい。Tammy Tengs et al., "Five-Hundred Life-Saving Interventions and Their Cost- Effectiveness", *Risk Analysis*, 1995, vol. 15, no. 3, pp. 369-390.

12 古典的な功利主義の立場については、以下を参照されたい。Peter Singer, *Practical Ethics*, Cambridge, Cambridge University Press, 1993.

13 Jean-François Bonnefon, Iyad Rahwan, and Azim Shariff, "The Social Dilemma of Autonomons Vehicles, "*Science* 352 (6293):1573-1576.

14 Judith Chevalier and Fiona Scott Morton, "State Casket Sales and Restrictions: A Pointless Undertaking?", *Journal of Law and Economics*, 2008, vol. 51, no. 1, pp. 1-23.

15 Roland Bénabou and Jean Tirole, "Over My Dead Body: Bargaining and the Price of Dignity", *American Economic Review, Papers and Proceedings*, 2009, vol. 99, no. 2, pp. 459-465.

16 倫理観の脆弱性については第5章を参照されたい。

17 臓器売買はイラン以外では法律で禁止されている。だが違法な組織は新興国や発展途上国に多く存在する。

18 この問題に関する理論研究は、以下の共同論文を参照されたい。Roland Bénabou, "Laws and Norms", mimeo.

19 投げる側の視点に立ってみれば、その種の見世物を楽しむ人がいるような社会が良くないということになる。

20 ロイド・シャプレーとの共同受賞。シャプレーもマッチング理論（男と女、研修医と病院など）の業績が評価されている。

21 くわしくは、アルヴィン・ロスのノーベル賞受賞記念講演「マーケット・デザインの理論と実際」を参照されたい。ノーベル財団のウェブサイトで読むことができる。

22 したがって匿名性が保たれるのは提供者が死者の場合のみである。ヨーロッパの法律では、提供者が血縁関係にある必要性を強調してはいない。またこの議論は臓器（心臓、肺、肝臓、腎臓、膵臓）に限られており、組織（皮膚、骨、角質、心臓弁、骨髄）はまた別である。

23 Jonathan Haidt, *The Righteous Mind: Why Good People are Divided by Politics and Religion*, London, Penguin Books, 2012.

24 一部の研究者は、不確実性も要因に挙げる。改めて言うまでもなく、失業は社会の絆を著しく弱める。だが第9章で述べるように、大量の失業は社会が行った選択の結果であって、原因は市場そのものではなく制度にあると私は考えている。

25 ジャン・ピエール・ハンセンが二〇一五年一〇月五日に政治倫理学アカデミーで行った講演「自由主義経済の倫理とは何か」による。

26 マルセル・モース『贈与論』（邦訳、筑摩書房）に対して、ブルデューはこう指摘した。この発言は、二〇〇八年にニコラス・オリヴィエが主宰したモースの業績に関するシンポジウムの議事録に掲載されている。

27 Samuel Bowles, *Macroeconomics : Behavior, Institutions, and Evolution*, Princeton, Princeton University Press, 2006. 二〇〇二年にウォールストリート・ジャーナル紙に掲載された。

28 "The Crisis of 2008 : Structural Lessons for and from Economics", 2009, Centre for Economic Policy Research, *Policy Insight*, no. 28.

29 Paul Seabright 前掲書。性行為の商業化については、同じくSeabrightの著書*The War of the Sexes: How Conflict and Cooperation Have Shaped Men and Women from Prehistory to the Present*, Princeton, Princeton University Press, 2012を参照されたい。

30 独占的な雇い主とは、唯一の買い手（ここでは労働力を買う）であって、したがって取引条件を好き勝手に決められる買い手を意味する。

31 税制で調整されない市場が著しい不平等を生み出すとしても、市場経済が導入されていない国でも別種の顕著な不平等が出現していることに注意しなければならない。

32 総合的な不平等を表すジニ係数では、最上位一％とその他との比較だけでなく、所得曲線（ローレンツ曲線）なども考慮する。

33 Thomas Piketty, *Le Capital au XXIe siècle*, Paris, Seuil, 2014.（邦訳『21世紀の資本』みすず書房）

34 Facundo Alvaredo, Tony Atkinson, Thomas Piketty, Emmanuel Saez, and Gabriel Zucman, *The World Wealth and Income Database*.

35 たとえばトニー・ブレア政権時代のイギリスでは、最上位一％の所得が全体に占める比率で言えば、不平等が進行した。だが最上位一％と最低位一〇％との格差で言えば、不平等は緩和された。よってブレア政権時代のイギリスはより平等になったともならなかったとも言えない。問題なのは全体の分布であって、どれか一つの統計ではないのである。John

Van Reenen (London School of Economics), *Corbyn and the Political Economy of Nostalgia* を参照されたい。これは、ガブリエル・ズックマンとイギリス労働年金省の研究に基づいている。

36 ＭＩＴ教授デービッド・オーターの研究を参照されたい。フランスでも同様の現象が認められる。Sylvain Catherine, Augustin Landier, David Thesmar, *Marché du travail. La grande fracture*, Paris, Institut Montaigne, 2015 を参照されたい。なおこうした二極化については第15章で取り上げる。

37 世界がここ五〇年ほどの間に経験したのはグローバリゼーションの第二の波だったことを思い出してほしい。第一のきわめて強い波は、第一次世界大戦のときに終わった。今日では、国際貿易が世界ＧＤＰ合計の約三分の一を占めている。

38 Elhanan Helpman, “Globalization and Inequality,” Jean-Jacques Laffont Lecture, Octobre 2015. 不平等の全体像を把握するには、以下も参照されたい。François Bourguignon, *La Mondialisation de l'inégalité*, Paris, Seuil, 2012 および *Pauvreté et développement dans un monde globalisé*, Paris, Fayard, 2015. 最近の研究では、以下も参照されたい。Anthony Atkinson, *Inequality: What Can Be Done?*, Cambridge, Harvard University Press, 2015（邦訳『21世紀の不平等』東洋経済新報社）および Joseph Stiglitz, *The Great Divide: Unequal Societies and What We Can Do about Them*, New York, Norton, 2015.（邦訳『世界に分断と対立を撒き散らす経済の罠』徳間書店）

39 Jean Tirole and Roland Bénabou, “Bonus Culture”, *Journal of Political Economy*, no.124, pp.305-370.

40 ただし、フランスには頭脳流出に関してすぐれた研究がある。Cecilia Garcia-Peñalosa et Étienne Wasmer, “Préparer la France à la mobilité internationale croissante des talents”, Conseil d'analyse économique, 2016, note 31.を参照されたい。彼らは、問題が結局のところ才能あるいは能力（タレント）に集中していると指摘する。そしてフランスの社会制度を最適活用し、外国へ行った人が子供の教育のためにフランス（教育が無償である）に戻ってきやすいようにすることが望ましいとして、政策提案を行っている。

41 リンダ・ヴァン・ボウエルとラインヒルデ・ホイゲラースによると、ヨーロッパ出身の学生の中でも最も優秀なグループ（後のキャリアで評価）は、ヨーロッパに戻って来ないケースが多いという。とりわけ、最初の就職をアメリカでした場合には、ほとんど戻って来ない。他の研究も、科学分野に関してこの調査結果を裏付けている（“Are Foreign Ph.D Students More Likely to Stay in the US? Some Evidence from European Economists”, in Marcel Gérard and Silke Uebelmesser, eds., *The Mobility of Students and the Highly Skilled*, CESifo, 2015）。最近設立された欧州研究会議（ヨーロッパの優秀な研究者をつなぎ止めることが目的である）は、頭脳流出を食い止めることができるだろうか。

42 こちらの可能性のほうが高そうだが、大学改革を後押しし、改革を実行した国に恩恵をもたらすことができるだろうか。あるいは、データには脱落が含まれている可能性がある（フランス人が大学卒業後にパロアルトやボストンで起業した場合など）。

43 また、アクセスがむずかしいケースもある。

44 組合の弱体化を要因の一つに挙げる人もいる。だがこの仮説を裏付けるデータは見当たらない。Odran Bonnet, Pierre-Henri Bono, Guillaume Chapelle, and Étienne Wasmer, "Does Housing Capital Contribute to Inequality? A Comment on Thomas Piketty's *Capital in the 21st Century*", mimeo, 2015.

45 Philippe Aghion, Ufuk Akcigit, Antonin Bergeaud, Richard Blundell, and David Hemous, "Innovation and Top Income Inequality", mimeo, 2015. ここでは、イノベーションが最上位一%の所得を増やすとしても、それは全体の不平等の拡大にはつながらず、社会の移動性を高めると結論づけている。

46 以下は、エティエンヌ・ワスメールとの共同研究を援用した。この研究は、リベラション紙二〇一五年六月八日付に発表したものである。

47 *World Value Survey.* 以下の論文も参照されたい。Alberto Alesina, Ed Glaeser, and Bruce Sacerdote, "Why Doesn't the United States Have a European-Style Welfare State?", *Brookings Papers on Economic Activity*, 2001, no. 2, pp. 187-278.

48 Mark Granovetter, *Getting a Job: A Study of Contacts and Careers*, Cambridge, MA, Harvard University Press, 1974. グラノヴェッターによれば、たとえばマサチューセッツ市の雇用の五〇%は、コネで決まったという。グラノヴェッターは、「弱い紐帯の強み」理論で知られ、同名の論文が一九七三年に*American Journal of Sociology* 誌に掲載された。

49 Roland Bénabou and Jean Tirole, "Belief in a Just World and Redistributive Politics", *Quarterly Journal of Economics*, 2006, vol. 121, no 2, pp. 699-746.

50 Alberto Alesina, Reza Baqir, and William Easterly, "Public Goods and Ethnic Divisions", *Quarterly Journal of Economics*, 1999, vol. 114, no. 4, pp. 1243-1284.

51 Barry Bosworth, Gary Burtless, and Kan Zhang, "Later Retirement, Inequality in Old Age, and the Growing Gap in Longevity between Rich and Poor", The Brookings Institution, 2016.

52 Bosworth et al. (2016). この研究では、五〇歳のときに生きていた人について比較している。

第3章

1 エドマンド・バークはこの一文をマリー・アントワネットの処刑に直面して一七九三年に記した。

2 原文は sophists。ここでは人々を操ろうとして詭弁を弄する話者といった意味で使われている。詭弁家は、一見するとつじつまが合っているようだが、実際にはまちがった理屈で聴衆を説得しようとする。

3 原文は calculator。これが何を意味するのかはっきりしない。詭弁家の続きで、計算尽くあるいは欲得尽くで人々を操ろうとする話者のことか、それとも数学者だろうか。だがバークの評価では、数学者は経済学者よりよほど高い地位を占めているのではあるまいか。

4 研究者にとってフランスの魅力が乏しいのは、言うまでもなく報酬だけが原因ではない。ほかにもフランスの欠点は多々ある。ガバナンスがお粗末である、評価方法がいまだに未熟である、研究のための制度や資金調達が迷路のように入り組んでいる、等々だ。大学の自治やすぐれた研究への安定的な資金提供に関してはだいぶましになったが、それでも改善の余地は大いにある。

5 国家については第6章を参照されたい。

6 以下の議論の一部は、一九九〇年からトゥールーズの経済学者たちの中で経験したことからヒントを得た。一九九〇年は、ジャン＝ジャック・ラフォンが産業経済研究所（ＩＤＥＩ）を設立した年である。国際的な水準の学部を作ろうと考えたラフォンおよび後任者たちは、そのための資金調達手段として、官民を問わず多くのパートナーと長期共同研究契約を結んだ（国家機関、国際機関、さまざまな産業分野の国営企業、民間企業など）。こうしたパートナーがもたらしたのは、資金だけではない。パートナーシップによって、研究者は経営戦略や市場規制政策など、独創的かつ長期的な研究に取り組めるようになる。また、大学、関係官庁、専門家などを招いた会議も企画しやすくなるというメリットもある。独立性の維持は、研究者にとっては譲れない条件である。経験から言うと、大多数の資金提供者は研究者の独立性を尊重してくれる（この点が確認できず、パートナーシップ契約が計画されながら締結にいたらない例もある。めったにないケースだが、相手側で担当者が異動したり、戦略が変更になったりしたことが引き金となって、既存の契約が打ち切りになることもある）。

7 第4章を参照されたい。

8 *American Economic Review, Econometrica, Journal of Political Economy, Quarterly Journal of Economics, Review of Economic Studies.*

9 『雇用・利子および貨幣の一般理論』による。

第4章

1 たとえばモーリス・アレについて言えば、ノーベル経済学賞を受賞し、計量経済学会の会長を務めた。計量経済学会は経済学においてきわめて権威ある国際学会の一つで、初代会長をアーヴィング・フィッシャーが務め（一九三一～三四年）、その後ヨーゼフ・シュンペーター（一九四〇～四一年）、ジョン・メイナード・ケインズ（一九四四～四五年）など綺羅星のごとき名前が並ぶ。遠い昔には、フランス人経済学者のフランソワ・ディビジアが一九三五年に、ルネ・ロイが一九五三年に会長を務めている。

2　Partha Dasgupta, "Modern Economics and Its Critics," in Uskali Maki, eds., *Fact and Fiction in Economics: Models, Realism and Social Construction*, Cambridge, Cambridge University Press, 2002. パーサ・ダスグプタは一九九一～九五年に発表された二八一本の論文を分析し、二五本が純粋な理論、一〇〇本が特定の政治経済問題に応用した理論、一五六本（すなわち半分以上）が実証または実験研究だったと述べている。

3　四〇歳以下のアメリカの経済学者に与えられるジョン・ベイツ・クラーク賞の受賞者で直近の一〇人に限るとしても、ダロン・アセモグル（経済制度と労働経済学）、スーザン・アテイとジョン・レヴィン（産業経済学）、ラジ・チェティとエマニュエル・サエズ（公共政策評価）、エスター・デュフロ（開発経済学）、エイミー・フィンケルスタイン（保健・医療経済学）、ローランド・フライヤー（差別の経済学）、マシュー・ジェンツコウ（メディアと経済政策）、スティーブン・レヴィット（社会経済学、ベストセラーになった『ヤバい経済学』の著者）という調子である。

4　くわしくは第8章を参照されたい。

5　第7章を参照されたい。

6　たとえば、前者では均質で等方性の三次元空間を仮定し、後者では静電相互作用はないものとした。

7　異なる日に発生するため事前的には直接比較できないキャッシュフローを一つの数字に集約する。そのために、利子率 i を使う。利子率は、市場が預金に対して払う代償を表しており、今日の預金一ユーロは一年後に（$1+i$）ユーロになる（単純化するために、リスクや将来利益の割引などは省いている。くわしくは、以下などを参照されたい。Christian Gollier, *Pricing the Planet's Future? The Economics of Discounting in an Uncertain World*, Princeton, Princeton University Press, 2012.

8　紙面の関係上、このテーマで書かれた数千の論文をここに引用することはできない。興味をお持ちの読者は、ごく限られた範囲ではあるが、自己認識と社会規範を扱った私の論文（ロラン・ベナブーとの共著）の参考文献を参照されたい。

9　改めて言うまでもなく、サンプルはほんとうに無作為に抽出しなければならない。ランダム化された臨床試験への参加を承認した人を自動選択するシステムもある。

10　あるカップルに生まれる子供の性別も、自然実験の例と言える。子供の数が母親のキャリアにおよぼす影響を調べるのはむずかしい。たとえば昇進した母親は、多くの子供は産まないとか、産む時期を遅らせるといった選択をする可能性がある。すると、因果関係がはっきりしなくなる。女性は、子供が二人以上いるから昇進をあきらめるのか、それとも、昇進した女性は子供を産むのを一人でやめるのか。しかし、男の子二人または女の子二人の子供を持つカップルは、三人目をほしがる可能性が高いという事実から、因果関係の分析を進めることができる（Josh Angrist and William Evans,

"Children and Their Parents' Labor Supply: Evidence from Exogenous Variation in Family Size", *American Economic Review*, 1998, vol. 88, no. 3, pp. 450-477 を参照されたい）。

11 とくに以下を参照されたい。Abhijit Banerjee and Esther Duflo, *Poor Economics: A Radical Rethinking of the Way to Fight Global Poverty* (New York, Public Affairs Books, 2011).

12 フィールド実験全般について知りたい読者は、以下を読まれたい。Steven Levitt and John List, "Field Experiments in Economics: The Past, the Present, and the Future", *European Economic Review*, 2009, vol. 53, pp. 1-18.

13 売り手と買い手の契約が不完備の場合には、必ずしもこれは成り立たない。重要なのは、取引条件が明確に規定されていることである。「労働者」が「雇用」数よりも多い状況でラボラトリー実験を行ったところ、労働契約に職務遂行能力が明記されている場合には、スミスの実験結果が裏付けられた。しかしその一部が被用者の裁量に委ねられている場合には、雇用者は被用者の相互主義に訴えようとして（第5章参照）、必要以上に高い報酬を提示することがある。たとえば以下を参照されたい。Ernst Fehr and Armin Falk, "Wage Rigidity in a Competitive Incomplete Contract Market," *Journal of Political Economy*, 1999, no. 107, pp. 106-134.

14 科学としての経済学についての最近の考察では、以下の著作を推奨したい。Dany Rodrik, *Economics Rules: The Rights and Wrongs of the Dismal Science*, New York, Norton, 2015.

15 最初は本章の第5節で取り上げる。第10章、11章も参照されたい。

16 言うまでもなく、ミクロ経済学の分野でも同じようなことが起きている。

17 第11章も参照されたい。

18 アメリカの大学で言えば、終身雇用資格（テニュア）の与えられるポストが該当する。

19 ウェブサイト retractionwatch.com などを参照されたい。結果の再現性に関しては、心理学については *Science* (*Sciencemag*) on August 28, 2015："Estimating the Reproductibility of Psychological Science"を、医学については*PLOS One*, "Does Publication Bias Inflate the Apparent Efficacy of Psychological Treatment for Major Depressive Disorder? A Systematic Review and Meta-Analysis of US National Institutes of Health-Funded Trials", September 30, 2015を、経済学についてはAndrew Chang and Phillip Li, "Is Economics Research Replicable? Sixty Published Papers from Thirteen Journals Say 'Usually Not'," Federal Reserve Board, 2015を参照されたい。

20 自分は努力せず、他の全員の努力にただ乗りすること。

21 ル・モンド紙インタビュー、二〇〇一年一月三日付。

22 この学生たちの大半は経済学者にはならないが、経営学、法学などを学んだうえで就職することになる。

23 Bruno Frey and Stephan Meier, "Selfish and Indoctrinated Economists?", *European Journal of Law and Economics*, 2005, vol. 19, pp. 165-171.

24 Raymond Fishman, Shachar Kariv, and Daniel Markovits, "Exposure to Ideology and Distributional Preferences," 2009, mimeo.

25 メンタリティの変化に関連しては、私のアーミン・ファルク、ロラン・ベナブーとの共同論文 "Narratives, Imperatives, and Moral Reasoning", mimeo を参照されたい。

26 ここで思い出されるのは、アダム・スミスの有名な一節だ。「われわれが食事ができるのは、肉屋や酒屋やパン屋の主人が博愛心を発揮するからではなく、自分の利益を追求するからである」。だがアダム・スミスは、しばしば当てはめられる過度に単純化されたイメージとは裏腹に、社会的な行動が必要であることや政府の介入が望ましいこと（貧困の撲滅、高利貸しの禁止、教育への助成金など）も説いていたのである。

27 Isaiah Berlin, *The Hedgehog and the Fox: An Essay on Tolstoy's View of History*, Londres, Weidenfeld & Nicolson, 1953.

28 これは単なる印象にすぎない。厳密に検証するためには、以下で取り上げるテットロックのような実証研究が必要である。

29 フィリップ・テットロックの以下の著作を参照されたい。*Expert Political Judgment: How Good Is It? How Can We Know?*, Princeton, Princeton University Press, 2005 およびダン・ガードナーとの共著 *Superforcasting*, New York, Crown, 2015.

30 テットロックは因子分析の手法を活用している。彼が用意した質問から、二例を挙げておく。「状況判断で最もよくある誤りは、複雑さを過大評価することだと思いますか？」「意思決定においてよくある失敗は、よいアイデアをあっさり捨ててしまうことだと思いますか？」。これらの質問にイエスと答える人は、ハリネズミ型の認識スタイルを持つと判断できる。

31 自由至上主義者とは国家不介入の支持者で、国家がすべきなのは契約当事者の争いを調停する裁判所の設置、治安維持、国防だけだという。ただしこの主張は所有権を保護している。

32 ニコラ・ブルバキは架空の数学者である。才能あるフランスの数学者集団（フィールズ賞受賞者が五人混ざっていた）が一九三四〜六八年に共同で論文を執筆し、ブルバキの名で発表した。彼らは厳格、抽象的、統合的な手法で数学を再構築した。

33 Robert Solow, "A Contribution to the Theory of Economic Growth", *Quarterly Journal of Economics*, 1956, vol. 70, no. 1, pp. 65-94.

34 Dani Rodrik, "Why We Use Math in Economics", *Dani Rodrik's Weblog*, September 4, 2007.

35 ナッシュは一九九四年にノーベル経済学賞を受賞。二〇一五年五月には、フィールズ賞と並び称される数学の権威ある賞、アベール賞を受賞した。授賞式の帰途、乗っていたタクシーが事故を起こし、妻とともに亡くなっている。彼の生涯は『ビューティフル・マインド』（二〇〇一年、ロン・ハワード監督）に描かれていることでも名高い。ちなみに映画の中で彼の役を演じているのは、ラッセル・クロウである。

36 Ignacio Palacios-Huerta, "Professionals Play Minimax," *Review of Economic Studies*, 2003, no. 70, pp. 395-415.

37 ラボラトリー実験には、現実との重要な相違点がある。実験のほとんどは匿名性が保護されていることだ。個人の選択はコンピュータ上に記録されるだけである。たとえば、囚人のジレンマ実験で私が身勝手な選択をするとしよう。すると、相手は損を被るが、損をさせた張本人が誰かを知ることはない（実験者も原則として知らない）。現実に寛容さを示した人も、実験ではそこまで寛容ではないことがありうる。

38 確実な収入と、平均的には同等だが偶然に左右される収入がある場合に前者を選好する人（半々の確率で三〇または一〇の収入よりも、確実な二〇の収入を選ぶ人）は、リスク回避型である。リスク回避志向が強い人ほど、リスクをプリンシパルに負わせるような契約を要求する。

39 完全ベイズ均衡を定義したのは、デービッド・クレプス、ボブ・ウィルソン、ラインハルト・ゼルテン（ノーベル賞受賞）である。

第5章

1 とはいえ多くの社会学者もこの原則を支持している。たとえばマックス・ウェーバー、ジェームズ・コールマン、フランスのレイモン・ブドン、ミシェル・クロジエがそうだ。それから、哲学者のカール・ポパーも忘れてはならない。

2 より一般的には、学際的な研究、すなわち複数の学問が相互交流的な研究を通じて建設的な対話をすることが望まれる。現実には、一部の研究センターを除き、学際的な研究はしきりに論題には上るものの、あまり実践されていない。トゥールーズ高等研究所（ＩＡＳＴ）は、まさにこの目的のために二〇一一年に設立され、文化人類学者、生物学者、経済学者、法学者、歴史学者、政治学者、心理学者、社会学者が同じ場所で研究し、共同でセミナーを行っている。

3 「合理的な不注意」については、たとえばChristopher Sims, "Implications of Rational Inattention", *Journal of Monetary Economics*, 2003, vol. 50, no. 3, pp. 665-690を参照されたい。また情報収集コストと不完備契約については、たとえば拙論"Cognition and Incomplete Contracts", *American Economic Review*, 2009, vol. 99, no. 1, pp. 265-294を参照されたい。

4 Samuel McClure, David Laibson, George Loewenstein, and Jonathan Cohen, "Separate Neural Systems Value Immediate and Delayed Monetary Rewards", *Science*, 2004, no. 306, pp. 503-507.

5 この説明はやや大雑把である。たとえば裏の出現頻度が四九%と五一%の間になる確率は投げる回数が増えるほど一に近づく。さらに精度の高い説明も可能である。

6 このバイアスは、ルーレットなどでも観察される。プレーヤーは、それまであまり出なかった目に賭ける傾向がある。このようなバイアスを「ギャンブラーの誤謬」と呼ぶ。

7 Daniel Chen, Tobias Moskowitz, and Kelly Shue, "Decision-Making under the Gambler's Fallacy: Evidence from Asylum Judges, Loan Officers, and Baseball Umpires", *Quarterly Journal of Economics*. この論文は、「ギャンブラーの誤謬」を扱っている。

8 学生に出された問題は次のとおり。「ある病気は、一〇〇〇人に一人がかかります。診断テストでは、この病気にかかっている人は必ず陽性判定が出ますが、かかっていないのに陽性と出るエラー率が五%あります。ある人がテストで陽性判定を受けました。この人が病気にかかっている可能性は何%ですか?」。正解は二%だが、多くの学生が九五%と答えた。

9 Amos Tversky and Daniel Kahneman, "Belief in the Law of Small Numbers", *Psychological Bulletin*, 1971, no. 76, pp. 105-110.

10 投票の選択では、アイデンティティの問題も絡んでくる。投票は自己表現の手段であり、利益追求目的からのみ投票するわけではない。

11 ほとんどのラボラトリー実験では、被験者はコンピュータ上で選択を行う。さらに、ダブル・ブラインド(二重盲検法)という複雑な手続きを講じて、実験者にも誰がどの選択を行ったかわからないようになっている。実験者にわかるのは、統計的な分布状態だけである。

12 この割合は、相手の社会的地位や職業(実験者が発表する)、人種・宗教・地理的条件、独裁者の肉体・精神状態などによって大幅に異なる。重要なのは、被験者は平均的に、自己の利益を多少なりとも相手のために犠牲にする用意がある、ということだ。

13 Patricia Funk, "Social Incentives and Voter Turnout: Evidence from the Swiss Mail Ballot System", *Journal of the European Economic Association*, 2010, vol. 8, no. 5, pp. 1077-1103.

14 互恵的な利他主義については多くの論文が書かれている。たとえば、以下を参照されたい。Ernst Fehr and Urs Fischbacher, "The Nature of Human Altruism", *Nature*, 2003, no. 425, pp. 785-791.

15 Joseph Heinrich, Robert Boyd, Samuel Bowles, Colin Camerer, Ernst Fehr, Herbert Gintis, and Richard McElreath, "In Search of Homo Oeconomicus: Behavioral Experiments in 15 Small-Scale Economies", *American Economic Review Papers and Proceedings*, 2001, vol. 91, no. 2, pp. 73-78.

16 この実験は、以下に拠った。Jason Dana, Roberto Weber, and Jason Kuang "Exploiting Moral Wriggle Room: Experiments Demonstrating an Illusory Preference for Fairness", *Economic Theory*, 2007, no. 33, pp. 67-80.

17 このような行動は、寄付や募金に直面したときの行動を調べる実験でも観察された。

18 Armin Falk and Nora Szech, "Morals and Markets," *Science*, 2013, vol. 340, pp. 707-711.

19 AよりBを選ぶ人は、自分の利得に対して相手の利得に少なくとも四分の一のウェイトを置いている（Bを選ぶことで自分の利得を一ユーロ失い、相手は四ユーロ得る）。同様にBとCを比べると、Bを選ぶことで自分の利得を五ユーロ失い、相手は二〇ユーロ得るので、相手の利得に四倍のウェイトを置いていることになる。

20 John List, "On the Interpretation of Giving in Dictator Games", *Journal of Political Economy*, 2007, no. 115, pp. 482-493.

21 キャス・サンスティーン、リチャード・セイラー『実践行動経済学』（邦訳、日経ＢＰ社）を参照されたい。イギリス政府は二〇一〇年にナッジ・チームを発足させた。デフォルトの選択肢に関する実験については、以下を参照されたい。Cass Sunstein, "Deciding by Default," *University of Pennsylvania Law Review*, 2013, no. 162, pp. 1-57. この分野の古典的な論文によると、アメリカ企業の社員の退職年金プラン（政府から補助が出る）への加入率は、デフォルトの選択肢を「加入しない」から「加入する」に替えただけで、他の条件は同じだったにもかかわらず、大幅に上昇したという。以下を参照されたい。Brigitte Madrian and Dennis Shea, "The Power of Suggestion. Inertia in 401(k) Participation and Savings Behavior", *Quarterly Journal of Economics*, 2001, vol. 116, no. 4, pp. 1149- 1187.

22 これを統計学で「大数の法則」ということは、読者もよくご存知だろう。

23 Nina Mazar, On Amir, and Dan Ariely, "The Dishonesty of Honest People: A Theory of Self-Concept Maintenance", *Journal of Marketing Research*, 2008, 633, vol. XLV, pp. 633-644.

24 Benoît Monin et al., "Holier than me? Threatening Social Comparison in the Moral Domain", *International Review of Social Psychology*, 2007, vol. 20, no. 1, pp. 53-68, および以下の二人との共著 P. J. Sawyer and M. J. Marquez, "The Rejection of Moral Rebels: Resenting Those Who Do the Right Thing", *Journal of Personality and Social Psychology*, 2008, vol. 95, no. 1, pp. 76-93. また最近の以下の著作を参照されたい。Larissa MacFarquhar, *Stangers Drowning*, New York, Penguin Press, 2015.

25 比較対照の基準とすることを英語でベンチマーキングと呼ぶ。もともとは企業が社員にめざすべきモデルを提示し、モデルとその社員とのパフォーマンスの差によって報酬を決めるという形で使われた。

26 Juan Carillo and Thomas Mariotti, "Strategic Ignorance as a Self-Disciplining Device", *Review of Economic Studies*, 2000, vol. 67, no. 3, pp. 529-544.

27 Roland Bénabou and Jean Tirole, “Self-Confidence and Personal Motivation”, *Quarterly Journal of Economics*, 2002, vol. 117, no. 3, pp. 871-915.

28 Roland Bénabou and Jean Tirole, “Willpower and Personal Rules”, *Journal of Political Economy*, 2004, no. 112, pp. 848-887; “Belief in a Just World and Redistributive Politics”, *Quarterly Journal of Economics*, 2006, vol. 121, no. 2, pp. 699-746; “Identity, Morals and Taboos. Beliefs as Assets”, *Quarterly Journal of Economics*, 2011, vol. 126, no. 2, pp. 805-855.

29 たとえば、イギリスの*Golden Balls. Split or Steal* がそうだ。賞金を分け合うか、盗むか、というこの心理ゲームはまさに囚人のジレンマを表している。

30 Michael Kosfeld, Markus Heinrichs, Paul J. Zak, Urs Fischbacher, and Ernst Fehr, “Oxytocin Increases Trust in Humans”, *Nature*, 2005, no. 435, pp. 673-676.

31 神経ペプチドの一種で、このホルモンはオルガスム、社会的認識、共感、不安、母親の行動などに影響を与えるとされている。

32 George Akerlof, “Labor Contracts as Partial Gift Exchange,” *Quarterly Journal of Economics*, 1982, vol. 97, no. 4, pp. 543-569. 互恵行動に関するラボラトリー実験は、以下を参照されたい。Ernst Fehr, Simon Gaechter, and Georg Kirschsteiger, “Reciprocity as a Contract Enforcement Device: Experimental Evidence”, *Econometrica*, no. 65, pp. 833-860.

33 Rajshri Jayaraman, Debraj Ray, and Francis de Vericourt, “Anatomy of a Contract Change”, *American Economic Review*, 2016, vol. 106, no. 2, pp. 316-358.

34 賃金引き上げの一部は正当な理由によるものだが、一部は雇用主の好意によるものである。

35 “A Theory of Collective Reputations, with Applications to the Persistence of Corruption and to Firm Quality”, *Review of Economic Studies*, 1996, vol. 63, no. 1, pp. 1-22.

36 ヒステリシスとは、ある社会的、経済的、心理的な系がある状態にいたったのち、その原因が取り除かれてもその状態に陥ったままとなる現象を指す。

37 Esther Duflo, Rema Hanna, and Stephen Ryan, “Incentives Work: Getting Teachers to Come to School”, *American Economic Review*, 2012, vol. 102, no. 4, pp. 1241-1278.

38 マルチタスク問題は、次の論文などで分析されている。Bengt Holmström and Paul Milgrom, “Multitask Principal-Agent Analyses: Incentive Contracts, Asset Ownership, and Job Design”, *Journal of Law, Economics and Organization*, 1991, no. 7, pp. 24-52.

39 Richard Titmuss, *The Gift Relationship: From Human Blood to Social Policy*, New York, The New Press, 1970.

40 ダン・アリエリーは『予想どおりに不合理』（邦訳、早川書房）の著者としても名高い。

41 Dan Ariely, Anat Bracha, and Stefan Meier, "Doing Good or Doing Well? Image Motivation and Monetary Incentives in Behaving Prosocially", *American Economic Review*, 2009, vol 99, no. 1, pp. 544-555. 被験者は公開・非公開で選択を行った。

42 Tim Besley, Anders Jensen, and Torsten Persson, "Norms, Enforcement, and Tax evasion", mimeo. イギリスのサッチャー政権は一九九〇年に、それまで住宅価額に基づいていた個人用不動産税を人頭税方式に切り替えた。この改革は、労働者階級を中心に猛反発を買う。そして税金の不払い運動がしぶとく続けられ、ついに一九九三年に人頭税は廃止された。この論文では、このヒステリシス現象を理解するための動学的モデルを展開し、時期や地区によって異なる反応が表れた理由をインセンティブや社会規範で説明しようと試みる。

43 Ruixue Jia and Torsten Persson, "Individual vs. Social Motives in Identity Choice: Theory and Evidence from China", mimeo. 中国では、漢民族と少数民族との間に生まれた子供は、どちらかを選択して申告することができる。外生的な動機としては、積極的優遇策により少数民族は有利になるというものがある。社会規範は、こうした民族選択に直面した民族社会の対応と密接なつながりがある。

44 Daniel Chen, "The Deterrent Effect of the Death Penalty? Evidence from British Commutations during World War I", mimeo. この場合の外生的なインセンティブは、厳格な懲罰（死刑もありうる）である。ダニエル・チェンは、時期や出身地（イングランドか、アイルランドか、など）による社会的規範の影響も調べた。

45 Roland Bénabou and Jean Tirole, "Intrinsic and Extrinsic Motivation", *Review of Economic Studies*, 2003, vol 70, no. 3, pp. 489-520.

46 Armin Falk and Michael Kosfeld, "The Hidden Costs of Control", *American Economic Review*, 2006, vol. 96, no. 5, pp. 1611-1630. たとえば独裁者ゲームで、プレーヤー1はプレーヤー2に〇～一〇ユーロを投資し、プレーヤー2は投資額の三倍を実験者から受け取れるとする（その後にプレーヤー2は任意で分け前をプレーヤー1に与える）。ここでゲームのルールを修正し、プレーヤー1は最低〇～四ユーロの分け前を要求できることにする。すると、分け前が要求されたことで、互恵精神は失われる（しかも大半のプレーヤーは分け前をやらない）。

47 Robert Cialdini, *Influence et manipulation*（邦訳『影響力の武器』誠信書房）, Paris, First Éditions, 2004.

48 前掲 Roland Bénabou and Jean Tirole, "Laws and Norms".

49 たとえば、以下を参照されたい。Ingela Alger and Jörgen Weibull, "Homo Moralis: Preference Evolution under

"Incomplete Information and Assortative Matching", *Econometrica*, 2013, vol. 81, pp. 2269-2302, および前掲 Paul Seabright, *The Company of Strangers.* 協力に関する生物学研究としては、以下を参照されたい。Sam Bowles and Herb Gintis, *A Cooperative Species: Human Reciprocity and its Evolution*, Princeton, Princeton University Press, 2013.

50 Michael Spence, "Job Market Signaling," *Quarterly Journal of Economics*, 1973, vol. 87, no. 3, pp. 355-374.

51 Amotz Zahavi, "Mate Selection –A Selection for a Handicap," *Journal of Theoretical Biology*, 1975, vol. 53, pp. 205-214.

52 宗教の経済学の歴史については、以下を参照されたい。Laurence Iannaccone, "Introduction to the Economics of Religion," *Journal of Economic Literature*, 1998, vol. 36, no. 3, pp. 1465-1496.

53 「宗教の教義を教える教師も、他の教師と同じように、信者の自発的な寄付だけに頼って生活している場合もあるし、所有地、十分の一税や土地税、決まった聖職給など、それぞれの国の法律で認められた財源から収入を得ている場合もある。他に収入源がある場合より、信者の寄付に頼っている場合の方が、教師ははるかに努力し、熱心で、勤勉である可能性が高い。この点から、新しい教団の聖職者はつねに、国教になっている古くからの教団を攻撃する際に有利な立場にあった。国教の教団では、聖職者が聖職給に安住して、大勢の熱心な信仰心を維持する努力を怠ってきたし、すっかり怠惰になって、教団を守るためにすら、熱心に働くことがまったくできなくなっているからだ。国教になり、しっかりした財源をもつ教団の教職者は、高等教育を受けて上流社会の一員になり、紳士としての徳や、上流階級に尊敬される徳を備えていることが多い。教団が成功を収め、国教になったのは、おそらく大衆に権威と影響力を認められる性格を当初もっていたからだろうが、こうした性格は、良い意味でも悪い意味でも、徐々に失っていくことになりがちだ」。アダム・スミス『国富論』第五篇第一章第三節より（山岡洋一訳、日本経済新聞出版社）。

54 Maristella Botticini and Zvi Eckstein, *The Chosen Few: How Education Shaped Jewish History, 70-1492*, Princeton, NJ, Princeton University Press, 2012.

55 Mohamed Saleh, "On the Road to Heaven. Self-Selection: Religion, and Socio-Economic Status", mimeo, 2015.

56 Eli Berman and Laurence Iannaccone, "Religious Extremism: The Good, the Bad, and the Deadly", *Public Choice*, 2006, vol. 128, no. 1, pp. 109-129. Daniel Chen and Jo Lind, "The Political Economy of Beliefs: Why Fiscal and Social Conservatives and Fiscal and Social Liberals Come Hand-In-Hand", mimeo, 2016. Daniel Chen, "Club Goods and Group Identity: Evidence from Islamic Resurgence during the Indonesian Financial Crisis", *Journal of Political Economy*, 2010, vol. 118, no. 2, pp. 300-354.

57 第14章を参照されたい。

58 Emmanuelle Auriol, Julie Lassébie, Eva Raiber, Paul Seabright, and Amma Serwaah-Panin, "God Insures the Ones who

59 Pay? Formal Insurance and Religious Offerings in a Pentecostal Church in Accra, Ghan," mimeo. たとえば、以下を参照されたい。Roland Bénabou, Davide Ticchi, and Andrea Vindigni, "Religion and Innovation," *American Economic Review, Papers and Proceedings,* 2015, vol. 105, no. 5, pp. 346-351. この論文では、宗教と、イノベーションや科学に対する開かれた姿勢とは負の相関関係にあるとしている（必ずしも因果関係ではない）。

第6章

1 Jean-Jacques Laffont, *Étapes vers un État moderne. Une analyse économique.*

2 第5章を参照されたい。

3 不平等のもう一つの非効率は、自立の欠如と関係がある。衣食住や移動の手段にも事欠くようになると、仕事を見つけることもできない。

4 すべての買い手が付けられた値段以上に払う用意があり、すべての売り手がその値段で売る用意がある状態。その値段を払う気のない買い手と、その値段以上を要求する売り手は取引が成立せず、したがって取引の利益を手にすることはできない。このことは実証的にほぼ検証されている。第4章を参照されたい。

5 輸出補助金などの場合、受給企業のリストは公開されない。外国のライバル企業が安値攻勢をかけてきて補助金の効果が損なわれるからだという。失業保険の部門間補助もそうだ（失業保険を盛大に食いつぶす部門は、他部門に「税金」をかけているのと同じことである）。

6 世界貿易機関（WTO）やその他の政治的制約もあり、このような国からの輸入を禁じることはできない。

7 http://www.vie-publique.fr/decouverte-institutions/institutions/administration/organisation/etat/aai/quel-est- role-aai.html.

8 それでも、この問題は注視する必要がある。たとえば欧州債務危機の際には多くの国が、通常の流動性供給をはるかに超える役割をECBにやらせようとし、その結果ECBは不本意ながら政治に巻き込まれることになった。二〇一五年六～七月にECBがギリシャ政府に対して絶大な権力を振るったのは、あるいは避けがたいことだったのかもしれない。だが、ギリシャがユーロ圏を脱退する事態となっていたら、ECBの独立性の正当性が問われることになっていただろう。アメリカでは、二〇一六年一月にFRBの政策判断への監査を求める法案が上院に提出され、共和党議員が（そして左派のバーニー・サンダースも）賛成票を投じた。幸いにも民主党議員の反対で議会を通過しなかった。

9 国家は、破綻した企業や銀行にすぐに買い手が見つからない場合、一時的に経営することはある。その場合は、状況が好転したらただちにその企業なり銀行なりを売ることになる。アメリカ政府が二〇一三年にゼネラルモーターズ（GM）に行ったことがまさにそれだ（二〇〇九年に破産申請し、負債総額は一七〇〇億ドルに達した。同社は国有化され、五〇〇億ドルの公的資金が投入された。二〇一三年に政府が保有株をすべて売却して国有化を終了した）。またスウェーデンも、一九九二年に破綻に瀕した銀行群を国有化し、のちに売却している。

10 Gaspard Koenig dans *Le Révolutionnaire, l'Expert et le Geek*, Paris, Plon, 2015 から引用。

11 マルク・ブロック、最近ではガスパール・コーニグがそう指摘している。ヴィシー政権は革命思想を受け継ぎ、計画経済に向けて文化の統制、官庁の強化などを行った。一七八九年のフランス革命（自由革命）以降の国家の役割の変遷については、以下を参照されたい。Pierre Rosanvallon, *Le Modèle politique français*, Paris, Seuil, 2004.

12 この問題に関しては、以下を参照されたい。Philippe Aghion et Alexandra Roulet, *Repenser l'État. Pour une nouvelle social-démocratie*, Paris, Seuil, 2011. また、経済分析評議会の報告書 "Économie politique de la LOLF," 2007, n°65 (Edward Arkwright, Christian de Boissieu, Jean-Hervé Lorenzi et Julien Samson) も参照されたい。

13 所得税、住民税、社会保障目的税などの税金、付加価値税などの義務的納税額を合計しても、二〇一五年のＧＤＰの四五・二％にしかならない。差額の一部は、公的機関の利益課税、賭博、罰金・追徴金、国家への寄付・遺贈など、残りは赤字（ＧＤＰ比四～五％）である。これでは当然ながら、公的債務が膨らむことになる。

14 イタリアの例を見ればわかるように、改革は可能だ。イタリアでは二つの先進的な試みが行われている。上院議員の数を三分の一に減らすこと、二院制を事実上廃止することだ。イタリアでは上院と下院が同等の権限を持つため、法案審議に支障を来していた（改革が実行に移されれば、上院は予算と内閣不信任案に関与しなくなる）。

15 たとえば生徒一人当たりの先生の数を比較する。フランスはドイツより教育支出は多いが先生の給与は低いため、結果はドイツに劣る。

16 ある公共事業の収入をその事業に割り当てるやり方は、浪費につながりやすい。たとえば高速道路料金収入を新規道路建設に割り当てるのは、すでに主要道路が建設済みの場合には意味がない（もっと道路を造ればもっと収入が増え、しかも道路の必要性は一段と減ることになる）。このやり方に経済合理性が認められる場合以外、統合予算の原則に従うべきである。

17 ペーパーレス化は推進中だが（二〇一五年現在で一一％しか進んでいない）、もっと加速しなければならない。フォーマットの一元化、データベースの標準化も求められる。

18 フランスの社会保障機関の運営費は年間七二億ユーロ、関連機関の運営費は同六二億ユーロに達する。

第7章

1 第16章を参照されたい。

2 協同組合形態から株式公開を果たす企業もある。ゴールドマン・サックスはその一つだ。設立は一八六九年だが、一九九九年に上場した。その結果、顧客の利益に配慮する視点を失い、目先の利益を追うようになったと一部で指摘されている。

3 以下を参照されたい。Gary Gorton and Frank Schmid, "Capital, Labor and the Firm: A Study of German Codetermination", *Journal of the European Economic Association*, 2004, vol. 2, no. 5, pp. 863-905 ; Stefan Petry, "Workers on the Board and Shareholder Wealth: Evidence from a Natural Experiment", mimeo, 2015 ; Han Kim, Ernst Maug, and Christoph Schneider, "Labor Represenation in Governance as an Insurance Mechanism", mimeo, 2015.

4 株式会社を自主運営に変えるのはむずかしい。一般に従業員は、会社の所有者である投資家に報いる手段を持ち合わせていないからだ。例外的なケースとして、株が紙切れ同然になったときに従業員が経営に乗り出すということがある。また、レバレッジド・バイアウトによって従業員または役員の一部が企業の資産や将来のキャッシュフローを担保に買収資金を借り入れ、会社を買収するケースもある。

5 エネルギー取引を中心とする巨大企業エンロンは、電力市場の投機に失敗して巨額の損失を出し、三〇〇〇ものオフショア子会社を使って債務を隠蔽するなど不正会計を行い、二〇〇一年に破綻した。二万人が職を失い、退職年金積立金を自社株で運用していた人は年金も失った。ほどなくワールドコムも不正会計疑惑で倒産。企業不祥事に対する厳しい罰則と投資家保護を盛り込んだサーベンス=オクスリー法（企業改革法）が二〇〇二年に制定されるにいたる。エンロンの監査を担当した大手監査法人アーサー・アンダーセンも解散に追い込まれた。

6 もちろん取締役は経営陣に情報へのアクセスを要求する。だがぽんと情報源だけを示されてもあまり役に立たないものだ。

7 フィリップ・アギオンと共同執筆した以下の論文を参照されたい。"Formal and Real Authority in Organizations", *Journal of Political Economy*, 1997, vol. 105, no. 1, pp. 1-29.

8 ストックオプションは、企業の経営陣や社員に与えられる「株を買う権利」である。オプションを与えられた人は、一定期間内に予め定められた価格（権利行使価格）で定められた数量の株式を取得し、市場で売却することができる。たとえば四年以内に価格一〇の株式を一〇〇株買う権利があるとしよう。この期間内に株価が一五になり、株式を取得して売れば、五〇〇の利益を手にできる。だが株価が一〇を下回ったら、この権利には何の価値もない。

9 こうした暗黙の了解に関する古典的な実証研究としては、以下が挙げられる。Marianne Bertrand and Sendhil Mullainathan, "Are CEOs Rewarded for Luck? The Ones without Principals Are", *Quarterly Journal of Economics*, 2001, vol. 116, no. 3, pp. 901-932 ; Lucian Bebchuk and Jesse Fried, *Pay without Performance: The Unfulfilled Promise*

of Executive Compensation, Cambridge, MA, Harvard University Press, 2004.

10 これらの問題はそれだけで数章を割くに値する。たとえば以下の拙著を参照されたい。*The Theory of Corporate Finance*, Princeton, Princeton University Press, 2006.

11 第16章を参照されたい。

12 中小企業の資金調達については、第13章で改めて論じる。

13 以下を参照されたい。David Sraer and David Thesmar, "Performance and Behavior of Family Firms: Evidence From the French Stock Market", *Journal of the European Economic Association*, 2007, vol. 5, pp. 709-751.

14 第8章を参照されたい。

15 第9章を参照されたい。

16 欧州委員会の二〇〇一年環境白書（正確には緑書）*Promoting a European Framework for Corporate Social Responsibility*による。

17 以下の検討は、ロラン・ベナブーとの以下の共同論文による。"Individual and Corporate Social Responsibility", *Economica*, 2010, no. 77, pp. 1-19.

18 以下を参照されたい。Augustin Landier and Vinay Nair, *Investing for Change: Profit for Responsible Investing*, Oxford, Oxford University Press, 2008.

19 元請けは発注者から直接受注し、孫請けは元請けから受注する。

20 社会的評価を行うのは容易ではない。調査会社は断片的な情報を発掘してこなければならない。

21 スターバックスの事例がひんぱんに報道され、研究対象にもなっている。アメリカの統計に基づくある研究は、ＣＳＲに熱心な企業ほど税の最適化に成功していると指摘する。因果関係は確認できなかったが、興味深い相関性が認められるという。以下を参照されたい。Angela Davis, David Guenther, Linda Krull, and Brian M. Williams, "Do Socially Responsible Firms Pay More Taxes?", *The Accounting Review*, 2016, vol. 91, no. 1, pp. 47-68).

22 第1章では、一部の政策の影響について正しい理解がなされていないケースを論じた。

第8章

1 実際にはさまざまな種類のガスを「炭素当量」に換算する。ただし本章では、やや乱暴ながら、CO_2と温室効果ガスをときに同一のものとして扱っている。

2 気候変動枠組条約締約国会議（ＣＯＰ）は毎年開かれており、二〇一四年にリマで開催された会議が第二〇回に当たる。

3 コペンハーゲンで開かれたCOP15とパリで開かれたCOP21がとくに規模の大きい会合となった。

4 図表8－2と8－3は、各国の総排出量を示すと同時に、農業政策および森林伐採・植林政策（LULUCF：通常は、その多くが排出削減に寄与する）に起因する排出量も示している。多くの国で両者は近い水準にあるが、例外が二カ国ある。その一つがブラジルで、鉱工業や輸送などエネルギー消費に起因する排出量よりも、農業政策および森林伐採・植林政策に起因する排出量のほうが多い。これがさらに顕著なのがインドネシアだ。同国では森林伐採を強力に推進してきた。

5 二〇一五年九月二一日に発表された。

6 本章は、二〇一五年に発表したクリスチャン・ゴリエとの共同論文 "Negotiating Effective Institutions Against Climate Change," *Economics of Energy & Environmental Policy*, vol. 4, no. 2, pp. 5-27 によっている。この論文では、本書で言及しない問題も数多く取り上げた。たとえば、炭素税の不確実性と変動性、排出権取引市場の価格、環境保護政策への長期的コミットメントなどである。また、さまざまな経済的アプローチの詳細な比較も行った。さらに、コペンハーゲンで開催されるCOP15を前にして、筆者が意欲減退に警鐘を鳴らした経済分析会議の報告書も援用している。

7 Jared Diamond, *Collapse: How Societies Choose to Fail or Succeed*, New York, Penguin Books, 2005.

8 Elinor Ostrom, *Governing the Commons: The Evolution of Institutions for Collective Action*, Cambridge, Cambridge University Press, 1990.

9 しかもこのメカニズムが存在するがために、新興国は環境保全法の類いを導入せず、国際協定の署名も拒否することになる。もし法規を制定したり協定に批准したりすれば、CDMの適用を除外されてしまうからだ。

10 以下を参照されたい。Christian Almer and Ralph Winkler, "Analysing the Effectiveness of International Environmental Policies: The Case of the Kyoto Protocol", 2015, University of Bath and University of Beru.

11 実際には、排出権がすべて温室効果ガス排出権取引市場に出されるわけではない。たとえばヨーロッパではCO_2排出権市場に出されているのは半分以下である。

12 本章で言及する価格は原則としてCO_2一トン当たりの価格である。「炭素価格」と述べた場合には、炭素一トンがCO_2三・六七トンに相当することを思い出してほしい。つまり炭素価格はCO_2価格の三・六七倍である。

13 名称は気候・エネルギー税。二〇一六年に二二ユーロ／トンに引き上げられた。毎度のことながら、運送業、タクシー業、農業、漁業などにさまざまな減免措置が設けられている。

14 Alain Quinet, *La Valeur tutélaire du carbone*, Paris, La Documentation française, "Rapports et documents", 2009. キネ報告で使われた手法は、炭素税に関するロカール委員会でも採用された。

アメリカでは、政府・連邦省庁間作業部会（IWG）がまったく異なる方法で、三通りの割引率（二・五％、三％、五％）

を適用して炭素の社会費用を推計している。それによると、三%を適用した場合には、炭素の社会費用は二〇一〇年に三二ドル、二〇三〇年に五二ドル、二〇五〇年に七一ドルとなる。これらの数字を上方修正すべきであることはあきらかだ。

15 国際社会の無作為により選択の余地は狭まり、社会的費用を大幅に押し上げるからである。

16 試算によると、カナダが京都議定書の割当量を守るために買う必要のある排出権は、一四〇億ドル相当になる。

二〇〇六～〇七年に、価格はすでに急落していた。これは、産業界の圧力を受けて許可証が過剰に割り当てられたことと、第一フェーズ（二〇〇五～〇八年）の制度設計が悪かったことが原因である。許可証を持っている企業は二〇〇七年までに使い切らなければならないため、過剰割り当てがたとえごくわずかだとしても、価格はゼロになってしまう。ここで指摘した価格下落は、二〇〇八年の世界金融危機後の二回目のものである。こちらは制度や構造的な要因によるものではない。

17 さらに問題なのは、EU ETSスキームがカバーするのはEU全体の排出量のごく一部にすぎないことだ。輸送や建設などかなりの排出事業者は、事実上ゼロに等しい炭素価格の恩恵に与っている。

18 このような不備は、INDCの制度設計に起因するもので、結局は削減努力の分担が非効率になる。というのも、ある経済主体が高いコストをかけて取り組む一方で、他の経済主体はもっと安いコストで削減できるにもかかわらず、垂れ流すことになりかねないからだ。この点については後段で改めて取り上げる。

19 グリーンウォッシングの例は枚挙にいとまがない。たとえば、まったくエコでない製品に緑色のパッケージを使用したり、エコロジーのマークを付ける、自社がやっていないエコロジー習慣を推奨する、環境規制に反対する候補者を応援しておきながら、環境にやさしい企業を装う、自社製品の環境効率データをよく見せかける、あるいは捏造する、等々。

20 Joseph Stiglitz, "Overcoming the Copenhagen Failure with Flexible Commitments", *Economics of Energy & Environmental Policy*, 2015, no. 4, pp. 29-36.

21 炭素吸収は、海洋、土壌、森林などの自然資源によるほかに、炭素隔離のように人工的な方法によっても行われる。

22 私は、必ずしも基準に反対というわけではない。省エネのため住宅の断熱を奨励しても、炭素価格が住居の光熱費の中に含まれてしまえば、消費者にはメリットがよくわからない。消費者に情報が十分に提供されるとは限らないし、また消費者は短期的な結果を求めがちだ（しかし断熱への投資は数十年にわたって回収される）。このような場合には、断熱基準が明示されることに意義がある。ただ問題なのは、間接的な炭素価格を見落としたまま基準が策定されるケースが多いことだ。また、基準が適用される当の産業の協力を得て基準が決められることも多く、潜在的な新規参入者に門前払いを食わせる結果になりやすいことも問題である。

23 Denny Ellerman, David Harrison, and Paul Joskow, *Emissions Trading in the US.: Experience, Lessons and*

Considerations for Greenhouse Gases, Pew Center on Global Climate Change, 2003 ; Thomas Tietenberg, *Emissions Trading: Principles and Practice*, Londres, Routledge, 2006, 2nd ed. ; Robert Stavins, “Lessons from the American Experiment with Market-Based Environmental Policies,” in John Donahue and Joseph Nye, eds., *Market-Based Governance: Supply Side, Demand Side, Upside, and Downside*, Washington, The Brookings Institution, 2002, pp. 173-200.

24 自らに利益をもたらす投資が行われないのはおかしいと思われるかもしれない。だが、当の事業者に十分な情報が提供されない場合や、投資をするだけの手元資金が十分にない場合もありうる（たとえば貧しい家庭で資金に余裕がない場合には断熱工事ができない）。

25 Claude Crampes et Thomas-Olivier Leautier, “Le côté lumineux des subventions aux renouvelables”, *La Tribune*, 2 novembre 2015 の注記を参照されたい。

26 ユロはジャーナリストでありテレビ番組の司会兼制作者でもある。彼は教育的なビデオ『どうして炭素に値段をつけるの？』を制作した。

27 フランスでは、二〇一五年七月二二日にエネルギー以降に関する法律が成立した。これは明るい知らせである。議会は、二〇一六〜三〇年に炭素価格を四倍に引き上げる目標を採択した。

28 https://www.project-syndicate.org/commentary/carbon-pricing-fiscal-policy-by-christine-lagarde-and-jim-yong-kim-2015-10.

29 言うまでもなく、炭素価格の絶対値を等しくする。すでに国内で設定されていた炭素価格に一律価格を上乗せするやり方は、非効率であるうえ、スウェーデンのように国際協定が成立する前から炭素税を実施していた国にとっては不公平になる。

30 たとえば、以下で提案されている。Peter Cramton, Axel Ockenfels, and Steve Stoft, “An International Carbon-Price Commitment Promotes Cooperation”, *Economics of Energy & Environmental Policy*, 2015, no. 4, pp. 51-64.

31 ギリシャはここ数十年ほど緊縮財政を導入し、債権国を代表するトロイカ（欧州委員会、国際通貨基金、欧州中央銀行）から圧力をかけられているにもかかわらず、脱税対策がいっこうに進んでいない。ギリシャの例は、政府にやる気のない場合に税の強制と徴収がいかにむずかしいかを雄弁に物語っている。しかも気候変動に関しては、トロイカのような機関が存在しない。

32 二〇一四年にフランスでは、化石燃料に対する炭素税の負担を埋め合わせるために、エネルギー製品に対する内国消費税が引き下げられた（異例のことである）。このため、ガソリンや灯油価格への影響はなかった。

33 住宅の断熱効率の強化を義務づける建築基準は、温室効果ガスの排出削減につながる。この努力を計測するには、基準が適用された住宅で実現した排出削減量を見積もるとともに、断熱材などの生産増によって増える分も見積もらなければならない。この作業は複雑である。

34 雪や氷による太陽光の反射をアルベド効果と言う（アルベドとは、天体の外部からの入射光に対する反射光の比を意味する）。

35 取引市場の価格水準は、現時点ではかなり低い。第一の原因は、グローバル金融危機後の大不況により、アメリカで排出量が減ったことである。第二には、シェールオイルの商業生産が可能になったこと。第三には、温室効果ガスが価格付けされる可能性が高まったため、石炭への投資と消費が減ったことが挙げられる。よってこの低い価格水準は、環境汚染の減少を意味する。

36 第11章を参照されたい。

37 以下を参照されたい。Jean-Jacques Laffont and Jean Tirole, "Pollution Permits and Compliance Strategies", *Journal of Public Economics*, 1996, no. 62, pp. 85-125.

38 一部の排出権取引制度では、許可証の利用期限を短期に設定している。すると、期限（たとえば年度末）が近づいてくると、許可証が需要を上回れば価格はゼロになり、需要のほうが多い場合には価格が高騰するという具合に、価格の変動性が非常に大きくなる。すなわち、年度末の需給動向が市場価格に大きな影響を与える。ただし一般的には、多くの国でバンキング（余剰排出枠を次の期間以降に繰り越すこと）が認められているため、変動性はかなり緩和される。

39 ＮＡＳＡによる軌道上炭素観測衛星２（ＯＣＯ－２）はすでに軌道上を周回している。ＥＳＡによる炭素観測衛星（CarbonSat）も有望である。

40 各国の相対的な責任についてはさまざまな議論がある。たとえば、あらゆる温室効果ガスを考慮するなら、先進国の責任は過大評価されているという意見は、その一つだ。ジャン＝ピエール・ボンパールとオリヴィエ・ゴダール（"Justice climatique: l'écueil de la démagogie.", 2015）は、非エネルギー起源のCO_2発生源（森林伐採や農業）やCO_2以外の温室効果ガス（メタンなど）を考慮すれば、北と南の責任分担は五〇対五〇になると主張する（多くの場合、責任分担は七五対二五が妥当とされている。すなわち、北の排出量累計は南の三倍に達すると見積もられている。これは、エネルギー起源のCO_2排出量に限定して得られた数字である）。仮にこの意見にそれなりの根拠があるとしても、重要なのは未来を見据えることであり、貧困国への富の再分配を考えるべきであろう。

41 「緑の気候基金」は、二〇一五年に拠出総額が基準額（約一〇〇億ドル）を超えて運用を開始した。二〇一七年一月末現在の拠出表明総額は、一〇三億ドルとなっている。

42　新興国および発展途上国向け援助のうち、気候変動への適応に充当される部分は小さく、大半が排出削減に充てられている（二〇一三～一四年には、前者が一六%、後者が七七%）。新興国も発展途上国も適応策への援助増額を求めている。しかし先進国にとって利益となるのは、排出削減なのである。

43　クリスチャン・ゴリエとの共同論文（前掲）では、こうした原則の一部を取り上げた。ただし、細部には立ち入っていない。くわしくは、チューリヒ大学の研究を参照されたい。

44　透明性の点から、排出削減に取り組む多くの国がキャップ&トレードを導入し、排出枠の無償割り当てには政治的に異論の少ないグランドファザリング（過去の排出実績に基づいて割り当てる方式）を採用することが多い。ところがEUの排出権取引制度の枠組みにおいては、ホットエア（経済活動の低迷などによりCO_2排出量が大幅に減少し、余裕をもって目標達成が見込まれる旧ソ連圏や東欧諸国の達成余剰分）問題が生じている。余剰排出権が先進国に売却されれば、排出削減の取り組みを阻害しかねない。

45　ある取引制度における一トンを排出する権利が、他の制度における権利と等しいかどうかを確認する必要がある。排出量の少ない「よい国」ほど、損をする恐れがある。

第9章

1　ＩＬＯの定義では、次の基準を満たした者が失業者としてカウントされる：対象となる週に働いていない、二週間以内に働き始めることができる、前月に積極的に求職活動をした（または過去三カ月以内に仕事を見つけて働いたことがある）。

2　カテゴリーBは「積極的な求職活動を義務づけられる求職者で、該当月に七八時間未満の就労をした者」のことで、二〇一五年一一月に七一万六四〇〇人だった。カテゴリーCは「積極的な求職活動を義務づけられる求職者で、該当月に七八時間以上の就労をした者」のことで、二〇一五年一一月に一一五万一三〇〇人だった。カテゴリーDは「積極的な求職活動を義務づけられない求職者（職業訓練中、見習い中、病気療養中など）」のことで、二〇一五年一一月に二八万九〇〇人だった。カテゴリーEは「積極的な求職活動を義務づけられない求職者で就労中の者（補助金付き雇用契約など）」のことで、二〇一五年一一月に四二万人だった。

3　二〇〇八年における一六～七四歳のフランス人の労働時間は、アメリカ人やイギリス人より平均して大幅に少ない（アメリカ人より二八%、イギリス人より一三%少ない）。フランス人の労働時間は、一九六八年における英米人とほぼ同じである（Richard Blundell, Antoine Bozio, and Guy Laroque, "Labor Supply and the Extensive Margin," *American Economic Review, Papers & Proceedings*, 2011, vol. 101, no. 3, pp. 482-486 を参照されたい）。彼我の差のほぼ半分は、労働時間の短縮による。残り半分は、フランスの就業率が横ばいであるのに対し、英米では大きく伸びていることによる。たしかに熟年つまり五〇代以上のフランス人の労働時間は長いが、これと並行して若年就業率は、性別、人種、年齢を問わず大幅に下がっている。

4 若年就業率が低いのは、職業訓練中だからではない。就労できない一五～二四歳の若者の一七％はなんの訓練も受けていない。しかも九〇万人は、求職活動も放棄し、失業者にカウントされていない。

5 以下を参照されたい。Jean-Benoît Eyméoud, Étienne Wasmer, "Emploi des jeunes et logement. Un effet Tanguy ?", IEP Paris, miméo, 2015.

6 二〇一一年に発表されたある会計報告によると、「補助金付き雇用契約が雇用回復に与えた影響は、営利部門ではプラスだったが、非営利部門ではゼロだった」という。ここで言う非営利部門とは、無料またはごく低料金でサービスを提供する経済主体を指し、具体的には行政機関、地方自治体、業界団体などが含まれる。

7 以下を参照されたい。Corinne Prost, Pierre Cahuc, *Améliorer l'assurance chômage pour limiter l'instabilité de l'emploi*, Conseil d'analyse économique, 2015, note 24.

8 税法上は、ＣＤＤの活用に不利でＣＤＤからＣＤＩへの移行を優遇する措置が用意されているにもかかわらず、ＣＤＩへの移行は進んでいない。

9 以下を参照されたい。OCDE, "Perspectives de l'emploi 2014", p. 182.

10 フランスでは、大企業や国家と雇用契約を結ぶ給与所得者はほとんど失業しない（その大半がＣＤＩである）。失業者やＣＤＤで働く人の利害に彼らが無関心なのも驚くには当たらない。

11 社会保障負担の軽減措置を雇用政策に含めてよいかどうかは判断がむずかしい。というのも、問題となるのは差引額だからである。最低賃金（ＳＭＩＣ）に近い低賃金労働者の場合には、軽減措置に意味がある（以下を参照されたい。Pierre Cahuc, Stéphane Carcillo, *Améliorer l'assurance chômage*, Chaire sécurisation des parcours professionnels, 2014）。

12 OECD, Public Expenditure and Participant Stocks on LMP.

13 経済産業雇用省調査統計局（ＤＡＲＥＳ）によると、雇用および労働市場を対象とする支出は、一般支出・特別支出を含め、二〇一二年に八五七億ユーロだった。これは、二〇一五年三月の時点でＧＤＰ比四・一％に相当する。

14 Thomas Philippon, *Le Capitalisme d'héritiers*（Paris, Seuil/La République des idées, 2007）参照されたい。同書では、労使関係の国際調査の結果が紹介されている。また、Yann Algan, Pierre Cahuc et André Zylberberg, *La Fabrique de la défiance et comment en sortir* (Paris, Albin Michel, 2012, p. 120) では、フランスの雇用問題の詳細な分析が行われている。

15 Nicolas Lepage-Saucier and Étienne Wasmer, "Does Employment Protection Raise Stress? A Cross-Country and Cross-

"Province Analysis," 2011. *Economic Policy Panel 2012* のための研究報告。

16 雇用保障と雇用保護については、以下も参照されたい。Andrew Clark and Fabien Postel-Vinay, "Job Security and Job Protection," *Oxford Economic Papers*, 2005, vol. 61, pp. 207-239 および Fabien Postel-Vinay, Anne Saint-Martin, "Comment les salariés perçoivent-ils la protection de l'emploi ?," *Économie et statistique*, 2005, n° 372, p. 41- 59.

17 最近のフランスの単年度の財政赤字は、GDP四～五%という低い水準で推移している。

18 とくに以下を参照されたい。 *Licenciements et institutions du marché du travail*, rapport pour le Conseil d'analyse économique, La Documentation française, 2003, p. 7-50 および "The Optimal Design of Unemployment Insurance and Employment Protection: A First Pass", *Journal of the European Economic Association*, 2008, vol. 6, no. 1, pp. 45-77. また、以下も参照されたい。Pierre Cahuc, André Zylberberg, *Le Chômage. Fatalité ou nécessité ?*, Paris, Flammarion, 2004.

19 第8章を参照されたい。

20 アメリカの制度については、以下を参照されたい。Julia Fath and Clemens Fuest, "Experience Rating of Unemployment Insurance in the US. A Model for Europe?", *CESifo DICE Report*, 2005, vol. 2.

21 読者はこの項を飛ばして次の項へ進んでも差し支えない。なおよりくわしく知りたい向きは、以下を参照されたい。Olivier Blanchard and Jean Tirole, "The Joint Design of Unemployment Insurance and Employment Protection: A First Pass", *Journal of the European Economic Association*, 2008, vol. 6, no. 1, pp. 45-77. 解雇に関連する企業財務や負債補塡の詳細については、この論文のほかに、拙論 "From Pigou to Extended Liability On the Optimal Taxation of Externalities under Imperfect Capital Markets", *Review of Economic Studies*, 2010, vol. 77, no. 2, pp. 697-729も参照されたい。企業は財務上の理由から、当事者の責に帰すべきでない経済危機など突発的な要因による解雇は、コストの一部を折半負担にするよう求めるかもしれない。だが言うまでもなく、経済危機などの場合に折半負担ができるはずがない。

22 解雇手当は、解雇する労働者の前年の給与の五分の一を下回ってはならない。勤続年数が一〇年以上の場合には、一年につき一五分の二カ月分を上乗せする。団体労働協約や労働契約であらかじめ合意された解雇手当は、法定手当よりも手厚いのがふつうである。

23 訴訟手続きについて、くわしくは以下を参照されたい。Jean-Emmanuel Ray, *Droit du travail. Droit vivant.* (Éditions Liaisons, 2013, 22e éd.)

24 解雇以外の労働訴訟では、提訴期限は訴えの内容によって、最短六カ月から最長一〇年と幅がある。

25 二〇一三年のデータによる。和解が成立するのは全体の六%にすぎない。

26 二〇一三年の改革でいくらか進歩が見られ、企業は経済的解雇の事由として当人の職業上の能力や資格を優先できるようになった。また過半数の賛同が得られる場合には、解雇をしない代わりに給与や労働時間の調整が認められることになった。さらに手続き面でも、過半数の合意が監督官庁の承認と同等に扱われることになった。それでも、労使の対立は裁判所の判断を仰ぐことが基準になっている。

27 フランスのように労使が対立的な労働市場では、無期雇用契約を得られず保護の対象にならない労働者はアウトサイダー、経営側に取り込まれる無期雇用契約者はインサイダーとして峻別される。

28 たとえば、以下を参照されたい。Jean-Emmanuel Ray, "Une mue salutaire, pour que la France épouse son temps", *Droit social*, décembre 2013, n°9, p. 664-672.

29 以下を参照されたい。Franck Seuret, "Licenciements. La grande triche", *Alternatives économiques*, décembre 2006, n°253, rubrique "Tendances".

30 以下の項目が参考になる。"De la précarité à la mobilité : vers une sécurité sociale professionnelle".

31 経済分析評議会報告書の注7では、破綻企業を精査する権利を債権者に与えることが検討されている（Guillaume Plantin, David Thesmar, Jean Tirole, "Les enjeux économiques du droit des faillites", 2013）。

32 雇用改革の効果を実証的に測定するのはむずかしい。同時に他の多くの変数も変動するからだ。そうした変動は、改革自体に起因する場合（たとえばイタリアが二〇一四年に行った改革では、新規雇用に補助金が出された）もあれば、マクロ経済環境に起因する場合もある。このため経済学者は、雇用保護に現れた変化とその因果関係を分離しようとする。この点に関する研究では、改革の効果を差し引きでプラスと結論づけるもの、大幅なプラスとするものもあるが、効果に乏しいとするものもある。以下を参照されたい。David Autor, John Donohue, and Stewart Schwab, "The Costs of Wrongful Discharge Laws", *Review of Economics and Statistics*, 2006, vol. 88, no. 2, pp. 211-231. 調査の方法論については、以下を参照されたい。Tito Boeri, Pierre Cahuc, and André Zylberberg, "The Costs of Flexibility-Enhancing Structural Reforms. A Literature Review," OECD Working paper, October 2015. おそらくは長期的な効果のほうがより大きいと考えられる。

33 第8章を参照されたい。損を被る事業者（炭素排出量の多い事業者）は、一般に無料の排出許可証（排出権）を与えられる。となれば無意味かと言えば、そんなことはない。むしろ逆である。まず、排出許可証の数は限られている（アメリカの場合、一九九〇年の時点で、二酸化窒素排出量は前年実績の半分に制限された）。また、排出量の多い事業者には、削減すれば余剰の許可証を市場で売れるというインセンティブが働く（逆に、十分に削減できなければ不足分の許可証を買わねばならないというインセンティブも働く）。

34 イタリアの改革では、このほかに和解による解雇（訴訟件数が大幅に減った）と新規雇用契約に優遇税制が適用された。

また、解雇後の復職の可能性は排除された（訴訟になり解雇が不当と認められた場合は、金銭的補償または再雇用となる）。フランスとイタリアの相違点の一つは、イタリアが国際労働機関（ＩＬＯ）雇用終了条約（一五八号）に批准していないことである。この条約は労働者に訴訟の権利を保障している。その一方で、「労働者の雇用は、当該労働者の能力若しくは行為に関連する妥当な理由又は企業、事業所もしくは施設の運営上の必要に基づく妥当な理由がない限り、終了させてはならない」と定めた第四条は、いかようにも解釈が可能だ。一五八号に批准しているスペインでは、二〇一二年に労働市場改革の際に、解雇手当に上限を設ける、経済的事由による解雇の条件を明確にする、などを行った。

35 以下を参照されたい。Roland Bénabou and Jean Tirole, "Laws and Norms", mineo. また、経済学者の主張が理解されにくい原因については、第1章を参照されたい。

36 たとえば以下を参照されたい。George Loewenstein, Deborah Small and Jeff Strand, "Statistical, Identifiable, and Iconic Victims" in Edward J. McCaffery and Joel Slemrod, *Behavioral Public Finance*, New York, Russell Sage Foundation, 2006, pp. 32-35.

37 モンテーニュ研究所によると、二〇一三年における一五～二四歳のインターン体験者はフランスでは五・二%だが、ドイツでは一六%に達する。

38 ポール・サミュエルソンは、有名な教科書の中でも「雇用有限論」を手厳しく批判している。また、以下の寄稿も参照されたい。Paul Krugman, "Lumps of Labor", *New York Times*, October 7, 2003.

39 David Card, "The Impact of the Mariel Boatlift on the Miami Labor Market", *Industrial and Labor Relations Review*, 1990, vol. 43, pp. 245-257.

40 効果測定方法は、科学的実験においてコントロールグループと処置グループを作って比較する方法とよく似ている。

41 これらの研究の要約は、以下を参照されたい。Pierre Cahuc et André Zylberberg, *Le Négationnisme économique* : Tito Boeri and Jan van Ours, *The Economics of Imperfect Labour Markets*, Princeton University Press, 2013 ; Pierre Cahuc, Stéphane Carcillo and André Zylberberg, *Labour Economics*, MIT Press, 2014. および以下の古典的論文。David Autor, John Donohue, and Stewart Schwab, "The Costs of Wrongful Discharge Laws", *Review of Economics and Statistics*, 2006, pp. 211-231.

42 たとえば、以下を参照されたい。Frédéric Docquier, Çağlar Ozden, and Giovanni Peri, "The Labour Market Effects of Immigration and Emigration in OECD Countries", *Economic Journal*, 2014, vol. 124, no. 579, pp. 1106-1145. 移民を受け入れた国における労働者の賃金への影響は、賃金水準の高い者への影響も含め、認められなかった。とはいえ、すでに労働市場が機能不全を起こしているフランスのような国では、話はちがってくるだろう。新規雇用の創出が進まないので、流入した移民が労働市場に取り込まれないからだ。

43 以下を参照されたい。David Autor, David Dorn, Gordon Hanson, and Jae Song, “Trade Adjustment. Worker-Level Evidence”, *Quarterly Journal of Economics*, 2014, vol. 129, no. 4, pp. 1799-1860.

44 Wolfgang Dauth, Sebastian Findeisen, and Jens Südekum, “Adjusting to Globalization. Evidence from Worker-Establishment Matches in Germany”, 2016, CEPR Discussion Paper 1145 によると、輸入品との競争にさらされた産業で雇用が失われた場合、輸出産業で新規雇用は創出されないが、サービス産業での雇用が期待できるという。

45 ピエール・カユックが二〇一五年一一月二〇日に雇用政策について行った講演の資料を参照されたい。

46 ピエール・カユックの前掲資料による。ドイツでは二〇〇四年以降、協約の拘束力が弱まった。以下を参照されたい。Christian Dustmann, Bernd Fitzenberger, Uta Schönberg and Alexandra Spitz-Oener, “From Sick Man of Europe to Economic Superstar. Germany's Resurgent Economy”, *Journal of Economic Perspectives*, 2014, vol. 28, no. 1, pp. 167-188. だからと言って、ドイツで産業別協約がまったく活用されていないという意味ではない。当事者同士が合意すれば、産業別協約が適用される。つまり、適用の可否はつねに当事者の選択に委ねられる。このような方式にすれば、多くのことが変わるだろう。端的に言って、産業別協約は企業にとって魅力的なものでないと選ばれない。となれば、雇用制度自体も競争に有利な方向へと変わっていくはずだ。

47 現実には、労働法典は多くの面で命令的であり、個別交渉の余地が乏しい。そこで、二〇一五年に行政最高裁のコンブレクセルを座長とする労使関係審議会が設置され、労働法典改革が協議された結果、企業・事業所レベルでの労働協約締結を促す方向で答申が出された。

48 フランスの職業訓練の非効率と不平等助長についての分析は、以下を参照されたい。Pierre Cahuc, Marc Ferracci, André Zylberberg, *Formation professionnelle. Pour en finir avec les réformes inabouties*, Institut Montaigne, 2011 ; Pierre Cahuc, Marc Ferracci, *L'Apprentissage. Donner la priorité aux moins qualifiés*, Paris, Presses de Sciences Po, 2015 ; et Pierre Cahuc, Marc Ferracci, Jean Tirole, Étienne Wasmer, *L'Apprentissage au service de l'emploi*, Conseil d'analyse économique, 2014, note 19.

49 第8章を参照されたい。

50 第14、15章を参照されたい。

第10章

1 Barry Eichengreen, “Is Europe an Optimal Currency Area?”, National Bureau of Economic Research, 1991, Working

Paper no. 3579.

2 Luigi Guiso, Paola Sapienza, Luigi Zingales, "Monnet's Error", *Economic Policy*, 2015 を参照されたい。

3 ただしフランスの債務状況は北ヨーロッパの国々に近い。

4 Christian Thimann, "The Microeconomic Dimensions of the Eurozone Crisis and Why European Politics Cannot Solve Them", *Journal of Economic Perspectives*, 2015, no. 3, pp. 141-164.

5 フランスのケースについては、第9章を参照されたい。

6 ここでは、南ヨーロッパにおける調整のみを問題にしている。ヨーロッパ全体を対象にするのであれば、当然ながらドイツの物価と賃金水準を押し上げるという解決策が考えられる。

7 ジェレミー・ビューローとケネス・ロゴフによると、一九九五年のギリシャのＧＤＰはドイツのＧＤＰの四一％だったが、二〇〇九年には七一％に達し、その後二〇一四年に四七％に戻った（"The Modern Greek", *Vox EU*, 10 juin 2015）。

8 Olivier Blanchard and Francesco Giavazzi, "Current Account Deficits In the Euro Area: The End of the Feldstein-Horioka Puzzle?", *Brookings Papers on Economic Activity*, 2002, vol. 2, pp. 147-209.

9 公共政策の内生性と出資比率との兼ね合いは経済理論における古典的なテーマである（たとえば、積立金による退職金が推奨されるのは、従業員が退職積立金を通じて企業の所有者となるので、投資に対して肯定的になると考えられるからである）。国際金融における投資家の自国の利益重視の傾向については、拙論 "Inefficient Foreign Borrowing : A Dual-and Common-Agency Perspective", *American Economic Review*, 2003, vol. 93, no. 5, pp. 1678-1702を参照されたい。

10 Carmen Reinhart and Kenneth Rogoff, *This Time is Different : Eight Centuries of Financial Folly*, Princeton, Princeton University Press 2009.

11 この問題に関しては、ＩＭＦの報告書 "Global Financial Stability Report", IMF, June, 2012 を参照されたい。

12 さらに問題なのは、これらの金融機関が資本を増強し、特権的な株を与えられ、債務は新組織に属することになったが、その新組織自体の資金手当もスペインの投資家（多くは預金者）に拠っていることである。これでは、将来の救済に民間部門の参加を求めることは政治的にむずかしい。

13 構造的財政赤字とは、景気循環調整後の赤字を意味する。これを対ＧＤＰ比〇・五％に抑えられなかった場合、制裁が自動発動される。制裁が免除されるのは過半数の賛成が得られた場合のみである。決定は、欧州司法裁判所が実行する。

14 しかもヨーロッパでは、一国の危機が飛び火することを防ぐ手段も用意されていない。ただしこの点については、次第に改善されている。

15 日本は膨大な債務を抱えるにもかかわらず、二〇一五年一一月の時点での三〇年物国債利率はわずか一・三六％である。

16 評判が果たす役割とその制裁に関する興味深い比較は、以下を参照されたい。Jeremy Bulow and Ken Rogoff, "Why Sovereigns Repay Debts to External Contributors and Why it Matters", *Vox EU*, June 10, 2015.

17 以下を参照されたい。Guillermo Calvo, "Servicing the Public Debt. The Role of Expectations", *American Economic Review*, 1988, vol. 78, no. 4, pp. 647-661.

18 Citi Global Perspectives & Solutions, "The Coming Pensions Crisis", 2016.

19 最近ヨーロッパでは、救済不能の債務の範囲を拡大する動きがあった。たとえばキプロス危機では、大口預金者が保護されなかった。またオランダ第四位の銀行SNSレアールの場合は劣後債とハイブリッド証券が対象外となった。

20 アメリカはヨーロッパとはちがい連邦制をとっている。この点については本章の終わりで改めて論じる。

21 民間の貸し手にしても、相手が必ず返済すると考えるなら、市場金利を適用する用意があるはずだ。IMFが債務不履行のリスクをとるのでない限り、IMF融資は、市場での借り入れと何ら変わらない。

22 Michael Bordo, Lars Jonung, and Agnieszka Markiewicz, "A Fiscal Union for the Euro: Some Lessons from History", *CESifo Economic Studies*, 2013, vol. 59, no. 3, pp. 449-488.

23 Thomas Philippon, "The State of Monetary Union," *Vox EU*, August 31, 2015.

24 トロイカは、IMF、ECB、欧州委員会で構成される。ギリシャ救済プログラムを実行するために二〇一〇年に結成され、のちにアイルランド、ポルトガル、キプロスの救済も担当した。

25 欧州委員会によると、二〇一四年年初の時点で、公的部門は二五%縮小された。

26 Bulow and Ken Rogoff, "The Modern Greek Tragedy", *Vox EU*, June 10, 2015 を参照されたい。たしかに最初の救済の一部は、多額のギリシャ国債を保有していたフランスとドイツの銀行に恩恵をもたらした。だが、これらの銀行に流れた資金は、本来であればギリシャが償還すべきものにほかならない。

27 "Grèce : bilan des critiques et perspectives d'avenir", blog *imf-Direct*, 9 juillet.

28 一九八〇年代に起きた中南米のソブリン債務危機のときに、アメリカが信用を供与し、各国の焦げ付いた融資および債券を担保付きのドル建て債券に入れ替えることで流動性を確保した。

29 共同体の既得権益は、EU加盟国に適用される法体系に対応している。共同体としての既得権益の存在は、各国の強力なロビー活動から各国政府を守ってくれることが知られており、またもちろん、EUに加盟する国にも利益をもたらす（たとえばEUに加盟したポーランドと加盟しなかったウクライナとでは、後者の政治情勢を別にしても、その後の道のりに大きなちがいが出た）。

30 ギリシャ国債の保有者は、償還期限の延長、利率の引き下げ、額面価格の六〇%以上の減価を受け入れるよう求められた。

31 Jean Tirole, "Country Solidarity in Sovereign Crises", *American Economic Review*, 2015, vol. 105, no. 8, pp. 2333-2363.

32 委員の指名はＥＵの承認を受ける。審議会はＥＵと欧州裁判所に報告書を提出する。委員は、必要な専門知識を備え、かつ豊富な職業経験を持つものとする。

33 フランスの場合、財政高等評議会は会計検査院に属す公務員四名と、政府部外の専門家四名（政府財政）で構成され、任期の五年間は罷免できない。評議会の任務は、成長予想の評価、財政法案および予算均衡回帰に関する助言の提供、必要に応じて年度内の是正措置の要請である。

34 とはいえヨーロッパは、アメリカなどのような連邦国家ではない。金融危機の際のリスク共有も、金融市場内に限られていた。

35 *The Economist*.

36 Alberto Alesina and Ed Glaeser, *Fighting Poverty in the US and Europe: A World of Difference*, Oxford, Oxford University Press, 2004.

第11章

1 スワップとは、二者間で等価のキャッシュフローを一定期間交換する取引（たとえばエアバス社と銀行がドル建てとユーロ建てのキャッシュフローを固定レートで交換する）を意味する。相場変動を回避する、効率的な調達・運用を行うといった目的で活用される。

2 たとえば二〇一二年には、ローヌ県は四億一八〇〇万ユーロ、セーヌ＝サン＝ドニ県は三億四五〇〇万ユーロ、コミューン（基礎自治体）のアルジャントゥイユは一億一八〇〇万ユーロの資金調達を行っており、どれも有害なしくみが絡んでいた。

3 公共インフラ整備の資金調達で官民が手を組めば、官の高い志と民の効率とが組み合わされて良い結果が期待できるはずだが、歴史を振り返ると、初期コストは民が引き受け、官のほうは遠い将来に返済する（あるいは、本来行うはずだった投資をしないで済ます）しくみが、たびたびよからぬ目的に利用されてきたことがわかる。こうした先送りの禁止は何度も試みられてきたが、うまくいっていない。

4 ＩＭＦは、財政規律に関する調査報告を定期的に発表している。たとえば、"Expenditure Rules: Effective Tools for Sound Fiscal Policy?", February 2015, Working Paper などである。

5 一見するとリスクはなさそうに見えるが、実際には大きなリスクがある。スイス中央銀行は、二〇一五年一月までは人為的にスイスフラン安を誘導し、一ユーロ＝一・二〇スイスフランに維持してきた。ところがこの日を境にスイスフランはユーロに対して二〇%も上昇した。

6 Boris Vallee and Christophe Perignon, "The Political Economy of Financial Innovation: Evidence from Local Governments", mimeo, 2016. この研究によると、大きな自治体（高度な金融サービス事業者が存在し、外部の専門機関へのアクセスも容易である）ほど仕組債のような商品に手を出しているという。教育水準の高い知事や市長なども同様である。

7 相対取引では、売り手と買い手が一対一で取引し、その契約は一般に変則的なものになる。これに対して証券取引所のような市場では、多くの売り手と多くの買い手がいて、標準化された取引を行う。

8 ウォーレン・バフェットは言わずと知れた世界有数の資産家であるが、きわめて思慮深い投資家として知られる。彼が運用するバークシャー・ファンドは、四〇年以上にわたってS&P五〇〇指数およびダウ・ジョーンズ株価指数のパフォーマンスを上回っているが、これはほんとうにめずらしいことだ。

9 このインセンティブと証券化の危険性については、たとえば以下を参照されたい。Mathias Dewatripont and Jean Tirole, *The Prudential Regulation of Banks*, Cambridge, MIT Press, 1994.

10 Benjamin Keys, Tanmoy Mukherjee, Amit Seru, Vikrant Vig, "Did Securitization Lead to Lax Screening? Evidence from Subprime Loans", *Quarterly Journal of Economics*, 2010, vol. 125, no. 1, pp. 307-362.

11 ここでは、証券化の複雑なプロセスには立ち入らない。簡単に言えば、発行体はローン・ポートフォリオをストラクチャード・インベストメント・ビークル（SIV）と呼ばれる資産運用会社に託す（SIVは連結決算対象外の組織として、大手金融機関やヘッジファンドが投資目的で設立するケースが多い）。SIVはポートフォリオから仕組債と呼ばれる債券を組成し、リスクの程度によって「トランシェ」に切り分けて売りに出す。投資家はリスクとリターンの兼ね合いでニーズに合ったトランシェを購入するわけだ。たとえば商業銀行は、自己資本比率が八%以上でなければならない。ある商業銀行が最上のトリプルA格のトランシェを購入するのであれば、リスクは二〇%前後なので、額面一ユーロにつきわずか一・六セントの自己資本があればよい。こうした手法については、次章で改めて取り上げる。

12 格付機関（スタンダード&プアーズ、ムーディーズ、フィッチ）では、トリプルA~D（すでにデフォルトに陥っている）の間でAAA, AA+, AA, AA-, A+……のように格付けをする。BB+より下は投資不適格すなわち投機的な商品ということになる。ただし、その線引きはかなり恣意的と言わざるを得ない。

13 読者の中には、顧客の健康を害して金を稼いでいる企業に投資することに賛成できない向きもおられよう。実際、社会的責任投資を掲げる投資ファンド（第7章参照）はこの種の企業には投資しない。国民を犠牲にする国についても同様である。ここでのポイントは、ともかくも利益が上がっているのであれば、それがこの種の企業に再投資されるよりも、一般の預金者に還元されるほうが好ましいということである。

14 ここで言う「債券」とは優良な債券を意味する。経営不振企業の債券は株式よりリスクが大きいこともある。

15 このタイプの債券をコンソル債と呼ぶ。コンソル債のファンダメンタル価格は、下記の式で求められる。式中のrは金利を表す（ここでは〇・一〇）。$[1/(1+r)] + [1/(1+r)^2] + [1/(1+r)^3] + \dots\dots = 1/r = 10.$

16 これは、ドイツの思想家ヴァルター・ベンヤミンが提唱した有名な概念「アウラ」に関わってくる（邦訳『複製技術時代の芸術』晶文社を参照されたい）。アウラは、作品との神秘的かつ唯一無二の関係性を想起させる。この神秘性は、複製技術（ベンヤミンの時代には、印刷、写真、映像）によって失われた。本物であることは、複製できない。しかし複製品は、オリジナルのアウラを人々に知らせることができる。経済学の観点から言うと、バブル（そしてアウラも）が生じるためには、複製が存在しないことが絶対条件となる。

17 前掲 *This Time is Different. Eight Centuries of Financial Folly*, Princeton, Princeton University Press, 2009.

18 Jean Tirole, “Asset Bubbles and Overlapping Generations”, *Econometrica*, 1985, pp. 1499-1528. 金利と成長率の比較は長らく研究の対象になっており、Maurice Allais（1947）、Paul Samuelson（1958）まで遡ることができる。

19 この条件が満たされたかどうかを検証するのは、じつは容易ではない。というのも、この二つの変数の長期予想がかかわってくるからだ。フランソワ・ギーロルフの論文（タイトルは “Reassessing Dynamic Efficiency”, UCLA, 2014）によると、OECD加盟国の大半では条件が満たされているようだという。

20 「平均的に」という言葉に注意されたい。バブル崩壊リスクが存在する場合には、その資産の収益率が（バブル崩壊前の）金利を上回らなければ誰も買ってくれない。また、バブルが金利と同じ率で拡大するという原則は、近似的にしか成り立たない。市場参加者のリスク回避志向や、バブルが崩壊すると金利は下がるという事実を考慮すると、この原則はいくらか修正が必要である。

21 たとえば、ヘッジファンドはしばしばバブルの膨張を増幅させ、しかも崩壊前に市場から手を引くことが指摘されている（Markus Brunnermeier and Nagel Stefan, “Hedge Funds and the Technology Bubble”, *Journal of Finance*, 2004, vol. 59, pp. 2013-2040）。

22 Emmanuel Farhi and Jean Tirole, “Bubbly Liquidity”, *Review of Economic Studies*, 2012, vol. 79, no. 2, pp. 678- 706.

23 たとえば以下を参照されたい。*Irrational Exuberance*, 3rd ed., revised and expanded, Princeton, Princeton University press, 2015.（邦訳『投機バブル　根拠なき熱狂』ダイヤモンド社）。

24 投資銀行の定義は一定していない。本章では、小口預金者の預金を預かって主に中小企業に貸し出すリテール銀行（または商業銀行）と、小口預金は受け付けない投資銀行というふうに区別している（投資銀行はつい最近までほとんど規制の対象になっていなかった）。投資銀行は、主に新規上場、社債の発行引き受け、国債の販売、金融商品の設計、マーケットメイク、相対取引（ＯＴＣ）の設定などを主な業務とする。

25　このゲームは、一方の利益が他方の損失を埋め合わせるのでゼロサムゲームに見える。だがＩＴ投資のコストなどを勘案すれば、マイナスサムである。

26　Thomas Philippon and Ariell Reshef, “Wages and Human Capital in the US Finance Industry. 1909-2006”, *Quarterly Journal of Economics*, 2012, vol. 127, no. 4, pp. 1551-1609.

27　Thomas Philippon, “Has the US Finance Industry Become Less Efficient?”, *American Economic Review*, 2015, vol. 105, no. 4, pp. 1408-1438.

28　銀行恐慌については、Douglas Diamond and Philip Dybvig, “Bank Runs, Deposit Insurance, and Liquidity”, *Journal of Political Economy*, 1983, vol. 91, no. 3, pp. 401-419を参照されたい。またソブリン債務をめぐるパニックについては、Guillermo Calvo, “Servicing the Public Debt: The Role of Expectations”, *American Economic Review*, 1988, vol. 78, no. 4, pp. 647-661を参照されたい。

29　メリー・ポピンズの雇い主であるバンクス氏はその名の通り銀行に勤めており、ある日子供たちを職場へ連れて行く。すると支店長が子供のお金をとって、預金しなさいと言う。子供が驚いて「返して」と叫ぶ。その場に居合わせた人々は子供の叫び声を聞きつけ、この銀行は危ないのだと信じ込んで噂を撒き散らす。預金者たちが窓口に殺到し、取り付け騒ぎにいたる。

30　中小企業に対するローン債権などは、これに該当する。

31　「ＥＣＢは使命の枠内でユーロを守るために何でもする用意がある」。

32　第５章も参照されたい。

33　たとえば、突出した現象（グーグル・トレンドで上位にランクされる現象など）に過剰に注意が集まり、一時的に株価評価が実態から乖離するケースがある。

34　Roland Bénabou, “Groupthink. Collective Delusions in Organizations and Markets”, *Review of Economics Studies*, 2013, vol. 80, no. 2, pp. 429-446.

35　その古典的な例は、自分や近親者を病気や死と関連づけまいとする傾向に見られる。こうすればよくよく思い悩まずにおだやかに生活を送ることができるので、ある意味では効率的だ。だが、健康診断を受けない、健康管理を十分に行わないなど、非効率な面もある。

36　ロラン・ベナブーは、現実否認が負の外部性をもたらす場合（他の大勢の人を巻き込むなど）、きわめて悪影響が大きいことを示した。

37 オークションの場合には、「勝者の呪い」と呼ばれる現象が有名だ。競り落とした勝者は、自分が勝ったという事実の意味を考えなければならない。つまり、他の参加者はその品物にそれほど多く払う気はなかったということである。

38 国がこれらの市場を「復活」させることは可能だが、コストがかかる。以下を参照されたい。Thomas Philippon and Vasiliki Skreta, "Optimal Interventions in Markets with Adverse Selection" および拙論 "Overcoming Adverse Selection. How Public Intervention Can Restore Market Functioning", *American Economic Review*, 2012, vol. 102, no. 1, pp. 1-28 and 29-59.

39 たとえば、保険会社が大量の保険金請求を受けるとか、投信ファンドに解約が相次ぐといった事態が該当する。

40 Markus Brunnermeier, Lasse Pedersen, "Predatory Trading", *Journal of Finance*, 2005, vol. 60, pp. 1825-1863.

41 二〇一四年からは、ＥＣＢと加盟各国監督機関の代表で構成される銀行監督理事会がユーロ圏内の大手銀行の監督を行うことになった。

42 この「利益代表仮説」についてくわしくは、マティアス・ドゥワトリポンとの前掲共著 *The Prudential Regulation of Banks* を参照されたい。

43 このリスクウェイトはのちに〇・三五に修正されたが、これは不動産に関するリスクが下がったからだという……。

44 この「規制のアービトラージ」については、以下を参照されたい。George Pennacchi and Giuliano Iannotta "Bank Regulation, Credit Ratings and Systematic Risk", mimeo, Matthias Efing "Arbitraging the Basel Securitization Framework. Evidence from German ABS Investment" mimeo.

45 国が運営する年金基金などでは、高い格付けの資産に投資することが奨励されている。

46 この理屈からすれば、格付機関による格付けにあまり重みを与えなければよい、ということになる（彼らは二〇〇八年グローバル金融危機の際に、リスク評価に手心を加えていたことが判明した）。たとえばバーゼル規制Ⅱでは、ポートフォリオのＡＡＡ格またはＡＡ格の資産を BB+~BB- 格の資産に切り替えた場合には、自己資本をそれまでの七・五倍に積み増さなければならない。これは銀行の経営効率上、かなりの痛手である。これだけの犠牲を払うからには、格付機関が信用できなければならない。信用できない場合には、自己資本規制において格付けの比重を下げるほかない。

第12章

1 二〇〇八年一一月五日にロンドン・スクール・オブ・エコノミクスを訪問して。

2 一方、イタリア、ポルトガル、ギリシャで発生した銀行危機は、経済の停滞によるところが大きい（第10章参照）。

3 たとえば、以下が挙げられる。Gary Gorton, *Slapped by the Invisible Hand: The Panic of 2007*, Oxford, Oxford University Press, 2010 : Paul Krugman, *The Return of Depression Economics and the Crisis of 2008*, New York, Norton, 2009 : Robert Shiller, *The Subprime Solution: How Today's Global Financial Crisis Happened, and What to Do about It*, Princeton, Princeton University Press, 2008, *Journal of Economic Perspectives* 誌主催の一連のシンポジウム（二〇一〇～一五年）など。また、ニューヨーク大学の経済学教授による著書も多数出版された。Viral Acharya and Matthew Richardson, eds., *Restoring Financial Stability: How to Repair a Failed System*. New York, John Wiley & Sons, 2009 : Viral V. Acharya, Thomas Cooley, Matthew Richardson and Ingo Walter, eds., *Regulating Wall Street. The Dodd-Frank Act and the New Architecture of Global Finance*, New York, John Wiley & Sons, 2010. 私自身も二〇〇八年に論文を書いている。*Leçons d'une crise*, Toulouse School of Economics, TSE Notes, #1（英訳版はマティアス・ドゥワトリポン、ジャン・チャールズ・ロシェの協力を得た以下のもの。*Balancing the Banks*, Princeton, Princeton University Press, 2011).

4 幸いにもＥＣＢはより厳格な政策を施行していたため、ヨーロッパはこのような事態を免れた。言うまでもなく、金融緩和はバブル形成を促した一要素にすぎない。その証拠に、金利が比較的正常な水準にあったイギリスとオーストラリアでも、不動産バブルが発生している。

5 フランスはこうしたローンはほとんどなかった。フランスの銀行は伝統的に返済能力のある世帯にしか貸し出さない。この商習慣は、判例により一段と強化されている（フランスの最上級審である破毀院では、信用供与を行った金融機関が借り手の返済能力に不釣り合いな融資を行った場合に、注意義務違反を犯していないかどうかを問題にする）。変動金利ローンはアメリカではかなり前から一般的だが、フランスでは少ない（二〇〇七年には全体の二四％）。しかも金利上限のない変動金利ローンは一〇％未満なので、金利にも月次返済額にも歯止めがかけられている。

6 このお粗末なローン審査は、"*No income, no job or assets.*" の頭文字をとって、「ニンジャ」と呼ばれた。

7 たとえば実際の所得証明ではなく、借り手の自己申告に基づいてローンが貸し出されていた。

8 銀行は、経費、担保の劣化、未納の税金や保険料、不動産仲介業者への手数料などのコストを負担するが、このように投げ売りが行われると、コストがいっそう膨らむことになる。

9 格付市場は寡占状態になっている。大手格付機関は三社しかなく、中でもムーディーズとスタンダード＆プアーズが市場シェアの約八〇％を占める。二社からの格付け取得が要求されることが多いため、この二社はほぼ独占と言ってよい。

10 別の言い方をすれば、銀行はバランスシートからリスクを排除すれば、その後は自己資本の積み増しが必要なくなる。そして、そもそも格付けの甘い取引先との信用リスクを一段と増やす。こうして自らの評判を台無しにするリスクをとったのである（しかもベア・スターンズは、自分が設置した投資ビークルを救うために、法律で定められた義務以上のことをした）。

11 規制対象外だった金融機関が救済されたのは、これが初めてではない。一九九八年には、ＦＲＢは投機を行っていたロングターム・キャピタル・マネジメント（ＬＴＣＭ）を救うために救済計画を立て、数度におよぶ利下げを行っている。

12 両社はいわゆる政府支援企業（ＧＥＳ）である。二〇一二年末時点でのファニーメイの住宅関連保有資産は三・二兆ドルで、内訳はＭＢＳ信用保証が二・六兆ドル、投資ポートフォリオが〇・六兆ドル。フレディマックは、住宅関連保有資産二兆ドル、内訳は信用保証が一・四兆ドル、投資ポートフォリオが〇・六兆ドルとなっている。

13 ただし、二〇〇八年に注入された公的資金（約二〇〇〇億ドル）を配当の形でともかくも返済した。

14 両社の規制を担当するのは銀行監督当局ではなかった。規制当局である住宅・都市開発省（ＨＵＤ）はプルーデンス規制に関する知識が乏しいうえ、住宅市場を振興したい立場だった。

15 フランスの場合、フランス不動産銀行（Crédit foncier）がこれに該当する。

16 以下の共同研究で、危機の際には政府が流動性を供給する能力を持つことを、信用割当理論に基づいてモデル化した。ベント・ホルムステロームとの共同研究 "Private and Public Supply of Liquidity", *Journal of Political Economy*, 1998, vol 106, no. 1, pp. 1-40 および *Inside and Outside Liquidity*, Cambridge, MIT Press, 2011 およびエマニュエル・ファーリとの共同研究 "Collective Moral Hazard, Maturity Mismatch, and Systemic Bailouts", *American Economic Review*, 2012, vol. 102, no. 1, pp. 60-93) を参照されたい。後者では、緩和的な金融政策は必ず銀行を救済する結果になることを実証した（たとえ政府が個別対応により銀行を救済するとしても、である）。

17 専門的に言うと、中央銀行は流動性を供給するときに借金をしているわけではない。たとえば銀行に貸し出す見返りとして、質の悪い担保を受け取っている。だが中央銀行がこの貸し出しで損失を被った場合には、紙幣を増発するか、税金を間接的に受け取るしかない。紙幣を増発すれば、インフレを引き起こすことによって貨幣の保有者に税金をかけるのと同じことになる。

18 Marshall Wace, "Central Banks Have Made the Rich Richer", *Financial Times*, September 23, 2015. ワースは、ロンドンでヘッジファンドを経営している。

19 とはいえ、現金を保管するのにコストがかかるので、名目金利をわずかなマイナスにすることは可能である。実際にも一部の中央銀行がそうしている。ただし、大幅なマイナスにはできない。

20 インフレ期待の誘導、フォワードガイダンス（将来の金融政策を前もって表明する）、量的緩和（市中銀行が中央銀行に預け入れる当座預金残高の調節を通じて市場への通貨供給量を増やす）、中央銀行によるリスク資産の買い入れ、財政出動など。この最後の政策は、言うまでもなく、中央銀行の守備範囲ではない。

21 長期停滞という概念は昔からあったが、二〇一三年にハーバード大学のラリー・サマーズ（クリントン政権で財務長官）が言及して俄然注目を集めるようになった。この問題に関する議論は、以下を参照されたい。Coen Teulings and Richard Baldwin, *Secular Stagnation: Facts, Causes and Cures*, CEPR Press/VoxEU.org Book, 2014.

22 Ricardo Caballero and Emmanuel Farhi, "The Safety Trap", mimeo.

23 このほかの原因も考えられる。たとえば、イノベーションのペースの鈍化はその一つだ。イノベーションの低調は投資需要の減少につながるという。個人的にはこの説には賛成しかねるが、まちがいだと断定することもできない。また、投資財部門で技術が進歩すれば、やはり投資需要が減少するという説もある。

24 前掲 Jean Tirole, *Leçons d'une crise*.

25 しかし、為替レート取引などの多くは相対取引である。

26 大手ヘッジファンドのアマランスは、天然ガスの先物取引に失敗して二〇〇六年に破綻した。天然ガスは、清算機構に取引が集約される市場で取引されていた。アマランスの破綻は、なんらシステミック・リスクにつながっていない。いずれにせよヘッジファンドは救済の対象とはならない。

27 このアプローチの評価については、たとえば以下の拙論を参照されたい。"The Contours of Banking and the Future of its Regulation", in George Akerlof, Olivier Blanchard, David Romer, and Joe Stiglitz, eds., *What Have We Learned?*, Cambridge, MIT Press, 2014, pp. 143-153.

28 くわしくは Holmström-Tirole（1997 and 1998）を参照されたい。マティアス・ドゥワトリポンとの前掲共著（*The Prudential Regulation of Banks*）では、プロシクリカルな保険を導入して規制のプロシクリカル特性を緩和することも提案した。

29 前章を参照されたい。

30 一部の経済学者は、水準の一段の引き上げを要求している。たとえば以下を参照されたい。Anat Admati and Martin Hellwig, *The Bankers' New Clothes*, Princeton, Princeton University Press, 2013.

31 ここでは役員を例にとったが、法外な報酬は経営陣にだけ当てはまるわけではない。金融業界では、階層が下の人間でも相当なボーナスを手にする。

32 黄金のパラシュートとは、退任する役職者に支払われる潤沢な退職金を意味する。

33 以下の前掲共同研究を参照されたい。Roland Bénabou, "Bonus Culture".

34 とはいえ、これにも限界があることは言うまでもない。長期にわたる報酬プラン（とくにストックオプション）は、つねに再交渉の余地がある。

35 以下の共同研究を参照されたい。Bengt Holmström, "Market Liquidity and Performance Monitoring", *Journal of Political Economy*, 1993, vol. 101, no. 4, pp. 678-709.

36 Xavier Gabaix and Augustin Landier, "Why Has CEO Pay Increased so Much?", *Quarterly Journal of Economics*, 2008, vol. 123, no. 1, pp. 49-100 では、報酬の分布と企業の規模との相関関係を調べた（企業規模は、経営に携わる人間にとって重要な指標と考えられる）。その結果、一九八〇～二〇〇三年における企業規模の変遷とCEOの報酬の推移には強い相関関係があることがわかった（この研究は金融部門のみを対象としたものではない）。

37 二〇一〇年以降の金融市場の「再国有化」により、銀行のバランスシートに計上された国債が基本的に国のものになり、銀行部門はソブリン・リスクに対するエクスポージャーが非常に大きくなった。逆に国は、銀行を救済しなければならないというリスクが大きくなった。銀行と国とのこの相互依存関係は、悪循環を生み出す土壌となる。すなわち、国の支払い能力に対して市場が不安を抱き、国債価格を押し下げるので、今度はそれを保有する銀行の資産内容が悪化する。そうなると、国は公的資金を投じて銀行を救済せざるを得ず、市場の不安はますます強まり、国債価格は一段と下落することになる。

38 資源輸出国にとって、相場が上昇中は野放図に消費する誘惑が強い。しかしノルウェーとチリなどではソブリン・ファンドを設立して運用し、経済活動をよりよく運営するとともに相場下落に備えている。たとえばチリでは、二〇〇一年から収入（銅相場に大きく左右される）の裏付けのない公的支出を制限する予算法を適用している。こうした規律により、資源価格が高騰中に支出を増やし、その後の下落で窮地に陥るといった事態を回避してきた。

39 公的資金による救済をあまり度々行っていると、結局は、救済の規模や限度を明確にしないまま、不注意な投資家を必ず助けるという意思を表明したのと同じことになる。

40 言うまでもなく、危機の起こるメカニズムを明快に説明せずに危機を予測したところで、誰も信用しない。ポール・サミュエルソンは、株式市場が「過去五回の危機のうち九回を予測した」と皮肉っている。堅固な理論に基づいて危険性を指摘した経済学者としては、ラグラム・ラジャン、ヌリエル・ルービニ、ロバート・シラーが知られる。

41 第4章では、広く学問分野における予測について論じている。

42 前章を参照されたい。

第13章

1 フランスは、ほんとうの意味で競争経済に移行したとは言えない。適正な競争が行われているか監視が始まったのも最近のことである。一九八六年の政令により、国による経済・価格統制には終止符が打たれ、競争諮問委員会が設置された。ドイツはフランスよりずっと早く、超党派で競争促進に動いてきた。アメリカではシャーマン法（反トラスト法）が一八九〇年に制定されている。もちろんこれには先行事例があり、イギリスでは一七世紀初頭に独占禁止の決定が下されている。

2　正確に言えば、二〇〇八年経済現代化法により、出店規制が緩和された（一〇〇〇平方メートル未満は許可不要となった）。

3　こうした値下げはキックバックの形で行われる。経済省が二〇〇六年に行った調査「納入業者と小売業者の取引関係」によると、ギャラン法に基づく改革により消費者物価指数は一・四ポイント押し下げられ、ＧＤＰは〇・三ポイント押し上げられ、四～五年間で八万の雇用機会が創出されると見込まれるという。

4　マッキンゼーによると、フランスの自動車部門における労働生産性は一九九二～九九年に年八％のペースで上昇したという（しかも一九九六～九九年は年一五％）。調達契約の見直し、組織改革、生産工程の見直しが奏功したためだ。とはいえ、現在プジョーは苦境に陥っている。フランスの自動車産業が生み出す付加価値は、入手可能な最新の数字である二〇一二年のデータによると、ドイツとイギリスを五〇％近く下回り、ＥＵ平均をも下回っている。

5　たとえば、以下を参照されたい。Nicholas Bloom, Mirko Draca, and John Van Reenen, "Trade Induced Technical Change? The Impact of Chinese Imports on Innovation, IT and Productivity", mimeo.

6　"(Not) made in France", Lettre du Cepii, juin 2013.

7　アメリカについては以下を参照されたい。Lucia Foster, John Haltiwanger, and C. J. Krizan, "Aggregate Productivity Growth: Lessons from Microeconomic Evidence", *New Developments in Productivity Analysis*, National Bureau of Economic Research, 2001, pp. 303-372. フランスについては、以下を参照されたい。Bruno Crépon, Richard Duhautois, "Ralentissement de la productivité et réallocations d'emplois : deux régimes de croissance", *Économie et statistique*, 2003, n° 367, p. 69-82.

8　第9章を参照されたい。

9　第8章も参照されたい。

10　これは一九五七年に毛沢東が提唱した政治運動で、共産党に対する批判を歓迎するとした。

11　中国に関しては、以下の研究を参照されたい。Philippe Aghion, Mathias Dewatripont, Luosha Du, Ann Harrison, and Patrick Legros, "Industrial Policy and Competition", *American Economic Journal: Macroeconomics*, 2015, 7(4) : 1-32.

12　ここでは、必然的に政府が買い手となる部門（教育、医療、軍備、インフラなど）および政府が介入できない部門は除外した。

13 ここでは、次の著名な研究を踏まえている。AnnaLee Saxenian, *Regional Advantage: Culture and Competition in Silicon Valley and Route 128*, Cambridge, Harvard University Press, 1994. この研究では、シリコンバレーでは非公式の情報交換や交流の文化があり、ルート一二八（ボストンを半円形状に取り囲む環状高速道路）沿いにハイテク企業が点在するボストンと比べ、その点が有利だったとされている。

14 フランスのクラスター政策である「競争力拠点」政策については、以下を参照されたい。Gilles Duranton, Philippe Martin, Thierry Mayer, Florian Mayneris, "Les pôles de compétitivité : que peut- on en attendre ?", Cepremap, 2008. この研究は、クラスター政策の成功例はきわめて少ないと結論づけている。二〇〇七年の時点で、フランスには競争力拠点が七一カ所もあった。

15 たとえば、二〇〇五年にフランスで提案された一〇五件の競争力拠点プロジェクトのうち、六七件が承認されている。

16 Damien Neven and Paul Seabright, "European Industrial Policy: the Airbus Case", *Economic Policy*, September 22, 1995.

17 戦後日本の復興は、基本的には民間企業が主体だった。たしかに政府が（あの有名な通商産業省を中心に）経済計画を立てはしたが、そこまで干渉的ではなかった。

18 提言のいくつかは、産業政策よりも対象範囲が広く、雇用政策、教育政策なども関わってくる。

19 Philippe Aghion, Mathias Dewatripont, Caroline Hoxby, Andreu Mas-Colell, and André Sapir, "Universities", *Economic Policy*, June 2010. この研究では、大学の自治と競争の相互補完関係が強調されている（直観的にも、大学が自由に戦略を選べるのでない限り競争は重要な意味を持たないと考えられる）。また、ＮＳＦやＮＩＨタイプの資金調達の重要性も指摘されている。

20 以下を参照されたい。Marc Ferracci et Étienne Wasmer, *État moderne, État efficace. Évaluer les dépenses publiques pour sauvegarder le modèle français*, Paris, Odile Jacob, 2012. 同書によれば、立証責任を逆転させるべきだという。一定年限を決め、その時が来たら政策擁護論者がその政策が効果的であり継続すべきだというデータを提出する。それができなければ、その政策は自動的に打ち切られる。

21 韓国については、以下のすぐれた分析を参照されたい。Bruce Geenwald and Joe Stiglitz, *Creating a Learning Society*, New York, Columbia University Press, 2014. ただし私は、産業政策がなかったら韓国はいまだに米作（一九四五年時点での比較優位だった）に従事しているだろうとの主張には与しない。まず、比較優位というものは固定的ではない。教育やインフラへの投資を開始し、資金調達が可能になった時点で、経済が工業化へ向かわない理由はなくなる。しかも、一

22 国が米作に特化するというのは、産業政策の完璧な見本にほかならない！ Élie Cohen, Jean-Hervé Lorenzi, "Des politiques industrielles aux politiques de compétitivité en Europe", in *Politiques industrielles pour l'Europe*, Paris, La Documentation française, 2000.

23 ＣＡＣ四〇はユーロネクスト・パリにおける株価指数で、時価総額の大きい上位四〇社が構成銘柄となる。

24 フォーチュン五〇〇は、フォーチュン誌が年一回発表する売上高で見たアメリカ企業上位五〇〇社のランキングである。

25 以下の文書の表1に技術革新投資ファンドの申請手続きが載っているので、参照されたい。"Quelles politiques d'innovation a-t-on déployé en France? Une cartographie", *France Stratégie*, 10 novembre 2015, document de travail.

26 境界線効果を見積もるのはそう簡単ではない。たとえば、以下の論文を参照されたい。Nila Ceci-Renaud, Paul-Antoine Chevalier, "L'impact des seuils de 10, 20 et 50 salariés sur la taille des entreprises françaises", *Économie et statistique*, 2010, vol. 437, p. 29-45. 境界線効果は何もフランス政府だけの責任ではない。欧州議会にも責任の一端がある。

27 Luis Garicano, Claire Lelarge, and John Van Reenen, "Firm Size Distortions and the Productivity Distribution. Evidence from France", *American Economic Review*, 2016, 106 (11): 3439-3479. この論文によると、フランスの境界線効果のコストは、硬直的な労働市場も相俟って、五％に達するという（アメリカの場合には、多くても一％程度と見込んでいる）。言うまでもなく、こうしたコストは国によっても時代によってもちがうが、制度的な要因がかなり大きいと考えられる。

28 改革の提言に関しては、たとえば以下の私の注記を参照されたい。Guillaume Plantin et David Thesmar, "Les enjeux économiques du droit des faillites", Conseil d'analyse économique, 2013, note 7.

29 経済分析評議会の報告「中小企業の繁栄に向けて」（二〇一五年一〇月）では、フランスの産業別団体協約のカバー率が他国に比べて異常に高いことが指摘されている（二〇〇八年におけるフランスのカバー率は九三％、ＯＥＣＤ加盟国の平均は五六％）。報告書第9章を参照されたい。

30 以下を参照されたい。Yves Jacquin Depeyre, *La Réconciliation fiscale*, Paris, Odile Jacob, 2016.

第14章

1 スポティファイはスウェーデン生まれの音楽配信サービスで、無料で利用可能だが、広告なし・オフラインで聴取可能・高音質な有料サービスも用意されている。聴取傾向からスポティファイに選曲を任せることも、四〇〇〇万曲から感覚的に好みの曲を検索することも可能である。

2 機械学習は、アルゴリズムを使った統計学的な学習のことである。これを通じて、ロボットやコンピュータは、顔を見分ける、歩くなど、複雑なことを徐々に習得する。

3 多面市場の場合もある。たとえばマイクロソフトの Windows は、ユーザー、コンピュータ・メーカー、アプリ・デベロッパーを結びつける。

4 コンテンツ・サプライヤーは、ソフトウェア、音声や動画ファイル、多種多様なアプリなど、インターネット・ユーザーの役に立ちそうなサービスを開発し、提供する。インターネット・ユーザーは、プラットフォームを利用してこうしたコンテンツにアクセスする。

5 Glenn et Sara Ellison, "Match Quality, Search, and the Internet Market for Used Books", mimeo.

6 このビジネスモデルが無限に続けられるかどうかははっきりしない。だが広告の出し方がより効果的になり、ターゲット（つまり私たち自身）が広告を反復的に受け取るようになれば、最終的には所与の広告に対する反応は鈍り、広告効果は逓減するはずだ。しかも、広告全般にうんざりしたり、注意が散漫になったりするだろう。さらに、広告を遮断するソフトウェアも増えてくると考えられる（すでにテレビ録画では広告スキップが可能になっている）。

7 インターチェンジ・フィーの料率はビザやマスターカードが決めている。カードが利用されると、加盟店契約会社（アクアイワラー）がまず決済を代行し、加盟店手数料の一部をカード発行会社（イシュアー）がアクアイワラーから受け取る。これがインターチェンジ・フィーである。

8 ここに挙げた数字は、あくまで目安である。実際には、時期や取引形態などに応じて手数料の水準は異なる。

9 プリンター・メーカーも、赤字覚悟で、あるいはごくわずかな利幅でプリンターを販売している。そして純正カートリッジを製造し、そちらで利益を確保する。ゲームの場合もカートリッジの場合も、適合性がカギとなる。消費者にしてみれば、毎回高いカートリッジを買わされるのはうれしくない。ただしプリンターの場合、ゲーム機とは状況が異なる。同じメーカーが、プリンターとカートリッジの両方を製造・販売していることだ。そこでプリンター・メーカーが消費者を満足させるには、次のような解決策が考えられる。プリンターの仕様をオープンにし、他のメーカーがカートリッジを供給できるようにすることだ。こうすれば、プリンター・メーカーはプリンターを適正価格に設定し、カートリッジではなくプリンターで利益を確保できる。

10 David Evans and Richard Schmalensee, *Matchmakers: The New Economics of Platform Businesses*, Cambridge, Harvard Business School Press, 2016. 同じ著者による以下も参照されたい。*Catalyst Code*, Harvard Business School Press, 2007, および共著Andrei Hagiu, *Invisible Platforms: How Software Platforms Drive Innovations and Transform Industries*, Cambridge, MIT Press, 2006. このほか、以下も推奨したい。Marshall Van Alstyne, Geoff Parker, and Saugeet Paul Choudary, *Platform Revolution*, New York, Norton, 2016.

11 アップルのほうがユーザー数は少ないが、使う金額はアップル・ユーザーのほうが Android ユーザーよりも多い。した

12 がって、アプリ開発者にとってはアップルのほうが魅力的である。

13 以下を参照されたい。Tim Bresnahan, Joe Orsini, and Pai-Ling Yin, "Demand Heterogeneity, Inframarginal Multihoming and Platform Market Stability. Mobile Apps", mimeo.

14 マイクロソフトは、ソースコードへのアクセスを制限しているとか、自前のブラウザを抱き合わせ販売しているなどと非難されたこともあるが、全体としてみれば、きわめて開かれた系を実現してきた。

15 iPhone と iPad のユーザーが二〇一五年にアプリに投じた金額は、二〇〇億ドルに達する。

16 このように開かれているのは、アプリケーション・プログラミング・インターフェース（ＡＰＩ）を公開しているので、第三者がこれを使ってソフトウェアを開発できるからである。ただしソースコードを全部公開しているわけではないので、自前の製品に比べて相性が悪く、コンフリクトを起こすこともある。

17 アメリカの競争法ではこの可能性はないが、ヨーロッパの競争法ではある。実際にそのような取り締まりが行われた例はほとんどないにしても、これは問題である。

18 フランスのマクロン法をはじめとする新たな法規では、統一価格の原則が緩和された。マクロン法では、ホテルのオーナーには価格設定の完全な自由裁量が認められている。

19 たとえば以下を参照されたい。Hélène Bourguignon, Renato Gomes, and Jean Tirole, "Shrouded Transaction Costs", mimeo. この論文は、アメリカ、イギリス、オーストラリアでカード決済手数料の上限を定めた新規制があまりに緩すぎるとしている。

20 ブッキングドットコムは二〇一五年にフランスの競争当局に、ホテル側の自由裁量をより多く認めることを誓約した。ホテル側は、ブッキングドットコム以外のサイトで予約した客や、電話やメールなど直接予約した客に対し、ブッキングドットコム経由の客より安い料金を設定してよい。ブッキングドットコムは、ヨーロッパの他の国でもこの誓約を実行するものとされている。

21 以下を参照されたい。Jean-Charles Rochet and Jean Tirole, "Cooperation among Competitors: Some Economics of Payment Card Associations", *The Rand Journal of Economics*, 2002, vol. 33, no. 4, pp. 549-570 ; Ben Edelman and Julian Wright, "Price Coherence and Adverse Intermediation", *Quarterly Journal of Economics*, 2015, vol. 130, no. 3, pp. 1283-1328.

22 とくに、環境に関する章がそうである。

この原則は、「コスト節約テスト」またの名を「観光客のテスト」から導かれる。小売店主は、店内にいる客が二度と来ない観光客だとわかっているときでも、現金払いよりカード決済を好むか？　というテストである。以下の筆者の共同研究論文を参照されたい。Jean-Charles Rochet, "Must Take Cards: Merchant Discounts and Avoided Costs", *Journal of the European Economic Association*, 2011, vol. 9, no. 3, pp. 462-495.

23 ここにはメタ検索サイトも含めた。メタ検索サイトは、予約サイトとは異なり、予約自体は扱わない。

24 次章を参照されたい。

25 競争法と抱き合わせ販売に関するよりくわしい議論は、以下の拙論を参照されたい。"The Analysis of Tying Cases. A Primer", *Competition Policy International*, 2005, vol. 1, no. 1, pp. 1-25.

第15章

1 クッキーは、インターネット・ユーザーのコンピュータに蓄積される小さなファイルのこと。これによってサイトに個人設定を記憶させたり、ログインを省略したり、そのユーザーの好みのコンテンツや商品を提供したりする。

2 アレクサンドル・ソルジェニーツィンが「われわれの自由は、他人がわれわれの存在を無視することによって成り立っているのだ」と言ったことを思い出そう。

3 加えて、取引が反復的であることも条件となる。資金運用や外科手術を任せる相手について何か知ったところで、財産や健康を失ってしまえば役に立たない。このほか、たとえばビタミン剤などのように、実際に服用しても効果のほどがわからないものもある。

4 「人生は一度だけ。不倫しましょう」のキャッチフレーズで有名になった。

5 連邦公正取引委員会と司法省が介入し、情報の譲渡範囲を制限した。

6 アメリカとヨーロッパの間にこれほど差がついたのは、言うまでもなく他の原因もある。ヨーロッパ統合が進まないこともその一つだ。

7 競合する複数のプラットフォーム上で自由なアクセスを許可するという方法も考えられるが、しかしこちらは秘密保持に問題がある。

8 未来の医師はどのような役割を果たすようになるのだろうか。私には予想もつかないが、極端な医学SFでは、医者は万一のときのガードレールの役割しかなくなるという。つまり、情報システムがダウンしたり乗っ取られたりしたときに、システムに代わって判断する。あるいは、患者に人間的に接する。だが未来の医師がどのような姿になるにせよ、ソフトウェアが次々に示す大量の診断結果にお墨付きを与える役割は残るだろう。

9 この問題については、たとえば以下を参照されたい。Éric Sebban, *Santé connectée. Demain tous médecins ?*, Paris, Hermann, 2015.

10　二〇〇八年に無期雇用契約（ＣＤＩ）に「協約による労働契約の破棄」（rupture conventionnelle）が導入されたため、自己都合による離職にも失業保険が適用されるようになった。

11　洪水の危険性や進行中の防災計画をよく承知している市町村長からの建築許可の取得を義務づける、などの対策が考えられる。

12　心気症それ自体が、病気と確信しつつ保険に入ろうとする点で逆選択を、自分の行動に歯止めが利かない点でモラルハザードを形成しうる。人々がのべつインターネットで無料の医療相談を受け、社会保障制度には一銭もコストが生じないためモラルハザードを問われることもないという状況は、病理学にとっては問題が多い。

13　生物学的解析、医師による検査、医学画像撮影は一ユーロ、一二〇ユーロを上回る治療は一八ユーロ、薬剤一箱および救急隊員による処置五〇セント、救急車による輸送一件当たり二ユーロ（年間上限五〇ユーロ）、入院一日当たり一八ユーロ。

14　正確には社会保障制度でカバーされる。

15　経済学ではこの現象を「ハーシュライファー効果」と呼ぶ。この名称は、経済学者ジャック・ハーシュライファーの次の論文に由来する。Jack Hirshleifer, “The Private and Social Value of Information and the Reward to Inventive Activity”, *American Economic Review*, 1971, vol. 61, no. 4, pp. 561-574.

16　スイスの制度については、以下を参照されたい。Brigitte Dormont, Pierre-Yves Geoffard, and Karine Lamiraud, “The Influence of Supplementary Health Insurance on Switching Behavior: Evidence from Swiss Data”, *Health Economics*, 2009, vol. 18, pp. 1339-1356.

17　保険料は給与から天引きされ、その分の所得税がかからないほか、会社負担分は社会保障税が免除される。天引きのほうの優遇措置は二〇一四年に廃止されたが、団体契約に対する補助金は延長された。

18　共同研究論文“Refonder l'assurance-maladie”, coécrite avec Brigitte Dormont et Pierre-Yves Geoffard, Conseil d'analyse économiqueの注記12を参照されたい。

19　以下のブログによる。
Robert Reich, “The Share-the-Scraps Economy”, February 2, 2015 (robertreich.org/post/109894095095).

20　なぜ会社はタクシー代を給与から差し引かないのだろうか。答は簡単だ。タクシー代や航空券代は、隠れた報酬にほかならないが、給与本体とは異なり、こちらには社会保障税も所得税もかからないからである。またこのようにすれば、高額報酬で世間の注目を集めたくない経営陣にとっても都合がよい。

21　集団と個人の評判の理論については、以下の拙論を参照されたい。“A Theory of Collective Reputations, with

Applications to the Persistence of Corruption and to Firm Quality", *Review of Economic Studies*, no. 63, pp. 1-22.

22 George Baker and Thomas Hubbard, "Contractibility and Asset Ownership: On-Board Computers and Governance in US Trucking", *Quarterly Journal of Economics*, 2004, vol. 119, no. 4, pp. 1443-1479, "Make Versus Buy in Trucking. Asset Ownership: Job Design, and Information", *American Economic Review*, 2003, vol. 93, no. 3, pp. 551-572.

23 ただし労働法典第六部では（基本的に）個人事業を扱っている。

24 Anthony Atkinson, Thomas Piketty, and Emmanuel Saez, "High Income Database". *wid world.*

25 Erik Brynjolfsson and Andrew McAfee, *The Second Machine Age*, New York, Norton, 2014.

26 二〇一四年には住民一人当たり一八八四ドルだった。

27 David Autor, "Why Are There Still So Many Jobs? The History and Future of Workplace Automation", *Journal of Economic Perspectives*, 2015, vol. 29, no. 3, pp. 3-30.

28 ただし、南欧は除く。第10章で述べたように、南欧は労働市場が固有の特徴を備えている。

29 ケインズの小論「孫の世代の経済的可能性」（一九三一年）による。この中でケインズが予想したのは、わずか二世代先の経済にすぎない。

30 "Will Humans Go the Way of Horses?", *Foreign Affairs*, July-August 2015.

31 かつては、二重課税を避けるための租税協定などが存在した。

32 前章を参照されたい。

第16章

1 ここでは、フィリップ・アギオンとピーター・ハウイットの表現を借りた。

2 Edmund Phelps, "What's Wrong with the West's Economies", *New York Review of Books*, August 13, 2015. エドムンド・フェルプスは二〇〇六年ノーベル経済学賞受賞。

3 Michael Kremer, "Making Markets for Vaccines: Ideas to Action, Center for Global Development", 2005を参照されたい。この分野では、予防接種の普及に向けて官民が協力するＧＡＶＩアライアンスのほか、ビル＆メリンダ・ゲイツ財団などが尽力している。

4 以下を参照されたい。Adam Jaffe and Josh Lerner, *Innovation and its Discontents: How our Broken Patent System is Endangering Innovation and Progress, and What to Do about It*, Princeton, Princeton University Press, 2004, Michelle Boldrin and David Levine, *Against Intellectual Monopoly*, Cambridge, Cambridge University Press, 2008.

5 もっと一般化すれば、eコマースに関する特許の多くは、すでにインターネットの外に存在していたものに由来する。その中には数世紀も前から存在していたものもある。たとえばオランダ式オークションはその一つだ。この方式では、売り手が最高値を付け、買い手が現れるまで徐々に値を下げるが、買い手が現れた時点で今度は徐々に値を上げていき、誰かがより高値を付けることが認められる。

6 Carl Shapiro, “Navigating the Patent Thicket: Cross Licenses, Patent Pools, and Standard Setting”, in Adam Jaffe, Joshua Lerner, and Scott Stern, eds., *Innovation Policy and the Economy*, vol. 1, Cambridge, MA, MIT Press, 2000, pp. 119-150.

7 マインツとケルンの間には一三カ所の関所があった。エルベ川でも、フランスの河川（ローヌ川、セーヌ川、ガロンヌ川、ロワール川）でも事情は似たり寄ったりだった。以下を参照されたい。Robert Spaulding, “Revolutionary France and the Transformation of the Rhine”, *Central European History*, 2011, vol. 44, no. 2, pp. 203-226.

8 アメリカの生物学者ギャレット・ハーディンがサイエンス誌に発表した論文で初めてこの言葉を使った。

9 ライン川沿いのすべての関所がみごとに撤去された。

10 つまり私がこの研究を始めた時点では、特許プールという言葉の意味を知らなかったということである。

11 もう一つの問題は、ロイヤリティを引き下げれば複数の特許が相互補完的になること（利用者はセットでライセンスを買おうとする）、高水準であれば代替的になること（あるライセンスが値上がりすれば、他の特許に需要が流れる）である。

12 単純化するために、ライセンスの販売コストはゼロと仮定する。独占価格は、P^*Dが最大化する価格となる。Pはライセンスの価格、Dは需要。DはPの減少関数である。

13 分配が等分でない場合には、分け前の少なかった権利者はロイヤリティを一段と引き下げようとするだろう。これはさらに強い理由となる。

14 二つ以上の特許が関与する場合または複数の特許が不完全な代替関係を形成する場合には、個々のライセンスの競争均衡により、悪いプールに関してはプール形成前の競争が復活する。だが二つ以上の特許が絡む場合には、調整により複数均衡につながる可能性もある。以下を参照されたい。Aleksandra Boutin, “Screening for Good Patent Pools through Price Caps on Individual Licenses”, *American Economic Journal: Microeconomics*, 2016, 8 : 64-94.

15 特許権を持つ企業がカルテルの取り決めを結んだり（そもそもそのような取り決めはほとんどの国で違法である）、そのための話し合いをしたりすることはないので、「暗黙」というわけだ。

16 パトリック・レイとの以下の共同研究を参照されたい。“Cooperation vs. Collusion: How Essentiality Shapes Co-opetition”, Toulouse School of Economics, mimeo.

17 現実には、プール形成の障害物となるのはロイヤリティ収入の配分問題である。というのもプールのメンバーが得るべき利益は一様ではないからだ。価値創造への寄与度とは無関係に特許件数に応じて配分するということになれば、重要な特許の権利者はプールに参加しないだろう。したがって相互に譲歩する取り決め（あなたがこれこれの上限を受け入れるなら、私はこれだけロイヤリティの料率を下げよう、等々）によって配分を決めることになる。

18 たとえば、フランス規格協会（ＡＦＮＯＲ）、欧州電気通信標準化機構（ＥＴＳＩ）、国際標準化機構（ＩＳＯ）、ワールドワイド・ウェブ・コンソーシアム（Ｗ３Ｃ）、電気電子技術者協会（ＩＥＥＥ）などである。この種の標準化団体はきわめて数が多く、対象とする技術もさまざまなら、特許の利用者や権利者に対する影響力も異なる。そのうえ団体同士が信頼性を維持すべく競っている。標準化団体選びと法廷地あさり（forum shopping）の実証分析については、筆者の以下の共同研究を参照されたい。Benjamin Chiao and Josh Lerner, "The Rules of Standard Setting Organizations: An Empirical Analysis", *Rand Journal of Economics*, 2007, vol. 38, no. 4, pp. 905-930. 理論から予測されるとおり、自分が特許を持つ技術が標準に選ばれる自信のある権利者は、標準化の場所や手順を調査し、権利者を優遇しあまりうるさいことを言わない標準化団体を選ぶ。

19 ライセンスの許諾条件をあらかじめ約束させる方式の目的は、標準必須特許のロイヤリティ高騰を防ぐことにある。となればこの方式は、特許権利者にとってはうれしくないだろう。しかも標準化団体は、標準の策定や関連特許の特定に当たり、権利者の協力を得る必要がある。そのうえ権利者は往々にして複数の標準化団体を選べる立場にあり、より協力的な団体を選ぶ傾向がある。筆者の以下の共同研究を参照されたい。Josh Lerner, "Standard-Essential Patents", *Journal of Political Economy*, 2015, vol. 123, no. 3, および "A Better Route to Tech Standards", *Science*, 2014, vol. 343, pp. 972-973.

20 Frederik Neumeyer, *The Employed Inventor in the United States: R&D policies, Law and Practice*, Cambridge, MA, MIT Press, 1971.

21 のちに訴訟を経て、九〇〇万ドルを受け取った。

22 彼らの研究では、ベンチャー・キャピタルから出資を受けた場合と企業が自己資金で行う場合とを比較している。以下を参照されたい。Sam Kortum and Josh Lerner, "Assessing the Impact of Venture Capital to Innovation", *Rand Journal of Economics*, 2000, vol. 31, no. 4, pp. 674-692.

23 "What's Wrong with the West's Economies", *New York Review of Books*, August 13, 2015.

24 以下を参照されたい。Gaspard Koenig, *Le Révolutionnaire, l'Expert et le Geek*, *op. cit.*, p. 89.

25 第13章を参照されたい。

26 政府は民間ほど高報酬を出せないので、優秀な専門家を雇えるとは限らない。

27 厳密に言うと、Linux はＯＳのカーネル（核）にすぎない。一方、Android は完全なＯＳではあるが、じつはLinux のカーネルを基盤としている。Linux は最終的な配布形態として、基本ツールやインストーラーなどがセットされた Linux distribution という形にまとめられる。中でも、Red Hat Enterprise Linux はよく知られている。

28 以下の議論は、ラーナーとの共同研究論文に拠っている。以下を参照されたい。"Some Simple Economics of Open Source", *Journal of Industrial Economics*, 2002, vol. 50, no. 2, pp. 197-234, および "The Scope of Open Source Licensing", *Journal of Law, Economics and Organization*, 2005, no. 21, pp. 20-56.

29 ソースコードはプログラミング言語で書かれている。その後に機械が読み取れるように、コンパイラを使ってバイナリーコードに書き換える。一般に外部に提供されるのはバイナリーコードのほうである。

30 すると、文書プロセッサ LyX などのフリーソフトも、サイエンティフィック・ワークプレースの使い勝手の良さを見習うようになっている。

31 Apache License 2.0.

32 Android の発表は二〇〇七年末である。ちなみに iPhone は同年初頭に発表された。

33 ＬＧＰＬ（*Lesser General Public License*）方式はＧＰＬよりいくらかゆるやかで、ビジネスでのフリーソフトウェア利用を妨げないことを目的に考案されたライセンス形態である。

第17章

1 インセンティブに配慮した規制に関するラフォンとの共同研究は、以下に要約されている。*A Theory of Incentives in Regulation and Procurement*, Cambridge, MA, MIT Press, 1993.

2 ここで企業は、プリンシパル（委託者）－エージェント（受託者）問題で言うエージェント（受託者）に当たる。受託者とは、委託者から委託された業務を実行する人のことである。委託者は業務の内容を定め、報酬を払う。委託者、受託者はそれぞれ依頼人、代理人とも言う。

3 たとえば、病院、大学、公共輸送、水道・下水、公共施設の建設、道路・橋梁などに導入されている。以下の共同研究も参照されたい。Stéphane Saussier, "Renforcer l'efficacité de la commande publique" (Conseil d'analyse économique, note 22), et le livre de Stéphane Saussier, *Économie des partenariats public-privé*, Bruxelles, De Boeck, 2015.

4 これに代わる方法として、鉄道車両のリース市場の創設が考えられる。イギリスの車両リース会社ロスコスはその一例である。

5 担保は、債務者の支払いを保証すると同時に債権者の破綻を防ぐ目的がある。保証金の形をとることもあれば、不動産などの場合もある。

6 消費者余剰は、その財を消費したときの純利益を表す。一八四四年にフランスのジュール・デュピュイが示したように、余剰は需要関数から計算することができる。計算方法を次の例で説明しよう。ある財が一〇ユーロで売られているとし、一〇ユーロ以上払ってもいいと考える消費者が一〇人いるとする（各自一個しか買えないものとする）。その財をいちばん欲しがっている人は、二〇ユーロまでなら払ってもいいと考えている。二番目に欲しがっている人は一九ユーロまでなら払ってもいい……という具合に、最後の人は一一ユーロまでなら払ってもいいと考えているとする。すると消費者の余剰の合計は、(20－10)＋(19－10)＋(18－10)＋…＋(11－10)＝55となる。するとこの財の販売は、固定費用が五五ユーロ以下なら成り立つ。

7 以下の共同研究を参照されたい。Glen Weyl, "Market Power Screens Willingness-to-Pay", *Quarterly Journal of Economics*, 2012, vol. 127, no. 4, pp. 1971-2003.

8 二〇一四年には、太陽光エネルギーの価格は四二二ユーロ／ＭＷｈ（それでも直前の価格からは下がっている）、風力は八八ユーロ、バイオマスは一三三ユーロだった。比較のために書いておくと、ヨーロッパ電力取引所卸電力市場での二〇一四年の平均価格は、三七ユーロ／ＭＷｈである。

9 炭素税は、真の意味での排出削減に報いる。たとえば電気自動車は、発電が化石燃料に依存していなければ二酸化炭素排出量を減らすが、そうでなければ逆に増やすことになる。以下を参照されたい。Stephen Holland, Erin Mansur, Nicholas Muller, and Andrew J Yates, "Environmental Benefits from Driving Electric Vehicles?", mimeo.

10 二〇〇六～一四年にアメリカ政府が出したグリーン・エネルギー関連（ソーラーパネル、断熱、ハイブリッドカーなど）の一八〇億ドル相当の補助金のうち、富裕な世帯（年間所得上位二〇%）が六〇%を取得している。電気自動車関連の補助金では、これが九〇%に達する。以下を参照されたい。Severin Borenstein and Lucas Davis, "The Distributional Effects of US Clean Energy Tax Credits", mimeo.

11 ここでもまた、目的を明確にする必要がある。炭素税はシンプルであると同時に論理的でもある。

解説　ジャン・ティロールの経済学

北村行伸
（一橋大学経済研究所）

ジャン・ティロール教授（以下、敬称略）はフランスを代表する経済学者で、二〇一四年にはノーベル経済学賞を受賞している。ティロールの経歴を簡単に紹介しておくと、一九五三年フランス生まれで、今年六五歳になる。フランスのエコール・ポリテクニーク（理工科学校）などで学位を取得した後、一九八一年にマサチューセッツ工科大学（ＭＩＴ）で経済学博士号を取得。一九八四年よりＭＩＴ准教授、教授を経て、現在、トゥールーズ第1大学産業経済研究所（ＩＤＥＩ）学術担当所長および、二〇〇四年五月一日に五七歳の若さで亡くなったＩＤＥＩの創立者であるジャン・ジャック・ラフォン教授を記念して二〇〇七年二月一日にフランス政府によって創設されたラフォン基金・トゥールーズ・スクール・オブ・エコノミクスの運営評議会議長を務めている。また、二〇一一年よりフランス学士院会員でもある。

ティロールの研究範囲は広く、産業組織論、規制政策、組織論、ゲーム理論、ファイナンス、マクロ経済学、経済と心理学などの分野でそれぞれ第一級の研究を行っており、現役の経済学者のなかでも突出している。具体的には、ティロールの専門論文は二〇〇本を超え、そのほとんどがトップ一〇に入る一流経済学術誌に掲載されている。著作も多数あり、主要なものだけで一二冊を数える。それぞれの著作は、百科全書の国だけあって、百科事典のように綿密かつ広範囲にわたっており、多くの研究者にとっては、第一に参照すべき基本文献となっている。

このような広範な研究が可能になっているのは、ティロールを取り巻く研究ネットワークのおかげである。現代のような複雑化した社会の中では、銀行業やテレコム産業の具体的な現状あるいは精緻化された特定の理論分野を理解することはきわめて難しく、また時間のかかることである。ティロールはそれぞれの分野で卓越した専門家を共同研究者として選び、繰り返し論文を書くことで、特化された分野の問題の本質を摑み、それを研究成果として残している。ティロールの共同研究体制は、社会科学の研究者が共同研究をどのように進めればいいのかを示す見本のようなものである。また、これは余談になるが、ネットワーク構造を研究しているある研究者によれば、経済学者の中で、ティロールの共同研究のネットワークは最も広範で、かつ頑強であることが実証されている。

本書はティロールが一般読者向けに書いた最初の経済学啓蒙書である。長年、ティロールと交流を深めてきた者として、僭越ながら、本書の読みどころについて解説してみたい。

まず、本書のタイトルであるが、フランス語の原タイトルは *Économie du Bien Commun* というもので、直訳すれば、『公共善の経済学』ということになる。我々はこの原題に近いタイトルを考えたが、残念ながらマーク・A・ルッツ（Mark A. Lutz）が『共通善の経済学』（原題：*Economics for the Common Good*、馬場真光〔訳〕、晃洋書房、二〇一七年一二月刊）を出版しており、我々としては紛らわしいタイトルを避ける意味で、本書のタイトルを『良き社会のための経済学』とした。ティロールが用いたBien Commun（Common Good）というキーワードは、古くは、プラトンが論じ、それをアリストテレスが受けて一般化した概念である。ただ、プラトンは基本的に哲人政治を志向しており、善は人民からは超越的に決められるべきものであり、人民に共通する善という考え方はなかった。それに対して、アリストテレスは国制を分類して、「僭主制」は僭主の個人的な利益だけを追求するのに対して、「正しい国制」とは共通の利益をめざすことを可能にする自由人のコミュニティであると主張した。アリストテレスの「共通善」とは、国も含めたコミュニティが維持されるための前提であり、自由で平等な人民にとっての共通の価値を表すものとされている。

ティロールにとっての経済学は、アリストテレスの意味での共通善を達成するための手段であり、それを考える枠組みを提供してくれるものであると位置づけられている。すなわち、本書の「はじめに」で明らかにされているように、ティロールは、経済学は共通善の実現にどのように貢献できるかという問いを発し、それに対する答えとして、次のように宣言している。

「経済学は、私的所有や自己利益の追求を後押しするものではないし、まして国家を利用して自分たちの価値観を押し付けようとしたり、自分たちの利益を優先させようとする人々に資するものでもない。経済学は、市場がすべてを決めることにも、政府がすべてを決めることにも与しない。経済学は共通善に尽くし、世界をより良くすることをめざす。この目的を達成するために、全体の利益を高めるような制度や政策を示すことが経済学の仕事となる。経済学は社会全体の幸福をめざす中で、個人の幸福と全体の幸福の両方に配慮し、個人の幸福が全体の幸福と両立する状況、両立しない状況を分析する」

これは、ティロールの経済学宣言（マニフェスト）であり、本書に一貫して流れるものである。

この経済学宣言を読むと、ティロールが自宅から、トゥールーズ・スクール・オブ・エコノミックスに通う途中にある歴史的な小路のことを思い出す。そこには、フェルマーの定理で有名なピエール・ド・フェルマーが住み、法律家として活躍する傍らで、数論に関する研究も行い、後世の数学者に多大な影響を与えた場所があり、その名前を冠したリセ（高校）がある。さらにそのリセの前には、アリストテレスの哲学を中世に蘇らせたスコラ哲学の最高峰、神学者トマス・アクィナスが埋葬されているジャコバン修道院がある。

実は、このアクィナスはアリストテレスの「共通善」を「普遍的な善」の部分と「コミュニティに固有の善」とに区別し、前者の頂点に位置するのが神であり、後者を「人民によって実現をめざす共通目的」と捉えていた。アクィナスの著書『君主の統治について』では、アリストテレスに従って、正しい政体は自由で平等な人民の共通善をめざすものであると書いている。

ティロールが本書を構想していたときに、ギリシア時代から中世に引き継がれ、やがてアダム・スミスによって体系づけられた経済学という学問をヨーロッパの知的伝統の下で、どのように表現するかということが頭をよぎったに違いない。実際に、アダム・スミスも『国富論』のもとになる経済学研究をトゥールーズで過ごした一年半（一七六四年三月〜一七六五年一〇月）の間に始めている。日本人にはほとんど意識されていないと思うが、トゥールーズは知的伝統では、ヨーロッパの中でも特別な意味を持っている場所であり、ティロールがつけた本書のタイトルは、それを十分に意識したものになっている。

本書の目次を見ていただけばわかるように、五部構成になっており、第I部および第II部は、ノーベル賞受賞後に、さまざまな機会に一般聴衆相手に、経済学のあり方や経済学者の仕事、そのテーマの変遷などを率直に述べたものとなっている。第III部以降は、ティロールが、個別の経済問題としてこれまで取り組んできたさまざまな課題に対する考え方が展開されている。とりわけ第IV部および第V部は、ティロールが行ってきた広範な共同研究の成果をまとめている。

第I部および第II部については後ほど立ち返ることにして、第III部は「経済の制度的枠組み」というテーマのもとに、「第6章　国家」と「第7章　企業、統治、社会的責任」の二つの重要な制度を扱っている。第6章では、国家の失敗と市場の失敗が共存する中で、市場と国家が相補関係にあることを具体的に示し、どのような政治体制、政治的権限の委譲が望ましいかを論じている。第7章では、企業のガバナンスに関する問題に取り組んでいる。この分野はティロールの専門分野でもあり、多くの研究蓄積がある。ここでは、きわめて簡潔に問題意識を披歴しているが、企業の組織形態のあり方や社会的責任など、その含蓄は深いものがある。

第Ⅳ部は「マクロ経済の課題」というテーマで論じられている。第8章から第12章までの五章立てになっており、一般読者のみならず、政策担当者にとっても関心の深いトピックを扱っている。実際、ここで扱われているトピックは、ティロールが、政府や中央銀行、国際機関から委託を受けて研究し、積極的に発言してきた分野である。ティロールが実施してきた官民学の共同研究では、大学側に研究の独立性を持たせながら、社会的に要請の高い政策分野の選定に対しては、官民の意見を聞くというきわめて柔軟なアプローチがとられてきたが、ここではその成果が遺憾なく発揮されている。

第Ⅴ部は「産業の課題」を論じたもので、第13章から第17章までの五章立て構成になっている。この分野は、おそらく、ティロールが最もエネルギーを注いできた分野であり、彼の最近の研究成果が要約されている。ちなみに、第Ⅴ部の内容を要約したものが、ティロールの二〇一四年度ノーベル賞受賞記念講演の内容となっていることも付記しておきたい。

ティロールは産業組織論や産業政策に関心が高く、最近では、とりわけデジタル技術が社会経済をどのように変えていくのかということを多角的に検討してきている。本書では扱っていないが、例えば、ビットコインについても、英紙『ファイナンシャル・タイムズ』（二〇一七年一一月三〇日付）で、その価格急騰のバブル現象に関して警鐘を鳴らしている。曰く、「ビットコインは本源的価値がないので、人々が信頼を失えば、その価値はゼロになるという意味で、純粋なバブルである。もちろん、金やドル、ポンド、ユーロなども長続きしているバブルであると見ることもできるので、ビットコインだけが例外ではないし、ビットコイン・バブルがかならず近いうちに崩壊するとは言えない。しかし、私はこの仕組みが公共善に寄与するかと問われれば、強く否と答えざるを得ない」。

ティロールは、ブロックチェーンなどの技術革新を否定するものではないが、仮想通貨発行主体が資金調達の手段として用いているICO（initial coin offering）はきわめていかがわしい仕組みであるし、政府はビットコインやICOなどを用いた取引を禁止するのでなければ、市民や金融機関が、それらの危険な取引に巻き込まれることから保護しなければならないと主張している。ビットコインを中心とする仮想通貨が一部の愛好家の間で流通する限りにおいて、マクロ経済や中央銀行の金融政策に影響を与えることはないだろう。しかし、それが広く国民全体を巻き込んで取引されるようになると、その取引が抱えているリスクやバブル崩壊に伴う社会的費用を考慮すれば、政府はそれを放置しておくべきではないということになるだろう。経済学の目的は公共善に尽くし、世界をより良くすることにあるとする、ティロールの信念からすれば、この判断はきわめて自然なものだろう。

話を戻して、第I部「社会と経済学」でティロールが語っていることを見てみよう。「第1章　経済学はお好きですか？」では経済学を広めるために経済学者がすべきことを提言している。要するに、経済学者はもっと積極的に知識を伝える役割を果たすべきであり、そのためには、象牙の塔にこもって、専門家だけを相手に論文を書くことで満足していてはならないということである。ティロールは「経済学者は、経済学教育を現実に即していて直観的にわかりやすいものにすべく、もっと努力しなければならない。そのためには、現代の市場や企業や政府の意思決定の問題を踏まえて教えることが必要だ」と述べている。これは「言うは易く行うは難し」の典型例であると思う。実際、日本の多くの経済学者は、何年も前のアメリカの教科書を何の批判もなく繰り返し使い、自らの経験や政策問題に関連した議論も加えずに経済学教育を行っているつもりになっているのではないだろうか。

ただし、アメリカで広く使われている経済学の教科書は、細かいことまで配慮の行き届いた書きぶりで、かつ実証例の多様さも決して真似できないものであることは事実である。簡単に言えば、質の高い教科書を使って、どの大学で学んでもほぼ同じ経済学の理解を得られるという意味での、経済学の制度化がアメリカでは進んでおり、そのために有名教授（マンキュー、スティグリッツ、クルーグマン、テイラーなど）は主要出版社と組んで、教科書チームを結成し、一大産業として教科書作成に取り組んでいるという事実がある。なかなかそのような体制を日本の出版業界で作ることは難しいだろう。ミクロ経済学の教科書は理論的な議論が中心で、応用例もそれほど多くは要求されないので、日本語の教科書も書きやすいかもしれないが、マクロ経済学や産業組織論、ゲーム理論の教科書は、その内容の多様さや充実ぶりを比較すると日本語で書かれた教科書は見劣りする。

その中で、ティロールは、大学院レベルではあるが、産業組織論、ゲーム理論、産業規制論、企業財務論などで世界的に定評のある教科書を書いている。まさに、有言実行の経済学者である。また、ティロールからは教科書を書くのに出版社と組んでチームを作って作成に取り組んでいるという話は聞かない。自分で、計画を立てて地道に一章ずつ書き上げ、かつ、研究論文で扱った問題を練習問題に加えるなど、教科書としての完成度を高めている。ティロールの教科書を読むと、彼がいかに経済学教育に情熱を傾けているかがわかる。

「第2章　市場の倫理的限界」では、市場の失敗と市場の倫理的限界がしばしば混同されていることを問題として取り上げている。ティロールはさまざまな市場の失敗の例を挙げた後で、経済学者が用いるインセンティブという概念は、市場を通した動機づけにほかならず、他の社会科学者の市場批判の多くも、このインセンティブ批判であると論じている。確かに、社会的に望ましい行為に対して報酬というインセンティブが付くことによって、報酬目当てというシグナルを拒否して、その行為を回避してしまうこともある。

さらにティロールは、市場メカニズムがすべての資源分配を最適に行うという経済理論に対して、臓器売買、代理母、売春、兵役逃れに対して払われる料金に対して社会が抱く倫理的嫌悪感の問題を論じている。すなわち、市場取引をしていいものと、してはいけないものがあるとか、命には値段は付けられないという議論に対して、経済学者はどう答えたらいいのだろうか。ティロールは「市場はときに私たち自身の偽善のスケープゴートなのだ、ということである。市場は、社会的な絆を強めもしなければ弱めもしない。ただ私たちの心を映す鏡となる。その鏡は、社会の現実や、他人に対しても自分に対しても隠しておきたいような欲望や選好のさまざまな面をくっきりと映し出す。市場を排除してこの鏡を壊すことは、できなくはない。だが鏡を壊してしまったら、個人や集団の価値観を問い直すことはもうできなくなる」と結論づけている。多くの経済学者から市場の解釈について聞いてきたが、この洞察は秀逸である。

第Ⅱ部「経済学者の仕事」は、日本語版序文でも書かれているように、「経済学者の書いたものとしてはめずらしいトピックを取り上げている」。それは経済学者の役割とその仕事、そして最近の研究トピックに関するものである。いかに啓蒙書であるとはいえ、経済学者がこれだけこの学界の内情について率直に語ることはめずらしい。経済学の研究書であれ、教科書であれ、経済学者の仕事や社会貢献をどのように評価するのか、社会にどのように貢献できるのか、経済学部を含んだ大学ランキングをどう考えたらいいのか、といった問題を正面から扱うことはほとんどない。以下では、少し詳しくティロールの独白を検討してみよう。

「第3章　市民社会における経済学者」では、経済学者の社会的役割についてのティロールの見解が披瀝されている。彼は、経済学者は産業界や官界・政界とどのように付き合っていけばいいと考えているのだろうか。曰く「研究者は全体として世界をより良くする努力もしなければならないのであって、社会的な事柄に背を向けてはならない。……研究者は、自分が専門知識を持っている問題に関しては、社会的な役割を果たす義務がある」。彼は、象牙の塔に籠《こ》もることを良としない態度を明確にしている。もちろん、学者の中には抽象的な研究に没頭するタイプ、社会的な応用問題に取り組むことに喜びを得るタイプ、学生の指導に熱意を注ぐタイプ、などさまざまであり、自分の比較優位を見つけて分業していくことを否定するものではない。また、フランスの事情としてアメリカでの学者の報酬と比べれば五分の一から三分の一ぐらいの差があることを明らかにしている。彼の多くの同僚は外国の大学の客員教授になる、民間企業または公的機関の顧問になる、会計事務所やコンサルティング会社のパートナーになるなどさまざまな方法で報酬の補塡を行っている。このような傾向に対して、「優秀な研究者の国外流出を食い止めるために払わねばならぬ代償である」と肯定している。この事情は日本でもまったく同じで、優秀であればいくらでも外国から仕事のオファーがある時代に、どのようにして、学者をつなぎとめるのかを真剣に考えるべきであり、ティロールの見識は参考になる。

しかし同時に、ティロールは、副業にかまけて、本業である研究や教育に割くべき時間が削られることのないようにするための仕組みとして、第三者による厳格な評価を使うべきであると主張している。また彼は学術活動が報酬を払ってくれる企業や官庁におもねって、自分の見解を曲げるようなことに対しては、最大限の警告を発している。

その意味で、ティロールは政治との関係についてはきわめて注意深い。彼は「政治的にコミットする知識人」には反対であり、あくまで学者として中立的で、独立した立場から政策議論をすることを選んでいる。

「第4章　研究の日々」では、経済学という学問のあり方、すなわち理論と実証の間の関係から話を説き起こし、経済学は科学かという問いに結びつけている。答えは科学的でもあり、科学的でない面もあるということである。その理由はデータが不十分であり、現象の理解が不完全だということもあるが、自然科学と比べると、人間の行動は、その他の物理現象や化学現象と比べてはるかに複雑で、相互依存的であるということが大きいとしている。その上で、そのような経済学の研究を評価し、ランキングすることは適切かという問題を取り上げている。ご存知の方が多いと思うが、世界大学ランキングや分野別世界大学ランキングなどが公表されているが、フランスや日本の大学は世界のトップ一〇〇になかなか入れない。残念ながら、ティロールのいるトゥールーズ・スクール・オブ・エコノミックスも私の所属する一橋大学もその中には入っていない。経済学分野に限って言えば、少しは、ランキングが上がるが、それでもなかなか上位には入れない。ティロールは大学の管理職としていろいろと考えることもあるのだろう。ランキングの欠点をいくつか挙げているが、その上で、「私はこうした客観的な外部評価を積極的に活用すべきだと考えている」と述べている。その理由は「とくにフランスは学術研究を評価する土壌が乏しく、国内の比較も国際的な比較も不十分で、ライバルにすっかり後れをとっている。これでは学生も困るし、創造性や国際性を備えたところを見極めたい研究者や政策担当者も困る。このように情報不足の状況では、ランキングは一つの手がかりとして役に立つ」ということである。日本の状況もフランスとまったく同じで、ティロールと顔を合わせると、大学評価の問題をよく話し合うし、少しでも我々の大学の国際評価を上げてもらうようにお互いに情報交換するなど協力し合っている。

では専門分野の評価をどのように行えば、公正な評価が与えられるだろうか。経済学界の世界基準は同一分野の専門家による外部評価と査読（これをピアレビューという）を通してである。ティロール曰く「論文が細心の注意を払って評価されることは、学術界が健全に機能し知識を蓄積していくためには必要不可欠」である。経済学界では、研究者の業績審査をする場合、通常、査読付きの論文のみを評価の対象とすることになっているが、それは査読が適切に行われていることが前提となっている。もし査読者が手を抜いた査読報告をして、論文の欠陥を見落としたり、仲間内の論文に対して査読評価を甘くしたり、論文執筆者がデータを捏造していてもそれに査読者が気付かなければ、査読そのものが意味を持たなくなる。

専門学術誌の編集長や編集委員は、査読が適切に行われていることに常に注意を払いつつ、素晴らしい査読報告をしてくれた研究者を評価することも重要である。

ティロールはこのようなアメリカ中心の経済学界の評価基準や業績審査の実態に疑問をさしはさみつつも、フランスに研究拠点を置きながら、アメリカに拠点を置く経済学者よりも優れた業績を挙げ、有無を言わせぬ活躍を続けてきた。その彼が、外部評価とピアレビューがこれからも学術研究評価の二本柱であり続けるだろうと言っていることを重く受け止めるべきであろう。

「第5章　変貌を遂げる経済学」では、経済学の最近の変貌をティロール自身の最近の研究と絡めながら解説している。一九世紀までは、社会科学と人文科学の中に埋もれていた経済学は、二〇世紀に入ってその独立性を確保し、自然科学の手法を積極的に導入しながら、合理的経済人という仮説（方法論的個人主義）の上に経済理論を構築してきた。その間に、社会学、法学、哲学、歴史学、政治学といったかつての近隣分野と袂《たもと》を分かち、独自の研究方法や研究分野を切り拓いてきた。この単純化した人間像は、他の人文・社会科学の分野からは批判の対象となってきたが、ミクロ・マクロの数学的経済学体系を築く上では、大いに貢献した。

しかし、近年、脳科学、心理学、神経科学、ヒトゲノムなどの研究を通して、広い意味での人間行動に関するデータ蓄積が進み、必ずしも経済理論で想定したような合理的行動に従っているわけではないことが明らかになってきた。さらに、多くの経済危機を経験して、経済理論の限界が強く意識されるようになってきた。

そこで過去二〇年ばかりの間、経済学は、もう一度、初心に帰って、人間行動の深層に迫る目的で心理学、社会学、法学などの分野に接近するようになった。ティロール曰く、「個人の行動や社会現象について、経済学者は他の分野から多くを学ぶべきだ。また逆に経済学の成果は、他の学問に新しい視点を提供できるだろう」。さらに、ティロールはここで第二のマニフェストとでもいうべき宣言を行っている。すなわち、

「私たちは、社会科学が徐々に再統合される現場に立ち会っている。再統合の歩みはのろいかもしれないが、必然だと言える。なぜなら、……文化人類学、法学、経済学、歴史学、哲学、心理学、政治学、社会学は、みな同じ人間、同じ集団、同じ社会を扱っているからだ。一九世紀の終わりまで、これらの

学問は一つにまとまっていた。それを復活させるべきであり、多くの学問分野が他分野の知識や技術に対して開かれた姿勢で臨む必要がある」

第4章には、ティロールにはめずらしく思想史からの引用がある。それは、アイザイア・バーリンの随想『ハリネズミと狐』の冒頭で引用された、古代ギリシアの詩人アルキロコスの詩作の断片「狐はたくさんのことを知っているが、ハリネズミはでかいことを一つだけ知っている」という一行である。バーリンは、この二分法を次のように解釈した。第一の類型は、いっさいのことを一元的な基本的ヴィジョン・体系に関連させ、それによって世界が理解できると考えるハリネズミ族の人々であり、第二の類型は、しばしば無関係で互いに矛盾している多くの目的が共存するものとして世界を捉えようとする狐族の人々である。バーリンは文学者をこの二分法に当てはめると、第一類の代表選手はダンテで、第二類のほうはシェイクスピアであるとした。さらに文学者や哲学者を分類して、プラトン、ルクレティウス、パスカル、ヘーゲル、ドストエフスキイ、ニーチェ、イプセン、プルーストはハリネズミ族であり、ヘロドトス、アリストテレス、モンテーニュ、エラスムス、モリエール、ゲーテ、プーシキン、バルザック、ジョイスは狐族であるとした。

ではトルストイはこの二つの分類のいずれに属しているといえるのだろうかとバーリンは自問している。

「つまり彼（トルストイ）は第一の部類に属するのか第二の部類に属するのか、彼は一元論者なのか多元論者なのか、彼のヴィジョンは単一なのか複数なのか、彼はただ一つの実質からできているのか、多様な要素の複合から成っているのかを問うてみても、明確で直截な答えはない。どうやらその問題のたて方がまったく適切でないのかと思えてくる。それは判らないところを雲散霧消させるどころか、むしろ濃厚にしていくように思われてくるのである」（河合秀和訳『ハリネズミと狐』岩波文庫、一〇～一一頁）

バーリン自身は、トルストイを「本来は狐であったが、自分はハリネズミであると信じていた」のではないかという仮説を立てている。私の解釈は、世の中にはこの二分法で分類できないような知の巨人が存在し、その場合無理に二分化しても矛盾が生じるということである。バーリンの仮説に倣《なら》ってティロールを評価すると、さしずめ、「本人は、細かいことに関心を払う狐だと信じているが、本当は、でかいことをたくさん知っている巨大なハリネズミなのだ」と思う。

本書を読むことで、私たちは、ジャン・ティロールが社会科学総合を成し遂げる航海に乗り出そうとしていること、そして読者である若い世代の研究者に彼の挑戦に参加することを呼びかけていることに気づくだろう。

ジャン・ティロールの経済学という大海への良き旅を、Bon Voyage!!

二〇一八年七月

【わ行】

【や行】

【ら行】

【ま行】

【た行】

【さ行】

【か行】

索　引

【著訳者紹介】

ジャン・ティロール（Jean Tirole）

経済学者。2014年度ノーベル経済学賞受賞。

トゥールーズ・スクール・オブ・エコノミクス（TSE）運営評議会議長、トゥールーズ高等研究所（IAST）チェアマン、トゥールーズ第1大学産業経済研究所（IDEI）学術担当所長、およびマサチューセッツ工科大学（MIT）客員教授。

世界で最も影響力のある経済学者の一人。産業組織論、規制政策、組織論、ゲーム理論、ファイナンス、マクロ経済学、経済と心理学などの分野でそれぞれ第一級の研究を行う。専門論文は200本を超え、そのほとんどが一流経済学術誌に掲載されている。

1953年フランス生まれ。フランスのエコール・ポリテクニークなどで工学の学位、パリ第9大学で数学博士号、MITで経済学Ph.D.を取得。MIT教授などを経て現職。ノーベル経済学賞のほか、数々の受賞歴がある。

主な著書に*The Theory of Industrial Organization*、*Financial Crisis, Liquidity, and the International Monetary System*（邦訳、北村行伸・谷本和代訳『国際金融危機の経済学』）、*The Theory of Corporate Finance*など、12冊の著作がある。

村井章子（むらい・あきこ）

翻訳家。上智大学文学部卒業。主な訳書にT・セドラチェク『善と悪の経済学』、T・ピケティ『トマ・ピケティの新・資本論』、D・カーネマン『ファスト＆スロー』、A・スミス『道徳感情論』、C・ラインハート＆K・ロゴフ『国家は破綻する』、M・フリードマン『資本主義と自由』、J・K・ガルブレイス『大暴落1929』など。

良き社会のための経済学

2018年 8 月24日　　1版1刷
2019年 1 月10日　　　4刷

著　者　　ジャン・ティロール
訳　者　　村井　章子
発行者　　金子　豊
発行所　　日本経済新聞出版社
https://www.nikkeibook.com/
東京都千代田区大手町1-3-7　〒100-8066
電話　03-3270-0251㈹

印刷・製本　大日本印刷
ISBN978-4-532-35782-5